Helmut Wagner
Einführung in die Weltwirtschaftspolitik

Helmut Wagner

Einführung in die Weltwirtschaftspolitik

Internationale Wirtschaftsbeziehungen,
Internationale Organisationen und
Internationale Politikkoordinierung

7., überarbeitete und erweiterte Auflage

ISBN 978-3-11-034668-8

Library of Congress Cataloging-in-Publication Data
A CIP catalog record for this book has been applied for at the Library of Congress.

Bibliografische Information der Deutschen Nationalbibliothek
Die Deutsche Nationalbibliothek verzeichnet diese Publikation in der Deutschen Nationalbibliografie;
detaillierte bibliografische Daten sind im Internet über http://dnb.dnb.de abrufbar.

© 2014 Oldenbourg Wissenschaftsverlag GmbH, München
Ein Unternehmen von Walter De Gruyter GmbH, Berlin/Boston
Lektorat: Dr. Stefan Giesen
Herstellung: Tina Bonertz
Titelbild: thinkstockphotos.de
Druck und Bindung: CPI books GmbH, Leck
♾ Gedruckt auf säurefreiem Papier
Printed in Germany

www.degruyter.com

Vorwort zur 7. Auflage

Die Herausforderungen für die Politik zur Stabilisierung der Weltwirtschaft haben in den letzten Jahren weiter zugenommen. Grund hierfür ist u. a. das Auftreten der globalen Finanzkrise als Folge der (vorher) „ungezügelten" Finanzglobalisierung. Die Auswirkungen dieser Krise sind immer noch nicht überwunden. Sie hat sogar im Nachgang eine weitere länderübergreifende Krise nach sich gezogen, die sogenannte „Euro-Krise". An der Überwindung insbesondere der Letzteren sowie an dem Aufbau von institutionellen Vorkehrungen zur Abwehr des Wiederauftretens solcher Krisen wird derzeit noch fieberhaft gearbeitet. Eine weitere Herausforderung, der die Weltwirtschaftspolitik derzeit gegenübersteht, ist der Umgang mit dem Emporkommen einer Reihe von Schwellenländern als „big players" in der Weltwirtschaft. Dies bedeutet, dass die Abhängigkeiten zwischen den Wirtschaftsnationen noch größer, bedeutsamer und gleichzeitig unübersichtlicher geworden sind, und dass sich eine internationale Politikkoordinierung nicht mehr wie vordem auf die Führung der G7 bzw. G8 Staaten als steuernde und stabilisierende Gruppe verlassen kann.

Dies und Weiteres wird in dieser Neuauflage thematisiert und hat gezwungenermaßen dazu geführt, dass diese 7. Neuauflage noch umfangreicher ist als schon die 6. Auflage. In dieser aktuellsten Auflage sind alle Kapitel theoretisch sowie vor allem empirisch gründlich überarbeitet und aktualisiert. Dabei werden viele neue Aspekte, Entwicklungen und Fragestellungen der Weltwirtschaftspolitik aufgegriffen und analysiert. In Teil I habe ich die zugenommene weltwirtschaftliche Verflechtung unter Einbeziehung der neuen Entwicklungen genauer dargestellt. Dieser Teil enthält nun auch einige neue Unterkapitel zur Entwicklung nach der Finanzkrise und zur Eurokrise. In Teil II habe ich die internationalen Organisationen, die sich in den letzten Jahren zum Teil wesentlichen Änderungen gegenübersahen, auf den neuesten Stand gebracht. Einzelne Kapitel sind ganz neu geschrieben, wie z. B. das über die Europäische Union. In Teil III habe ich die neuen Herausforderungen für die internationale Politikkoordinierung herausgearbeitet. Auch habe ich die neuen Vorschläge zur Finanzstabilisierung und den Stand ihrer Umsetzung aktualisiert und zum Teil noch ausführlicher dargestellt.

Die Suche nach Daten und institutionellen Neuerungen forderte diesmal einen immensen Aufwand an Zeit und Mühen. Dabei waren mir über mehr als ein halbes Jahr meine Mitarbeiter/-innen behilflich, insbesondere Frau Lilia Gutenberg und Frau Nina Schönfelder. Bei der Neuabfassung des Europateils konnte ich auf die Hilfe von Frau Adrienne Bohlmann zählen. Ihnen allen sei herzlich gedankt.

Hagen, im Juli 2014   Helmut Wagner

Vorwort zur 1. Auflage

Eine der bedeutendsten Entwicklungen der Gegenwart zeigt sich in der zunehmenden weltwirtschaftlichen Verflechtung.

„Aus einem Netz internationaler, volkswirtschaftlicher Verknüpfungen, das anfangs der 1950er Jahre lose war und in den letzten drei Jahrzehnten immer dichter geworden ist, entwickelt sich – wie Hesse, Keppler und Preuße [1985: 18] schon vor einigen Jahren betont haben – eine einheitliche Weltwirtschaft. Sie ist definiert als ein alle westliche Länder umfassendes System wirtschaftlicher Beziehungen, in dem eine Entwicklung einzelner Länder, die unabhängig von der anderer Volkswirtschaften ist und nicht auf andere Länder einwirkt und sie zu Reaktion und Anpassung zwingt, nicht mehr auftreten kann. Zugleich ist dieses einheitliche, die Welt umspannende Netz wechselseitiger Abhängigkeiten von Entwicklungen gekennzeichnet, für die nationale Grenzen eine nur noch unerhebliche Rolle spielen und für die eine nationale Kennzeichnung schwer fällt."

Nationalstaatliche Politikautonomie geht in einem solchen Entwicklungsprozess weltwirtschaftlicher Verflechtung weitgehend verloren. Zudem verschwindet allmählich die notwendige Macht und Kompetenz einzelner früher hegemonialer Staaten, konfligierende Interessen auszugleichen. Bei einer solchen Entwicklung tritt die Gefahr auf, dass sich ein internationaler Verbund von sich gegenseitig destabilisierenden Konjunktur- und Wachstumsverläufen einstellt. Deshalb stellt sich die Frage nach einer effizienten internationalen Ordnung eines solchen weltwirtschaftlichen Zusammenhangs. Vor allem geht es darum, ob sich dieser Zusammenhang auf privat/einzelstaatlich-dezentral-unkoordiniertem Wege effizient ordnen lässt, oder ob – und wenn ja, welche – politische Koordinierungsmaßnahmen oder -mechanismen sinnvoll oder gar notwendig sind, um eine „Unordnung" bzw. Destabilisierung der Weltwirtschaft vermeiden zu helfen.

Wie ich aus eigenen Lehrveranstaltungen und aus Gesprächen mit Fachkollegen gesehen habe, gibt es einen bislang nicht befriedigten Bedarf an einem kurzen, einführenden Studientext über das Gebiet der „Weltwirtschaftspolitik". Dieses Gebiet erhält aber angesichts der immer weiter fortschreitenden weltwirtschaftlichen Verflechtung eine stetig zunehmende Relevanz – dies ganz allgemein als auch was die Lehrinhalte in sozialwissenschaftlichen Studiengängen an Hochschulen anbelangt. Das vorliegende Buch versucht diesem Bedarf nachzukommen. Es handelt sich dabei weder um eine reine Geschichtsdarstellung von Weltwirtschaftspolitik noch um eine modelltheoretisch elaborierte Analyse des internationalen Politik-Koordinierungsprozesses. Ziel der vorliegenden Schrift ist vielmehr, eine kurze Darstellung der wichtigsten Begründungslinien und Praktiken bzw. Möglichkeiten von Weltwirtschaftspolitik darzubieten. Insbesondere soll das Buch für Interessenten einen Überblick über die Grundlagen und über die Institutionen sowie die neueren Vorschläge bezüglich einer internationalen Kooperation von Wirtschaftspolitik liefern.

Im ersten Teil wird die zunehmende weltwirtschaftliche Verflechtung während der Nachkriegszeit skizziert und die daraus entstehende Möglichkeit einer Destabilisierung der internationalen Wirtschaftsordnung erläutert. Im zweiten Teil werden die bedeutsamsten schon realisierten und im dritten Teil die in den letzten Jahren diskutierten (bisher noch nicht realisierten) politischen Koordinationsmechanismen dargestellt. Der erste Teil liefert also sozusagen einen Problemaufriss; der zweite Teil beinhaltet eine Beschreibung der bisherigen institutionellen Antworten; und der

3. Teil bietet eine Analyse neuerer, darüber hinausgehender Vorschläge zur Problembewältigung.

Die ersten beiden Teile des Buches sind ohne besondere Vorkenntnisse leicht verstehbar. Die Lektüre des dritten Teils dagegen erfordert ein sorgfältigeres Studium und auch einige wenn auch geringe volkswirtschaftliche Vorkenntnisse. Um jedoch die Darstellung nicht unnötig zu erschweren, habe ich jeweils nur die Grundlinien der theoretischen Begründungen aufgeführt und zur Vertiefung auf weiterführende Spezialliteratur verwiesen. Von daher ist das vorliegende Buch als einführender Studientext nicht nur für Studenten der Volkswirtschaftslehre, sondern auch für solche der Betriebswirtschaftslehre, der Rechtswissenschaft und anderer Sozialwissenschaften geeignet.

Bedanken möchte ich mich bei Herrn Prof. Dr. Elmar Gerum sowie Herrn stud. rer. oec. Jürgen Becker für die Durchsicht des Manuskripts auf seine Leserlichkeit und für nützliche Anmerkungen. Auch Herrn Diplom-Volkswirt Andreas Schröder sei gedankt für seine Hilfe beim Korrekturlesen. Das Buch möchte ich meinen Eltern widmen.

Helmut Wagner

Inhaltsverzeichnis

Vorwort zur 7. Auflage		V
Vorwort zur 1. Auflage		VI
Inhaltsverzeichnis		IX
Abbildungsverzeichnis		XIII
Tabellenverzeichnis		XV
Abkürzungsverzeichnis		XVII

1. Teil: Weltwirtschaftliche Verflechtung und die Frage internationaler Ordnung   1

I. Der Prozess weltwirtschaftlicher Verflechtung   *1*
- 1. Internationaler Handel   2
  - 1.1 Theoretische Begründung   2
  - 1.2 Empirische Entwicklung   5
- 2. Auslandsinvestitionen und „Neue Formen" der Internationalisierung   9
  - 2.1 Theoretische Begründung   9
  - 2.2 Empirische Entwicklung   11
- 3. Internationalisierung der Finanzmärkte   17
  - 3.1 Theoretische Begründung   17
  - 3.2 Empirische Entwicklung   17
- 4. Internationale Arbeitskräftewanderungen   23
  - 4.1 Theoretische Begründung   23
  - 4.2 Empirische Entwicklung   25

II. Merkmale einer Destabilisierung der Weltwirtschaftsordnung   *27*
- 1. Internationale Verschuldungskrisen der Entwicklungsländer   28
  - 1.1 Entwicklung   28
  - 1.2 Ursachen   30
  - 1.3 Gefahren   33
- 2. Finanzmarkt- und Währungskrisen in den Schwellenländern am Beispiel der Asienkrise   34
  - 2.1 Entwicklung   34
  - 2.2 Ursachen   36
  - 2.3 Gefahren   40
- 3. Finanzmarkt- und Verschuldungskrise der Industrieländer   42
  - 3.1 Entwicklung   42
  - 3.2 Ursachen   45
  - 3.3 Gefahren   50
- 4. Erratische Kursschwankungen   51
  - 4.1 Entwicklung   51
  - 4.2 Ursachen   55
  - 4.3 Gefahren   56
- 5. Anhaltende außenwirtschaftliche Ungleichgewichte   57
  - 5.1 Entwicklung   57
  - 5.2 Ursachen   61
  - 5.3 Gefahren   62

III.	***Schlussfolgerungen***	**65**
1.	Private Marktsteuerungslösung	65
	1.1　Mechanismen	65
	1.2　Funktionsprobleme	69
2.	Nationalstaatliche Lösung des Protektionismus	71
	2.1　Ausprägungen	72
	2.2　Gefahren	75
3.	Weltwirtschaftspolitische Koordinierung	75

2. Teil:　Realisierte weltwirtschaftspolitische Regelungsmechanismen　79

I.	***Internationale Organisationen***	**80**
1.	Der Internationale Währungsfonds (IWF)	82
	1.1　Entstehung	82
	1.2　Ziele und Aufgaben	82
	1.3　Organisation und Finanzierung	85
	1.4　Entwicklungsprozess	87
2.	Die Weltbank	100
	2.1　Entstehung	100
	2.2　Ziele und Aufgaben	100
	2.3　Organisation und Finanzierung	101
	2.4　Entwicklungsprozess	102
3.	Das Allgemeine Zoll- und Handelsabkommen von Genf (GATT) und die Welthandelsorganisation (WTO)	105
	3.1　Entstehung	105
	3.2　Ziele und Aufgaben	105
	3.3　Organisation	107
	3.4　Entwicklungsprozess	108
4.	Die Organisation für Wirtschaftliche Zusammenarbeit und Entwicklung (OECD)	111
	4.1　Entstehung	111
	4.2　Ziele und Aufgaben	112
	4.3　Organisation und Finanzierung	113
	4.4　Entwicklungsprozess	113
5.	Weitere Koordinierungsinstitutionen	116
	5.1　Die Bank für Internationalen Zahlungsausgleich (BIZ)	117
	5.2　Die Konferenz der Vereinten Nationen für Handel und Entwicklung (UNCTAD)	119
6.	Regionale Organisationen	122
	6.1　Die Europäische Union (EU)	122
	6.1.1　Entstehung	122
	6.1.2　Ziele und Aufgaben	122
	6.1.3　Organisation und Finanzierung	123
	6.1.4　Entwicklungsprozess	125
	6.2　Weitere regionale Organisationen	134
	6.2.1　NAFTA	134
	6.2.2　MERCOSUR	136
	6.2.3　ASEAN	139
	6.2.4　Regionale Entwicklungsbanken	141

II. Weltwirtschaftsgipfel 146
1. Entstehungsgeschichte 146
2. Funktion 150
3. Entwicklungsgeschichte 152
   - 3.1 Phase der Vertrauensbildung 153
   - 3.2 Phase diskretionärer Politikkoordinierung 155
   - 3.3 Phase der Konsolidierung 157
   - 3.4 Phase währungspolitischer Zusammenarbeit 161
   - 3.5 Phase der Routine 164
   - 3.6 Phase der Neuorientierung – Weltwirtschaftsgipfel im neuen Jahrhundert 165
   - 3.7 Von G7/8 zu G20 167
4. Resümee 169

III. Anhang: Nützliche Internetadressen zu internationalen Organisationen 172

3. Teil: Internationale Politikkoordinierung in der Diskussion 175

I. Begründung des Koordinierungsbedarfs 176

II. Diskretionäre Politikkoordinierung 180
1. Ansatzpunkt 180
2. Probleme 181
   - 2.1 Ungewissheit hinsichtlich der Vorteilhaftigkeit 181
     - 2.1.1 Modellabhängigkeit 181
     - 2.1.2 Wirkungsverzögerungen 184
     - 2.1.3 Unterschiedliche Zielsetzungen 185
     - 2.1.4 Unsicherheit 187
     - 2.1.5 Kosten 190
   - 2.2 Ungewissheit hinsichtlich der Durchsetzbarkeit 191
     - 2.2.1 Trittbrettfahrerverhalten 192
     - 2.2.2 Weitere Hindernisse 195
   - 2.3 Theoretische Zweifel an der Notwendigkeit internationaler Politikkoordinierung 196
3. Resümee 198

III. Regelgebundene Politikkoordinierung 199
1. Vorschläge zur Wechselkursstabilisierung 200
   - 1.1 Vorschläge der Nachkriegszeit 200
     - 1.1.1 Erfahrungen mit dem Bretton-Woods-System 200
     - 1.1.2 Begründung des Übergangs zu flexiblen Wechselkursen 202
     - 1.1.3 Enttäuschung über das flexible Wechselkurssystem 203
   - 1.2 Vorschläge nach dem Zusammenbruch von Bretton Woods 206
     - 1.2.1 Eine Währungsunion 206
     - 1.2.2 Zielzonen für die Wechselkurse 210
     - 1.2.3 Ein Währungsstandard für die Industrieländer 214
     - 1.2.4 Currency Board und Dollarisierung 218
     - 1.2.5 Eine Steuer auf Finanztransaktionen 222
2. Vorschläge zur Preisniveaustabilisierung 227
   - 2.1 Geldmengenregel 227
     - 2.1.1 Grundvorstellung 227
     - 2.1.2 Konzeptionen 229

	2.1.3	Kritikpunkte	231
	2.2	BIP-Regel	233
		2.2.1 Grundvorstellung	233
		2.2.2 Konzeptionen	234
		2.2.3 Kritikpunkte	235
	2.3	Inflation Targeting	235
		2.3.1 Grundvorstellung	235
		2.3.2 Konzeptionen	236
		2.3.3 Kritikpunkte	237
3.	Vergleich mit der Praxis		238
4.	Vorschläge zur Finanzstabilisierung		241
	4.1	Bedarf eines neuen ordnungspolitischen Rahmens	241
	4.2	Reformvorschläge für eine neue internationale Finanzarchitektur	242
		4.2.1 Frühwarnsysteme	243
		4.2.2 Kapitalverkehrskontrollen	245
		4.2.3 Transparenz	247
		4.2.4 Bankenregulierung	250
		4.2.5 Einbindung des Privatsektors	256
		4.2.6 Internationaler Lender of Last Resort	261
	4.3	Neuere Überlegungen zur Finanzstabilität in der Europäischen Union	264
		4.3.1 Notwendigkeit der makroprudenziellen Regulierung	264
		4.3.2 Die europäische Antwort auf die Finanzkrise: Der europäische Ausschuss für Systemrisiken (ESRB)	266
		4.3.3 Instrumente makroprudenzieller Regulierung	267
		4.3.4 Weitere Überlegungen	268
5.	Exkurs: Herausforderungen durch die Subprime-Krise		268
	5.1	Entwicklung	268
	5.2	Treibende Kräfte und Ausbreitungsmechanismen	271
	5.3	Lehren	276
	5.4	Lösungsansätze und Therapien	278

IV. Resümee *283*

Literaturverzeichnis **287**

Sachregister **325**

Abbildungsverzeichnis

Abbildung 1–1: Indikatoren zum Welthandel 6

Abbildung 1–2: Entwicklung der Direktinvestitionen im Ausland 14

Abbildung 1–3: Entwicklung der Direktinvestitionen des Auslands 15

Abbildung 1–4: Arbeitsplatzverlagerung in den USA 16

Abbildung 1–5: Summe der Löhne verlagerter US-Arbeitsplätze 16

Abbildung 1–6: Hauptmerkmale des internationalen Bankgeschäftes 18

Abbildung 1–7: Festverzinsliche Wertpapiere weltweit 20

Abbildung 1–8: Weltweiter Bestand an Währungsreserven 21

Abbildung 1–9: Weltweite Bestände an Derivaten 22

Abbildung 1–10: Entwicklungsländer: Verhältnis externer Schulden zum BIP 29

Abbildung 1–11: Schuldendienstquote der Entwicklungsländer 30

Abbildung 1–12: Kapitalzufluss in asiatische Entwicklungsländer 34

Abbildung 1–13: Netto-Kapitalzuflüsse in ausgewählte asiatische Länder 35

Abbildung 1–14: Netto-Kapitalzufluss in einige asiatische Länder 36

Abbildung 1–15: Portfolioinvestitionen in ausgewählte Transformationsländer 40

Abbildung 1–16: Wechselkursentwicklung aufstrebender asiatischer Länder 41

Abbildung 1–17: Entwicklung der Anspannung am Geldmarkt 42

Abbildung 1–18: Staatsverschuldung der G7-Länder und des Euroraums 43

Abbildung 1–19: Staatsverschuldung ausgewählter Länder des Euroraums 44

Abbildung 1–20: Risikoaufschläge 10-jähriger Staatsanleihen gegenüber
deutschen Staatsanleihen im Euroraum 45

Abbildung 1–21: Aktienkursentwicklung von 1999 bis 2013 52

Abbildung 1–22: Euro, DM, Pfund und Yen in Bezug zum US-Dollar 52

Abbildung 1–23: Wechselkurse einiger lateinamerikanischer Länder 53

Abbildung 1–24: Reale Wechselkursentwicklung von 1980 bis 2013 54

Abbildung 1–25: Hauspreisentwicklung von 1990 bis 2013 54

Abbildung 1–26: Leistungsbilanzsalden der G3-Länder und China, 1980–2013 58

Abbildung 2–1: Neues Rahmenwerk der Überwachungsfunktion 97

Abbildung 2–2: Aufgabenverteilung im Europäischen Semester 129

Abbildung 3–1: Gefangenendilemma 193

Abbildung 3–2: Das Drei-Säulen-Konzept von Basel II 252

Abbildung 3–3: Überarbeitung der Eigenkapitaldefinition in Basel III 255

Abbildung 3–4: Die neue europäische Aufsichtsstruktur ESFS 266

Abbildung 3–5: Taylor-Zins und tatsächlicher Zinspfad des US-Leitzinses 273

Tabellenverzeichnis

Tabelle 1–1: Indikatoren für die Welt und ausgewählte Ländergruppen 7

Tabelle 1–2: Anteile der Exporte und Importe am BIP (in %) 8

Tabelle 1–3: Direkt- und Portfolioinvestitionen der G7-Länder 11

Tabelle 1–4: Direktinvestitionen in Deutschland 12

Tabelle 1–5: Bilanz unmittelbarer und mittelbarer Unternehmensbeteiligungen Ende 2011 13

Tabelle 1–6: Internationaler Devisenhandel 20

Tabelle 1–7: Märkte für außerbörsliche Derivate weltweit 23

Tabelle 1–8: Migration in ausgewählte Länder 26

Tabelle 1–9: Weltweite Migration 27

Tabelle 1–10: Leistungsbilanzsalden der G3-Länder und China 59

Tabelle 1–11: Leistungsbilanzsalden der europäischen Länder (in % des BIP) 61

Tabelle 2–1: Internationale Organisationen 80

Tabelle 2–2: OECD-Mitglieder und Anteil an den Beitragszahlungen (in %) 112

Tabelle 2–3: Übersicht der EU-Mitgliedsstaaten 126

Tabelle 2–4: Phasen zum Aufbau der Wirtschafts- und Währungsunion 128

Tabelle 2–5: Die G20-Länder 168

Tabelle 3–1: Standards and Codes 249

Tabelle 3–2 Bankrettungsprogramme ausgewählter Volkswirtschaften 271

Abkürzungsverzeichnis

ASEAN	Association of South East Asian Nations
ADB	Asian Development Bank
AFDB	African Development Bank
BIP	Bruttoinlandsprodukt
BIZ	Bank für Internationalen Zahlungsausgleich
BSP	Bruttosozialprodukt
CAC	Collective Action Clause
CCL	Contingent Credit Line
CDS	Credit Default Swap
CDO	Collateralized Debt Obligation
EBRD	European Bank for Reconstruction and Development
EONIA	Euro Overnight Index Average
EU	Europäische Union
EURIBOR	Euro Interbank Offered Rate
EWS	Europäisches Währungssystem
EWS	Early Warning System
EWWU	Europäische Wirtschafts- und Währungsunion
FSF	Financial Stability Forum
GATT	General Agreement on Tariffs and Trade
G7	Gruppe der Sieben (USA, Kanada, Deutschland, Frankreich, Großbritannien, Italien, Japan)
ILO	International Labour Organization
IWF	Internationaler Währungsfonds
LOLR	ender of Last Resort

MERCOSUR	Mercado Común del Sur
NAFTA	North American Free Trade Agreement
OECD	Organisation for Economic Cooperation and Development
OPEC	Organization of Petroleum Exporting Countries
PSI	Private Sector Involvement
SDDS	Special Data Dissemination Standard
SIV	Structured Investment Vehicle
UN	United Nations
UNCTAD	United Nations Conference on Trade and Development
WKM II	Wechselkursmechanismus II
WTO	World Trade Organization

1. Teil: Weltwirtschaftliche Verflechtung und die Frage internationaler Ordnung

I. Der Prozess weltwirtschaftlicher Verflechtung

Unter „Weltwirtschaft" versteht man alle Beziehungen und Verflechtungen, die durch den internationalen Handel sowie durch Bewegungen von Kapital und Arbeit zwischen den Volkswirtschaften entstehen.

Anknüpfend an dieses allgemeine Begriffsverständnis werden als Erscheinungsformen weltwirtschaftlicher Verflechtung in diesem Abschnitt folgende Bereiche behandelt:

- Internationaler Handel
- Auslandsinvestitionen und „Neue Formen" der Internationalisierung
- Internationalisierung der Finanzmärkte
- Internationale Arbeitskräftewanderungen.

Internationale Arbeitsteilung und internationale Wirtschaftsbeziehungen fanden jahrhundertelang vorwiegend ihren Ausdruck in Außenhandelsbeziehungen (Ausfuhr und Einfuhr von Gütern). Im Zuge der immer stärkeren Ausdehnung des internationalen Handelsvolumens – bedingt vor allem durch den Ausbau der kostensenkenden Massenproduktion in den entwickelten Industrienationen – und der weltwirtschaftlichen Integration der Gütermärkte expandierten jedoch auch internationale Kapitaltransfers. Diese zeigten sich zum einen in direkten Investitionen inländischer Unternehmen in ausländische Produktionsanlagen („Auslandsinvestitionen") und zum anderen in ausländischen Finanzanlagen inländischer Vermögensbesitzer.

Zum Teil unabhängig von diesen Prozessen vollzog sich noch eine weitere strukturelle Entwicklung, die die weltwirtschaftliche Verflechtung heute mitunter kennzeichnet. Diese Entwicklung spiegelt sich in den vielen Arbeitsmigrationen rund um den Erdball wider. Diese liefen bislang im Wesentlichen einseitig oder asymmetrisch von ärmeren Entwicklungsländern in Richtung reicherer, entwickelter Länder. Sie wurden vorwiegend erst ausgelöst durch Anwerbeaktionen von Firmen der gastgebenden Länder, bedingt durch eine zeitweise Überhitzung inländischer Arbeitsmärkte.[1]

---

[1] Diese weltwirtschaftliche Verflechtung wird seit den 1990er Jahren zunehmend auch unter dem Begriff der „Globalisierung" gefasst. Globalisierung ist jedoch ein sehr allgemeiner (undifferenzierter) Begriff, der nicht nur das wirtschaftliche, sondern auch das kulturelle, politische und technologische „Zusammenwachsen" der verschiedenen Gesellschaften und Volkswirtschaften

1. Internationaler Handel

1.1 Theoretische Begründung

Die Begründung für internationalen Handel ist gleichzeitig auch der Ausgangspunkt für die Begründung internationaler Wirtschaftsbeziehungen überhaupt. (Deswegen wird dieser Punkt hier auch etwas ausführlicher behandelt als die anderen drei oben genannten Formen weltwirtschaftlicher Verflechtung.) Ich werde im Folgenden die Hauptargumente in der theoretischen Begründung für internationalen Handel kurz und überblicksartig zusammenfassen[2].

(1) Nicht jedes Land verfügt (in hinreichendem Ausmaß) über die notwendige Palette von Produktionsfaktoren, die notwendig wären, um autonom vom Ausland die von den Gesellschaftsmitgliedern gewünschten Güter produzieren zu können. Insbesondere was bestimmte Rohstoffe anbelangt, so sind viele Länder vom Ausland abhängig. So muss beispielsweise die Bundesrepublik für die Produktion vieler wichtiger Güter folgende notwendigen Rohstoffe zu 100 % vom Ausland beziehen: Aluminium, Baumwolle, Chrom, Kobalt, Mangan, Nickel, Phosphat, Quecksilber, Titan, Vanadium, Wolfram und Zinn. Weitere fast zu 100 % vom Ausland bezogene Rohstoffe sind: Kupfer, Silber, Eisenerz, Erdöl und Blei[3]. Was für Rohstoffe gilt, gilt natürlich auch für Konsumgüter wie z. B. südländische Früchte, die hier aus klimatischen Bedingungen nicht wachsen[4]. Aber auch andere Güter fallen hierunter, die im Prinzip schon im Inland autonom produzierbar sind, jedoch nicht in der gewünschten Qualität. Sofern solche Güter benötigt oder gewünscht werden, muss man sie importieren. Gleiches gilt für andere Produktionsfaktoren, wie Arbeit und Kapital sowie technisches Wissen.

(2) Als Ausgangspunkt für internationale Handelsbeziehungen kann auch eine Überversorgung der inländischen Bevölkerung mit bestimmten Gütern stehen, sodass sich das Überangebot gleichsam ein Ventil im internationalen Handel sucht (sog. „vent-for-surplus"-Theorie). Ein bekanntes Beispiel hierfür sind die landwirtschaftlichen Überschüsse der Europäischen Union und der USA, die ihre Agrarüberschüsse zum Teil zu subventionierten Niedrigpreisen auf dem Weltmarkt abzusetzen versuchen.

(3) Ein dritter Hauptgrund für internationalen Handel besteht in unterschiedlichen Kosten einzelner Länder bei der Produktion gleicher Güter. Diese unterschiedlichen Kosten lassen sich zum Teil auf die unterschiedliche Verfügbarkeit oder Knappheit

---

auf unserem Globus bezeichnet. Von daher werden wir in diesem Buch diesen Begriff eher „spärlich" verwenden.

[2] Siehe ausführlicher z. B. Altmann [1984], Dieckheuer [2001], Bhagwati [2002], Feenstra [2004], Rose und Sauernheimer [2006], Lorz und Siebert [2014] oder irgendein anderes der zahlreichen einschlägigen Lehrbücher, die im Literaturverzeichnis aufgeführt sind.

[3] Vgl. Statistisches Bundesamt, Außenhandel, Fachserie 7 (laufend).

[4] Hier besteht allerdings technisch die Möglichkeit, solche Produkte künstlich in Treibhäusern zu züchten. Dies würde jedoch zusätzliche Energie erfordern, zu deren Produktion letztlich auch wieder vom Ausland Rohstoffe bezogen werden müssten.

sowie die unterschiedliche Qualität von Produktionsfaktoren zurückführen. Die unterschiedliche Qualität selbst drückt sich in unterschiedlichen Faktorproduktivitäten (Verhältnis von Produktionsergebnis zu Faktoreinsatz) aus. Insofern sich Kostenunterschiede hierauf zurückführen lassen, spricht man in der volkswirtschaftlichen Literatur auch von „Ricardo-Gütern" („klassische" Außenhandelstheorie). Dagegen spricht man von „Heckscher-Ohlin-Gütern", wenn sich die Kostenunterschiede allein auf die unterschiedliche Verfügbarkeit oder Knappheit von Produktionsfaktoren – bei sonst gleichen Faktorproduktivitäten bzw. gleicher Standardtechnologie[5] – zurückführen lassen. Man spricht hier auch von „neoklassischer" Außenhandelstheorie im Gegensatz zur vorher erwähnten „klassischen" oder „ricardianischen" Außenhandelstheorie.

Faktor-Proportionen-Theorem

In einem bekannten Theorem der neoklassischen Außenhandelstheorie, dem sog. „*Faktor-Proportionen-Theorem*" von Heckscher und Ohlin, wird die These abgeleitet[6], dass die relative Verfügbarkeit von Produktionsfaktoren in einem Land (eben die Faktorproportionen) die Faktorpreise bestimmen. Dies gilt jedoch im strikten Sinne nur bei vollkommener Konkurrenz auf den verschiedenen Märkten. Das „Faktor-Proportionen-Theorem" impliziert den Schluss, dass sich beispielsweise die Länder, in denen Arbeitskräfte und Rohstoffe überproportional verfügbar (dementsprechend weniger knapp und deswegen billiger) sind, auf die Produktion arbeits- oder rohstoffintensiver Güter spezialisieren (sollten). Dagegen würden (sollten) sich Länder, die über eine relativ höhere Kapitalausstattung bzw. über ein relativ höheres Maß an Kapital und Technologien verfügen, auf die Produktion kapital- oder technologieintensiver Güter verlegen. Allerdings ist dieses Theorem, im Anschluss an den Nachweis des sogenannten „Leontief-Paradoxon"[7], insoweit modifiziert worden, dass bei den Produktionsfaktoren nun unterschiedlich qualifiziertes Arbeitskräftepotenzial, der Stand der Technologie und die spezifische Ausstattung mit Rohstoffen berücksichtigt werden. Das „Faktor-Proportionen-Theorem" berücksichtigte ursprünglich nur die Faktoren Arbeit und Kapital ohne eine weitere Differenzierung.

(4) Unterschiedliche Kosten müssen sich natürlich in unterschiedlichen Preisen niederschlagen, um internationalen Handel begründen zu können. Anders gesagt, eine Spezialisierung mit einem entsprechenden Güteraustausch wird nur dann zustande kommen, wenn sich das Tausch- bzw. Preisverhältnis zwischen (Gruppen von) Gütern, das man auch als „Terms of Trade" bezeichnet, in die „richtige" Rich-

---

5 In der einschlägigen volkswirtschaftlichen Theorie werden diesbezüglich linear-homogene neoklassische Produktionsfunktionen zugrundegelegt. Siehe z. B. als Übersicht Bender [2007].
6 Vgl. Heckscher [1919] und Ohlin [1933].
7 W. Leontief hatte 1953 nachgewiesen, dass die USA als relativ kapitalreiches Land im Gegensatz zur Aussage des „Faktor-Proportionen-Theorems" kapitalintensive Güter importierten und arbeitsintensive Güter exportierten.

tung entwickelt. Und zwar muss sich hierfür bei einer Spezialisierung ein internationales Tauschverhältnis zwischen den zu handelnden Gütern herausentwickeln, das für beide Länder günstiger ist als die nationalen Tauschverhältnisse im autonomen oder Autarkiezustand. Konkret gesagt: Die internationalen Tausch- oder Preisverhältnisse müssen zwischen den beiden nationalen Preisverhältnissen liegen.

Terms of Trade

Als „*Terms of Trade*" bezeichnet man in der Regel das Verhältnis von Exportpreis-Index zu Importpreis-Index. Veränderungen der Terms of Trade drücken dann aus, ob mit denselben Exportmengen mehr oder weniger Importgüter „bezahlt" werden können. Falls sich die Preise der betrachteten Güter direkt aus den Produktionskosten ableiten ließen, entsprächen die Terms of Trade dem Kostenverhältnis.

---

(5) Internationaler Handel kann außerdem durch zunehmende Skalenerträge erklärt werden, d. h. sofern die Kosten pro Einheit mit wachsender Produktionsmenge sinken, muss internationaler Handel nicht auf komparative Vorteile zurückgehen. Solche Skalenerträge erhöhen bei Ländern den Anreiz, sich auf bestimmte Produkte zu spezialisieren und auch mit solchen Volkswirtschaften Handel zu treiben, die die gleichen technologischen Voraussetzungen aufweisen. Zentral ist dabei neben steigenden Skalenerträgen die Annahme von Konsumdifferenzierung (Konsumenten haben nicht die gleichen Konsumpräferenzen). So ist es im Rahmen des intra-industriellen Handels z. B. für ein Land vorteilhaft, sich auf die Herstellung eines bestimmten Autos zu konzentrieren und es für den Weltmarkt zu produzieren, während ein anderes Land sich auf einen anderen Typ Auto spezialisiert. Dies ermöglicht dem Land Skalenerträge und da im Zuge einer Massenproduktion Produkte mit steigender Stückzahl günstiger produziert werden können, könnten sie auch preiswerter verkauft werden. Dies impliziert, dass Konsumenten – verglichen mit einer Situation ohne internationalen Handel – weltweit von einer größeren Auswahl und niedrigeren Preisen profitieren. Das heißt, dass Konsumenten ein vielfältiges Angebot schätzen oder unterschiedliche Präferenzen besitzen. Sie fragen daher unterschiedliche Varianten eines Gutes nach. Die Anbieter betreiben Produktdifferenzierung mit dem Ziel, eine monopolistische Marktnische zu besetzen, um dem Preiswettbewerb durch direkte Konkurrenz zu entgehen. Auf diese Weise lässt sich auch die moderne Struktur des Welthandels, innerhalb derer transnationale Konzerne den Handel bestimmen, erklären[8].

Folgendes ist allerdings zu berücksichtigen. Wenn es aufgrund von Spezialisierungen zu Handelsvorteilen kommt, so handelt es sich dabei zunächst nur um *gemeinsame* Vorteile der beteiligten Länder. Über die Verteilung der Vorteile oder Gewinne aus internationaler Arbeitsteilung auf die Länder ist damit noch nichts ausgesagt. Außerdem ist der Vorteil ein rein makroökonomischer. Das bedeutet, die

---

[8] Vgl. Krugman u. a. [2012: Kap. 9].

Frage, welche Folgen eine Spezialisierung auf die Wirtschafts- und Sozialstruktur eines Landes ausübt, und ob dies wünschenswert ist, wird hierdurch nicht berührt.

Der internationale Handel von Waren und Dienstleistungen expandierte in den letzten Jahrzehnten in einem starken Ausmaß[9], wie im nächsten Abschnitt näher dargestellt werden wird. Diese Entwicklung hat mehrere Grundlagen. Zum einen spiegelt sie bedeutende institutionelle Änderungen wider wie den Abbau von Handelsschranken und Kapitalkontrollen in den westlichen Industrieländern. Zum anderen und letztlich noch bedeutender war der technische Fortschritt, der grundlegende Erleichterungen und Verbesserungen im internationalen Transport und in der internationalen Kommunikation mit sich brachte.

Dabei gewann nicht nur der „inter-industrielle" Handel, sondern auch und insbesondere der „intra-industrielle" Handel stärker an Bedeutung. Während beim inter-industriellen Handel die internationale Spezialisierung zwischen den Wirtschaftssektoren abläuft, findet beim intra-industriellen Handel die internationale Spezialisierung zwischen den Teilsektoren eines Wirtschaftszweiges statt. (D. h., es werden ähnliche oder sogar gleiche Produkte ausgetauscht. Beispiel: Deutsche Unternehmer exportieren Kraftfahrzeuge nach Frankreich, und französische Unternehmer exportieren Kraftfahrzeuge nach Deutschland.) Der intra-industrielle Handel schlägt sich deshalb innerhalb einer Branche in relativ hohen Export- *und* Importquoten nieder.[10]

1.2 Empirische Entwicklung

Der internationale Handel von Waren und Dienstleistungen hat seit den 1970er Jahren stark zugenommen. Betrug die Weltausfuhr 1970 noch 302 Milliarden US-Dollar, so stieg sie bis 1980 auf 1.949 Milliarden und 1990 auf 3.443 Milliarden US-Dollar und erreichte 2012 ein Niveau von 22.564 Milliarden US-Dollar (vgl. Tabelle 1–1). Sie expandierte damit weit mehr als das Welt-Sozialprodukt, das von 4.400 Milliarden US-Dollar im Jahre 1970 auf 83.193 Milliarden US-Dollar im Jahre 2012 anstieg. In Abbildung 1–1 sind die Wachstumsraten des Welthandels (dort Warenexporte) und der Weltproduktion (gemessen am Welt-BIP) für den Zeitraum von 1980 bis 2012 dargestellt. Diese Abbildung zeigt deutlich, dass die Warenexporte während dieser Zeit im Durchschnitt erheblich höhere Wachstumsraten aufwiesen als die Weltproduktion. Lediglich im Jahr 2009 waren im Zuge der jüngsten Finanzkrise kurzfristig starke Einbrüche bei beiden Indikatoren erkennbar, wobei der Einbruch der Warenexporte gegenüber dem Vorjahr deutlich stärker ausgefallen ist als der Einbruch der Weltproduktion.

---

[9] Ausgehend allerdings von einem sehr niedrigen Niveau nach dem Zweiten Weltkrieg. Über die letzten 100 Jahre hinweg handelte es sich in Ländern wie den USA oder Großbritannien eher um einen „Wiederaufholprozess". Vgl. z. B. Krugman [1989: 7] und Krugman u. a. [1995]. Siehe auch die Einführung zum 2. Teil unten.

[10] Zu den herkömmlichen Erklärungen für intra-industriellen Handel sowie zur empirischen Darstellung der Zunahme intra-industriellen Handels siehe z. B. Greenaway und Milner [1986], Broll und Gilroy [1994], Lloyd und Lee [Hrsg., 2002], Ito und Okubo [2012] oder Clark [2013].

Abbildung 1–1: Indikatoren zum Welthandel

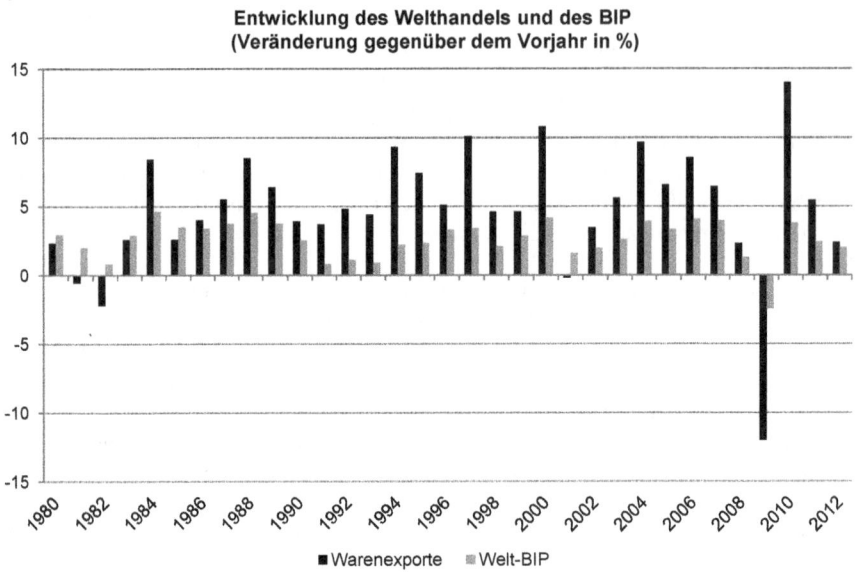

Quelle: WTO, World Trade Statistics

Die expansive Entwicklung des internationalen Handels von Gütern und Dienstleistungen in den vergangenen Jahren spiegelt sich auch in Tabelle 1–1 wider. Die Tabelle 1–1 zeigt, dass das Volumen des Welthandels sowohl für die Industrie- als auch für die Entwicklungsländer gerade in den 1990er Jahren deutlich stärker gewachsen ist als die weltweite reale Gesamtproduktion. Der Welthandel (weltweite Im- und Exporte) ist in den 1990er Jahren durchschnittlich sogar mehr als doppelt so schnell wie die Weltproduktion gewachsen – bis zum Aufkommen der jüngsten Finanzkrise im Jahre 2008 immerhin fast doppelt so schnell gewachsen. Im Jahr 2009 kam es schließlich zu einer Verminderung des Welthandelvolumens, allerdings nur kurzfristig, da das Vorkrisenniveau bereits im Jahr 2011 wieder überschritten wurde. Die Expansion des Welthandels hat sich dennoch in den letzten Jahren stark verlangsamt und ist sogar 2012 etwas schwächer als die Expansion der weltwirtschaftlichen Produktion (siehe in Tabelle 1–1).

Tabelle 1–1: Indikatoren für die Welt und ausgewählte Ländergruppen

Veränderung gegenüber dem Vorjahr in % (soweit nicht anders angegeben)[1)]

	90–99	00–07	2008	2009	2010	2011	2012
Gesamtproduktion, in Mrd. US-Dollar (zu Kaufkraftparität)	32.001	53.121	70.538	70.608	75.090	79.346	83.193
Welthandel, Export in Mrd. US-Dollar	5.696	11.164	19.813	15.916	18.974	22.361	22.564
Gesamtproduktion, real[2)] Welt	3,1	4,2	2,7	–0,4	5,2	3,9	3,2
davon Industrieländer	2,8	2,6	0,1	–3,4	3,0	1,7	1,5
Schwellen-/Entwicklungsländer	3,7	6,6	5,8	3,1	7,5	6,2	4,9
Euro-Raum[3)]	...	2,2	0,4	–4,4	2,0	1,5	–0,6
Welthandel	6,8	7,2	2,8	–10,6	12,8	6,1	2,7
Ausfuhr, Volumen	6,9	7,1	2,7	–10,4	12,9	6,1	2,8
darunter Industrieländer	6,5	6,2	2,1	–11,6	12,4	5,7	2,0
Schwellen-/Entwicklungsländer	8,4	9,7	4,2	–8,0	14,0	6,8	4,2
Euro-Raum[3)]	6,3	6,2	0,6	–12,7	11,6	6,3	2,3
Einfuhr, Volumen	6,7	7,2	2,8	–10,9	12,7	6,1	2,6
darunter Industrieländer	6,6	6,0	0,5	–12,1	11,7	4,7	1,0
Schwellen-/Entwicklungsländer	7,8	10,9	8,3	–8,3	14,7	8,8	5,5
Euro-Raum[3)]	6,0	5,8	0,4	–11,3	9,7	4,4	–1,2

1) Die Ländergruppen umfassen insgesamt 189 Volkswirtschaften, zu den näheren Erläuterungen bezüglich der einbezogenen Länder, zur Klassifikation der jeweiligen Ländergruppen und zur Berechnung der zusammengefassten Ergebnisse für die jeweiligen Merkmale siehe statistischer Anhang zu „World Economic Outlook, Oktober 2013" des Internationalen Währungsfonds (IWF).

2) Reales Bruttoinlandsprodukt

3) Bestehend aus 17 Staaten: Belgien, Deutschland, Finnland, Frankreich, Griechenland, Irland, Italien, Luxemburg, Niederlande, Österreich, Portugal, Slowenien, Spanien, Estland, Malta, Slowakei, Zypern.

Quelle: IWF, World Economic Outlook, Oktober 2013

In Tabelle 1–2 wird nochmals die Expansion des grenzüberschreitenden Handels am Beispiel der fünf größten OECD-Länder veranschaulicht. Es werden dort die Anteile der Exporte und Importe am BIP dieser Länder aufgezeigt. (Die Summe aus beiden Anteilen bezeichnet man auch als den „Offenheitsgrad" eines Landes.) Wie man aus der Tabelle 1–2 ersehen kann, ist insbesondere in der Bundesrepublik Deutschland die Dynamik der Handelsexpansion seit den 1950er Jahren sehr stark gewesen. So stieg der „Offenheitsgrad" der Bundesrepublik allein in den 20 Jahren von 1970 bis 1990 von 43,2 % auf 58,6 % und bis 2012 sogar auf 97,8 %. Was die Handelspartner anbelangt, so gingen 2012 57 % der deutschen Gesamtausfuhr in die EU-Staaten, 8 % in die USA und 16 % nach Asien. Dagegen kamen 56 % der Gesamteinfuhren aus den EU-Staaten, 6 % aus den USA und 18 % aus Asien.[11]

Tabelle 1–2: Anteile der Exporte und Importe am BIP (in %)

	USA	Japan	BRD	Frankreich	GB
1950	8,4	21,9[1)]	24,1	30,2	45,2
1970	11,1	20,3	43,2	31,1	43,7
1990	20,4	19,8	58,6	44	50,2
2010	28,1	29,2	89,5	53,2	62,4
2012	30,4	31,3	97,8	57,1	65,3

1) Zahlen sind für 1955; 1950er Zahlen: Anteile am BSP

Quelle: für 1950 und 1970: OECD-Veröffentlichungen,
ab 1990: IWF, International Financial Statistics

Nach wie vor spielt sich der internationale Handel überwiegend zwischen den Industrieländern ab, wobei die Entwicklungsländer einen immer größer werdenden Anteil am Welthandel einnehmen. So betrug der Anteil der westlichen Industrieländer am Weltexport 2012 61 % (2007: 66,4 %, 1993: 68,9 %, 1970: 73,7 %). Der Anteil der Entwicklungsländer am Weltexport betrug dagegen 2012 nur 39 % (2007: 33,6 %, 1993: 31,1 %, 1970: 26,3 %)[12]. Die Dominanz der Industrieländer überrascht nicht, wenn man die Welt-Einkommensverteilung betrachtet. Auf Grundlage der Daten des Internationalen Währungsfonds lebte 1985 die Hälfte der Menschen in Ländern, in denen die Wirtschaftsleistung pro Kopf und Jahr umgerechnet weniger als 600 US-Dollar betrug und 17 % in Ländern mit einem durchschnittlichen Pro-Kopf-Einkommen von fast 15.000 US-Dollar. Im Jahr 2012 lebten 49 % der Weltbevölkerung in Ländern mit einem durchschnittlichen Pro-Kopf-Einkommen von unter 6.000 US-Dollar und 83 % in Ländern mit einem durchschnittlichen Pro-Kopf-Einkommen von unter 15.000 US-Dollar. Dagegen lebten 10 % der Weltbevölkerung in Ländern mit einem durchschnittlichen Pro-Kopf-Einkommen von mehr als

---

[11] Datenquelle: Statistisches Bundesamt.
[12] Datenquelle: IWF, World Economic Outlook, Oktober 2013.

40.000 US-Dollar[13]. Je geringer die Wirtschaftsleistung, umso niedriger ist natürlich auch (absolut gesehen) das mögliche Import- und Exportvolumen.

2. Auslandsinvestitionen und „Neue Formen" der Internationalisierung

2.1 Theoretische Begründung

Unter „Auslandsinvestitionen" oder „Direktinvestitionen" im engeren Sinne versteht man die Schaffung von Realkapital durch Ausländer[14]. Beispiele hierfür sind die Errichtung einer Fabrik bzw. der Erwerb oder die Beteiligung an einem bestehenden Unternehmen im Ausland durch Inländer. Hierfür werden finanzielle Mittel oder im Inland erworbene reale Produktionsmittel grenzüberschreitend transferiert. Ausführende solcher internationaler Direktinvestitionen sind vor allem multinationale und transnationale Großkonzerne.

Der Anlass für solche Direktinvestitionen kann einmal darin bestehen, ausländische Märkte und Rohstoffquellen durch die Präsenz „vor Ort" zu sichern. Er kann aber auch einfach darin liegen, Produktionskosten, insbesondere Lohnkosten, zu senken. Auch können staatlich gesetzte Regulierungen wie Umweltschutzauflagen, Mindestlohnvorschriften oder Sozialkostenbelastungen multinationale Unternehmen veranlassen, Produktionen ins Ausland zu verlagern. Des Weiteren können durch Direktinvestitionen protektionistische Maßnahmen des Gastlandes unterlaufen werden, denn solche Maßnahmen gelten ja nur für Anbieter aus dem Ausland, d. h. für Einfuhren. Teilweise werben manche Länder, insbesondere Entwicklungsländer, solche Direktinvestitionen vom Ausland sogar an. Dies vollzieht sich häufig in Form von staatlichen Begünstigungen (steuer-, zoll- und devisenrechtlichen Sonderregelungen bezüglich) ausländischer Investoren in sogenannten „freien Produktionszonen".

In den letzten Jahrzehnten sind verstärkt „neue Formen" der Internationalisierung diskutiert und auch realisiert worden, die teilweise an die Stelle von Direktinvestitionen im Ausland treten. Es handelt sich dabei vor allem um internationale kontraktorientierte Kooperationsformen, z. B. in der Form von „Konsortien" oder von „joint ventures". Bei *joint ventures* teilen sich mehrere selbstständige Firmen die Investitionskosten, die Risiken und die langfristigen Profite von bestimmten Projekten. Bei der Bildung von „Konsortien" dagegen verabreden Firmen, hinsichtlich ausgewählter Unternehmensfunktionen wie Forschung und Entwicklung oder Absatz zusammenzuarbeiten, Ressourcen gemeinsam zu nutzen oder Güter bzw. Produktionsmittel auszutauschen.[15] (Zur unternehmensstrategischen Begründung solcher internationaler Kooperationsabkommen siehe z. B. Porter [Hrsg., 1986].)

---

[13] Quelle: Weltbank, World Development Indicators.
[14] Direktinvestitionen im weiteren Sinne wären Portfolioinvestitionen, d. h. der Erwerb von ausländischen Wertpapieren aus Gründen der Vermögensanlage bzw. ihrer Diversifizierung. Dies wird im Abschnitt 3 gesondert behandelt unter „Internationalisierung der Finanzmärkte".
[15] Solche Kooperationsabkommen sind natürlich wettbewerbspolitisch nicht unbedenklich, da sie einen möglichen Ausgangspunkt für eine internationale Oligopolisierungstendenz darstellen.

Aber auch das Phänomen des „*Offshoring*" kann hier angeführt werden. Unter Offshoring versteht man die Verlagerung von Unternehmensaktivitäten ins Ausland, wobei der Begriff „Aktivitäten" sowohl Dienstleistungen (z. B. Call Center) als auch Produktionstätigkeiten (beispielsweise Herstellung von Automobilkomponenten im Ausland) umfasst. Die verlagerten Arbeitsplätze und Produktionstätigkeiten können dabei in einer ausländischen Zweigstelle desselben multinationalen Konzerns angesiedelt werden oder aber ein anderes ausländisches Unternehmen übernimmt die Aktivitäten. Offshoring ist vom Prozess des Outsourcing abzugrenzen, der nicht zwangsweise eine Verlagerung von Arbeitsplätzen und Produktionsprozessen ins Ausland beinhaltet[16].

In letzter Zeit ist insbesondere das Dienstleistungsoffshoring ins Zentrum der Diskussion gerückt. Es wird argumentiert, dass das Diensleistungsoffshoring seit den 1990er Jahren zunehmend an Bedeutung gewonnen hat und sich dieser Trend aller Wahrscheinlichkeit nach fortsetzen wird. Treibende Faktoren für diesen Prozess sind erstens *ökonomische Faktoren* in Form von niedrigeren Produktionskosten im Ausland. Der maßgebliche Unterschied zwischen Industrieländern wie den USA und Schwellen- oder Entwicklungsländern besteht in den Lohnkosten (z. B. ist das durchschnittliche Gehalt eines Computerprogrammierers in den USA höher als das eines Angestellten in Polen oder Indien). Hinzu kommt, dass die Aufwendungen für Sozialleistungen wie die Gesundheitsversicherung oder die Beiträge für die Pensionskasse in Industrieländern tendenziell höher sind. Zweitens spielen *technologische Faktoren* – hier insbesondere der technische Fortschritt in den Bereichen Computer und Telekommunikation (Internet) – eine wesentliche Rolle. Und drittens haben *regulatorische Faktoren* zum Wachstum des Dienstleistungsoffshorings beigetragen. So haben in den vergangenen 15–20 Jahren in vielen Ländern (sowohl Industrie- als auch Entwicklungsländer) Marktliberalisierungen und die Deregulierungsmaßnahmen in den jeweiligen Dienstleistungssektoren die Expansion des Dienstleistungsoffshoring gefördert. Was die ökonomischen Auswirkungen anbelangt, so sagt die ökonomische Theorie voraus, dass das Dienstleistungsoffshoring kurz- bis mittelfristig Verlagerungen bzw. Verwerfungen auf den internationalen Arbeitsmärkten nach sich ziehen wird, da einige Arbeitnehmer durch effizientere Dienstleister in anderen Ländern ersetzt werden dürften. Allerdings sollten die inländische Wirtschaftsleistung und die Beschäftigung nicht permanent gesenkt werden. Langfristig hat der zunehmende internationale Handel im Zuge des Offshorings positive Effekte, da der durchschnittliche Lebensstandard sowie das Produktivitätswachstum in Industrieländern wie den USA tendenziell erhöht wird. Zudem führt Offshoring von Zwischenproduktionsprozessen grundsätzlich zu einer Verstärkung der Vernetzung von internationalen Produktionsstrukturen[17].

---

[16] Vgl. Garner [2004: 6 f.]. Für eine ausführliche Diskussion des Offshorings und der mit diesem Prozess verbundenen Herausforderungen siehe z. B. Bardhan und Kroll [2003], Bhagwati et al. [2004], Samuelson [2004], Blinder [2006], Trefler [2005], Crino [2009], Sethupathy [2013] sowie die dort jeweils aufgeführten Studien.

[17] Vgl. Garner [2004: 11 ff.]. Siehe z. B. Amiti und Wei [2005; 2009], Debande [2006], Grossman und Rossi-Hansberg [2006], Mankiw und Swagel [2006] sowie Winkler [2010] für Studien, die die zunehmende Bedeutung des (Dienstleistungs-)Offshoring belegen.

2.2 Empirische Entwicklung

Die starke Globalisierung der Finanzsysteme verdeutlicht die Tabelle 1–3 am Beispiel des starken Anstiegs des Kapitalverkehrs weltweit. So stiegen die Direktinvestitionen der G7-Länder von insgesamt 377 Milliarden US-Dollar 1980 (exklusive Frankreich) auf 11.324 Milliarden US-Dollar im Jahr 2007. Nach Ausbruch der globalen Finanzkrise sind die Direktinvestitionen kurzfristig gesunken, stiegen aber schon im Jahr 2009 wieder an und betrugen im Jahr 2012 bereits 13.665 Milliarden US-Dollar.

Tabelle 1–3: Direkt- und Portfolioinvestitionen der G7-Länder

Direktinvestitionen der G7-Länder in Mrd. US-Dollar*

	Kanada	Frankreich	Deutschland	Italien	Japan	GB	USA
1980	23,78	n.a. **	31,35	7,32	19,61	79,21	215,38
1990	84,81	110,12	124,96	57,26	201,44	236,12	616,66
2000	237,64	942,50	486,76	180,28	278,45	923,37	1531,61
2007	951,30	1805,72	1545,29	535,55	547,51	1802,57	4136,03
2008	640,75	1276,82	1459,59	540,07	690,82	1525,03	4353,30
2009	881,07	1603,86	1605,28	609,39	753,20	1673,96	4700,54
2010	986,05	1550,13	1634,92	597,97	846,22	1619,57	4950,36
2011	906,43	1309,36	1681,03	621,34	972,27	1696,27	5366,27
2012	991,63	1535,00	1830,06	647,63	1054,10	1793,20	5813,47

Portfolioinvestitionen der G7-Länder in Mrd. US-Dollar*

	Kanada	Frankreich	Deutschland	Italien	Japan	GB	USA
1980	7,94	n.a. **	20,37	5,22	21,44	45,55	62,45
1990	34,64	81,05	185,23	62,84	595,84	399,05	342,31
2000	139,46	663,73	995,95	590,76	1306,48	1352,04	2425,53
2007	773,38	2965,00	2624,81	1295,66	2523,57	3400,36	7262,04
2008	476,24	2584,90	2149,16	1003,53	2376,66	2426,25	4320,82
2009	616,54	2953,06	2507,87	1173,57	2845,85	3035,79	6058,55
2010	738,88	2776,65	2555,69	1154,63	3305,18	3241,11	7373,23
2011	743,35	2363,55	2380,35	1030,63	3375,24	3209,58	6871,73
2012	867,78	2570,11	2760,14	1045,65	3525,27	3551,81	7973,23

* Umfang der Kapitalabflüsse
** Direktinvestitionen 1987: 51,69 Mrd. US-Dollar, Portfolioinvestitionen 1989: 73,65 Mrd. US-Dollar

Quelle: IWF, International Financial Statistics

Noch stärker stiegen die Portfolioinvestitionen in dem Zeitraum von 1980 bis 2012. So betrug der Kapitalabfluss aus den G7-Staaten in Form von Portfolioinvestitionen im Jahr 1980 insgesamt nur 163 Milliarden US-Dollar (exklusive Frankreich), bis zum Jahr 2007 erhöhte sich dieser Betrag auf 17.880 Milliarden US-Dollar. Während der Finanzkrise reduzierten sich die Kapitalabflüsse in Form von Portfolioinvestitionen erheblich, allerdings wurde bereits 2010 das Vorkrisenniveau überschritten. Im Jahr 2012 betrugen die Portfolioinvestitionen 19.724 Milliarden US-Dollar.

Tabelle 1–4: Direktinvestitionen in Deutschland

	Deutsche Direktinvestitionen im Ausland in Mio. Euro*	Ausländische Direktinvestitionen in Deutschland in Mio. Euro**
1999	–102.018	+52.634
2000	–61.387	+215.209
2001	–44.347	+29.518
2002	–20.132	+56.871
2003	–5.158	+28.679
2004	–16.548	–8.206
2005	–55.384	+33.747
2006	–75.489	+43.977
2007	–122.325	+37.206
2008	–49.670	+5.536
2009	–50.132	+16.167
2010	–91.757	+43.361
2011	–37.527	+35.203
2012	–52.088	+5.109

* Kapitalausfuhr: –   ** Kapitaleinfuhr: +

Quelle: Deutsche Bundesbank, Zahlungsbilanzstatistik

In Tabelle 1–4 wird die Entwicklung der Direktinvestitionen für Deutschland in den Jahren 1999 bis 2012 dargestellt. Alle Industrieländer haben in den letzten zwei Jahrzehnten ihre Auslandsinvestitionen kräftig ausgeweitet und dadurch die Internationalisierung ihrer Produktion vorangetrieben. Nach Angaben der Deutschen Bundesbank (2001) hat sich das deutsche Beteiligungsvermögen im Ausland allein in den Jahren von 1989 bis 1999 fast vervierfacht. (Zu beachten ist allerdings, dass in den Jahren 1999 und 2000 vor allem einige Mega-Übernahmen grenzüberschreitende Kapitalflüsse weltweit haben stark ansteigen lassen. In Deutschland sind die hohen Zuflüsse im Jahr 2000 vor allem durch die Übernahme von Mannesmann durch Vodafone verursacht worden.) Im Jahr 2012 erhöhten deutsche Unternehmen trotz globaler Zurückhaltung bei grenzüberschreitenden Direktinvestitionsaktivitäten ihr Auslandsengagement gegenüber dem Vorjahr (52 Mrd. Euro), wohingegen ausländische Unternehmen deutlich weniger im Vergleich zum Vorjahr in Deutschland investierten (5 Mrd. Euro). Dies lässt sich insbesondere auf die generell gesunkene

Direktinvestitionsaktivitäten in Industrieländer zurückführen[18]. Im Kontext der Zahlungsbilanz gesehen, bildeten die Direktinvestitionen – nach den Wertpapieranlagen im Ausland – die zweitwichtigste Komponente des gesamten langfristigen Kapitalexports der Bundesrepublik.

Tabelle 1–5: Bilanz unmittelbarer und mittelbarer Unternehmensbeteiligungen Ende 2011

Land/Wirtschaftszweig	Direktinvestitionen (in Mio. Euro)		
	Deutsche Direktinvestitionen im Ausland	Ausländische Direktinvestitionen im Inland	Saldo
Aufgliederbare Gesamtsumme nach Ländergruppen und ausgewählten Ländern	1.144.029	548.558	595.471
EU-Länder (27)	615.511	416.125	199.386
Japan	15.007	15.385	−385
USA	253.872	50.268	203.604
China	38.795	1.093	37.702
nach ausgewählten Wirtschaftszweigen			
Verarbeitendes Gewerbe	324.958	175.785	149.173
Handel	152.763	71.378	81.385
Kreditinstitute	226.502	48.677	177.825
Beteiligungsgesellschaften	64.469	73.853	−9.384

Quelle: Deutsche Bundesbank, Statistische Sonderveröffentlichung 10, April 2013

In der Tabelle 1–5 ist die von der Bundesbank zusammengestellte Bilanz der unmittelbaren und mittelbaren Unternehmensbeteiligungen nach Ländern und Wirtschaftszweigen für das Jahr 2011 dargestellt[19]. Die Tabelle weist für das Jahr 2011 für die Direktinvestitionen einen positiven Saldo in Höhe von 595 Milliarden Euro in Deutschland aus – d. h., es haben mehr deutsche Unternehmen Direktinvestitionen im Ausland getätigt als Unternehmen aus dem Ausland in Deutschland. Was die regionale Aufgliederung der Vermögensbestände betrifft, so entfiel der Großteil des gesamten deutschen Vermögensüberschusses in unmittelbaren und mittelbaren Unternehmensbeteiligungen gegenüber dem Ausland auf die Vereinigten Staaten sowie die 27 EU-Länder. In den Konzernverflechtungen der Unternehmen mit dem Aus-

---

[18] Vgl. hierzu Deutsche Bundesbank [2013d].
[19] Detaillierte Angaben beinhaltet die jährlich erscheinende (statist.) Sonderveröffentlichung 10 der Deutschen Bundesbank „Bestandserhebung über Direktinvestitionen", siehe Deutsche Bundesbank [2013b].

land dominierten die Kreditinstitute und die Wirtschaftsbereiche, die sich mit der Erzeugung, der Verarbeitung oder dem Vertrieb von Sachgütern befassen.

Wie aus Abbildung 1–2 zu erkennen ist, ist der Bestand der deutschen Direktinvestitionen im Ausland seit 1980 stark angestiegen, und zwar von rund 31 Milliarden US-Dollar in 1980, auf 1.830 Milliarden US-Dollar im Jahr 2012. Allerdings liegt Deutschland bei den getätigten Direktinvestitionen weit hinter den USA zurück. Die Direktinvestitionen der USA wiesen 2012 einen Bestand in Höhe von 5.813 Milliarden US-Dollar auf.

Abbildung 1–2: Entwicklung der Direktinvestitionen im Ausland

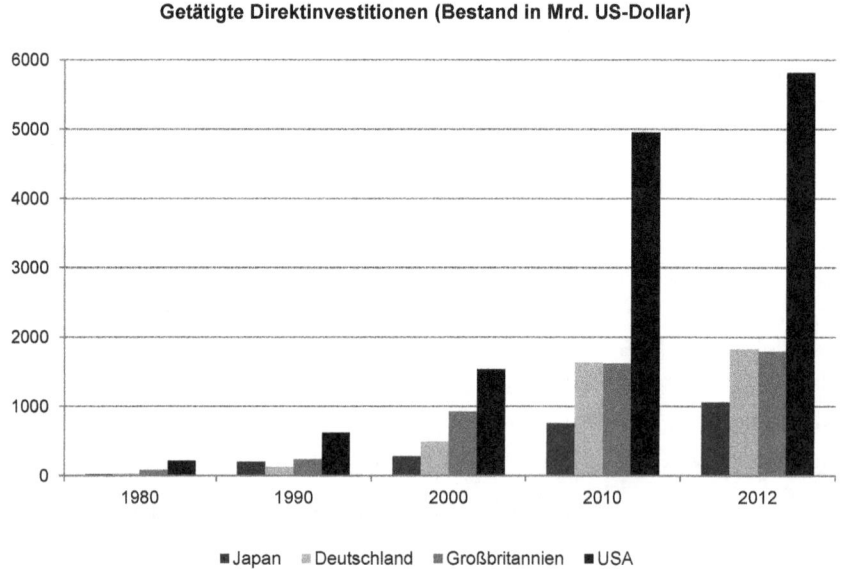

Quelle: IWF, International Financial Statistics

Ähnlich dynamisch expandierend haben sich die ausländischen Direktinvestitionen in der Bundesrepublik während dieser Zeit entwickelt (1980: 25 Milliarden US-Dollar, 2012: 1.294 Milliarden US-Dollar). Die Abbildung 1–3 zeigt, dass von allen Ländern, die USA die meisten Direktinvestitionen empfängt. Der Bestand an Direktinvestitionen in den USA erreichte 2012 eine Höhe von 3.793 Milliarden US-Dollar.

Abbildung 1–3: Entwicklung der Direktinvestitionen des Auslands

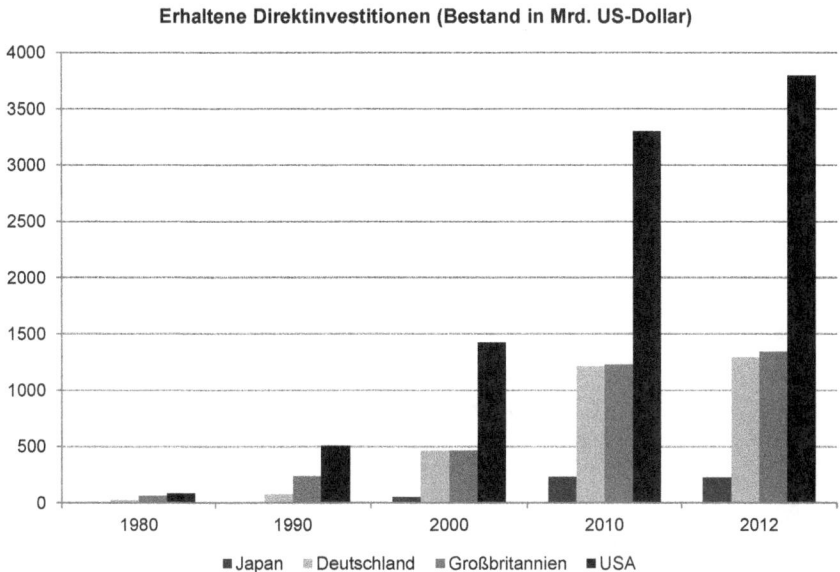

Quelle: IWF, International Financial Statistics

Bedingt durch die Finanzkrise hat sich allerdings das Wachstum des Offshorings in den Folgejahren weniger stark als prognostiziert entwickelt. Im Rahmen des Offshoring-Prozesses sind allein in den USA bereits mehr als eine Million Arbeitsplätze verlagert worden und es wurde vor der jüngsten Finanz- und Währungskrise prognostiziert, dass die Anzahl der verlagerten Arbeitsplätze im Jahr 2015 auf 3,3 Millionen ansteigen wird (siehe Abbildung 1–4). Das heißt, dass zu diesem Zeitpunkt 6 % der US-amerikanischen Arbeitsplätze ins Ausland verlagert sein würden. Dabei betrug die Summe der Löhne verlagerter US-Arbeitsplätze 2007 ca. 50 Milliarden US-Dollar – für 2015 würden sich die Löhne bei Eintreffen der Prognosen auf über 150 Milliarden US-Dollar summiert haben (siehe Abbildung 1–5). Die wesentlichen Ziele der Verlagerung von amerikanischen Unternehmensaktivitäten sind Indien, mit einem Anteil von damals 34,1 Milliarden US-Dollar oder 11.5 % am globalen Offshore-Markt, gefolgt von China mit einem Anteil von 13,1 Milliarden US-Dollar oder 4.4 %.[20]

---

20 Vgl. Donahue [2007].

16 *Weltwirtschaftliche Verflechtung und die Frage internationaler Ordnung*

Abbildung 1–4: Arbeitsplatzverlagerung in den USA

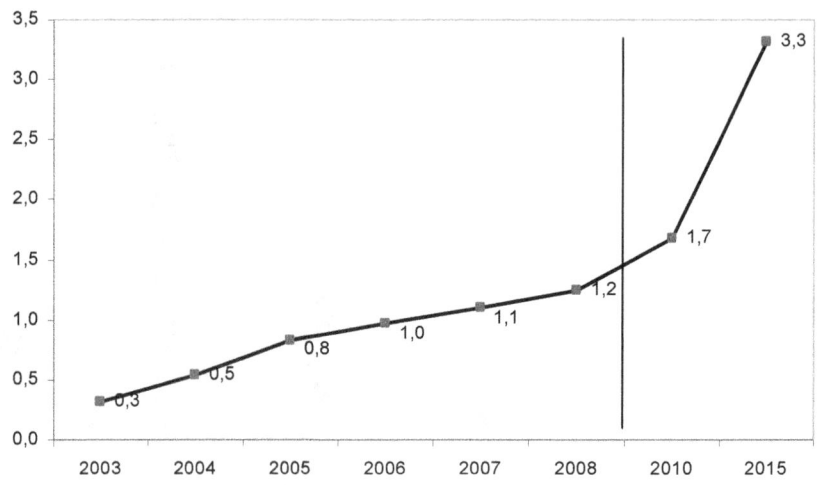

Quelle: Bureau of Labor Statistics and Forrester Research, Inc. über Donahue [2007]

Abbildung 1–5: Summe der Löhne verlagerter US-Arbeitsplätze

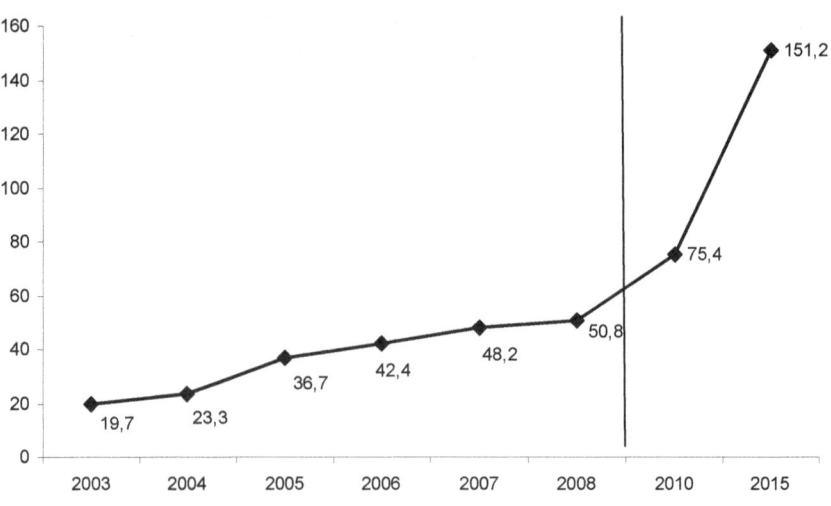

Quelle: Bureau of Labor Statistics and Forrester Research, Inc. über Donahue [2007]

3. Internationalisierung der Finanzmärkte

3.1 Theoretische Begründung

Dass die Ausweitung des internationalen Handels nicht ohne Auswirkungen auf die Finanzmärkte blieb, ist unmittelbar einsichtig: Grenzüberschreitende Warenströme müssen finanziert werden. Die immense Internationalisierung der Finanzmärkte in den letzten zwei Jahrzehnten kann jedoch nicht allein als Folgeerscheinung der Ausdehnung der Welthandelsströme betrachtet werden. Dafür sind die Finanzströme zu stark angewachsen. Die grenzüberschreitenden Finanzströme haben die grenzüberschreitenden Warenströme in den vergangenen Jahren um ein Vielfaches übertroffen. Hierfür sind andere Faktoren verantwortlich.

Einen bedeutsamen Faktor stellt die eben erläuterte Ausdehnung von ausländischen Direktinvestitionen inter- und transnationaler Konzerne dar. Mit diesen zogen auch deren Hausbanken und eröffneten Filialen an allen wichtigen Finanzplätzen der Erde (vor allem in London, New York, Tokio, Frankfurt und Luxemburg)[21]. Der Grund hierfür ist, dass diese Parallelentwicklung ausländischer Direktinvestitionen von Produktionsunternehmen und Banken nicht nur die Planungssicherheit der Konzerne steigerte, sondern ihnen gleichzeitig auch erlaubte, der heimischen Regulierung zu entgehen. In den 1970er Jahren bildeten sich so immer mehr „freie Bankzonen", in denen Bankgeschäfte in fast jeder Hinsicht unreguliert erfolgen konnten. Dies wurde insbesondere angeheizt durch die Anlagesuche der Milliarden „Petro-Dollars" der OPEC-Länder sowie durch die unregulierten Finanzierungswünsche von Großprojekten durch die Entwicklungsländer, was in Abschnitt II.1 näher beschrieben wird.

Andere bedeutende Faktoren sind der zunehmende Abbau von Kapitalkontrollen sowie der technologische Fortschritt auf dem Kommunikations- und Informationssektor. Letzterer hat auch die professionelle Spekulationstätigkeit auf eine neue qualitative Ebene gehoben. So werden Daten und Nachrichten heute so schnell übertragen, dass die Informationsflusszeit praktisch auf null gesunken ist. Gleichzeitig – und damit verbunden – haben Finanzinnovationen (neue Finanzierungsinstrumente) sowie strukturelle Veränderungen der Kredit- und Finanzmittlertätigkeit die Expansion des internationalen Finanzmarktes beschleunigt.

3.2 Empirische Entwicklung

Der Prozess der rapiden Internationalisierung wird im besonderen Maße auf den Finanzmärkten deutlich. Es zeigt sich, dass die nationalen Finanzmärkte zunehmend zu einem einzigen globalen Finanzsystem zusammenwachsen.

So haben sich beispielsweise die Auslandsforderungen der Banken von 1980 bis 1990 auf 6.454 Milliarden US-Dollar fast verfünffacht und zwischen 1990 und 2008 nochmals auf 36 Billionen US-Dollar mehr als verfünffacht. Allerdings reduzierte

---

[21] Zur Entstehung multinationaler Banken siehe z. B. Glüder [1988].

sich nach dem Ausbruch der Finanzkrise der Bestand der Auslandsforderungen der Banken und betrug im Jahr 2013 ungefähr 32 Billionen US-Dollar. Die Entwicklung des Bestandes an Auslandsforderungen seit 1978 zeigt Abbildung 1–6 (I), während Abbildung 1–6 (II) die Entwicklung der Auslandsverbindlichkeiten der Banken darstellt. Diese haben sich von 1980 bis 1990 auf 6.565 Milliarden US-Dollar fast verfünffacht und sind Ende 2007 auf fast 37 Billionen US-Dollar angewachsen. Im Jahr 2013 ist auch hier der Bestand der Auslandsverbindlichkeiten insgesamt auf ungefähr 33 Billionen US-Dollar gesunken.

Abbildung 1–6: Hauptmerkmale des internationalen Bankgeschäftes

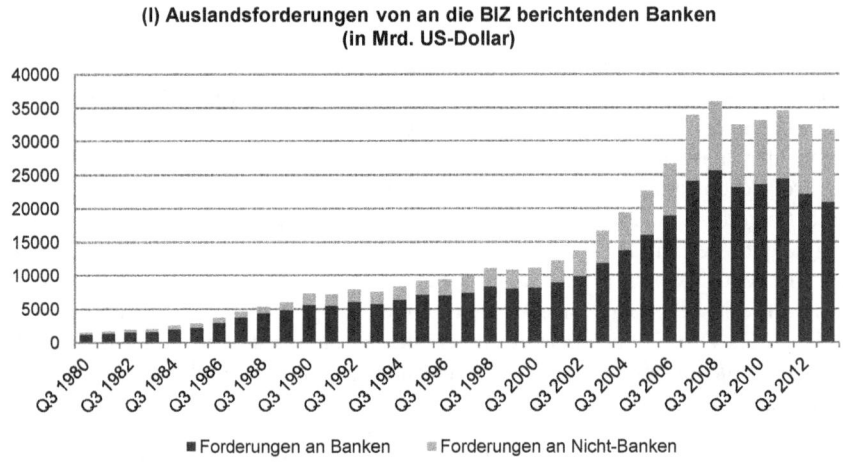

Quelle: BIZ, Locational Banking Statistics

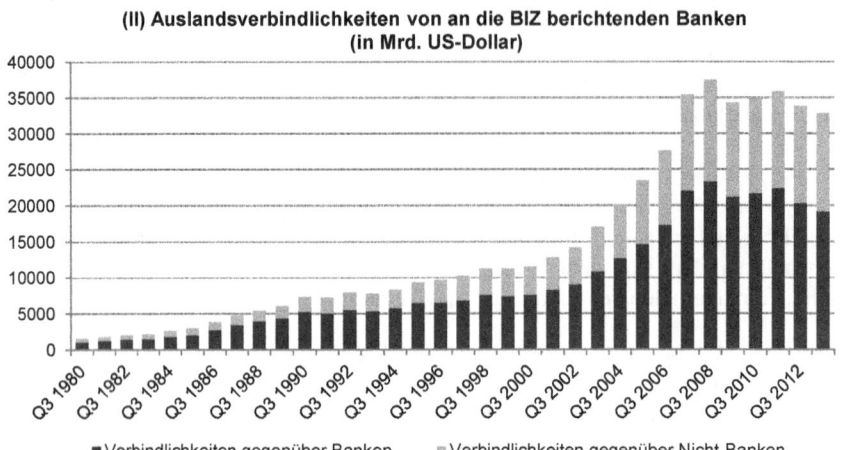

Quelle: BIZ, Locational Banking Statistics

Auch bei den internationalen Kapitalströmen spielen Kreditbeziehungen zwischen Banken, sogenannte „Interbankgeschäfte", eine bedeutende Rolle. Während die inländischen Interbankbeziehungen in den letzten Jahren etwa im gleichen Ausmaß wie das Geschäftsvolumen der Kreditinstitute zunahmen, expandierte das grenzüberschreitende Bank-zu-Bank-Geschäft mit überdurchschnittlicher Geschwindigkeit[22]. Die bedeutende Rolle der „Interbankgeschäfte" lässt sich daran erkennen, dass auf diesen Posten der weitaus größte Teil der internationalen Bankkredite entfällt. Allerdings wirkten sich die globale Finanzkrise und die Verschuldungskrise des Euroraumes negativ auf die „Interbankgeschäfte" aus. Demnach reduzierte sich das Volumen der grenzüberschreitenden Interbankgeschäfte von 22,7 Billionen US-Dollar Ende März 2008 auf 17 Billionen US-Dollar Ende September 2013. Insbesondere die Banken des Euroraumes sind aufgrund der Verwerfungen auf den Finanzmärkten des Euroraumes für die Schrumpfung der grenzüberschreitenden Interbankgeschäfte verantwortlich.[23]

Ein weiterer Indikator für die Internationalisierung der Finanzmärkte ist die starke Expansion im Bereich der internationalen Devisentransaktionen (vgl. Tabelle 1–6). Die grenzüberschreitenden Kapitalströme haben inzwischen ein Vielfaches der Handelsströme erreicht. Auf Jahresbasis umgerechnet war z. B. der Umsatz auf den Devisenmärkten 1995 um den Faktor fünfzig höher als der weltweite Export von Gütern und Dienstleistungen. Der tägliche Umsatz auf Devisenmärkten erhöhte sich seit Anfang der 1990er Jahre von 800 Milliarden US-Dollar auf 1,5 Billionen US-Dollar vor Bildung des Euroraums. Allerdings brach der tägliche Umsatz aufgrund der Dotcom-Krise und der entfallenden Devisenumsätze in Euro-Währungen zwischen den im Euroraum integrierten Ländern zeitweise ein (siehe 2001). Seit 2004 verzeichnete der internationale Devisenhandel einen beispiellosen Anstieg. Diese Entwicklung wurde vor allem durch einen immensen Anstieg bei den Devisenswaptransaktionen getragen. Vor Ausbruch der globalen Finanzkrise lag der tägliche Umsatz bei 3,3 Billionen US-Dollar (siehe 2007). Im Jahr 2013 erhöhte sich der tägliche Devisenumsatz auf 5,3 Billionen US-Dollar. Damit ist der tägliche Devisenumsatz um 61 % gegenüber dem Vorkrisenniveau gewachsen, wobei der Umsatz der Kassatransaktionen den größten Beitrag zu diesem Anstieg geleistet hat (vgl. Tabelle 1–6).

Des Weiteren spiegelt sich die Internationalisierung der Finanzmärkte in den hohen Expansionsraten wider, die das Marktsegment der internationalen Anleihen aufweist. Seit 1987 hat sich der Bestand an festverzinslichen Wertpapieren weltweit von knapp 1.000 Milliarden US-Dollar auf fast 22.500 Milliarden US-Dollar im Jahr 2013 vervielfacht. Aus der Abbildung 1–7 ist ersichtlich, dass die Entwicklungsländer hierbei vor Ausbruch der globalen Finanzkrise im Jahr 2008 ähnliche Wachstumsraten aufweisen wie die Industrieländer, wenngleich von einem wesentlich geringeren Niveau ausgehend. Seit der Finanzkrise sind die Wachstumsraten der festverzinslichen Wertpapiere für die Industrieländer wesentlich volatiler und der Be-

---

[22] Vgl. hierzu und zum Folgenden: Bank für Internationalen Zahlungsausgleich, Jahresberichte.
[23] Siehe hierzu näher BIZ [2014].

stand an festverzinslichen Wertpapieren ist auch nicht mehr so deutlich angewachsen wie bei den Entwicklungsländern.

Tabelle 1–6: Internationaler Devisenhandel

	1992	1995	1998	2001	2004	2007	2010	2013
Globaler täglicher geschätzter Umsatz[1] (in Mrd. US-Dollar)	820	1.190	1.527	1.239	1.934	3.324	3.971	5.345

1) Täglicher durchschnittlicher Umsatz im April (Kassa-, Termin- und Devisenswaptransaktionen, Optionen und andere Transaktionen)

Quelle: BIZ, Triennial Central Bank Survey 2013

Abbildung 1–7: Festverzinsliche Wertpapiere weltweit

Ausstehendes Volumen festverzinslicher Wertpapiere (in Mrd. US-Dollar)

— Alle Länder − − − Industrieländer — — Entwicklungsländer (rechte Skala)

Quelle: BIZ, Debt Securities Statistics

Diese rasante Entwicklung ging Hand in Hand mit einem stetigen Anstieg der Weltwährungsreserven (siehe Abbildung 1–8). Die Summe der offiziellen Währungsreserven aller Länder ist seit den 1970er Jahren stark angewachsen. Nach Angaben des IWF erhöhten sich die Weltwährungsreserven von Ende 1970 bis Ende 1990 von 98 Milliarden US-Dollar auf 990 Milliarden US-Dollar. Das entspricht einer durchschnittlichen jährlichen Steigerungsrate von 12,3 %. In den 1960er Jahren betrug der vergleichbare Zuwachs nur 4,7 %. Ende 2013 beliefen sich die weltweiten Währungsreserven nach Unterlagen des IWF auf umgerechnet 11.674 Milliarden US-Dollar. Die wichtigste Reservewährung bildete zu Beginn der 1990er Jahre der US-Dollar mit etwa 57 % an den Weltdevisenreserven. Die zweitwichtigste Reservewährung stellte mit rund 20 % die D-Mark dar, während der japanische Yen nur auf knapp 10 % kam. An dieser Aufteilung hat auch die Einführung des Euros nicht viel geändert. 2013 betrug der Anteil des US-Dollars an den zugeteilten Weltdevisenreserven 61 %, der Anteil des Euros betrug 24 % und der des japanischen Yens 3,9 %[24].

Abbildung 1–8: Weltweiter Bestand an Währungsreserven

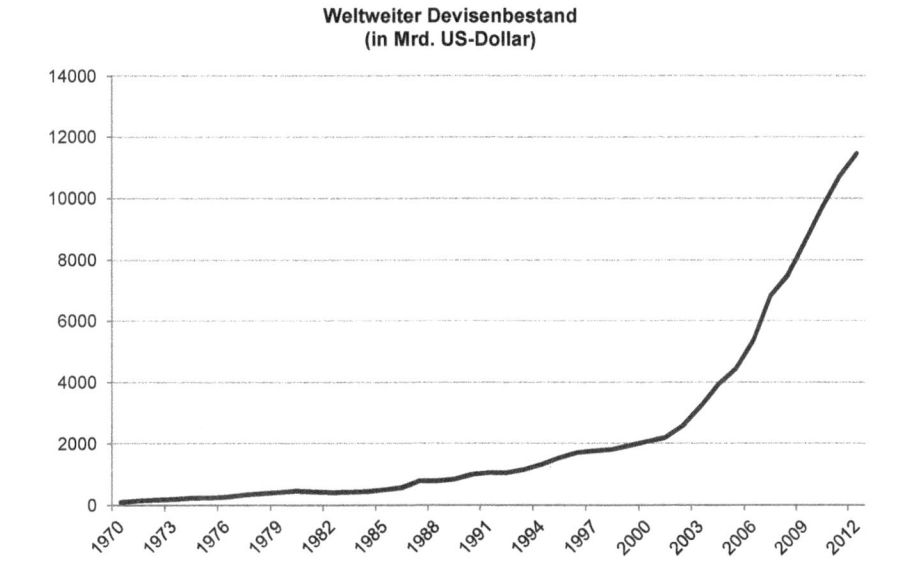

Weltweiter Devisenbestand (in Mrd. US-Dollar)

Quelle: IWF, International Financial Statistics

---

[24] Von den Weltwährungsreserven sind 2013 insgesamt 53,3 % zugeteilt und 46,7 % nicht zugeteilt (siehe auch IWF [2014b]).

Seit den 1990er Jahren spielen neue Finanzinstrumente eine immer wichtigere Rolle auf den internationalen Finanzmärkten. So haben sich beispielsweise die Bestände an Derivaten seit dem Ende der 1990er Jahre bis Ende 2007 mehr als verfünffacht (siehe Abbildung 1–9)[25]. Seit Ausbruch der Finanzkrise hat sich das Wachstum des Derivatevolumens allerdings deutlich verlangsamt. Eine ausführliche Übersicht über die Entwicklung einzelner Finanzderivate ist in der Tabelle 1–7 zu sehen. In Abbildung 1–9 ist die stetige Zunahme der weltweiten Bestände an Derivaten abzulesen. Innerhalb von nur 16 Jahren (1998–2013) stieg der Bestand von 72.134 Milliarden US-Dollar auf 692.908 Milliarden US-Dollar. Allerdings verlangsamte sich die Expansion des Derivatevolumens im Zuge der Verwerfungen auf den Finanzmärkten ab dem Jahr 2007.

Abbildung 1–9: Weltweite Bestände an Derivaten

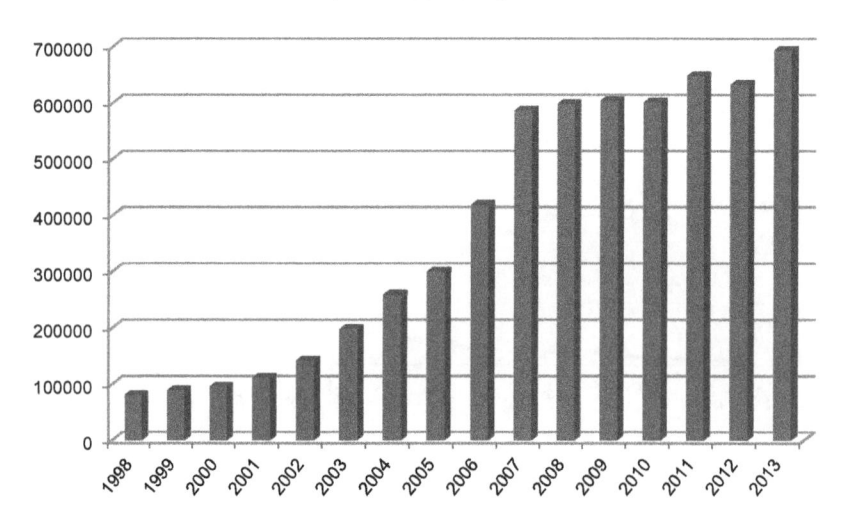

Ausstehendes Volumen an Finanzderivaten insgesamt (in Mrd. US-Dollar)

Quelle: BIZ, Derivatives Statistics

---

[25] Finanzderivate sind Finanzinstrumente, deren eigener Wert aus dem Marktpreis eines oder mehrerer originärer Basisinstrumente abgeleitet ist. Allen derivativen Instrumenten gemeinsam ist ein auf die Zukunft gerichtetes Vertragselement, das als Kauf- bzw. Verkaufsverpflichtung oder aber als Option ausgestaltet sein kann. Der Gewinn bzw. Verlust aus einem Derivate-Geschäft hängt davon ab, wie sich der Marktpreis im Vergleich zum vereinbarten Preis tatsächlich entwickelt (siehe auch Online-Glossar der Deutschen Bundesbank). Zum einen dienen Derivate zur Absicherung, zum anderen kann mit ihnen aber auch gehandelt werden.

Tabelle 1–7: Märkte für außerbörsliche Derivate weltweit

Märkte für außerbörsliche Derivate weltweit Ausstehende Beträge in Mrd. US-Dollar						
	Nominalwert			Bruttomarktwert		
	Ende Juni 2007	Ende Juni 2010	Ende Juni 2013	Ende Juni 2007	Ende Juni 2010	Ende Juni 2013
Gesamtsumme	507.907	582.655	692.908	11.118	24.673	20.158
A. Devisenkontrakte	57.604	62.933	81.025	1.613	3.158	2.613
Devisenterminkontrakte und Devisenswaps	29.775	31.935	39.575	668	1.330	1.082
Währungsswaps	14.130	18.890	26.318	666	1.372	1.170
Optionen	13.662	12.107	15.077	279	456	362
Sonstige	37	1	56	...	...	...
B. Zinskontrakte						
FRA	381.357	478.093	577.269	6.730	18.508	15.683
Swaps	299.155	367.541	437.066	5.818	16.703	14.054
Optionen	56.587	50.519	50.191	767	1.600	1.352
Sonstige	7	5	579	...	...	...
C. Aktienbezogene Kontrakte	9.518	6.868	6.963	1.212	796	707
Termingeschäfte, Swaps	2.668	1.854	2.350	262	202	209
Optionen	6.850	5.013	4.614	950	595	498
D. Rohstoffkontrakte	8.255	3.273	2.727	656	492	394
Gold	1.051	669	610	56	52	83
Sonstige	7.204	2.604	2.117	600	439	312
Termingeschäfte und Swaps	3.481	1.686	1.403	...	...	...
Optionen	3.724	918	715	...	...	...
E. Kreditderivate	51.095	31.416	24.845	906	1.708	732

Quelle: BIZ, OTC Semiannual Derivatives Statistics, Juni 2013

4. Internationale Arbeitskräftewanderungen

4.1 Theoretische Begründung

Die heute hohe internationale Mobilität der Produktionsfaktoren zeigt sich nicht nur im beschriebenen Umfang der Kapitaltransfers, sondern (weniger stark) auch im Umfang der internationalen Arbeitskräftewanderungen. Westeuropa, Nordamerika und der mittlere Osten sind in den letzten Jahrzehnten die Schwerpunktziele der Arbeitskräftewanderungen (neben Arbeitskräftewanderungen innerhalb Afrikas, Westeuropas, des mittleren Ostens und Lateinamerikas) gewesen. Die Arbeitskräftewanderungen (wie Migrationsbewegungen allgemein) erfassen inzwischen längst nicht mehr nur räumlich nahe beieinander liegende Staaten, sondern überschreiten zum Teil auch Kontinente. Arbeitskräftewanderungen gehen in der Regel einseitig von ärmeren Ländern mit hoher Arbeitslosigkeit zu relativ reicheren Ländern mit vorübergehend angespannten Arbeitsmärkten. Sie wurden (abgesehen von Asylantenströmen) fast immer durch Anwerbeaktionen, die von interessierten Unternehmen initiiert und u. U. von staatlichen Stellen ergänzt werden, ausgelöst. Insbesondere die liberale Weltwirtschaftsordnung nach dem Zweiten Weltkrieg begünstigte solche Anwerbeaktionen und folgende Wanderungsprozesse. So in Gang gesetzte Migrationsströme sind wegen des starken Wohlstandsgefälles zwischen Herkunfts- und Aufnahmeland nur schwer zu bremsen, auch wenn der weitere Zustrom nach Deckung des Arbeitskräftebedarfs unerwünscht ist.[26]

Die Beweggründe für Migration sind auch vielfach mithilfe theoretischer Modelle untersucht worden. In dem traditionellen neoklassischen Modell werden die Migrationsströme durch unterschiedliche Löhne im In- und Ausland erklärt. Theoretisch kommt es so lange zu Wanderungsbewegungen des Faktors Arbeit, bis sich die Grenzproduktivität der Arbeit und somit auch die Löhne im Inland und Ausland angeglichen haben.[27] Eine allgemeine Betrachtung stellt auf eine optimale Standortwahl der Haushalte aufgrund einer Nutzenabwägung ab. Danach wird es immer dann zu Bewegungen des Faktors Arbeit kommen, wenn der repräsentative Haushalt dadurch einen höheren Nutzen realisieren kann[28]. Für den repräsentativen Haushalt stellt sich demnach die Frage, ob die erreichbaren Nutzenzuwächse durch Migration höher sind als der Nutzenverlust durch die Migrationskosten. Diese können pekuniärer Art sein, wie z. B. Transportkosten und die Kosten der Arbeitsplatzsuche, sie können aber auch nicht-pekuniärer Art sein, wie beispielsweise der Verlust des sozialen Umfeldes und die Erfahrung von Fremdenfeindlichkeit und Anpassungsproblemen.

Die Basismerkmale der Migrationsprozesse ähneln sich zu allen Zeiten und in allen Ländern stark[29]. Übereinstimmende Merkmale sind zum Beispiel, dass die Arbeitsplätze, die mit ausländischen Arbeitskräften besetzt werden, überwiegend durch relativ niedrige Entlohnung, durch harte Arbeitsbedingungen, einen niedrigen sozia-

---

26 Zu einer modernen wirtschafts- bzw. entscheidungstheoretischen Begründung von internationaler Migration siehe z. B. Todaro und Maruszko [1987] Hatton [2002] und Husa [2000] sowie Stalker [2000]. Siehe auch Stark [1991], sowie Straubhaar [2002], Castles und Miller [2009], Stark und Fan [2011], Bertoli et al. [2013] oder Gaston und Nelson [2013].
27 Siehe hierzu z. B. Späte [2002].
28 Siehe hierzu z. B. Walz [1996].
29 Siehe hierzu z. B. Böhning [1984], Piore [1980] und OECD [2000].

len Status, so gut wie keine Aufstiegschancen und personalisierte Beziehungen zur Arbeitsaufsicht gekennzeichnet sind[30].

4.2 Empirische Entwicklung

Die Tabelle 1–8 und 1–9 machen jeweils deutlich, dass zwar der Zustrom ausländischer Arbeitskräfte in einigen OECD-Ländern in den letzten Jahrzehnten starken Schwankungen unterlag. Aber insgesamt stieg der Zustrom an Migranten stetig an. Die USA sind immer noch das Land, das die meisten ausländischen Arbeitskräfte aufnimmt. Aber auch die Bundesrepublik Deutschland verzeichnete bisher einen jährlichen Zustrom ausländischer Arbeitnehmer.

Eine Schätzung der weltweiten Zahl derer, die aus Gründen der Arbeitssuche ihr Land verlassen, ergab für Anfang der 1980er Jahre zwischen 20 und 30 Millionen Arbeitskräfte und für Mitte der 1990er Jahre zwischen 36 und 42 Millionen[31]. Die Zahl der mitwandernden Angehörigen wurde etwa auf die gleiche Zahl oder etwas höher geschätzt. Schwerpunktziele der Arbeitskräftewanderungen bilden – neben Arbeitskräftewanderungen innerhalb Afrikas und Asiens – Westeuropa und Nordamerika. Im Jahr 2013 verdingten sich ungefähr 232 Millionen Menschen außerhalb ihres Heimatlandes, wobei die Zahl stetig anstieg. Denn im Jahr 1990 lebten 154 Millionen Menschen und 2000 bereits 175 Millionen Menschen außerhalb ihres Heimatlandes[32]. In Westeuropa stieg die Arbeitsmigration insbesondere in den 1970er Jahren sehr stark an. Betrug die Zahl der Migranten in Westeuropa 1960 gerade 2,5 Millionen, so stieg sie bis 1980 auf 6,3 Millionen an. In der Schweiz waren 1982 26 %, in der Bundesrepublik Deutschland sowie in Großbritannien und Frankreich jeweils etwa 8 % der abhängig beschäftigen ausländische Arbeitskräfte[33]. Ähnlich hoch war 1980 die Zahl für die arabische Region des Nahen und Mittleren Ostens[34]. Hier war allerdings eine starke Zunahme in der zweiten Hälfte der 1970er Jahre zu vermerken, und zwar um 55 % von 1,8 auf 2,8 Millionen.

Zur Mitte des Jahres 2013 lebten in Deutschland offiziell ca. 9,8 Millionen Ausländer, dies entspricht einem Bevölkerungsanteil von 11,9 %[35]. Weltweit die meisten Immigranten haben die USA als Ziel, so wanderten von den in Tabelle 1–8 aufgeführten Staaten im Zeitraum von 2005 bis 2010 51 % der Immigranten in die USA ein. Zwischen 2005 und 2010 betrug die Zahl der Migranten, die in die G7-Industrienationen emigrierten, jährlich ungefähr 2 Millionen Menschen – insgesamt also

---

30   Dem gegenüber steht eine gewisse Art von „Arbeitsplatzmigration", nämlich Offshoring. Zu den Auswirkungen des Offshoring-Prozesses auf die Beschäftigung einer Volkswirtschaft siehe z. B. OECD [2007]. Auf Offshoring wurde im 1. Teil:I.2.1 eingegangen.
31   Vgl. hierzu Böhning [1984] und ILO [2000].
32   Siehe hierzu United Nations [2013a].
33   Vgl. zu letzterem Feithen [1985]. In einigen, vor allem außereuropäischen Ländern arbeitet ein Großteil der Arbeitskräfte im Ausland. So waren, wie Böhning [1984: 24] schildert, beispielsweise 40 % der bolivianischen und 92 % der paraguayischen Arbeitsbevölkerung 1974 im Ausland beschäftigt.
34   Zur internationalen Migration in der arabischen Region siehe auch Birks und Sinclair [1980].
35   Siehe hierzu United Nations [2013b].

um die 10,2 Millionen Menschen. Die größten Zuwächse erzielte dabei Nordamerika mit (netto) 1,0 Millionen Migranten jährlich, danach Italien mit einem jährlichen Zuwachs von 382.000 und Kanada mit jährlich 250.000 Menschen. 59 % der Migranten hielten sich 2013 in Industrieländern auf, während die restlichen 41 % in Entwicklungsländen lebten. Im Jahr 2013 lebten die meisten Migranten in Europa (72 Millionen), gefolgt von Asien (71 Millionen) und Nordamerika (53 Millionen)[36].

Tabelle 1–8: Migration in ausgewählte Länder

Durchschnittliche Nettomigration in ausgewählte Länder (pro Jahr, in Tausend)

	1965–1970	1970–1975	1975–1980	1980–1985	1985–1990	1990–1995	1995–2000	2000–2005	2005–2010
Deutschland	224	160	40	58	378	647	167	187	1
Frankreich	63	138	43	71	58	28	38	216	104
Großbritannien	–17	21	8	–19	20	41	100	194	168
Italien	–46	4	33	53	–2	31	45	371	382
Japan	176	91	9	42	–126	90	3	124	89
Kanada	122	154	88	75	175	140	152	206	250
USA	299	568	775	727	783	891	1694	1064	1045
Summe	820	1128	995	1008	1287	1867	2199	2362	2039

Quelle: United Nations [2013a]; World Population Prospects: The 2012 Revision.

Die Transferzahlungen von Ersparnissen ausländischer Arbeitnehmer in ihre Heimatländer wurden 1978 auf 24 Milliarden US-Dollar geschätzt.[37] Im Jahr 2012 betrugen die Geldüberweisungen ausländischer Arbeitnehmer insgesamt 521 Milliarden US-Dollar (siehe Tabelle 1–9). Ein solcher Einkommenstransfer hat bedeutende positive Rückwirkungen auf den Entwicklungsprozess in den (meist ärmeren) Empfängerländern. Allerdings stehen dem – bei einem ungeregelten internationalen Migrationsstrom – strukturelle Verwerfungen (aufgrund von nachfolgenden nationalen Land-Stadt-Migrationen) mit Wohlfahrtsverlusten für die Arbeit-exportierenden Länder gegenüber.[38] Auch der Wohlfahrtsverlust durch die Nichtrückkehr von Auslandsstudenten ist für die Entwicklungsländer beträchtlich.[39] So lebt ein großer Teil der gut ausgebildeten Menschen aus den Entwicklungsländern im Ausland (vor allem in den USA). Arbeitsmigration bringt jedoch nicht nur ökonomisch, sondern

---

[36] Siehe hierzu United Nations [2013a].
[37] Vgl. Swamy [1981: 7].
[38] Vgl. z. B. Stahl [1986] und Todaro und Maruszko [1987].
[39] Siehe hierzu z. B. Gibson und McKenzie [2012].

auch sozial bedeutsame Folgewirkungen mit sich. Hierunter fällt zum Beispiel der sozio-kulturelle Problemkomplex der Integration ausländischer Arbeitnehmer.[40]

Tabelle 1–9: Weltweite Migration

Region	Gesamte Bevölkerung (Tausend)	Bestand an Migranten (in Prozent der Bevölkerung)	Anzahl der Flüchtlinge (Tausend)	Nettomigration (Jahresdurchschnitt, Tausend)	Geldüberweisungen der Arbeiter (gesamt, in Mio. US-Dollar)
	2013	2013	2013	2005–2010	2012
Welt	7.162.119	3,2	15.660	0	521.489
Entwickelte Regionen	1.252.805	10,8	1.992	3.482	115.000
Weniger entwickelte Regionen	5.909.315	1,6	13.668	–3.482	392.000
Afrika südlich der Sahara	938.597	1,8	2.720	–37	31.000
Afrika	1.110.635	1,8	2.924	–356	60.851
Asien	4.165.440	1,6	10.359	–1.946	261.685
Europa	742.452	9,8	1.534	1.858	126.582.
Lateinamerika und Karibik	616.645	1,4	378	–1.068	59.962
Nordamerika	355.361	14,9	430	1.295	8.681
Ozeanien	38.304	20,7	35	217	3.728

Quelle: United Nations [2013a]; World Economic Prospects: The 2012 Revision; Weltbank

II. Merkmale einer Destabilisierung der Weltwirtschaftsordnung

Die eben beschriebene weltwirtschaftliche Verflechtung ist nicht ohne Gefahren für die Stabilität der Weltwirtschaft. Sie steigert die Komplexität der grenzüberschreitenden Wirtschaftsbeziehungen und schafft gegenseitige Abhängigkeiten der Wirtschaftsnationen. Daraus können ökonomische Konflikte und Krisensituationen entstehen, die auch auf den politischen Bereich „überschwappen" (d. h., sogenannte ‚Spillover-Effekte' nach sich ziehen) und letztlich sogar alte (geschichtlich zurückliegende) Spannungen und „Animositäten" zwischen Staaten wiederaufleben lassen.

Die Grundlagen für diese Gefahren liegen im komplexen Netz grenzüberschreitender und weltweiter *privater* Wirtschaftsbeziehungen. Nun gibt es aber auf internationaler Ebene kein Gewaltmonopol. Folglich nimmt die Einflussmöglichkeit von Nationalstaaten ab, mittels traditioneller internationaler Politik die aus der weltwirtschaftlichen Verflechtung entstehenden Krisenprozesse zu stabilisieren. Mit anderen Worten, die Integrationskraft nationaler Politik geht immer mehr zurück. Außerdem

---

[40] Siehe hierzu z. B. Card et al. [2012].

kam in den letzten Jahrzehnten verstärkend hinzu, dass das internationale Währungs- und Finanzsystem nach dem Zusammenbruch des Systems von Bretton Woods im Jahre 1973 und dem Abbau der Vormachtstellung der USA weder feste Regelmechanismen noch eine supranationale Autorität mit echten Machtbefugnissen kannte.

Es lassen sich eine ganze Reihe von Anzeichen für eine Gefährdung der internationalen Ordnung im Zusammenhang mit der zunehmenden weltwirtschaftlichen Verflechtung aufspüren. Im Folgenden soll auf die wahrscheinlich bekanntesten Krisenerscheinungen seit den 1980er Jahren kurz eingegangen werden. Sie betreffen:

- die internationale Verschuldung der Entwicklungsländer
- die Finanzmarkt- und Währungskrisen in den Schwellenländern
- die Finanzmarkt- und Verschuldungskrise der Industrieländer
- die erratischen Kursschwankungen auf den Devisen- und internationalen Finanzmärkten
- die anhaltenden außenwirtschaftlichen Ungleichgewichte.[41]

1. Internationale Verschuldungskrisen der Entwicklungsländer

1.1 Entwicklung

Die allgemeine Entwicklung der internationalen Finanzmärkte zeigte schon in den Jahren 1973 bis 1982 eine ungewöhnlich starke Vergabe von privaten Bankkrediten an Entwicklungsländer. So stieg die internationale Verschuldung der Entwicklungsländer in diesen zehn Jahren um das Fünffache. Die sogenannte „Schuldenkrise" wurde offen ausgelöst im August 1982 durch die Zahlungsunfähigkeit Mexikos und kurz darauf Brasiliens. Mexiko und Brasilien waren beide nicht mehr in der Lage, ihre Auslandsschulden in der Höhe von (damals) jeweils rund 85 Milliarden US-Dollar zu bedienen. Dadurch entstand die Gefahr, dass ein sogenannter „Dominoeffekt" ausgelöst und es zum Zusammenbruch der internationalen Wirtschaftsbeziehungen („big crash") kommen würde. Es ist letztlich nur auf die kurzfristigen Überbrückungsfinanzierungen internationaler Währungsinstitutionen wie der ‚Bank für Internationalen Zahlungsausgleich' und des ‚Internationalen Währungsfonds' sowie der Zentralbanken der Industrieländer zurückzuführen, dass es nicht so weit kam.[42] Dabei handelte es sich vor allem um die Gewährung neuer Kredite und um die Organisation von Umschuldungsaktionen. Trotz alledem konnte nicht verhindert werden, dass sich die „Schuldenkrise" in den 1990er Jahren fortgesetzt hat und sich durch die Auswirkungen der Wirtschaftskrise in Argentinien in dem Zeitraum von 1998 bis 2002 zwischenzeitlich sogar verschlimmert hatte.

---

[41] Es handelt sich hier um Begleiterscheinungen der weltwirtschaftlichen Verflechtung, während es in Abschnitt I um die Aktivitäten, die zu dieser Verflechtung führten, ging.

[42] Zu einer Beschreibung dieser internationalen oder multilateralen Währungsinstitutionen siehe im 2. Teil dieses Buches.

Das Verhältnis der externen Schulden der Entwicklungsländer zum BIP verharrte seit Beginn der 1990er Jahre bis zum Jahr 2004 etwa zwischen 30 % und 40 % (siehe Abbildung 1–10). Seitdem befindet sich das Verhältnis auf einem rückläufigen Trend, wobei im Jahr 2009 im Zuge der globalen Finanzkrise ein leichter Anstieg zu verzeichnen war. 2012 betrug das Verhältnis der externen Schulden der Entwicklungsländer zum BIP ungefähr 24 %. Insbesondere reduzierte Afrika südlich der Sahara seine externe Verschuldungsquote von 61 % im Jahr 2002 auf 24 % im Jahr 2012.

Diese Entwicklung in Afrika südlich der Sahara ist auf Folgendes zurückzuführen: Aufgrund der Bedeutung der Verschuldungsproblematik der Entwicklungsländer wurde 1996 auf eine gemeinsame Initiative der Weltbank und des Internationalen Währungsfonds hin, ein Programm zur Reduzierung der externen Schulden von besonders armen Entwicklungsländern ins Leben gerufen, die sogenannte HIPC-Initiative.[43] Die HIPC-Initiative zielt darauf ab, dass die Gelder, die durch die Schuldenerleichterung freigesetzt werden, für eine nachhaltige Entwicklung eingesetzt werden. Bisher erhielten 36 Länder einen vollständigen Schuldenerlass, wobei der Schuldenerlass von Tschad nur vorläufig ist.[44] Dabei wurden im Zeitverlauf ungefähr 75 Milliarden US-Dollar zur Erleichterung des Schuldendienstes bereitgestellt.[45]

Abbildung 1–10: Entwicklungsländer: Verhältnis externer Schulden zum BIP

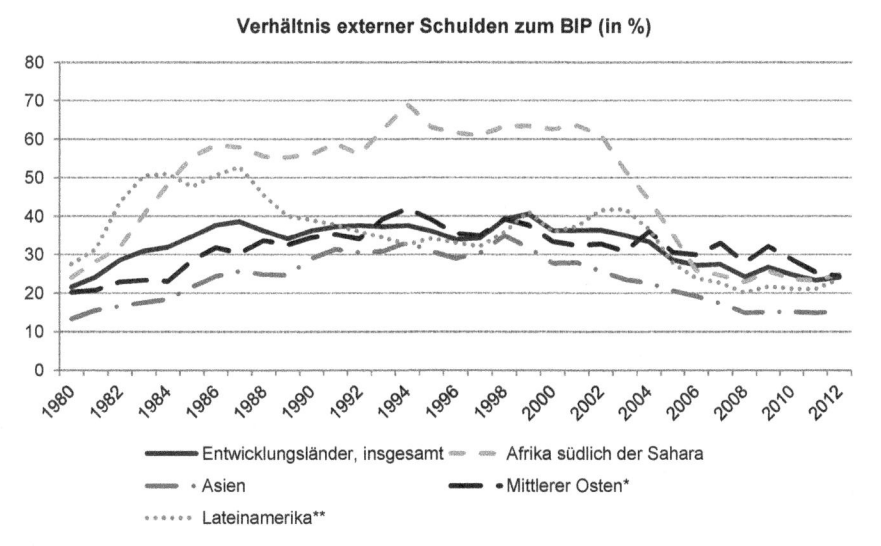

Verhältnis externer Schulden zum BIP (in %)

[Liniendiagramm 1980–2012 mit Kurven für: Entwicklungsländer, insgesamt; Afrika südlich der Sahara; Asien; Mittlerer Osten*; Lateinamerika**]

* Mittlerer Osten, Nordafrika, Afghanistan und Pakistan
** Lateinamerika und Karibik

Quelle: IWF, World Economic Outlook, Oktober 2013

---

[43] Siehe hierzu näher in 2. Teil:I.2.4.
[44] Von den 36 Ländern, die einen Schuldenerlass erhielten, befinden sich 30 Länder in Afrika.
[45] Siehe hierzu näher IWF [2014a].

Die Entwicklung der Verschuldung der Entwicklungsländer wird darüber hinaus auch bei Betrachtung der Abbildung 1–11 besonders deutlich. Dabei wird der Schuldendienst der Entwicklungsländer in Relation zu den Exporteinnahmen (Schuldendienstquote) für den Zeitraum von 1990 bis 2012 abgebildet. Hierbei wird sichtbar, dass die lateinamerikanischen Länder ihre Schuldendienstquote nach 2002 erheblich reduzieren konnten. Auch für die Entwicklungsländer insgesamt ist ein rückläufiger Trend zu verzeichnen. Allerdings hatte die jüngste Finanzkrise negative Auswirkungen auf die wirtschaftliche Entwicklung der Entwicklungsländer, sodass die Schuldendienstquote kurzzeitig anstieg.

Abbildung 1–11: Schuldendienstquote der Entwicklungsländer

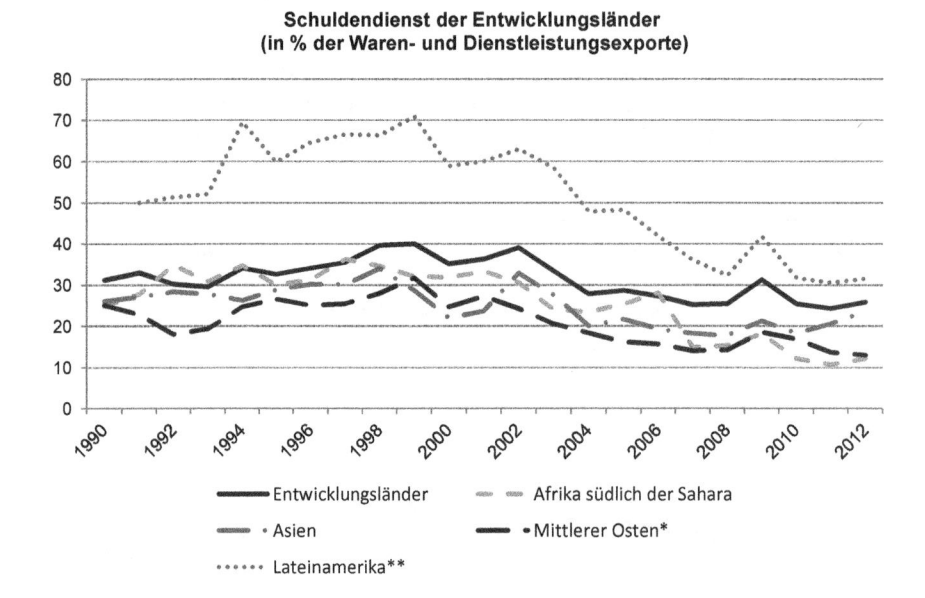

Schuldendienst der Entwicklungsländer
(in % der Waren- und Dienstleistungsexporte)

— Entwicklungsländer   ---- Afrika südlich der Sahara
— · Asien   — · Mittlerer Osten*
····· Lateinamerika**

* Mittlerer Osten, Nordafrika, Afghanistan und Pakistan
** Lateinamerika und Karibik

Quelle: IWF, World Economic Outlook, Oktober 2013

1.2 Ursachen

Im Zusammenhang mit der eben beschriebenen Schuldenkrise wird viel von der „Schuldfrage" gesprochen. Es handelt sich jedoch nur zum Teil um die „Schuld" von „Schuldnerländern" und „Gläubigerländern". Daneben spielen auch unglückliche weltwirtschaftliche Verkettungen eine Rolle.

Weltwirtschaftliche Sonderfaktoren

Unbestreitbar führten unglückliche „Schockeinwirkungen" auf den Weltmärkten zu Finanzierungsengpässen bei den Entwicklungsländern in den 1970er wie auch in den 1980er Jahren. Solche Schockeinwirkungen waren: die Ölpreiserhöhungen in den 1970er Jahren, der „Höhenflug" des US-Dollars (in dem die Ölimporte zu bezahlen waren) in den 1980er Jahren, die steigenden Zinsen und die fallende Nachfrage nach Rohstoffen in der Zeit der weltweiten Disinflationspolitik (Anfang der 1980er Jahre) sowie die mit dem Nachfragerückgang verbundenen fallenden Rohstoffpreise. Die Entwicklungsländer waren jedoch zu einem großen Teil auf die Exporterlöse aus Rohstoffverkäufen angewiesen. Zum anderen vergrößerte der „Höhenflug" des US-Dollars ebenso wie der weltweite Zinsanstieg den Schuldendienst der Entwicklungsländer. Der „Höhenflug" des US-Dollars selbst war nicht zuletzt das Ergebnis des durch die amerikanische Wirtschaftspolitik herbeigeführten großen Haushaltsdefizits, das zu einer enormen Kreditnachfrage und dementsprechend zu steigenden Zinsen in den USA führte[46] (siehe hierzu auch in Abschnitt 4.2 unten). Die hohen Zinsen in den USA lockten enorme Kapitalbeträge dorthin. Dementsprechend stieg die Nachfrage nach der US-Währung (als der Anlagewährung) und damit der Dollar-Kurs. Da nun der Schuldendienst der Entwicklungsländer weitgehend in Dollars zu begleichen war, verstärkte sich mit dem Höhenflug des Dollars auch deren finanzielle Belastung. Die Verschuldung insgesamt nahm so zu.

Schuldnerfehler

Zum Teil lag jedoch die Schuld (wenn überhaupt von „Schuld" gesprochen werden kann) bei den Schuldnern selbst. So lag der Ausgangspunkt für die Schuldenkrise in einer besonders schnellen und kräftigen Zunahme der Kreditaufnahme der Nicht-Öl-produzierenden Entwicklungsländer beim internationalen Bankensystem. Das „Recycling" der Ölgelder (siehe unten) machte es vielen Entwicklungsländern leicht, Zugang zu den internationalen Finanzmärkten zu gewinnen. Zeitweise (1975–76 sowie 1978–79) wurden die Kreditwünsche der Entwicklungsländer durch einen negativen Realzins stimuliert, was letztlich zu unwirtschaftlichen Investitionsvorhaben und übermäßigem Konsum verleitete.

Viele Kredite versickerten in verschwenderischen Konsumausgaben, z. B. zur Finanzierung aufgeblähter Verwaltungsapparate, Militärausgaben und Luxusimporten. Andere wurden unproduktiv investiert, wie z. B. in Prestigebauten wie überdimensionierten Flughäfen oder nicht auszulastenden Stahlwerken oder Staudämmen. Nicht zuletzt verschwanden viele Kredite in Korruptionskanälen oder flossen auf legalen und illegalen Wegen auf ausländische Konten. Nach Schätzungen der amerikanischen ‚Morgan Guarantee Trust Company' sind von Mitte der 1970er bis Mitte der 1980er Jahre aus den zehn wichtigsten Schuldnerländern bei einer Neuverschuldung von rund 450 Milliarden US-Dollar ca. 200 Milliarden Dollar wieder ins Ausland

---

[46] Die USA wandelten sich so in den 1980er Jahren vom größten Gläubiger- zum größten Schuldnerland der Welt. Während sie 1981 noch eine Netto-Gläubigerposition von 141 Milliarden US-Dollar aufweisen konnten, standen sie 1989 in einer Netto-Schuldnerposition von 630 Milliarden Dollar (Quelle: Deutsche Bundesbank). Im September 2008 wiesen die USA eine Nettoauslandsverschuldung von etwa 2.800 Milliarden US-Dollar auf (Quelle: Federal Reserve Bank of St. Louis). Das entspricht etwa 20 % des BIP. Dies ist jedoch, gemessen an der immer noch relativ geringen Schuldendienstquote der USA, nicht vergleichbar mit der „Schuldenkrise" in den Entwicklungsländern.

abgeflossen. Allein in Lateinamerika belief sich die Kapitalflucht während dieses Zeitraums auf weit über 100 Milliarden US-Dollar, d. h. auf knapp die Hälfte der Netto-Neuverschuldung[47].

Außerdem haben sich viele Länder in den 1970er Jahren bewusst nicht beim IWF oder bei der Weltbank verschuldet, weil damit gewisse wirtschaftspolitische Auflagen verbunden sind (siehe im 2. Teil). Stattdessen verschuldeten sie sich auf den privaten Kapitalmärkten sowie auf dem sogenannten „Euro-Markt"[48] und nahmen so kurzfristigere Kreditlaufzeiten zu höheren und teilweise variablen Zinssätzen hin, nur um solche (wirtschaftspolitisch durchaus überzeugenden[49]) Auflagen zu umgehen. Als dann Ende der 1970er Jahre das internationale Zinsniveau aus Gründen der Inflationsbekämpfung in den Industrieländern stark anstieg, wurde die Schuldensituation der Entwicklungsländer bedrohlich.

Gläubigerfehler

Den privaten Banken waren infolge der Ölpreissteigerungen von 1973/74 und 1979/80 gewaltige Summen von „Petro-Dollars" aus den OPEC-Staaten zugeflossen. (Die Jahreseinnahmen der OPEC-Staaten aus ihren Ölexporten betrugen 1975 umgerechnet 200 Milliarden DM; und sie nahmen ab 1979 nochmals kräftig zu. Bis 1982 konnten die OPEC-Länder ihre Kapitalanlagen im Ausland auf umgerechnet 420 Milliarden DM steigern.) Für diese Einlagen suchten die Banken damals händeringend Anlagemöglichkeiten („Recycling"). Angesichts dessen, aber auch angesichts fehlender internationaler Erfahrungen sowie nachlässiger Prüfverfahren, wurden nicht-kreditwürdigen Schuldnerländern Kredite manchmal fast „aufgedrängt".

Teilweise handelte es sich aber auch um ein *internationales Koordinationsproblem*. Wenn nämlich ein einzelner Kredit für sich genommen bei augenblicklicher Kreditwürdigkeit eines Schuldners als noch sicher oder unproblematisch angesehen werden kann, ist dies für die Summe vieler Einzelkredite nicht mehr der Fall. Die unvollkommene Information einzelner Banken über die zukünftige Gesamtschuldensituation einzelner Schuldner lässt somit ein Koordinationsproblem aufkommen, das privat (ohne politisch-institutionelle Hilfestellung) kaum zu bewältigen ist. Dies zeigt sich auch am Beispiel der Asienkrise in den 1990er Jahren (siehe hierzu den folgenden Abschnitt 2).

---

[47] Auch in den verschuldeten arabischen Ländern des Nahen Ostens verschlimmerte die Kapitalflucht die oben beschriebene Lage in dramatischem Umfang. So flossen nach konservativen Schätzungen der ‚Gulf International Bank' zwischen 1977 und 1987 rund 60 Milliarden US-Dollar an Privatkapital aus verschuldeten arabischen Staaten ins Ausland, was etwa einem Drittel der Gesamtschuld entsprach.

[48] Als Euro-Märkte bezeichnet man internationale Märkte, an denen Finanztransaktionen in einer konvertierbaren Währung abgewickelt werden, wobei diese nicht die Landeswährung ist.

[49] Vgl. hierzu Wagner [1997].

1.3 Gefahren

Aufgrund des hohen Schuldendienstes (Zins- plus Tilgungszahlungen) stand die Wirtschaft in vielen Ländern schon öfter vor dem Zusammenbruch. So musste z. B. Brasilien 1983 55 % seiner Exporterlöse für den Schuldendienst aufbringen. In Argentinien betrug die sogenannte „Schuldendienstquote" 1986 sogar 83 %. Die Exporterlöse mussten dort also beinahe vollständig für die Bedienung der fälligen Zins- und Tilgungszahlungen herangezogen werden, sodass die verwendeten Mittel an anderer Stelle fehlten. Die Schuldensituation hat sich seitdem für Brasilien wesentlich verbessert. Das Land musste zwar 1999 118 % seiner Exporterlöse zur Bedienung seiner Auslandsschulden verwenden (1992 waren es noch 20 %). 2012 betrug die Schuldendienstquote aber „nur noch" 15,5 %. Für Argentinien hat sich das Verhältnis ebenso deutlich verbessert – von 83 % in 1986 auf 13 % in 2012. Zwischenzeitlich hatte es sich verschlechtert. So betrug das Verhältnis Schuldendienst zum Export im Jahr 1999 75 %, nachdem es 1995 bis auf 25 % gesunken war.[50] Damals drohten immer mehr Staaten mit einem einseitigen Schuldenmoratorium, d. h. mit der Einstellung von Tilgungs- und teilweise auch Zinszahlungen. Von einem solchen Schuldenmoratorium wären vor allem die amerikanischen Gläubigerbanken gefährdet gewesen. Denn nach amerikanischen Bankbestimmungen musste ein Kredit vollkommen abgeschrieben werden, wenn er 90 Tage lang nicht mit Zinsen bedient wurde[51]. Wenn ein Schwerpunktland gegenüber einer amerikanischen Gläubigerbank seine Zahlungsunfähigkeit erklärte, war diese Bank kaum noch zu retten. Der Zusammenbruch einer größeren Bank kann aber andere Banken und Unternehmen mit in den Strudel reißen, sodass der erwähnte Dominoeffekt eintreten kann – und dies angesichts der weltwirtschaftlichen Verflechtung unter Umständen weltweit.

Eine anhaltende Zunahme der Verschuldung der Entwicklungsländer könnte auf diese Weise das internationale Finanzsystem in eine Vertrauenskrise und damit an den Rand des Zusammenbruchs bringen. Dies hätte eine Beeinträchtigung des internationalen Handels durch Wachstumseinbußen und wieder aufkommenden Protektionismus (siehe unten) zur Folge. Außerdem erhöhen Schuldenkrisen die internationalen Verteilungsauseinandersetzungen, was ebenfalls Rückwirkungen auf die internationale Stabilität und damit auf den internationalen Wachstumsprozess hat. Nicht zuletzt schwächt eine anhaltend hohe Verschuldung der Entwicklungsländer nachhaltig deren innere Kraft zur Durchführung marktwirtschaftlicher Reformen. Auch dies erhöht das Risiko wirtschaftlicher und politischer Destabilisierung.

Dass gerade auch eine kurzfristige Verschuldung Risiken birgt, zeigte die Asienkrise Ende der 1990er Jahre. In der Abbildung 1–12 ist zu sehen, dass die asiatischen Entwicklungsländer einen stetigen Zustrom an privatem Kapital verzeichnen konnten. 1997 kam es dann zu einem dramatischen Rückgang der privaten Kapital-

---

50 Quellen: World Bank, World Development Indicators und DB Research.
51 Das Gegenstück zu diesen Sonderbestimmungen bestand darin, dass es für amerikanische Banken auch keine Begrenzung für die Kreditvergabe gab. Deutsche Banken dagegen durften nicht mehr als das Achtzehnfache des haftenden Eigenkapitals an Krediten ausleihen.

zuflüsse in die asiatischen Entwicklungsländer. An dieser Stelle wird die Asienkrise nicht weiter erläutert, da noch weitere Einflussfaktoren für die Entstehung dieser Krise eine Rolle gespielt haben, auf die insbesondere im nächsten Abschnitt eingegangen wird. Zur Jahrtausendwende erholten sich die privaten Kapitalflüsse von den Auswirkungen der Asienkrise – insbesondere angetrieben durch den Zustrom an Direktinvestitionen. Allerdings wird in Abbildung 1–12 deutlich, dass die Kapitalflüsse nach 2003 erheblichen Schwankungen ausgesetzt waren und es im Zuge der globalen Finanzkrise erneut zu einem Rückgang der privaten Kapitalzuflüsse kam. Jedoch verzeichneten die asiatischen Länder schon im Jahr 2009 einen stetigen Zustrom an privatem Kapital. Diese Entwicklung birgt enorme Risiken, da nachdem 2010 das Vorkrisenniveau der privaten Kapitalzuflüsse weit überschritten worden ist, bereits 2012 ein dramatischer Rückgang sichtbar war.

Abbildung 1–12: Kapitalzufluss in asiatische Entwicklungsländer

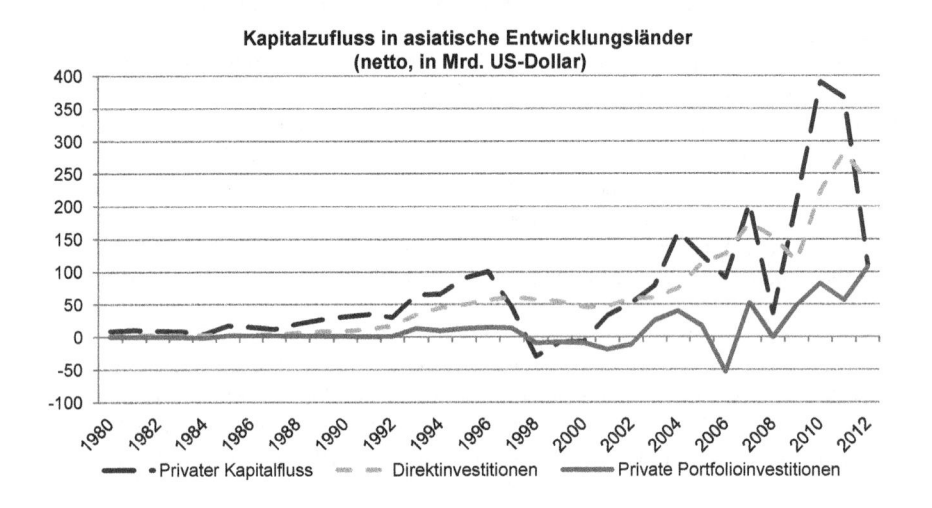

Quelle: IWF, World Economic Outlook, Oktober 2013

2. Finanzmarkt- und Währungskrisen in den Schwellenländern am Beispiel der Asienkrise

2.1 Entwicklung

In den 1990er Jahren erregten die Finanz- und Währungskrisen in Latein- und Zentralamerika und vor allem in Asien sowie ihre globale Verbreitung große Aufmerksamkeit. Die Charakteristika solcher Finanz- und Währungskrisen sollen am Beispiel der Asienkrise dargestellt werden.

Eines der hervorstechenden Charakteristika der Währungs- und Finanzmarktkrisen in den asiatischen Staaten war die abrupte Umkehr der Kapitalströme, wie in der Abbildung 1–13 auch gut zu erkennen ist. Der Netto-Kapitalzufluss in die fünf am schwersten betroffenen Länder Indonesien, Korea, Malaysia, Thailand und die Philippinen betrug 1996 etwa 75 Milliarden US-Dollar und kehrte sich 1997 zu einem Netto-Kapitalabfluss von 13 Milliarden US-Dollar um. Die Umkehr der Kapitalströme innerhalb eines Jahres belief sich damit auf 88 Milliarden US-Dollar und entsprach rund 10 % der Summe der Bruttoinlandsprodukte der fünf Länder vor Ausbruch der Krise. Ermöglicht wurde diese extreme Entwicklung der privaten Kapitalflüsse durch den hohen Anteil der kurzfristigen Auslandsverschuldung an der gesamten Verschuldung im Ausland. Das Verhältnis von kurzfristigen Verbindlichkeiten zum gesamten Schuldenstand gegenüber internationalen Banken betrug in den fünf Ländern Ende 1996 zwischen 50 % und 67 %. Die Krisenanfälligkeit von Schwellenländern gegenüber abrupten Kapitalabflüssen spiegelt sich auch in dem Verhältnis aus kurzfristigen internationalen Verbindlichkeiten bei ausländischen Geschäftsbanken zu den Währungsreserven der Zentralbank wider. Diese Relation wies beispielsweise in Thailand im Juni 1997 (also unmittelbar vor Ausbruch der Asienkrise) einen Wert von 1,5 und für Indonesien und für Korea gar Werte von 1,8 bzw. 2,1 auf.

Abbildung 1–13: Netto-Kapitalzuflüsse in ausgewählte asiatische Länder

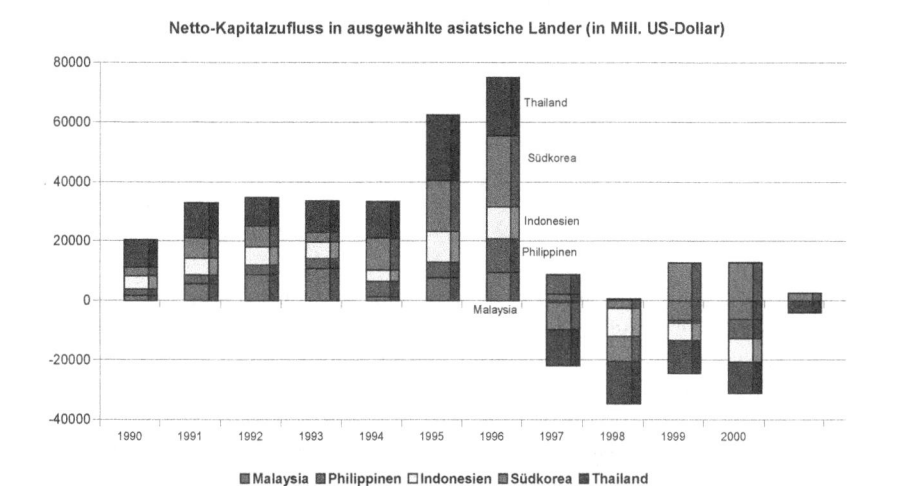

Quelle: IWF, International Financial Statistics

Wie stark und plötzlich die Kapitalströme sich umkehren können, verdeutlicht nochmals die Abbildung 1–14. Insbesondere Südkorea erlebte eine dramatische Umkehr der Netto-Kapitalströme innerhalb eines Quartals. Betrugen die Netto-Kapitalzuflüsse nach Südkorea im zweiten Quartal 1997 noch 6,7 Milliarden US-Dollar, so fiel im dritten Quartal der Netto-Kapitalzufluss auf 762,5 Millionen US-Dollar und kehrte sich im vierten Quartal mit einem Netto-Kapitalabfluss in Höhe von 20,9 Milliarden US-Dollar dramatisch um. Im vierten Quartal betrug der Netto-Kapitalabfluss noch 5,4 Milliarden US-Dollar. Allerdings konnte Südkorea im ersten Quartal 1998 wieder einen Netto-Kapitalzufluss in Höhe von 353,2 Millionen US-Dollar verzeichnen. Eine besonders starke Kapitalumkehr erlebte auch Indonesien. Dort sanken die privaten Kapitalzuflüsse zwischen 1996 und 1998 um umgerechnet 16,5 % des BIP.[52]

Abbildung 1–14: Netto-Kapitalzufluss in einige asiatische Länder

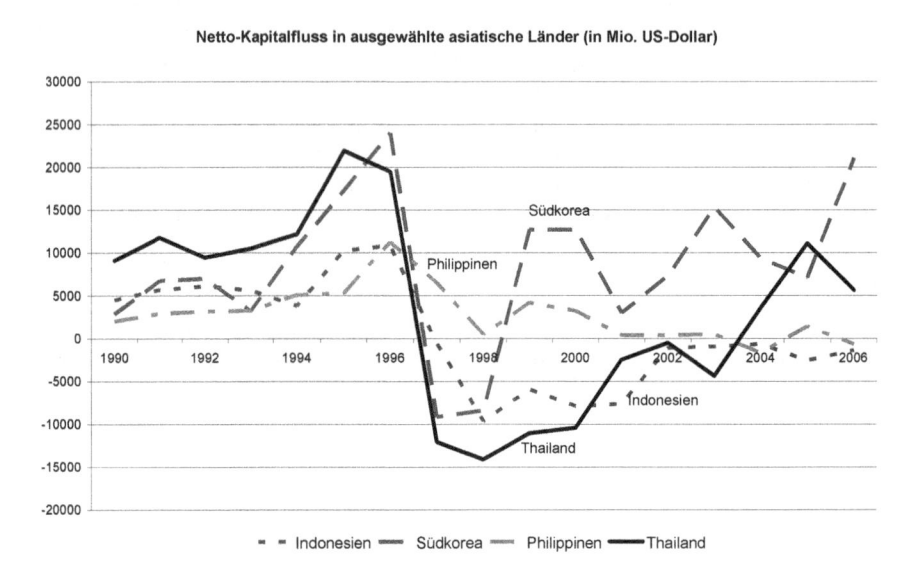

Netto-Kapitalfluss in ausgewählte asiatische Länder (in Mio. US-Dollar)

Quelle: IWF, International Financial Statistics

2.2 Ursachen

Das Beispiel der Asienkrise zeigt die Gefahren der weltwirtschaftlichen Verflechtung auf. Nationale Krisen können sich schnell auf zahlreiche Nachbarländer, und schließlich auch auf entferntere Gebiete ausbreiten und letztlich gar eine neue Weltwirtschaftskrise auslösen. Die bislang größte Weltwirtschaftskrise Ende der 1920er Jahre war ja auch die unmittelbare Folge einer (der sogenannten ersten) Globalisierungswelle, die von der zweiten Hälfte des 19. Jahrhunderts bis zu ihrem Zusammenbruch in Form der Weltwirtschaftskrise andauerte.

Während die Industrieländer aus der großen Weltwirtschaftskrise der 1920er Jahre ihre Lehren gezogen haben und, so gut wie möglich, institutionelle Vorkehrungen in Form starker Finanzsysteme und internationaler Überwachungsorganisationen wie dem IWF geschaffen haben, sind insbesondere die Schwellenländer anfällig für Finanzmarktkrisen bzw. für die Ansteckung durch woanders ausgebrochene Finanz-

---

[52] Zu diesen und anderen Aspekten der finanziellen Volatilität im Zuge der Globalisierung siehe z. B. Obstfeld und Taylor [2003], Feldstein [Hg. 2003], Wagner und Berger [2003], Fischer [2003b], BIZ [2006a] sowie Gerlach u. a. [2006].

marktkrisen.[53] Wie die Erfahrungen der jüngsten Finanzmarktkrisen der Schwellenländer zeigen, ist diese Gefahr umso größer, je schwächer das Banken- und Finanzwesen und auch die sonstige institutionelle Infrastruktur in einem Lande entwickelt ist.[54] Dies soll am Beispiel der Asienkrise im Folgenden erläutert werden.

Grundsätzlich lassen sich in der theoretischen Analyse jüngerer Finanzmarktkrisen (z. B. der Asienkrise) zwei unterschiedliche Richtungen unterscheiden. Im Rahmen des einen Erklärungsansatzes werden die Ursachen sowie der Ausbruch der Krise allein auf fundamentalökonomische Faktoren zurückgeführt. Dieser Ansatz betont die Bedeutung impliziter staatlicher Garantien der Bankeinlagen für eine übermäßige Risikoakkumulation in den Bankensektoren der betroffenen Staaten (Moral-Hazard-These[55]). Demgegenüber sehen die Vertreter des alternativen Erklärungsansatzes den Grund für den Ausbruch und die Verbreitung der Krise in der Instabilität der Finanz- und Kapitalmärkte, die eine aus fundamentalökonomischer Sicht nicht notwendige Finanzmarktpanik verursacht hat. Allerdings basiert auch dieser Ansatz auf der Existenz fundamentalökonomischer Probleme in den betroffenen Ländern, die zwar allein als nicht ausreichend angesehen werden, um den Ausbruch und die Ausbreitung der Krise erklären zu können, die jedoch eine gewisse Krisenanfälligkeit erzeugten und damit die Vorbedingung für deren Eintreten schufen[56]. Beide Ansätze stimmen folglich darin überein, dass die betroffenen Länder vor Ausbruch der Krise eine gewisse fundamentalökonomisch begründete Krisenanfälligkeit aufwiesen. Sie unterscheiden sich hingegen in der Bedeutung, die sie diesen fundamentalen Schwächen für die Erklärung der Krise beimessen.

Interessant an der Asienkrise ist, dass makroökonomische Größen, wie beispielsweise das Budgetdefizit oder das reale Wachstum, im Vorfeld der Krise keinen Hinweis auf die spektakuläre Entwicklung der Jahre 1997/98 lieferten. Dagegen signalisierten andere Indikatoren eine Krisenanfälligkeit der betroffenen Länder. Insbesondere eine hohe kurzfristige und zu großen Teilen nicht kursgesicherte Auslandsverschuldung des privaten Sektors, dem typischerweise ein wesentlich geringerer Bestand an Forderungen an das Ausland gegenüberstand, begründete eine starke Anfälligkeit gegenüber einer abrupten Kapitalflucht. Unterstützt wurde der Aufbau einer massiven Auslandsverschuldung durch die langjährige Konstanz der Wechselkurse, die Anlass einer weitgehenden Unterschätzung des Wechselkursrisikos war. Zudem zeichneten sich die Bankensysteme der Krisenländer aufgrund einer nur schwachen Aufsicht und Regulierung bei gleichzeitig rapider, durch die Liberalisierung der nationalen wie internationalen Finanztransaktionen begünstigter Kreditausweitung an den privaten Sektor durch eine ausgeprägte Krisenanfälligkeit aus.

---

53 Allerdings hat sich gezeigt, dass im Zuge der Finanzmarktliberalisierung ab den 1990er auch die Industrieländer anfällig für Finanzmarktkrisen geworden sind. Siehe hierzu näher 1. Teil:II.3.
54 Siehe hierzu Mohr und Wagner [2013].
55 Moral-Hazard kennzeichnet das Problem, dass eine Marktseite nach Vertragsabschluss transaktionsrelevante Fakten zulasten des anderen Vertragspartners verändern kann, ohne dass dies für die andere Marktseite erkennbar ist.
56 Vgl. hierzu die Modellanalysen von Berger und Wagner [2004; 2005].

Diese unterschiedlichen Aspekte der Krisenanfälligkeit der betroffenen Länder werden nun nacheinander etwas näher betrachtet.

Bei der Analyse der Ursachen der Asienkrise herrscht weitgehend Einigkeit, dass, neben der schon weiter oben aufgeführten kurzfristigen Verschuldung der asiatischen Länder, als weitere wichtige Erklärung für die Asienkrise den Bankensystemen der betroffenen Länder eine zentrale Rolle zukommt. Der Bankensektor nahm innerhalb der Finanzsysteme Asiens insofern eine herausgehobene Stellung ein, als die Aufgabe der finanziellen Intermediation vorwiegend von Banken übernommen wurde. Mit der Liberalisierung des Kapitalverkehrs und dem damit verbundenen Zugang zum internationalen Kapitalmarkt wurde es den Banken möglich, sich am internationalen Kapitalmarkt zu verschulden, um im Inland zum höheren einheimischen Zins Kredite zu vergeben. Entsprechend stark nahmen die Kredite an den privaten Sektor in den Jahren 1990–97 zu. Die durchschnittliche jährliche Wachstumsrate der privaten Bankkredite in den fünf Krisenländern belief sich innerhalb dieses Zeitraums auf 12–18 %.

Neben die starke jährliche Ausweitung des privaten Kreditvolumens trat als weiteres wesentliches Charakteristikum der Finanzsysteme der betroffenen Länder die nur unzureichende Aufsicht und Regulierung der Banken. Die Banken sahen sich in den asiatischen Staaten nicht nur teilweise direkten Eingriffen des Staates in ihre Kreditvergabepolitik ausgesetzt bzw. durch Regulierungsvorschriften verpflichtet, eine politisch erwünschte Kreditpolitik zu verfolgen, sondern zeichneten sich durch eine schwache Eigenkapitalbasis, unzureichendes Risikomanagement und mangelhafte Vorkehrungen für mögliche Kreditausfälle aus. In dieser Situation droht bereits bei verhältnismäßig schwachen Schocks – wie z. B. einem Rückgang des Wachstums oder einem Zinsanstieg, über die dadurch ausgelösten Kreditausfälle, oder bei einer Abwertung[57] mittels der infolgedessen in einheimischer Währung steigenden Auslandsverschuldung – die Insolvenz des Bankensystems. Diese Faktoren führten gemeinsam mit der hohen, nicht kursgesicherten Auslandsverschuldung typischerweise zu einer ausgeprägten Fragilität und Krisenanfälligkeit der Bankensysteme in den Krisenländern.

Wie kam es zu der Krisenanfälligkeit der asiatischen Staaten, die den Boden für die global spürbare Währungs- und Finanzmarktkrise der Jahre 1997/98 bereitete? Wenn auch die Ansätze zur Erklärung des Ausbruchs der Krise noch immer sehr kontrovers diskutiert werden, herrscht in dem Punkt Einigkeit, dass die Krisenanfälligkeit ein Resultat der schnellen finanziellen Liberalisierung in den späten 1980er und frühen 1990er Jahren war. Insofern führt die Asienkrise deutlich vor Augen, dass eine rasche, nicht von einer adäquaten Stärkung der Bankenaufsicht und -regulierung begleitete Liberalisierung der Finanzmärkte in Verbindung mit einer Öffnung des Kapitalverkehrs die Krisenanfälligkeit eines Landes stark erhöht.

---

[57] Der Begriff Abwertung beschreibt die Verminderung des Außenwertes einer Währung. Eine Abwertung entspricht bei Mengennotierung einer Senkung des Wechselkurses und bei Preisnotierung einem Anstieg des Wechselkurses.

Die Liberalisierung der Finanzmärkte umfasst typischerweise Maßnahmen wie die Abschaffung bzw. Einschränkung von Zinsobergrenzen, die Reduktion des staatlichen Einflusses bei der Kreditvergabe, die Ausweitung zugelassener Kapital- und Finanzmarktaktivitäten, die Privatisierung von Finanzintermediären[58] sowie die Förderung des Wettbewerbs im Bankensektor. Wenn diese Politik nicht von entsprechenden institutionellen Vorkehrungen wie beispielsweise einer Stärkung der Bankenaufsicht, hinreichenden Anforderungen an das Eigenkapital der Banken, geeigneten Regelungen zum Umgang mit Kreditausfällen und insolventen Institutionen sowie der Publikation finanzieller Informationen begleitet wird, droht die Gefahr, dass die Politik der Finanzmarktliberalisierung die Fragilität und damit die Krisenanfälligkeit des Finanzsektors erhöht. Ohne die mit einer zu raschen Liberalisierung typischerweise einhergehenden Probleme ausschöpfend diskutieren zu wollen, sei auf einige Punkte hingewiesen. Mit einer Öffnung des Bankensektors für den Wettbewerb sinkt typischerweise der Franchise Value (Gegenwartswert zukünftiger Gewinne) der Banken. Fasst man diesen Franchise Value als die maximalen Kosten einer Insolvenz für die Banken auf, wird durch einen sinkenden Franchise Value ein Anreiz geschaffen, exzessive, d. h. das soziale Optimum übersteigende, Risiken auf sich zu nehmen. Zudem erfordern die Öffnung des Bankensektors gegenüber dem Wettbewerb und der infolgedessen mögliche Markteintritt ausländischer Banken neue Fähigkeiten beispielsweise im Bereich des Risikomanagements oder im Umgang mit Finanzderivaten. Eine überstürzte Liberalisierung lässt jedoch weder dem Bankmanagement noch der für die Bankenaufsicht zuständigen Behörde ausreichend Zeit, diese Fähigkeiten zu erwerben.

Doch nicht nur strukturell-institutionelle Schwächen haben in den Schwellenländern die Krisenanfälligkeit gegenüber einer abrupten Kapitalumkehr erhöht, auch die Wirtschaftspolitik hat ihren Beitrag dazu geleistet. Die von den Krisenländern verfolgte makroökonomische Politik sowie die jeweiligen nominalen Wechselkursziele trugen ihrerseits zu einer Zunahme der Krisenanfälligkeit bei. So reagierten die betroffenen Länder auf den massiven Kapitalzufluss typischerweise mit einer restriktiven Geldpolitik, um einer zu exzessiven Ausweitung der inländischen Nachfrage entgegenzuwirken. Der sich infolge dieser Politik einstellende Anstieg der einheimischen Zinsen und damit der Zinsdivergenz zum Ausland ließ jedoch den Kapitalzufluss weiter steigen. Die gewählte makroökonomische Politikmischung schuf damit die Voraussetzung für einen sich selbst verstärkenden Prozess, an dessen Ende die für die Krisenländer typische extreme private Auslandsverschuldung stand. Zudem begünstigte die scheinbare Stabilität der Wechselkurssysteme (durch die offizielle Wechselkursbindung in diesen Ländern an den US-Dollar) eine Fehleinschätzung des Wechselkursrisikos und führte damit zu einem weitgehenden Verzicht auf eine Kurssicherung der Auslandsverschuldung.

---

58 Der Begriff Finanzintermediär bezeichnet Finanzinstitutionen, die im monetären Sektor einer Volkswirtschaft tätig sind. Finanzintermediäre, wie z. B. Geschäftsbanken, Investmentfonds, Versicherungsgesellschaften und andere Unternehmen sind auf Produktion, Kauf, Verkauf und Vermittlung von Finanzinstrumenten und Finanzdienstleistungen spezialisiert.

2.3 Gefahren

Eine Gefahr solcher Krisen ist die mögliche Ansteckung anderer Länder, selbst wenn diese in völlig anderen Regionen der Erde liegen. So zeigt die Abbildung 1–15, dass auch die Transformationsländer Osteuropas von den Auswirkungen der Asienkrise nicht verschont geblieben sind[59].

Abbildung 1–15: Portfolioinvestitionen in ausgewählte Transformationsländer

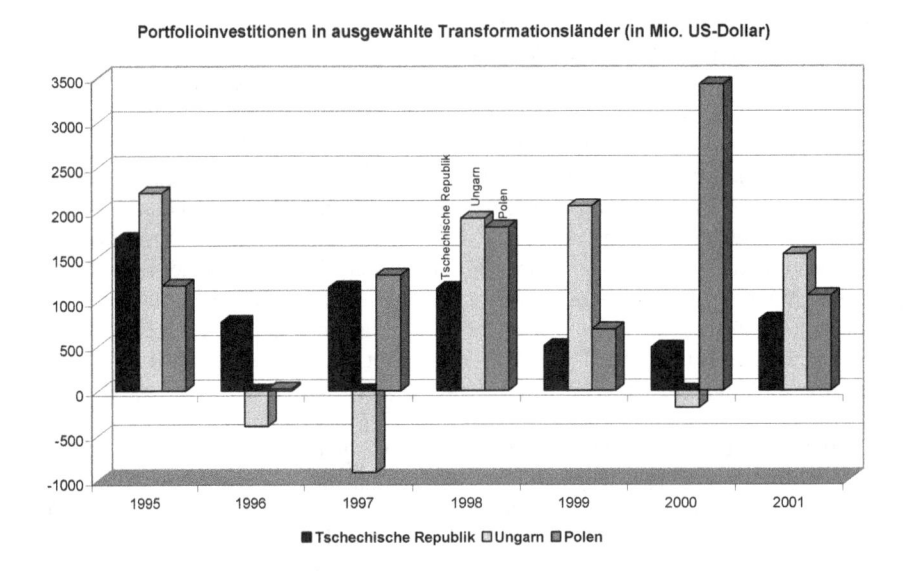

Portfolioinvestitionen in ausgewählte Transformationsländer (in Mio. US-Dollar)

Quelle: IWF, International Financial Statistics

1996 und 1997 gingen die Portfolioinvestitionen stark zurück, insbesondere Ungarn war davon betroffen. Dort war sogar ein Kapitalabfluss bei den Portfolioinvestitionen zu verzeichnen.

Die Asienkrise, die für die meisten Experten unerwartet Mitte 1997 ausbrach, war die letzte große Finanzmarkt- und Währungskrise der Schwellenländer, die die Welt im letzten Jahrhundert erschütterte. Das Frappierende dabei war, dass Indonesien, Korea, Malaysia und Thailand, die neben den Philippinen zu den primär betroffenen Ländern gehörten, zu der vor der Krise weltweit am stärksten wachsenden Region zählten und gemeinhin als die Paradebeispiele für ökonomischen Erfolg betrachtet wurden. Beginnend mit spekulativen Attacken auf den thailändischen Baht in der ersten Hälfte des Jahres 1997, die schließlich zu dessen Freigabe am 02.07.1997 führten, entwickelte sich die Asienkrise zu einer der schwersten Krisen in den

---

[59] Als Transformationsländer bezeichnet man Länder, die das alte Wirtschaftssystem durch ein Neues abgelöst haben. Zum Beispiel sind die Länder in Mittel- und Osteuropa von der Zentralverwaltungswirtschaft zu einer Wirtschaftsordnung der Marktwirtschaft übergegangen.

Schwellenländern überhaupt. Die Währungskrisen dieser fünf Länder sind, gemessen an den prozentualen Abwertungen (vgl. Abbildung 1–16) zwischen Juli 1997 und Januar 1998, allesamt als extrem zu beurteilen. Die Abwertungen erreichten ein Ausmaß von über 40 % auf den Philippinen und in Malaysia, rund 55 % in Korea und Thailand sowie über 80 % in Indonesien. Ebenso schwerwiegend waren die realwirtschaftlichen Auswirkungen. Die oben genannten Länder erfuhren 1998 mit Ausnahme der Philippinen, deren reales Bruttoinlandsprodukt lediglich um 0,5 % schrumpfte, schwere Depressionen mit einem Rückgang des realen Bruttoinlandsprodukts um 5,8 % in Korea, 6,7 % in Malaysia, 9,4 % in Thailand sowie 14 % in Indonesien.

Abbildung 1–16: Wechselkursentwicklung aufstrebender asiatischer Länder

Wechselkursentwicklung aufstrebender asiatischer Länder gegenüber dem US-Dollar (Q1 1995 = 100)

Quelle: IWF, International Financial Statistics

Die Erfahrungen mit der Asienkrise haben in den letzten Jahren zur Entwicklung verschiedener Vorschläge zur Vermeidung zukünftiger Finanz- und Währungskrisen geführt. Diese umfassen Vorkehrungen institutioneller Art wie auch die Wahl eines geeigneten Wechselkurssystems und geeigneter geldpolitischer Anker. Dies wird jedoch erst im 3. Teil dieses Buches näher erläutert.

3. Finanzmarkt- und Verschuldungskrise der Industrieländer

3.1 Entwicklung

Bis zum Ausbruch der jüngsten globalen Finanzkrise im August 2007 ist man davon ausgegangen, dass insbesondere Schwellenländer anfällig für Finanzmarktkrisen seien. Allerdings begann die aktuellste Finanzkrise auf dem Markt für US-Subprime-Hypotheken[60] und die dort für die Finanzierung eingesetzten verbrieften Forderungen. Bereits Anfang 2005 setzten der Anstieg der Ausfallraten am Suprime-Markt und der deutliche Rückgang der Wohnimmobilienpreise (siehe **Fehler! Verweisquelle konnte nicht gefunden werden.**) ein. Doch Aufmerksamkeit erregte die Subprime-Krise[61] erst, als Mitte 2007 Turbulenzen auf den internationalen Finanzmärkten auftraten. Zunächst waren auch vor allem Banken betroffen, die durch die US-amerikanischen Asset Backed Securities zum Teil große Verluste hinnehmen mussten.

Abbildung 1–17: Entwicklung der Anspannung am Geldmarkt[62]

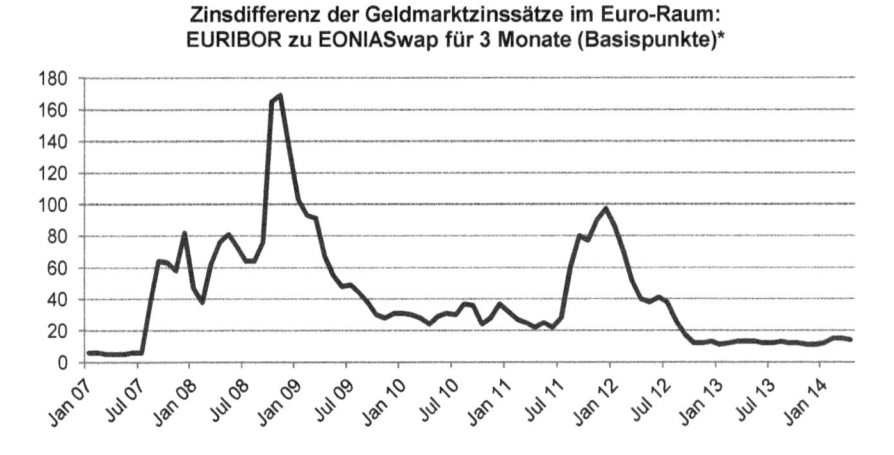

Zinsdifferenz der Geldmarktzinssätze im Euro-Raum:
EURIBOR zu EONIASwap für 3 Monate (Basispunkte)*

* Monatsdurchschnitte

Quelle: Europäische Zentralbank, eigene Berechnung

Bei Betrachtung der Abbildung 1–17, welche die Differenz des Zinssatzes für unbesicherte Interbankkredite (EURIBOR[63]) und des Zinssatzes für Overnight-Index-

---

[60] „Subprime" bezieht sich auf „unter-erstklassige" (stark risikobehaftete) Kredite hier besonders Hypotheken, deren Zahlungsausfall beträchtlich zur Verstärkung der Krise beigetragen hat.
[61] Siehe hierzu näher im 3. Teil:III.5.
[62] Als Geldmarkt bezeichnet man den Markt, an dem Finanzinstrumente mit einer kurzen Laufzeit (bis zu zwei Jahren) zwischen den Kreditinstituten gehandelt werden.

Swaps (EONIASwap[64]) mit entsprechender Laufzeit zeigt, werden die zunehmenden Liquiditätsprobleme auf dem Finanzmarkt sichtbar. Denn dieser Indikator zeigt auf, inwieweit sich die Banken bei der Verleihung von Krediten untereinander vertrauen. Je höher die Zinsdifferenz, desto schwieriger ist es für die Banken, sich Liquidität am Interbankenmarkt zu beschaffen. Die Zentralbanken reagierten darauf, indem sie den Banken mehr Liquidität zur Verfügung stellten.

Mit dem Zusammenbruch der Investmentbank Lehman Brothers im September 2008 wurde jedoch deutlich, dass das internationale Bankensystem stark verflochten und die Risiken kaum abzuschätzen waren. Die internationalen Finanzmärkte kamen zum Erliegen. Geld- und Kreditmärkte kamen zum Stillstand, die Aktienkurse (siehe Abbildung 1–21) sanken auf historische Tiefststände und es kam zu einem schweren Einbruch der Weltwirtschaft.

Abbildung 1–18: Staatsverschuldung der G7-Länder und des Euroraums

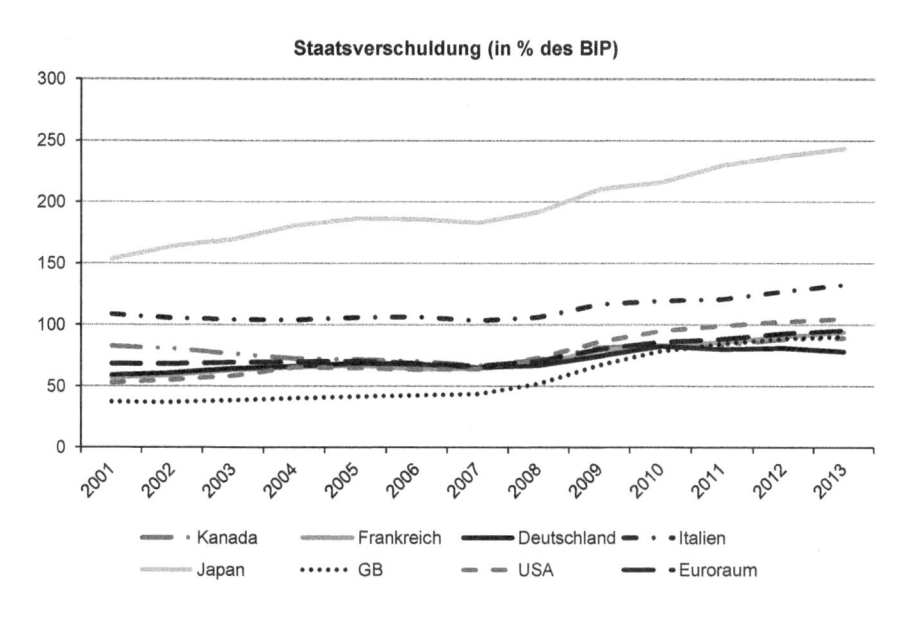

Quelle: IWF, World Economic Outlook, April 2014

---

[63] EURIBOR (Euro Interbank Offered Rate) ist der Durchschnittssatz, zu dem ein erstklassiges Kreditinstitut bereit ist, einem anderen Kreditinstitut mit höchster Bonität unbesicherte Euro-Gelder zur Verfügung zu stellen.

[64] Bei einem EONIASwap werden feste gegen variable Zinssätze getauscht. Dieser basiert auf dem EONIA (Euro Overnight Index Average), der ein auf Basis effektiver Umsätze berechneter Durchschnittssatz für Tagesgeld im Euro-Interbankengeschäft ist. Er wird als gewichteter Durchschnitt der Sätze für unbesicherte Euro-Übernachtkontrakte, die von einer Gruppe repräsentativer Banken gemeldet werden, berechnet.

Spätestens nach den darauf folgenden expansiven fiskalpolitischen und (z. T. auch) unkonventionellen geldpolitischen Maßnahmen zur Stabilisierung des Finanzsystems, wurde auch für die Öffentlichkeit das enorme Ausmaß der Krise offensichtlich[65]. Allerdings haben die ergriffenen Maßnahmen zur Stützung der gesamtwirtschaftlichen Nachfrage weltweit zu einem deutlichen Anstieg der Staatsschuldenquote geführt (siehe Abbildung 1–18). Japan und die Vereinigten Staaten wiesen sogar eine vergleichsweise höhere Schuldenquote als der Euroraum auf.

Vor der Finanzkrise wurde die Staatsverschuldung der Euro-Länder nicht als ein großes Problem angesehen, obwohl es innerhalb des Euroraums große Unterschiede gab. Im Verlauf der Finanzkrise unternahmen die Länder jedoch vermehrt Rettungsaktionen für angeschlagene Banken, sodass die Staatsfinanzen als weit weniger solide, als vorher angenommen, eingestuft wurden. Bei Betrachtung der Abbildung 1–19 wird ersichtlich, dass die Staatsverschuldung insbesondere in Irland, Griechenland, Spanien und Portugal enorm anstieg.

Abbildung 1–19: Staatsverschuldung ausgewählter Länder des Euroraums

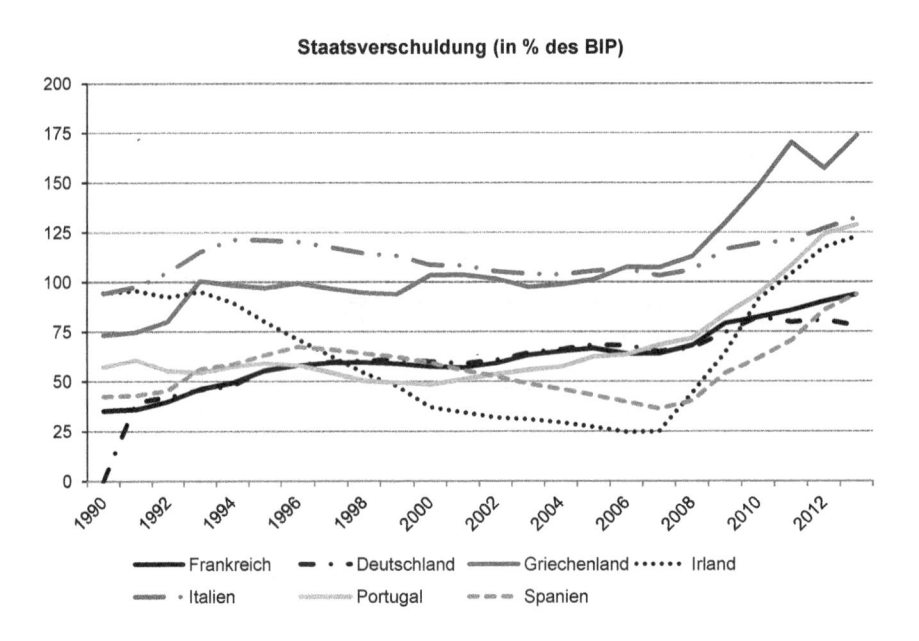

Quelle: IWF, World Economic Outlook, April 2014

Anfang 2010 kam es schließlich zu einer schwerwiegenden Vertrauenskrise im Euroraum, während der einige „Problemländer" im Euroraum (insb. Griechenland, Irland, Spanien und Portugal) Schwierigkeiten besaßen, sich Gelder auf den Kapitalmärkten zu beschaffen. In Abbildung 1–20 ist deutlich sichtbar, wie sich die Fi-

---

[65] Zu den ergriffenen Maßnahmen der Behörden siehe hierzu näher im 3. Teil:III.5.1.

nanzierungskosten für die Problemländer im Zeitverlauf entwickelten. Darin werden die Renditedifferenzen 10-jähriger Staatsanleihen für ausgewählte europäische Länder gegenüber den „sicheren" deutschen Staatsanleihen abgebildet. Vor der Euroeinführung konvergierten die Renditen, sodass sich die Problemländer in dem Zeitraum von 2000 bis 2008 zu ähnlichen Konditionen wie Deutschland Mittel am Kapitalmarkt beschaffen konnten. Nach Ausbruch der Finanzkrise misstrauten die Märkte zunehmend den Problemländern, sodass die Risikoaufschläge rapide anstiegen. Entgegen der „No Bailout"-Klausel[66] vereinbarten bereits Mitte 2010 die EU und der IWF Hilfspakete, um vor allem die Zahlungsunfähigkeit Griechenlands zu verhindern. Dennoch beruhigten sich die Märkte bisher nur zögerlich[67]. Stattdessen weitete sich die Krise auf die anderen Länder aus. Lediglich Irland ist es durch die eingeleiteten Sparanstrengungen gelungen, die Märkte zu beruhigen.

Abbildung 1–20: Risikoaufschläge 10-jähriger Staatsanleihen gegenüber deutschen Staatsanleihen im Euroraum

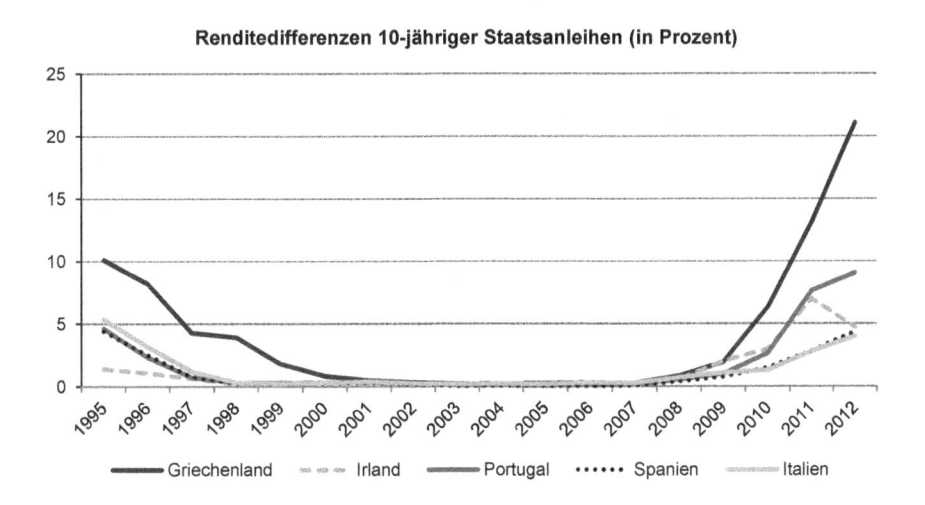

Quelle: AMECO Datenbank

3.2 Ursachen

Die globale Finanzkrise, deren Auslöser das Ende des Immobilienbooms in den USA war, lässt sich nicht nur durch *eine* Fehlentwicklung allein erklären, sondern ist vielmehr das Resultat eines Zusammenwirkens mehrerer schwerwiegender makro- und mikroökonomischer Fehlentwicklungen.

---

66 Die No Bailout-Klausel in Art. 125 des AEU-Vertrages soll gewährleisten, dass ein Euro-Mitgliedstaat nicht für die Verbindlichkeiten und Schulden anderer Mitgliedsländer haften muss.
67 Für weitere Schilderungen des Verlaufes der europäischen Verschuldungskrise siehe Sachverständigenrat [2012] sowie Shambaugh u. a. [2012].

Eine zentrale Rolle bei der Fehlentwicklung auf der makroökonomischen Ebene kommt der Geldpolitik zu. Dabei wird häufig argumentiert, dass die US-amerikanische Zentralbank (Fed) in dem Zeitraum von 2003 bis 2006 eine viel zu expansive Zinspolitik betrieben habe[68]. Die dadurch entstandenen Fehlanreize ermöglichten einen exzessiven Anstieg der Immobilienpreise, bis letztlich die „Blase" platzte und damit die Finanzkrise hervorgerufen wurde[69]. Gleichzeitig begünstigte der amerikanische Staat durch seine Politik- und Regulierungsmaßnahmen, welche auf eine Ausbreitung des Immobilieneigentums ausgelegt waren, den Immobilienboom.

Darüber hinaus können die Fehlentwicklungen auf unzureichende institutionelle Vorkehrungsmaßnahmen der Überwachungs- und Regulierungspolitik zurückzuführen sein. Die zunehmende Abkehr vom „Buy and Hold"-Modell hin zum „Originate-and-Distribute"-Modell auf den internationalen Finanzmärkten führte dazu, dass die durch Banken vergebenen Kredite durch neue Verbriefungstechniken zunehmend schnell an andere internationale Investoren transferiert werden konnten[70]. Dadurch konnte das Kreditschöpfungspotenzial enorm erhöht werden und bot dem Finanzsektor die Gelegenheit, Kredite auch an vorher nicht kreditwürdige Schuldner zu vergeben.[71]

Die Verbriefung riskanter finanzieller Vermögenswerte wurde von den Finanzinstituten über Zweckgesellschaften (sog. Special Investment Vehicles und Conduits[72]) durchgeführt. Damit hatten die Finanzinstitute die Möglichkeit, Risiken aus ihren Bilanzen auszugliedern und Regulierungen zu umgehen. Dies verstärkte jedoch die Finanzkrise, weil die Zweckgesellschaften dem Risiko der Fristentransformation unterlagen. Das heißt, dass diese ihre längerfristigen Anlagen (z. B. Hypotheken) durch extrem kurzfristige Wertpapiere (sog. Commercial Paper) refinanzierten und damit auch besonders anfällig für Illiquidität und einen Bank Run gewesen sind. Jedoch garantierten Banken, dass sie den Zweckgesellschaften im Falle von Liquiditätsschwierigkeiten Kredite bereitstellen würden[73]. Dies hatte zur Folge, dass Banken nach wie vor die Kreditrisiken trugen, obwohl dies nicht in ihren Bilanzen zu ersehen war.

Zudem waren institutionelle Investoren auf der Suche nach einer hohen Rendite und erwarben deshalb die vermeintlich attraktiven Finanzprodukte[74]. Denn im Zuge des Verbriefungsprozesses konnten durch die Technik der Strukturierung riskante Vermögenswerte in erstklassige Aktiva umgewandelt werden, wobei die verborge-

---

[68] Vgl. z. B. Taylor [2007].
[69] Siehe hierzu näher Walsh [2009] und Wagner [2010; 2014a].
[70] Die Originate-to-Distribute Strategie ist dadurch gekennzeichnet, dass Finanzinstitute Forderungen aus unterschiedlichen Geschäftsbereichen an Zweckgesellschaften weiterverkaufen. Dagegen stellt das Buy and Hold-Modell die traditionelle Bankfinanzierung dar. Dabei belassen die Banken die vergebenen Kredite bis zum Laufzeitende in ihren Bilanzen.
[71] Für eine detaillierte Erläuterung siehe Wagner [2010; 2014a] und 3. Teil:III.5.2.
[72] Für eine detaillierte Erläuterung der Zweckgesellschaften siehe auch Acharya u. a. [2013].
[73] Für eine theoretische Darstellung, wie es zum Bank Run kommen kann, siehe Diamond und Dybvig [1983].
[74] Siehe hierzu auch EZB [2008b].

nen Risiken nicht hinreichend transparent waren[75]. Dies erhöhte die Komplexität der Produkte und erschwerte zunehmend die Bewertung solcher Finanzinstrumente, sodass sowohl Investoren als auch Regulierungsbehörden zunehmend auf die Risikoeinschätzungen der Ratingagenturen vertrauten. Auch war es den institutionellen Investoren nur möglich solche Finanzprodukte zu kaufen, weil die Ratingagenturen diese mit einem guten Rating bewertet hatten. Dabei blieb unberücksichtigt, dass die Ratingagenturen mit der Bewertung der Risiken zum Teil auch überfordert waren[76]. Durch die zu unkritische Beurteilung strukturierter Finanzprodukte wurde ebenfalls ein Grundstein zum Zustandekommen der Finanzkrise gelegt.

Eine weitere zentrale Voraussetzung für das Aufkommen der Finanzkrise bestand darin, dass die Regulierungsbehörden ausschließlich die Risiken einzelner Finanzinstitute isoliert betrachteten. Dabei vernachlässigten die Regulierungsbehörden die Gesamtheit der Verflechtungen innerhalb des Finanzsystems, obwohl dies eine Ursache der Existenz systemischen Risikos darstellt. Die Externalitäten[77], die von der Aufsicht ignoriert wurden, können einerseits auftreten, wenn mehrere Finanzinstitute aufgrund zusammenhängender Engagements infolge von Schocks außerhalb des Finanzsystems ausfallen[78]. Andererseits treten Externalitäten auch dann auf, wenn sich die Entwicklungen der Realwirtschaft und des Finanzsystems gegenseitig aufschaukeln und auf diese Weise Booms und Busts bei Vermögenspreisen verstärkt werden. Dies lässt sich auf das prozyklische Verhalten des Finanzsektors zurückführen, wobei diese während einer guten Konjunkturlage risikoreicher agieren und infolgedessen die Kreditvergabe und den Fremdkapitalanteil erhöhen. In Abschwungphasen dagegen agieren diese tendenziell vorsichtiger bzw. rationieren sogar die Kredite und den Fremdkapitalanteil[79].

Nach dem Aufkommen der globalen Finanzkrise kam es unter anderem zu sehr expansiven fiskalpolitischen Maßnahmen, um die Rettung des Bankensystems zu erzielen. Dies belastete allerdings sehr stark die öffentlichen Haushalte weltweit, sodass die Staatsverschuldung weltweit stieg (siehe Abbildung 1–18)[80]. Da zunehmend an der Zahlungsfähigkeit einiger hochverschuldeter sog. Problemländer im Euroraum gezweifelt wurde, entwickelte sich daraus eine europäische Staatsschuldenkrise[81].

---

[75] Siehe auch Sachverständigenrat [2007] und 3. Teil:III.5.2.
[76] Einen Überblick über die Aufgabenfelder der Ratingagenturen liefern z. B. de Haan und Amtenbrink [2011] sowie White [2013].
[77] Mit Externalitäten bezeichnet man in der Ökonomie Auswirkungen von Aktivitäten eines Wirtschaftssubjektes auf die Produktions- und Konsummöglichkeiten anderer, die jedoch nur indirekt an dieser Aktivität beteiligt sind.
[78] Siehe hierzu BIS [2009].
[79] Siehe hierzu näher Wagner [2014a].
[80] Siehe hierzu näher Sachverständigenrat [2010].
[81] Beispielsweise zeigen Corsetti und Dedola [2013] auf, dass ein Land, welches durch ein hohes Niveau an Staatsverschuldung gekennzeichnet ist, besonders anfällig für steigende Renditen am Staatsanleihenmarkt sei.

Die Ursachen der europäischen Staatsschuldenkrise lassen sich einerseits auf die spezifische Konstruktion der Währungsunion zurückführen, resultieren aber andererseits auch zum Teil aus den globalen Ungleichgewichten im finanziellen Sektor[82]. Diese haben sich nicht nur zwischen den Mitgliedern der Europäischen Währungsunion (EWU), sondern auch auf globaler Ebene entwickelt[83]. Denn bis zum Ausbruch der globalen Finanzkrise sind weltweit und innerhalb des Euroraumes zunehmend Ungleichgewichte in den Leistungsbilanzsalden zu erkennen. Diese Ungleichgewichte gehen insbesondere aus den stark divergierenden Finanzierungssalden im privaten Sektor hervor[84]. Die stark divergierenden Finanzierungssalden führten dazu, dass der Finanzsektor in Ländern mit einem hohen Finanzierungsdefizit eine exzessive Kreditvergabe durchführte, sogar an Schuldner mit geringerer Bonität. Jedoch wurden immer mehr über Kredite beschaffte Mittel auch spekulativ im Immobilienbereich investiert und zum Teil auch konsumiert (u. a. wurden damit Wohlfahrtsausgaben und Lohnsteigerungen finanziert[85]).

Des Weiteren liegen die Ursachen der europäischen Staatsschuldenkrise in der Konstruktion der Europäischen Währungsunion selbst[86]. Denn die Union wurde überwiegend aus politischen und nicht aus ökonomischen Gründen vorangetrieben. Dabei sollte die gemeinsame Währung die Krönung der wirtschaftlichen Integration darstellen und deshalb wurden Bedenken hinsichtlich der nicht optimalen Währungsunion übergangen[87]. Vielmehr ging man davon aus, dass für das Funktionieren der EWU eine gemeinsame Geldpolitik und die Anforderungen des Maastrichter Vertrages ausreichen, um gegen Krisen gewappnet zu sein. Allerdings wurden die im Vertrag von Maastricht zugrunde gelegten Kriterien für einen Beitritt bei einigen Ländern großzügig ausgelegt bzw. bewusst ignoriert.

Von Kritikern wurde angeführt, dass durch die Währungsunion wichtige Instrumente der nationalen Krisenreaktionspolitik fehlen würden. Zum einen kann die Europäische Zentralbank, deren Geldpolitik für den Währungsraum als Ganzes optimal sein soll, nicht auf länderspezifische Schocks reagieren. So kann in einem Land, welches von einer Krise betroffen ist, das Wachstum nicht durch eine expansive Geldpolitik stimuliert werden. Gleichzeitig ist es nur bedingt möglich, in Ländern mit einer überhitzten Konjunktur durch geldpolitische Maßnahmen entgegen-

---

[82] Siehe hierzu Wagner [2010; 2014b].
[83] Siehe hierzu näher 1. Teil:II.5.
[84] Siehe hierzu näher Sachverständigenrat [2010] und 1. Teil:II.5.
[85] Dadurch stiegen in bestimmten Euroländern die Lohnstückkosten über Jahre hinweg stark an, was die internationale Wettbewerbsfähigkeit in diesen Ländern beeinträchtigte (siehe auch Sachverständigenrat [2010]).
[86] Siehe hierzu näher Wagner [2014b].
[87] Die Theorie optimaler Währungsräume (OCA Theory) besagt, dass eine Währungsunion nur dann eine begründbare Alternative ist, wenn ein hoher Grad an institutioneller und struktureller Konvergenz zwischen den Ländern stattgefunden hat (siehe hierzu Mundell [1961]). Einen weiteren Ansatz stellt die „Neue OCA-Theorie" dar. Diese besagt, dass eine reale und/oder nominale Konvergenz vor Eintritt in die Währungsunion nicht notwendig sei, weil eine Konvergenz endogen auftreten würde, sobald die Währungsunion geschaffen wird (siehe hierzu Mongelli [2002; 2008]).

zuwirken. Damit können durch den einheitlichen Zins realwirtschaftliche Divergenzen unter Umständen verstärkt und sogar ein Konsumboom und eine Immobilienblase wie zum Beispiel in Spanien oder Irland ausgelöst werden[88].

Auch das Instrument der Wechselkursanpassung entfällt, sodass es für die einzelnen Mitglieder nicht mehr möglich ist, ihre Wettbewerbsfähigkeit durch eine Abwertung der eigenen Währung zu steigern. Vielmehr müssten sie die Schocks durch eine höhere Reallohnflexibilität ausgleichen. Da dies aber nicht so einfach realisierbar ist, kommt der Fiskalpolitik eine größere Rolle bei der Krisenbekämpfung zu[89].

Eine weitere Schwachstelle wird in den Konvergenzkriterien selbst gesehen[90]. Insbesondere die Verschuldungskriterien sind eher willkürlich festgelegt worden. So entsprachen die 60 % Staatsverschuldung relativ zum BIP in etwa dem Durchschnitt der Verschuldung der anvisierten Euro-Mitglieder und die Defizitgrenze von 3 % der Neuverschuldungsrate, bei welcher die Gesamtverschuldung bei einem jährlichen Wirtschaftswachstum von 5 % unterhalb der 60 %-Grenze verbleibt. Um zu verhindern, dass die Mitglieder diese Regeln verletzen, wurde zusätzlich die „No Bailout"-Klausel aufgenommen, nach der ein Mitgliedsland des Euroraums nicht für die Verbindlichkeiten und Schulden eines anderen Mitgliedlandes aufkommen muss. Allerdings verzichtete man bei der Konstruktion auf weitere Regelungen, die bei einer drohenden Insolvenz bzw. Zahlungsunfähigkeit eines Mitgliedslandes wirken könnten[91]. Damit sollte jeder Mitgliedsstaat die Konsequenzen einer übermäßigen Verschuldung alleine tragen und dem Risiko ausgesetzt werden, keine Anschlussfinanzierung für fällige Staatsanleihen zu erhalten.

Darüber hinaus fehlte es der Währungsunion an einer koordinierten Finanzregulierung. Trotz eines großen gemeinsamen Finanzmarktes, blieben die nationalen Regierungen für die Finanzaufsicht und für die Krisenbewältigung verantwortlich. Die Währungsunion bot den Mitgliedsländern jedoch neue Möglichkeiten, zu günstigen Konditionen Schulden in einer gemeinsamen Währung aufzunehmen. Dies lässt sich insbesondere darauf zurückführen, dass zum einen die Finanzmärkte die „No Bailout"-Klausel der EWU für nicht glaubwürdig hielten, sodass Anleger bereit waren, Anleihen von Staaten mit unsolider Fiskalpolitik zu erwerben. Zum anderen könnte es auf ein grundsätzlich geringeres Risikobewusstsein der Finanzmärkte hindeuten[92]. Insbesondere die niedrigen Risikoaufschläge für 10-jährige Staatsanleihen

---

88 Siehe hierzu näher Wagner [2013].
89 Vgl. hierzu z. B. Gali und Monacelli [2008]. Fiskalpolitik umfasst alle staatlichen Maßnahmen, die dazu geeignet sind, die öffentlichen Einnahmen und Ausgaben (und damit das staatliche Budget) gezielt zu gestalten.
90 Durch den Vertrag von Maastricht von 1992 haben sich die EU-Länder zu folgenden Konvergenzkriterien verpflichtet: Der Anstieg der Verbraucherpreise darf das Mittel der drei preisstabilsten Länder um maximal 1,5 % nicht überschreiten. Die gesamte Staatsschuld darf nicht über 60 % des jeweiligen BIP liegen und die jährliche Neuverschuldung darf 3 % des jeweiligen BIP nicht überschreiten. Nur bei Erfüllung dieser, erwirbt ein EU-Land das Recht Mitglied des gemeinsamen Währungsraumes zu werden.
91 Vgl. Sachverständigenrat [2010: 81].
92 Vgl. Sachverständigenrat [2010: 76].

einiger ausgewählter (späterer Problem-) Länder gegenüber Deutschland spiegeln das damals geringe Risikobewusstsein der Märkte wider (siehe Abbildung 1–20).

3.3 Gefahren

Die jüngste globale Finanzkrise zeigte auf, dass durch die enge Vernetzung der internationalen Finanzmärkte auch die Gefahr einer möglichen Ansteckung auf andere Länder besteht[93]. Allerdings blieb diese neue komplexe Finanzwelt bis zum Ausbruch der Krise weitgehend verborgen. Erst durch die Finanzkrise ist aufgrund der fehlenden Regulierungen eine Debatte über eine neue Finanzarchitektur entfacht worden[94].

Die globale Finanzkrise artete sogar in eine Staatsschuldenkrise des Euroraums aus, weil die öffentlichen Haushalte durch die enormen fiskalpolitischen Interventionen im Zuge der Bereinigung der Finanzkrise stark belastet worden sind. Allerdings sind auch Staatsschuldenkrisen kein neues Phänomen. Vielmehr stand zuvor die Wirtschaft in vielen Ländern, insbesondere in Entwicklungs- und Schwellenländern, vor dem Zusammenbruch[95].

Zuletzt trat jedoch das Risiko einer Staatsinsolvenz in den Industrieländern, insbesondere in den Problemländern des Euroraumes, auf. Denn die Staaten des Euroraums sind durch die spezifische Konstruktion der EWU auch der Gefahr einer Liquiditätskrise aufgrund sich selbsterfüllender Erwartungen ausgesetzt. Sie verschulden sich quasi in einer Fremdwährung und haben keinen direkten Einfluss auf die Geldpolitik, die auf den gesamten Euroraum ausgerichtet ist. Demnach unterliegen deren Staatsanleihen einem Ausfallrisiko[96]. Hinzu kommt, dass die Banken und die Staaten im Euroraum stark miteinander verflochten sind. Somit können die Bankenrisiken auch auf die Zahlungsfähigkeit eines Staates einwirken. Um den Teufelskreis zu durchbrechen, unterstützte die europäische Geldpolitik den Bankensektor durch konventionelle und unkonventionelle Maßnahmen. Dieser ist allerdings nach wie vor nicht so stabil, um für weitere größere Krisen gewappnet zu sein[97]. Hierzu bedarf es weiterer grundlegender Reformen, u. a. auch eines Abbaus der Staatsverschuldung. Dabei kann die Geldpolitik nur in begrenztem Rahmen helfen. Vielmehr muss die Tragfähigkeit der Staatsverschuldung durch fiskal- und strukturpolitische Maßnahmen sichergestellt werden[98].

---

[93] Reinhart und Rogoff [2014] zeigen auf, das seit den 1980er Jahren immer häufiger Finanzkrisen aufgetreten sind. Dies kann auf die gestiegene Finanzglobalisierung, verbunden mit der weltweiten Deregulierung, zurückgeführt werden.
[94] Eine detaillierte Analyse der Reformvorschläge für eine neue Finanzarchitektur siehe 3. Teil:III.4.2. Allerdings sind erste Wahrnehmungen dieser Gefahren und entsprechende Rufe nach einer neuen Finanzarchitektur schon nach der Asienkrise Ende der 1990er Jahre laut geworden (1. Teil:II.2). Nur ist der Reformeifer damals schnell wieder zurückgegangen.
[95] Siehe hierzu Reinhart und Rogoff [2009] und 1. Teil:II.1.
[96] Siehe hierzu Sims [2012].
[97] Siehe hierzu Schnabel [2014: 10].
[98] Siehe hierzu Sachverständigenrat [2013].

Des Weiteren besteht durch die weltweit niedrige Zinspolitik der Zentralbanken (im Zuge der Bewältigung der Finanzkrise) die Gefahr einer erneuten Blasenbildung. Denn der niedrige Zins könnte Investoren und Banken dazu veranlassen, sich höher zu verschulden und in riskantere Finanzanlagen, die eine höhere Rendite versprechen, zu investieren. Deshalb ist insbesondere eine neue Finanzarchitektur wichtig, um Finanzstabilität zu gewährleisten.

4. Erratische Kursschwankungen

4.1 Entwicklung

Ein weiteres Anzeichen für eine gewisse weltwirtschaftliche Unordnung als Folge der weltwirtschaftlichen Verflechtung (Globalisierung) lieferten die exzessiven und unerwarteten Kursausschläge auf den internationalen Finanz- und Devisenmärkten in den vergangenen Jahren. Wie eng der Zusammenhang auf dem internationalen Finanzmarkt ist, zeigt die Abbildung 1–21 am Beispiel des Verlaufs der Börsenindizes Euro STOXX 50, Standard & Poor's 500 und Nikkei 225.

Dies wird noch deutlicher, betrachtet man den Kursverlauf der drei Börsenindizes während der Jahre 2008 bis 2009 und insbesondere um den September 2008. Denn der Zusammenbruch der US-amerikanischen Großbank Lehman Brothers im September 2008 führte zu einem dramatischen plötzlichen Kursverfall nicht nur der amerikanischen Aktien, sondern auch der europäischen und japanischen Aktien.

Ein anderes eindrucksvolles Beispiel für erratische Kursschwankungen, und zwar auf dem Devisenmarkt, bot die Entwicklung des Dollarkurses zwischen 1980 und 1987. Abbildung 1–22 stellt die Entwicklung der Wechselkurse von Euro, DM, Yen und Pfund gegenüber dem US-Dollar dar. Zuerst stieg der Dollar über mehrere Jahre hinweg von damals 1,70 DM auf rund 3,50 DM. Anschließend fiel er innerhalb von nur etwa zwei Jahren wieder auf 1,70 DM zurück. Auch gegenüber dem Yen ist der US-Dollar in diesem Zeitraum stark gefallen.

Abbildung 1–21: Aktienkursentwicklung von 1999 bis 2013

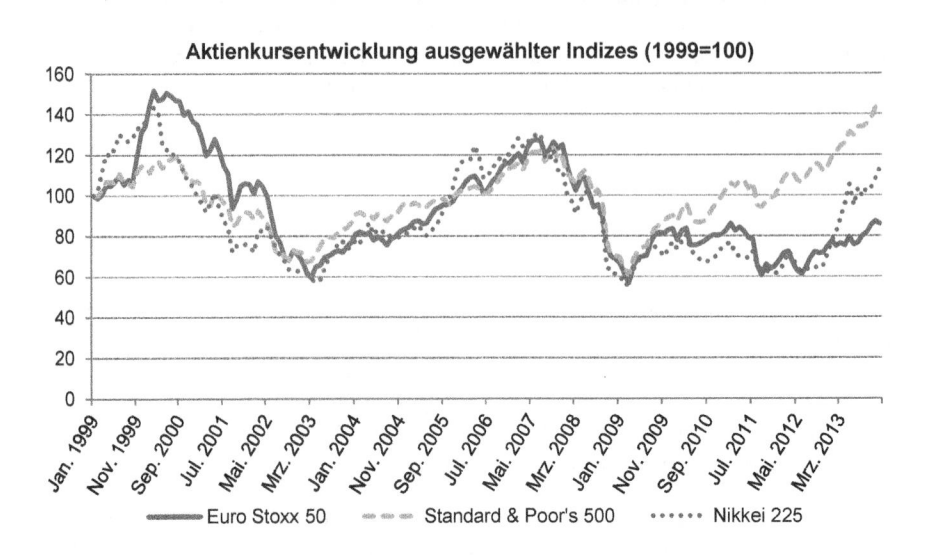

Quelle: EZB, eigene Berechnungen

Abbildung 1–22: Euro, DM, Pfund und Yen in Bezug zum US-Dollar

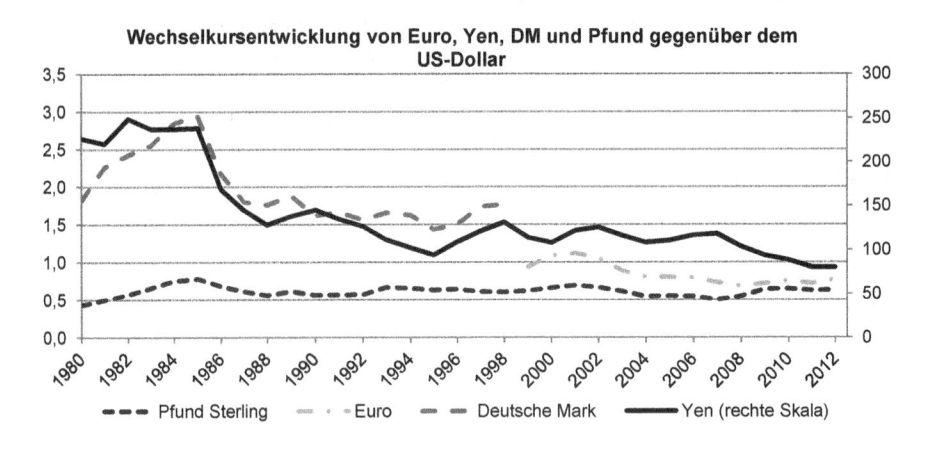

Quelle: IWF, International Financial Statistics

Aber auch in den 1990er Jahren war die Entwicklung auf den Devisenmärkten durch eine hohe Preisvolatilität gekennzeichnet. Exemplarisch verdeutlicht werden kann diese Aussage auch anhand der Abbildung 1–23. Während die Industrienationen im Verlauf der 1980er Jahre die größten Schwankungen ihrer Währungen aufwiesen, stellte sich die Situation für einige lateinamerikanische Länder wie beispielsweise Brasilien, Mexiko und Argentinien anders dar. Da Argentinien in den 1990er Jahren zunächst gegenüber dem US-Dollar einen festen Wechselkurs von eins zu eins mithilfe eines Currency Boards aufrecht halten konnte, war die Währung des Landes gegenüber dem US-Dollar frei von Schwankungen. Als allerdings das Currency Board mit Beginn des Jahres 2002 zusammenbrach, wertete der argentinische Peso gegenüber dem US-Dollar massiv ab. Ein weiteres Beispiel wie plötzlich und wie stark die Wechselkurse einzelner Länder schwanken können, zeigte 1997 die Asienkrise (siehe Abbildung 1–16 im vorherigen Abschnitt). Darüber hinaus zeigt die Abbildung 1–23 deutlich, dass im Zuge der jüngsten Finanzkrise die Währungen der hier beispielhaft aufgeführten lateinamerikanischen Länder erheblichen Wechselkursschwankungen unterlagen. Insbesondere der argentinische Peso wertete seitdem weiterhin gegenüber dem US-Dollar massiv ab.

Abbildung 1–23: Wechselkurse einiger lateinamerikanischer Länder

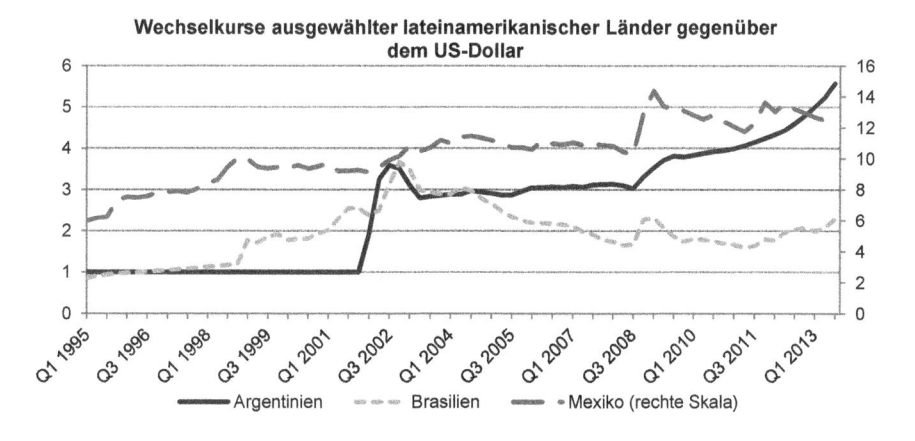

Wechselkurse ausgewählter lateinamerikanischer Länder gegenüber dem US-Dollar

―― Argentinien – – – Brasilien ―― Mexiko (rechte Skala)

Quelle: IWF, International Financial Statistics

Wichtiger noch ist, dass – entgegen der Aussage der „Kaufkraftparitätentheorie" (siehe unten) – nicht nur die nominalen, sondern auch die realen Wechselkurse stark schwankten (siehe Abbildung 1–24). Die in der Volkswirtschaftslehre lange Zeit dominierende „Kaufkraftparitätentheorie" behauptet, dass sich nominale Wechselkurse so entwickeln, dass Inflationsratenunterschiede kompensiert und damit die Kaufkraftparitäten (und mithin die Wettbewerbsfähigkeit) zwischen den einzelnen Ländern aufrechterhalten werden. Die realen Wechselkursrelationen würden folglich annähernd konstant bleiben. Dies gilt allerdings so strikt nur für die kurze bis mittlere Frist. Denn reale Wechselkurse können sich über die Zeit hinweg sehr wohl dadurch ändern, dass die Entwicklung in verschiedenen Ländern ungleich abläuft – aufgrund von einseitigen Rohstofffunden, technologischen Durchbrüchen oder anderer das Produktivitätswachstum beeinflussender Faktoren, die die internationale Wettbewerbsfähigkeit ändern. Dementsprechende reale Wechselkursänderungen laufen jedoch eher langsam ab. Dagegen stellten sich die realen Wechselkursänderungen in den 1980er Jahren und zum Teil auch in den letzten Jahren als starke und plötzliche (unerwartete) Ausschläge dar, die kaum mit der „klassischen" Kaufkraftparitätentheorie vereinbar sind (siehe näher im 3. Teil).

54 Weltwirtschaftliche Verflechtung und die Frage internationaler Ordnung

Abbildung 1–24: Reale Wechselkursentwicklung von 1980 bis 2013

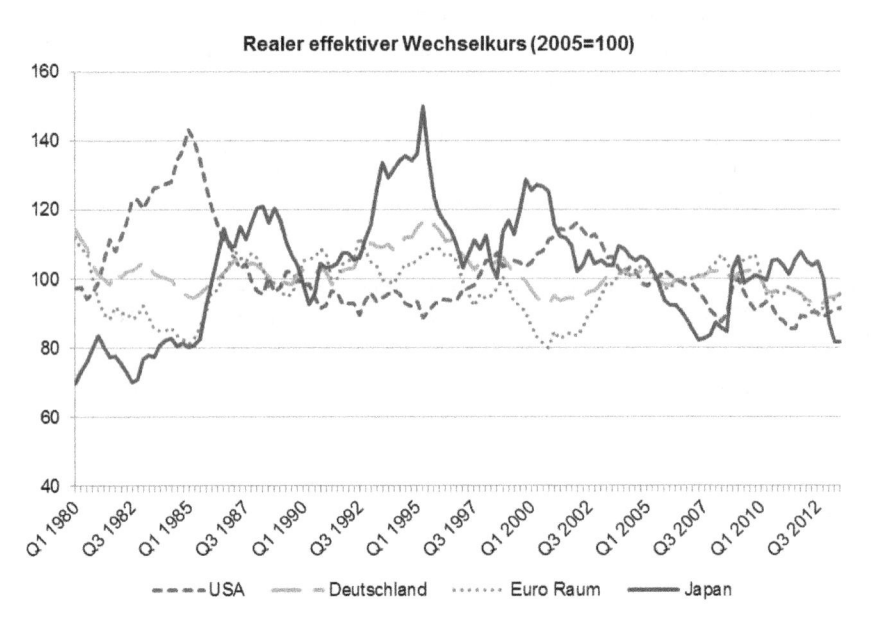

Realer effektiver Wechselkurs (2005=100)

---- USA —— Deutschland ······ Euro Raum —— Japan

Quelle: IWF, International Financial Statistics

Abbildung 1–25: Hauspreisentwicklung von 1990 bis 2013

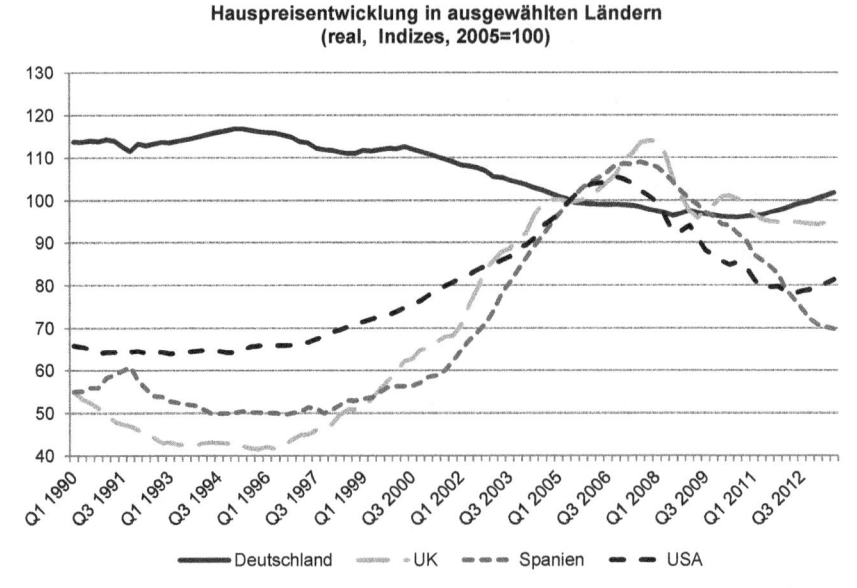

Hauspreisentwicklung in ausgewählten Ländern
(real, Indizes, 2005=100)

—— Deutschland —— UK ---- Spanien – – USA

Quelle: Federal Reserve Bank of Dallas

Aber nicht nur auf den internationalen Finanz- und Devisenmärkten, sondern auch auf den internationalen Immobilienmärkten waren in den vergangenen Jahren exzessive und unerwartete Kursausschläge sichtbar. Betrachtet man beispielsweise die Entwicklung der Wohnimmobilienpreise ausgewählter Länder seit den 1990er Jahren, so wird deutlich, dass nach langem Anstieg der Wohnimmobilienpreise diese plötzlich im Zuge der Subprime-Krise im Jahre 2007 zusammenbrachen (vgl. Abbildung 1–25).[99]

4.2 Ursachen

Die Entwicklung auf den Devisenmärkten wird schon lange nicht mehr durch die Außenhandelsströme, sondern durch die internationalen Finanzmarkttransaktionen bestimmt. Wie schon erwähnt, hat sich seit den 1960er Jahren eine gravierende strukturelle Veränderung der Kredit- und Finanzmittlertätigkeit vollzogen. Zum einen ist aufgrund des technischen Fortschritts auf dem Sektor der Informations- und Kommunikationstechnik die Welt näher „zusammengerückt". Zum anderen haben sich auf dieser Grundlage neue Finanzierungsinstrumente („Finanzinnovationen") etabliert[100]. Neue Informationen verbreiten sich heutzutage viel schneller als noch vor 25 oder 35 Jahren. Bevor neue Informationen überhaupt bestätigt oder richtig ausgewertet sind, gehen Gerüchte und Vermutungen in Windeseile um die Welt und beeinflussen die Entscheidungen der Akteure an den Devisen- und Wertpapierbörsen. Das Gefährliche an diesem Prozess ist die Loslösung einer Lawine, die nicht mehr ohne Weiteres aufhaltbar ist, sondern sich verselbstständigt – und dies, obwohl unter Umständen die die Lawine auslösenden Vermutungen oder Gerüchte überhaupt keine reale Grundlage besitzen.

Solche Kursentwicklungen werden auch als *„misalignments"*, d. h. als lang anhaltende falsche (realer Grundlagen entbehrende) Kursanpassungen bezeichnet[101]. Der instabile Prozess des Sich-Aufschaukelns von Kursabweichungen wird dagegen als *„bubble"* oder *„Seifenblase"* bezeichnet[102]. Grundlage des Prozesses ist das Gewinnstreben der Anleger mittels Spekulationstätigkeit. (Als „Spekulation" bezeichnet man alle auf Gewinnerzielung aus unsicheren Preisveränderungen gerichteten Geschäftstätigkeiten.) Das spekulative Anlageverhalten, das letztlich die extre-

---

[99] Siehe hierzu näher im 3. Teil:III.5.1.
[100] Vgl. hierzu z. B. Gutowski [Hrsg., 1988] und IWF [2002]. Zu einer Kurzbeschreibung einzelner Finanzinnovationen siehe z. B. Schaal [1998: Anhang], Obst und Hintner [2000], Krumnow u. a. [Hrsg., 2002], Gerke [2002], Jenkinson [2008], Allen [2012], Fostel u. a. [2012], sowie Hull [2014].
[101] Der Begriff „falsche" Kursanpassungen ist in der ökonomischen Theorie umstritten, da nicht a-priori ausgeschlossen werden kann, dass es sich um rational begründete Anpassungen handelt. Siehe hierzu näher 3. Teil:III.2.1.1.
[102] Vgl. zum „bubble"-Problem wie auch zu modernen Erklärungen der Wechselkursbestimmung z. B. Begg [1989], Obstfeld und Rogoff [1996], Gandolfo [2001], Ehrmann und Fratzscher [2005], Engel und West [2005], sowie Balke u. a. [2013]. Das „bubble"-Problem gilt aber genauso hinsichtlich instabiler Kursbewegungen auf den Wertpapiermärkten. Vgl. hierzu auch Symposium [1990], IWF [2003], Rudebusch [2005], Roubini [2006], Posen [2006; 2009], Furlanetto [2011] sowie Gali [2014].

men Wechselkursausschläge wie auch die extremen Wertpapierkursausschläge auslöst, entsteht wie gesagt selbst erst aufgrund von Informationen über aktuelle oder bevorstehende kursrelevante Ereignisse.

4.3 Gefahren

Überraschende reale Wechselkursänderungen behindern zum einen die unternehmerischen Planungsprozesse und damit den Wachstumsprozess, da ja Einnahmen- und Ausgabenströme bei grenzüberschreitend tätigen Unternehmen in der Regel in unterschiedlichen Währungen anfallen. Allerdings ist hierbei zu berücksichtigen, dass sich die Unternehmer bis zu einem gewissen Grad vor Währungsrisiken schützen können, indem sie Zukunftskontrakte eingehen[103].

Zum anderen können unerwartete reale Wechselkursschwankungen negative (destabilisierende) Auswirkungen auf die Gütermärkte in den einzelnen Ländern haben. Wenn nämlich (reale) Wechselkurse überraschende Ausschläge aufweisen, werden auch Länder-Exporte und -Importe fluktuieren. Es entsteht somit eine Instabilität im Außenhandelssektor, die sich in weltweite Schocks übertragen kann (siehe näher im 3. Teil). Dies ist mit bedeutenden ökonomischen und sozialen Kosten verbunden. Außerdem geht dies mit großen, unerwünschten Vermögensumverteilungen einher. Weiterhin muss man sehen, dass ein Abweichen von der Kaufkraftparität bedeutet, dass die realen Wechselkurse auf den Devisenmärkten die Bedingungen internationaler Wettbewerbsfähigkeit falsch widerspiegeln. Sie liefern mithin keine optimalen Signale zur internationalen Allokation produktiver Ressourcen. Anders gesagt, es kommt zu Fehlallokationen knapper Ressourcen.

Ein Sich-Aufschaukeln von Kursschwankungen („Seifenblase") kann das gesamte internationale Börsen- und Finanzwesen an den Rand des Zusammenbruchs bringen. Einem solchen Zusammenbruch konnte beispielsweise im Oktober 1987 nur knapp entgangen werden. Dass die Folgen des sogenannten „Börsenkrachs" damals nicht die Ausmaße des Kurseinbruchs von 1929 (der die damalige große Weltwirtschaftskrise eingeleitet hatte) erreicht haben, ist nicht zuletzt dem schnellen Handeln der seither schon eingerichteten politischen Koordinierungsmechanismen zu verdanken[104]. Siehe zu diesen Koordinierungsmechanismen den 2. Teil unten.

Da es aber kein umfassendes internationales Ordnungselement gibt, können sich solche die Weltwirtschaftsordnung gefährdende Einbrüche durchaus wiederholen. Sie werden sogar wahrscheinlicher, je stärker die weltwirtschaftliche Verflechtung voranschreitet. So wurden die dramatischen Folgen einer solchen Seifenblase in den

---

[103] Es handelt sich bei „Zukunftskontrakten" um vertragliche Verpflichtungen, bestimmte Güter – hier fremde Währungen – an einem späteren Zeitpunkt zu einem heute festgelegten Preis zu liefern bzw. abzunehmen.

[104] Vgl. zum Börsenkrach von 1987 z. B. Symposium [1988]. Die obige „Ungleichgewichts-Interpretation" ist innerhalb der Volkswirtschaftslehre, wie schon gesagt, nicht unumstritten. Hierzu wie auch zu verschiedenen Theorien der Wechselkursinstabilität siehe z. B. Krugman [1989], Sarno und Taylor [2002], Obstfeld und Rogoff [2007] sowie de Grauwe und Grimaldi [2006]. Vgl. hierzu auch den 3. Teil.

1990er Jahren im Rahmen der japanischen Finanzkrise und zuletzt im Zuge der sogenannten Subprime-Krise (2007), welche sich zu einer globalen Finanz- und Weltwirtschaftskrise entwickelte, verdeutlicht. Zusammen mit dem Ende des langjährigen Immobilienpreisanstiegs (vgl. Abbildung 1–25) führten die steigenden Ausfallraten im Subprime-Segment des US-amerikanischen Hypothekenmarktes zu einer schnell steigenden Risikoaversion der Anleger gegenüber Anlagen im Hypothekenbereich, die sich schnell auf andere strukturierte Finanzinstrumente ausbreitete und letzten Endes zur größten Finanzkrise seit der Großen Depression führte. Dabei ähnelt die Entwicklung in den USA den Ereignissen in Japan. Sowohl in Japan als auch in den USA begannen die Probleme im Bankensektor nach einem starken Anstieg der Grundstückspreise und dem nachfolgenden Platzen der Immobilienpreisblase. Das Platzen der Blase war ebenso Ausgangspunkt für die Kreditklemme, die sich in beiden Volkswirtschaften in der Folge der Krise entwickelte. Eine weitere wichtige Parallele besteht in den Maßnahmen, die angesichts des dramatischen Verfalls der Vermögenspreise und der Probleme im Bankensektor ergriffen wurden. So machte die Insolvenz (bzw. in manchen Fällen die Beinahe-Insolvenz) großer Kreditinstitute und Finanzdienstleister das Eingreifen des Staates notwendig, insbesondere die Verstaatlichung solcher Institute oder die Bereitstellung zusätzlicher Liquidität vonseiten der Zentralbanken[105]

Solche Instabilitätsprozesse verstärken den Ruf von Interessengruppen nach Protektionismus. Dies hat selbst wieder schädliche Einflüsse auf den weltwirtschaftlichen Integrationsprozess und die Wohlfahrt der einzelnen Länder (siehe näher in Abschnitt III unten). Von daher stellt sich wiederum die Frage nach anderen oder zusätzlichen internationalen Ordnungsfaktoren. Zu diesen Fragen kommen wir im 3. Teil des Buches. Der Subprime-Krise wenden wir uns ausführlicher im 3. Teil:III.5. dieses Buches zu.

5. Anhaltende außenwirtschaftliche Ungleichgewichte

5.1 Entwicklung

Nicht zuletzt wird die Weltwirtschaftsordnung auch gefährdet durch andauernde und zunehmende außenwirtschaftliche „Ungleichgewichte"[106]. So bereiteten insbesondere die in den 1980er und Ende der 1990er Jahren stetig gewachsenen Handels- und Leistungsbilanzsalden zwischen den größten Wirtschaftsnationen den Politikern große Probleme[107]. Seit Ende der 1990er Jahre bis 2008 haben sich die Ungleichge-

---

[105] Vgl. hierzu Hoshi und Kashyap [2010: 399 ff.], Nanto [2008], Reith [2011] sowie Dokko u. a. [2011].
[106] Ob es sich hierbei wirklich um „Ungleichgewichte" im strikten Sinne handelt, ist in der Volkswirtschaftslehre umstritten; siehe näher hierzu Abschnitt 5.3.
[107] Handelsbilanz und Leistungsbilanz sind Bestandteile der Zahlungsbilanz, die die wertmäßige Gegenüberstellung aller außenwirtschaftlichen Transaktionen eines Landes für einen bestimmten Zeitraum ausdrückt. Die Handelsbilanz stellt Wareneinfuhr und Warenausfuhr und die Leistungsbilanz darüber hinaus auch Einfuhr und Ausfuhr von Dienstleistungen und Übertragungen gegenüber.

wichte noch weiter zugespitzt (siehe Abbildung 1–26). Obwohl die Ungleichgewichte in und nach der Finanzkrise abgenommen haben, spielt die Thematik der außenwirtschaftlichen Ungleichgewichte nach wie vor eine große Rolle in der weltwirtschaftspolitischen Diskussion.

Abbildung 1–26: Leistungsbilanzsalden der G3-Länder und China, 1980–2013

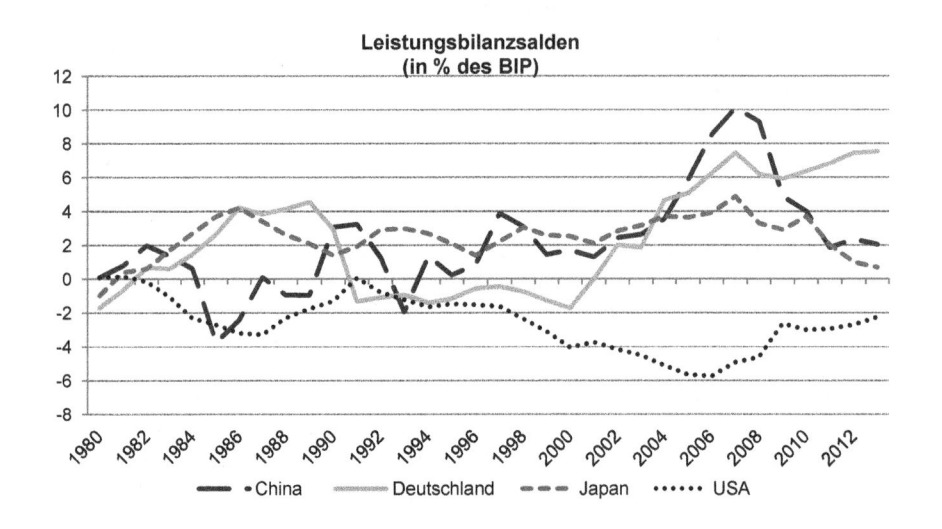

Leistungsbilanzsalden (in % des BIP)

Quelle: IWF, World Economic Outlook, April 2014

Dabei ist nicht allein die immense Ausweitung der globalen Leistungsbilanzsalden ausschlaggebend für die erhöhte Aufmerksamkeit. Insbesondere die Defizitkonzentration auf eine einzelne Volkswirtschaft ist in dieser Phase steigender weltwirtschaftlicher Ungleichgewichte außergewöhnlich. So absorbierten die USA im Jahr 2006 ungefähr 75 % der konsolidierten Nettoleistungsbilanz der Überschussregionen. Eine weitere Besonderheit liegt darin, dass nicht nur Industrienationen wie Deutschland oder Japan, sondern in erster Linie Schwellenländer in Ostasien – insbesondere die Volksrepublik China – und ölexportierende Länder die Gegenposition zum US-Defizit einnehmen (vgl. Europäische Zentralbank [2007]).

Die absoluten Leistungsbilanzsalden der drei größten Industrienationen und China sind in Tabelle 1–10 dargestellt. Die sich bereits in den 1980er Jahren abzeichnende Tendenz starker außenwirtschaftlicher Ungleichgewichte fand über die 1990er Jahre hinweg bis zum Jahr 2013 ihre Fortsetzung. Wie man der Tabelle 1–10 entnehmen kann, haben die USA seit 1985 Jahr für Jahr, bis auf einige Jahre in den 1990er, ein Leistungsbilanzdefizit von mehr als 100 Milliarden US-Dollar erzielt. Seit 1995 stieg das Defizit mit unglaublichen Wachstumsraten. Während es 1995 „nur" 114 Milliarden US-Dollar betrug, erreichte es im Jahr 2005 740 Milliarden US-Dollar und betrug 2013 379 Milliarden US-Dollar. Japan dagegen wies von 1981 bis 2010 einen stetig wachsenden und seitdem andauernd hohen Leistungsbilanzüberschuss aus. 2005 erreichte der Leistungsbilanzüberschuss Japans ein Niveau von 166 Milliarden US-Dollar und 2010 sogar einen Überschuss von 204 Milliarden

US-Dollar. Allerdings betrug der Leistungsbilanzüberschuss infolge der Nuklearkatastrophe von Fukushima nur noch ein Niveau von 34 Milliarden US-Dollar im Jahr 2013. Die Bundesrepublik Deutschland wies in den 1980er Jahren einen zunehmend größer werdenden Leistungsbilanzüberschuss auf. Bedingt durch die deutsche Vereinigung hatte sich dieser Überschuss in den 1990er Jahren allerdings in ein Defizit gewandelt (1995: –30 Milliarden US-Dollar). Im Jahr 2005 konnte die Bundesrepublik Deutschland einen Leistungsbilanzüberschuss erzielen (140 Milliarden US-Dollar), der sich bis 2013 auf 274 Milliarden US-Dollar bzw. 7,5 % seines BIP vergrößerte. Seit einigen Jahren muss aus oben genannten Gründen vor allem auch die Volksrepublik China im Kontext der globalen Leistungsbilanzungleichgewichte aufgeführt werden. Während China 2000 einen Leistungsbilanzüberschuss von lediglich 21 Milliarden US-Dollar aufwies, erwirtschaftete es im Jahr 2013 einen Leistungsbilanzüberschuss von 189 Milliarden US-Dollar bzw. 2,1 % seines BIP. Diese Daten machen deutlich, dass sich die USA in einem immer größeren Ausmaß gegenüber dem Rest der Welt verschuldet haben, wohingegen Volkswirtschaften wie Deutschland oder eine Reihe asiatischer Staaten (insbesondere Japan und China) wesentlich weniger für Importe ausgaben, als sie auf der Exportseite einnahmen.

Tabelle 1–10: Leistungsbilanzsalden der G3-Länder und China

Länder	1980	1985	1990	1995	2000	2005	2010	2013
	Leistungsbilanzsalden (in Mrd. US-Dollar) 1980–2013							
USA	2	–118	–79	–114	–416	–740	–449	–379
Japan	–11	51	44	111	120	166	204	34
China	0	–12	12	2	21	132	238	189
Deutschland	–14	17	45	–30	–33	140	111	274

Quelle: IWF, World Economic Outlook, April 2014

Der Euroraum weist zwar keine außenwirtschaftlichen Ungleichgewichte mit dem Rest der Welt auf, jedoch bestehen in der EU bzw. dem Euroraum große außenwirtschaftliche Ungleichgewichte zwischen den Mitgliedsländern (siehe Tabelle 1–11). Insbesondere einige Mitglieder des Euroraums wie Griechenland, Portugal, Spanien und Italien weisen hohe Leistungsbilanzdefizite auf, wohingegen Deutschland hohe Leistungsbilanzüberschüsse aufzeigt. Dies führte in den letzten Jahren gehäuft zu Forderungen einiger Mitgliedsstaaten und des IWF nach Änderungen der Wirtschaftspolitik in Deutschland, um diese Ungleichgewichte zu reduzieren. Inwieweit dies Sinn macht, wird nachfolgend näher erläutert.

Außenwirtschaftliche Ungleichgewichte im Euroraum

Deutschland wies 2013 gegenüber dem Ausland einen Leistungsbilanzüberschuss in Höhe von 206 Milliarden Euro auf[108]. Weltweit war dies der größte Leistungsbilanzüberschuss (nur China hatte einen ähnlich hohen Leistungsbilanzüberschuss). Auch innerhalb des Euroraums waren die Leistungsbilanzungleichgewichte außergewöhnlich hoch (siehe Tabelle 1–11). Letzteres hängt im Wesentlichen mit dem Fehlen von Wechselkursänderungen innerhalb des Euroraums zusammen. Insbesondere schlagen sich die unterschiedlichen Entwicklungen der Wettbewerbsfähigkeit in den einzelnen Mitgliedsstaaten nicht mehr in Ab- und Aufwertungen nieder (wie außerhalb des Euroraums). Ohne eine hohe Arbeitsmobilität sowie ohne einen Transferzahlungsausgleich innerhalb der Währungsunion findet die Anpassung zunehmend über den Kanal der Wettbewerbsfähigkeit statt. Dies kann durch eine Reduzierung der Lohnstückkosten erreicht werden. Ein wirtschaftlich starkes Land wie Deutschland, das in den letzten 10 Jahren seine Wettbewerbsfähigkeit gegenüber vielen anderen Mitgliedsländern hat signifikant steigern können, konnte folglich seine Produkte relativ billiger in andere Länder verkaufen.

Zwei weitere Gründe haben für den hohen weltweiten Leistungsbilanzüberschuss Deutschlands gesorgt: Zum einen führte die hohe Expertise der deutschen Industrie, insbesondere im Maschinen- und Automobilbau, zu einer hohen Nachfrage nach entsprechenden deutschen Produkten vor allem aus den aufstrebenden Schwellenländern. Zum anderen spiegelt sich im hohen Leistungsbilanzüberschuss Deutschlands auch die seit Jahren dort schwache Binnennachfrage, die mit entsprechend geringeren Importen einhergeht, wider.

Dennoch ist es nicht zwingend, dass Deutschland deswegen weniger Exporte in die EU (und außerhalb der EU) liefern soll. Denn zum einen werden ohnehin 40 Prozent des Wertes der Waren und Dienstleistungen, die Deutschland in andere Länder verkauft, vorher nach Deutschland importiert. Vorprodukte aus anderen Ländern werden in Deutschland häufig erst fertig montiert und dann weiterverkauft (z. B. in der Automobilindustrie). Wenn die Exporte aus Deutschland wegfallen, fallen auch die dafür nötigen Importe (Vorprodukte) weg. Andererseits spricht auch einiges dafür zu versuchen, die schwache Binnennachfrage durch geeignete, die Kaufkraft erhöhende Maßnahmen zu stärken. Unter Umständen erfolgreicher beim Abbau eines Leistungsbilanzüberschusses wären aber andere Maßnahmen, wie beispielsweise Steuererleichterungen auf den Kauf von Investitionsgütern. Denn die internationale Arbeitsteilung ist insbesondere bei Hightech-Investitionsgütern weit fortgeschritten. So wies zum Beispiel eine Studie des RWI darauf hin, dass jeder Euro, der in neue Ausrüstung investiert wird, die Importe um fast 50 Cent steigert. Bei privaten Konsumausgaben wären es dagegen nur 20 Cent und bei staatlichem

---

[108] Vgl. hierzu Deutsche Bundesbank [2013c].

Konsum nur 10 Cent[109].

Die hohen Leistungsbilanzüberschüsse Deutschlands werden häufig mit der europäischen Staatsschuldenkrise in Zusammenhang gebracht – entweder als mitverursachender oder als verstärkender, die Krise verlängernder Faktor. Allerdings haben die deutschen Leistungsbilanzüberschüsse gegenüber anderen Mitgliedsländern des Euroraums in den letzten Jahren schon drastisch abgenommen. Erzielte Deutschland 2007 im Handel mit den anderen Euro-Mitgliedsländern noch zwei Drittel seines gesamten Leistungsbilanzüberschusses, so war es 2013 nur noch ein Drittel.

Tabelle 1–11: Leistungsbilanzsalden der europäischen Länder (in % des BIP)

Länder	1985	1990	1995	2000	2005	2010	2012	2013
Deutschland	2,7	2,9	–1,2	–1,7	5,1	6,4	7,4	7,5
Frankreich	–0,1	–0,8	0,5	1,5	–0,5	–1,3	–2,2	–1,6
Spanien	1,2	–3,5	–0,3	–4,0	–7,4	–4,5	–1,1	0,7
Italien	–1,2	–1,9	2,2	–0,2	–0,9	–3,5	–0,4	0,8*
Niederlande	3,5	2,7	6,3	2,0	7,4	7,4	9,4	10,4*
Finnland	–1,3	5,0	4,1	7,8	3,4	1,5	–1,7	–0,8*
Irland	–4,1	–1,3	3,3	–0,4	–3,5	1,1	4,4	6,6*
Portugal	1,4	–0,2	–0,1	–10,3	–10,3	–10,6	–2,0	0,5*
Griechenland	–7,3	–3,8	–2,4	–7,8	–7,6	–10,1	–2,4	0,7

* vom IWF geschätzte Werte.

Quelle: IWF, World Economic Outlook, April 2014

5.2 Ursachen

Die Ursachen der globalen außenwirtschaftlichen „Ungleichgewichte" standen in den 1980er Jahren im Zusammenhang mit den hohen Defiziten in Budget und Leistungsbilanz in den USA. Diese sogenannten „Zwillingsdefizite" wurden unter der Reagan'schen Politikmischung, die aus Steuersenkungen und gleichzeitigen Ausgabensteigerungen bestand, aufgebaut. Als die zentrale Grundlage für das Andauern dieses außenwirtschaftlichen Ungleichgewichts kann man den Mangel an inländischer Ersparnis in den USA festmachen. Dieser Mangel zwang die USA, zur Finanzierung der Ausgabensteigerungen ihr Zinsniveau anzuheben, um ausländische Ersparnisse vom Ausland abziehen zu können. Die attraktiveren Zinsbedingungen in den USA lockten dann auch ausländisches Kapital an. Dies führte aber zu einer

---

[109] Siehe hierzu Döhrn [2013].

Aufwertung des US-Dollars, was in den USA die Importe verbilligte und die Exporte verteuerte. Folglich kam es zu einer Ausweitung des amerikanischen Leistungsbilanzdefizits.

Das in den 1980er Jahren entstandene Problem ist heute immer noch aktuell. So hat das Leistungsbilanzdefizit der USA in den letzten Jahren ein Rekordniveau erreicht. Das bedeutet, dass die US-Amerikaner weiterhin über ihre Verhältnisse leben. Allerdings ist die heutige Problematik ein vielschichtigeres Problem und lässt sich nicht monokausal erklären. So sind in den vergangenen Jahren insbesondere zwei Hypothesen zur Erklärung dieses Prozesses in Betracht gezogen worden. Einige argumentieren, dass eine Kombination mehrerer Faktoren für das Entstehen der immer größer werdenden Leistungsbilanzungleichgewichte verantwortlich ist: Während die Mischung aus einer extrem expansiven Geld- und Fiskalpolitik in den USA zu einer immens hohen Verschuldung des Landes führte, ist in der Wechselkurspolitik der asiatischen Volkswirtschaften ein weiterer wesentlicher Faktor zu sehen. Durch Interventionen am Devisenmarkt bremsten die asiatischen Länder die Aufwertung ihrer Währungen gegenüber dem US-Dollar. Diese Einschränkung eines weltwirtschaftlichen Ausgleichsmechanismus führte schließlich dazu, dass die expansive Geld- und Fiskalpolitik der USA mit einem immensen Exportwachstum der asiatischen Volkswirtschaften einherging. Hinzu kommt, dass die kollektive Expansionspolitik in hohen Zuwachsraten in der Weltproduktion resultierte, die wiederum zu einem immensen Wachstum der Ölpreise und somit zu großen Leistungsbilanzüberschüssen in den ölexportierenden Ländern führten (vgl. Sachverständigenrat [2006]).

Demgegenüber gibt es aber auch andere Ursachenbehauptungen. So führen etwa manche Angebotstheoretiker den Fehlbetrag in der Leistungsbilanz der USA allein auf die im Vergleich zum Ausland angeblich attraktiveren Investitionsbedingungen in den USA zurück: Attraktivere Investitionsbedingungen in den USA lockten ausländisches Kapital an, was zu einer Aufwertung des US-Dollars führte. Dies wiederum verbilligte die Importe und verteuerte die Exporte, sodass es zu einem Leistungsbilanzdefizit in den USA kam. Daneben behaupten die „Protektionisten" im Kongress und in der Wirtschaft der USA, dass der Fehlbetrag in der amerikanischen Leistungsbilanz allein auf unfaire Handelsbarrieren des Auslands zurückzuführen sei. Es ist jedoch umstritten, ob diese beiden Ursachenbehauptungen als ernsthafte, empirisch fundierte Erklärungen für die lang anhaltende Defizitsituation in den USA angesehen werden können[110].

5.3 Gefahren

Leistungsbilanzdefizite sind nicht von vornherein negativ zu beurteilen. Jedoch hat sich in der Vergangenheit oft die Gefahr gezeigt, die von Leistungsbilanzdefiziten im Zusammenhang mit Währungs- und Finanzkrisen ausgehen kann. Beispiels-

---

[110] Vgl. zu den verschiedenen Argumentationssträngen näher z. B. Blanchard u. a. [1989], Howard [1989], Bernanke [2005], Edwards [2005], Obstfeld und Rogoff [2005], IWF [2005a], Engler u. a. [2009], Adam und Park [2009], Blanchard und Milesi-Ferretti [2009] sowie Krugman u. a. [2012].

weise sind Länder mit als nicht tragfähig erachteten Leistungsbilanzdefiziten verwundbarer gegen Umschwünge in den Einschätzungen der Finanzmärkte und damit anfälliger für spekulative Attacken. Darüber hinaus können Leistungsbilanzdefizite auch Ausdruck anderer außen- und binnenwirtschaftlicher Ungleichgewichte sein, wie einer realen Überbewertung des Wechselkurses, einer zu niedrigen Ersparnis oder eines zu hohen Staatsdefizits. Nicht zuletzt deshalb erweisen sie sich oft als wichtiger Frühindikator in Währungskrisenmodellen. Schließlich ist zu beachten, dass eine – beispielsweise durch eine Währungskrise ausgelöste – abrupte Reduzierung eines übermäßigen Leistungsbilanzdefizits in der Regel mit hohen realen Anpassungskosten verbunden ist.

Außerdem widersprechen anhaltende außenwirtschaftliche „Ungleichgewichte" den Zielsetzungen der meisten Staaten bzw. ihrer Regierungen. Anders gesagt, sie sind unerwünscht. Man kann in diesem Zusammenhang auch das „Stabilitätsgesetz" von 1967, das manchmal als das wirtschaftspolitische Grundgesetz der Bundesrepublik Deutschland bezeichnet wird, heranziehen. Dort wird explizit neben Preisniveaustabilität und hoher Beschäftigung bei „angemessenem Wirtschaftswachstum" als zusätzliches, gleichrangiges Ziel „außenwirtschaftliches Gleichgewicht" genannt. Allerdings bedeutet das Vorliegen eines Handelsbilanz- oder auch Leistungsbilanzsaldos noch nicht automatisch einen Verstoß gegen das Postulat „außenwirtschaftlichen Gleichgewichts", bezieht sich Letzteres doch mehr auf die „autonome" Zahlungsbilanzsituation.[111] Wenn die Handels- und Leistungsbilanzsalden aber so groß sind wie oben angeführt, kann dies kaum mehr mit dem Erfordernis eines „außenwirtschaftlichen Gleichgewichts" in Einklang gebracht werden. (Die Bundesregierung hatte in den Jahren nach Inkrafttreten des ‚Stabilitätsgesetzes' in ihrem Jahreswirtschaftsbericht ein – unerwünschtes – „außenwirtschaftliches Ungleichgewicht" als einen Handelsbilanzsaldo, der größer als 1–2 Prozent des Bruttosozialprodukts ausfällt, betrachtet. Bis Ende der 1980er Jahre betrug der Handelsbilanzsaldo ein Vielfaches hiervon (1989 mehr als 6 Prozent). Dass dann in den 1990er Jahren der Handelsbilanzsaldo geringer (aber immer noch oberhalb dieser Marke, nämlich 3,8 % in 1999) war, lag, wie schon erwähnt, an der deutschen Wiedervereinigung.

---

[111] Ein außenwirtschaftliches Gleichgewicht liegt vor, wenn ein Devisenmarktgleichgewicht ohne Interventionen der Zentralbank zustande kommt.

Außenwirtschaftliche „Ungleichgewichte" in der theoretischen Einordnung

In der Volkswirtschaftslehre ist heutzutage umstritten, ob es sich bei den beobachteten Bilanzsalden wirklich um „Ungleichgewichte" handelt. Im Kontext der sogenannten „Neuen Klassischen Makroökonomie" wird gezeigt, dass Kapital- und Leistungsbilanzüberschüsse bzw. -defizite das Ergebnis optimaler Entscheidungsprozesse sein können, folglich keine „Ungleichgewichte" darstellen müssen. Die Salden in den Leistungs- und Kapitalbilanzen können nämlich (in Fachsprache ausgedrückt) die durch die Zeitpräferenzrate für Gegenwarts- und Zukunftskonsum bestimmten Konsum- und Investitionsentscheidungen der Wirtschaftseinheiten in den einzelnen Volkswirtschaften ausdrücken. Anders (einfacher) ausgedrückt: Einige Nationen entscheiden sich dafür, heute zu konsumieren und später zu sparen, während andere das Umgekehrte wählen, nämlich heute zu sparen (um das Gesparte gegen Zinseinkünfte zu verleihen) und später (dementsprechend mehr) zu konsumieren. So können positive und negative Kapitalbilanzsalden – als Spiegelbild zu Leistungsbilanzsalden – entstehen[112]. Folglich implizieren solche Salden nach Meinung der neuklassischen Makroökonomen keinen wirtschaftspolitischen Handlungsbedarf.

Dies ist aber bislang – angesichts noch nicht überzeugender empirischer Belege für diese These – eine Minderheitsmeinung unter den Fachleuten geblieben. Die Mehrheit unter den Ökonomen und Politikern sieht stattdessen Leistungs- und Kapitalbilanzsalden immer noch als außenwirtschaftliche Ungleichgewichte an, die – wenn sie überhand nehmen – sehr wohl einen wirtschaftspolitischen Handlungsbedarf implizieren.

Schließlich ist zu befürchten, dass solche andauernden Ungleichgewichte (oder „Salden") negative Rückwirkungen auf den Weltwirtschaftsprozess haben. Mit außenwirtschaftlichen Ungleichgewichten verbinden sich nämlich ungeplante internationale Vermögensumschichtungen. Dadurch wächst die Gefahr stärkerer Zins- und Wechselkursschwankungen, zumal es dabei im Falle einzelner Länder zu Vertrauenskrisen kommt. Dies steigert im realwirtschaftlichen Bereich das Risiko von Fehlallokationen. Außerdem besteht die Gefahr, dass durch die von außenwirtschaftlichen Ungleichgewichten ausgelösten Zinsanpassungen größere internationale Zinsunterschiede entstehen, die eine sich selbst verstärkende Tendenz zu noch höheren außenwirtschaftlichen Ungleichgewichten bewirken. Der Prozess würde so instabil werden. Die vielleicht bedeutendste Rückwirkung auf den Weltwirtschaftsprozess bestünde jedoch darin, dass (wie in den letzten Jahren in den USA zu beobachten) der Ruf nach Protektionismus lauter wird. Dass Protektionismus aber den Wachstumsprozess in der Weltwirtschaft schwächt, ist heutzutage eine weithin akzeptierte

---

112 Die „Kapitalbilanz" registriert Käufe und Verkäufe von Finanzanlagen wie beispielsweise Aktien, festverzinsliche Wertpapiere und Grundvermögen. Kapitalzuflüsse und -abflüsse finanzieren also im Zahlungsbilanz-Gleichgewicht genau ein Leistungsbilanz-Ungleichgewicht. Bei flexiblen Wechselkursen ohne staatliche Intervention ist die Summe aus Leistungsbilanz- und Kapitalbilanzsaldo immer gleich Null.

wissenschaftliche Einschätzung (mehr hierzu im nächsten Abschnitt). Die Rolle von Leistungsbilanzungleichgewichten als Auslöser für Finanzkrisen wird im Rahmen von 3. Teil:III.5 aufgriffen.

III. Schlussfolgerungen

Angesichts der beschriebenen Zunahme weltwirtschaftlicher Verflechtung und daraus folgender Destabilisierungspotenziale scheint ein steigender *Ordnungs-* oder *Regelungsbedarf* internationaler Wirtschaftsbeziehungen zu bestehen. Die Frage stellt sich allerdings, welches der geeignete Regelungsmechanismus ist. Es gibt hier grundsätzlich zwei alternative Möglichkeiten:

1. Ausschließliches Vertrauen auf den privat-marktwirtschaftlichen Regelungsmechanismus.

2. Ergänzung des privat-marktwirtschaftlichen Mechanismus durch politische Regelungsmechanismen. Dabei können die politischen Regelungsmechanismen auf nationaler Ebene oder aber auf internationaler bzw. supranationaler Ebene angesiedelt sein. Ersteres läuft auf protektionistische Maßnahmen hinaus. Letzteres nenne ich weltwirtschaftspolitische Ordnungs- oder Regelungsmechanismen.

1. Private Marktsteuerungslösung

1.1 Mechanismen

Diese Lösungsstrategie beruht auf der Erkenntnis, dass ein marktwirtschaftliches System einen systemendogenen Stabilisierungsmechanismus besitzt, der Ungleichgewichte zwischen Angebot und Nachfrage auf den verschiedenen Märkten auszugleichen vermag. Dieser Stabilisierungsmechanismus läuft über Preisanpassungen und wird deshalb „Preismechanismus" genannt. In der heutigen Volkswirtschaftslehre besteht diesbezüglich auch ein weitgehender Konsens darüber, dass auftretende Ungleichgewichte im ökonomischen System nur von kurz- bis mittelfristiger Dauer sein können. Das heißt, dass dauerhafte Ungleichgewichte ausgeschlossen werden. Es gibt auch eine Reihe von Ökonomen (die sogenannten „neuklassischen Ökonomen"), die die Existenz von Ungleichgewichten grundsätzlich abstreiten[113]. Diese befinden sich jedoch in der Minderheit. Die überwiegende Mehrheit der Ökonomen unterstellt, dass kurz- bis mittelfristig andauernde Marktungleichgewichte möglich und auch gegeben sind. Als die zentrale Grundlage hierfür wird die empirisch beobachtbare (kurzfristige) Inflexibilität von Löhnen und Preisen angesehen. Letzteres wird so interpretiert, dass der marktwirtschaftliche Preismechanismus in modernen Volkswirtschaften immer erst nach einer gewissen Zeit reagiert.

---

[113] Vgl. zu den zugrundeliegenden Theorieargumenten dieser Ökonomen z. B. Wagner [2014a].

Was für eine geschlossene Volkswirtschaft gilt, muss natürlich grundsätzlich auch für eine offene Volkswirtschaft gelten. Was hier nur hinzukommt, ist die Möglichkeit außenwirtschaftlicher Ungleichgewichte. Diese können jedoch – selbst bei gegebenen oder inflexiblen Preisen – prinzipiell durch den Wechselkursmechanismus ausgeglichen werden[114].

Wechselkursmechanismus

Wenn zum Beispiel ein Land A von einem Land B mehr Güter nachfragt als umgekehrt, so fragt Land A gleichzeitig auch relativ mehr Währungseinheiten des Landes B nach als umgekehrt. (Unterstellt wird hier – wie auch im Folgenden – der übliche Fall, dass die Güter in der Währung des Exportlandes bezahlt (fakturiert) werden.[115]) Die größere oder Übernachfrage nach der Währung von Land B bewirkt, dass sich das Tauschverhältnis, der sog. Wechselkurs, zwischen beiden Währungen verändert. Die Währung des Landes B wird sich verteuern, um den Devisenmarkt zwischen beiden Ländern wieder ins Gleichgewicht zu bringen. Wenn allerdings die Währung, mit der die Nachfrage nach Gütern des Landes B bezahlt werden muss, teurer wird, so wird auch die Nachfrage des Landes A nach Gütern des Landes B abnehmen. Gleichzeitig wird durch die Wechselkursänderung die Nachfrage des Landes B nach Gütern des Landes A zunehmen, da eben die Währung, mit der diese Güter bezahlt werden müssen, billiger geworden ist. Auf diese Weise verhindert der Wechselkursmechanismus ein Andauern (und möglicherweise sogar das Zustandekommen) des außenwirtschaftlichen Ungleichgewichts[116].

Nun sind allerdings die (kurzfristigen) Erfolgsaussichten einer rein privatmarktwirtschaftlichen Lösungsstrategie bezüglich außenwirtschaftlicher Ungleichgewichte auch bei flexiblen Wechselkursen umstritten. Die grundsätzlichen Einwände beruhen auf der empirischen Erfahrung eines unvollkommenen Preismechanismus. Wenn die Preise nicht vollkommen flexibel sind, so können – zumindest vo-

---

[114] Eine optimale Stabilisierungsalternative stellten flexible relative Preisanpassungen zwischen den einzelnen Ländern dar. Solche flexiblen Preisanpassungen sind jedoch in der heutigen Welt, insbesondere auf Güter- und Arbeitsmärkten, die Ausnahme. Eine andere – allerdings kostspielige – Alternative bilden Mengenanpassungen, die sich vor allem in Arbeitslosigkeit und Kapazitätsunterauslastungen bzw. in Inflation niederschlagen. Der Anpassungsmechanismus, der außenwirtschaftliche Ungleichgewichte wieder abbaut, läuft hier über eine Veränderung des realen Volkseinkommens, die ihrerseits eine Veränderung der Importnachfrage nach sich zieht. Vgl. näher hierzu ein beliebiges Lehrbuch zur internationalen Makroökonomie, z. B. Dernburg [1989: 18 f.], Sachs und Larrain [2001] oder Feenstra und Taylor [2011].

[115] Es gibt daneben allerdings auch Abmachungen, nach denen die Güterkäufe in einer Drittwährung fakturiert werden (Beispiel: bei vielen Rohstoffen; dort Abrechnung in US-Dollar).

[116] Eine zweite Funktion des Wechselkursmechanismus wird darin gesehen, dass dieser unterschiedliche Inflationsraten unter Handelspartnerländern ausgleicht. Wenn ein Land eine höhere Inflationsrate als andere Handelspartnerländer aufweist, sinkt der Wechselkurs dieses Landes („Kaufkraftparitätentheorie"). Dadurch werden das reale Wechselkursverhältnis bzw. die „terms of trade" stabilisiert.

rübergehend – destabilisierende Effekte bezüglich der Wechselkursentwicklung sowie der Handelsbilanzentwicklung auftreten. (Dies kann man selbst bei sogenannten „rationalen Erwartungen[117]" der privaten Wirtschaftssubjekte nachweisen, die selbst wieder auf der Annahme sehr weitgehender Kenntnisse oder Lernprozesse über das Funktionieren der weltwirtschaftlichen Zusammenhänge beruhen[118].) Man spricht in der modernen Volkswirtschaftslehre diesbezüglich von einem „Überschießen" des Wechselkurses sowie von einem „J-Kurven-Effekt".

Überschießen des Wechselkurses und J-Kurven-Effekt

„Überschießen" des Wechselkurses bedeutet, dass der Wechselkurs vorübergehend über seinen Gleichgewichtswert hinausschießt. Siehe näher hierzu im 3. Teil des Buches.

„J-Kurven-Effekt" besagt, dass die Handelsbilanz bei einer Abwertung (Aufwertung) zunächst mit einer „Verschlechterung" („Verbesserung") reagiert, sodass sich vorhandene Handelsbilanzungleichgewichte durch den Wechselkursmechanismus zunächst verstärken[119]. Erst mit Verzögerung tritt dann die stabilisierende Wirkung von Wechselkursänderungen als Reaktion auf außenwirtschaftliche Ungleichgewichte ein. Anders ausgedrückt: Das zeitliche Muster, mit dem die Handelsbilanz auf eine Wechselkursänderung reagiert, wird durch eine „J-Kurve" beschrieben.

Wenn aber die Ursache dafür, dass auch bei einer rein privat-marktwirtschaftlichen Lösungsstrategie Marktungleichgewichte andauern und sich vorübergehend sogar verstärken können, in der *unvollkommenen Preisflexibilität* liegt, so liegt der logische Schluss nahe, hierfür eine geeignete politische Lösung zu suchen. Dies heißt, es wird der jeweiligen nationalen Politik zur Aufgabe gemacht, die notwendigen Rahmenbedingungen für Preisflexibilität herzustellen. Dies könnte zum Beispiel durch *„Indexierung"* (=Anpassung) der Preise an die jeweiligen Marktungleichgewichtslagen erfolgen. Das Problem dabei ist nur, dass sich der sog. „Gleichgewichtspreis" empirisch schwer ermitteln lässt. Folglich lässt sich auch eine vollkommene, sich an die jeweiligen Marktbedingungen ausgerichtete Indexierung

---

[117] Bei vielen Entscheidungen fehlen Informationen über wichtige Größen, die entweder unbekannt oder unsicher sind. Deshalb können nur Erwartungen über die unbekannten Größen gebildet werden. In der ökonomischen Theorie werden extrapolative, adaptive und rationale Erwartungshypothesen unterschieden.

[118] Vgl. näher hierzu z. B. Wagner [2014a].

[119] Grundlage hierfür ist, dass beispielsweise bei einer Abwertung Preiseffekte zunächst eine Handelsbilanzverschlechterung bewirken, *bevor* Mengeneffekte in Form eines Rückgangs der Importe und eines Anstiegs der Exporte eintreten. (Die Importausgaben werden aufgrund der Abwertung der heimischen Währung zunehmen, während die Exporteinnahmen zunächst zurückgehen – bedingt dadurch, dass bestehende Handelskontrakte noch zu den alten Konditionen abgewickelt werden müssen.) Die Wirkungs-(stärke) hängt jedoch u. a. davon ab, in welchen Währungen die Import- und Exportrechnungen ausgestellt sind und wie preiselastisch die Nachfrage ist.

schwer realisieren. Andererseits haben „unvollkommene" Indexierungen – wie z. B. die in der Praxis häufiger vorkommende Preisniveauindexierung – negative, das Preissystem und teilweise auch das Mengensystem destabilisierende Nebeneffekte[120].

Eine *zweite Politikvariante*, mit der versucht werden könnte, Preisflexibilität herzustellen, besteht in der Schaffung von mehr Wettbewerb („Wettbewerbspolitik"). Dies kann sowohl innerstaatlich als auch international erfolgen. Im Kontext einer funktionierenden (offenen) Weltwirtschaft hieße dies, den Wettbewerb zwischen den einzelnen Wirtschaftsnationen zu intensivieren. Man spricht bezüglich der Bedingungen des Wettbewerbs zwischen Wirtschaftsnationen auch von „Freihandel". Es geht darum, Handelshemmnisse und Mobilitätshemmnisse für Arbeit, Kapital und technisches Wissen abzubauen. Wenn dies einhergeht mit der Herstellung flexibler Preise zwischen Währungen (flexible Wechselkurse) und zwischen Gütern, so entspricht dies der klassischen Lösungsstrategie außenwirtschaftlicher und weltwirtschaftlicher Instabilitätsprobleme.

Freihandel

Freihandel ist das klassische Leitbild der Außenwirtschaftspolitik. Seine Tradition wurde begründet durch die klassischen Nationalökonomen des späten 18. und des frühen 19. Jahrhunderts, deren bekannteste Vertreter Adam Smith (1723–1790), David Ricardo (1772–1823) und John Stuart Mill (1806–1873) sind. Grundlage ihrer außenhandelstheoretischen Vorstellungen und der daraus abgeleiteten Empfehlungen zur Außenhandelspolitik („Freihandel") war die wirtschaftspolitische Konzeption des klassischen Liberalismus mit seinem Glauben an die natürliche Harmonie der Interessen[121]. Entscheidend sei, dass die freie Entscheidung der Individuen beim Einsatz der produktiven Kräfte gewahrt bleibt, der Außenhandel sich also frei von staatlichen Eingriffen vollzieht. Dann bewirke der Außenhandel eine Wohlstandssteigerung in allen beteiligten Volkswirtschaften. Jedes Land erreiche so das größtmögliche Produktionsergebnis bei gleichzeitig optimaler Berücksichtigung der Konsumentenpräferenzen[122].

---

[120] Vgl. näher Wagner [2014a: 4. Kapitel].

[121] Den Gegenpol zum klassischen Liberalismus mit seinem Freihandelspostulat bildet der „Merkantilismus" (eine wirtschaftspolitische Konzeption, die seit dem 16. Jahrhundert bis über die industrielle Revolution hinaus in den absolutistischen Staaten vorherrschte) mit seinem Postulat des Protektionismus (siehe dazu im nächsten Abschnitt).

[122] In der modernen Außenhandelstheorie gilt der folgende *Lehrsatz* als weitgehend akzeptiert: Wenn ein ursprünglich autarkes oder nicht-Handel-treibendes Land x dem Freihandel mit anderen Ländern ausgesetzt wird, und wenn die Präferenzen, Technologien und Anfangsausstattungen in der Art von Arrow und Debreu [1954] beschränkt sind, dann gibt es ein Konkurrenz-Welthandelsgleichgewicht derart, dass kein Individuum in x schlechtergestellt ist als bei Autarkie (vgl. z. B. Kemp [1987]).
Die Gültigkeit dieses Lehrsatzes beruht jedoch auf unrealistischen Annahmen vom Arrow-Debreu [1954]-Typ. Notwendige Voraussetzungen sind insbesondere, dass die Anzahl der Güter

Sicherlich ist diese Idee einer friedlichen internationalen Tauschgesellschaft eine Utopie. Dies erkannten bereits die Klassiker. Nichtsdestoweniger haben sich die klassischen wie auch die späteren sogenannten neoklassischen Nationalökonomen bis heute zum Freihandel bekannt. Dahinter steckt die Überzeugung, dass die Verbindung von dezentraler Planung mit einem freien Leistungswettbewerb und einem System von freien, flexiblen Marktpreisen als Organisationsprinzip für die Weltwirtschaft genauso vorteilhaft ist wie als Ordnungsgrundsatz für den nationalen Wirtschaftsraum. Als die positiven Auswirkungen von Freihandel werden insbesondere die folgenden gesehen:

- Freihandel eröffnet Möglichkeiten zu produktivitätssteigernder Spezialisierung. (Diesen Aspekt haben wir schon oben im Abschnitt 1 ‚Internationaler Handel' angesprochen.) Die am Welthandel beteiligten Länder können sich auf die Produktion jener Güter konzentrieren, die sie mit vergleichsweise geringeren Kosten als ihre Tauschpartner herstellen.

- Freihandel bedeutet, dass die Märkte offen sind. Das heißt, es gibt Wettbewerb über die nationalen Grenzen hinweg. Dies zwingt alle Unternehmen zu kostengünstiger Produktion, zu innovativer Tätigkeit und zu Anpassungsflexibilität.

- Freihandel mindert die negativen Wirkungen einer Wettbewerbseinschränkung, die manchmal auf nationalen Märkten von nationalen Regierungen zur hinreichenden Nutzung von Massenproduktionsvorteilen zugelassen wird, und die in einer geschlossenen Volkswirtschaft zu einer bedenklichen Einschränkung des Wettbewerbs und der Angebotsvielfalt führen würde.

1.2 Funktionsprobleme

Die Früchte des Freihandels können allerdings nur dann problemlos geerntet werden, wenn es wirklich gelingt, mit dem Abbau von Handels- und Mobilitätshemmnissen auch Preisflexibilität herzustellen. Wenn dies nicht gewährleistet ist, so ist gezeigt worden, dass auch bei Freihandel destabilisierende Entwicklungen des Wechselkurses und der Handelsbilanzungleichgewichte eintreten können (das, was wir oben als „Überschießen" des Wechselkurses und als „J-Kurven-Effekt" bezeichnet haben).

Die notwendige Flexibilisierung der Preise (worunter Produktpreise als auch Faktorpreise fallen) tritt jedoch nicht zwangsläufig ein. Wie in den vergangenen Jahren in verschiedenen wirtschaftstheoretischen Analysen gezeigt worden ist, können Lohn- und Preisinflexibilitäten sehr wohl auf rationalen Entscheidungen von privaten Wirtschaftssubjekten beruhen[123]. Wenn dies der Fall ist, so nützt es auch nichts,

---

beschränkt und die Menge an Märkten vollkommen ist. Ohne ein Vorliegen dieser Annahmen ist nicht sichergestellt, dass alle beteiligten Länder vom Freihandel profitieren (siehe z. B. Kemp und Long [1979] oder Newbery und Stiglitz [1981]).

[123] Eine Übersicht über neuere Begründungslinien zur Rationalität von Lohn- und Preisinflexibilitäten ist z. B. in Wagner [2014a: 48 ff.] zu finden.

an die Rationalität privater Wirtschaftssubjekte zu appellieren, „Aufklärung" zu betreiben oder „etwas mehr" Wettbewerb auf den nationalen Märkten durchzusetzen. Die Ursachen für die Lohn- und Preisinflexibilitäten liegen dann tiefer. Preisinflexibilitäten sind demnach in Marktsystemen mit unvollkommener Konkurrenz – und nur solche sind in der Realität vorfindbar – unvermeidliche Erscheinungen und bilden somit ein grundsätzliches Problem. Sie sind Ergebnisse nutzenmaximierender Entscheidungsprozesse von Individuen und von daher zu akzeptieren. Es treten folglich Externalitäten und Koordinationsschwierigkeiten auf, die letztlich nicht privat lösbar sind[124]. Es geht mithin darum, mit Preisinflexibilitäten (wie auch mit Formen unvollkommener Konkurrenz) zu leben und nach sogenannten „zweitbesten" Lösungen (d. h., besten praktisch erreichbaren Lösungen) zu suchen[125]. Solche sind aber nicht notwendigerweise rein privat-marktwirtschaftliche Lösungen.

Daneben gibt es aber auch noch ein anderes Koordinations- oder Externalitätenproblem. Der propagierte Vorteil von Freihandel besteht darin (wie oben geschildert), dass letztlich alle Volkswirtschaften, die sich an internationalen Wirtschaftsbeziehungen beteiligen, durch Freihandel gewinnen können. Dies setzt allerdings voraus, dass die gemeinsamen Gewinne aus dem Freihandel so unter die Teilnehmerländer verteilt werden, dass alle mit ihrem Gewinnanteil zufrieden sind. Vereinfacht ausgedrückt könnte man auch sagen, dass sich die Vor- und Nachteile internationaler Handelsbeziehungen einigermaßen gleichmäßig auf die Handelspartner verteilen müssten. Dies impliziert u. a., dass „zu große" außenwirtschaftliche Ungleichgewichte vermieden werden. Ein solches alle zufriedenstellendes Verteilungsschema zu finden, ist jedoch äußerst schwierig. Aber selbst wenn es erreicht werden könnte, besteht für nationale Volkswirtschaften oder Regierungen dann immer noch ein andauernder Anreiz, diesbezügliche Verabredungen (zur Vermeidung außenwirtschaftlicher Ungleichgewichte) zu brechen, umso ihren Gewinnanteil zu erhöhen. Dies ist ein Ergebnis, das sich aus sogenannten spieltheoretischen Analysen ableiten lässt[126].

Die Geschichte praktischer Wirtschaftspolitik scheint auch zu zeigen, dass die nationalen Volkswirtschaften solchen Anreizen nicht widerstehen können. So werden beispielsweise immer wieder Abwertungen gezielt als handels- und damit beschäftigungsfördernde Maßnahmen eingesetzt („Beggar-thy-neighbour Politik"; zur theoretischen Erklärung siehe im 3. Teil). Dies geschieht zum Nachteil der Handelspartner, denn dadurch wird erreicht, dass Arbeitslosigkeit in die Handelspartnerländer „exportiert" wird. (Durch eine Abwertung wird ja in der Regel die Exportnachfrage gesteigert und die Importnachfrage gesenkt.) Solchen Anreizen erliegen insbesondere Länder mit repräsentativen (Wahl-)Demokratien. So werden Regierungsparteien – getrieben von der Ungeduld ihrer Wähler bzw. deren Interessengruppen – vor Wahlen geneigt sein (oder sich aus wahlpolitischen Gründen gezwungen fühlen), auch

---

[124] „Externalitäten" sind Handlungsfolgen, die vom Handelnden auf einen anderen abgewälzt oder „externalisiert" werden.
[125] Vgl. ebda.
[126] „Spieltheorie" ist eine mathematische Theorie optimaler Strategiefindung. Siehe näher hierzu im 3. Teil unten. Spieltheoretisch ausgedrückt handelt es sich bei einer solchen oben angesprochenen kooperativen Lösung oder Verabredung nicht um ein stabiles „Nash-Gleichgewicht".

auf Kosten der Handelspartner und unter Verletzung von Abmachungen Rezession und Arbeitslosigkeit auf die Partnerländer abzuwälzen.

Wenn es so immer wieder zu außenwirtschaftlichen Ungleichgewichten kommt, die sich dann bei Preisinflexibilitäten tendenziell vergrößern und eine Weile andauern (durch „Überschießen des Wechselkurses" und „J-Kurven-Effekte"), so entstehen zusätzliche politische Probleme. Diese äußern sich in der Ungeduld der Bevölkerung bzw. der von den Ungleichgewichten unmittelbar negativ Betroffenen über das (mittelfristige) Andauern (und die kurzfristig sogar eintretende Verstärkung) der Ungleichgewichte. Außerdem kommt noch ein weiterer Punkt hinzu. Bekanntlich stehen Leistungsbilanzdefiziten in der Zahlungsbilanz Kapitalimporte gegenüber. Kapitalimporte schlagen sich aber auch in Aufkäufen von inländischen Unternehmen und Kulturdenkmälern nieder (Direktinvestitionen). Ein solcher Aufkauf wird häufig von Teilen der betroffenen Nation als „Ausverkauf" empfunden (Beispiel: Proteste in den USA in den 1980ern Jahren gegen einen so empfundenen „Ausverkauf" durch die Japaner). Zum anderen wird eine Abwanderung von Arbeitskräften von wirtschaftlich weniger erfolgreichen in erfolgreichere Länder mit höherem Lebensstandard von der Bevölkerung des aufnehmenden Landes mit Argwohn betrachtet (Ängste vor „Überfremdung"; Beispiel: Japan). Folglich sind die betreffenden wahldemokratisch gebundenen Regierungsparteien in solchen Fällen geneigt, Rufen aus der Bevölkerung nach protektionistischen Maßnahmen und nach Einschränkung der Handelsfreiheit und der internationalen Faktormobilität nachzukommen[127]. Dies allerdings bedeutet jedes Mal einen großen Rückschritt für die Idee der Steigerung des Wohlstands der Nationen durch freien Handel und freie Faktormobilität.

2. Nationalstaatliche Lösung des Protektionismus

Wenn die weltwirtschaftliche Verflechtung, wie in den letzten Jahrzehnten beobachtbar, zunimmt, so beruht dies einerseits auf einer zunehmenden Öffnung der Märkte und auf einem Abbau von Handels- und Kapitalkontrollen, d. h. auf einer Überwindung herkömmlicher protektionistischer Maßnahmen. Andererseits entstehen im Zuge der weltwirtschaftlichen Verflechtung jedoch immer mehr Anlässe zu Konflikten zwischen Nationen über die Verteilung der Vorteile aus dem freieren Handel. Zudem kommt es infolge der Finanzglobalisierung (anscheinend immer häufiger) zu Vermögenspreisblasen, die letztlich zusammenbrechen und kostspielige Finanzkrisen nach sich ziehen. Dies führt – wie oben schon kurz erläutert – tendenziell zu Rufen nach einer Rückkehr zum Protektionismus.

---

[127] Zu modernen polit-ökonomischen Erklärungen protektionistischen Verhaltens vgl. z. B. Hillman [1989] und Frey [1985] sowie Drabek [2001]; als kurzen Überblick vgl. z. B. auch Baldwin [1989] sowie Bhagwati u. a. [1998], Woodland [2002] und Mayda und Rodrik [2005].

> **Protektionismus**
>
> Protektionismus ist das merkantilistische Leitbild der Außenhandelspolitik. „Merkantilismus" ist die Bezeichnung für die Wirtschaftspolitik der absolutistischen Staaten seit dem 16. Jahrhundert bis über die Zeit der industriellen Revolution hinaus. Die protektionistischen Maßnahmen des Staates dienten dem Ziel, den nationalen Reichtum zu vermehren und dadurch die Macht des Staates zu stärken. Der Merkantilismus lieferte die Begründung für die Bildung von Nationalstaaten in Westeuropa und von Territorialgewalten in Deutschland. Zu den Mitteln zur Erreichung des „Nationalreichtums" zählten – neben einer Vereinheitlichung von Maßen und Gewichten, einer Beseitigung der Binnenzölle, einem Ausbau der Verkehrswege, einer Vermehrung der Bevölkerung, der Errichtung staatlicher Manufakturen und der Hortung großer Bestände an Edelmetallen – vor allem Maßnahmen zur Erzielung einer aktiven Handelsbilanz. Das Streben nach einer aktiven Handelsbilanz wurde von den Merkantilisten wie folgt begründet: Wenn die Exporte die Importe überträfen, flössen Gold und Silber ins Land. Folglich stünde dann viel Geld (Kaufkraft) zur Verfügung, wodurch das Wirtschaftswachstum angeregt würde und der nationale Reichtum zunähme.
>
> Während der klassische Liberalismus an die natürliche Harmonie der Interessen glaubte, ging der Merkantilismus von der Existenz von Interessengegensätzen aus, die die Vermehrung des Nationalreichtums nur auf Kosten anderer ermöglichen würden[128].

2.1 Ausprägungen

Betrachten wir nun näher die verschiedenen Arten protektionistischer Maßnahmen. Man unterscheidet im Allgemeinen zwischen tarifärer Protektion (Zölle) und nicht-tarifärer Protektion (Handelshemmnisse).

Zölle

Zölle sind staatliche Abgaben im grenzüberschreitenden Warenverkehr. Je nach Art des Handels, den sie berühren, unterscheidet man zwischen Einfuhr-, Ausfuhr- und Durchfuhrzöllen. Sie können als Mengenzoll, Wertzoll oder Gleitzoll erhoben werden, je nachdem ob die Grundlage der Zollbemessung die Menge oder der Wert der Ware ist, oder ob sie als variable Abgabe zum Ausgleich der Differenz zwischen schwankendem Weltmarktpreis und höherem Zielpreis im Inland ausgestaltet ist (Gleitzoll). Dominierend sind heute die Wertzölle.

Zölle verteuern das zu verzollende Gut. Sie wirken wie Transportkosten und reduzieren das Ausmaß der bei Freihandel möglichen internationalen Arbeitsteilung.

---

[128] Vgl. näher z. B. Fusfeld [1975], der einen leichtlesbaren dogmenhistorischen Überblick gibt.

So erzeugt beispielsweise ein Einfuhr- oder Importzoll eine Spaltung des Preissystems gleicher Außenhandelsgüter in einen niedrigeren Weltmarktpreis und einen höheren Inlandspreis importierter Güter. Wenn Importzölle hoch genug sind, wirken sie wie ein Importverbot („Prohibitivzölle"). Entsprechend können Ausfuhr- oder Exportzölle verhindern, dass bestimmte Güter statt im Inland im Ausland zur Verfügung stehen.

Man unterscheidet weiter zwischen Fiskalzöllen, die dem Land Einnahmen verschaffen sollen, und Schutzzöllen, die zu einem Rückgang der Nachfrage nach den so verteuerten Gütern führen sollen. Wenn man von der Zielsetzung ausgeht, sind nur Schutzzölle als protektionistische Maßnahmen zu werten. Wenn man dagegen von den Wirkungen ausgeht, sind Fiskalzölle natürlich auch protektionistisch.

Schutzzölle werden häufig erhoben (und so wurden sie ursprünglich auch diskutiert in der klassischen Außenhandelstheorie), um junge oder schwache Wirtschaftszweige solange vor ausländischer Konkurrenz zu schützen, bis sie selbst stark genug sind, um sich auf dem Weltmarkt zu behaupten. Wie sich jedoch in der Praxis zeigt, werden viele Schutzzölle – ob gewollt oder ungewollt – zu einer Art Dauerprotektion heimischer Industriezweige. Wenn durch Zölle Kostenvorteile ausländischer Anbieter künstlich beseitigt werden, verlagern sich Produktionen von kostengünstigen Standorten außerhalb des zollerhebenden Landes zu solchen mit höheren Kosten im Inland. Es dreht sich also auch hier um einen Import von Produktion und einen Export von Arbeitslosigkeit, der durch Schutzzölle angestrebt wird. Für die Verbraucher hat dies allerdings Nachteile. Sie müssen sich bei höheren Preisen mit geringeren Mengen begnügen. Der Zoll fungiert hier als eine Art Verbrauchssteuer, die dazu dienen soll, jene inländischen Anbieter zu subventionieren, die bei Freihandel nicht wettbewerbsfähig wären[129].

Nicht-tarifäre Handelshemmnisse

Die Preisrelationen, denen eine Lenkungsfunktion für die internationalen Kapitalströme zukommt, werden jedoch nicht nur durch Zölle, sondern – vermutlich sogar noch mehr – durch sogenannte „nicht-tarifäre Handelshemmnisse" verzerrt. Die WTO (die Institution, die das ‚Allgemeine Zoll- und Handelsabkommen' überwacht; siehe hierzu im 2. Teil des Buches) hat die wesentlichen Formen solcher nicht-tarifären Handelshemmnisse aufgelistet[130].

Die einschneidendsten Protektionsmassnahmen sind *Import- und Exportverbote*. Sie unterbinden den Güterhandel vollständig. Demgegenüber abgeschwächte Varianten stellen *Kontingente* dar, die die Ein- und Ausfuhr mengen- oder wertmäßig begrenzen. Beides sind offene protektionistische Maßnahmen. Es gibt aber auch eher „versteckte" Protektionsmaßnahmen, die sich in unterschiedlichsten Regelungen äußern können. Darunter fallen zum Beispiel *Normen* (etwa DIN- oder VDE-

---

[129] Vgl. näher z. B. Berg [1999] oder Bender [2007].
[130] Für nähere Informationen zu nicht-tarifären Handelshemmnissen siehe z. B. die Homepage der WTO unter http://www.wto.org/english/thewto_e/whatis_e/tif_e/agrm9_e.htm.

Normen) und *Sicherheitsbestimmungen*, die von denen der Handelspartnerländer abweichen. Importeure werden dadurch gezwungen, auf Massenproduktionsvorteile zu verzichten, was ihre Kosten erhöht. Des Weiteren können zusätzliche Barrieren oder kostenerhöhende Hürden für Importeure aufgebaut werden durch das Erheben von *Verwaltungsgebühren* oder die Einführung zeitraubender *Verfahren der Genehmigung und Abfertigung*, durch komplizierte *Methoden der Zollermittlung*, durch Einführung von *Verbrauchssteuern* auf Güter, für die keine nennenswerte Inlandsproduktion besteht, durch *Formvorschriften* für Warenbegleitpapiere und Ursprungsdokumente (wenn sie beispielsweise in der Sprache des Importlandes abgefasst sein müssen und folglich Übersetzungskosten verursachen) oder durch *Verfahren staatlicher Auftragsvergabe*, die ausländische Bewerber behindern oder gar ausschließen. Importbehindernd wirkt sich auch aus, wenn Einfuhrformalitäten laufend geändert werden oder wenn über die entsprechenden Vorschriften im Ausland nur unzureichende Informationen erhältlich sind. Auch sogenannte *Selbstbeschränkungsabkommen*, bei denen sich – unter politischem Druck – Exporteure „freiwillig" zu einer Begrenzung ihrer Exporte verpflichten (wie japanische Automobilkonzerne in den USA in den 1980er Jahren), wirken importbehindernd. Letztlich sind aber auch *Appelle* an die Bevölkerung, einheimische statt ausländische Produkte zu kaufen, Grenzfälle protektionistischer Maßnahmen.

Wie schon angemerkt gibt es Beschränkungen oder Behinderungen nicht nur auf der Einfuhrseite. Auch im Ausfuhrbereich wird nicht-tarifärer Protektionismus praktiziert. Hierunter fallen *Ausfuhrsubventionen* (z. B. die Erstattungen bei EU-Agrarsubventionen, durch die die hohen EU-Preise auf das niedrigere Weltmarktniveau „heruntergeschraubt" werden sollen, um die hohen Agrarüberschüsse abzubauen), *steuerliche Entlastungen* für Exporteure[131], *staatliche Exportabsicherungen* bzw. die Übernahme des Wechselkursrisikos durch den Staat (in der Bundesrepublik wären hier die sogenannten „Hermes-Bürgschaften", die den Exporteur vor Zahlungsausfällen schützen sollen, anzuführen), *Förderung von Direktinvestitionen* bis hin zum Grenzfall, wo der Staat (über Zuschüsse oder über eigene Institutionen im Ausland) Werbung für inländische Produkte unterstützt oder selbst betreibt. Aber auch die *Verzögerung einer fälligen Aufwertung* der inländischen Währung kann als eine protektionistische Maßnahme gewertet werden. (Manchmal wird hier auch von „neomerkantilistischen" Praktiken gesprochen[132].) Ähnlich steht es mit wirtschaftspolitischen Versuchen *gezielter Abwertungen* (sogenannter „Beggar-thy-Neighbour" Politik), insofern die Abwertungen in Richtung oder Umfang nicht marktkonform sind.

---

[131] Auch Subventionen oder Steuervergünstigungen für inländische Unternehmen bei Unternehmensansiedlungen im Inland können als protektionistische Maßnahmen gewertet werden, da sie ihnen eine kostengünstigere Ausgangsposition im internationalen Wettbewerb verschaffen.
[132] Unter den häufig gebrauchten Begriff des „Neomerkantilismus" fasst man jedoch auch die anderen oben angeführten Einfuhrbeschränkungen. Vgl. z. B. Berg [1999: 549 ff.].

2.2 Gefahren

Protektionismus wird als schädlich für den Prozess internationalen Wachstums und die Wohlstandsvermehrung angesehen. Zum einen führt Protektionismus zu einer ineffizienten Allokation der vorhandenen Ressourcen und damit zu einer Wohlstandsminderung. Wie oben beschrieben, verlagern sich Produktionen von kostengünstigen Standorten außerhalb des sich protektionistisch verhaltenden Landes zu solchen mit höheren Kosten im Inland. Zum anderen – und darin besteht das Hauptproblem – wirken protektionistische Maßnahmen *destabilisierend*. Der Versuch, sich einseitige Vorteile zu verschaffen durch Einsatz nationalstaatlicher Aktionsparameter wie Zölle, Mengenbeschränkungen, Exportsubventionen oder Reglementierungen des internationalen Zahlungs- und Kapitalverkehrs, löst zwangsläufig Gegenreaktionen bei den betroffenen ausländischen Handelspartnern aus. *Wechselseitige Nachahmungs- oder Vergeltungsmaßnahmen* schaukeln sich so hoch und führen weltweit zu regelrechten *Subventionswettläufen* oder zu *Handelskriegen*. Solche Prozesse sind auch in den letzten Jahren gehäuft beobachtet worden vor allem im Konkurrenzkampf um Weltmarktanteile zwischen der EU, Japan und den USA. Die Gefahr dabei ist, dass solch kumulierende Prozesse (nicht beabsichtigt!) den Welthandel rasch schrumpfen lassen und allen Ländern Wachstums- und Wohlstandseinbußen auferlegen. Als warnendes Beispiel lässt sich hier die Weltwirtschaftskrise Anfang der 1930er Jahre und die sich daran anschließende Phase einer weitgehenden Desintegration der Weltwirtschaft anführen. Die einzelnen Staaten versuchten damals, durch Zölle, Kontingente und Abwertungen ihre eigenen Industrien vor weiteren Einbrüchen zu schützen. Aufgrund dessen brach der Welthandel zusammen. Er sank von rund 3 Milliarden US-Dollar im Januar 1929 auf unter 1 Milliarde US-Dollar im Januar 1933.[133]

3. Weltwirtschaftspolitische Koordinierung

Wir können aufgrund des bisher Gesagten folgern, dass zum einen das Sichverlassen auf die Regelungskapazität des privat-marktwirtschaftlichen Stabilisierungsmechanismus bei der zunehmenden Komplexität im weltwirtschaftlichen Integrationsprozess gefährlich ist (da dieser Steuerungsmechanismus kurz- bis mittelfristige Instabilitäten bei vorliegenden Preisinflexibilitäten nicht verhindern kann[134]), und zum anderen nationalstaatlich-protektionistische Lösungen ineffizient-kostspielig sind und von daher vermieden werden sollten. Diese führen letztlich nur zu einer unerwünschten Desintegration der Weltmärkte.

Eine solche Desintegration ist nicht nur aus wirtschaftlichen (Wohlstands-) Gründen unerwünscht, sondern auch aus politischen Gründen. Ohne starke weltwirtschaftliche Integration ist der Weltfrieden nicht sicherbar. Notwendige Voraussetzung für Weltfrieden ist ein internationales Klima des „Sich-Vertrauens". Ein solches Vertrauensklima kann nur durch stetiges, ungehindertes Miteinanderumgehen

---

133 Vgl. hierzu näher z. B. Predöhl [1962] oder Kindleberger [2014].
134 Letzteres ist sicherlich ein unter den Nationalökonomen umstrittener Punkt. Zu einer grundlegenden Diskussion siehe Wagner [2014a].

und somit Miteinandervertrautwerden geschaffen werden[135]. Die unmittelbarste, natürlichste und friedlichste Form, mit der dies in Gang gesetzt werden kann, sind wirtschaftliche Beziehungen. Insofern sind rege weltwirtschaftliche Beziehungen eine Grundvoraussetzung für die Aufrechterhaltung des Weltfriedens. Auch kann erst durch die praktische Übung in weltwirtschaftlichen Beziehungen das traditionelle Erbe nationalstaatlichen (Vergeltungs-)Denkens allmählich aufgelöst und somit die Voraussetzung für eine stabilere Beziehungswelt, in der nicht bei geringsten Anlässen nationalstaatliche Vergeltungsstrategien ergriffen werden, geschaffen werden.

Wenn aber weder der privat-marktwirtschaftliche Mechanismus noch nationalstaatlicher Protektionismus die notwendigen Regelungsmechanismen liefern, die notwendig sind, um die mit der weltwirtschaftlichen Verflechtung verbundenen Destabilisierungspotenziale unterdrücken zu können, so führt anscheinend kein Weg vorbei an einer weltwirtschaftspolitischen Koordinierung der internationalen Wirtschaftsbeziehungen.

Wie wir gesehen haben, wird das Netz grenzüberschreitender und weltweiter, sich dem Einfluss des Nationalstaates entziehender Beziehungen immer dichter. Die Nationalstaaten sind zunehmend in ein System mannigfaltig vernetzter Abhängigkeiten eingebunden, das ihre Handlungsfreiheiten reduziert. Nationalstaatliches Handeln kann heute weder die Entstehung noch die Reichweite von außen induzierter Probleme oder „Schocks" hinreichend beeinflussen. Man sagt diesbezüglich auch, dass „Interdependenz" ein neues Strukturprinzip internationaler Politik darstellt[136]. Zudem sind die Wirtschaftskreisläufe „globalisiert", wobei die Funktionsbedingungen des weltwirtschaftlichen Systems zunehmend privat (d. h. zulasten zwischenstaatlicher Regelungsansätze) bestimmt werden. Es entsteht damit auf wirtschaftlichem Gebiet, aber auch in anderen Bereichen[137], ein steigender Regelungsbedarf.

Dies hat schon seit Längerem zu der inzwischen verbreiteten Erkenntnis geführt, dass heute kein Staat mehr in der Lage ist, Entscheidungen zu treffen, ohne die übergreifende Vernetzung der Probleme und der Folgen mitzubedenken. Folglich hat sich auch mehr und mehr (vor allem in den letzten Jahren im Zuge der jüngsten Finanzkrise) die Ansicht durchgesetzt, dass die zunehmende Interdependenz geradezu zwangsläufig nach stärkerer Koordination und Kooperation bei den Problemlösungen verlangt. Dies gilt im Prinzip für alle politischen Bereiche. Die implizite Behauptung ist, dass zunehmende weltweite Verflechtung den Bedarf steigert an internationalen Regelungen und damit auch die Notwendigkeit, internationale In-

---

135 Vgl. zu solchen Zusammenhängen näher z. B. Gambetta [Hrsg., 1988] oder Luhmann [2014].
136 Vgl. z. B. Dürr [1988]. In diesem Zusammenhang ist die Stellung des Nationalstaates im internationalen System durch eine neue Ambivalenz gekennzeichnet. Während nämlich die Souveränität des Staates als formales völkerrechtliches Prinzip nicht angefochten wird, erscheint die politische Souveränität durch die zunehmende Verflechtung aller Vorgänge eingeschränkt.
137 Man könnte hier den *Umweltbereich* (mit grenzüberschreitender Luftverschmutzung oder Wasserverunreinigung) ansprechen, aber auch andere sogenannte „staatsfreie Räume", wie den Meeresboden oder die Antarktis mit ihren Ressourcen oder den Weltraum, bei denen der Streit um die Nutzungsrechte geht.

stanzen zu schaffen, die mit den Kompetenzen auszustatten sind, die für die Durchsetzung und Kontrolle dieser Regelungen erforderlich sind.

Die Begründung – eine genauere theoretische Begründung wird im 3. Teil des Buches geliefert – läuft in der Regel über den Nachweis von „Externalitäten"[138], die ohne internationale Regelungsmechanismen nicht internalisiert werden können (das diesbezüglich in den Sozialwissenschaften am häufigsten anzutreffende Modell kollektiver Situationen ist das des „Gefangenendilemmas"[139].). Folglich wird geschlossen, dass Nichtkoordinierung den Verzicht auf Wohlfahrtssteigerungen bedeutet. Dies stimmt im Prinzip auch. Es ist kaum zu bestreiten, dass durch ein gewisses Maß an Kooperation und Koordination von Politik gemeinsame „Gewinne" zu erzielen sind. Der umstrittene Punkt ist nur, wie weit die Kooperation oder Koordination gehen, und wie sie genau aussehen soll. Anders ausgedrückt, die Frage ist die nach dem optimalen Ausmaß der Koordination und den optimalen Koordinationsmechanismen.

Wenn Koordination kostenlos möglich wäre, würde sich diese Frage nicht stellen. Da aber Koordinationsanstrengungen selbst Kosten verursachen – und zwar in Form von Organisationskosten, aber auch in Form von Folgekosten (eigenen Nebeneffekten oder Externalitäten) –, ist genau zu untersuchen, wie viel an Kooperation bzw. Koordination, und welche Formen oder Institutionen konkret, realisiert werden sollen. Die wichtige Erkenntnis, die man zu berücksichtigen hat, ist die, dass zu viel oder falsche Formen von Koordinierung den an der Koordination beteiligten Staaten mehr schaden als nützen kann. Andererseits wäre es verkehrt, daraus zu folgern, dass auf Koordination von vornherein verzichtet werden sollte. Dies könnte sich als ein gefährlicher und kostspieliger Weg erweisen, solange nicht gezeigt werden kann, dass der privat-marktwirtschaftliche Regelungsmechanismus auch in der Praxis relativ problemlos funktioniert bzw. relativ weniger Kosten verursacht.

Nun hat es seit dem 2. Weltkrieg schon große Fortschritte auf dem Weg der internationalen Politikkoordination gegeben. Eine ganze Reihe von überstaatlichen Institutionen sind seit den 1940er Jahren eingerichtet und mit Kompetenzen ausgestattet worden. Dass keine größeren (eskalierenden) Kriege seitdem stattgefunden haben, ist zweifellos auch dem immer stärker zunehmenden weltwirtschaftlichen Integrationsprozess zu verdanken, dessen stetige, stabile Entwicklung aber selbst erst auf der Grundlage internationaler Koordinierungserfolge möglich gewesen ist. Wie aus der Geschichte bekannt ist, sind häufig genug wirtschaftliche Konflikte in politische Konflikte umgeschlagen bzw. eskaliert, wenn keine überstaatlichen Ausgleichs- oder Vermittlungsstellen wirtschaftlicher Konflikte vorhanden waren. Die Koordinierungserfolge der letzten Jahrzehnte haben sich sowohl in langfristigen, regelgebundenen Institutionen als auch in kurzfristigen, diskretionären Politikabstimmungen niedergeschlagen. Im folgenden zweiten Teil des Buches werden die wesentlichen internationalen politischen Kooperations- und Koordinationserfolge seit den

---

138 „Externalitäten" sind, wie oben schon definiert, Handlungsfolgen, die vom Handelnden (hier von einem Land) auf einen anderen (andere Länder) abgewälzt oder „externalisiert" werden.
139 Siehe hierzu im 3. Teil.

1940er Jahren, ausgedrückt in Form der geschaffenen internationalen Institutionen, erläutert. Im darauf folgenden dritten Teil werden neue Maßnahmen oder Institutionen analysiert, die in den letzten Jahrzehnten angesichts der zunehmenden Dynamik des weltwirtschaftlichen Integrationsprozesses und der damit verbundenen Probleme (siehe oben) von vielen Fachleuten als notwendig angesehen und propagiert worden sind.

2. Teil: Realisierte weltwirtschaftspolitische Regelungsmechanismen

In diesem Teil werden die Institutionen dargestellt, die für die Integration der Weltwirtschaft seit dem Zweiten Weltkrieg bis heute von Bedeutung sind. Zwischen dem Beginn des Ersten und dem Ende des Zweiten Weltkriegs kann man dagegen kaum von einer funktionierenden Weltwirtschaftsordnung sprechen. Der multilaterale Welthandel war in diesem Zeitabschnitt mehr oder weniger in regionale und bilaterale Handelsbeziehungen zerfallen, wobei protektionistische Elemente eine große Rolle spielten[140]. Zwischen dem letzten Drittel des 19. Jahrhunderts und dem Ausbruch des Ersten Weltkriegs hingegen herrschte eine weitgehend liberale weltwirtschaftliche Ordnung, die von den Grundsätzen der Freizügigkeit des internationalen Güter- und Faktorverkehrs geprägt war[141]. Unter der weltpolitischen Führung Englands wurden im 19. Jahrhundert eine Reihe bilateraler Handelsverträge abgeschlossen, die einen Abbau von Zöllen unter Beachtung der Meistbegünstigungsklausel[142] zum Ziel hatten. Sautter beschrieb die liberale Wirtschaftsordnung des 19. Jahrhunderts wie folgt[143]:

„Es gab eine politisch-ökonomische Führungsmacht, die ihre Politik an marktwirtschaftlichen Grundsätzen orientierte; die Währung dieses Landes genoss allgemeines Vertrauen und diente als internationale Leitwährung; die Hegemonialstellung dieses Landes ermöglichte die Aufrechterhaltung internationaler Rechtssicherheit; die Nationalstaaten verzichteten auf den Einsatz ihrer Geld- und Fiskalpolitik zur Verfolgung binnenwirtschaftlicher Ziele; die Frage einer internationalen Verteilung spielte keine Rolle, da die im Verteilungsprozess möglicherweise Benachteiligten keine Möglichkeit zur politischen Mitsprache besaßen; Bevölkerungsprobleme ließen sich durch Auswanderungen lösen."

Nach dem Zweiten Weltkrieg entstand eine neue politisch-ökonomische Führungsmacht, nämlich die USA. Das Führungspotenzial der USA beschränkte sich allerdings auf die sogenannte „westliche" Hemisphäre (angesichts des „Ost-West-Konflikts" und der Abschottung der „östlichen" Länder[144]). Ohne Übertreibung kann man feststellen, dass die Möglichkeiten und Grenzen der westlichen Ordnungsbemühungen in den ersten Jahren weitgehend von der Politik der USA bestimmt wurden. Dies zeigte sich sowohl am Schicksal der Welthandelscharta (siehe unten unter GATT/WTO) wie auch hinsichtlich der Gestaltung der internationalen Währungsordnung (siehe unten unter IWF). Wichtige langfristige Erfolgsbedingungen der neuen Ordnung waren zum einen eine liberale Handelspolitik der USA und zum anderen der Einfluss der USA (durch den Gewinn des Krieges) auf die Gestal-

---

[140] Haberler [1964] kennzeichnete die Entwicklung während dieser Periode als die erste ernste „Desintegration" der Weltwirtschaft.
[141] Brown [1965: 47] sprach von „dem goldenen Zeitalter der Weltwirtschaft" (eigene Übersetzung, H.W.), Haberler [1964] von der zweiten historischen „Integrationswelle".
[142] Zur „Meistbegünstigungsklausel" siehe näher in Punkt 3 unter GATT/WTO.
[143] Sautter [1988: 890].
[144] Diese „Abschottung" zeigte sich vor allem in der Nichtkonvertibilisierung ihrer Währungen sowie in der zentralistischen Planung des Kapital- und Arbeitskräfteeinsatzes.

tung der binnenwirtschaftlichen Ordnung in der Bundesrepublik Deutschland und in Japan. Die amerikanische Vormachtstellung hatte für die Entstehung und Aufrechterhaltung der neuen Weltwirtschaftsordnung eine ähnliche Bedeutung wie die englische Hegemonialstellung für die Ordnung des 19. Jahrhunderts.

Die Institutionen, die gegen Ende des Zweiten Weltkriegs bis heute entstanden und die für die Integration der westlichen „Welt-"wirtschaft entscheidend waren, sind einmal die bekannten internationalen Organisationen wie der Internationale Währungsfonds (IWF), die Weltbank, das Allgemeine Zoll- und Handelsabkommen von Genf (GATT) und die daraus hervorgegangene Welthandelsorganisation (WTO), die Organisation für Wirtschaftliche Zusammenarbeit und Entwicklung (OECD) und die Europäische Union (EU) sowie zum anderen die Veranstaltung der „Weltwirtschaftsgipfel". Diese Institutionen werden in diesem 2. Teil näher behandelt. Daneben werden – allerdings nur kurz – noch die Bank für Internationalen Zahlungsausgleich (BIZ), die Konferenz der Vereinten Nationen für Handel und Entwicklung (UNCTAD) sowie eine Reihe von vielleicht weniger bekannten regionalen internationalen Organisationen aufgeführt.

I. Internationale Organisationen

Tabelle 2–1 gibt einen ersten kurzen Überblick über die für die Integration der Weltwirtschaft bedeutendsten internationalen Organisationen[145].

Tabelle 2–1: Internationale Organisationen

Internationale Organisation	IWF	Weltbank	GATT/WTO	OECD	EU
Organisationsbereich	weltweit	weltweit	weltweit	weltweit	regional
Gründung	1944	1944	1947/1995	1961	1957
Zielsetzung	stabile Weltwährungsordnung	Entwicklungspolitik	Freie und stabile Welthandelsordnung	Wirtschaftspolitische Kooperation der Industrieländer	Integration der europäischen Volkswirtschaften

Die Hauptaufgabe der in Tabelle 2–1 aufgeführten internationalen Organisationen besteht in der Errichtung, Weiterentwicklung und Stabilisierung einer internationalen Handels-, Finanz- und Währungsordnung. Wiewohl sie alle für spezifische Zwecke gegründet worden sind, ist eine klare Zuständigkeits- oder Aufgabenteilung zwischen diesen Institutionen nicht immer eindeutig feststellbar. Vielmehr überschneiden sich ihre Aufgabengebiete häufig. Teilweise handelt es sich bei diesen Instituti-

---

[145] Daneben gibt es noch eine große Anzahl weiterer internationaler Organisationen. Siehe hierzu z. B. das „Yearbook of International Organizations", hrsg. von der Union of International Association, Brüssel.

onen um Interessenorganisationen bestimmter Teilgruppen aus der internationalen Staatengemeinschaft (wie beispielsweise der entwickelten Industrieländer oder der westeuropäischen Länder). Die Ursachen der Überschneidungen von Aufgabenstellungen lassen sich im Grunde nur aus der geschichtlichen Entstehung der Institutionen heraus erklären. Von daher wird bei der folgenden Darstellung der Institutionen auch auf deren Entstehungsgeschichte jeweils kurz eingegangen.

Die bedeutendsten weltweit agierenden internationalen Organisationen sind in der Zeit nach dem Zweiten Weltkrieg der IWF, die Weltbank und das GATT gewesen. Grundsätzliche Aufgabenstellung dieser drei Organisationen, die auch zu ihrer Entstehung führten, ist die Vermeidung isolierten, rücksichtslosen nationalen Handelns, das die Gefahr eines Sich-Aufschaukelns von Konflikten in sich birgt, gewesen. Stattdessen sollten aufkommende Konflikte durch institutionalisierte Konsultationen und Zusammenarbeit gelöst werden. Das Gleiche gilt auch für die OECD und die EU, die beide später gegründet wurden. Die OECD, die ein Koordinationsgremium der Industrieländer ist, hat auf den neueren weltwirtschaftlichen Integrationsprozess vielleicht den größten Einfluss ausgeübt. Die EU dagegen ist die internationale Organisation, deren interner Integrationsprozess am weitesten vorangeschritten ist.

Die Organisationen selbst können als institutionelle Schutzvorkehrungen gegen eine Wiederholung der in der ersten Hälfte dieses Jahrhunderts gemachten Fehler betrachtet werden. Damals führten wettbewerbsbedingte Abwertungs-„wettläufe" – verbunden mit deflationären Haushaltspolitiken – dazu, dass zum Beispiel zwischen 1929 und 1932 die Warenpreise weltweit um 48 Prozent sanken und der Wert des internationalen Handels um 63 Prozent zurückging. Außerdem schwang bei der Gründung der internationalen Organisationen von Anfang an die Vorstellung mit, dass durch permanente wirtschaftliche Koordinierung die Gefahr eines erneuten Weltkrieges am ehesten vermieden werden könnte. Inzwischen sind diese Organisationen, angesichts der zugenommenen weltwirtschaftlichen Verflechtung, sogar gleichsam unerlässlich geworden für eine friedliche und effiziente weltwirtschaftliche Ordnung.

Zwischen GATT/WTO, IWF und Weltbank kann man am ehesten eine weltumspannende, weltwirtschaftspolitische Arbeitsteilung erkennen. Während das GATT bzw. die WTO auf eine freie und stabile Welthandelsordnung zielt, besteht die Aufgabe des IWF darin, eine stabile Weltwährungsordnung herzustellen. Demgegenüber verfolgt die Weltbank das Ziel, die wirtschaftliche Entwicklung in ihren weniger entwickelten Mitgliedsländern zu fördern, wodurch ein das Welthandels- und Weltwährungssystem destabilisierender Konflikt zwischen entwickelten und weniger entwickelten Mitgliedsländern vermieden (oder zumindest hinreichend reduziert) werden soll.

Die Abschnitte zu den einzelnen internationalen Organisationen sind so strukturiert, dass zuerst jeweils deren Entstehungsgeschichte kurz dargestellt wird. Anschließend werden ihre Ziele und Aufgaben aufgeführt. Dann werden die Organisation und (teilweise) die Finanzierung der Institutionen beschrieben. Schließlich werden – je nach Institution mehr oder weniger ausführlich – wesentliche Aspekte der (Weiter-)Entwicklung erläutert. Relativ ausführlich werden – angesichts der besonderen Dynamik und den „Brüchen" in ihrer Entwicklung – der Entwicklungsprozess des IWF und der EU sowie der OECD behandelt.

1. Der Internationale Währungsfonds (IWF)

1.1 Entstehung

Der IWF[146] (IMF)[147] wurde – zusammen mit der „Weltbank" – im Juli 1944 in Bretton Woods (USA) ins Leben gerufen. Damals einigten sich die Vertreter von 45 Nationen auf das „Abkommen über den Internationalen Währungsfonds". Dieses Abkommen trat am 27. Dezember 1945 in Kraft und ist seitdem sechsmal – 1969, 1978, 1992, 2009, Februar und März 2011 – geändert worden. Die in diesem Abkommen festgelegte Währungsordnung der Nachkriegszeit wird gewöhnlich als „Bretton-Woods-System" oder als „Paritätensystem" bezeichnet (siehe hierzu näher in Abschnitt 1.2).

Der IWF ist Teil eines ursprünglich umfassenden Projekts zur Neuordnung der internationalen Wirtschaftsbeziehungen, dessen Verwirklichung an der Weigerung der USA scheiterte, die „Havanna Charta" (siehe auch unter GATT/WTO unten) zu unterzeichnen. Hierdurch wurde ein harmonischer Einbau des IWF in das Gefüge zur Neuordnung der zwischenstaatlichen Wirtschaftsbeziehungen nach dem 2. Weltkrieg erschwert.

1.2 Ziele und Aufgaben

Die Ziele des IWF heute sind dieselben Ziele wie im Jahre 1944, als sie das erste Mal formuliert wurden. Zusätzlich sind im Laufe der Zeit immer neue Aufgaben auf den IWF zu gekommen. Der IWF ist eine internationale Organisation, deren Mitgliedstaaten sich vertraglich in einem Verhaltenskodex verpflichtet haben, vereinbarte Regeln einzuhalten und in Fragen zwischenstaatlichen Zahlungsverkehrs[148] eng zusammenzuarbeiten sowie sich gegenseitig bei der Finanzierung von Zahlungsbilanzdefiziten zu helfen. Auf diese Weise wollen sie dazu beitragen, dass der Welthandel wachsen kann und so Beschäftigung und Realeinkommen ein möglichst hohes Niveau erreichen.

---

[146] Vgl. zum IWF näher z. B. Driscoll [o. Jg.], Deutsche Bundesbank [2013a: 19 ff.] sowie die Jahresberichte des IWF und andere Informationen des IWF, die auf seiner Homepage http://www.imf.org/ zu finden sind.

[147] Im Englischen „IMF" als Abkürzung für ‚International Monetary Fund'.

[148] Der Tausch von Währungen stellt das zentrale Element der finanziellen Beziehungen zwischen Ländern und den unverzichtbaren Motor des Welthandels dar. Insofern bildet der IWF im internationalen Koordinationsprozess eine notwendige Ergänzung des in Abschnitt 3 behandelten GATT/WTO.

Weitere *Ziele* des IWF sind:

- die Wiederherstellung der Konvertibilität der Währungen sowie die Errichtung eines multilateralen Zahlungssystems,
- die Gewährung geordneter Währungsverhältnisse mit dem Ziel, ein stabiles Wechselkurssystem zu fördern,
- die Errichtung eines finanziellen Beistandssystems für Länder mit Zahlungsbilanzdefiziten.

Die *herausragende, ursprüngliche Aufgabe* des IWF stell(t)en *Wechselkursregelungen* dar. Die im „Abkommen über den Internationalen Währungsfonds" 1944 festgelegte Währungsordnung – das sogenannte „Bretton-Woods-System" – war durch folgende Regelungen gekennzeichnet:

- Jedes Mitgliedsland des IWF war verpflichtet, mit dem Fonds eine „Anfangsparität" seiner Währung „in Gold als gemeinsamen Maßstab oder in US-Dollar im Gewicht und in der Feinheit vom 1. Juli 1944 zu vereinbaren". Der Außenwert des US-Dollars wurde allein durch seine Relation zum Gold bestimmt. Durch die Fixierung der Paritäten der nationalen Währungseinheiten zum Gold (und dadurch auch zum US-Dollar) wurde ein *System fester Wechselkurse* begründet.
- Das Abkommen verpflichtete jedes Mitgliedsland (mit Ausnahme der USA), durch Interventionen seiner Zentralbank auf den Devisenmärkten den Wechselkurs seiner Währung innerhalb einer engen Bandbreite von maximal +/– 1 % um die Parität zu stabilisieren.
- Wechselkursänderungen sollten nur für den Fall eines „fundamentalen Zahlungsbilanzungleichgewichts" vorgenommen werden. Außerdem mussten Änderungen, die 10 % der ursprünglichen Parität überschritten, beim Fonds beantragt werden. Der Fonds konnte diesen Antrag ablehnen, wenn er glaubte, dass kein „fundamentales Ungleichgewicht" gegeben sei. Das Abkommen formulierte jedoch keine Kriterien, nach denen feststellbar gewesen wäre, wann ein Zahlungsbilanzungleichgewicht als „fundamental" zu betrachten ist.

Daneben haben sich seit Gründung des IWF jedoch – anknüpfend an die oben genannten Ziele – auch *andere Aufgaben* ergeben, die der Fonds zu erfüllen hat. Eine der Hauptaufgaben ist es, den laufenden internationalen Zahlungsverkehr von staatlichen Beschränkungen (Devisenkontrollen) freizuhalten. Solche Beschränkungen dürfen nach dem IWF-Übereinkommen nur vorübergehend und nur mit Genehmigung des IWF eingeführt werden. Länder mit genehmigungspflichtigen Beschränkungen werden vom Fonds besonders intensiv überwacht. Dies war insbesondere zu Beginn der Tätigkeit des IWF eine wichtige Aufgabenstellung des Fonds, die die meisten Mitgliedsländer betraf. So praktizierten damals, im Anschluss an den Zweiten Weltkrieg, fast alle Mitgliedsländer noch umfassende Kontrollen und Beschränkungen des laufenden internationalen Zahlungsverkehrs. Erst im Laufe der 1950er Jahre konnten diese Zahlungshemmnisse beseitigt werden. Viele Entwicklungsländer waren allerdings auch weiterhin auf solche Restriktionen angewiesen bzw. führten (wie zeitweise auch einzelne entwickelte Länder) neue Restriktionen ein.

Eine andere Hauptaufgabe des IWF besteht darin, Mitgliedsländern finanzielle Überbrückungshilfen bei Zahlungsbilanzstörungen zukommen zu lassen. Dafür stehen dem Fonds die sogenannte „Reservetranche" und die „Kreditfazilitäten" zur Verfügung. Zahlungsbilanzhilfen in der Reservetranche und in den Kreditfazilitäten werden in Form von „Ziehungen" auf den IWF gewährt. Bei einer Ziehung kauft ein Land Fremdwährungen (Devisen) oder Sonderziehungsrechte[149] (SZR) vom IWF gegen eigene Währung. Am Ende der Laufzeit muss es die vom Währungsfonds zur Verfügung gestellten Devisen wieder zurückzahlen und bekommt im Gegenzug die eigene Währung gutgeschrieben.[150] Ein Mitglied kann bis zu 200 % seiner Quote jährlich an Finanzierungshilfen abrufen und bis zu ca. 600 % kumulativ. Bei besonderen Problemen oder Umständen in den Ländern können die abgerufenen Finanzierungshilfen auch höher sein.

In der derzeitigen Phase des Umbruchs sieht der IWF das prinzipielle Ziel seiner Mission in der Gewährleistung der internationalen monetären und finanziellen Stabilität. Momentan beabsichtigt der Fonds, die gesamtwirtschaftliche Stabilität zu fördern und Finanzkrisen vorzubeugen bzw. zu bewältigen, indem er im Wesentlichen an drei zentralen Aufgabenfeldern festhält: die Überwachung (Surveillance), die Gewährung von Finanzhilfen und die Gewährung technischer Hilfe[151]. Die *Überwachung* umfasst sowohl die multilaterale Überwachung als auch die länderspezifische Überwachung. Der Fonds nimmt dabei in regelmäßigen Zeitabständen eine Bewertung der ökonomischen Entwicklung und der Wirtschaftspolitik innerhalb der Mitgliedsländer, aber auch auf regionaler Ebene vor, deren Ergebnisse anschließend publiziert werden. Im Rahmen der *technischen Hilfe* bietet der IWF seinen Mitgliedsländern eine umfassende Beratung in Fragen der Wirtschaftspolitik an – unter anderem in den Bereichen der Fiskalpolitik, Geldpolitik, Wechselkurspolitik oder der Regulierung und Beaufsichtigung von Finanzsystemen. Auf die *kurz- und mittelfristigen Finanzhilfen* können Mitgliedsländer zugreifen, sofern sie vorübergehend Zahlungsbilanz- und Liquiditätsprobleme aufweisen. Das wirtschaftspolitische Programm bzw. die Konditionen, die einem solchen Arrangement zugrunde liegen, werden in Konsultationen zwischen dem betreffenden Mitgliedsland und dem Fonds formuliert[152].

Der IWF ist außerdem zur Zusammenarbeit mit anderen internationalen Organisationen verpflichtet, die auf verwandten Gebieten tätig sind. Besonders eng ist seine Verbindung zur Weltbank, die gleichzeitig mit ihm in Bretton Woods 1944 errichtet wurde und ebenfalls ihren Sitz in Washington hat.

---

[149] „Sonderziehungsrechte" sich echte Währungsreserven mit vielfältigen Verwendungsmöglichkeiten. Sie werden allerdings nicht am Devisenmarkt gehandelt. Sie haben also keinen Marktpreis (Kurs). Für ihren Wert in Landeswährung wird ein „abgeleiteter" Marktkurs ermittelt. Dieser entspricht dem Marktwert eines „Korbs" mit den wichtigsten Währungen (z. Zt. Dollar, Yen, Pfund Sterling und Euro). Die Zusammensetzung des Korbes wird alle fünf Jahre überprüft.

[150] Siehe näher z. B. Deutsche Bundesbank [2013a: 51 ff.].

[151] Vgl. IWF [2008a]. Für weiterführende Literatur zu den zentralen Aufgaben der Internationalen Währungsfonds siehe z. B. Fischer [2004] oder Isard [2005].

[152] Zu den verschiedenen IWF-Kreditfazilitäten und deren Ausgestaltung siehe z. B. IWF [2008b].

1.3 Organisation und Finanzierung

Der IWF hatte 2013 188 Mitglieder. Er ist hierarchisch wie folgt organisiert. An der Spitze steht der „Gouverneursrat", in den jedes Mitgliedsland einen Gouverneur sowie einen Stellvertreter entsendet, im Allgemeinen den Finanzminister oder den Notenbankpräsidenten des Landes. Die Gouverneure und ihre Stellvertreter treten in der Regel nur einmal im Jahr anlässlich der Jahrestagung des IWF zusammen. Die laufende Geschäftsführung hat der Gouverneursrat an das aus 24 Regierungsvertretern bestehende „Exekutivdirektorium" übertragen. Acht Exekutivdirektoren vertreten einzelne Staaten[153]. Die anderen Exekutivdirektoren vertreten jeweils Gruppierungen der restlichen Länder und werden vom Gouverneursrat für 2 Jahre gewählt. Einfluss und Stimmrecht der einzelnen Mitgliedstaaten bestimmen sich nach ihrer eingezahlten Quote (siehe hierzu im Folgenden).

Wenn ein Land dem IWF beitritt, hat es eine gewisse Geldsumme als Mitgliedsbeitrag zu zahlen, die sogenannte „Quote". Je „reicher" ein Land ist (gemessen an bestimmten volkswirtschaftlichen Schlüsselzahlen wie dem Bruttoinlandsprodukt und den Währungsreserven), umso höher ist seine Quote. Die Quoten werden in Abständen von längstens fünf Jahren überprüft. Sie können entsprechend dem Bedarf des Fonds und dem wirtschaftlichen Wohlstand des jeweiligen Landes erhöht oder gesenkt werden. Von der Möglichkeit der Quotenerhöhung ist auch in vielen Fällen Gebrauch gemacht worden. Die Summe der Quoten aller Mitglieder beträgt 238,1 Milliarden Sonderziehungsrechte oder umgerechnet ca. 366,7 Milliarden US-Dollar. Die USA weisen die höchste Quote auf, Japan die zweithöchste, gefolgt von der Bundesrepublik Deutschland[154].

Die Quoten haben mehrere Funktionen im IWF-System. Zum einen stellen sie eine Geldreserve dar, auf die der Fonds zurückgreifen kann, um Mitgliedern mit finanziellen Schwierigkeiten Kredite zu gewähren. Zum anderen bilden sie die Bemessungsgrundlage zur Ermittlung der Summen, die die Mitglieder ausleihen können. Je höher die Quote eines Landes ist, umso mehr kann es in Notzeiten ausleihen. Schließlich sind die Quoten entscheidend für den Einfluss bzw. das Stimmrecht der Mitglieder. Das Stimmengewicht wird bestimmt durch die Grundstimmen (diese sind für alle Länder gleich) und den Einzahlungen in den Fond. Wer den höchsten Beitrag an den Fonds entrichtet, hat auch das größte Mitspracherecht bei der Festlegung seiner Politik. Die Industrieländer halten das Gros der Stimmrechtsanteile. Die USA allein hält knapp 17 % der Stimmen, gefolgt von Japan mit 6,23 %, Deutschland mit 5,81 % und Großbritannien mit 4,29 % der Stimmen.

Falls der IWF mehr Mittel zur Durchführung seiner Aufgaben benötigt, als durch die Beitragszahlungen der Mitglieder aufgebracht worden sind, so kann er sich diese

---

[153] Die Staaten sind: China, die Bundesrepublik Deutschland, Frankreich, Großbritannien, Japan, Saudi-Arabien, die Vereinigten Staaten von Amerika und Russland. Zukünftig sollen alle Exekutivdirektoren gewählt werden. Dies sieht das vom Exekutivdirektorium und Gouverneursrat 2010 beschlossene Reformpaket vor (siehe S. 98).
[154] Stand: Februar 2013. Siehe Abschnitt 1.4 zur Reform der Quoten und Stimmrechtsanteile.

Mittel auch auf andere Weise beschaffen. So ist jedes Mitglied verpflichtet, dem IWF seine Währung gegen „Sonderziehungsrechte" innerhalb bestimmter Grenzen zu verkaufen. Ferner kann der Fonds bei seinen Mitgliedern Kredite aufnehmen, wobei die Kreditgewährung freiwillig ist. Darüber hinaus ist im IWF-Übereinkommen die Möglichkeit vorgesehen, Kredite auch aus anderen Quellen, beispielsweise auf den internationalen Finanzmärkten, aufzunehmen, sofern das Land, dessen Währung dabei verwendet wird, zustimmt.

Ein Problem im Zusammenhang mit der Erfüllung, wie auch der Finanzierung seiner Aufgaben liegt in der geringen Sanktionsgewalt des IWF gegenüber seinen Mitgliedern. Der IWF hat keine Möglichkeiten (außer moralischen Druck auszuüben), um die Mitgliedsländer zu zwingen, ihren Verpflichtungen[155] nachzukommen. Es handelt sich folglich um Selbstverpflichtungen der Mitgliedsländer, den im IWF-Übereinkommen festgelegten Verhaltenskodex zu befolgen. Missachtet ein Land seine Verpflichtungen fortwährend, so können die übrigen Mitgliedsländer über den IWF dem betreffenden Mitgliedsland die Berechtigung, Geld zu leihen, entziehen oder – als letztes Mittel – das Mitglied auffordern, aus der Organisation auszutreten. Um ein Mitglied auszuschließen, bedarf es allerdings eines 85-Prozent-Votums der Gemeinschaft[156].

Durch regelmäßige Konsultationen mit jedem einzelnen Mitglied versucht der IWF, die Erfüllung dieser Verpflichtungen zu überwachen und gleichzeitig zu koordinieren. Hierzu reist jedes Jahr eine Gruppe von vier bis fünf Mitarbeitern des IWF für zwei Wochen in die Hauptstadt jedes Mitgliedslandes, sammelt Informationen und führt Gespräche mit Regierungsvertretern über die Wirtschaftspolitik des Landes. Anschließend kehren die Gruppen zum Hauptsitz des IWF nach Washington zurück und erarbeiten für das jeweilige Land einen detaillierten Bericht, der dem Exekutivdirektorium zur Erörterung vorgelegt wird. Als Ergebnis wird der Regierung des jeweiligen Mitgliedslandes eine Zusammenfassung der Diskussionen zugestellt, die oft auch wirtschaftspolitische Verbesserungsvorschläge enthält. Daneben führt der IWF auch Sonderkonsultationen mit einer kleineren Zahl von Mitgliedsländern durch, deren Politik einen entscheidenden Einfluss auf die Weltwirtschaft ausübt, um zu einer Überprüfung der internationalen Wirtschaftslage und zu einer Bewertung voraussichtlicher wirtschaftlicher Entwicklungen zu gelangen. Die Ergebnisse dieser Überprüfungen werden regelmäßig vom IWF veröffentlicht.

---

[155] Die wesentlichen Verpflichtungen eines Mitglieds sind die Folgenden: erstens die anderen Mitglieder laufend über seine Wechselkursregelungen zu unterrichten, zweitens auf Beschränkungen des Umtauschs seiner Währung in Devisen zu verzichten, und drittens eine Wirtschaftspolitik zu verfolgen, die seinen eigenen Wohlstand und den aller Mitglieder in geordneter und konstruktiver Weise mehrt.

[156] Die USA besitzen hier mit rund 17 % der Stimmrechte eine Sperrminorität.

1.4 Entwicklungsprozess

Aufkommen von Problemen

Das „Übereinkommen von Bretton Woods" ist als ein bedeutender Schritt zur Internalisierung von (als Lehre aus den Erfahrungen der Vergangenheit festgestellten) Externalitäten ungeregelter internationaler Wirtschaftsbeziehungen zu betrachten. Indem die Mitgliedsländer ihre Wechselkurs- und Devisenkontrollpolitik der internationalen Aufsicht des IWF unterwarfen, erkannten sie an, dass ihre Wechselkurse und ihre Vorschriften für den außenwirtschaftlichen Zahlungsverkehr auch die Interessen der übrigen Länder berühren. Sie vermieden dadurch die wirtschaftspolitischen Fehler der Vorkriegszeit. Dieses Modell hat auch mehr als zwei Jahrzehnte relativ problemlos funktioniert und dazu beigetragen, dass Welthandel, Produktion und Wohlstand in dieser Zeit kräftig und andauernd wuchsen. Mit der damit einhergehenden zunehmenden weltwirtschaftlichen Verflechtung und der Liberalisierung von internationalen Handels- und Finanzmärkten kamen allerdings Anpassungszwänge auf das internationale Währungssystem von Bretton Woods und damit auf den IWF zu, die zu größeren Krisenerscheinungen führten.

Die Mängel des alten Systems wurden vor allem auf drei Ebenen sichtbar: bei der Versorgung mit internationaler Liquidität, beim Stabilisierungsprozess und hinsichtlich des Vertrauens in die Leitwährung Dollar. Ein *Liquiditätsproblem* stellte sich insofern, als das System keine hinreichenden Vorkehrungen beinhaltete, um auf die wachsenden Zahlungsbilanzschwankungen im Zuge der raschen Expansion von Welthandel und Kapitalverkehr durch Bereitstellung von Währungsreserven flexibel reagieren zu können. Die notwendigen zusätzlichen Währungsreserven wurden praktisch allein über die Zahlungsbilanzdefizite (durch Kapitalexport) der USA zur Verfügung gestellt. Die Weigerung der USA, eine streng zahlungsbilanzorientierte Wirtschaftspolitik, die ihr vom Bretton-Woods-System mit der Rolle des Leitwährungslandes implizit auferlegt wurde, zu betreiben, führte jedoch in den 1960er Jahren zunehmend zu einem *Vertrauensproblem*. Dadurch, dass die Dollarbestände der Notenbanken außerhalb der USA allmählich über die Goldbestände der Vereinigten Staaten hinauswuchsen, stieg die Gefahr, dass die Konvertibilität des Dollars in Gold, die ja einen Eckpfeiler des Paritätensystems darstellte, nicht mehr gewährleistet war.

Ein *Stabilisierungsproblem* zeigte sich in der wachsenden Schwierigkeit, die Industrieländer dazu zu bewegen, bei „fundamentalen" Zahlungsbilanzungleichgewichten Paritätsänderungen vorzunehmen, wie es im IWF-Abkommen von Bretton Woods vorgesehen war. Solche Paritätsänderungen sind häufig mit unerwünschten Nebeneffekten verbunden. Folglich versuchten die einzelnen Länder, diese Anpassungen immer wieder hinauszuzögern. So führten Überschussländer notwendige Aufwertungen nicht durch, da die heimische Industrie nicht auf den Subventions- und Schutzzolleffekt verzichten wollte, der ihr bei einer Unterbewertung der Währung zugutekam. Zudem befürchteten die heimischen Gewerkschaften Beschäftigungseinbußen als Folge des Exportnachfragerückgangs, der mit einer Aufwertung normalerweise einhergeht. Umgekehrt suchten Defizitländer eine Abwertung zu vermeiden, da der damit verbundenen Gefahr eines Inflationsimports in der Regel nur durch eine restriktive Haushaltspolitik entgegengewirkt werden kann. Eine solche restriktive Wirtschaftspolitik geht jedoch mit einem beträchtlichen Beschäftigungsrisiko einher.

Der IWF „unterstützte" solches Verhalten der Mitgliedsländer dadurch, dass er abwertungsunwilligen Ländern zusätzliche Ziehungsmöglichkeiten (nachdem die Devisenbestände dieser Länder versiegt und ihre Ziehungsrechte beim IWF erschöpft waren) einräumte. Dieses konzessive Verhalten des IWF lag jedoch vor allem daran, dass der Fonds selbst mit keinen Weisungsrechten gegenüber seinen Mitgliedsländern ausgestattet ist. Wohl haben die Mitglieder dem Fonds gewisse Befugnisse in Bezug auf ihre Wechselkurspolitik zugewiesen; jedoch sind diese Verpflichtungen nicht einklagbar. Insbesondere wenn Verstöße überhandnehmen, d. h. nicht nur Einzelfälle darstellen, wird ein offenes System wie das IWF-Übereinkommen überfordert.

Die erläuterte Tendenz des Hinausschiebens von fälligen Paritätsänderungen ruft selbst die Gefahr einer Beschränkung des internationalen Geld- und Kapitalverkehrs und auch des zwischenstaatlichen Warenverkehrs herauf. So versuchten Länder, deren Währungen von einer Aufwertung (Abwertung) bedroht waren, den Kapitalimport zu erschweren (zu ermuntern) und den Kapitalexport anzuregen (zu verhindern). Beides wurde erst Ende der 1950er Jahre virulent, als alle wichtigen Währungen zur (Ausländer-)Konvertibilität übergingen und die Zollschranken im gegenseitigen Warenverkehr der EU- und EFTA-Länder (siehe unten) abgebaut wurden. Mit zunehmender Liberalisierung des Kapitalverkehrs sahen sich die einzelnen Länder zunehmend in ihrer konjunkturellen und konjunkturpolitischen Autonomie beeinträchtigt.

Um den US-Dollar als Reservewährung zu entlasten und dem oben erläuterten Liquiditätsproblem entgegenzutreten, wurde 1969 eine neue Form internationaler Liquidität geschaffen: die sogenannten „Sonderziehungsrechte". Da Sonderziehungsrechte Ansprüche der IWF-Mitglieder an die Gesamtheit der übrigen Mitgliedsländer auf konvertible Währungen sind, wurde der IWF dadurch in die Lage versetzt, mit Hilfe dieses neuartigen Reservemediums etwa entstehende Lücken in der längerfristigen weltweiten Versorgung mit Währungsreserven zu schließen (siehe auch Fußnote 149).

Zusammenbruch des Bretton-Woods-Systems

Nichtsdestoweniger kam es zwischen 1971 und 1973 allmählich zum Zusammenbruch des Währungssystems von Bretton Woods, d. h. des Grundsatzes fester Wechselkurse auf der Basis vereinbarter Goldparitäten. Hauptursache war das oben beschriebene Vertrauensproblem, das 1971 den Zusammenbruch einleitete, als die USA im August die Konvertibilität offizieller Dollarbestände in Gold aufhob, ohne gleichzeitig die von den übrigen Ländern eingegangene Verpflichtung zu übernehmen, den Wechselkurs ihrer Währung durch Interventionen am Devisenmarkt innerhalb der vorgeschriebenen engen Grenzen zu halten. Hintergrund war die extreme Haushaltsbelastung in den USA seit der zweiten Hälfte der 1960er Jahre durch die Finanzierung des Vietnamkriegs (ohne rechtzeitige Steuererhöhungen). Die USA konnten sich damals nicht der Versuchung entziehen, ihre Sonderstellung im IWF-Vertrag angesichts der Leit- und Reservewährungsfunktion des US-Dollars auf Kosten der Gemeinschaft auszunutzen und die Partnerländer durch die Produktion immer größerer Zahlungsbilanzdefizite mit zur Kriegsfinanzierung heranzuziehen[157]. Die hohen Zahlungsbilanzdefizite führten schon seit Mitte der 1960er Jahre zu einem wachsenden Misstrauen gegenüber der Politik der USA sowie gegenüber dem Wert des US-Dollars, was sich in zunehmendem Maße auch in spekulativen Engagements von Anlegern in Währungen auswirkte, deren Wert gesicherter schien. Kooperative Bemühungen des IWF und seiner Mitgliedsländer, durch eine gleichzeitige und aufeinander abgestimmte Änderung der Wechselkurse der meisten wichtigen Währungen (in Richtung auf eine koordinierte Abwertung des US-Dollars), sowie durch die Einführung erweiterter Bandbreiten und sogenannter Leitkurse im Dezember 1971, das System fester Wechselkurse nochmals aufzurichten, scheiterten schon im Frühjahr 1973. Nachdem der US-Dollar im Februar 1973 nochmals um 10 % abgewertet werden musste, gingen im März 1973 die EG-Länder zum „gemeinsamen Floating" über. Das in Bretton Woods geschaffene System fester Wechselkurse war damit endgültig zusammengebrochen.

Zusammengebrochen war dadurch allerdings nicht der ursprüngliche Gedanke, dass die weltwirtschaftliche Verflechtung einen Regelungsbedarf auf länderübergreifender Ebene notwendig macht. Deshalb wurde schon im Herbst 1972 begonnen, eine umfassende Reform des internationalen Währungssystems vorzubereiten. Angesichts der enormen Zahlungsbilanzungleichgewichte im Anschluss an die erste Erdölkrise (1973/74) und einer die ganze Welt überrollenden Inflationswelle mit länderspezifisch unterschiedlichen Geldentwertungsraten, sah man allerdings vorerst keine Chance für eine grundlegende Neuordnung des Weltwährungssystems auf der Basis „fester, aber anpassungsfähiger Paritäten".

Umstellungsprozess

Es wurde aber ein Interimsausschuss mit den Arbeiten an der Weiterentwicklung („evolutionary reform") beauftragt. Diese schlugen sich nieder in der *zweiten Änderung des IWF-Übereinkommens*, die am 1. April 1978 in Kraft trat (die erste Änderung war, wie erwähnt, 1969 und betraf insbesondere die Schaffung von „Sonderziehungsrechten".). Die zweite Änderung brachte vor allem folgende *Neuerungen*.

Jedes Mitgliedsland konnte nun (was im Grunde nur eine Anpassung an die vorangegangene faktische Entwicklung darstellte) das ihm geeignet erscheinende Wechselkursregime frei wählen. Dies war verbunden mit der nun ausdrücklichen Aufforderung an die Mitglieder, eine auf Stabilität gerichtete binnenwirtschaftliche Finanz- und Währungspolitik als Voraussetzung für eine größere Stabilität der Wechselkurse zu betreiben. Die Wahlfreiheit hinsichtlich des Wechselkursregimes

---

[157] Dies spiegelt das sogenannte *Problem der „n-ten Währung"* wider. In einem System von n Währungen kann es nur n-1 unabhängige Wechselkurse geben. Wechselkurse sind ja *relative* Preise jeweils zweier Währungen. Durch Fixierung der Wechselkurse allein wird daher die Kaufkraft des Geldes in einer Währungsgemeinschaft nicht mitbestimmt. Diese wird von der Zielstrategie des Landes mit der n-ten Währung determiniert. Dies waren im Bretton-Woods-System die USA. Der US-Dollar übernahm damals die Funktion einer Leitwährung, einer Interventionswährung und einer Reservewährung.

spiegelte sich in der Vielfalt der seit Mitte der 1970er Jahre praktizierten Wechselkursregelungen nieder. Wohl hielt die Mehrheit der IWF-Länder feste Wechselkurse gegenüber einer bestimmten Währung oder gegenüber einem Währungskorb aufrecht. Doch war die Wechselkurssituation der Weltwirtschaft maßgeblich von flexiblen Wechselkursen bestimmt. So schwankten bedeutende Währungen wie der US-Dollar, der japanische Yen und das Pfund Sterling frei. Auch die Währungen, die im Europäischen Währungssystem miteinander durch feste Wechselkurse innerhalb enger Bandbreiten verbunden wurden, fungierten gegenüber der „Außenwelt" als flexible Wechselkurse.

Gleichzeitig wurde dem IWF in der zweiten Änderung des IWF-Übereinkommens die schwierige Aufgabe übertragen, die Wechselkurspolitik seiner Mitglieder strikt zu überwachen[158]. Die Stellung der „Sonderziehungsrechte" wurde gestärkt, währenddessen das Gold seine zentrale Rolle als gemeinsamer Bezugspunkt der Währungsparitäten und als Liquiditätsreserve des IWF verlor[159]. Außerdem wurden zahlreiche Bestimmungen des IWF-Übereinkommens flexibler gefasst, um dadurch eine Weiterentwicklung des Weltwährungssystems auf der Grundlage internationaler Zusammenarbeit zu erleichtern.

Die erneuten weltwirtschaftlichen Erschütterungen aufgrund der zweiten Erdölkrise und der Schuldenkrise hatten neue Anforderungen an das kooperative Verhalten der Mitgliedsländer, wie auch an den IWF selbst, gestellt. Hieraus erwuchsen neue Vorschläge zur Verbesserung und Weiterentwicklung des internationalen Währungssystems und zur Rolle des IWF. Diese Vorschläge werden im 3. Teil:III.1.2 dieses Buches diskutiert.

Seit den 1980er Jahren kennzeichnen folgende wesentlichen Veränderungen die IWF-Politik:

- *Zum einen* konzentrierte der IWF seine Kreditvergabe auf Entwicklungsländer sowie auf Länder im Übergang zu marktwirtschaftlichen Systemen (kein wichtiges Industrieland hat seit den späten 1970er Jahren bis zu den 2000er Jahren eine Kreditvereinbarung mit dem IWF getroffen.). Dies führte auch zur Einführung neuer auf diese Länder zugeschnittene Kreditfazilitäten.

- *Zum anderen* musste sich der IWF mit spezifischen Problemen einiger seiner neuen Mitglieder, nämlich den östlichen Transformationsländern, auseinandersetzen. Strukturelle Probleme in diesen Ländern führten dazu, dass der Fonds die Finanzierung von Strukturanpassungsprogrammen stark ausweitete[160].

Schließlich musste der IWF noch die Lehren aus der Asienkrise (siehe Abschnitt 1. Teil:II.2) ziehen und auf immer heftiger werdende Kritik an seiner Politik reagie-

---

[158] Ungelöst blieb bislang allerdings das Problem der Kontrolle der internationalen Liquiditätsschöpfung.
[159] Gold hat für den IWF heute nur noch als Vermögenswert Bedeutung.
[160] Vgl. Deutsche Bundesbank [2000: 18].

ren. Zwei Kritikpunkte standen dabei im Vordergrund. Zum einen wurde (vor allem von den Globalisierungsgegnern, aber auch von einigen bekannten Ökonomen wie Joe Stiglitz) kritisiert, dass der IWF durch seine restriktiven Politikvorgaben (Konditionalitätensetzung) die Schuldnerländer in eine fiskalische Zwangsjacke gesteckt und in eine langjährige wirtschaftliche Rezession und zunehmende Arbeitslosigkeit getrieben habe. Zum anderen wird kritisiert, dass der IWF durch seine groß angelegte Bail-out-Politik als „Rettungsanker" Moral-Hazard-Verhalten erzeugt, d. h. die Krisenländer (und auch andere Länder) zu einer (noch) laxeren Politik getrieben und so die großen Finanzkrisen der letzten Jahre mit verursacht habe.

Die langfristigen Lehren, die der IWF insbesondere aus den asiatischen Finanzkrisen gezogen hat, betreffen in erster Linie die Architektur des internationalen Finanzsystems und verfolgen das Ziel, sowohl die Häufigkeit als auch die Stärke derartiger Störungen in der Zukunft zu verringern. Aus dem Ausbruch der Krise in Asien und der anschließenden Ausbreitung leitete der Währungsfonds insbesondere die Notwendigkeit ab, die Überwachung der Wirtschaftspolitik sowie der finanziellen Sektoren seiner Mitgliedsländer zu verstärken. Ein zentrales Element in diesem Zusammenhang ist die Forderung des IWF nach größerer Transparenz sowie der Bereitstellung rechtzeitiger und genauer Daten durch die Mitgliedsländer[161]. Der Währungsfonds erhofft sich dadurch, die Grundlagen für die Investitionsentscheidungen privater Investoren sowie die Politikentscheidungen von Regierungen zu verbessern. Im Zuge einer effektiven Krisenvermeidung werden vom IWF im besonderen Maße Daten über den kurzfristigen internationalen Kapitalverkehr als entscheidend beurteilt.

Weitere Schritte zur Etablierung eines stabileren internationalen Finanzsystems zielen darauf ab, die weltweite Verbreitung verantwortungsbewusster und glaubwürdiger Politiken zu fördern[162] sowie effektivere Strukturen für den Umgang mit privaten und öffentlichen Schulden zu etablieren.

Auf ökonomischer Ebene tritt der IWF auch nach den Währungs- und Finanzkrisen für eine entschlossene Liberalisierung des Kapitalverkehrs ein. Dabei erkennt der Währungsfonds jedoch an, dass die vollkommene Öffnung des Kapitalverkehrs nicht in einem Schritt vollzogen werden kann, sondern als ein langsamer und sorgfältig durchzuführender Prozess verstanden werden muss. Als notwendige Vorbedingung für einen freien Kapitalverkehr sind zunächst makroökonomische Stabilität sowie ein starkes und gut überwachtes Finanzsystem zu etablieren. Diese Agenda wurde nach der Asienkrise auf den Jahrestagungen des Internationalen Währungsfonds sowie der Weltbank 1997 in Hongkong und 1998 in Washington, D.C. bestätigt.

---

[161] Zu diesem Zweck wurde unter anderem im März 1996 der „Special Data Dissemination Standard" für Länder, die Zugang zu den internationalen Finanzmärkten suchen bzw. diesen bereits haben, eingeführt.
[162] Beispielsweise sollte diesem Ziel die Verabschiedung eines „Code of Good Practices on Fiscal Transparency - Declaration on Principles" dienen.

Mit Aufkommen der globalen Finanzkrise 2007–09 und der anschließenden Schuldenkrise in Europa wurde eine umfangreiche Neuausrichtung des IWF notwendig. Seit den späten 1970er Jahren haben ausschließlich Entwicklungs-, Schwellen- und Transformationsländer Kreditfazilitäten des IWF, die speziell für sie zugeschnitten waren, in Anspruch genommen. Jedoch waren diese Konditionen und Kreditvolumina für Industrieländer nicht geeignet, um der Finanz- und Schuldenkrise effektiv zu begegnen. Mit der Unterstützung seiner Mitgliedsstaaten erhöhte der IWF seine Kreditkapazitäten um das Dreifache auf 750 Milliarden US-Dollar. Darüber hinaus wurde die Kreditpolitik des IWF überarbeitet. So wurden die sogenannte Flexible Kreditlinie und die Vorsorge- und Liquiditätslinie für Staaten geschaffen, die solide Fundamentaldaten aufweisen und in der Vergangenheit erfolgreich wirtschaftspolitische Maßnahmen umgesetzt haben. Diese Kreditlinien können ohne ein Anpassungsprogramm bzw. Konditionalitäten abgerufen werden. Auch wurde ein Instrument zur schnellen Finanzierung (Rapid Financing Instrument) implementiert, um Finanzhilfe bei akutem Zahlungsbilanzbedarf zur Linderung externer Schocks zu gewähren. In der europäischen Staatsschuldenkrise leistet der IWF durch die umfangreiche Gewährung von Zahlungsbilanzhilfen und seine wirtschaftspolitische Beratungsfunktion als Teil der sogenannten Troika – bestehend aus Vertretern des IWF, der EZB und der Europäischen Kommission – einen wichtigen Beitrag zur Lösung der Staatsschuldenkrise. Der IWF gewährte Portugal, Irland, Griechenland und Zypern Kredite in Höhe von insgesamt 77,62 Mrd. Euro. Damit beträgt die Kreditgewährung an die einzelnen Länder bis zu 2.305,7 % ihrer jeweiligen Sonderziehungsrechte (Stand: September 2013).[163] Die starke Zunahme der Kreditvolumina und die veränderte Kreditvergabepolitik haben auch Kritik am IWF ausgelöst. Der IWF wird zunehmend zur externen Kreditversorgung einzelner Länder herangezogen, worin Kritiker die „Katalysator-Rolle" des IWF gefährdet sehen. Eine möglichst schnelle Wiederherstellung des Zugangs zu Mitteln kommerzieller Gläubiger werde so verhindert (siehe auch 3. Teil:III.4.2.6).[164]

Darüber hinaus hat der IWF zusammen mit der Weltbank gegen Ende der 1990er Jahre ein ehrgeiziges Programm zur Armutsbekämpfung ins Leben gerufen (vgl. Abschnitt 2.4). Dabei wird die hohe Verschuldung vieler Entwicklungsländer als Hindernis der Armutsbekämpfung angesehen. Mit der Unterstützung regionaler Entwicklungsbanken sind Entschuldungsiniativen (HIPC „Debt Initiative for Heavily Indebted Poor Countries") in den Entwicklungsländern durchgeführt worden (siehe hierzu im Folgenden).

Die Zukunft des IWF: Reformprozess und Medium-Term Strategy

Ungeachtet des wichtigen Beitrags, den der IWF in den vergangenen 30 Jahren im Zuge der Unterstützung der Weltwirtschaft bei der Bewältigung der bedeutenden Finanzkrisen geleistet hat, sieht er sich im neuen Jahrhundert mit einer unsicheren Zukunft konfrontiert. Im Zuge des Globalisierungsprozesses, der unter anderem zu

---

[163] Vgl. IWF [2013b].
[164] Vgl. Deutsche Bundesbank [2013a: 103 ff.]. Siehe auch Nelson [2014] zur Rolle des IWF während der globalen Finanzkrise und der europäischen Staatsschuldenkrise.

enormen grenzüberschreitenden Kapitalbewegungen, einem leichteren Zugang zu Finanzmitteln und abrupten Verschiebungen komparativer Vorteile geführt hat, sind Lücken in der Strategie bzw. im Aufgabenbereich des IWF zutage getreten – insbesondere in den Bereichen der Überwachung (Surveillance), der Gewährung von Finanzhilfen und der Governance des IWF. Nach der Jahrhundertwende wurde die Rolle des Fonds im internationalen Krisenmanagement mehr denn je infrage gestellt. Eichengreen [2006] bezeichnete den IWF als ein „führungsloses Schiff". Der IWF beziehe in Bezug auf keinen der in der internationalen Gemeinschaft debattierten Problemkreise eine eindeutige bzw. klar verständliche Position. Padoa-Schioppa [2006] vertrat die Auffassung, dass der IWF von seiner Kernmission, der Gewährleistung von Stabilität, immer weiter abgewichen sei und an Bedeutung verloren hat, weil es der Institution an einem klaren Leitbild mit einer Definition ihrer zentralen Aufgabe mangele. El-Erian [2006] stellte fest, dass der IWF angesichts der wachsenden Finanzkraft und weltwirtschaftlichen Bedeutung der Schwellenländer an Einfluss im Hinblick auf die nationalen Politikempfehlungen verloren hätte. Bergsten [2006] bezeichnete den IWF sogar als „schwach und ineffektiv". Erst nach der jüngsten Finanzkrise wurde die herausragende Rolle des IWF im internationalen Krisenmanagement wieder stärker gewürdigt. Nichtsdestoweniger gibt es starken Reformbedarf bei der Ausfüllung der Rolle des IWF.

Die wesentlichen, in der internationalen Gemeinschaft diskutierten Reformkomponenten sind prinzipiell die Folgenden[165]: Zum einen bedarf es einer *eindeutigen Definition der Rolle (Aufgaben) des IWF* im heutigen globalen Wirtschafts- und Finanzsystem. In diesem Zusammenhang bedarf es im Besonderen einer Klärung bzw. Umgestaltung der folgenden Aufgabenbereiche:

i) Die Kontroll- und Überwachungsfunktion des IWF

Dem IWF wird vorgeworfen, dass er den Fokus der Überwachung unnötig ausgeweitet hat – vor allem auf Bereiche, in denen er eine relativ geringe Expertise besitzt oder die nicht hinreichend von seinem Mandat abgedeckt sind. Ferner wird in Zusammenhang mit der Ausweitung der globalen Ungleichgewichte und der globalen Finanzkrise 2008–2010 die Effektivität der Überwachung infrage gestellt. Dabei wurde insbesondere die mangelnde Präzision der IWF-Empfehlungen bezüglich Wechselkurs- und anderen Politikstrategien kritisiert. Darüber hinaus wird die unzureichende Integration von finanzstabilitätspolitischen Aspekten in die Makroanalyse des Fonds bemängelt.

ii) Die Finanzierungsfunktion des Fonds

Angesichts der kontrovers debattierten Effektivität und der Designprobleme der IWF-Kreditprogramme gilt es, ein neues Finanzierungsinstrument zu entwerfen, auf das Schwellen- und Entwicklungsländer zugreifen können, um Finanzkrisen abzuwenden bzw. zu bewältigen. Als problematisch erweisen sich dabei neben

---

[165] Vgl. hierzu Boorman [2008: 4 ff.]. Für einen Überblick über die verschiedenen Reformvorschläge siehe u. a. Bird [2003], Truman [Hrsg., 2006], Truman [2006], Boorman und Icard [Hrsg., 2011] sowie die dort jeweils aufgeführten Quellen.

dem Trade-Off zwischen einer Automatisierung des Zugriffs auf IWF-Mittel und der Konditionalität, die mit einem solchen Kreditprogramm verbunden ist, insbesondere die Schwierigkeiten, die mit der Reaktion der Marktteilnehmer in Verbindung stehen – sowohl bei der Bewilligung als auch bei der Verweigerung des Zugriffs auf eine solche Kreditfazilität.[166]

iii) Die Rolle des IWF in Ländern mit einem niedrigen Volkseinkommen

Nach Meinung vieler hatte sich der Fonds mit der Zeit zu intensiv mit der Unterstützung von einkommensschwachen Volkswirtschaften beschäftigt, was die Ausführung seiner zentralen Aufgaben beeinträchtigt habe. Hierbei wird eine größere Klarheit bezüglich der Verantwortlichkeit des Fonds und der schärferen Abgrenzung von den Aufgabengebieten anderer Institutionen wie der Weltbank gefordert.

Der zweite Problembereich, der allgemein als reformbedürftig angesehen wird, betrifft die *Modifizierung und Anpassung der Governance* des IWF, was in erster Linie die folgenden Aspekte beinhaltet[167]:

i) Eine Anpassung der Quoten und Stimmrechtsanteile der Mitglieder

Die schwindende Akzeptanz des Fonds unter Schwellen- und Entwicklungsländern wird in erster Linie darauf zurückgeführt, dass die Quoten inzwischen nicht mehr das weltwirtschaftliche Gewicht vieler Schwellenländer widerspiegeln. Eine Vielzahl an Schwellenländern ist in den vergangenen fünfzehn Jahren sehr stark gewachsen und stellt einen größeren Anteil am Weltsozialprodukt. Somit bedarf es einer Angleichung der Quoten, um dem sich ändernden Gewicht der Schwellenländer Rechnung zu tragen und die Legitimität des IWF aufzuwerten. Diesbezüglich gilt es, die Quotenformel zu überarbeiten und das komplexe System transparenter und einfacher zu gestalten.

ii) Eine Anpassung der Strukturen und Kompetenzen der Körperschaften, die für das Management des Fonds verantwortlich sind

Neben den Quoten ist die Größe und die Zusammensetzung des Exekutivdirektoriums ein weiterer Aspekt der im Kontext der Governance-Diskussion angeführt wird. Erörtert wird beispielsweise, ob ein Direktorium, das weniger als 24 Mitglieder umfasst, eventuell effektiver arbeitet und ob das Gewicht der europäischen Länder reduziert werden sollte. Außerdem besteht Unklarheit über die spezifischen Funktionen einzelner Körperschaften (Gouverneursrat, Exekutivdirektorium, International Monetary and Financial Committee, Geschäftsführender Direktor) und deren Verantwortlichkeiten. Ferner mangelt es an Mechanismen, um die Rechenschaftslegung zu gewährleisten.

---

[166] Siehe hierzu auch Bird [2007] oder Eichengreen [2007].
[167] Vgl. näher zur Governance-Diskussion z. B. Bradford und Linn [2007].

Im Juni 2004 startete der IWF unter der Führung des damaligen Geschäftsführenden Direktors Rodrigo de Rato einen strategischen Überprüfungsprozess, um eine Bewertungsgrundlage zu erhalten, wie man die Rolle des IWF neu definieren könne. Am 15. September 2005 veröffentlichte der IWF schließlich den *Managing Director Rodrigo de Rato's Report on the Fund's Medium Term Strategy*[168]. In diesem räumte de Rato ein, dass die Mission des Fonds ausgefasert und nicht eindeutig umrissen erscheint. Zudem gestalte es sich durch das Hinzufügen neuer Mandate ohne die Streichung älterer Aufgabengebiete zunehmend schwieriger, die IWF-Ressourcen effektiv zu verteilen und auf die sich entwickelnden Herausforderungen hinreichend vorbereitet zu sein. Der Bericht identifizierte fünf Maßnahmenpakete, um dem sich ändernden globalen Umfeld gerecht zu werden:

- Effektive Gestaltung der Überwachungsfunktion

- Anpassung an die neuen Herausforderungen und Bedürfnisse in unterschiedlichen Ländergruppen – insbesondere Schwellenländern

- Angebot technischer Hilfe bei der Implementierung von Institutionen

- Priorisierung und Restrukturierung der Arbeit des Fonds innerhalb eines mittelfristigen Budgetplans sowie

- Überarbeitung der Quoten und Stimmrechtsanteile.

De Rato wies darauf hin, dass es sich bei dem Bericht um ein Strategiepapier und keinen 5-Jahresplan handelte. Seitdem wurden mehrere Maßnahmen zur Implementierung der Medium-Term Strategy beschlossen.

Die Überwachung der Wirtschafts- und Währungspolitiken seiner Mitgliedsländer stellt das zentrale Aufgabengebiet des IWF dar. Dementsprechend bemüht sich der IWF im Rahmen seiner Medium-Term Strategy, die Überwachung noch stärker ins Zentrum seiner Aktivitäten zu rücken. Um die *Überwachungsfunktion* effektiver zu gestalten, verabschiedete das Exekutivdirektorium des IWF im Jahr 2012 eine neue Entscheidung über die bilaterale und multilaterale Überwachung (Integrated Surveillance Decision)[169]. Diese Entscheidung hält an den wichtigsten Modalitäten der Entscheidung zur bilateralen Überwachung vom Juni 2007[170] fest, die die erste Überwachungsentscheidung aus den 1970er Jahren ersetzte. Das neue Überwachungs-Rahmenwerk ist durch die Fokussierung auf die globale Stabilität der Finanzsysteme sowie die stärkere Beachtung von länderübergreifenden Übertragungseffekten nationaler und supranationaler Wirtschafts- und Währungspolitiken gekennzeichnet. Die neue Überwachungs-Richtlinie von 2007 setzt den Schwerpunkt der *bilateralen Überwachung* auf die externe bzw. außenwirtschaftliche Stabilität eines Landes, was ein Leistungsbilanzgleichgewicht beinhaltet, von dem keine „stö-

---

[168] Vgl. IWF [2005b].
[169] *Decision on Bilateral and Multilateral Surveillance (Integrated Surveillance Decision)*, siehe hierzu IWF [2013a].
[170] *Decision on Bilateral Surveillance over Members' Policies*, siehe hierzu IWF [2007a].

renden" Wechselkursbewegungen ausgehen können. Eine solche externe Stabilität sei wiederum durch interne Stabilität und die Art und Weise, in der die Mitgliedsländer ihre Wechselkurspolitik durchführen, zu erreichen (siehe Abbildung 2–1). Da externe Stabilität gemäß der neuen Richtlinie mitunter über den Wechselkurs bzw. Wechselkursänderungen bestimmt wird, kommt somit der Analyse der Wechselkurse eine zentrale Rolle im neuen Überwachungs-Rahmenwerk zu[171]. Als Teil der bilateralen Überwachung bekräftigte das Exekutivdirektorium 2012 die Strategie zur finanziellen Überwachung als Reaktion auf die globale Finanzkrise. Ziel ist es Verflechtungen zwischen den Real- und Finanzsektor zu analysieren und Risiken früher, als bisher zu erkennen. Die *multilaterale Überwachung* zielt darauf ab, makroökonomische Entwicklungen und Risiken im Finanzsektor einer einzelnen Region oder der Weltwirtschaft als Ganzes aufzudecken. Die maßgeblichen Instrumente der globalen und regionalen Überwachung sind die drei im halbjährlichen Rhythmus veröffentlichten Publikationen des IWF – der World Economic Outlook, der Global Financial Stability Report und der Fiscal Monitor. Darüber hinaus veröffentlicht der IWF für ausgewählte Regionen regelmäßig den Regional Economic Outlook[172].

Die traditionelle multilaterale Überwachung sollte durch das neue Instrument der sogenannten *multilateralen Konsultationen* ergänzt werden, die eine neue Diskussionsplattform für die Mitgliedsländer des IWF bieten. Die multilateralen Konsultationen sollten ein Vehikel für die internationale Kooperation darstellen, indem sie ein Rahmenwerk für die länderübergreifende Analyse und Übereinkunft zur Verfügung stellen. Sie sollten es dem IWF und zentralen Akteuren ermöglichen, Probleme globaler oder regionaler Bedeutung im Kollektiv aufzunehmen und die entsprechenden wirtschafts- und währungspolitischen Gegenmaßnahmen zu ergreifen. Die erste multilaterale Konsultation, an der China, der Euroraum, Japan, Saudi-Arabien und die Vereinigten Staaten beteiligt waren, wurde im Jahr 2006 gestartet und befasste sich mit dem Abbau globaler Ungleichgewichte[173]. Obwohl die Konsultationen als nützliches Forum für einen Meinungsaustausch und ein besseres Verständnis im Hinblick auf die Ursachen und potenzielle Lösungsansätze begrüßt wurden, blieb die Umsetzung der resultierenden Politikempfehlungen hinter den Erwartungen zurück. Seitdem haben keine weiteren multilateralen Konsultationen stattgefunden[174].

Im Hinblick auf die *sich entwickelnde Rolle des Fonds in Schwellenländern* wird der IWF in diesen Ländern verstärkt im Rahmen der Krisenprävention und -bewältigung tätig. Das Verfahren für außergewöhnlich hohen Zugang zu IWF-Mitteln (Exceptional Access Framework) sieht vor, Zugang zu außergewöhnlich umfangreichen Mitteln zur Verfügung zu stellen, wenn vier Kriterien erfüllt sind: Das Mitglied hat akute Zahlungsbilanzschwierigkeiten, die Schuldentragfähigkeit ist gegeben, eine Wiedergewinnung des Marktzugangs innerhalb der Kreditlaufzeit ist sichergestellt, und das Anpassungsprogramm weist hohe Erfolgschancen auf. Diese Finanzierungsfazilität wurde 2009 um die vorsorglichen Kreditlinien mit außergewöhnlich

---

[171] Vgl. Deutsche Bundesbank [2008b: 81 f.] sowie EZB [2008a: 183 f.].
[172] Vgl. Deutsche Bundesbank [2013: 47].
[173] Siehe IWF [2007b].
[174] Vgl. Deutsche Bundesbank [2013: 47].

hohem Volumen (Flexible Credit Line, Precautionary Credit Line) erweitert, deren Einsatz bereits im Fall eines potenziellen Finanzierungsproblems möglich ist. Diese Kreditlinien werden ohne Konditionalitäten, d. h. ohne Anpassungsprogramm, vergeben[175].

Die Deutsche Bundesbank kritisiert, dass nach den verschiedenen Reformen der Kreditfazilitäten die Bedeutung regulärer Ziehungsgrenzen, die fristgerechte Rückzahlung der Kredite und die Beschränkung auf die katalytische Rolle des IWF immer weiter abgenommen hat. Die zunehmende budgetäre Finanzierung von Mitgliedern durch den IWF seit Ausbruch der globalen Finanz- und europäischen Staatsschuldenkrise sei problematisch, da diese für konjunkturpolitische Stimuli eingesetzt werden könnte – wie in einigen Fällen geschehen. Diese Stimuli wirken der Anpassung der Zahlungsbilanz entgegen, sodass letztendlich das eigentliche Ziel des IWF-Programms verfehlt und eine Refinanzierung am Kapitalmarkt behindert wird[176].

Abbildung 2–1: Neues Rahmenwerk der Überwachungsfunktion

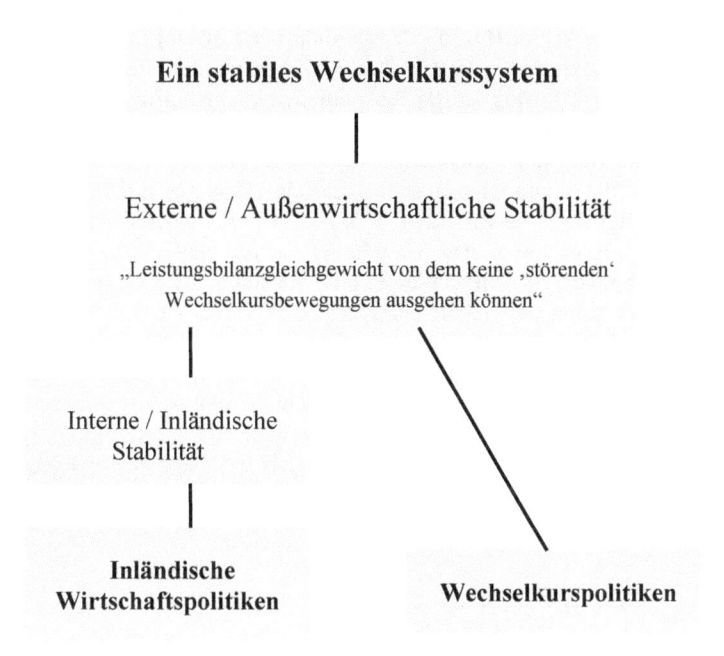

Ein stabiles Wechselkurssystem

|

Externe / Außenwirtschaftliche Stabilität

„Leistungsbilanzgleichgewicht von dem keine ‚störenden'
Wechselkursbewegungen ausgehen können"

Interne / Inländische
Stabilität

**Inländische
Wirtschaftspolitiken**   **Wechselkurspolitiken**

Quelle: Darstellung in Anlehnung an Cottarelli und Mateos y Lago [2007]

Der Rückgang der regulären Kreditvergabe des IWF hatte in den Jahren 2003 bis 2008 zu stark verminderten Zinseinnahmen und somit abnehmenden Einkünften geführt, was den IWF vor Schwierigkeiten bei der Finanzierung seines Verwal-

---

[175] Vgl. Deutsche Bundesbank [2013: 54 ff.].
[176] Vgl. Deutsche Bundesbank [2013: 56 f.].

tungshaushalts stellte. Als Reaktion darauf wurde 2008 das *Einkommensmodell* des IWF reformiert. Im Zuge dessen wurden etwa ein Achtel des damaligen IWF-Goldbestandes verkauft und die Erlöse in ein Stiftungsvermögen überführt. Die daraus resultierenden Anlageerträge sollen ein Teil der Verwaltungsaufgaben des IMF finanzieren. Ziel dieser Reform ist die Finanzlage des IWF langfristig von den Zinserlösen aus der Kreditvergabe unabhängiger zu machen[177].

Die *Quoten- und Stimmrechts-Reform* bildet einen weiteren zentralen Bestandteil der IWF-Reformdiskussionen. Von 2006 bis 2010 wurden mehrere Reformpakete beschlossen, die der Modernisierung der Governance-Strukturen des IWF dienen. In einem ersten Schritt wurden die Quoten für vier stark unterrepräsentierte Länder – China, Korea, Mexiko und Türkei – ad hoc erhöht. Ein 2008 beschlossenes Reformpaket wird als großer Schritt für eine angemessene Berücksichtigung des relativen weltwirtschaftlichen Gewichts der Mitgliedsländer – insbesondere das der schnell wachsenden Schwellenländer – angesehen. Das Reformpaket beinhaltete vor allem eine überarbeitete *Quotenformel*. Das alte System, das fünf verschiedene Quotenformeln beinhaltete, wurde durch eine einfachere, lineare Formel ersetzt, die sich aus vier Variablen zusammensetzt – dem Bruttoinlandsprodukt (Y), dem Offenheitsgrad einer Volkswirtschaft (O), der Variabilität der Leistungsbilanzeinnahmen (V) sowie den Währungsreserven (R)[178]. Des Weiteren wurden die *Stimmrechtsanteile* für 135 der damals 185 Mitgliedsländer – auf Grundlage der neuen Quotenformel – ad-hoc erhöht. Die größten Nutznießer waren die Schwellenländer. Im Gegenzug hat sich eine Gruppe von Industrieländern – darunter Deutschland, Irland, Italien, Japan, Luxemburg und die Vereinigten Staaten – auf eine Reduzierung ihrer Stimmrechtsanteile verständigt. Um die Erosion der *Basisstimmen*[179], deren Anteil an den Gesamtstimmen stetig gesunken war, aufzuhalten, wurde eine Verdreifachung der Basisstimmen vereinbart. Auf diese Weise sollte vor allem auch sichergestellt werden, dass die am wenigsten entwickelten Länder (LDCs – Least Developed Countries) hinreichend repräsentiert sind. Das vom Exekutivdirektorium und Gouverneursrat 2010 beschlossene Reformpaket sieht eine weitere weitreichende Reform der Governance-Struktur des IWF vor. Die fünf größten Anteilseigner geben ihr Recht auf je einen Exekutivdirektor zu ernennen. Zukünftig sollen alle Exekutivdirektoren gewählt werden, was jedoch nichts daran ändert, dass diese Länder wegen ihres großen Stimmengewichts weiterhin einen eigenen Exekutivdirektor stellen können.[180]

---

[177] Vgl. Deutsche Bundesbank [2013: 86].

[178] Den einzelnen Variablen werden Gewichte zugeteilt, die sich zu Eins summieren. Der Quotenanteil einer Volkswirtschaft (CQS) wird nun nach folgender Formel berechnet: CQS = $(0,5*Y + 0,3*O + 0,15*V + 0,05*R)^k$ (bei k handelt es sich um einen Faktor zur Normierung der Quoten). Vgl. hierzu genauer IWF [2008c]. Zum zuvor angewendeten Formelsystem vgl. z. B. Deutsche Bundesbank [2002].

[179] Die Stimmrechtsanteile setzen sich aus den Quoten und den Basisstimmen zusammen, wobei jedes Mitgliedsland über die gleiche Anzahl an Basisstimmen verfügt. Das Gewicht der Stimme wird zum größten Teil durch die Quote bestimmt, da sich das relative Gewicht der Basisstimmen durch mehrere Quotenerhöhungen verringert hat. Der Stimmrechtsanteil von ärmeren, kleineren Nationen wurde dementsprechend geringer.

[180] Vgl. Deutsche Bundesbank [2013a: 28 ff.].

Auch die neue, einfache Quotenformel wird in der Literatur als unzureichend kritisiert, die Lücke zwischen dem tatsächlichen wirtschaftlichen Machtgefüge in der Weltwirtschaft und den Machtverhältnissen innerhalb des IWF zu schließen. Ursprünglich wurden die Variablen Bruttoinlandsprodukt, Offenheitsgrad, Währungsreserven und Variabilität der Leistungsbilanzeinnahmen zur Bestimmung der Quoten- und Stimmrechtsanteile gewählt, um die verschiedenen Funktionen der Quote widerzuspiegeln. Diese waren zum einen der Stimmenanteil, zum anderen der Finanzierungsbeitrag sowie der Zugang zu Kreditfazilitäten[181]. Durch die in den letzten Jahren neu geschaffenen Kreditlinien wurde der maximale Ziehungsrahmen von der Quote eines Landes de facto entkoppelt. Auch könnte der IWF seinen Finanzierungsbedarf über das Niveau der aggregierten Quotenbeiträge oder über die Aufnahme von Mitteln auf dem Kapitalmarkt steuern. Damit entfallen zwei der ursprünglich drei Funktionen der Quote. Es verbleibt die Funktion zur Bestimmung des Stimmenanteils, wozu nur der relative Beitrag eines Landes zum Weltbruttoinlandsprodukt relevant ist. Darüber hinaus sind die Variablen Offenheitsgrad und Währungsreserven mit den wirtschaftspolitischen Empfehlungen des IWF inkonsistent. Teil der IMF Surveillance ist die Beobachtung und Vermeidung von außenwirtschaftlichen und finanziellen Ungleichgewichten. Größere Währungsreserven und ein höherer Offenheitsgrad können negative Konsequenzen für die globale Stabilität haben, gehen jedoch für das jeweilige Land mit einer Erhöhung des Stimmrechts im IWF einher. Um eine hinreichende Vielfalt und Vertretung aller Länder zu erreichen, wird zum Beispiel vorgeschlagen neben der Variable „relatives BIP" der Anteil der Weltbevölkerung in einem Land oder der Anteil der weltweit Armen in einem Land in die Quotenformel aufzunehmen. Eine solche Quotenformel würde die Akzeptanz des IWF in Schwellen- und Entwicklungsländern erhöhen und ständige ad hoc Anpassungen der Quoten unter Umständen obsolet machen.[182]

Der *Schuldenerlass* im Rahmen der bereits erwähnten Entschuldungsinitiativen entwickelte sich in den vergangenen Jahren zu einer wesentlichen Aufgabe des IWF. Die Schuldenerlassinitiative (Heavily Indebted Poor Countries (HIPC) Initiative) wurde 1996 vom IWF und der Weltbank gestartet, um die Auslandsverschuldung der hoch verschuldeten Entwicklungsländer zurückzuführen und ihnen so zu wirtschaftlichem Wachstum zu verhelfen. 2006 startete der IWF in Kooperation mit der Weltbanktochter IDA (siehe Abschnitt 2) und dem Afrikanischen Entwicklungsfonds (siehe Abschnitt 6.3.4) mit der Umsetzung der 2005 von der G8 initiierten *multilateralen Entschuldungsinitiative* (Multilateral Debt Relief Initiative, MDRI). Im Zuge dessen wurde den am stärksten verschuldeten ärmsten Volkswirtschaften ein kompletter Schuldenerlass von 100 % gewährt, nachdem diese zuvor entsprechende Kriterien erfüllt hatten. Die gesamten Kosten für die Bereitstellung der Finanzhilfe für die 41 Volkswirtschaften, die sich für einen Schuldenerlass entsprechend qualifiziert hatten, wurde auf ca. 74 Milliarden US-Dollar[183] (Stand: Ende

---

[181] Vgl. Cooper und Truman [2007: 1].
[182] Vgl. Virmani [2012].
[183] Diese Angabe ist als „net present value" zu verstehen. Dieser ist definiert als Summe aller zukünftigen aus den Schulden erwachsenen Verpflichtungen (Tilgungssumme plus Zinszahlungen) diskontiert mit dem Marktzins.

2012) geschätzt. 2007 schloss sich die Interamerikanische Entwicklungsbank (siehe Abschnitt 6.3.4) der MDRI an.[184]

2. Die Weltbank

2.1 Entstehung

„Weltbank"[185] ist ein populärer Begriff für die „Internationale Bank für Wiederaufbau und Entwicklung" (IBRD[186]). Ihre Gründung wurde 1944 in Bretton Woods zusammen mit der Errichtung des IWF beschlossen. Gemeinsam mit ihren später gegründeten Schwestergesellschaften, der Internationalen Entwicklungsorganisation (IDA), der Internationalen Finanz-Corporation (IFC), der Multilateralen Investitionsgarantie-Agentur (MIGA) und dem International Centre For Settlement of Investment Disputes (ICSID) bildet sie die sogenannte „Weltbankgruppe"[187].

Die Weltbank wurde schon vor Kriegsende gegründet mit Blick auf den für die Nachkriegszeit erwarteten großen Bedarf an langfristigem Kapital zum Wiederaufbau und zur wirtschaftlichen Entwicklung ihrer Mitgliedsländer. In den ersten Jahren widmete sich die Weltbank überwiegend dem Wiederaufbau Europas. Nachdem allerdings 1948 das amerikanische „European Recovery Program" (ERP) – bekannter unter dem Namen „Marshallplanhilfe" – diese Aufgabe übernommen hatte, beschränkte sich die Weltbank ab etwa 1950 weitgehend auf die wirtschaftliche Förderung der Entwicklungsländer.

2.2 Ziele und Aufgaben

Das Ziel der Weltbank, das sie gemeinsam mit der IDA und der IFC verfolgt, ist, die wirtschaftliche Entwicklung in ihren weniger entwickelten Mitgliedsländern durch finanzielle und andere Hilfen zu fördern. Ihr Hauptaufgabenfeld besteht in der Vergabe von Darlehen und Krediten. Die Weltbank gewährt Darlehen mit Laufzeiten von in der Regel 12 bis zu 25 Jahren, wobei sie darauf zu achten hat, dass die Nehmerländer in der Lage sind, die Darlehen einschließlich der Zinsen zurückzahlen. Die Zinssätze orientieren sich am 6-Monats-Libor[188]. Je nach Darlehensart wird entweder ein über die Laufzeit fester Zinsaufschlag erhoben oder der Zinssatz wird halbjährlich den Refinanzierungskosten angepasst. Demgegenüber gewährt die der Weltbank angeschlossene (1960 gegründete) Internationale Entwicklungsorganisati-

---

[184] Vgl. IWF [2008d]. Zur HIPC-Initiative siehe genauer Abschnitt 2.4 dieses Kapitels.
[185] Siehe zur Weltbank näher z. B. Vogl [o. Jg.], Driscoll [o. Jg.], Deutsche Bundesbank [2013a: 179 ff.] sowie die Jahresberichte der Weltbank und andere Informationen zur Weltbank auf ihrer Homepage http://www.worldbank.org/.
[186] International Bank for Reconstruction and Development.
[187] Manchmal wird der Begriff „Weltbank" auch für diese vier Finanzierungsinstitutionen zusammen verwendet.
[188] LIBOR ist die Abkürzung für „London Interbank Offered Rate". Es handelt sich dabei um einen Referenzzinssatz, zu dem Banken mit erstklassigem Rating anderen Banken am Londoner Börsenplatz Kredite in bestimmten Währungen und zu bestimmten Laufzeiten überlassen.

on (IDA) Kredite zu günstigeren Bedingungen an die ärmsten Länder. Die Kredite sind unverzinslich, 10 Jahre tilgungsfrei und haben eine Laufzeit von 25–40 Jahren.

Die Weltbank (IBRD) und die IDA vergeben Darlehen bzw. Kredite an Länder, d. h. an deren Regierungen oder Regierungsbehörden. Demgegenüber fördert die 1956 gegründete Internationale Finanz-Corporation (IFC) die privatwirtschaftliche Initiative in den Entwicklungsländern. Sie finanziert gemeinsam mit privaten Kapitalgebern die Errichtung, Modernisierung und Erweiterung produktiver privater Unternehmen, sofern nicht in genügendem Umfang privates Kapital zu angemessenen Bedingungen erhältlich ist. Einer Darlehens- oder Kreditzusage geht wie üblich auch bei der Weltbank (IBRD) und der IDA eine Analyse der allgemeinen wirtschaftlichen Lage des Kreditnehmers (des jeweiligen Mitgliedslandes) und eine anschließende Projektprüfung voraus. Nach erfolgter Zusage überwacht die Weltbank das zu finanzierende Vorhaben von den ersten Anfängen bis zur Vollendung in allen Einzelheiten. Es gehört dabei auch zu ihrer Aufgabe, die Entwicklungsländer in wirtschaftlichen, technischen und organisatorischen Fragen zu beraten.

Eine wesentliche Aufgabe der Weltbankgruppe besteht auch darin, die Entwicklungshilfe zu *koordinieren*. Dies geschieht einmal durch die bereits erwähnte Kofinanzierung mit anderen Geldgebern. Darüber hinaus engagiert sie sich auch seit Jahren bei der Bildung von Koordinierungsgruppen. Das Ziel dieser Gruppen ist, die Entwicklungsprogramme einzelner Länder und ihre Finanzierung in Zusammenarbeit mit interessierten Geberländern und internationalen Institutionen abzustimmen. Auch der 1966 erfolgten Gründung des „Internationalen Zentrums zur Beilegung von Investitionsstreitigkeiten" (ICSID), das darum bemüht ist, das Klima für private Auslandsinvestitionen zu verbessern, gingen langjährige Koordinierungsvorarbeiten der Weltbank voraus. Außerdem unterhält die Weltbank enge Beziehungen zu anderen internationalen Organisationen, insbesondere zum IWF[189] und zu den Vereinten Nationen und ihren Unterorganisationen, was eine Voraussetzung für einen effizienten Koordinierungsprozess darstellt.

2.3 Organisation und Finanzierung

Die Weltbank (IBRD) hatte im Jahr 2013 188 Mitglieder. Bevor ein Land Mitglied bei der Weltbank werden kann, muss es erst mal Mitglied des IWF sein und die damit verbundenen Verpflichtungen übernehmen[190]. Insofern kann man die Weltbank auch als ein „Anhängsel" des IWF bezeichnen[191]. Auch die interne Organisationsstruktur der Weltbank entspricht weitgehend der des IWF.

---

[189] So ist 1974 ein „Gemeinsamer Entwicklungsausschuss von Weltbank und IWF" gegründet worden.
[190] Die Mitgliedschaft bei der Weltbank ist wiederum Voraussetzung für die Mitgliedschaft bei der IDA und der IFC.
[191] Die Weltbank ist vergleichsweise die größte internationale Organisation. Sie hat sich inzwischen schon zu einem größeren „Unternehmen" entwickelt. Sie hat derzeit weltweit rund 10.000 Mitarbeiter aus über 160 Ländern. Der IWF beschäftigt dagegen „nur" rund 2400 Mitarbeiter aus 143 Ländern.

An der Spitze der Weltbank steht ein Gouverneursrat, für den jedes Mitgliedsland einen Vertreter (in der Regel den Wirtschafts- oder Finanzminister bzw. den Notenbankpräsidenten) sowie einen Stellvertreter ernennt. Der Gouverneursrat überträgt wiederum die meisten politischen Entscheidungen auf ein Exekutivdirektorium, das wie beim IWF zusammengesetzt ist. Bei Abstimmungen richtet sich auch hier das Stimmengewicht des einzelnen Landes nach der Höhe seines Kapitalanteils, der wiederum die relative wirtschaftliche Stärke des Landes widerspiegelt. Allerdings verfügen alle Mitglieder, unabhängig von ihren Kapitalanteilen, über eine Mindeststimmenzahl – das gilt sowohl für die Weltbank als auch für den IWF. Die USA halten allein rund 15,3 %, gefolgt von Japan mit 8,3 %, Deutschland mit 4,4 % und China mit rund 5,4 %. Die in der Gruppe der Acht zusammengeschlossenen Volkswirtschaften waren zusammen mit China und Indien 2013 mit rund 53 % am Gesamtkapital beteiligt. Dementsprechend dominierend war die Stellung dieser Volkswirtschaften in der Weltbank.

Die Weltbank im engeren Sinne, die IBRD, refinanziert ihre Ausleihungen zum größten Teil über Mittel, die sie an den internationalen Kapitalmärkten aufnimmt. Daneben spielen inzwischen auch die Rückflüsse aus früher gewährten Darlehen eine bedeutende Rolle. Demgegenüber haben die Kapitaleinzahlungen der Mitglieder der Weltbank als Finanzierungsquelle an Bedeutung abgenommen. Um Kreditausfälle in gewissem Umfang selbst tragen zu können, bildet die Weltbank aus ihrem alljährlich erzielten Gewinn Rücklagen[192]. Im Finanzjahr 2012 vergab die IBRD Kredite in Höhe von 20,6 Milliarden US-Dollar für 93 Projekte, was gegenüber dem Finanzjahr 2010, als sich die Finanz- und Schuldenkrise zuspitze, einen Rückgang des Kreditvolumens um 53 % (gemessen in US-Dollar) darstellte. Hauptempfänger im Finanzjahr 2012 waren Europa und Zentralasien und Lateinamerika mit jeweils 30 % an empfangenen Mitteln, gefolgt von Ostasien und dem Pazifischen Raum mit 26 %. Im Unterschied zur IBRD verleiht die IDA ihre Mittel zinslos. Von daher ist sie auf Kapitalzeichnungen und sonstige zinslose Beiträge ihrer Mitglieder angewiesen. Daneben erhält sie seit 1964 regelmäßig jährliche Zuschüsse aus den Weltbankgewinnen. Im Finanzjahr 2012 ging die IDA Verpflichtungen in Höhe von 14,8 Milliarden US-Dollar ein. Hauptempfänger im Finanzjahr 2012 war Afrika mit 50 % an empfangenen Mitteln, gefolgt von Südasien mit 36 % und Ostasien und dem Pazifischen Raum mit 0,8 %[193]. Indien alleine empfing 2,7 Milliarden US-Dollar und war somit größter Einzelempfänger von IDA-Mitteln. Was die IFC anbelangt, so finanziert diese ihre Tätigkeit hauptsächlich durch Einzahlungen der Mitgliedsregierungen auf das Grundkapital, durch Kreditaufnahmen bei der IBRD sowie aus ihren laufenden Gewinnen.

2.4 Entwicklungsprozess

In den 1960er Jahren noch hatte sich die Kreditvergabe der Weltbank vor allem auf Großprojekte im Bereich der Infrastruktur konzentriert (ca. 60 % der gesamten

---

[192] Zu näheren Informationen siehe die Veröffentlichungen der Weltbank sowie Deutsche Bundesbank [2013a: 187 ff.].
[193] Vgl. World Bank [2012].

Kreditvergabe). Dieser Anteil war bis Anfang der 1980er Jahre auf knapp ein Drittel zurückgegangen und beschränkte sich insbesondere auf Instandhaltungsmaßnahmen bestehender Infrastruktur und Exploration von Erdöl und Gas. Zunehmend wurde als Ziel eine stärkere Förderung der privaten Wirtschaft und eine steigende Qualität und Konkurrenzfähigkeit des Leistungsangebots der heimischen Industrie angestrebt. Nicht-projektgebundene Ausleihen sind in den letzten Jahrzehnten zunehmend wichtiger geworden. Auch werden heute stärker als früher umweltbezogene Überlegungen in die gesamten Ausleihe- und entwicklungspolitischen Aktivitäten der Weltbank einbezogen. Auch die „Rolle der Frauen in der Entwicklung" ist in den letzten Jahren zu einem weiteren Schlüsselthema für die Weltbank geworden. Für beide Bereiche sind neue Abteilungen in der Weltbank eingerichtet worden.

Die Weltbank-(gruppe) betont zunehmend auch ihre Funktion als eine Art Katalysator für den Anreiz von Mittelströmen in Entwicklungsländer. Von besonderer Bedeutung ist in diesem Zusammenhang die Kofinanzierung von IBRD- und IDA-Projekten mit anderen (öffentlichen und privaten) Kapitalgebern. Zur gleichen Zeit spielt die Weltbank eine wichtige Rolle als Mittler zwischen Entwicklungsländern und privaten Kapitalgebern. Indem sie mit ihrer Bonität für das aufgenommene Geld geradesteht, eröffnet sie vielen Entwicklungsländern überhaupt erst die Möglichkeit zu solchen Kreditaufnahmen. Zudem gründete die Weltbank 1988 eine neue Tochterorganisation, die „Multilateral Investment Guarantee Agency" (MIGA), deren Aufgabe es ist, eine Versicherung für private Investoren gegen politische Risiken wie Gesetzesänderungen, Devisenbeschränkungen oder auch Enteignung, Krieg und politische Unruhen anzubieten. Ein weiterer thematischer Schwerpunkt der Weltbank besteht inzwischen im Kampf gegen AIDS. In diesem Zusammenhang wurde 2006 mit dem ASAP, dem AIDS Strategy & Action Plan, ein neues Programm initiiert[194]. Dieses soll insbesondere den afrikanischen Volkswirtschaften dabei helfen, fundierte und effektive Strategien zur Bekämpfung von AIDS zu entwickeln. Der ASAP beinhaltet unter anderem die gemeinsame Erörterung und Beurteilung von potenziellen Strategien, finanzielle und technische Unterstützung bei der Entwicklung von Strategien und Bekämpfungsplänen sowie die Schulung und Weiterbildung von Politikern und Fachpersonal.

Ein Aufgabengebiet, das in den vergangenen Jahren immer mehr in den Vordergrund gerückt ist, liegt in der *armutsorientierten Entwicklungsfinanzierung*. So wurde 1996 auf einen gemeinsamen Vorschlag der Weltbank und des IWF die Initiative zur Unterstützung stark verschuldeter armer Länder HIPC („Debt Initiative for Heavily Indebted Poor Countries") ins Leben gerufen. Mithilfe eines von der Weltbank verwalteten Fonds sollte es armen Ländern ermöglicht werden, dem Prozess fortwährender Umschuldung zu entkommen und ihre Schuldenlast auf ein Niveau zu reduzieren, das die betreffenden Länder durch Exporteinnahmen, externe Hilfe sowie Kapitalzuflüsse bedienen können. Im Rahmen dieses Programms verpflichteten sich die bilateralen, multilateralen und kommerziellen Gläubiger, durch ein international koordiniertes Vorgehen die Schulden der ausgewählten Schuldnerländer auf

---

[194] Vgl. World Bank [2011]. Siehe hierzu die entsprechende Website der Weltbank http://www.worldbank.org/asap.

ein tragbares Maß zu reduzieren. Dieses wurde individuell für jedes Land bestimmt anhand des Verhältnisses der Schulden zum Export sowie des Schuldendienstes zum Export. Für das erste Kriterium galt ein Grenzwert von 200–250 Prozent und für das Zweite ein Grenzwert von 20–25 Prozent. Für eine Förderung durch diese Initiative konnten sich Länder qualifizieren, die sich auch nach Anwendung der traditionellen Mechanismen zur Reduktion der Schuldenlast einem langfristig nicht tragbaren Bestand an Schulden gegenübersahen. Die ausgewählten Länder mussten sich im Gegenzug verpflichten, ihre makroökonomische Politik dem Ziel der Schuldenreduktion anzupassen sowie strukturelle und sozialpolitische Reformen durchzuführen. Im Mittelpunkt der Reformen im Bereich des sozialen Sektors standen insbesondere die Verbesserung der Gesundheits- und Bildungspolitik.

Bis Ende des Jahres 2012 haben 23 der 39 hoch verschuldeten, für die HIPC-Initiative zugelassenen Länder den „Completion Point" (Vollendungszeitpunkt) erreicht. Zu diesem Zeitpunkt ist der vereinbarte Schuldenerlass vollzogen. Dieser Zeitpunkt ist abhängig von der Erfüllung zugesagter Reformmaßnahmen[195]. Weitere 3 Länder (Eritrea, Somalia und der Sudan) sind im Entscheidungsprozess über die Entschuldung. Die Erfahrungen der entschuldeten Länder haben gezeigt, dass die Schuldenentlastung durchaus einen wichtigen Beitrag leisten kann. In den bislang entschuldeten Ländern stieg der Anteil der Sozialausgaben beträchtlich an: von unter sieben Prozent des BIP im Jahr 2000 auf über neun Prozent des BIP im Jahr 2009. Sambia und Uganda nutzten die Mittel beispielsweise für Ausgaben im Gesundheitsbereich und schafften die Gebühren für die medizinische Grundversorgung ab.

Ein weiteres Instrument der Weltbankgruppe im Zusammenhang mit der armutsorientierten Entwicklungsfinanzierung besteht in der Vergabe von *Mikrokrediten*. Zugrunde liegt die Erkenntnis, dass eine Verbesserung der Lebensqualität von in Entwicklungsländern lebenden Menschen schon mit geringen finanziellen Mitteln möglich ist[196]. Heute lebt ein Großteil der Menschen in Entwicklungsländern ohne einen Zugang zu Finanzdienstleistungen zu besitzen – beispielsweise 20 % der Bevölkerung in Kenia und Nicaragua, ein Drittel der Bevölkerung in Argentinien und Bangladesch oder sogar um die 50 Prozent in Brasilien und Südafrika. Der Zugang zu Finanzdienstleistungen wird dabei als erster Schritt angesehen, um der Armut zu entrinnen, indem es den Menschen ermöglicht wird, ihren Einkommensfluss zu glätten, Kaufkraft aufzubauen, wenn größere Ausgaben (z. B. Schulgeld) zu tätigen sind oder um sich gegen unvorhergesehene Ereignisse abzusichern (Naturkatastrophen). Dementsprechend hat sich die Weltbankgruppe verpflichtet, den Aufbau eines nachhaltigen Mikrokreditwesens zu fördern und völlig verarmten Menschen den Zugang zu geringen finanziellen Mitteln zu ermöglichen. Im Zuge dessen stellt die Welt-

---

[195] Eine Übersicht und Chronologie der Entschuldungsinitiative sowie weitere Hintergrundinformationen finden sich z. B. unter BMZ [2014].

[196] Der Erfinder des Systems der Vergabe von Mikrokrediten ohne Sicherheiten an arme Bevölkerungsschichten und quasi Begründer der Microfinance-Bewegung ist *Muhammed Yunus*. Für seinen Beitrag zur Armutsbekämpfung durch Mikrokredite wurden Yunus und seine Grameen-Bank 2006 mit dem Friedensnobelpreis ausgezeichnet; vgl. z. B. Ringle [2008]. Für einen Überblick über die Thematik Microfinance siehe beispielsweise Armendariz und Murdoch [2010] oder World Bank [2013].

bankgruppe nicht nur finanzielle Mittel bereit, sondern betätigt sich ebenso in der Förderung von Mikrokreditinstitutionen und dem Aufbau einer Mikrokreditinfrastruktur. Zu diesem Zweck hat die IFC bis zum Jahr 2013 über 3 Milliarden US-Dollar investiert – allein im Finanzjahr 2013 402 Millionen US-Dollar.

3. Das Allgemeine Zoll- und Handelsabkommen von Genf (GATT) und die Welthandelsorganisation (WTO)

3.1 Entstehung

Das Allgemeine Zoll- und Handelsabkommen von Genf, GATT[197] (General Agreement on Tariffs and Trade), ist am 1.1.1948 in Kraft getreten. Es geht zurück auf Bemühungen um eine wirtschaftliche Neuordnung der Welt, die zunächst allgemein in der „Atlantic-Charta" (1941) und dann in der „Charta der Vereinten Nationen" (1945) formuliert wurden. Es stellt die teilweise Verwirklichung eines ursprünglich wesentlich umfassender geplanten internationalen Abkommens dar. So wurde nach dem Zweiten Weltkrieg auf Initiative der USA hin innerhalb der Vereinten Nationen der Versuch unternommen, die gestörten internationalen Handelsbeziehungen wieder in Gang zu bringen. In der sogenannten „Havanna-Charta" wurde angeregt, eine Internationale Handelsorganisation (ITO[198]) zu gründen, die die handelspolitische Ergänzung des Internationalen Währungsfonds (IWF) sein sollte. Nachdem jedoch später verschiedene Unterzeichnerstaaten, insbesondere die USA, die Havanna-Charta nicht ratifizierten, wurde ein zwischenzeitlich (1947) von 23 Staaten geschlossenes Teilabkommen, eben das sogenannte GATT, zur Dauereinrichtung[199]. Erst 1994 wurde auf einer Ministerkonferenz in Marrakesch die Welthandelsorganisation WTO gegründet, die 1995 in Kraft trat und das „Provisorium" GATT abgelöst hat. Die Schaffung der WTO[200] ist eines der Ergebnisse der sogenannten Uruguay-Runde (Welthandelsrunde von 1986–1994). Im Gegensatz zum GATT wurde mit der WTO eine Welthandelsordnung mit dem Status einer internationalen Organisation etabliert. Die WTO stellt eine Sonderorganisation der Vereinten Nationen (UN) zur Gestaltung zwischenstaatlicher Handelsbeziehungen mit Sitz in Genf dar. Die Organisation zählte im Jahr 2013 159 Mitglieder, die über 97 % des Welthandels betreiben – außerdem gibt es rund 25 Beitrittskandidaten.

3.2 Ziele und Aufgaben

Die allgemeinen Ziele der WTO (wie auch des früheren GATT) sind: Erhöhung des Lebensstandards, Sicherung der Vollbeschäftigung und des wirtschaftlichen Wachstums in den Mitgliedstaaten, Förderung der bestmöglichen Ausnutzung der

---

[197] Vgl. zum GATT näher z. B. Dam [1977], Jackson [1990], Senti [2000] und Deutsche Bundesbank [2003: 158 ff.].
[198] International Trade Organisation.
[199] Das GATT enthält die handelspolitischen Grundsätze des Kapitels VI der späteren, bis heute nicht ratifizierten Havanna-Charta.
[200] Vgl. zur WTO z. B. Deutsche Bundesbank [2003: 154 ff.] sowie für weitere Informationen auf der Homepage der WTO http://www.wto.org/.

Produktionsquellen der Welt und Intensivierung des internationalen Warenaustauschs. Zusätzliche WTO-Ziele sind: die Liberalisierung des Agrar- und Dienstleistungshandels sowie der Schutz des geistigen Eigentums. Nach den Bestimmungen des GATT sollten diese Ziele insbesondere durch die Befolgung nachstehender Grundsätze erreicht werden:

- Grundsatz der Liberalisierung
- Grundsatz der Gegenseitigkeit oder Reziprozität
- Grundsatz der Nicht-Diskriminierung oder der Meistbegünstigung.

Der *Grundsatz der Liberalisierung* besagt, dass tarifäre und nichttarifäre Handelsbeschränkungen (Protektionismus) abgebaut werden sollen. Der schrittweise Abbau von Zöllen (und auch von nicht-tarifären Handelsbeschränkungen) ist die Zielsetzung multilateraler Zollverhandlungen – auch „Zollrunden" genannt. Bisher gab es acht solcher Zollrunden, die sich jeweils über mehrere Jahre hingezogen haben. Die bislang letzte war die „Uruguay-Runde", die nach 8 Jahren Handelsverhandlungen abgeschlossen wurde[201]. Der *Grundsatz der Gegenseitigkeit oder Reziprozität* drückt aus, dass handelspolitische Erleichterungen gegenseitig sein sollten. Das heißt, wenn ein Land einem anderen eine Zollvergünstigung zugesteht, so soll dies umgekehrt auch geschehen. Der *Grundsatz der Nicht-Diskriminierung oder Meistbegünstigung* bedeutet, dass Handelsvergünstigungen („Präferenzen"), die ein Mitgliedsland einem anderen Land zubilligt, auch den übrigen Mitgliedsländern („Vertragsparteien"[202]) zugestanden werden müssen. Dadurch soll sichergestellt werden, dass nicht einzelne Länder bevorzugt und andere dadurch benachteiligt werden.

Handelspolitisch setzt die WTO die Politik des GATT-Provisoriums fort, über einen zunehmenden weltweiten Handel den internationalen Wohlstand zu fördern. Die wesentlichen Ziele der WTO sind daher die möglichst weite Liberalisierung des internationalen Handels. Die Politik der WTO zielt insbesondere darauf ab, durch spezielle Programme eine Integration der Entwicklungs- und Transformationsländer in den Welthandel zu unterstützen sowie eine internationale Koordination der Wirtschaftspolitiken zu fördern. Des Weiteren überwacht die WTO die nationalen Handelspolitiken und dient als Forum multilateraler Handelsrunden. Zudem wurde eine unparteiische Schiedsstelle für internationale Handelskonflikte (Dispute Settlement Body) geschaffen.

Die WTO besteht aus drei Vertragspfeilern: GATT für den Warenhandel, GATS (General Agreement on Trade in Services) für Dienstleistungen[203] sowie das TRIPS (Agreement on Trade-Related Aspects of Intellectual Property Rights) für Fragen

---

[201] Inzwischen ist eine weitere Zollrunde, die sog. „Doha-Runde", eingeleitet worden, die allerdings bislang (2014) noch nicht zum Abschluss gebracht worden ist. Siehe näher in Abschnitt 3.4.
[202] Das GATT spricht formell nicht von Mitgliedern, sondern von „Vertragsparteien".
[203] Das 1995 zustande gekommene „General Agreement on Trade in Services" (GATS) hat zum Ziel, nationale Hindernisse zum Schutz heimischer Dienstleister, z. B. auf den Gebieten Finanzen, Kommunikation oder Transport, schrittweise abzubauen.

des geistigen Eigentums. Die WTO-Vereinbarungen schließen damit über das bisherige GATT hinausgehend den Handel mit Dienstleistungen sowie mit geistigen Eigentumsrechten ein.

3.3 Organisation

Formalrechtlich war das GATT – im Gegensatz zur WTO – nur ein multilaterales Handelsabkommen, de facto hatte es jedoch den Status einer internationalen Organisation erlangt.

Das oberste Organ des GATT stellte die Vollversammlung der Vertreter der Vertragsparteien dar. Sie tagte einmal jährlich. Zwischen den Vollversammlungen entschied ein „Ständiger Rat", dessen Mitgliedschaft allen Vertragsparteien offen stand, über die anfallenden Probleme. Bevor Entscheidungen mit größerer Tragweite getroffen wurden, fanden gelegentlich Tagungen der zuständigen Minister der Vertragsparteien statt.

Das „GATT-Sekretariat" wie auch das neue WTO-Sekretariat befindet sich in Genf. Ihm wurde 1964 ein „Internationales Handelszentrum" (ITC) angegliedert, das 1968 zur Verbesserung der praktischen Zusammenarbeit zwischen dem GATT und der Welthandelskonferenz der Vereinten Nationen (UNCTAD) in ein „Gemeinsames Internationales Handelszentrum" (Joint GATT/UNCTAD International Trade Centre) umgewandelt wurde. Ihm oblag die Aufgabe, die Entwicklungsländer bei ihren Bemühungen um eine Ausweitung des Exports zu unterstützen, indem sie Informationen über Exportmärkte und über Fragen des Marketing veröffentlicht hat und beim Aufbau von Außenhandelsorganisationen sowie beim Training von Fachleuten aus Entwicklungsländern in Außenhandelsfragen behilflich gewesen ist.

Die Unterzeichnerstaaten des GATT-Abkommens führten nicht die Bezeichnung Mitglieder, sondern „Vertragsparteien". Dem Abkommen konnte jeder Staat beitreten unter den Bedingungen, die zwischen ihm und dem GATT ausgehandelt wurden. Voraussetzung war, dass das beitrittswillige Land bilaterale Zollverhandlungen mit den alten Vertragsparteien führte. Für den Fall, dass in bestimmten Fällen keine Einigung erzielt werden konnte, konnten einzelne alte Vertragsparteien für sich die Anwendung des gesamten Abkommens oder wahlweise nur der eigenen Zollzugeständnisse gegenüber dem beigetretenen Land ausschließen. Mit Einrichtung der WTO zum 1.1.1995 durch die Unterzeichnung des Abkommens der Uruguay-Handelsrunde wurden die „Vertragsparteien" des GATT automatisch „Mitgliedstaaten" der WTO.

Die höchste Autorität der WTO ist die *Ministerkonferenz* aller Vertragsparteien, die in der Regel jedes zweite Jahr zusammentritt. Die tägliche Routinearbeit fällt in den Zuständigkeitsbereich des *Allgemeinen Rats* (General Council), der regelmäßig in Genf zusammentritt. Der Allgemeine Rat tritt auch als Ausschuss zur regelmäßigen Überprüfung der Handelspolitik und als Streitschlichtungsausschuss zusammen.

Entsprechend der drei Vertragspfeiler GATT, GATS und TRIPS (vgl. Abschnitt 3.2) existieren mit dem *GATT-Rat*, dem *GATS-Rat* sowie dem *TRIPS-Rat* drei Organe für sachspezifische Tagesgeschäfte, die dem Allgemeinen Rat untergeordnet sind. Außerdem gibt es noch diverse spezialisierte *Ausschüsse* und *Arbeitsgruppen*.

3.4 Entwicklungsprozess

Das Problem, mit dem das GATT seit seinem Inkrafttreten zu kämpfen hatte, ist das der vielen *Ausnahmeregelungen*[204]. Dadurch erfahren die eben aufgeführten Grundsätze eine erhebliche Relativierung. Die wichtigsten Ausnahmeregelungen sind im Folgenden zusammengefasst:

- Der Grundsatz der Meistbegünstigung wird nicht auf Handelsvergünstigungen angewendet, die bereits bei Inkrafttreten des Abkommens bestanden.

- Die GATT-Statuten gestatten die Bildung von Zollunionen und von Freihandelszonen, obwohl deren konstituierendes Merkmal gerade darin besteht, dass sich deren Mitglieder untereinander Handelsvorteile gewähren, die anderen Ländern vorenthalten bleiben. Der Grundsatz der Meistbegünstigung ist hier also außer Kraft gesetzt.

- Der Grundsatz der Liberalisierung wird dadurch durchbrochen, dass es Vertragsparteien erlaubt ist, zum Schutz ihrer finanziellen Lage gegenüber dem Ausland und zum Schutz ihrer Zahlungsbilanz die Einfuhr zu begrenzen. Letzteres ist auch selektiv möglich, was den Grundsatz der Nicht-Diskriminierung verletzt.

- Schließlich werden die Entwicklungsländer vom Grundsatz der Gegenseitigkeit ausgenommen bzw. befreit. Sie können Handelsvergünstigungen in Anspruch nehmen, ohne ihrerseits solche gewähren zu müssen[205].

Nichtsdestotrotz hatte das GATT in den fünfzig Jahren seiner Tätigkeit beachtliche Erfolge auf dem Weg zu einer freien Handelswelt erzielen können. Während sich die GATT-Handelsrunden zu Beginn auf die Reduzierung der Zolltarife konzentrierten, kamen Mitte der 1960er Jahre Anti-Dumping-Abkommen hinzu. Die Tokyo-Handelsrunde von 1973 bis 1979 brachte erstmals Abkommen über nichttarifäre Handelshemmnisse. Die Uruguay-Runde (1986–1994) brachte erste Ansätze zur Behandlung von Dienstleistungen und Eigentumsrechten im internationalen Handel und institutionalisierte die „Welthandelsorganisation"[206]. Dem GATT blieb aber nicht erspart, häufig kritisiert zu werden wegen zu lascher Verfolgung bzw. Ahndung von Verletzungen seiner Grundsätze. So nahm das GATT mehr oder weniger hin, dass Vertragsparteien laufend gegen seine Bestimmungen verstießen. Allerdings muss dabei beachtet werden, dass ohne eine solche „Durchlöcherung" der Grundprinzipien bzw. ihre Duldung das GATT gar nicht hätte gegründet, geschweige denn so lange aufrechterhalten werden können. Das GATT stellte ebenso wie die anderen internationalen Abkommen und Organisationen einen sogenannten „minimalen Konsens" der Einigungsfähigkeit dar. Auch schon die gewählte Rechtsform eines Handelsabkommens und die Nicht-Ratifizierung der Havanna-Charta spiegelten die begrenzte Konsensfähigkeit der Vertragsparteien gegenüber dem Grundgedanken des Freihandelspostulats wider. Der Grundgedanke des GATT war es, keine

---

[204] Vgl. z. B. Kock [1969] oder Liebich [1971].
[205] Vgl. näher z. B. Feldsieper [1975].
[206] Vgl. WTO [2001: 9 f.].

Vertragspartei zu majorisieren, sondern stets auf einen Ausgleich hinzuwirken. Infolgedessen schrieben die Regeln des GATT vor, dass über jede Angelegenheit Konsultationen geführt wurden, bevor eine Vertragspartei oder die Vertragsgemeinschaft insgesamt gegenüber Abweichlern Vergeltungsmaßnahmen (sogenannte „Retorsionen") ergriffen. Diese konnten bestehen aus der Rücknahme von Zollvergünstigungen, der Nichtgewährung der Meistbegünstigung oder der Anwendung von Einfuhrbeschränkungen. Sie bildeten die einzigen formellen Druckmittel, die das GATT zur Durchsetzung seiner Beschlüsse und Bestimmungen gegenüber abweichenden Vertragsparteien hatte. Doch allgemein gilt für das GATT genauso wie für die anderen internationalen Institutionen, dass eine möglichst weitgehende Annäherung an das Leitbild eines marktwirtschaftlich geordneten, freien Welthandels letztlich nur mit diplomatischem Geschick und beharrlicher Überzeugungsarbeit erreicht werden konnte. Von daher ist auch verständlich, dass das GATT eine Vielzahl von Verstößen gegen seine Bestimmungen legitimierte oder doch zumindest tolerierte.

Ein weiteres Problem, mit dem das GATT im Laufe seiner Entwicklung zu kämpfen hatte, betraf die immer wieder auftretenden Wellenbewegungen eines „neuen Protektionismus"[207]. Man spricht diesbezüglich, wie im 1. Teil schon erwähnt, häufig von „Neo-Merkantilismus" in der Außenwirtschaftspolitik. Als Paradebeispiel wurde dabei vor allem Japan angeführt. Solchen Gefahren eines Rückfalls in den Protektionismus stand auch das GATT mehr oder weniger hilflos gegenüber, da es ja keine Weisungsbefugnis und keine Sanktionsgewalt gegenüber den Mitgliedstaaten (Vertragsparteien) hatte. Dieses Macht- oder Autoritätsdefizit des GATT wurde noch dadurch verstärkt, dass das vermehrte Zustandekommen von regionalen Freihandelsabkommen dazu führte, dass zunehmend am GATT vorbeiregiert wurde. Durch die Umwandlung des GATT in eine Welthandelsorganisation (WTO) mit eigener Rechtspersönlichkeit sollten die Mitglieder stärker zur Einhaltung der GATT-Regeln bewegt werden. Nichtsdestoweniger hatte das GATT auch so eine nützliche Funktion erfüllt, indem es die Verstöße von Vertragsparteien immer wieder offen legte und öffentlich anprangerte, d. h. moralischen Druck auf diese Länder ausübte[208].

Die WTO konnte seit ihrem Bestehen durch das „Dispute-Settlement"-Management zahlreiche Konflikte zwischen Ländern, die bilaterale Abkommen und Übereinkünfte verletzt sahen, lösen, ohne den bilateralen Handel „bedeutend" zu benachteiligen. Die WTO verhandelte seit ihrem Bestehen 1995 bis 1999 über 240 Fälle, im Vergleich dazu musste sich das GATT in seinem gesamten 50jährigen Bestehen bis dahin mit „nur" rund 300 Fällen auseinandersetzen[209]. Als Erfolge der erst jungen Organisation werden außerdem der Beitritt Chinas nach fünfzehnjähriger Verhandlungszeit sowie die Einberufung der Handelsrunde von Doha angesehen.

---

[207] Vgl. z. B. Krauss [1979].
[208] Vgl. hierzu z. B. Dam [1977, 1982].
[209] Vgl. WTO [1999].

Die erste WTO-Welthandelsrunde – die sogenannte *Doha-Runde* – befand sich lange Zeit in einer Sackgasse[210]. Seit dem ersten Treffen 2001 in Doha, Katar, konnte bis 2012 keine Einigung erzielt werden. Im Wesentlichen zeichnete sich ein Nord-Süd-Konflikt ab, der zusammen mit der Uneinigkeit in Agrarfragen dazu führte, dass die Doha-Runde mehrfach unterbrochen wurde. Das Ziel eine Einigung in den Kernfragen bei Agrar-, Industriegütern und Dienstleistungen zu erreichen, wurde insbesondere durch die Differenzen zwischen den USA und China und Indien über die Ausgestaltung des „Speziellen Schutzmechanismus" (Special Safeguard Mechanism) für Entwicklungsländer im Agrarbereich behindert[211].

Als Folge des Scheiterns der WTO-Verhandlungen ist ein starker Auftrieb für bilaterale und regionale Abkommen zu beobachten gewesen. So verhandeln momentan die USA und die EU über eine Transatlantisches Handels- und Investitionspartnerschaft. Es besteht die Gefahr, dass ein unübersichtliches Dickicht an solchen Handelsabkommen entsteht und die Transaktionskosten im Welthandel zunehmen. Ferner ist dann mit einer wachsenden Ungleichheit im internationalen Handel zu rechnen, da nicht alle Nationen in gleichem Maße an diesem Prozess partizipieren können und insbesondere die Industrieländer über eine größere Verhandlungsmacht, als die Entwicklungsländer verfügen[212].

Erst 2013 wurde in Bali ein Durchbruch bei der Doha-Runde erzielt. Zwar umfasst das Abkommen von Bali nur rund ein Zehntel der in der ersten WTO-Welthandelsrunde festgelegten Punkte. Wäre die Konferenz jedoch ergebnislos geblieben, hätte das der Reputation der WTO als Schlichterin in Handelsstreitigkeiten sowie als Hüterin multilateraler Regeln erheblich geschadet. Das Abkommen sieht im Wesentlichen die Abschaffung von Exportsubventionen in der Landwirtschaft sowie den Abbau bürokratischer Einfuhrhemmnisse vor. Die Entwicklungsländer erhalten zudem einen besseren Zugang zu den Märkten der Industrie- und Schwellenländer und zusätzliche finanzielle Hilfen[213]. Wann und mit welchem Ergebnis die Doha-Runde ihren endgültigen Abschluss findet, bleibt allerdings abzuwarten.

---

[210] Für einen Überblick über die Doha-Runde sowie eine Chronologie der Ereignisse siehe z. B. die Homepage der WTO http://www.wto.org/english/tratop_e/dda_e/dda_e.htm.
[211] Vgl. http://www.wto.org/english/news_e/news08_e/meet08_summary_29july_e.htm. Für eine ausführliche Zusammenfassung über die Verhandlungen im Einzelnen siehe BMWI [2012].
[212] Vgl. Koopmann und Straubhaar [2006]. Zu dieser Entwicklung sowie potenziellen Lösungsansätzen für die zum Stillstand gekommenen WTO-Verhandlungen siehe auch Baldwin und Thornton [2008].
[213] Vgl. Siems [2013].

4. Die Organisation für Wirtschaftliche Zusammenarbeit und Entwicklung (OECD)

4.1 Entstehung

Die OECD[214] (Organization for Economic Cooperation and Development) ist das bedeutendste wirtschaftspolitische Kooperationsgremium der westlichen Industrieländer. Ihr gehören inzwischen 34 Länder an, darunter alle bedeutenden westlichen Industrieländer. Die OECD ist 1961 aus der Organisation für Europäische Wirtschaftliche Zusammenarbeit (OEEC[215]) hervorgegangen. Die OEEC war 1948 gegründet worden, um die amerikanische Wirtschafts- und Finanzhilfe zum Wiederaufbau Europas (Marshall-Plan) durch eine enge wirtschaftliche Kooperation der europäischen Empfängerstaaten optimal zu nutzen. Die damals 17 Mitgliedstaaten setzten sich folgende gemeinsame Ziele: Wirtschaftswachstum, Modernisierung des Produktionsapparates, Liberalisierung des Handels, Konvertierbarkeit der Währungen sowie hohe Beschäftigung bei innerer und äußerer Währungsstabilität. Bedeutsam für die friedliche Verwirklichung dieser Ziele war der von der OEEC ausgehende Zwang zur Koordinierung, durch den die Solidarität zwischen den früher zum Teil verfeindeten europäischen Ländern gestärkt wurde. Die dabei entwickelten Verfahren der multilateralen Konsultation sind auch zu einer der wichtigsten Grundlagen für die Arbeit der heutigen OECD geworden.

Nachdem Ende der 1950er Jahre diese Ziele weitgehend erreicht waren und außerdem die USA eine stärkere Beteiligung Westeuropas an der Hilfe für die Entwicklungsländer verlangte sowie inzwischen neu gegründete Organisationen wie die EU und die EFTA (siehe unten) originäre Funktionen der OEEC übernommen hatten, lag es nahe, die OEEC grundlegend zu reformieren und ihr neue Aufgaben zu übertragen. Mit der Gründung der OECD, der auch Kanada und die USA beitraten[216], wurde 1961 die OEEC aufgelöst. 2007 startete die OECD Beitrittsverhandlungen mit fünf weiteren Volkswirtschaften: Chile, Estland, Israel, Russland und der Slowakei, die alle mit Ausnahme Russlands bis 2013 der OECD beigetreten sind. Außerdem vertieft die OECD seit 2007 ihr Engagement in Brasilien, China, Indien, Indonesien sowie Südafrika – in diesen Ländern sieht die OECD angesichts ihres wachsenden weltwirtschaftlichen Gewichts potenzielle Beitrittskandidaten. In Tabelle 2–2 ist eine Übersicht über die derzeitigen Mitgliedsländer gegeben.

---

[214] Vgl. zur OECD näher z. B. Hahn und Weber [1976], OECD [1978], Deutsche Bundesbank [2013a: 157 ff.] sowie die Homepage der OECD http://www.oecd.org/.
[215] Organization for European Economic Cooperation.
[216] In späteren Jahren sind dann auch Japan, Finnland, Australien und Neuseeland Vollmitglieder der OECD geworden.

Tabelle 2–2: OECD-Mitglieder und Anteil an den Beitragszahlungen (in %)

Australien	2,83	Luxemburg	0,37
Belgien	1,52	Mexiko	2,42
Chile	1,43	Neuseeland	0,74
Dänemark	1,14	Niederlande	2,15
Deutschland	7,91	Norwegen	1,42
Estland	1,43	Österreich	1,3
Finnland	0,99	Polen	1,34
Frankreich	6,03	Portugal	0,92
Griechenland	1,08	Schweden	1,42
Großbritannien	5,31	Schweiz	1,79
Irland	0,84	Slowakei	0,45
Island	0,30	Slowenien	1,43
Israel	1,43	Spanien	3,51
Italien	4,81	Tschechische Republik	0,86
Japan	12,88	Türkei	1,49
Kanada	3,69	Ungarn	0,70
Korea	2,49	Vereinigte Staaten	21,58

Quelle: OECD (Stand: 2013)

4.2 Ziele und Aufgaben

Die OECD hat sich im Artikel 1 ihrer Konvention zum Ziel gesetzt:

- einen Beitrag zu leisten zur optimalen Wirtschaftsentwicklung und Beschäftigung sowie zu steigendem Lebensstandard in ihren Mitgliedstaaten unter Wahrung der finanziellen Stabilität,
- das wirtschaftliche Wachstum zu fördern, dies sowohl in ihren Mitgliedsländern als auch in den Entwicklungsländern,
- die Ausweitung des Welthandels zu unterstützen.

Zu ihren Aufgaben gehört die Koordinierung der Hilfe für Entwicklungsländer und hilfsbedürftige OECD-Länder ebenso wie die Erörterung handelspolitischer Fragen und die Zusammenarbeit in der allgemeinen Wirtschafts- und Währungspolitik. Besonders Letzteres hat in den letzten Jahrzehnten die OECD zur herausragenden weltwirtschaftlichen Koordinierungsinstitution in der Weltwirtschaftspolitik werden lassen. Mit der politischen und ökonomischen Wende in Mittel- und Osteuropa und dem damit einhergehenden Transformationsprozess ist der OECD ein neues Aufgabenfeld zugewachsen.

4.3 Organisation und Finanzierung

Das leitende Organ der in Paris ansässigen OECD ist der „Rat". In ihm sind alle Mitgliedsländer durch die Leiter von Ständigen Delegationen (Botschafter) vertreten. Der Rat tagt in der Regel einmal jährlich, und zwar auf Ministerebene. Bei Entscheidungen und Empfehlungen im Rat ist Einstimmigkeit vorgeschrieben. Allerdings kann ein Mitglied durch Stimmenthaltung erreichen, dass es von der Entscheidung oder Empfehlung nicht betroffen wird, ohne diese zu blockieren.

Die Sitzungen des Rates werden normalerweise durch einen „Exekutivausschuss" vorbereitet. Der größte Teil der praktischen Arbeit wird dagegen in den „Fachausschüssen" geleistet. In ihnen sitzen Mitglieder der Ständigen Delegationen und Vertreter der jeweils zuständigen nationalen Behörden der OECD-Länder. Auch Angehörige des „Sekretariats" der OECD nehmen an den Sitzungen teil. Das Sekretariat bereitet die Arbeitsunterlagen für die Ausschüsse vor. Dem „Generalsekretär" stehen derzeit etwa 2.500 Mitarbeiter zur Seite.

Die OECD unterscheidet sich von anderen internationalen Organisationen wie der EU, dem IWF oder dem WTO dadurch, dass sie erstens (im Gegensatz etwa zur EU) alle für den internationalen Wirtschaftsverkehr wichtigen westlichen Industrieländer umfasst, zweitens (im Gegensatz etwa zu IWF, WTO und UNCTAD) keine Mitglieder aus dem Entwicklungsraum und (früher) aus dem Ostblock hat(te)[217] und drittens eine wesentlich „flexiblere" Arbeitsweise aufweist.

Was die *Finanzierung* anbelangt, so erfolgt die Beitragsbemessung (wie schon im Falle der OEEC) nach dem Volkseinkommen eines Landes. Der größte Beitragszahler ist die USA, deren Beitrag ein Fünftel des OECD-Budgets entspricht, gefolgt von Japan mit 13 % und Deutschland mit knapp 8 % (siehe Tabelle 2–2). Das Budget der OECD betrug im Finanzjahr 2013 354 Millionen Euro.

4.4 Entwicklungsprozess

Der Koordinierungsgedanke

Die OECD arbeitet im Stil einer permanenten Organisation internationaler diplomatischer Konferenzen. Ihre Ergebnisse schlagen sich nur selten in Aufsehen erregenden Beschlüssen oder Entscheidungen nieder. Meist bleibt es bei gemeinsamen Beratungen mit dem Ergebnis von „Empfehlungen". Es geht dabei vor allem um die Erzielung und Feststellung einer Übereinstimmung in der Beurteilung anstehender Probleme. Jedoch geht die Zielsetzung über einen reinen Informationsaustausch hinaus. Sie umfasst auch die Gewinnung der gemeinsamen Erkenntnis sowie die stetige Erinnerung an die gegenseitige Abhängigkeit und damit die Interdependenz nationaler Wirtschaftspolitiken. Daraus folgt dann u. U. die Überzeugung, dass eine permanente Abstimmung nationaler Wirtschafts- und Währungspolitiken notwendig ist.

---

[217] Dies ist bedeutsam, da dadurch die Interessen- und Zielkonflikte der Mitgliedsländer geringer sind.

Die Vorteile einer solchen internationalen Abstimmung bzw. Zusammenarbeit wurden den Mitgliedsländern in den letzten Jahrzehnten aufgrund des oben beschriebenen Prozesses der rapide zugenommenen internationalen Verflechtung immer deutlicher. Dabei kommt der OECD als Koordinierungsorganisation entgegen, dass in ihr vorwiegend nur hoch entwickelte Industrienationen mit marktwirtschaftlicher Ausrichtung organisiert sind, die gemeinsamen Problemen gegenüberstehen, die sich vor allem in einer Verletzung der Ziele Preisniveaustabilität, Vollbeschäftigung, Wachstum, Energieversorgung und Zahlungsbilanzgleichgewicht ausdrücken. Dies minimiert die Konfliktpotenziale. Die weltwirtschaftliche Bedeutung der OECD kam zudem dadurch zum Ausdruck, dass in ihr alle das Weltwirtschaftssystem dominierenden Staaten mit Ausnahme von Russland und China vertreten sind. Dies erlaubt der OECD zum Beispiel auch, eine wichtige Rolle zu spielen in der Vorbereitung bestimmter „Wirtschaftsgipfel", die Vorbildfunktion hatten für die sogenannten „Weltwirtschaftsgipfel", die seit Mitte der 1970er Jahre eine herausragende Bedeutung im weltwirtschaftspolitischen Koordinierungsprozess erlangt haben. Mit diesen „Weltwirtschaftsgipfeln" beschäftigt sich der Abschnitt II unten.

Veränderung der wirtschaftspolitischen Strategievorstellungen

In den letzten Jahrzehnten haben verschiedene Entwicklungen zu einer weltweiten Veränderung der wirtschaftspolitischen Kurs- und Strategievorstellungen geführt. Die OECD bzw. deren Wirtschaftspolitischer Ausschuss hat hierbei eine Art Katalysator- oder Koordinierungsfunktion ausgeübt. Andererseits beeinflussten diese Entwicklungen auch die interne Machtstruktur sowie die wirtschaftspolitischen Strategievorstellungen der OECD selbst. Die zentralen Entwicklungen, die dazu geführt haben, waren folgende:

(1) *Die Zurückdrängung der dominanten Rolle der USA.* Bis Anfang der 1970er Jahre waren die USA eindeutig die dominierende Macht innerhalb der OECD, sowohl was die Beeinflussung der Konjunkturabläufe in den einzelnen Mitgliedstaaten anbelangte als auch was die Koordinierung der Wirtschafts- und Währungspolitik betraf. Vor allem zwei Entwicklungen trugen dazu bei, dass sich diese dominante Stellung der USA seitdem stetig verringert hat. Zum einen führte die wirtschaftliche Erstarkung der Länder Westeuropas, insbesondere der Bundesrepublik Deutschland, sowie die rasante Wirtschaftsentwicklung in Japan dazu, dass neue Zentren wirtschaftlicher Macht entstanden, was natürlich auch gewisse Schwergewichtsverlagerungen innerhalb der OECD mit sich gebracht hat. Zum anderen waren auch politische Ereignisse wie der Vietnamkrieg, der „Watergate"-Skandal und die daraus entstandenen inneramerikanischen Identitätszweifel verantwortlich dafür, dass die dominierende Stellung der USA unterhöhlt wurde.

(2) *Die Schockeinflüsse in den 1970er Jahren.* Die Weltwirtschaft wurde in den 1970er Jahren von außergewöhnlich starken Schockeinwirkungen heimgesucht. Die beiden zentralen Schocks waren zum einen der Zusammenbruch des Währungssystems von Bretton Woods und zum anderen die beiden Ölpreiserhöhungen 1973 und 1979. Dies führte zu unerwarteten Krisenerscheinungen und dementsprechend zu neuen Anpassungszwängen, die die Schwerpunktsetzung wirtschaftspolitischer Ziele innerhalb der OECD veränderten. So produzierten die beiden Ölkrisen weltweite Energieumstellungszwänge sowie Inflationsspiralen. Die Schwerpunktsetzung in der

Wirtschaftspolitik veränderte sich folglich weg von traditioneller Wachstums- und Beschäftigungspolitik hin zu Strukturpolitik und Inflationsbekämpfung. Allerdings ging dieser Umstellungsprozess nur allmählich vonstatten. Während nach der ersten Ölkrise 1973 viele Länder noch traditionelle Nachfrage- und Beschäftigungspolitik betrieben, veränderte sich das Politikverhalten erst nach der zweiten Ölkrise 1979 grundlegend. Angesichts einer immer stärker um sich greifenden Geldentwertung gingen die meisten Länder Ende der 1970er Jahren zu harten Restriktionsmaßnahmen über, um die Inflationserwartungen „auszutrocknen". Außerdem wurde zunehmendes Augenmerk auf die Anregung der Angebotskräfte gelegt („Angebotspolitik"), um so einen inflationsfreien Aufschwung zu ermöglichen.

Die OECD und ihre Ausschüsse spielten bei dieser weltweiten Umorientierung der Wirtschaftspolitik eine wesentliche Rolle. Sie versuchten, den politisch Verantwortlichen über Anregungen und Empfehlungen ein international kompatibles Verhalten nahe zu legen, um die einzelnen Mitgliedsländer vor national-egoistischen Entscheidungen zu bewahren. Die OECD – und in kleinerer Zusammensetzung die „Weltwirtschaftsgipfel" (siehe unten) – bildete(n) sozusagen das Forum für den internationalen Abstimmungsprozess. Dabei ging es vor allem darum, im Anpassungsprozess an die Schockeinflüsse und ihre Folgen die nationalen Politikstrategien so abzustimmen, dass die negativen Externalitäten (d. h. die ungewollten, da die anderen Mitglieder oder die Gemeinschaft insgesamt schädigenden, Handlungsfolgen) nationaler Aktionen minimiert wurden. Hierzu wurde es als entscheidend angesehen, bei den Mitgliedsländern einen Konsens über den richtigen wirtschaftspolitischen Kurs zu erzielen. Dieser richtige Kurs wurde von der OECD von der zweiten Hälfte der 1970er Jahre an in einer mittelfristig angelegten wirtschaftspolitischen Strategie, die der Preisniveaustabilisierung den Vorrang gab, gesehen. Insbesondere nach der zweiten Ölkrise 1979 wurde die kompromisslose Inflationsbekämpfung als die notwendige Grundlage dauerhaften Wachstums, der Rückgewinnung von Vollbeschäftigung und der Beseitigung von außenwirtschaftlichen Ungleichgewichten betrachtet und propagiert.

(3) *Das Umdenken innerhalb der Volkswirtschaftslehre.* Neben den eben geschilderten „realen" Entwicklungen spielten auch die Umdenkprozesse innerhalb der Volkswirtschaftslehre eine Rolle für die Neuorientierung der OECD und ihrer Mitglieder. Jede Regierung und jede transnationale Organisation hält sich ihre wirtschaftspolitischen Berater aus der Wissenschaft, und über diese beeinflussen Änderungen in den Denktraditionen der Wirtschaftswissenschaften mit einer zeitlichen Verzögerung auch die politische Praxis. Nun hat innerhalb der Makroökonomie in den 1970er Jahren eine „Revolution" stattgefunden hinsichtlich der Analysemethoden wie auch der wirtschaftspolitischen Vorschläge. Durch die Einführung des Konzepts rationaler Erwartungen und der Spieltheorie[218] erfuhren die wirtschaftspolitischen Wirkungsableitungen der Makroökonomen eine entscheidende Änderung. Nicht mehr diskretionäre Politik wird seitdem überwiegend empfohlen, sondern zunehmend haben Ökonomen, auch solche keynesianischer Provenienz, zu re-

---

218 Spieltheorie ist eine formale Sprache zur Beschreibung und Analyse von Konfliktsituationen und Koordinationsproblemen in strategischen Entscheidungssituationen.

gelgebundener Politik geraten (wobei allerdings die Zeit der Regelfestlegung umstritten ist). Die traditionelle keynesianische Denkschule in der Makroökonomie mit ihren typischerweise diskretionären Politikvorschlägen geriet folglich stark in die Defensive. Erst in den letzten beiden Jahrzehnten konnte sie sich hiervon etwas erholen. Doch konnte sie ihre „Identität" nur bewahren unter starken Zugeständnissen an die analytischen Ansprüche ihrer Kritiker. Dies aber änderte die wirtschaftspolitischen Vorschläge vieler ihrer Anhänger insoweit, als diese nunmehr ebenfalls kurzfristigen Ad-hoc-Lösungen abschwuren und angebotspolitische Strategien stärker mit berücksichtigten[219].

(4) *Die Herausforderungen der weltwirtschaftlichen Verflechtung.* Wie andere Akteure und internationale Organisationen sieht sich die OECD einem sich wandelnden wirtschaftlichen Umfeld und insbesondere aus dem Globalisierungsprozess entstehenden Herausforderungen gegenüber. Um in einem zunehmend globalen Wirtschaftsumfeld nicht an Bedeutung einzubüßen, hat sich die OECD zum Ziel gesetzt, zu einem Zentrum für den Dialog bezüglich Aspekten von systemischer Bedeutung zu entwickeln und im Rahmen dessen Regierungen sowie die Gesellschaft allgemein dabei zu unterstützen, die Chancen der Globalisierung in seiner gesamten Tragweite zu nutzen[220]. Ein neuer Aufgabenschwerpunkt der OECD liegt dabei in der Unterstützung beim Design, der Förderung und der Implementierung von strukturellen Reformen, um die wirtschaftliche Leistungsfähigkeit ihrer Mitglieder zu verbessern.

5. Weitere Koordinierungsinstitutionen

Neben den oben geschilderten Institutionen hat es in den letzten Jahrzehnten noch eine ganze Reihe weiterer mehr oder minder bedeutender weltwirtschaftspolitischer Institutionen gegeben. Hierzu zählen die Bank für Internationalen Zahlungsausgleich (BIZ) und die Konferenz der Vereinten Nationen für Handel und Entwicklung (UNCTAD) sowie weitere regionale Organisationen (z. B. regionale Entwicklungsbanken)[221].

---

[219] Nach der jüngsten Finanzkrise allerdings wurde diese Umorientierung wieder etwas zurückgenommen. Zu einer ausführlichen Darstellung dieser Entwicklungen siehe Wagner [2014a].

[220] Vgl. OECD [2008]. Die OECD spricht in diesem Zusammenhang vom "(...) 'pursuit of relevance' on the challenges of our time, (...)"; vgl. OECD [2008: 7].

[221] Eine während der letzten Jahrzehnte bedeutsame, hier jedoch nicht behandelte internationale Organisation auf wirtschaftspolitischem Gebiet ist die „Europäische Freihandelsassoziation" (EFTA). In der 1960 gegründeten *„Europäischen Freihandelsassoziation" (EFTA)* hatten sich einige der europäischen Industrieländer zu einer Freihandelszone zusammengeschlossen, für die ein Beitritt zur *Europäischen Wirtschaftsgemeinschaft (EWG)* aus politischen oder wirtschaftlichen Gründen nicht in Betracht kam. Ihre Intention war es, gegenüber der EWG ihre Interessen zu wahren und ihre Verhandlungsposition zu verbessern. [Wie oben schon erläutert, unterscheidet sich eine Freihandelszone von einer Zollunion dadurch, dass ihre Mitglieder in der Außenzollpolitik (gegenüber Drittländern) autonom sind. Innerhalb der Freihandelszone gibt es jedoch wie bei einer Zollunion weder Zölle noch mengenmäßige Beschränkungen.] Im Zuge der EU-Erweiterungen wurden immer mehr EFTA-Länder Mitglieder der EU. Seit 1995 sind nur noch die Schweiz, Liechtenstein, Norwegen und Island in der EFTA vertreten.

5.1 Die Bank für Internationalen Zahlungsausgleich (BIZ)

Entstehung

Die Gründung der Bank für Internationalen Zahlungsausgleich, BIZ[222] (Englische Bezeichnung: „Bank of International Settlements"), ist 1930 als Teil der Ergebnisse der Haager Konferenz vom Januar 1930, die die Reparationszahlungen Deutschlands aus dem Ersten Weltkrieg (sog. Young-Plan) regelte, vollzogen worden. Die BIZ nahm ihre Tätigkeit im Mai 1930 in Basel aufgrund eines Abkommens zwischen den Regierungen Belgiens, Deutschlands, Frankreichs, Großbritanniens, Italiens und Japans einerseits sowie der Schweiz andererseits auf. Vor und während des Zweiten Weltkriegs kam die Geschäftstätigkeit der BIZ fast zum Erliegen. Danach allerdings wurde sie wieder aktiv, so als Agent für die intereuropäischen Zahlungs- und Kompensationsabkommen 1948/50 und ab Mitte 1950 für die Europäische Zahlungsunion (EZU) und später auch für andere Institutionen. Außerdem wurde die BIZ als Agent für das (1979 beendete) Abkommen über eine Wechselkursgarantie zwischen Zentralbanken von Mitgliedstaaten der OECD bestellt.

Ziele und Aufgaben

Die Aufgabe der BIZ besteht darin, die Zusammenarbeit der Zentralbanken zu fördern sowie neue Möglichkeiten für internationale Finanzgeschäfte zu schaffen und als Treuhänder oder Agent bei den ihr aufgrund von Verträgen mit den beteiligten Parteien übertragenen internationalen Zahlungsgeschäften zu wirken. Die BIZ übernimmt für die beteiligten Zentralbanken oder internationalen Institutionen auch traditionelle Bankfunktionen.

Nach den Statuten der BIZ ist diese berechtigt, eine ganze Reihe von Geschäften durchzuführen, z. B. Gold- und Devisengeschäfte, die Verwahrung von Gold, Diskont- und Lombardgeschäfte mit Zentralbanken, Kauf und Verkauf von börsengängigen Wertpapieren (ausgenommen Aktien) für eigene Rechnung und für Rechnung von Zentralbanken und internationalen Organisationen. Ferner kann sie Konten bei Zentralbanken unterhalten und ihrerseits Einlagen von Zentralbanken annehmen. Dagegen sind ihr eine Reihe von anderen Geschäften untersagt, wie z. B. die Notenausgabe, die Akzeptierung von Wechseln und die Kreditgewährung an Regierungen oder Finanzdienstleistungen für Privatkunden und Unternehmen. Sie bezeichnet sich deshalb auch als „Bank der Zentralbanken".

Die BIZ fungiert darüber hinaus als Zentrum für Währungs- und Wirtschaftsforschung. Sie bietet den beteiligten Parteien ein Forschungs- und Diskussionsforum für Währungs- und Finanzmarktfragen. Im Rahmen dieser Aufgabe sammelt und veröffentlicht sie umfangreiche statistische Daten und gibt Empfehlungen mit dem Ziel, das internationale Finanzsystem zu stärken. Ein Beispiel dafür ist der Baseler Ausschuss für Bankenaufsicht („Baseler Akkord"). Eine weitere Aufgabe der BIZ ist

---

[222] Vgl. zur BIZ näher z. B. Deutsche Bundesbank [2013a: 121 ff.] sowie die Jahresberichte der BIZ und weitere Informationen auf ihrer Homepage http://www.bis.org.

es, bei Krisen oder Schieflagen im internationalen Finanzsystem Finanzierungen zu unterstützen und durchzuführen. So hat sie z. B. im Fall der Mexiko-Krise 1982 und der Brasilien-Krise 1998 IWF-Maßnahmen durchgeführt.

Organisation und Finanzierung

Die drei wichtigsten Entscheidungsebenen in der Führung und Verwaltung der BIZ sind die Generalversammlung der Mitgliedszentralbanken, der Verwaltungsrat und der Generaldirektor. Die alljährliche Generalversammlung findet nach Beendigung des Geschäftsjahres statt. Derzeit sind 60 Institutionen teilnahme- und stimmberechtigt. Der bis zu 21 Mitglieder umfassende Verwaltungsrat legt die strategische Ausrichtung der Bank und die Geschäftspolitik fest und ist für die Überwachung der Geschäftsleitung verantwortlich. Sechs der Mitglieder sind Ex-officio-Mitglieder: die Zentralbankpräsidenten Belgiens, der Bundesrepublik Deutschland, Frankreichs, Großbritanniens und Italiens sowie der Vorsitzende des Board of Governors des Federal Reserve System der USA. Diese dürfen jeweils einen weiteren Vertreter ihrer Nationalität benennen. Die Statuten erlauben nicht mehr als 9 weitere Zentralbankpräsidenten. Gegenwärtig sind dies die Zentralbankpräsidenten der Volksrepublik China, Japans, Kanadas, Mexikos, der Niederlande, Schwedens und der Schweiz sowie der Präsident der Europäischen Zentralbank. Dem Generaldirektor, der von der Geschäftsleitung unterstützt wird, obliegt die Geschäftsführung. 2013 waren bei der Bank 647 Personen aus 54 Ländern beschäftigt.

Die BIZ hat die Rechtsform einer Aktiengesellschaft. Aktionäre der BIZ dürfen seit 2001 nur noch die Zentralbanken selbst sein. Das genehmigte Kapital der Bank beträgt drei Milliarden Sonderziehungsrechte. Es zerfällt in 600.000 Aktien von gleichem Nennwert, die in drei Tranchen von je 200.000 Aktien aufgeteilt sind. Alle gezeichneten Aktien sind nur zu 25 % ihres Nennwertes eingezahlt. Die restliche Einzahlung kann nach Ermessen des Verwaltungsrats mit dreimonatiger Ankündigung eingefordert werden[223].

Entwicklungsprozess

Die BIZ hat seit Anfang der 1960er Jahre eine große Bedeutung erlangt bei der statistischen Erfassung der internationalen Finanzmärkte und als Diskussionsforum der auf diesen Märkten entstehenden Probleme. So melden seit 1964 die Zentralbanken der OECD-Länder vierteljährlich die Ausgleichsforderungen und -verbindlichkeiten der Banken an die BIZ. Diese bereitet die Daten statistisch auf und veröffentlicht sie mit einem Kommentar. Dies ist nur einer von mehreren Beiträgen der BIZ zur Verbesserung der Transparenz der internationalen Finanzmärkte. Des Weiteren fördert die BIZ die internationale Kooperation der Notenbanken insofern, als sie den räumlichen und organisatorischen Rahmen für die persönlichen Begegnungen der Zentralbankgouverneure bei den regelmäßig stattfindenden Verwaltungssitzungen schafft.

---

[223] Vgl. BIZ [2006b].

Die BIZ hat seit ihrem Bestehen verschiedene Agenten- und Treuhänderaufgaben übernommen. So hat sie z. B. für den „Europäischen Fonds für währungspolitische Zusammenarbeit" die Aufgaben eines Agenten wahrgenommen und ab 1986 aufgrund eines Vertrages mit 18 europäischen Banken zudem die Funktion als Clearingstelle der privaten ECU übernommen. Die BIZ übernahm z. b. auch im Zusammenhang mit der Umschuldung der brasilianischen Auslandsschulden im Jahr 1994 Aufgaben als Pfandhalter zur Haltung und Anlage von Sicherheiten. Im Rahmen ihrer Dienstleistungen als Bank der Zentralbanken hat sie in den 1980er Jahren auch einzelnen Zentralbanken mit Unterstützung führender Zentralbanken Finanzhilfe geleistet. Dies geschah in den meisten Fällen in Zusammenhang mit Finanzierungsvereinbarungen des IWF und der Weltbank.

Während die Zusammenarbeit der Zentralbanken unter dem Dach der BIZ in den 1970er und 1980er Jahren darauf abzielte die Folgen der Öl- und Verschuldungskrisen zu handhaben, fokussiert die BIZ ihre Tätigkeiten in den letzten Jahren zunehmend auf Fragen der Finanzstabilität. So unterstützt die BIZ zusammen mit anderen Organisationen die Arbeit des Financial Stability Forum (FSF), der internationalen Vereinigung der Versicherungsaufsichtsbehörden (IAIS) und der internationalen Vereinigung der Einlagensicherungen (IADI), deren Sekretariate beim BIZ angesiedelt sind. Überdies ist die Bank in den vergangenen zwei Jahrzehnten insbesondere auf dem Gebiet der Aufsicht und Regulierung aktiv geworden. Dabei arbeitet die BIZ vor allem an der Weiterentwicklung des „Baseler Akkord". Bereits seit 1988 existiert der Baseler Ausschuss für Bankenaufsicht und die Baseler Eigenkapitalvereinbarung – der sogenannte Basel-I-Akkord. Am 26. Juni 2004 haben die Notenbankgouverneure der G10 und die Leiter der Aufsichtsbehörden der Rahmenvereinbarung über die neue Eigenkapitalempfehlung für Kreditinstitute (Basel II) zugestimmt. Die jüngste Finanzkrise hat zu Anpassungen des regulatorischen Aufsichtsrahmens auf internationaler (und nationaler) Ebene geführt. In diesem Zusammenhang sollten die im Zuge der Finanzkrise identifizierten Schwachstellen im regulatorischen Regelwerk beseitigt werden[224]. Nachdem sich die Notenbankpräsidenten und Leiter der Aufsichtsbehörden der 27 wichtigsten Wirtschafts- und Finanzstaaten im September 2010 auf strengere Eigenkapitalvorschriften einigten, veröffentlichte der Baseler Ausschuss für Bankenaufsicht im Dezember 2010 das neue Basel-III-Rahmenwerk.

5.2 Die Konferenz der Vereinten Nationen für Handel und Entwicklung (UNCTAD)

Entstehung

Die UNCTAD[225] (United Nations Conference on Trade and Development) wurde 1964 gegründet. Der gesellschaftspolitische Hintergrund ihrer Entstehung war der

---

224 Siehe hierzu 3. Teil:III.4.2.4.
225 Vgl. zur UNCTAD näher z. B. Deutsche Bundesbank [2003: 176 ff.], auf der Heide [2003] sowie die Jahresberichte der UNCTAD („Trade and Development Report") und weitere Informationen auf ihrer Homepage http://www.unctad.org/.

Folgende. Die in der Nachkriegszeit entstandene Weltwirtschaftsordnung beschränkte sich weitgehend auf die Lösung des Allokations- und des Stabilitätsproblems. Das Allokationsproblem besteht in der Zuweisung der in verschiedenen Ländern vorhandenen knappen Ressourcen auf alternative Verwendungszwecke nach bestimmten Optimalitätsgesichtspunkten. Dieses Problem versuchte man durch die auf Freihandel zielenden Regeln des GATT zu lösen. Das Stabilitätsproblem besteht in der Vermeidung von Inflation und Deflation. Diesem Problem versuchte man insbesondere durch die auf innere und äußere Stabilität zielende Organisation des IWF und der Weltbank entgegenzutreten. Dagegen wurde das Verteilungsproblem weitgehend vernachlässigt. Das heißt, die entstandene Ordnung enthielt keine – allgemein akzeptierte – Verteilungsregel. Dies gilt insbesondere für das GATT. Durch die zunehmende Entkolonialisierung im 20. Jahrhundert war hierdurch ein Verteilungskonflikt zwischen den „befreiten" Entwicklungsländern und den Industrieländern vorprogrammiert. Die Weltwirtschaftsordnung der Nachkriegszeit konnte nicht verhindern, dass die Einkommensschere zwischen Industrie- und Entwicklungsländern immer größer wurde. Folglich fanden die Entwicklungsländer ihre wirtschaftlichen Belange in den bestehenden internationalen Organisationen (IWF, Weltbank, GATT) nicht hinreichend berücksichtigt.

Die verteilungspolitisch motivierte Kritik der Entwicklungsländer schlug sich unter anderem darin nieder, dass diese schon früh auf eine zusätzliche internationale Organisation drängten. Als Reaktion hierauf beschlossen die Vereinten Nationen (UN) am 30. Dezember 1964, die sogenannte „Welthandelskonferenz" (UNCTAD) als ein ständiges Organ der UN-Vollversammlung zu errichten.

Ziele und Aufgaben

Die der UNCTAD übertragenen Aufgaben bestehen darin:

- den internationalen Handel zu fördern, vor allem im Hinblick auf eine beschleunigte wirtschaftliche Entwicklung,
- die Tätigkeit anderer UN-Institutionen auf dem Gebiet des internationalen Handels und der wirtschaftlichen Entwicklung zu koordinieren,
- Grundsätze und Richtlinien für den internationalen Handel und die hiermit verbundenen Fragen der Wirtschaftsentwicklung zu formulieren und den internationalen Handel zu fördern,
- als Zentrum für die Harmonisierung des Handels und der hiermit verbundenen Entwicklungspolitik von Regierungen und regionalen Wirtschaftsgruppen zur Verfügung zu stehen,
- multilaterale Handelsabkommen zu fördern.

Diese Aufgaben überschneiden sich stark mit der Zielsetzung des GATT/ der WTO. Die UNCTAD setzt jedoch besondere Schwerpunkte in dem Bereich wirtschaftliche Entwicklung. Es gibt auch eine gewisse Zusammenarbeit zwischen GATT/WTO und UNCTAD, und zwar in Form der gemeinsamen Unterhaltung des schon erwähnten „UNCTAD-GATT International Trade Centre".

Organisation

Der Sitz der UNCTAD ist in Genf. Als Mitglieder sind alle Länder zugelassen, die entweder in den Vereinten Nationen, den Sonderorganisationen der UN oder der Internationalen Atomenergiebehörde vertreten sind. Das oberste Gremium der UNCTAD ist die „Vollversammlung". Sie tritt in der Regel alle vier Jahre zusammen. Zwischen diesen Sitzungsperioden nimmt der seit 1980 zweimal jährlich tagende „Welthandels- und Entwicklungsrat" (WHR; engl. Bezeichnung: Trade and Development Board (TDB)) die Organisationsaufgaben wahr. Die Sekretariatsaufgaben werden wie beim GATT von einem Generalsekretariat in Genf wahrgenommen.

Der Organisation gehörten 2013 194 Mitgliedsländer an, davon mehr als drei Viertel Entwicklungsländer. Die Mitgliedstaaten sind in vier regionalen Gruppen organisiert: die afroasiatischen Entwicklungsländer in der Gruppe A, die westlichen Industrieländer in der Gruppe B, die lateinamerikanischen Länder in der Gruppe C und die osteuropäischen Länder in der Gruppe D.

Die Resolutionen der UNCTAD besitzen für ihre Mitglieder keinen rechtsverbindlichen Charakter. Doch bedeutet Zustimmung eine gewisse moralische Verpflichtung.

Entwicklungsprozess

Die Entwicklungsländer der Gruppen A und C hatten sich schon vor der ersten UNCTAD-Tagung in der „Gruppe der 77" zusammengeschlossen, die bis auf 133 Mitglieder angewachsen ist. Diese Gruppe hat von Anfang an die UNCTAD majorisiert und deren Ausrichtung, d. h. die Ergebnisse der bisherigen UNCTAD-Vollversammlungen, dominiert. In ihr wurden die Resolutionen mit den oft als überzogen bezeichneten Forderungen der Entwicklungsländer entwickelt. Diese Gruppe sieht es als ihre Aufgabe an, die Stellung der Entwicklungsländer gegenüber den Industrieländern zu stärken. Dabei neigt sie stark protektionistischen Tendenzen zu. Dies schlägt sich nieder in Forderungen der UNCTAD nach Gewährung einseitiger Zollerleichterungen (Zollpräferenzen), günstigeren Verschuldungsmöglichkeiten, Einschränkung des Wettbewerbs von Substitutionsprodukten, Schaffung weltweiter Rohstoffabkommen usw. Außerdem fordern die Entwicklungsländer in der UNCTAD seit Längerem, die Befugnisse der UNCTAD als Institution zu erweitern und ihr eine Art Oberhoheit über den IWF, die Weltbank und das GATT einzuräumen. Die westlichen Industrienationen betrachteten die UNCTAD dagegen lediglich als ein Diskussionsforum und wollten die Aktivitäten der Organisation straffen. Wie bereits angesprochen, überschneiden sich die Zielsetzungen und Aufgaben der UNCTAD mit denen der WTO. Durch deren Gründung 1995 stellte sich vor dem Hintergrund der verschiedenen Interessenblöcke die Frage nach der Existenzberechtigung der UNCTAD. Auf der 9. Welthandels- und Entwicklungskonferenz (1996) in Midrand/Frankreich wurde das Fortbestehen der Konferenz beschlossen und die Arbeit auf einige handels- und entwicklungspolitische Schwerpunkte zur Förderung der Entwicklungsländer festgelegt. Auf der 12. Welthandels- und Entwicklungskonferenz in Accra/Ghana (2008) wurden Strategien zur Nutzung der Chancen der Globalisierung besprochen. Im Accra-Akkord verpflichtete sich die internationale Gemeinschaft darauf hinzuarbeiten, den Globalisierungsprozess als Mittel zur Reduzierung der Armut in den Entwicklungsländern zu nutzen. Des Weiteren sieht der Akkord vor, dass die UNCTAD ihre Arbeit zum Thema Rohstoffe vertieft.

6. Regionale Organisationen

6.1 Die Europäische Union (EU)

6.1.1 Entstehung

Nach unzähligen kriegerischen Auseinandersetzungen auf dem europäischen Kontinent, welche im Zweiten Weltkrieg gipfelten, wollte man einem nachhaltigeren Frieden den Boden bereiten. Dazu wurden in zähen Verhandlungen sukzessiv einige Institutionen geschaffen, welche zwischenstaatliche Zusammenarbeit forcieren sollten. Die heutige Europäische Union (EU)[226] ist das Ergebnis eines darauf aufbauenden Entwicklungsprozesses, den ich in Kapitel 1.4 etwas näher erläutern werde. Sie ging aus der 1957 gegründeten „Europäischen Wirtschaftsgemeinschaft" hervor. Die Europäische Wirtschaftsgemeinschaft (EWG) wurde als eine Teilorganisation der „Europäischen Gemeinschaft" (EG) gegründet, die neben der EWG auch die „Europäische Gemeinschaft für Kohle und Stahl" (EGKS oder Montanunion) sowie die „Europäische Atomgemeinschaft" (EAG oder EURATOM) umfasst hat. Im Unterschied zu den anderen bisher besprochenen internationalen Organisationen ist die EU regional fokussiert und hat eine eigene Rechtsordnung. Letzteres ist zentral insofern, dass das europäische Vertragswerk deutlich weiter geht als das typischer internationaler Organisationen – man bezeichnet die EU auch als einen supranationalen Herrschaftsverband eigener Art (*sui generis*).

6.1.2 Ziele und Aufgaben

Von Beginn an zielten die Verträge auf die Integration der beteiligten Volkswirtschaften als Ganzes. Die im Kern auch heute noch geltenden Ziele wurden damals formuliert: die harmonische Entwicklung des Wirtschaftslebens, stetiges und ausgewogenes Wirtschaftswachstum, Stabilität, Steigerung der Lebensqualität sowie engere Beziehungen zwischen den Mitgliedstaaten. Dies soll erreicht werden mittels der Schaffung binnenmarktähnlicher Wettbewerbsverhältnisse durch die „Errichtung eines Gemeinsamen Marktes" und „die schrittweise Annäherung der Wirtschaftspolitik der Mitgliedstaaten". Zentrales Element hierbei ist die Koordinierung der nationalen Politiken. Um die sogenannten „vier Freiheiten" zu verwirklichen (freier Personen-, freier Waren-, freier Dienstleistungs- und freier Kapitalverkehr – s. u.), ist die EU in vielen Politikbereichen tätig. So betreibt sie u. a. eine Solidaritätspolitik (auch bekannt als Kohäsionspolitik) gegenüber den Regionen, in der Landwirtschaft und in sozialpolitischen Bereichen sowie eine Innovationspolitik, die in Bereichen

---

[226] Zur EU und ihren Vorläufern vgl. näher z. B. Harbrecht [1984], Hasse [1989], Deutsche Bundesbank [1990], Wagner [1998a], Weindl [1999] sowie Weidenfeld und Wessels [Hrsg., 2011]. Die EU ist kein weltumspannendes, sondern ein regionales Koordinationsgremium. Sie soll hier vor allem auch deswegen etwas ausführlicher dargestellt werden, weil sie in vielerlei Hinsicht eine „Vorbildfunktion" besitzt für viele regionale und internationale Integrationsbemühungen.

wie Umweltschutz, Forschung und Entwicklung (FuE) und Energie allerneuesten Techniken zum Durchbruch verhilft[227].

Bereits Ende der 1960er Jahre waren bestimmte Kernstücke des Gemeinsamen Marktes verwirklicht. Auch im Bereich der wirtschaftspolitischen Koordinierung gab es viele Fortschritte. 1999 wurde eine gemeinsame Währung – der Euro – eingeführt. Die Ziele der Union wurden über die Zeit immer konkreter und um soziale und nachhaltige Komponenten erweitert. Im Kern aber sind die ursprünglichen Ziele gleich geblieben und formen im Grunde eine europäische Wachstumsstrategie.

6.1.3 Organisation und Finanzierung

Organisation

Die EU manifestiert sich aufbauend auf ihrem Vertragswerk in vielen Organen bzw. Institutionen. An dieser Stelle werden die wichtigsten politischen Organe kurz vorgestellt.[228]

Der *Europäische Rat* ist ein politisches Entscheidungsorgan und verabschiedet regelmäßig allgemeine Leitlinien zu wirtschafts- und sozialpolitischen Fragen und außenpolitischen Erklärungen. Darüber hinaus nimmt der Europäische Rat eine Rolle als „konstitutioneller Architekt" ein, so beispielsweise bei den Verträgen von Amsterdam und Nizza oder auch dem gescheiterten Verfassungsvertrag. Ihm gehören der Ratspräsident, die Staats- und Regierungschefs der Mitgliedstaaten sowie der Präsident der Europäischen Kommission an. Der Europäische Rat tritt mindestens zweimal – in der Regel jedoch drei- bis viermal pro Jahr – zusammen. Entscheidungen werden im Konsens beschlossen – als „Rat in der Zusammensetzung der Staats- und Regierungschefs" auch mit qualifizierter Mehrheit.

Dagegen ist die *Europäische Kommission* das eigentliche Exekutivorgan. Sie ist ausschließlich den Interessen der Gemeinschaft verpflichtet. Sie besteht aus je einem Mitglied pro Mitgliedstaat (sogenannten Kommissaren), die von den Regierungen der Mitgliedstaaten in gegenseitigem Einvernehmen für fünf Jahre ernannt werden. Jeder Kommissar ist für einen bestimmten Arbeitsbereich zuständig, für den wiederum die einzelnen Dienststellen tätig sind. Zu diesem Zweck ist die Kommission administrativ in Generaldirektionen nach einzelnen Sachbereichen wie z. B. Wirtschaft und Währung, Handel oder Entwicklung gegliedert. Zu den Aufgaben und Tätigkeiten der Europäischen Kommission gehört die Entscheidungsvorbereitung, die in der Regel am Anfang eines gemeinschaftlichen Rechtsetzungsverfahrens steht. Im Rahmen dessen unterbreitet sie Vorschläge, die im Wechsel mit anderen Organen behandelt und in Form eines Rechtsakts zum Abschluss gebracht werden. Des Weiteren wirkt die Kommission im Hinblick auf die Entscheidungsfindung in den Rechtsetzungsverfahren neben Rat und Europäischem Parlament mit und kann die Beschlussfassung beeinflussen. Bei der Entscheidungsdurchführung trifft die

---

[227] Siehe hierzu näher die Homepage der EU unter www.europa.eu.
[228] Für eine ausführliche, aktuelle Darstellung siehe www.europa.eu und Wagener und Eger [2014].

Kommission die Entscheidungen zur Durchführung der beschlossenen Rechtsakte und ist für die Ausführung des Haushaltsplans verantwortlich. Im Rahmen der Entscheidungskontrolle überwacht die Europäische Kommission die ordnungsgemäße Anwendung des Gemeinschaftsrechts. Schließlich fungiert die Kommission in den Außenbeziehungen der EU als Verhandlungsführer der Gemeinschaft.

Der *Rat der EU* setzt sich aus den Ministern der Mitgliedstaaten der jeweiligen Fachbereiche zusammen, und wird deswegen auch *Ministerrat* genannt. Er repräsentiert die Vertretung der Mitgliedstaaten im politischen System der EU und verfügt über die zentrale Entscheidungsbefugnis zur Realisierung der vertraglich festgelegten Ziele. Er erlässt zudem Rechtsvorschriften, kann Befugnisse zur Durchführung von Vorschriften an die Kommission übertragen und ist für die Abstimmung der Wirtschaftspolitik der Mitgliedstaaten zuständig. Beschlüsse werden im Ministerrat per Abstimmung gefasst. Je größer die Einwohnerzahl eines Landes ist, desto mehr Stimmen hat es. In sensiblen Politikbereichen wie z. B. der Außen- und Sicherheitspolitik müssen die Beschlüsse einstimmig gefasst werden. In den meisten Fragen beschließt der Ministerrat jedoch mit qualifizierter Mehrheit.

Demgegenüber ist das *Europäische Parlament* die Vertretung der Bürgerinnen und Bürger der EU. Ihm gehörten 2014 766 Abgeordnete aus 28 Nationen[229] an. Das Europäische Parlament ist 1979 zum ersten Mal direkt von den Völkern der Mitgliedstaaten gewählt worden. Ihm wurden ursprünglich nur bestimmte Kontrollrechte gegenüber der Kommission sowie weitgehend Haushaltsbefugnisse zugestanden. Dagegen verfügte es über keine echten legislativen Kompetenzen. Erst die Bestimmungen der 1986 unterzeichneten „Einheitlichen Europäischen Akte" und schließlich der EU-Vertrag von 1993 ermöglichten dem Parlament eine echte Mitwirkung an den Beschlüssen des Ministerrates. Heute beschließt das Europäische Parlament zusammen mit dem Ministerrat Gesetze, die in allen Mitgliedsländern gültig sind. Die Beschlüsse innerhalb des Parlaments werden in der Regel mit absoluter Mehrheit gefasst. Das Parlament kontrolliert die Kommission über verschiedene Wege. Unter anderem muss das Parlament die Kommission bei ihrer Bestellung bestätigen und kann diese auch jederzeit auffordern zurückzutreten.

Neben diesen allgemeinen politischen Organen sind in den Verträgen weitere Institutionen vorgesehen. Dazu gehören der *Europäische Gerichtshof*, die *Europäische Zentralbank*, der *Europäische Wirtschafts- und Sozialausschuss* und einige andere.

Finanzierung

Der EU-Haushalt speist sich aus drei „Eigenquellen" und macht insgesamt ungefähr 1 % des Bruttonationaleinkommens aller Mitgliedstaaten aus. Der Großteil der Mittel kommt aus den Beiträgen der Mitgliedstaaten, die sich an deren Wohlstand orientieren. Sollte sich die Belastung für ein Mitgliedsland als zu groß erweisen, werden Anpassungen vorgenommen. Die übrigen Mittel stammen aus Zöllen auf Erzeugnisse, die in die EU importiert werden – einschließlich Abgaben auf Agrar-

---

[229] Siehe hierzu näher die Homepage des Europäischen Parlaments unter www.europarl.europa.eu/portal/de.

Erzeugnisse, und einem festen Anteil der von den Mitgliedstaaten eingenommenen Mehrwertsteuer, die alle EU-Länder auf Waren und Dienstleistungen erheben. Die Haushaltsmittel der EU fließen fast vollständig über verschiedene Maßnahmen und Programme zurück an ihre Mitgliedstaaten.

Die Prüfung der Ausgaben für den jährlichen Haushalt beginnt im Frühjahr für das darauf folgende Jahr. Die Europäische Kommission ist für die Verwaltung des Haushaltes zuständig und muss sich letztlich gegenüber dem Europäischen Parlament und dem Ministerrat verantworten, bevor der Haushalt im Dezember eines Jahres verabschiedet werden kann. Das Parlament und der Ministerrat können den Haushalt aufschieben oder ganz ablehnen, wenn sie der Meinung sind, große Missstände in der Verwendung der Gemeinschaftsmittel festgestellt zu haben. Die Finanzen der EU unterliegen grundsätzlich der parlamentarischen Überwachung durch das Europäische Parlament – der Haushalt wird verabschiedet, sofern die Mehrheit des Parlaments den Haushalt als Ganzes annimmt. Daneben gibt es noch eine Reihe von Kontrollen und Gegenkontrollen durch den Europäischen Rechnungshof und „OLAF", das unabhängige Betrugsbekämpfungsamt der EU.

Die EU finanziert ihre Politik aus einem jährlichen Haushalt mit einem Volumen von ca. 150 Milliarden Euro. Der jährliche Haushalt ist in einen siebenjährigen Haushaltszyklus eingebettet – der „Finanziellen Vorausschau". Diese Vorausschau wird von der Europäischen Kommission vorgeschlagen und bedarf ebenfalls der Zustimmung des Europäischen Parlaments. Die Finanzielle Vorausschau für 2014–2020 sieht einen Haushalt von 960 Milliarden Euro vor[230].

6.1.4 Entwicklungsprozess

„Der Friede der Welt kann nicht gewahrt werden ohne schöpferische Anstrengungen, die der Größe der Bedrohung entsprechen." R. Schumann, 9. Mai 1950

Mit diesem Satz beginnt die Erklärung des damaligen französischen Außenministers Robert Schumann, welche das Fundament für die Europäische Union legte (später wurde der 9. Mai zum Europatag).

Die EU hat sich seit ihren Anfängen stark verändert. Zum einen ist die Anzahl ihrer Mitglieder angestiegen (Erweiterung) und zum anderen hat die institutionelle Verflechtung stark zugenommen (Vertiefung). Im Folgenden werden kurz einige zentrale Aspekte des Europäischen Entwicklungsprozesses angeführt, um zumindest einen kurzen Einblick in das Ausmaß des Integrationsfortschritts über die Zeit zu gewähren. Dabei beschränke ich mich hier vorwiegend auf die Zusammenfassung einiger stilisierter Fakten.

Gründungsmitglieder waren Belgien, die Bundesrepublik Deutschland, Frankreich, Italien, Luxemburg und die Niederlande. Ihnen schlossen sich bis Ende der 1980er Jahre weitere sechs Länder an: Großbritannien, Irland und Dänemark sowie

---

[230] Vgl. hierzu näher die Informationsseite der Europäischen Union unter http://ec.europa.eu/budget/index_de.cfm.

Griechenland, Portugal und Spanien. 1995 kamen Österreich, Finnland und Schweden hinzu. Im Mai 2004 wurde die Europäische Union um zehn neue Mitgliedsländer vorwiegend aus Mittel- und Osteuropa erweitert: So traten Zypern, die Tschechische Republik, Estland, Ungarn, Lettland, Litauen, Malta, Polen, die Slowakei und Slowenien bei. 2007 sind Bulgarien und Rumänien und am 1. Juli 2013 Kroatien der EU beigetreten (siehe Tabelle 2–3). Ergebnisoffene Beitrittsverhandlungen laufen mit Mazedonien, Island, Montenegro, Serbien und der Türkei.

Tabelle 2–3: Übersicht der EU-Mitgliedsstaaten

Land	Beitritt EU	Euro-Einführung	Einwohner (in Mio.)
Belgien	25.03.1957 (Gründungsmitglieder)	1999	10,4
Deutschland		1999	81,0
Frankreich		1999	66,3
Italien		1999	61,7
Luxemburg		1999	0,5
Niederlande		1999	16,9
Dänemark	01.01.1973	–	5,6
Irland		1999	4,8
Großbritannien		–	63,7
Griechenland	01.01.1981	2001	10,7
Spanien	01.01.1986	1999	47,7
Portugal		1999	10,8
Österreich	01.01.1995	1999	8,2
Finnland		1999	5,3
Schweden		–	9,7
Zypern	01.05.2004	1999	1,2
Slowenien		2007	2,0
Malta		2008	0,4
Slowakische Republik		2009	5,4
Estland		2011	1,3
Lettland		2014	2,2
Litauen			3,5
Tschechische Republik			10,6
Ungarn			9,9
Polen			38,3
Bulgarien	01.01.2007		6,9
Rumänien			21,7
Kroatien	01.07.2013		4,5

Quelle der Bevölkerungszahlen: CIA, Central Intelligence Agency, The World Factbook, 2014

Bereits in der sogenannten Schumann-Erklärung vom 9. Mai 1950 wurde grob ein Plan für die fortschreitende Europäische Integration verfasst. So folgte 1951 die Gründung der Europäischen Gemeinschaft für Kohle und Stahl (EGKS) und 1957 der Europäischen Wirtschaftsgemeinschaft (EWG) und Europäische Atomgemeinschaft (EAG oder Euratom). Die EGKS und EAG zielten auf die friedenssichernde Koordinierung kriegswichtiger Branchen ab. Die EWG beinhaltete das Herzstück des künftigen Integrationsprozesses: das Ziel der Schaffung eines umfassenden, „Gemeinsamen Marktes". Dieser bezeichnet einen von allen Wirtschaftsgrenzen (Zöllen, Handelsbeschränkungen u. a.) befreiten Wirtschaftsraum, in dem der Verkehr von *Menschen, Waren, Dienstleistungen* und *Kapital* an den Grenzen nicht behindert wird (die sogenannten vier Grundfreiheiten). Dies impliziert, dass gemeinschaftliche Wettbewerbsregeln eingerichtet und nationale Rechts- und Verwaltungsvorschriften vereinheitlicht bzw. angeglichen werden. Organisatorisch wurden die drei Gemeinschaften (EGKS, EWG und EAG) Ende der 1960er Jahre zusammengelegt – damit war die Europäische Gemeinschaft (EG) geboren.

Der Weg zum Gemeinsamen Markt war zäh und er ist im Grunde bis heute nicht vollkommen. Kernaspekte, wie die Zollunion (Abschaffung der Binnenzölle und Errichtung einheitlicher Außenzölle) und der freie grenzüberschreitende Verkehr von Menschen, wurden jedoch bereits Ende der 1960er Jahre verwirklicht. Anfang der 1970er Jahre setzten die Staats- und Regierungschefs der Mitgliedstaaten daraufhin neue Ziele für die Weiterentwicklung der Gemeinschaft zu einer Wirtschafts- und Währungsunion und schließlich zu einer Europäischen Union. So verabschiedete der Rat der EG 1971 auf der Grundlage des sogenannten Werner-Plans eine Grundsatzentscheidung, die die stufenweise Verwirklichung der Wirtschafts- und Währungsunion bis zum Jahre 1980 vorsah.

Wegen der weltweiten Währungskrisen und der Rezession nach der ersten Ölkrise erwies es sich allerdings als unmöglich, diesen Ratsbeschluss umzusetzen. In der Folgezeit trat der Gedanke an eine Wirtschafts- und Währungsunion für eine Weile in den Hintergrund. Erst ab Mitte der 1980er Jahre erlebte er eine Renaissance. So wurde im Februar 1986 in Luxemburg von den Staats- und Regierungschefs der Mitgliedstaaten die Einheitliche Europäische Akte unterzeichnet, die u. a. beinhaltete: die Vollendung des Binnenmarktes bis Ende 1992 (insbesondere durch Anwendung von Mehrheitsentscheidungen in bestimmten Bereichen), die Stärkung der Befugnisse des Europäischen Parlaments und der Kommission, die Aufnahme von Regelungen über die Zusammenarbeit bei der Wirtschafts- und Währungspolitik in das Vertragswerk und die vertragliche Festlegung einer europäischen Zusammenarbeit in der Außenpolitik.

Die von der Kommission im sogenannten Binnenmarktprogramm zur Schaffung eines einheitlichen Wirtschaftsraumes genannten fast 300 Einzelmaßnahmen konnten zum 31.12.1992 nahezu vollständig realisiert werden. Damit besteht der Europäische Binnenmarkt offiziell seit dem 1.1.1993. Davon profitierte vor allem der grenzüberschreitende Verkehr von Kapital, welcher bis Anfang der 1990er Jahre noch stark reguliert war. Fast alle Mitgliedstaaten (mit Ausnahme der Bundesrepublik Deutschland und Großbritannien) wandten immer noch Kapitalverkehrskontrollen an. Erst durch die Ratifizierung des Maastricht-Vertrags am 1. November 1993 konnten hier deutlich sichtbare Fortschritte erzielt werden.

Der Maastricht-Vertrag konkretisierte auch einen Plan für die Schaffung der Währungsunion. In drei Stufen wurde die gemeinsame Währung dann 1999 auch Realität (siehe Tabelle 2–4). Im währungspolitischen Bereich bedeutete dies eine vollständige Übertragung der nationalen Kompetenzen auf das neu geschaffene Europäische Zentralbankensystem. Im nicht-monetären Bereich sollte dies durch eine intensivere Koordination der nationalen makroökonomischen Politiken begleitet werden, um negative Auswirkungen des Gemeinsamen Marktes auf die interne und externe gesamtwirtschaftliche Situation zu vermeiden.

Tabelle 2–4: Phasen zum Aufbau der Wirtschafts- und Währungsunion

ERSTE STUFE Beginn: 1. Juli 1990	Vollkommen freier Kapitalverkehr
	Mehr Zusammenarbeit zwischen den Zentralbanken
	Freie Verwendung des ECU (vor dem Euro verwendete europäische Recheneinheit)
	Verbesserung der wirtschaftlichen Konvergenz
ZWEITE STUFE Beginn: 1. Jan. 1994	Errichtung des Europäischen Währungsinstituts (EWI)
	Verbot der Gewährung von Zentralbankkrediten
	Stärkere Koordinierung der Geldpolitik
	Stärkung der wirtschaftlichen Konvergenz
	Prozess, der zur Unabhängigkeit der nationalen Zentralbanken führt und der spätestens mit der Schaffung des Europäischen Systems der Zentralbanken abgeschlossen sein soll
	Vorbereitende Arbeiten für die dritte Stufe der Wirtschafts- und Währungsunion (WWU)
DRITTE STUFE Beginn: 1. Jan. 1999	Unwiderrufliche Festlegung der Umrechnungskurse
	Einführung des Euro
	Durchführung der gemeinsamen Geldpolitik durch das Europäische System der Zentralbanken
	Inkrafttreten des Wechselkursmechanismus II (WKM II) innerhalb der EU
	Inkrafttreten des Stabilitäts- und Wachstumspakts

Quelle: EZB (http://www.ecb.europa.eu/ecb/history/emu/html/index.de.html)

Wirtschaftspolitische Koordinierung

In den 1970er Jahren wurde für die wirtschaftspolitische Koordinierung bereits eine entsprechende Arbeitsgruppe auf Gemeinschaftsebene eingerichtet. Lange und häufig wurde das daraus entstandene Institutionengefüge kritisiert bezüglich unwirksamer oder nicht vorhandener Sanktionsmöglichkeiten, vager Vorschriften, mangelnder Leitlinien und Prioritäten usw. Besonders kritisiert wurde der 1997 in Kraft getretene Stabilitäts- und Wachstumspakt (SGP), dessen Kern eine Begrenzung der Staatsschulden (auf maximal 60 % des BIP) und der Staatsdefizite (auf maximal 3 % des BIP) ist.

Vor dem Hintergrund der globalen Finanzkrise 2007–09 und der darauf folgenden Staatsschuldenkrise in einigen Mitgliedstaaten der EU sind verstärkt Reformen angestoßen worden, welche einige der erwähnten Schwachstellen beseitigen sollten. So konnte der SGP nach zähen Verhandlungen in einem 2011 verabschiedeten Reformpaket (Sixpack) etwas verschärft werden. Grundlegende Schwächen, wie zum Beispiel unzureichende Sanktionsmöglichkeiten, konnten jedoch nicht endgültig beseitigt werden, da viele Reformvorschläge in einigen Mitgliedstaaten (vor allem Großbritannien) auf Widerstand stießen.

Abbildung 2–2: Aufgabenverteilung im Europäischen Semester

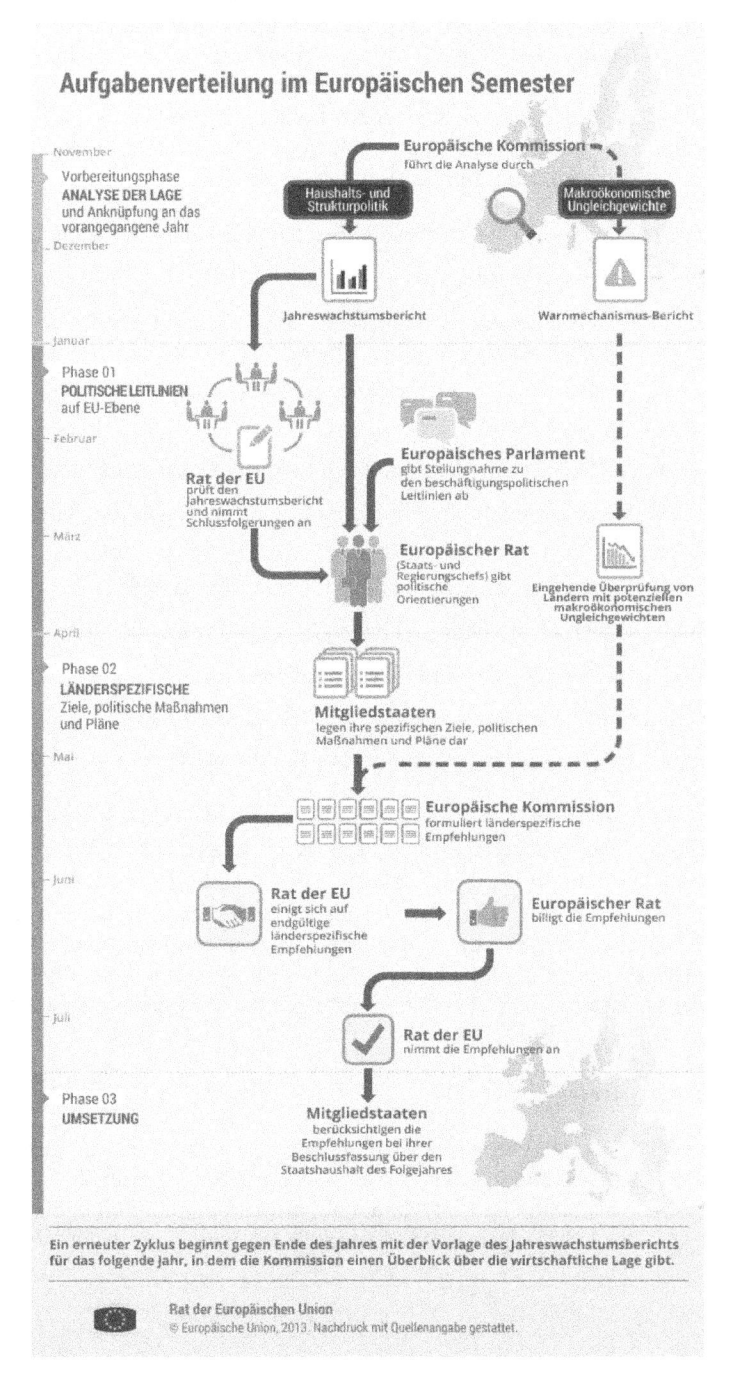

Aufgabenverteilung im Europäischen Semester

November
Vorbereitungsphase
ANALYSE DER LAGE
und Anknüpfung an das vorangegangene Jahr
Dezember

Europäische Kommission — führt die Analyse durch
- Haushalts- und Strukturpolitik → Jahreswachstumsbericht
- Makroökonomische Ungleichgewichte → Warnmechanismus-Bericht

Januar

Phase 01
POLITISCHE LEITLINIEN auf EU-Ebene

Februar

Rat der EU prüft den Jahreswachstumsbericht und nimmt Schlussfolgerungen an

Europäisches Parlament gibt Stellungnahme zu den beschäftigungspolitischen Leitlinien ab

März

Europäischer Rat (Staats- und Regierungschefs) gibt politische Orientierungen

Eingehende Überprüfung von Ländern mit potenziellen makroökonomischen Ungleichgewichten

April

Phase 02
LÄNDERSPEZIFISCHE Ziele, politische Maßnahmen und Pläne

Mitgliedstaaten legen ihre spezifischen Ziele, politischen Maßnahmen und Pläne dar

Mai

Europäische Kommission formuliert länderspezifische Empfehlungen

Juni

Rat der EU einigt sich auf endgültige länderspezifische Empfehlungen → **Europäischer Rat** billigt die Empfehlungen

Juli

Rat der EU nimmt die Empfehlungen an

Phase 03
UMSETZUNG

Mitgliedstaaten berücksichtigen die Empfehlungen bei ihrer Beschlussfassung über den Staatshaushalt des Folgejahres

Ein erneuter Zyklus beginnt gegen Ende des Jahres mit der Vorlage des Jahreswachstumsberichts für das folgende Jahr, in dem die Kommission einen Überblick über die wirtschaftliche Lage gibt.

Rat der Europäischen Union
© Europäische Union, 2013. Nachdruck mit Quellenangabe gestattet.

Quelle: Rat der Europäischen Union
(http://www.consilium.europa.eu/special-reports/european-semester?lang=de)

Weiterhin wurde nach der globalen Finanzkrise das *Europäische Semester* (siehe Abbildung 2–2) eingeführt. Damit haben sich die Mitgliedstaaten nun einen relativ strikten und engmaschigen Rahmen gegeben, um ihre nationalstaatliche Politik auf EU-Ebene zu koordinieren. Teil des Europäischen Semesters ist auch ein Makroökonomisches Ungleichgewichtsverfahren (Macroeconomic Imbalance Procedure oder kurz MIP). Es basiert auf verschiedenen Indikatoren, welche Aufschluss geben sollen über die Entwicklung der Mitgliedstaaten, um möglichst früh Gegenmaßnahmen einleiten zu können. Die zentralen Indikatoren der MIP sind:[231]

- Durchschnittliche Leistungsbilanz der letzten drei Jahre in Prozent des BIP
- Netto-Auslandsvermögensstatus in Prozent des BIP
- Prozentuale Veränderung der realen effektiven Wechselkurse auf der Grundlage der HVPI/VPI-Deflatoren über 3 Jahre
- Prozentuale Veränderung des Anteils an den weltweiten Exporten (Exportmarktanteil) über 5 Jahre
- Prozentuale Veränderung der nominalen Lohnstückkosten über 3 Jahre
- Jährliche Veränderung der Immobilienpreise im Vergleich zum Konsumdeflator
- Kreditfluss im privaten Sektor – konsolidiert – in Prozent des BIP
- Schulden des privaten Sektors – konsolidiert – in Prozent des BIP
- Schulden des Sektors Staat in Prozent des BIP
- Durchschnittliche Erwerbslosenquote für die letzten 3 Jahre
- Jährliche Veränderung der Verbindlichkeiten des gesamten Finanzsektors.

2012 wurde darüber hinaus von 25 Mitgliedstaaten der Vertrag über Stabilität, Koordinierung und Steuerung in der Wirtschafts- und Währungsunion (SKS-Vertrag oder auch *Fiskalpakt*) verfasst. Dieser Vertrag steht quasi neben dem Europäischen Vertragswerk. Die Unterzeichner (Großbritannien gehört nicht dazu) haben sich darin verpflichtet, die vereinbarten Regelungen in nationale Gesetzgebung umzusetzen. Ein zentrales Element dieses Fiskalpakts ist, dass die Korrektur übermäßiger Haushaltsdefizite automatisch erfolgen soll (sogenannte Schuldenbremse).

Die Wachstumsstrategie

Auf einer Tagung des Europäischen Rates wurde im Jahr 2000 in Lissabon die *Lissabon-Strategie* beschlossen, bei der es sich um eine umfassende Agenda von Strukturreformen handelte. Sie zielte darauf ab, die Europäische Union bis zum Jahr 2010 zum „wettbewerbsfähigsten und dynamischsten wissensbasierten Wirtschafts-

---

[231] Siehe http://epp.eurostat.ec.europa.eu/portal/page/portal/macroeconomic_imbalance_procedure/methodology.

raum der Welt" zu machen[232]. Die Lissabon-Strategie war ein weitreichendes wirtschafts-, sozial- und umweltpolitisches Reformprogramm, das politische Maßnahmen umfasste, die auf nationaler sowie auf EU-Ebene zur Verbesserung des Lebensstandards der Bürger ergriffen werden sollten. Für dieses übergeordnete Ziel wurden zum Teil quantitative Zielvorgaben aufgestellt. Bis zum Jahr 2010 sollten beispielsweise die Beschäftigungsquote auf 70 % gesteigert und die Ausgaben für Forschung und Entwicklung auf 3 % des BIP erhöht werden.

Die Strategie basierte auf drei Säulen. Die wirtschaftliche Säule zielte auf Reformen zur Förderung von Produktivität, Innovation und Wettbewerbsfähigkeit. Die soziale Säule war auf die Förderung von Beschäftigung und die Bekämpfung der sozialen Ausgrenzung ausgerichtet. Die beiden Säulen wurden im Jahr 2001 um eine umweltpolitische Säule erweitert. Fünf Jahre nach der Verabschiedung der Lissabon-Strategie wurde eine *Halbzeitüberprüfung* vorgenommen. Die Bilanz fiel durchwachsen aus – der Prüfungsbericht kam zu dem Ergebnis, dass die europäische Wirtschaft die angestrebten Wachstums-, Produktivitäts- und Beschäftigungsziele nicht erreicht hatte. Bemängelt wurden insbesondere ein Fehlen an entschlossenem politischen Handeln, eine überfrachtete Agenda, eine schlechte Koordination und unvereinbare Prioritäten. Die Europäische Kommission beschloss daraufhin im Februar 2005, den Schwerpunkt auf die rasche Umsetzung von in den Mitgliedstaaten einzuleitenden Maßnahmen und nicht auf die mittel- und langfristige Realisierung quantifizierter Zielvorgaben zu legen. Inhaltlich sollten sich die Reformen von nun an vor allem auf zwei zentrale Schwerpunkte konzentrieren: die Förderung eines verstärkten und dauerhaften Wachstums sowie die Schaffung von mehr und besseren Arbeitsplätzen[233].

Ende 2010 hat die Europäische Kommission einen Endbericht über die Bewertung der Lissabon-Strategie vorgelegt. Insgesamt habe sich die Lissabon-Strategie positiv ausgewirkt, auch wenn die quantitativen Zielvorgaben nicht erreicht worden sind. So hat die Lissabon-Strategie ein dynamischeres Unternehmerumfeld mit geringerem Verwaltungsaufwand geschaffen[234]. Im Bereich des Arbeitsmarktes bewirkte sie einen Beschäftigungszuwachs, besonders bei der Gruppe der 55- bis 64-Jährigen, der jedoch ab 2005 nachließ[235]. Menschen, die am Arbeitsmarkt schwer zu vermitteln sind, haben ebenso wenig profitiert, wie es unzureichend Ausbildungsmöglichkeiten für Geringqualifizierte gibt. Auch konnte die EU den Abstand beim Produktivitätswachstum zu den führenden Industrieländern nicht verringern. Die Kommission kritisiert weiterhin, dass die Lissabon-Strategie zu wenig auf die Elemente ausgerichtet war, die maßgeblich zur Finanz- und Staatsschuldenkrise beigetragen haben (z. B. mangelnde Aufsicht und systemische Risiken in den Finanzmärkten, Spekulationsblasen und kreditgetriebener Konsum). Durch fehlende Ver-

---

232 Vgl. Europäischer Rat [2000] sowie EZB [2005].
233 Vgl. Europäische Kommission [2005]. Siehe auch näher den Bericht der Hochrangigen Sachverständigengruppe mit dem Titel „Die Herausforderung annehmen: die Lissabon-Strategie für Wachstum und Beschäftigung" vom November 2004.
234 Vgl. Europäische Kommission [2010a: 1 ff.].
235 Vgl. Destefanis und Mastromatteo [2012].

zahnung der Lissabon-Strategie mit dem Stabilitäts- und Wachstumspakt wurden auch makroökonomische Ungleichgewichte nicht ausreichend thematisiert. Die Kommission bemängelt auch das Auseinanderklaffen zwischen eingegangen Verpflichtungen und tatsächlich umgesetzten Maßnahmen („Umsetzungslücke")[236].

Nach Auslaufen der Lissabon-Strategie wurde für die darauffolgenden zehn Jahre die Wachstumsstrategie „Europa 2020: Eine Strategie für intelligentes, nachhaltiges und integratives Wachstum" beschlossen. Das übergeordnete Ziel, vor allem auch vor dem Hintergrund der Finanzkrise 2007–09 und deren Auswirkungen, ist etwas weniger ambitioniert im Vergleich zu der Lissabon-Strategie formuliert worden: Die Strategie soll ermöglichen, „gestärkt aus dieser Krise hervorzugehen und die EU in eine intelligente, nachhaltige und integrative Wirtschaft zu verwandeln, die durch ein hohes Beschäftigungs- und Produktivitätsniveau sowie einen ausgeprägten sozialen Zusammenhalt gekennzeichnet ist."[237] Hierzu wurden fünf quantitative Zielvorgaben aufgestellt:

- 75 % der Bevölkerung im Alter von 20 bis 64 Jahren sollen in Arbeit stehen.
- 3 % des BIP der EU sollen für F&E aufgewendet werden.
- Die 20-20-20-Klimaschutz-/Energieziele sollen erreicht werden.[238]
- Der Anteil der Schulabbrecher solle auf unter 10 % abgesenkt werden, und mindestens 40 % der jüngeren Generation sollen einen Hochschulabschluss haben.
- Die Zahl der armutsgefährdeten Personen solle um 20 Millionen sinken.

Um diese Kernziele zu erreichen, werden in der Union nationale Verlaufspläne und Ziele erarbeitet, und länderspezifische Empfehlungen seitens des Europäischen Rates ausgesprochen. Reagiert ein Mitgliedsland nicht auf diese Empfehlungen, kann die Kommission eine Verwarnung aussprechen. Ein darüber hinaus gehender Sanktionsmechanismus ist im Rahmen der Strategie Europa 2020 nicht vorgesehen. Im Hinblick auf die Einhaltung der Ziele hofft man insbesondere, dass die hohe Transparenz des Koordinations- und Überwachungsprozesses hinreichend Druck auf die Mitgliedstaaten ausübt[239]. Die Kommission stellt in ihrer Bestandsaufnahme im Jahr 2014 fest, dass die EU auf Kurs liegt, ihre Bildungs-, Klima- und Energieziele nahezu oder zur Gänze zu erreichen, jedoch nicht die Beschäftigungs-, Forschungs- und Entwicklungs- oder Armutsziele. Die Erfahrungen hätten auch gezeigt, dass das aktive Engagement und Mitwirken von Regionen und Städten, die für die Umset-

---

[236] Vgl. Europäische Kommission [2010a: 4 ff.].
[237] Europäische Kommission [2010b: 5].
[238] Die 20-20-20-Klimaschutz-/Energieziele sehen eine Verringerung der Treibhausgasemissionen, ausgehend vom Niveau des Jahres 1990, um mindestens 20 %, eine Steigerung des Anteils erneuerbarer Energien am Gesamtenergieverbrauch auf 20 % und eine Steigerung der Energieeffizienz um 20 % vor.
[239] Vgl. Europäische Kommission [2010b].

zung eines Großteils der EU-Politik vor Ort Verantwortung tragen, bei der Verwirklichung der Ziele von „Europa 2020" von entscheidender Bedeutung sind[240].

(Noch) keine Verfassung für Europa

Um der EU eine einheitliche Struktur und Rechtspersönlichkeit zu geben und die Herausforderungen zu bewältigen, die sich im Zuge der Erweiterung der EU um die neuen Mitgliedstaaten aus Mittel- und Osteuropa ergaben, verabschiedete der Europäische Rat im Dezember 2001 eine Erklärung zur Zukunft der Union, auf Grundlage, deren ein Konvent errichtet wurde, der eine Europäische Verfassung erarbeiten sollte[241]. Am 10. Juli 2003 schloss der Konvent seine Arbeiten am Entwurf einer Europäischen Verfassung ab. Am 29. Oktober 2004 wurde die Verfassung mit der Unterzeichnung der 25 Staats- und Regierungschefs angenommen und zur Ratifizierung an die einzelnen Mitgliedsländer weitergeleitet. Als Zieldatum für das In-Kraft-Treten des Vertrages wurde zunächst der 1. November 2006 vereinbart, jedoch wurde der Verfassungsvertrag von den französischen Wählern im Mai 2005 und den niederländischen Wählern im Juni 2005 im Rahmen einer Volksabstimmung abgelehnt, woraufhin der Reformprozess 18 Monate lang ausgesetzt wurde. Aufgrund der negativen Referenden wurde eine Reflexionsphase ausgerufen, bis schließlich 2007 stattdessen ein Reformvertrag – dieser rückte von dem Verfassungskonzept an sich ab und stellte vielmehr eine Reform der bisherigen EU-Verträge dar – ausgehandelt und am 13. Dezember 2007 von den Staats- und Regierungschefs in Lissabon unterzeichnet wurde. Ende 2009 hatten schließlich alle Mitglieder den Vertrag ratifiziert, sodass er im Dezember 2009 in Kraft getreten ist.

Durch diesen Vertrag von Lissabon werden der Vertrag zur Gründung der Europäischen Gemeinschaft, der nun „Vertrag über die Arbeitsweise der Europäischen Union" heißt und der Vertrag über die Europäische Union geändert. Beide Verträge bilden allerdings weiterhin die Basis der Funktionsweise der EU. Im Rahmen dieses Vertrages wird die Gemeinschaft durch die Union abgelöst und ersetzt, die damit Rechtspersönlichkeit erlangt[242]. Wichtige Bestimmungen des Vertrags sind die Folgenden[243]:

- Das Europäische Parlament erhält größere Rechtsetzungs- und Haushaltsbefugnisse.

- Die nationalen Parlamente werden stärker in die Überwachung der Einhaltung des Subsidiaritätsprinzips durch die EU einbezogen.

---

[240] Vgl. Europäische Kommission [2014: 23 f.].
[241] Vgl. zum Vertrag über eine Verfassung für Europa näher die Internetseiten der Europäischen Union unter http://europa.eu/institutional_reform/index_de.htm. Für eine detaillierte Chronologie der institutionellen Reform Europas inklusive Links zu den Vertragstexten siehe http://europa.eu/institutional_reform/chronology/index_de.htm.
[242] Vgl. EZB [2008a: 180]. Der Vertrag von Lissabon ist in vollständigem Wortlaut unter http://europa.eu/lisbon_treaty/full_text/index_de.htm einzusehen.
[243] Siehe http://europa.eu/abc/12lessons/lesson_12/index_de.htm.

- Die Beschlussfassung im Rat mit qualifizierter Mehrheit wird auf weitere Politikbereiche ausgedehnt.
- Die Befugnisse und Zuständigkeiten werden klarer zwischen der Union und ihren Mitgliedstaaten aufgeteilt.
- Die Grundrechte-Charta, die den europäischen Bürgern Freiheiten und Rechte garantiert, wird rechtsverbindlich.
- Ein Präsident des Europäischen Rates wird für eine einmal verlängerbare Amtszeit von zweieinhalb Jahren gewählt.
- Es wird ein neuer Posten des Hohen Vertreters der Union für die Außen- und Sicherheitspolitik eingerichtet. Dadurch sollen das Durchsetzungsvermögen, die Stimmigkeit und die Sichtbarkeit der EU-Außenpolitik erhöht werden.

Neuerungen des Vertrags von Lissabon betreffen auch die Europäische Zentralbank sowie die wirtschaftspolitische Koordinierung in der Währungsunion.[244] So ist die EZB zu einem Organ der EU neben den übrigen Organen (Europäische Kommission, Europäisches Parlament, Europäischer Rat, Europäischer Gerichtshof, Rat der Union und Europäischer Rechnungshof) geworden. Ferner werden der Präsident, der Vizepräsident und die weiteren Mitglieder des EZB-Direktoriums künftig mit qualifizierter Mehrheit vom Europäischen Rat ausgewählt und ernannt und nicht mehr von den Regierungen der Mitgliedstaaten auf Ebene der Staats- und Regierungschefs. Im Hinblick auf die wirtschaftspolitische Koordinierung erhält die Europäische Kommission künftig ein Frühwarnrecht. Sofern sie darauf aufmerksam wird, dass die Wirtschaftspolitik eines Mitgliedslandes nicht mit den vom Europäischen Rat verabschiedeten Grundzügen der Wirtschaftspolitik vereinbar ist, kann sie eine Verwarnung an die betreffende Volkswirtschaft aussprechen.

6.2 Weitere regionale Organisationen

Es gibt eine große Anzahl weiterer internationaler Wirtschaftsorganisationen, von denen allerdings viele regional begrenzt sind. Einige wichtige davon sollen hier kurz beschrieben werden.

6.2.1 NAFTA

Entstehung und Organisation

Am 01.01.1994 trat das nordamerikanische Freihandelsabkommen (NAFTA)[245] zwischen den Unterzeichnerstaaten USA, Kanada und Mexiko in Kraft. Die NAFTA ist neben dem Europäischen Wirtschaftsraum die größte Freihandelszone der Welt.

Das leitende Organ der NAFTA ist die Kommission, die sich mindestens einmal im Jahr trifft. Eine der Hauptaufgaben der Kommission ist es, die Umsetzung des

---

[244] Vgl. Deutsche Bundesbank [2008b: 86 ff.].
[245] *North American Free Trade Agreement*, vgl. z. B. Meerhaeghe [1998]. Weitere Informationen finden sich auf der Internet-Seite des NAFTA-Sekretariats: http://www.nafta-sec-alena.org.

Abkommens zu überwachen und Auseinandersetzungen, die sich aus der Interpretation des Abkommens ergeben können, zu lösen.

Die NAFTA verfügt außerdem über ein Sekretariat in Washington D.C. und zwei weiteren Sitzen in Ottawa und Mexiko City. Das Sekretariat unterstützt die Arbeit der Kommission und verschiedener Arbeitsgruppen[246].

Ziele und Entwicklung

Um das Ziel einer Freihandelszone zu verwirklichen, vereinbarten die Vertragsparteien den Abbau von Zöllen und Handelshemmnissen in einem Zeitraum von bis zu 15 Jahren. Für bestimmte Sektoren gibt es allerdings Sonderregelungen, so z. B. für die Automobil- und Textilindustrie, die Landwirtschaft und den Energiesektor. Die NAFTA enthält Regelungen, die über den Freihandel von Waren hinausgehen. Im Abkommen sind Regelungen für die Marktöffnung von Dienstleistungen, der Niederlassungsfreiheit, der Inländerbehandlung und der Meistbegünstigung vorgesehen. Die Freizügigkeit des Faktors Arbeit zwischen Mexiko auf der einen und Kanada und den USA auf der anderen Seite ist vertraglich ausgeschlossen[247].

Die NAFTA unterscheidet sich von anderen regionalen Abkommen dadurch, dass eine Asymmetrie im Entwicklungsstand der Mitgliedsländer besteht. Zu erklären ist damit auch der Ausschluss der Freizügigkeit des Faktors Arbeit. Damit sollen starke Migrationsbewegungen aus dem Schwellenland Mexiko in die nordamerikanischen Staaten verhindert werden. Vor Unterzeichnung des Übereinkommens wurden aufgrund des unterschiedlichen Entwicklungsniveaus auch Nachbesserungen in einigen Bereichen des Vertrages vonseiten der Gewerkschaften und Nichtregierungsorganisationen in Kanada und USA gefordert, um Sozial- und Ökodumping zu verhindern[248].

Die Beweggründe dem Übereinkommen zuzustimmen, waren für die USA überwiegend politisch. Die USA hatten ein Interesse daran, das durch Finanzkrisen destabilisierte politische System Mexikos zu stärken und die dort eingeführten Wirtschaftsreformen zu stützen. Zum einen wurde durch die rigorosen Umstrukturierungen Mexiko ein immer wichtigerer Exportmarkt und zum anderen wurde erwartet, dass eine sich aus dem Übereinkommen ergebende Verbesserung der ökonomischen Lage in Mexiko die illegale Einwanderung an der Grenze Mexiko/USA eindämmt. Mexiko erhoffte sich vom Beitritt eine Unterstützung ihrer Wirtschaftsreformen und eine Sicherung des Zutritts zum US-Markt. Ähnliche Beweggründe gab es bei Kanada, das sich ebenfalls den Zutritt zum US-Markt sichern wollte und gleichzeitig auf verbesserte Absatzchancen auf dem bis dahin relativ kleinen Exportmarkt Mexiko hoffte[249].

---

[246] Vgl. Meerhaeghe [1998: 337 f.] sowie die angegebene Homepage.
[247] Vgl. Meerhaeghe [1998: 338 ff.], Dieckheuer [2001: 202 f.] und Borrmann u. a. [1995: 83 f.].
[248] Vgl. Vetter [1998: 150]; Meerhaeghe [1998: 348 ff.].
[249] Vgl. Borrmann u. a. [1995: 84 f.].

Die vorgesehenen Maßnahmen zum Abbau von Handelsbeschränkungen sind bis jetzt termingerecht umgesetzt worden. Nichtsdestotrotz gibt es natürlich auch (noch) unbewältigte Problemfelder innerhalb der NAFTA, so z. B. in Fragen der Migration sowie der Agrarwirtschaft.

Insgesamt hat die NAFTA wesentlich zur Förderung des Handels und der Investitionen unter den Mitgliedern beigetragen. Beispielsweise ist der Handel zwischen den Vereinigten Staaten und Mexiko über den Zeitraum von 1994 bis 2005 doppelt so schnell gewachsen wie das US-amerikanische Handelsaufkommen mit Partnern außerhalb der NAFTA. Ebenso ist das Volumen der Direktinvestitionen zwischen den NAFTA-Staaten seit In-Kraft-Treten der NAFTA immens gestiegen. Zum Beispiel ließen sich von 1999 bis 2006 zusätzliche Nettodirektinvestitionsströme in die mexikanische Agrar- und Lebensmittelindustrie in Höhe von 11,7 Milliarden US-Dollar verzeichnen[250]. Dennoch hat gerade Mexiko am wenigsten von der NAFTA profitiert. Auf die Entwicklung der sogenannten „Maquiladoras"[251] hatte das starke Wirtschaftswachstum der USA einen größeren Einfluss als die NAFTA. Von den drei Handelspartnern hat Mexiko über den betrachteten Zeitraum auch die niedrigsten Wachstumsraten des Bruttoinlandsprodukts sowie eine Zunahme der Einkommensungleichheit insbesondere zwischen den Regionen des Landes erfahren. Ebenso sind die Löhne mexikanischer Arbeiter nicht gestiegen, und viele nicht wettbewerbsfähige Bauern Mexikos haben aufgrund der günstigen Agrarimporte aus den USA ihre Existenz verloren. Dies ist auch einer der Gründe, warum die Problematik der illegalen Migration in die USA zugenommen hat. So kann die illegale Migration als eine unbeabsichtigte Konsequenz der NAFTA angesehen werden[252].

1998 wurde als Erweiterung die gesamtamerikanische Freihandelszone (Free Trade Area of the Americans (FTAA)) mit dem Ziel gegründet, bis 2005 eine Freihandelszone zwischen den 34 demokratischen Staaten von Nord- und Südamerika zu schaffen[253]. Auf dem Gipfeltreffen im November 2005 in Mar del Plata/Argentinien konnte jedoch keine Übereinkunft über eine gesamtamerikanische Freihandelszone erzielt werden. Sie scheiterte insbesondere am Widerstand einiger lateinamerikanischer Volkswirtschaften, die die Leistungsfähigkeit ihrer Wirtschaft gefährdet sahen. Bis heute hat es diesbezüglich keinen weiteren Fortschritt gegeben.

6.2.2 MERCOSUR

Entstehung und Organisation

Seit den 1960er Jahren sind verschiedene Integrationsbemühungen in Südamerika gescheitert. Erst seitdem sich Mitte der 1980er Jahre der Demokratisierungsprozess

---

[250] Vgl. Hufbauer und Schott [2005] sowie Zahniser [2007].
[251] Die „Maquiladora" sind Fabriken bzw. Montagebetriebe amerikanischer Firmen in Mexiko, die importierte Vorleistungsprodukte für den Export weiterverarbeiten. Üblicherweise sind niedrige Arbeitskosten Grund für die Ansiedlung solcher Betriebe an der mexikanisch-amerikanischen Grenze.
[252] Vgl. Hartman [2011: 28 ff.].
[253] Vgl. Salvatore [2013: 301 f.] und die Homepage der FTAA http://www.ftaa-alca.org/alca_e.asp.

in Südamerika durchsetzen konnte, kam es zwischen Argentinien und Brasilien zu bilateralen Kooperationen, die in verschiedenen Integrationsprotokollen u. a. die Verminderung von Zöllen vorsahen. 1988 schlossen beide Länder ein Abkommen, das die Schaffung einer Freihandelszone innerhalb von 10 Jahren vorsah. In dem Abkommen war auch das Ziel eines Gemeinsamen Marktes und einer harmonisierten Wirtschaftspolitik vorgesehen. Paraguay und Uruguay äußerten ebenfalls Interesse an den Integrationsbemühungen, was letztlich zum Abschluss des MERCOSUR[254]-Vertrages im Jahr 1991 führte. Am 31.07.2012 trat Venezuela zum MECOSUR bei. Neben den fünf Mitgliedstaaten sind Chile (1996), Bolivien (1997), Peru (2003), Ecuador (2004) und Kolumbien (2004) einem Assoziierungsabkommen beigetreten[255].

Auf der Konferenz von Ouro Preto/Brasilien 1994 sind die institutionellen Strukturen festgelegt worden. MERCOSUR verfügt über folgende Institutionen:

- Rat des gemeinsamen Marktes
- Gruppe gemeinsamer Markt
- Handelskommission
- gemeinsame parlamentarische Kommission
- Wirtschafts- und Sozialausschuss
- Verwaltungssekretariat
- 11 Unterarbeitsgruppen
- Ministertreffen
- Industrierat.

Das oberste Organ ist der Rat des Gemeinsamen Marktes, der sich aus den Wirtschaftsministern und Außenministern zusammensetzt. Der Rat entscheidet über Maßnahmen hinsichtlich des Integrationsprozesses und der Vollendung des Gemeinsamen Marktes. Zu den Aufgaben gehören außerdem die Überwachung der Erfüllung des MERCOSUR-Vertrages und die Vertretung der Mitglieder nach außen. Die „Gruppe gemeinsamer Markt" ist das Exekutivorgan. Die Gruppe sorgt für die Umsetzung der vom Rat gefassten Vorschläge und überwacht das Recht. In der Gruppe müssen Vertreter der nationalen Notenbanken und des Außen- bzw. Wirtschaftsministeriums entsandt werden. Die Handelskommission soll eine gemeinsame Handelspolitik entwickeln. Sie erlässt Richtlinien und macht Vorschläge zum Einsatz handelspolitischer Instrumente. Ihre Kernkompetenz umfasst die drei Vertragsberei-

---

254 Mercado Común del Sur („Gemeinsamer Markt des Südens").
255 Einen weitergehenden Überblick zur Entstehung von MERCOSUR findet sich bei Porta et al. [2000: 2 ff.].

che Abbau von tarifären und nichttarifären Handelshemmnissen, Ausnahmen dieser Liberalisierung sowie die Vertretung nach außen in handelspolitischen Belangen[256].

Ziele und Entwicklung

MERCOSUR ist bisher das erfolgversprechendste Integrationsvorhaben in Lateinamerika. Im Vertrag von Asunción verpflichteten sich die Vertragsparteien zur Schaffung eines Gemeinsamen Marktes bis 1994. Die Mitglieder vereinbarten, den freien Verkehr von Gütern, Dienstleistungen und Produktionsfaktoren durch den Abbau tarifärer und nicht-tarifärer Handelshemmnisse zu ermöglichen und einen gemeinsamen Außenzoll zu ermöglichen. Darüber hinaus beinhaltet der Vertrag weitergehende Ziele wie die Harmonisierung der institutionellen Bedingungen in den Bereichen Agrar-, Industrie-, Fiskal-, Währungs-, Wechselkurs-, Kapital-, Dienstleistungs-, Transport- und Kommunikationspolitik.

Im Vergleich zu den anderen lateinamerikanischen Integrationsvorhaben hat der MERCOSUR einen entscheidenden Vorteil: Die Demokratisierungsprozesse in den Mitgliedsländern waren nahezu abgeschlossen, außerdem waren in allen Ländern wirtschaftliche Reformen eingeleitet worden, sodass zwischen den Vertragsparteien ein wirtschaftlicher und ökonomischer Grundkonsens herrschte. Für die Mitglieder war das vorrangige Ziel, eine stärkere Einbindung in den Weltmarkt auf Basis eines neuen Exportmodells zu erreichen. Ähnlich wie bei der NAFTA handelt es sich um asymmetrische Vertragsparteien. Im Vergleich zu den größten Ländern Südamerikas haben Paraguay und Uruguay nur ein geringes ökonomisches Gewicht. Allerdings bestehen aufgrund der geografischen Lage enge Handelsverbindungen zwischen den Ländern, was durch Infrastrukturprojekte und wichtige verkehrstechnische Verbindungswege gefördert wird[257].

Für die ersten Jahre wies der Integrationsraum eine große Dynamik auf, insbesondere auf politischer sowie wirtschaftlicher Ebene. So ist durchaus bemerkenswert, dass sich im Zuge der Entwicklung des MERCOSUR eine Abkehr vom historisch verwurzelten Isolationsdenken hin zu verstärkter Interaktion und Integration vollzogen hat. Zudem hat sich der intra-regionale Handel in den ersten sieben Jahren verdreifacht und das Volumen der Direktinvestitionen hat in der Folge merklich zugenommen. Die 1997 sich ausbreitende Währungs- und Finanzkrise stieß MERCOSUR in eine existenzielle Krise. Um die krisengeschüttelte Exportwirtschaft zu schützen, griff Argentinien z. B. zu protektionistischen Maßnahmen, die den Integrationszielen zuwiderliefen. Erst im Dezember 1999 konnte eine Konsolidierung der Handelsbeziehungen und eine Wiederbelebung des Integrationsprozesses eingeleitet werden. Damit wurde nicht nur der politische Wille verdeutlicht, die Integration voranzutreiben, es wurden auch weitere integrationspolitische Maßnahmen beschlossen.

---

[256] Vgl. Struck [1998: 145 f.], Diaz Porta, Hebler und Kösters [2000: 7 f.], Rios und Maduro [2007: 49 f.] sowie die Homepage des MECOSUR unter http://www.mercosur.int/.
[257] Vgl. Gratius [1999; o. S].

Insgesamt fällt die Erfolgsbilanz der MERCOSUR bislang jedoch eher bescheiden aus. Nach mehr als einem Jahrzehnt wirtschaftlicher Integration, wurden wenige Fortschritte im Hinblick auf die ursprünglich angestrebten Ziele gemacht. Obwohl vom „Gemeinsamen Markt" gesprochen wird, ist bis jetzt lediglich eine „unvollständige" Zollunion geschaffen worden. Der Abbau der tarifären und nichttarifären Handelshemmnisse und die Schaffung eines Gemeinsamen Außenzolls werden von vielen Ausnahmeregelungen begleitet. So können z. B. ganze Produktgruppen von der Liberalisierung ausgeschlossen werden. Überdies wurde bislang lediglich eine Liberalisierung im Hinblick auf den Warenhandel vollzogen. Obwohl sich die Vertragsparteien im Vertrag von Asunción dazu verpflichteten, den freien Verkehr von Gütern, Dienstleistungen und Produktionsfaktoren durch den Abbau tarifärer und nicht-tarifärer Handelshemmnisse zu ermöglichen, sind Maßnahmen zur Förderung des freien Austauschs von Dienstleistungen, Kapital und Arbeitskräften nicht in Angriff genommen worden[258].

Zu den jüngsten Erfolgen der MERCOSUR-Staaten zählt die Gründung der *Bank des Südens* (Banco del Sur) – eine Entwicklungsbank, die am 9. Dezember 2007 in Buenos Aires gegründet wurde. Die Bank wurde von den MERCOSUR-Staaten in Folge der Unzufriedenheit mit den Politikempfehlungen und der Kreditvergabepraxis von IWF und Weltbank gegründet. Sie wird im Wesentlichen durch die regionalen Schwergewichte Argentinien, Brasilien und Venezuela finanziert werden und plant, mit einem Kapital von 800 Millionen US-Dollar zu starten. Die Mittel sollen öffentlichen Vorhaben mit dem Ziel der Förderung der regionalen wirtschaftlichen Entwicklung zufließen[259]. Allerdings wurde der Gründungsvertrag der Bank des Südens noch nicht von allen Mitgliedsländern ratifiziert.

6.2.3 ASEAN

Entstehung und Organisation

ASEAN[260] wurde 1967 in Bangkok auf einem Treffen der Außenminister von Indonesien, Malaysia, Philippinen, Singapur und Thailand gegründet. Der Sitz der ASEAN ist in Jakarta/Indonesien. Mittlerweile hat ASEAN durch den Beitritt weiterer fünf Länder (Brunei, Kambodscha, Laos, Myanmar, Vietnam) 10 Mitglieder.

Das oberste Organ ist die *Konferenz der Staatsoberhäupter*, die die strategischen Richtungsentscheidungen vorgeben. Der *Rat der Außenminister* formuliert die politischen Leitlinien und tritt einmal jährlich zusammen. Ihm untersteht ein *ständiger Ausschuss*. Diesem Ausschuss gehören jeweils der Außenminister des Gastgeberlandes und die dortigen akkreditierten Botschafter der Mitgliedsländer an. Der ständige Ausschuss führt die Geschäfte der ASEAN bis zum nächsten Außenministertreffen und unterbreitet den sonstigen *Fachministertreffen* und den ASEAN-*Komitees* Berichte und Empfehlungen. Des Weiteren verfügt jedes Mitgliedsland über ein

---

[258] Vgl. Porta et al. [2000: 16 ff.], Bouzas et al. [2002: 129 ff.] sowie Malamud [2005: 426 f.].
[259] Vgl. die Pressemeldung unter http://news.bbc.co.uk/2/hi/business/7135397.stm.
[260] *Association of South East Asian Nations*. Vgl. auch die Informationen auf der Homepage der ASEAN http://www.aseansec.org.

ASEAN-National-Sekretariat, das für die Durchführung landesspezifischer Programme zuständig ist. Der Generalsekretär wechselt nach dem Rotationsprinzip alle drei Jahre.

Ziele und Entwicklung

Ziel des Zusammenschlusses südostasiatischer Staaten ist die Förderung der regionalen Zusammenarbeit auf politischem, wirtschaftlichem, sozialem und kulturellem Gebiet zur Festigung des Friedens in Südostasien.

Während in den ersten Jahren keine nennenswerten Integrationserfolge erzielt werden konnten, wurde zu Beginn der 1990er Jahren ein neuer Anlauf genommen[261]. Die Konferenz der Staatsoberhäupter entschied im Jahr 1992, die Freihandelszone AFTA (ASEAN Free Trade Area) einzurichten. Stufenweise sollten bis 2008 die Zölle für eine Vielzahl von Produkten abgebaut werden. Die maximale tarifäre Belastung sollte nur noch 5 % betragen. Diese Ziele konnten jedoch bereits 2002 erfüllt werden. Die Mitgliedstaaten hatten sich dafür ausgesprochen, als Reaktion auf die asiatischen Finanzkrisen den Zeitplan zur Vollendung der Freihandelszone zu beschleunigen. Dies wird auch als Signal der Mitgliedsländer gewertet, die regionalen Integrations- und Liberalisierungsbemühungen fortzusetzen. Das Ziel der AFTA ist nun, alle Importbeschränkungen zu beseitigen und einen Gemeinsamen Markt zu gründen. Die Gründungsmitglieder sollen dies bis 2015 umsetzen und die später beigetretenen Länder bis 2018. Die Konferenz der Staatsoberhäupter hat die Zukunft der ASEAN in der sogenannten „ASEAN Vision 2020" beschrieben. Es ist die Vision einer friedlichen, stabilen und wachsenden Partnerschaft. Die praktische Umsetzung der Vision wurde mit dem „Hanoi Aktionsplan" 1998 vorbereitet. Dort wurden für die Jahre 1999–2004 spezifische Maßnahmen festgelegt, um die makroökonomische und finanzielle Zusammenarbeit und eine fortschreitende ökonomische Integration zu stärken sowie die soziale, wissenschaftliche und technische Infrastruktur und die Entwicklung im Bildungswesen zu unterstützen[262]. Das bedeutendste Ereignis der vergangenen Jahre stellt die Unterzeichnung der *ASEAN-Charta* auf dem 13. ASEAN-Gipfel am 20. November 2007 in Singapur dar[263]. Mit dieser wollen die ASEAN-Staaten ein bindendes institutionelles Rahmenwerk schaffen, das die regionale Zusammenarbeit und Integration fördern soll – insbesondere der zwischenstaatliche Vergemeinschaftungsprozess soll stärker geregelt werden. Die Ziele der Organisation wurden um die Stärkung der Demokratie, gute Regierungsführung, Rechtsstaatlichkeit und die Wahrung der Menschenrechte erweitert. In Anlehnung an das Integrationsmodell der Europäischen Union wollen die Mitglieder ASEAN in eine internationale Rechtsperson wandeln – zu diesem Zweck wird im Rahmen der Charta die Rolle des Generalsekretärs gestärkt, der der Organisation mehr Gewicht und ein homogeneres Auftreten bei internationalen Treffen geben soll. Darüber hin-

---

[261] Vgl. zu der Entwicklung und Problematik der Integrationsprozesse in Asien Borrmann u. a. [1995: 103 ff.] sowie Baldwin und Kawai [2013].
[262] Vgl. die Informationen auf der ASEAN-Homepage http://www.aseansec.org.
[263] Vgl. Bersick und Heiduk [2007: 1 f.].

aus sollen die Konsultationen intensiviert werden, indem sie in einem kürzeren Rhythmus stattfinden – zweimal statt einmal jährlich.

6.2.4 Regionale Entwicklungsbanken

Die regionalen Entwicklungsbanken finanzieren Entwicklungsprojekte und -programme mit zinsgünstigen Krediten. Die Arbeit der regionalen Entwicklungsbanken ähnelt der Arbeit der Weltbank (vgl. Abschnitt 2), nur mit dem Unterschied, dass die Projekte regional begrenzt sind. Im Folgenden werden verschiedene Entwicklungsbanken dargestellt.

Afrikanische Entwicklungsbank Gruppe (AfDB)

Die afrikanische Entwicklungsbankgruppe[264] ist eine multinationale Entwicklungsbank mit derzeit 78 Mitgliedern. Davon sind 53 afrikanische und 25 nicht-afrikanische Staaten. Die Bank hat ihren Sitz in Abidjan/Elfenbeinküste und besteht aus drei Institutionen:

- Afrikanische Entwicklungsbank (AfDB)
- Afrikanischer Entwicklungsfonds (AfDF)
- Nigeria Trust Fund (NTF).

Entstehung und Organisation

Gegründet wurde die Afrikanische Entwicklungsbank 1964. Die Mitgliedschaft war zunächst nur für afrikanische Länder vorgesehen. Seit 1982 können auch nicht-afrikanische Länder Mitglied werden. Das höchste Gremium der Bank ist der Gouverneursrat, in den jedes Land einen Vertreter entsendet und der die allgemeinen Kreditvergaberichtlinien festlegt. Änderungen der Satzung, die Aufnahme neuer Mitglieder sowie Kapitalerhöhungen bedürfen der Zustimmung des Gouverneursrates. Der Gouverneursrat hat die allgemeine Geschäftstätigkeit der Bank auf das Direktorium übertragen, das sich aus 20 Direktoren zusammensetzt, die für drei Jahre gewählt werden. 14 der Direktoren repräsentieren regionale Mitglieder. Die anderen sechs Direktoren werden dagegen von nicht-regionalen Mitgliedern gestellt. Das Direktorium überprüft die Vergabe von Darlehen, Krediten und Garantien, setzt die Richtlinien der Geschäftspolitik und für die Kreditprogramme fest. Der Gouverneursrat wählt den Präsidenten der Bank, der aus der Gruppe der regionalen Mitglieder stammen muss. Der Präsident ist Vorsitzender des Direktoriums und ist für den Geschäftsablauf der Bank verantwortlich. Die Bank beschäftigt 1.308 sogenannte „Professionals" und 697 „sonstige Beschäftigte". Das gezeichnete Grundkapital der Bank betrug Ende 2012 65,25 Milliarden UA (Verrechnungseinheit der AfDB), entsprechend ca. 110,2 Milliarden US-Dollar[265].

---

[264] African Development Bank Group.
[265] Vgl. Deutsche Bundesbank [2013a: 230 ff.], Spreen [1998] sowie die Informationen auf der Homepage der Afrikanischen Entwicklungsbank http://www.afdb.org.

Aufgaben und Entwicklung

Die Bank wurde mit dem Ziel gegründet, die ökonomische und soziale Entwicklung in Afrika durch Darlehen, Eigenkapitalinvestitionen und technischer Hilfestellung zu fördern. Während zunächst nur kurzfristige Projektdarlehen finanziert wurden, unterstützt die Bank seit einigen Jahrzehnten auch Programme zur Strukturanpassung. Weiterhin ist es seit den 1990er Jahren möglich, Kredite an den Privatsektor ohne staatliche Garantien zu vergeben. Außerdem leistet die Bank bei der Vorbereitung, Durchführung und Überwachung sowie der Ausbildung von Fachkräften technische Hilfe.

Die AfDB litt in den ersten Jahren ihrer Geschäftstätigkeit darunter, dass sie sich aufgrund fehlender Bonität und beizubringender Bürgschaften im Vergleich zu den anderen Regionalbanken (vgl. weiter unten) nicht über die internationalen Finanzmärkte refinanzieren konnte. Ihr fehlten im Vergleich zu den anderen Banken auch Mitglieder mit entsprechendem Haftungskapital. Die Kreditvergabe war in dieser Zeit deshalb nur eingeschränkt möglich. Dies änderte sich durch die Mitgliedschaft der Industrieländer in der Institution. Mittlerweile refinanziert sich die Bank überwiegend über die Emission von Anleihen auf den internationalen Kapitalmärkten. Neben diesen Finanzierungsmitteln verfügt die Bank über spezielle Fonds: Der Nigeria Trust Fund (NTF) wurde 1976 mit dem Ziel gegründet, die einkommensschwächeren Mitgliedsländer zu unterstützen. Die Mittel werden zu günstigeren Bedingungen als die der AfDB bereitgestellt. Der Name des Fonds stammt von der ursprünglichen Kapitalüberlassung der nigerianischen Regierung. Des Weiteren gibt es den „Special Relief Fund", der 1974 ins Leben gerufen wurde und afrikanische Länder unterstützen soll, die durch unvorgesehene Katastrophen geschädigt werden.

Projekte mit geringer Rendite werden durch den Afrikanischen Entwicklungsfonds (AfDF) unterstützt. Dieser Fonds wurde 1972 durch einen Vertrag zwischen der AfDB und 16 nichtregionalen Staaten gegründet. Zielsetzung war es, die wirtschaftliche und soziale Entwicklung, die internationale Kooperation sowie die regionale Integration in Afrika zu fördern. Die Kreditvergabe erfolgt zu besonders günstigen Konditionen mit Laufzeiten von bis zu 50 Jahren. Der Fonds ist zwar rechtlich selbstständig, bedient sich aber zur Wahrnehmung seiner Aufgaben der Mittel der AfDB[266].

Asiatische Entwicklungsbank (ADB)

Entstehung und Organisation

Die Asiatische Entwicklungsbank[267] wurde 1966 gegründet. Ihr Sitz ist in Manila und sie hat 67 Mitgliedstaaten. Davon sind 48 regionale Mitgliedstaaten und 19 nichtregionale Mitgliedstaaten. Die Bank beschäftigt 3.045 Mitarbeiter aus 61 Ländern.

---

[266] Vgl. Deutsche Bundesbank [2013a: 231 ff.].
[267] Asian Development Bank.

Oberstes Entscheidungsgremium ist der Gouverneursrat, in dem jedes Mitglied einen Vertreter entsendet. Das Gremium tritt einmal jährlich zusammen und hat die meisten seiner Befugnisse, die es nach der Satzung abgeben darf, an das Direktorium abgetreten. Der Gouverneursrat wählt den Präsidenten der Bank auf fünf Jahre. Eine Wiederwahl ist möglich. Traditionell stellt Japan den Präsidenten. Der Präsident übernimmt die Geschäftsleitung der Bank und ist Mitglied des Direktoriums, welches ebenfalls vom Gouverneursrat gewählt wird. Die zwölf Direktoriumsmitglieder teilen sich auf acht regionale Vertreter und vier nichtregionale Vertreter auf. Das Direktorium überwacht und prüft alle Darlehens- und Eigenkapitalvorgänge sowie Maßnahmen zur technischen Unterstützung[268].

Aufgaben und Entwicklung

Das Ziel der Bank ist es, die Armut in der asiatisch-pazifischen Region zu reduzieren. Gleichzeitig will sie die Lebensqualität der Menschen in der Region verbessern und durch die Zurverfügungstellung von Darlehen und technischer Unterstützung die Entwicklung der Region fördern.

Finanziert werden Investitionen in konkrete Projekte und sektorale Investitionen. Außerdem gibt es Programmdarlehen, mit denen wirtschaftspolitische Anpassungsmaßnahmen finanziert werden sollen. Die Bank beteiligt sich auch an Kofinanzierungen von offiziellen und kommerziellen Institutionen sowie von Export-Kreditinstitutionen[269].

Ihren Refinanzierungsbedarf deckt die Bank durch ihre Emissionstätigkeit an den internationalen Kapitalmärkten. Außerdem fließen ihr durch die Mitgliedsbeiträge Mittel für die von der Bank verwalteten Sonderfonds zu. Zu nennen ist der Asiatische Entwicklungsfonds (ADF); über diesen Fonds werden günstige Kredite an besonders bedürftige Mitgliedstaaten vergeben. Außerdem zu nennen ist der Sonderfonds für technische Hilfe, der sich aus freiwilligen Beiträgen finanziert. Dieser Fonds leistet Unterstützung bei der Formulierung und Durchführung von Entwicklungsprojekten. Der japanische Sonderfonds dient dazu, den Entwicklungsländern in der Region bei Strukturanpassungen zu helfen, Privatinvestitionen zu fördern und Anreize für den Kapitalrückfluss in diese Länder zu setzen.

Eine besondere Bedeutung kam der ADB bei der Wirtschafts- und Währungskrise in Südostasien in den Jahren 1997/98 zu. Aufgrund einmaliger „Rettungsaktionen" in Thailand, Südkorea und Indonesien wurde die ADB zum drittgrößten Geldgeber bei der Stützung der krisengeschüttelten Volkswirtschaften in der Region[270].

---

[268] Vgl. Deutsche Bundesbank [2013a: 236 f.] sowie die Informationen auf der Homepage der Asiatischen Entwicklungsbank http://www.adb.org.
[269] Vgl. Deutsche Bundesbank [2013a: 238 f.].
[270] Vgl. Spreen [1998: 176].

Europäische Bank für Wiederaufbau und Entwicklung (EBRD)

Entstehung und Organisation

Die Europäische Bank für Wiederaufbau[271] wurde 1991 mit Sitz in London mit dem Ziel gegründet, die ehemaligen kommunistischen mittel- und osteuropäischen Staaten in ihrem Umstrukturierungsprozess zu unterstützen. Die Bank wird von 64 Mitgliedstaaten, der EU und der Europäischen Investitionsbank[272] gehalten und beschäftigt rund 1.500 Mitarbeiter.

Jedes Mitglied entsendet einen Vertreter in das oberste Entscheidungsorgan, den Gouverneursrat. Dieser kann seine Befugnisse bis auf einige Ausnahmen an das dreiundzwanzigköpfige Direktorium übertragen. Die Direktoriumsmitglieder vertreten Stimmrechtsgruppen (vgl. auch IWF), die sich aus zwei oder mehreren Mitgliedsländern zusammensetzen. Das Direktorium ist verantwortlich für die Aufstellung des Budgets und für die Geschäftspolitik der Bank. Der Gouverneursrat wird mit einer Mehrheit der Gesamtstimmenzahl der Mitglieder (gemessen an den Kapitalanteilen der jeweiligen Mitglieder) auf vier Jahre gewählt. Der Präsident ist der gesetzliche Vertreter der Bank und führt nach Weisungen des Direktoriums die laufenden Geschäfte der Bank[273].

Aufgaben und Entwicklung

Der Zusammenbruch des Kommunismus hat die ost- und mitteleuropäischen Staaten vor große Transformationsaufgaben gestellt. Hauptaufgabe der Bank ist es, diese Staaten in ihrem Umstrukturierungsprozess zu Marktwirtschaften zu unterstützen und private unternehmerische Aktivitäten in diesen Ländern zu unterstützen. Die Bank soll vor allem Hilfestellung bei der Auflösung von Staatsmonopolen, der Dezentralisierung und Privatisierung der Wirtschaft leisten.

Die Bewilligung von Fördermittel ist an den Grundsätzen der Demokratie, der Marktwirtschaft und des Pluralismus gebunden, d. h. die Länder, die einen fortschreitenden Reformprozess nachweisen können, kommen bevorzugt in den Genuss von Finanzhilfen. Die Bank hat auch die Möglichkeit Mittel auszusetzen, wenn geförderte Länder eine Politik verfolgen, die nicht mit den oben genannten Grundsätzen vereinbar ist[274]. Die Bank refinanziert sich durch die Aufnahme von Krediten und die Ausgabe von Schuldverschreibungen. Sie hat außerdem die Möglichkeit auf Kapitalanteile zurückzugreifen.

---

[271] European Bank for Reconstruction and Development. Die Bank wird teilweise auch als „Osteuropabank" bezeichnet.
[272] Die Europäische Investitionsbank ist ein rechtlich selbständiges Gemeinschaftsorgan der EU. Die Bank wurde mit Inkrafttreten des Vertrages über die Europäische Wirtschaftsgemeinschaft am 1.1.1958 ins Leben gerufen. Die Bank soll zu einer ausgeglichenen und stetigen Entwicklung des Gemeinsamen Marktes beitragen. Sie gewährt dazu Darlehen und übernimmt Bürgschaften, um Projekte in allen Wirtschaftsbereichen zu finanzieren.
[273] Vgl. Deutsche Bundesbank [2013a: 241 f.], Spreen [1998: 178 f.] und die Informationen auf der Homepage der EBRD http://www.ebrd.com sowie die „Transition Reports" der EBRD.
[274] Vgl. Deutsche Bundesbank [2013a: 241].

Finanziert werden durch die EBRD Kredite, Beteiligungen an Unternehmen, die Leistung von Garantien und die Übernahme von Wertpapieremissionen in den Empfängerländern. Auf die beiden letztgenannten Finanzierungsinstrumente soll nur zurückgegriffen werden, wenn andere Finanzierungsformen nicht geeignet sind. Die Finanzhilfen an den staatlichen Sektor dürfen nicht 40 % des Geschäftsvolumens überschreiten.

Inter-amerikanische Entwicklungsbank (IDB)

Entstehung und Organisation

Die Inter-amerikanische Entwicklungsbank[275] ist die älteste und größte Entwicklungsbank mit Sitz in Washington D.C. Sie wurde 1959 gegründet und hat 48 Mitglieder. Davon sind 26 regionale Mitglieder aus Lateinamerika und der Karibik und 22 nicht-regionale Mitglieder, nämlich die USA, Japan, Kanada, 16 europäische Länder, Korea, China und Israel.

Höchstes Entscheidungsgremium ist der Gouverneursrat, in dem jedes Mitgliedsland einen Gouverneur und einen Vertreter entsendet. Üblicherweise sind dies die Finanzminister, die Präsidenten der Zentralbanken oder andere Offizielle des Landes. Der Rat tritt einmal jährlich zusammen. Auf diesem Treffen überprüft der Rat die Geschäfte der Bank und entscheidet über die grundlegende Geschäftspolitik. Der Rat wählt ein vierzehnköpfiges Direktorium. Außer die USA und Kanada vertreten die Direktoren jeweils eine Gruppe von Ländern. Das Direktorium setzt die operationale Geschäftspolitik fest, bestimmt die Zinssätze für die Kredite, überprüft Projekte, die vom Präsidenten der Bank vorgeschlagen wurden, autorisiert Darlehensaufnahmen auf den Kapitalmärkten und überprüft das Budget der Bank. Der Präsident der Bank wird vom Gouverneursrat gewählt und übernimmt die Geschäftsführung der Bank. Traditionell stellt ein lateinamerikanisches Land den Präsidenten und die USA den Vizepräsidenten. Der Präsident nimmt an den Treffen des Direktoriums teil. Er hat außer im Falle einer Stimmengleichheit kein Stimmrecht bei Abstimmungen[276].

Aufgaben und Entwicklung

Die Inter-amerikanische Entwicklungsbank ist nach eigenen Angaben der wichtigste Katalysator in der Region zur Mobilisierung von Kapital, um damit Entwicklungsprojekte zu finanzieren, private Investitionen zu unterstützen und technische Unterstützung bei der Vorbereitung, Finanzierung und Durchführung von Entwicklungsprojekten zu leisten. Während die Bank sich früher auf die Finanzierung von Agrar- und Industrieprojekten sowie Infrastrukturmaßnahmen im Energie- und Transportbereich konzentrierte, rückten in den letzten Jahren verstärkt Maßnahmen in den Vordergrund, die der Armutsbekämpfung, der Bildung von Sozialkapital, der

---

[275] Inter-American Development Bank.
[276] Vgl. hierzu die Informationen auf der Homepage der IDB http://www.iadb.org.

Modernisierung, der Integration und der Umwelt dienen. Die Bank baute ein Programm auf, das vor allem die Gründung von „Kleinstunternehmen" unterstützte.

Die Bank refinanziert sich durch Kapitalerhöhungen und die dadurch mögliche Kreditaufnahme an den Kapitalmärkten. Das Grundkapital der Bank beträgt 101 Milliarden US-Dollar, von dem die Mitgliedstaaten 4,3 % in konvertibler Währung direkt einzahlen. Der Rest besteht aus jederzeit abrufbarem Haftungskapital („callable capital"), das durch die Mitgliedstaaten garantiert wird. Aufgrund der stark gestiegenen Nachfrage nach Krediten der Inter-amerikanischen Entwicklungsbank – insb. nach Ausbruch der globalen Finanzkrise – wurde beschlossen bis zum Jahr 2015 das Grundkapital auf 171 Milliarden US-Dollar aufzustocken. Wichtigster Sonderfonds für sogenannte „weiche" Kredite an weniger entwickelte Mitgliedstaaten ist der Fund for Special Operations (FSO). In diesen haben die Mitgliedstaaten bislang 10 Milliarden US-Dollar eingezahlt (Stand: 2013)[277].

II. Weltwirtschaftsgipfel

Eine neue institutionelle Ebene der Weltwirtschaftspolitik entwickelte sich Mitte der 1970er Jahre in Form der sogenannten „Weltwirtschaftsgipfel". Es handelt sich hierbei um internationale Koordinierungstreffen auf höchster politischer Ebene: Die Staats- und Regierungschefs der weltwirtschaftlich wichtigsten Industrieländer treffen sich persönlich in kleinem Kreis. Solche Gipfeltreffen finden jährlich statt und sind inzwischen nicht mehr aus dem Spektrum der Weltwirtschaftspolitik wegzudenken. Ich werde im Folgenden zuerst die Grundlagen für die Entstehung dieser Weltwirtschaftsgipfel sowie ihre Entstehungsgeschichte erläutern. Dann komme ich auf die funktionelle Bedeutung dieser Institution zu sprechen. In einem weiteren Abschnitt beschreibe ich kurz den Ablauf und die Ergebnisse einzelner Gipfel. Schließlich werde ich die funktionelle Begrenztheit der Weltwirtschaftsgipfel in Schockabsorptionsprozessen herausarbeiten. Diese Begrenztheit ist Ausgangspunkt für neue Vorschläge internationaler Koordinierung, die in den letzten Jahrzehnten entwickelt bzw. diskutiert worden sind. Diese neuen Vorschläge werden dann im nächsten Teil behandelt.

1. Entstehungsgeschichte

Ausgangspunkt für die Entstehung der Weltwirtschaftsgipfel[278] war das unglückliche Zusammentreffen von mehreren weltweiten Schocks Anfang der 1970er Jahre. Es handelte sich dabei um Schocks sowohl auf ökonomischem als auch auf politischem Gebiet.

---

[277] Vgl. Deutsche Bundesbank [2013a: 225 f.] sowie http://www.iadb.org.
[278] Dieser Ausgangspunkt gilt nicht nur für diese Institutions-Neubildung. Tendenziell kann man sagen, dass jeder Institutions-Neubildung das Eintreffen solcher ungewöhnlich starker Schocks – gepaart mit günstigen politischen Umständen, in Form von Personen oder Situationen – vorausgehen muss. Zumindest deutet die Geschichte der Institutionenbildung darauf hin. Doch auch theoretische Überlegungen innerhalb der „Institutionentheorie" stützen diese These.

Schocks auf ökonomischem Gebiet: Anfang der 1970er Jahre trafen mehrere außergewöhnlich heftige Schocks die Weltwirtschaft. Die zwei gravierendsten waren einmal der Zusammenbruch des Währungssystems von Bretton Woods und zum anderen die (Erste) Erdölkrise. Über den Zusammenbruch des Währungssystems von Bretton Woods haben wir oben schon gesprochen im Abschnitt über den IWF. Noch stärker als dieser währungspolitische Schock traf die Erdölkrise die Weltwirtschaft.

Im Oktober 1973 brach ein arabisch-israelischer Krieg aus, in dessen Zusammenhang die in der OPEC[279] zusammengeschlossenen ölexportierenden Länder ein Ölembargo gegen die USA und andere nichtkommunistische Industrieländer verhängten. Gleichzeitig erhöhten sie im Dezember 1973 den Preis pro Barrel Öl um das Vierfache. Diese Vervierfachung der Erdölpreise traf die westlichen Industrieländer völlig unvorbereitet und stürzte sie in einen in der Nachkriegszeit noch nicht da gewesenen Stagflationsprozess[280]. So offenkundig die Notwendigkeit enger Zusammenarbeit auch war, die ersten Reaktionen der Regierungen der wichtigsten betroffenen Industrieländer zeugten eher von Verbitterung als von Harmonie. Zudem behinderten politische Spannungen, die auf Unterschiede der politischen Auffassungen hinsichtlich des Nahen und Mittleren Ostens (im Kontext des Oktoberkrieges zwischen Israel und arabischen Ländern) beruhten, die Zusammenarbeit. Diese Spannungen hielten auch nach Abschluss des ägyptisch-israelischen Entflechtungsabkommens im Januar 1974 an. Sie verlagerten sich lediglich auf Meinungsverschiedenheiten über die richtige Wirtschaftspolitik. Insofern herrschte mehr ein Gegen- als ein Miteinander im Kampf gegen drohende Rezession und gleichzeitiger Inflation vor. Dies war verbunden mit einem Streit zwischen den USA und den europäischen Ländern um das richtige Strategiekonzept im Umgang mit der OPEC. Während die USA die umgehende Bildung einer gemeinsamen Front gegen die OPEC befürworteten, schreckten die europäischen Staaten angesichts ihrer größeren Abhängigkeit vom OPEC-Öl vor einer direkten Konfrontation mit der OPEC zurück und bevorzugten stattdessen einen weltweiten Dialog über die Problemlage und ihre Überwindung. Diese Meinungsverschiedenheiten spitzten sich auf der Energiekonferenz in Washington im Februar 1974 zu.

Diese weltpolitischen Spannungen gingen parallel und wurden teilweise verstärkt durch gleichzeitige Schockeinflüsse auf politischem Gebiet.

Schocks auf politischem Gebiet: 1973 und 1974 waren Jahre, in denen in mehreren wichtigen Industrienationen Führungskrisen auftraten. Die USA wurden vom sogenannten „Watergate-Skandal" erschüttert. Dieser Skandal schränkte die Glaubwürdigkeit und damit die Handlungsfähigkeit der Regierung Nixon von Anfang 1973 an stark ein und führte schließlich im August 1974 zum Rücktritt von Präsident Nixon. In der Bundesrepublik Deutschland stürzte schon im Mai 1974 Bundes-

---

[279] Abkürzung für „Organization of Petroleum Exporting Countries" (1960 gegründet).
[280] Die Industrieproduktion fiel 1975 in den USA um 8,8 %, in Japan um 10,9 % und in den EWS-Ländern um 6,7 %. Gleichzeitig stiegen die Konsumentenpreise in den USA um 9,1 %, in Japan um 11,9 % und in den EWS-Staaten um 13,1 %.

kanzler Brandt über die sogenannte „Guillaume-Affaire". In Japan musste im November des gleichen Jahres Premierminister Fukuda mit seiner Regierung nach einem politischen Skandal zurücktreten. Schließlich war die Regierung Pompidou in Frankreich dadurch geschwächt, dass ihr Präsident, durch ein Krebsleiden angegriffen (an dem er im April 1974 starb), die Regierungsgeschäfte nicht mehr mit voller Kraft wahrnehmen konnte. Dieses unglückliche Zusammentreffen von politischen Krisen in verschiedenen führenden Industrienationen trug mit dazu bei, dass der notwendige Koordinierungsprozess in einer Phase dramatischer ökonomischer Schockeinwirkung nicht zufriedenstellend in Angriff genommen werden konnte. Stattdessen wurden – wie beschrieben – die internationalen Konflikte dadurch noch angeheizt.

Ende 1974 war die politische Situation dadurch gekennzeichnet, dass in all den vier führenden westlichen Industrienationen (USA, Japan, Bundesrepublik Deutschland und Frankreich) neue Staats- bzw. Regierungschefs im Amt waren. Bei diesen setzte sich – vermittelt durch die Erdölkrise[281] und die folgenden weltwirtschaftlichen Stagflationserscheinungen – glücklicherweise die Erkenntnis durch, dass zusätzliche Schritte im weltwirtschaftspolitischen Koordinierungsprozess vorgenommen werden müssten, um die offensichtliche weltweite Wirtschaftskrise so schnell wie möglich zu überwinden. Hierbei spielte in allen Ländern auch ein „innenpolitischer Faktor" eine gewichtige Rolle. Es wurde den Regierenden allmählich klar, dass die durch die Erdölkrise ausgelöste weltweite Stagflation sowie ihre Bekämpfung den Bevölkerungen große Opfer abverlangen würden. Durch die gegenseitige Abhängigkeit der einzelnen Länder beim Anpassungsprozess konnten individuelle Erfolge und Misserfolge einzelner Länder diesen nicht mehr individuell zugerechnet werden. Legitimationspolitisch dagegen wurden die nationalen Regierungen von ihren Wählern immer noch als verantwortlich angesehen für die Kosten des Anpassungs- oder Stabilisierungsprozesses[282]. Um diesem Legitimationsdruck zu entgehen, erwies es sich als eine Notwendigkeit für die Regierenden, der Bevölkerung die weltweite Verflechtung und Abhängigkeit bei der Krisenbekämpfung zu vermitteln. Dies konnte am besten durch eine neue und allen sichtbare, medienwirksame Runde internationaler Koordinierung erreicht werden. Durch die gemeinsame Beratung und Aufklärung über eine koordinierte Bekämpfung wurde der Bevölkerung (ohne direkten Legitimationsverlust) klar gemacht, die Ursachen und Kosten des Anpassungsprozesses als international oder weltwirtschaftlich bedingt zu betrachten und zu akzeptieren.

Der unmittelbare Anstoß für die Institutionalisierung von „Weltwirtschaftsgipfeln" als internationales Koordinierungsinstrument kam aus Europa. Die treibenden Kräfte waren die beiden damals frisch gewählten Regierungschefs in der Bundesrepublik und in Frankreich, Helmut Schmidt und Giscard d'Estaing. Beide kannten sich aus ihrer Zeit als Finanzminister und damit als Koordinationspartner auf OECD- und EWG-Ebene. Ihrer persönlichen Wertschätzung füreinander und ihrer

---

[281] Die Erdölkrise verstärkte - für jeden sichtbar - die wechselseitige Abhängigkeit der ölimportierenden Staaten.
[282] Es wurde dabei von „hausgemachter" Inflation und Arbeitslosigkeit gesprochen.

positiven Erfahrungen und Wertschätzung von Koordinationstreffen (früher als Finanzminister) ist es vor allem zu verdanken, dass sie sich für die Idee eines „Weltwirtschaftsgipfel" einsetzten[283]. Während der ‚Konferenz für Sicherheit und Zusammenarbeit in Europa' (KSZE) vom 30. Juli bis 3. August 1975 in Helsinki schlug der französische Präsident Giscard d'Estaing informell vor, dass die Regierungschefs von Frankreich, Großbritannien, USA, Japan und der Bundesrepublik Deutschland zu einem Gipfeltreffen zusammenkommen sollten, um Währungsfragen zu erörtern. Im folgenden Monat traf sich der deutsche Bundeskanzler Helmut Schmidt zu bilateralen Gesprächen mit den Regierungschefs von Großbritannien und den USA und drängte sie zu einer positiven Stellungnahme zum Gipfelvorschlag des französischen Präsidenten. Der amerikanische Präsident Ford zögerte erst noch. Doch nach einer gewissen Bedenkzeit und weiteren internationalen Beratungen auf Ministerebene willigte auch er ein. Auf dem Treffen sollten allerdings inzwischen nicht mehr allein Währungsangelegenheiten, sondern alle wichtigen Wirtschaftsprobleme erörtert werden. Nach weiteren knapp zweimonatigen Vorbereitungen durch eine informelle Gruppe persönlicher Beauftragter der Staats- und Regierungschefs konnte dann am 15. bis 17. November 1975 im Schloss Rambouillet in Frankreich der erste „Weltwirtschaftsgipfel" stattfinden. Niemals zuvor hatten sich Staats- und Regierungschefs zu einer multilateralen Erörterung wirtschaftspolitischer Probleme getroffen. Seit dem Ende des Zweiten Weltkriegs waren es stets die Finanzminister und Zentralbankpräsidenten gewesen, die bei multilateralen Wirtschaftsverhandlungen an der Spitze ihrer Delegationen gestanden hatten. Von daher kam der gemeinsamen Präsenz der Staats- und Regierungschefs der sechs größten westlichen Industrieländer (neben den fünf ursprünglich geplanten war auch Italien am Gipfeltreffen beteiligt worden) eine hohe symbolische Bedeutung zu. Der amerikanische Präsident sprach folglich in seiner Abschlusserklärung zum ersten Gipfel von einem „neuen Geist, einen Geist der Zusammenarbeit und des Vertrauens, der aus einem tieferen Verständnis unseres gemeinsamen Schicksals und unserer gemeinsamen Überzeugung herrührt, dass freie Völker ihre Zukunft meistern können".

Mit seiner Initiative zu diesem Gipfeltreffen hatte Präsident Giscard d'Estaing lediglich die informellen Konsultationen der ‚Fünfer-Gruppe' im IWF, die er und Helmut Schmidt in den frühen 1970er Jahren, als sie beide Finanzminister waren, mitbegründet hatten, auf eine höhere Ebene gehoben. Außerdem hatten Giscard d'Estaing und Schmidt erst einige Monate vorher einem ähnlichen Vorschlag auf europäischer Ebene, der auf häufigere und regelmäßigere europäische Gipfeltreffen hinauslief[284], zugestimmt. Hinter dieser Gipfelidee stand die Erkenntnis, dass die traditionellen Wege multilateraler Wirtschaftskonsultationen innerhalb der oben beschriebenen internationalen Organisationen nicht geeignet sind für die Bewältigung solch großer Schocks wie der Erdölkrise und des Zusammenbruchs der Währungsordnung von Bretton Woods. So wurde die Effizienz der Ausschüsse der OECD und des IWF durch die große Zahl der Teilnehmer und ihren Mangel an poli-

---

283 Dies geht auch aus persönlichen Aussagen der beiden Politiker hervor. Vgl. die Schilderungen von diesbezüglichen Interviewergebnissen in DeMenil und Solomon [1983].

284 Die neun Staats- und Regierungschefs der EG sollten sich demnach künftig drei Mal jährlich im Europäischen Rat treffen.

tischer Autorität beeinträchtigt. Das heißt, der Entscheidungsprozess lief sehr schwerfällig ab. Bei sogenannten „Alltagsgeschäften" ist dies von geringerer Bedeutung, nicht dagegen bei größeren Schockeinwirkungen. Aber auch die informellen Treffen der Finanzminister der ‚Fünfer-Gruppe' erwiesen sich als unzureichend für die notwendige zügige Bewältigung von großen Schocks. Denn auch den Finanzministern fehlte letztlich die politische Autorität zu schnellen Entscheidungen. Von daher schien es unausweichlich, die Gesprächs- und Verhandlungsführung auf die höchste politische Ebene zu heben, wenn man die negativen Folgeerscheinungen von Schocks so gering wie möglich halten wollte. Dies hat sich inzwischen aufgrund der positiven Erfahrungen mit den Gipfeln auch bestätigt. Mittlerweile scheinen diese Gipfeltreffen den Beteiligten als unerlässlich, um auf größere Schockeinwirkungen schnell genug kooperativ reagieren zu können.

2. Funktion

Spätestens seit den 1930er Jahren (den Erfahrungen aus der damaligen Weltwirtschaftskrise) war den Politikern klar, dass wir in einer interdependenten Welt leben, die ein Mindestmaß an Kooperation bei der Festlegung des allgemeinen wirtschaftspolitischen Kurses wünschenswert, wenn nicht gar notwendig macht. Die internationalen „Spillover-Effekte"[285] nationaler Politiken erwiesen sich einfach als zu stark, als dass sich ein einzelnes Land noch dem Glauben hingeben konnte, dass es seine eigenen wirtschaftspolitischen Maßnahmen unabhängig von dem, was anderenorts geschieht, vernünftig planen könnte. Diese Erkenntnis führte denn auch zur Schaffung einer großen Anzahl von Mechanismen und Organisationen, die ein höheres Maß an internationaler Koordination ermöglichten. Diese wurden im obigen Abschnitt I schon beschrieben. Die in Teil I dargestellte Zunahme internationaler Verflechtung und die dadurch erzeugte Steigerung gegenseitiger Abhängigkeit bei Schockeinwirkungen stellte aber immer höhere Anforderungen an diese Mechanismen und Organisationen. Wie schon betont, führte dies notwendigerweise zur Institutionalisierung der „Weltwirtschaftsgipfel".

Entscheidend für die Institutionalisierung der Weltwirtschaftsgipfel (und dies gilt für jede freie Bildung von Institutionen) war die Anerkennung der Tatsache, dass diese neue Institution allen Beteiligten nützt. Anders gesagt geht ein Land eine Koordinationsanstrengung wie die Beteiligung an einem Weltwirtschaftsgipfel nur dann ein, wenn es glaubt, dass das Ergebnis, das es mithilfe dieser Institution erzielen kann, vorteilhafter ist als das Beste, was es für sich allein erreichen könnte. Die Gipfeltreffen müssen also im eigenen Interesse aller beteiligten Länder liegen, damit sie zu Stande kommen. Davon waren die Teilnehmerländer der bisherigen Gipfel überzeugt. Die Erfolge der Gipfel, obwohl nicht immer direkt messbar, scheinen ihnen Recht zu geben. Der Erfolg dieser Gipfel ist nicht nur an dem Stabilisierungserfolg hinsichtlich der Schockeinflüsse der 1970er und 1980er Jahre zu messen, obwohl dies das Hauptkriterium für ihr bisheriges und ihr weiteres Bestehen (gewesen)

---

[285] Spillover-Effekt bezeichnen die räumlichen Auswirkungen einer wirtschaftlichen Aktivität. So haben z. B. nationale wirtschaftspolitische Entscheidungen Auswirkungen auf andere Länder.

ist. „Die Welt braucht" – wie Helmut Schmidt betonte[286] – „diesen regelmäßigen jährlichen Dialog. Er ist ein Stabilisierungsfaktor. Das aber ist nur von zweitrangiger Bedeutung im Vergleich zu den möglichen wirtschaftlichen Auswirkungen." Diese positiven wirtschaftlichen Nebeneffekte zeigen sich vor allem in der Verhinderung eines Rückfalls in extreme protektionistische Verhaltensweisen[287]. Die Gipfel erwiesen sich als eine entscheidende Kraft bei der Wahrung von Freihandelsprinzipien[288]. Sie verhinderten das drohende Ausbrechen von Handelskriegen in der schwierigen Zeit der Schockabsorptionsprozesse, die von hoher Arbeitslosigkeit und Inflation geprägt war. Insofern erleichterten sie auch die weitere weltwirtschaftliche Verflechtung.

Die wesentliche Funktion des regelmäßigen Dialogs liegt in der *Vertrauensbildung*. Wie man aus Erfahrungen und auch aus theoretischen Untersuchungen zur Vertrauensbildung[289] weiß, setzt Vertrauensbildung den regelmäßigen persönlichen Umgang von Entscheidungsträgern (ihr Bewusstsein des sich beim nächsten Treffen „Wieder-in-die-Augen-Sehenmüssens"[290]) voraus. Während Minister eine Nichteinhaltung von Absprachen leicht mit einem Mangel an Kompetenz „entschuldigen" können, ist dies bei Staats- und Regierungschefs weniger möglich. Vertrauensbildung wiederum erleichtert die Konsenserzielung wesentlich. Die Gipfel liefern ein notwendiges Forum, um sich auf höchster Ebene „auszusprechen" und unbedachte Schnellreaktionen oder Vergeltungsmaßnahmen auf als provokant empfundene Verhaltensweisen anderer Staaten zu vermeiden. Sie geben den Beteiligten die Gelegenheit, ihre Zweifel und ihre Kritik an Programmen der einzelnen Staaten zum Ausdruck zu bringen und aus der Erläuterung der kritisierten Maßnahmen vielleicht Verständnis für diese zu entwickeln. Nichts ist für die Weltwirtschaft gefährlicher als zu schnelle, unbedachte Vergeltungsreaktionen. Wie aus der Geschichte bekannt ist, lösten solche Reaktionen häufig eine Lawine von Vergeltung und Gegenvergeltung aus, die am Schluss allen Beteiligten schadete. Wenn diese Gefahr gebannt oder zumindest verringert wird durch die Veranstaltung von Weltwirtschaftsgipfeln, so ist damit schon „unendlich" viel gewonnen. Grundsätzlich kann man sich vorstellen, dass dies auch schon bei regelmäßigen Treffen auf Ministerebene erreicht wer-

---

[286] Dies bezieht sich auf ein Interview, das DeMenil mit Helmut Schmidt im Februar 1983 führte. Vgl. DeMenil und Solomon [1983: 64]. Die Studie von DeMenil und Solomon [1983] entstand aus einem Gedankenaustausch über die Weltwirtschaftsgipfel, zu dem der amerikanische Council on Foreign Relations eine Studiengruppe Anfang 1982 eingeladen hatte. Die Arbeiten der Gruppe leitete George de Menil. Im Verlauf der Sitzungen wurden Anthony Solomon (damals Präsident der Federal Reserve Bank von New York) und George de Menil gebeten, ihre individuellen Bewertungen der Rolle, die die Gipfeltreffen gespielt haben, in Buchform niederzulegen.

[287] Dies war nach Aussage von Helmut Schmidt für ihn auch der Ausgangspunkt, um die Gipfelidee zu fördern. So schrieb er in seinem Vorwort zur deutschen Ausgabe des Buches von DeMenil und Solomon [1983]: „Ich habe die Gipfel immer als ein Instrument angesehen zur Eindämmung des sich schon damals – 1973 – abzeichnenden neuen Wirtschaftsnationalismus."

[288] Vgl. ebda.

[289] Vgl. z. B. Gambetta [Hrsg., 1988], Vlaar et al. [2007].

[290] Dadurch wird ein Hintergehen von Abmachungen zur persönlichen „Peinlichkeit", der sich auch Politiker ungern aussetzen. Um dies zu bewirken, bedarf es regelmäßiger, d. h. sich wiederholender Treffen, um das „Sich-immer-wieder-in-die-Augen-sehen-müssen" zu gewährleisten.

den könnte. Jedoch zeigt die Erfahrung, dass dies umso eher geleistet werden kann, je höher die Treffen angesiedelt sind.

Die Gipfel sind aber zugleich ein Instrument, um vor der weltweiten Öffentlichkeit die gegenseitige Abhängigkeit zu dokumentieren und die Kontinuität der gemeinsamen Prinzipien und Wertvorstellungen zu demonstrieren. Dies ist dazu angetan, einen *Lernprozess* bei den nationalen Bevölkerungen in Gang zu setzen, der es diesen erleichtert, auch nationale „Opfer" im gemeinsamen Interesse zu akzeptieren. Es wird somit für nationale Regierungen leichter, wirtschaftspolitische Maßnahmen, die für die Bevölkerung schmerzhaft sind, durchzusetzen. Zugleich bewirkt die Medienöffentlichkeit[291] der Gipfeldiplomatie einen innenpolitischen Disziplinierungsprozess: Sie erschwert einer Regierung, ihre Meinung in irgendeiner schwierigen Frage auf Druck innenpolitischer Interessengruppen wieder zu ändern und kooperative internationale Vereinbarungen so zu unterlaufen. Der Gipfelprozess erweist sich daher als sehr wichtig, um engstirnige nationalistische Maßnahmen zu verhindern.

Sicher sind die Gipfeltreffen mehr Symbolik als Arbeitstreffen. Daher bedarf es zur Vorbereitung wie zur Begleitung und Nachbereitung der Gipfel ähnlicher Treffen der Fachminister und der Zentralbankpräsidenten. Diese Treffen finden regelmäßig statt (z. B. in Form der OECD- oder der sogenannten ‚G5'- und ‚G7'-Treffen) und sie sind auch die wirklichen Koordinierungsveranstaltungen. Dessen ungeachtet scheinen die Gipfeltreffen als eine Art gemeinsame Absegnung dieser Koordinierungsergebnisse auf höchster Ebene inzwischen unerlässlich zu sein; zumindest steigern sie die Effizienz und Durchsetzungsfähigkeit solcher Vereinbarungen[292].

3. Entwicklungsgeschichte

In diesem Abschnitt beschreibe ich den Verlauf und die Schwerpunktsetzungen und wirtschaftspolitischen Ergebnisse der einzelnen Gipfel in ihrem chronologischen Ablauf. Dabei teile ich die Gipfel in mehrere Phasen ein. Nach einer Phase der Vertrauensbildung (1975–77) folgte eine kurze Phase diskretionärer Makropolitikkoordinierung (1978), anschließend eine längere Phase der Konsolidierung (1979–85), in der die Erwartungen an die Gipfel etwas reduziert wurden, dann eine Phase verstärkter währungspolitischer Koordinierungsanstrengungen (1986–89), danach die Phase der Routine (1990–99) und schließlich ab den 2000er Jahren eine Phase der Neuorientierung.

---

[291] Dies betrifft weniger die inhaltliche Diskussion als vielmehr das Wissen um die gemeinsame Anstrengung. Die inhaltliche Diskussion wird in der Regel streng vertraulich behandelt – abgesehen vom gemeinsamen Schlussdokument, das die Hauptvereinbarungen wiedergibt.
[292] Vgl. hierzu Putnam und Bayne [1985], die dies ausführlich dokumentieren.

3.1 Phase der Vertrauensbildung

Der **erste Gipfel** fand, wie oben schon erwähnt, vom 15.–17. November **1975 in Rambouillet** statt[293]. Während des dreitägigen Treffens führten die sechs Staats- und Regierungschefs eine breit angelegte Diskussion über die internationale Wirtschaftslage. Die Unterredung begann mit Einführungsreferaten aller Teilnehmer zu jeweils einem der sechs Hauptthemen: Währungskooperation, makroökonomische Steuerung, internationaler Handel, Energie sowie Ost-West- und Nord-Süd-Beziehungen. Die beiden Hauptvereinbarungen wurden auf den Gebieten Währungskooperation und internationaler Handel erzielt. Die währungspolitische Vereinbarung[294] bestand in der Übereinkunft, Floating (=flexible Wechselkurse) als legitimes Wechselkurssystem anzuerkennen und es unter IWF-Überwachung zu stellen. Gleichzeitig sollten die Behörden in den Teilnehmerstaaten verpflichtet werden, auf den Devisenmärkten einzugreifen, „um gestörten Marktbedingungen oder unberechenbaren Wechselkursschwankungen entgegenzuwirken" Beides sollte auf dem bevorstehenden IWF-Treffen in Jamaika ratifiziert werden. (Wie man hieran sowie am folgenden Punkt sieht, trugen die Wirtschaftsgipfel auch zur Weiterentwicklung der oben beschriebenen internationalen Organisationen bei.) Die handelspolitische Vereinbarung beinhaltete die erneute Verpflichtung zum freien Handel, insbesondere den Abschluss der Tokio-Runde des GATT innerhalb von zwei Jahren. Daneben gab es natürlich auch noch eher unverbindliche Absichtserklärungen wie zum Beispiel die, „hohe Arbeitslosigkeit, anhaltende Inflation und schwerwiegende Energieprobleme zu überwinden".

Die Bedeutung der währungspolitischen und der handelspolitischen Vereinbarungen von Rambouillet sollte nicht unterschätzt werden. Insbesondere die währungspolitische Übereinkunft ebnete den Weg für die weiteren Entwicklungen auf dem Gebiet der Währungskooperation in den 1970er und 1980er Jahren. Die Übereinkunft von Rambouillet wurde in ihrem Kern auch immer wieder bestätigt auf den weiteren Gipfeln. Doch auch die freihandelspolitische Festlegung trug wesentlich zur Festigung des offenen Handelssystems der westlichen Wirtschaftswelt bei. Sie beinhaltete einmal die eindringliche Unterstützung der Zollverhandlungen der sogenannten Tokio-Runde des GATT und zum anderen die allgemeine Selbstverpflichtung der Teilnehmerstaaten, „auf Maßnahmen zu verzichten, mit denen sie versuchen könnten, ihre Probleme auf Kosten anderer zu lösen"[295]. Dieser Verzicht auf das, was man auch „Beggar-thy-Neighbour Politik" nennt, wurde später allgemein als ein Vorgang bewertet, der entscheidend zum Widerstand der Regierungen der am Gipfel beteiligten Staaten gegen innenpolitischen protektionistischen Druck beige-

---

[293] Teilnehmer waren damals die Präsidenten Gerald Ford (USA) und Valery Giscard d'Estaing (Frankreich), Bundeskanzler Helmut Schmidt sowie die Premierminister Takeo Miki (Japan), Aldo Moro (Italien) und Harold Wilson (Großbritannien).

[294] Zu einer ausführlicheren Beschreibung der ersten Gipfeltreffen siehe DeMenil und Solomon [1983] sowie Putnam und Bayne [1985].

[295] Es handelte sich dabei um eine Bekräftigung der „Grundsätze der OECD-Stillhalteverpflichtungen", die im Mai 1974 von 24 OECD-Mitgliedstaaten unterzeichnet wurden. Darin sicherten sich die Unterzeichner gegenseitig zu, auf neue Handelsbeschränkungen zu verzichten.

tragen hat[296]. Diese freihandelspolitische Selbstverpflichtung wurde auf den folgenden Gipfeln von den teilnehmenden Staats- und Regierungschefs auch immer wieder erneuert und bekräftigt.

Wie schon betont, wurde die in Rambouillet begonnene Gipfeltradition von den am Rambouillet-Gipfel beteiligten Ländern bis heute fortgeführt. Zu diesen sechs Ländern stieß ab 1976 – gegen anfänglichen Widerstand Frankreichs – auch Kanada. Diese sieben Länder werden heute auch oft als die „G7-Länder" bezeichnet. In jedem folgenden Jahr hat jeweils ein anderes Land die Gipfelpartner zu einem Treffen eingeladen. Die Gipfeltreffen werden in den Wirtschaftsgeschichts-Büchern unter dem Namen des Ortes und wenn nötig zusätzlich dem Jahr, in dem sie stattgefunden haben, eingeteilt. Die Bundesrepublik Deutschland war bisher fünfmal Gastgeber: Bonn (1978), Bonn (1985), München (1992), Köln (1999) und Heiligendamm (2007).

Der Zweite wie auch der dritte Gipfel in Puerto Rico bzw. London waren weniger „ertragreich" als der erste Gipfel. Auf dem zweiten Gipfel in **Puerto Rico (1976)** waren die Ziele auch gar nicht so hoch gesteckt wie auf dem ersten Gipfel. Das Treffen gab den Teilnehmern vor allem die Gelegenheit zu einer allgemeinen Diskussion über das „gemeinsame Ziel" nämlich „wie eine neue Inflationswelle vermieden werden kann". Es wurde auf dem Gipfel bekräftigt, dass der Eindämmung der Inflation Priorität gegenüber einer kurzfristigen Arbeitslosigkeitsbekämpfung eingeräumt werden müsse.

Der dritte Gipfel in **London (1977)** war vor allem durch Meinungsverschiedenheiten zwischen dem neuen amerikanischen Präsidenten Carter und den europäischen Partnern gekennzeichnet. Zum einen versuchte Carter, insbesondere die Bundesrepublik sowie Japan zu expansionistischen wirtschaftlichen Maßnahmen zu bewegen. Seine Idee war die einer „Lokomotivstrategie", die eine asymmetrische Mischung unterschiedlich expansiver Politiken in Ländern mit Zahlungsbilanzüberschüssen und solchen mit Zahlungsbilanzdefiziten vorsah. Die Länder mit großen Zahlungsbilanzüberschüssen sollten einen besonders expansiven Wirtschaftskurs verfolgen, um die Wiederherstellung eines weltweiten Gleichgewichts zu fördern[297]. Konkret sollten die Bundesrepublik und Japan den USA in deren expansionistischem Wirtschaftspolitikkurs folgen, damit diese Drei zusammen als „Lokomotiven" für eine weltweite wirtschaftliche Erholung fungieren könnten. Dies wurde jedoch von dem deutschen und dem japanischen Regierungschef strikt abgelehnt, da beide eine neue inflationäre Entwicklung in ihrem Land fürchteten. So wurden lediglich die offiziell gesetzten Wachstumsziele der einzelnen Länder auf dem Gipfel bestätigt. Zum anderen wurde der Londoner Gipfel auch von Meinungsverschiedenheiten über die Entwicklung und den Verkauf atomarer Brutreaktoren überschattet. Carter konnte sich auch hier nicht durchsetzen. Er hatte das amerikanische Brutreaktorprogramm eingestellt und wollte auf dem Gipfel andere Partner zu ähnlichen Schritten überreden. So blieb als das wichtigste positive Ergebnis des Londoner Gip-

---

[296] Vgl. DeMenil und Solomon [1983: 25 f.].
[297] Vgl. zu dieser Strategie z. B. Cooper [1982] sowie Brookings Institution [1977].

fels, dass die Teilnehmer ihre Verpflichtung von 1975, die Tokio-Runde der Zollverhandlungen schnell und konstruktiv abzuschließen, nochmals bekräftigten. (Die Tokio-Runde hatte schon 1973 anlässlich einer GATT-Tagung in Tokio begonnen. Sie war jedoch Mitte der 1970er Jahre „stecken geblieben", da die Rezession des Jahres 1975 und die folgende nur schwache Erholung bei vielen Teilnehmern ihren Widerstand gegen weitere Handelsliberalisierungen verhärteten. Folglich war ein entschiedenes Eintreten auf den Weltwirtschaftsgipfeln für einen schnellen und erfolgreichen Abschluss dieser Zollrunde eine wesentliche Voraussetzung gewesen, damit letztlich die Tokio-Runde 1980 erfolgreich beendet werden konnte.)

Insgesamt gesehen war der Londoner Gipfel insbesondere für Präsident Carter enttäuschend gewesen. Nichtsdestoweniger engagierte sich Carter auch in den folgenden Jahren in ungewöhnlich starker Weise für die Gipfelidee und trug wesentlich dazu bei, dass die Gipfel mit der Zeit „effizienter" wurden. Dies zeigte sich unter anderem darin, dass der Vorbereitung der Gipfel sowie der Überwachung ihrer Ergebnisse mehr und mehr Aufmerksamkeit geschenkt wurde. So treffen sich seither die jeweiligen Außen- und Finanzminister mehrmals jährlich, um die Gipfeltreffen inhaltlich vorzubereiten bzw. die Einhaltung der Abmachungen zu überwachen. Während der Zeit der Präsidentschaft von Carter etablierte sich die Wirtschaftsgipfeldiplomatie als ein dauerhafter, neuer Prozess internationaler Konsultation und Koordination. Alle Beteiligten kamen in dieser Zeit zu der stillschweigenden[298] Überzeugung, dass diese Treffen regelmäßig und jährlich stattfinden sollten[299].

3.2 Phase diskretionärer Politikkoordinierung

Diese Phase umfasst eigentlich nur einen Gipfel. Dieser Gipfel ist in seinen makroökonomischen Koordinierungsanstrengungen bisher am weitesten gegangen. Gleichzeitig ist er im Nachhinein zum umstrittensten Gipfel geworden.

Bonner Gipfel (1978): Auf dem Gipfeltreffen in Bonn im Juli 1978 erreichte Carter das, was ihm noch ein Jahr vorher versagt geblieben war, nämlich die Zustimmung des deutschen Bundeskanzlers zu einer expansiven Wirtschaftspolitik. Vorausgegangen waren diesem Zugeständnis zähe Verhandlungen auf Ministerial- und Bürokratieebene. Ausschlaggebend für das deutsche Nachgeben war jedoch der gleichzeitige innenpolitische Druck, expansive Maßnahmen zu ergreifen, unter dem Bundeskanzler Schmidt stand. Das Wirtschaftswachstum entwickelte sich 1977 in der Bundesrepublik nicht so wie erhofft, und die Arbeitslosigkeit konnte nur in geringem Umfang abgebaut werden. Zudem erhielt Carter in seinen Bemühungen,

---

[298] Die Teilnehmer vermieden es nämlich, sich über das jeweils nächste Treffen hinaus festzulegen. Dahinter steckte die Angst, dass eine solche förmliche Anerkennung des „Dauerhaften" einen erheblichen Druck in Richtung der Schaffung eines internationalen Sekretariats und damit einer Bürokratisierung der Institution auslösen würde. Vgl. hierzu DeMenil und Solomon [1983: 92]. Außerdem schwächt der informelle Charakter der Gipfeldiplomatie den Druck nach Beteiligung seitens anderer Staaten. Eine solche Ausweitung der Teilnehmergruppe ist das, was die bisherigen Teilnehmer unbedingt haben verhindern wollen. „Die Gipfeltreffen sind (deswegen) offiziell informell und doch in der Praxis relativ strukturiert" [ebda: 93].

[299] Vgl. ebda.

Schmidt zu expansiven Maßnahmen zu bewegen, im Vorfeld des Bonner Gipfels aktive Unterstützung durch den englischen Premierminister James Callaghan. Schon in den Vorbereitungsverhandlungen zum Gipfel zeichnete sich ein Kompromiss ab. Eine endgültige Verständigung wurde allerdings erst während des Gipfels am 16. und 17. Juli 1978 erzielt. Der Kompromiss sah wie folgt aus: Der deutsche Kanzler erklärte sich bereit, das Bruttosozialprodukt der Bundesrepublik um ein Prozent zu steigern; und im Gegenzug versprach der amerikanische Präsident, bestimmte energiepolitische sowie antiinflationäre Schritte einzuleiten. Konkret verpflichtete sich die USA, „bis Jahresende ein umfassendes politisches Instrumentarium zu entwickeln", um bis 1985 Ölimporte in Höhe von rund 2,5 Millionen Barrel pro Tag einzusparen. Spezifische Verpflichtungen der USA bezogen sich auf die Anlegung einer strategischen Ölreserve, die Erhöhung der Kohleproduktion, die Verringerung des Energieverbrauchs im Allgemeinen und der Ölimporte im Besonderen und die Anhebung des Ölpreises auf Weltpreisniveau in den USA bis Ende 1980. Außerdem musste sich die amerikanische Regierung erneut auf verschiedene antiinflationäre Maßnahmen festlegen, so auf die Verringerung der für 1979 geplanten Steuersenkungen, die Absenkung der Haushaltsansätze für 1978 und 1979 und die Durchführung eines freiwilligen einkommenspolitischen Programms.

Auch die anderen Teilnehmerstaaten verpflichteten sich auf genau festgelegte wirtschaftspolitische Maßnahmen: Japan, Italien und Kanada auf eine zahlenmäßig jeweils vorgeschriebene expansive Wachstumspolitik, Frankreich auf eine Steigerung des Staatshaushaltsdefizits um 0,5 Prozent für das Jahr 1978, und Großbritannien auf eine Fortsetzung seiner Politik der Inflationsbekämpfung. Es handelte sich also bei der Einigung auf dem Bonner Gipfel um ein noch nie da gewesenes „abgestimmtes Aktionsprogramm" der führenden Industrienationen[300]. Er ist bislang auch der einzige Gipfel geblieben, auf dem ein so weit gehendes, detailliertes Maßnahmenpaket beschlossen wurde. Jedes Land verpflichtete sich im Ergebnis des freien wirtschaftspolitischen Koordinierungsprozesses zu bestimmten Maßnahmen als Gegenleistung für spezifische Maßnahmen der anderen. Dies war koordinationspolitisch gesehen ein bemerkenswerter, ja sensationeller Erfolg, mit dem kaum jemand vorher gerechnet hatte. Ebenso bemerkenswert ist, dass jede der beteiligten Regierungen ihren Verpflichtungen auch wirklich nachkam. Dies geschah teilweise trotz großer innenpolitischer Opposition (wie z. B. in den USA hinsichtlich des Auslaufens der Preiskontrollen für amerikanisches Erdöl).

Der Erfolg des Bonner Gipfels erhielt allerdings im Nachhinein von vielen Beobachtern eine schlechte Bewertung. Dies liegt vor allem daran, dass schon wenige Monate nach dem Gipfel unerwartete weltwirtschaftlich bedeutsame Ereignisse eintraten, die die (zwischenzeitlich umgesetzten) Beschlüsse des Bonner Gipfels als „unglücklich" erscheinen ließen. Das bedeutsamste Ereignis war der zweite Ölschock, der die Weltwirtschaft von Dezember 1978 an erschütterte. (Am 17. Dezember 1978 hatten die Mitglieder der OPEC beschlossen, den Preis für Rohöl im Ver-

---

[300] Daneben gab es noch weitere Vereinbarungen auf entwicklungspolitischem, forschungspolitischem, handelspolitischem und währungspolitischem Gebiet. Siehe DeMenil und Solomon [1983: 123].

lauf des Jahres 1979 zu erhöhen. Insgesamt wurde der Ölpreis von Ende 1978 bis Herbst 1980 um rund 150 % von 13 Dollar auf 33 Dollar je Barrel erhöht.) Die Handelsdefizite (Handelsüberschüsse) nahmen in allen ölimportierenden Wirtschaften der „westlichen" Welt zu (ab)[301]. Die Inflationstendenzen beschleunigten sich in bedrohendem Ausmaß. Oppositionspolitiker versuchten, die Schuld für zunehmende Handelsdefizite und beschleunigte Inflation den auf dem Bonner Gipfel beschlossenen Expansionsmaßnahmen sowie den dafür verantwortlichen Regierungen zuzuschieben. Der Bonner Gipfel wurde als klassisches Beispiel für eine fehlerhafte „Feinabstimmung" hingestellt. Er musste seitdem immer wieder als drohendes Beispiel herhalten, wenn eine stärkere Koordinierung im Sinne von Feinabstimmung der Gipfelteilnehmer gefordert wurde.

Da ab 1979 stufenweise eine Abwahl sozialdemokratischer Regierungen in den Teilnehmerländern des Gipfels stattfand, und die nachrückenden „konservativen" Regierungen von ihrer Grundüberzeugung her weltwirtschaftspolitische Feinabstimmungen als aktivistische Eingriffe in den Marktmechanismus ablehnten, blieb der Bonner Gipfel und seine koordinative Leistung eine Einmaligkeit. Inwieweit diese pauschale Ablehnung sogenannter „diskretionärer" Koordinierungsleistungen angebracht ist, wird gesondert im nächsten Teil des Buches behandelt. Was speziell den Bonner Gipfel anbelangt, so kann man zumindest feststellen, dass – auch wenn der stabilitätspolitische Erfolg des Gipfels durch die nachfolgenden Schockeinwirkungen konterkariert wurde – der energiepolitische Erfolg (insbesondere die Aufhebung der Ölpreiskontrollen in den USA) bestehen blieb. Letzterer Erfolg wäre nicht ohne die heute oft als verhängnisvoll eingeschätzte wirtschaftspolitische Feinabstimmung möglich gewesen. Was noch bedeutender am Bonner Gipfel ist, ist der Nachweis, dass unter günstigen Umständen souveräne Staaten sehr wohl in der Lage sind, mittels sich ergänzender Zugeständnisse ein umfassendes Koordinationsergebnis zu erzielen, das für jedes beteiligte Land vorteilhafter ist als das Beste, was jedes für sich allein erreichen könnte. Diese Möglichkeit wurde vor dem Bonner Gipfel von vielen verneint.

3.3 Phase der Konsolidierung

Die folgenden Gipfel erbrachten keine außergewöhnlichen Koordinationsergebnisse auf wirtschaftspolitischem Gebiet. Deshalb werden sie im Folgenden auch nur kurz beschrieben. (Eine Ausnahme bildet allerdings der Gipfel von Versailles 1982, sowohl inhaltlich als auch insofern, als die Erfahrungen aus diesem Gipfelverlauf die Art und Weise der weiteren Gipfelveranstaltungen und -vorbereitungen entscheidend beeinflusst haben. Siehe näher unten.)

Auf den Wirtschaftsgipfeln in **Tokio (1979)** und in **Venedig (1980)** war das Energieproblem der Hauptpunkt der wirtschaftlichen Tagesordnung. Am Tage vor dem Tokio-Gipfel hatte die OPEC den Rohölpreis erneut um 50 % angehoben. Hintergrund waren, wie bei der ersten Erdölkrise, politische Krisen: die Revolution im Iran

---

[301] Die Bundesrepublik Deutschland erlebte damals ihr erstes Zahlungsbilanzdefizit seit eineinhalb Jahrzehnten, und die Inflationsrate stieg auf über 5 Prozent.

(1978/79) und der 1980 ausbrechende Golfkrieg zwischen Iran und Irak. Die dadurch ausgelöste Ölverknappung nutzte die Mehrheit der OPEC, um den Preis für arabisches Leichtöl bis Oktober 1980 von 13 US-Dollar im Dezember 1978 auf durchschnittlich 33 Dollar pro Barrel hinaufzutreiben. Dies traf die westlichen Industrieländer wiederum unvorbereitet. Auf den Weltwirtschaftsgipfeln von Tokio (1979) und Venedig (1980) ging es deshalb vor allem um konkrete und wirksame Maßnahmen der Öleinsparung. Dies schlug sich u. a. in Selbstverpflichtungen der Teilnehmerländer zu Ölhöchsteinfuhren nieder. Das Schlusskommuniqué des Venedig-Gipfels enthielt darüber hinaus die explizite Erklärung, dass der Abbau der Inflation „unmittelbaren Vorrang vor allem anderen" hat.

Die wirtschaftspolitische Situation Anfang der 1980er Jahre war gekennzeichnet durch den weltweiten Versuch, der im Gefolge der zweiten Erdölkrise eingetretenen Inflationsbeschleunigung Herr zu werden. Der am **Ottawa-Gipfel (1981)** zum ersten Mal teilnehmende amerikanische Präsident Reagan schwor (unterstützt von der britischen Premierministerin Margaret Thatcher) die anderen Teilnehmer darauf ein, der Bekämpfung der Inflation absolute Priorität einzuräumen. Gemeinsam kamen die Teilnehmer zu dem Schluss, dass der neuen restriktiven Politik[302] Zeit gelassen werden müsse, Früchte zu tragen. Dies war die offizielle Abkehr von bislang üblicher kurzfristiger oder sogenannter „stop-and-go"-Politik. Neben dieser Kursfestzerrung erbrachte der Ottawa-Gipfel auch einige Vereinbarungen über neue Verfahren zur Behandlung von Handelsfragen im Allgemeinen sowie im Speziellen für den Ost-West-Handel sowie für die Nord-Süd-Beziehungen (vgl. hierzu DeMenil und Solomon [1983: 53 ff.]).

Beim **Versailler Gipfel (1982)** wurden die wirtschaftspolitischen Koordinierungserfolge überschattet von den offenen Streitigkeiten zwischen den Teilnehmerstaaten über die Frage der Handelssanktionen gegen den Ostblock und der subventionierten Ausfuhrkredite für diese Länder. Diese Auseinandersetzungen, die den Gipfel zeitweise an den Rand des Abbruchs brachten, waren durch den Versuch Präsident Reagans ausgelöst worden, die Gipfelpartner zu einer Übernahme seiner harten Haltung in dieser Frage zu zwingen. Ausgangspunkt waren die anhaltenden strategischen Expansions- bzw. Machterhaltungsunternehmungen der Sowjetunion, die sich in der Invasion Afghanistans, der Präsenz kubanischer Truppen in Afrika und der Unterdrückung der Solidarnosz-Gewerkschaft sowie der Verhängung des Kriegsrechts in Polen ausdrückten, und die darauf folgende Verhängung eines Embargos durch Präsident Reagan auf alle Ausrüstungsgüter für die sibirische Erdgasleitung. Letzteres führte zu fundamentalen Meinungsverschiedenheiten zwischen den Gipfelteilnehmern (und gleichzeitig NATO-Verbündeten) über die Wirtschaftsbeziehungen zum Ostblock im Allgemeinen und der Frage der Kreditvergabe an diese Länder im Besonderen. Dass es bei diesem gespannten Klima auf dem Versailler Gipfel trotzdem noch zu nennenswerten koordinationspolitischen Ergebnissen kam, war erstaunlich und zeigte die Bedeutung der Gipfeldiplomatie für die Konsensfindung auf.

---

[302] „Restriktive Politik" bezieht sich auf die restriktive Geldversorgung der Wirtschaft sowie auf die restriktive Ausgabenpolitik der öffentlichen Haushalte.

So verpflichteten sich die Teilnehmer des Versailler Gipfels, ihre „wirtschafts- und währungspolitische Zusammenarbeit zu intensivieren" und „auf eine konstruktive und geordnete Entwicklung des Weltwährungssystems hin(zu)wirken, indem die Behörden, die die Währungen Nordamerikas, Japans und der Europäischen Gemeinschaft vertreten, beim Verfolgen der mittelfristigen wirtschafts- und währungspolitischen Zielsetzungen enger zusammenarbeiten"[303]. Dies wurde in einer gesonderten ‚Erklärung über Verpflichtungen im Weltwährungsbereich' weiter präzisiert. Diese Erklärung umfasste folgende Punkte[304]:

- das Bekenntnis zu „einer gemeinsamen Verantwortung für größere Stabilität im Weltwährungssystem durch eine auf Konvergenz gerichtete Politik mit dem Ziel einer Reduzierung der Inflation, einer Erhöhung des Beschäftigungsstandes und eines erneuerten Wirtschaftswachstums",
- das Übereinkommen, mit dem IWF zusammenzuarbeiten „bei seiner Überwachungsaufgabe ... auf multilateraler Basis unter besonderer Berücksichtigung der Währungen, die die Sonderziehungsrechte bilden" (US-Dollar, D-Mark, japanischer Yen, britisches Pfund und französischer Franc),
- die Bereitschaftserklärung, „gemäß Artikel IV des Abkommens über den IWF auf den Devisenmärkten zu intervenieren, ... um ungeordneten Marktverhältnissen zu begegnen".[305]

Die Währungspolitik sollte – ebenso wie die ‚Schuldenkrise' – auch die folgenden Gipfeldiskussionen und -vereinbarungen schwerpunktmäßig bestimmen. Denn, wie schon im ersten Teil des Buches betont, waren die 1980er Jahre gerade durch Schockeinflüsse auf der Währungsebene und der internationalen Kreditebene gekennzeichnet. Die Gipfeltreffen selbst wurden allmählich zur weltwirtschaftspolitischen Routine[306]. Dabei kam es nicht mehr unbedingt auf dort gefasste neue Vereinbarungen an. Diese wurden in ihren Grundzügen zunehmend auf den Vorbereitungstreffen auf Ministerebene und Sonderbeauftragtenebene detailliert ausgearbeitet. Sondern es drehte sich zuallererst um die öffentliche Dokumentation des Willens zur internationalen Zusammenarbeit in einer sich wirtschaftlich immer mehr ver-

---

303 Vgl. „Erklärung zum Abschluss des Gipfels in Versailles" in: Europa-Archiv 14/1982: D 324-327.
304 Vgl. auch DeMenil und Solomon [1983: 129].
305 Um dies zu gewährleisten, erteilten die in Versailles versammelten Staats- und Regierungschefs ihren Finanzministern das eindeutige Mandat, auf eine bessere Abstimmung ihrer makroökonomischen Maßnahmen hinzuarbeiten. Die Finanzminister vereinbarten bei einer getrennten Begegnung parallel zum Gipfeltreffen, eine gemeinsame Untersuchung über die Wirksamkeit staatlicher Interventionen auf Devisenmärkten zu veranlassen und ihre währungspolitischen Maßnahmen im Lichte der Ergebnisse dieser Untersuchung zu überprüfen.
306 Auf den Gipfeln selbst nahmen dabei immer mehr auch nicht-ökonomische oder allgemeintagespolitische Problemdiskussionen breiten Raum ein.

flechtenden Welt. (Zur diesbezüglichen Bedeutung der Weltwirtschaftsgipfel siehe den Abschnitt 2 oben.)[307]

Nach dem „Fiasko von Versailles" (1982)[308] wurden die Erwartungen hinsichtlich der Zielsetzungen und Ergebnisse der Gipfel zurückgeschraubt. Man versuchte, unbedingt ein Zweites „Versailles" zu vermeiden. Auf den folgenden beiden Gipfeln in Williamsburg (1983) und London II (1984) fand deswegen eine gewisse Entbürokratisierung oder Dezentralisierung der Gipfel statt. Zum Ersten wurde die Vorbereitung vereinfacht: Die hiermit beauftragten Regierungsvertreter (die sogenannten „Sherpas") erarbeiteten für beide Gipfel jeweils nur ein einziges „Themenpapier", das jedem Teilnehmer vor dem Gipfel zugeleitet wurde. In diesem Papier waren die einzelnen nationalen Positionen zu den verschiedenen Problemkomplexen aufgelistet. Dabei war kein großer Wert mehr auf die Annäherung der unterschiedlichen Auffassungen gelegt worden. Das Papier diente als Quelle, aus der die Formulierungen für das offizielle Kommuniqué genommen wurden. Zum Zweiten wurden Verhandlungen über eine Reihe von Komplexen auf andere Gremien abgewälzt.

Nicht nur die überzogenen Erwartungen, sondern auch der „Medienrummel" wurde als eine der Hauptursachen für das „Fiasko von Versailles" angesehen. Deshalb wurde bei den Vorbereitungen für den Gipfel von Williamsburg eine konzertierte Anstrengung unternommen, die Risiken der Presseberichterstattung zu mindern, insbesondere sich widersprechende Pressemitteilungen zu vermeiden.

Auf dem **Gipfel von Williamsburg (1983)** wurden die Weltwirtschaftsprobleme kaum entscheidend berührt – wenn man von der allgemeinen Kritik am Haushaltsdefizit und den hohen Zinsen in den USA einmal absieht[309]. Zumindest führten die wirtschaftspolitischen Beratungen zu keinen erwähnenswerten Schlussfolgerungen im Kommuniqué. Angesichts sinkender Ölpreise verschwand die Energiefrage von der Tagesordnung der Gipfel. Und was die „Schuldenkrise" anbelangt, so „begrüßte" das Kommuniqué lediglich die jüngsten Anzeichen einer Mäßigung seitens der Entwicklungsländer, ohne dass die Gipfelstaaten irgendwelche neuen Verpflichtungen oder Lösungsvorschläge anboten.

Der **Gipfel von London II (1984)** verlief relativ „ruhig" und erzeugte wiederum keine bemerkenswerten Initiativen oder Absprachen[310]. Der konservative ideologische Konsens war auf dem Londoner Gipfel stärker als je zuvor. Angesichts der be-

---

[307] Außerdem reisten meist auch die Finanz-, Wirtschafts- und Außenminister der Teilnehmerstaaten mit zum Gipfel und tagten gleichzeitig gesondert untereinander.

[308] Vgl. Putnam und Bayne [1985: 209].

[309] Vgl. ebda: 226 ff. Im Blickpunkt allgemeiner Kritik standen damals das Haushaltsdefizit und die hohen Zinssätze der USA.

[310] Diese „Zurückhaltung" auf diesem und dem vorhergehenden Gipfel hatte auch ihre negative Seite, wie häufig betont wurde. So schreiben Putnam und Bayne: „Auf makroökonomischem Gebiet gibt es genügend Belege dafür, dass die mangelnde Koordinierung unter den wichtigsten Regierungen nach dem zweiten Ölschock zu einer sich gegenseitig verstärkenden Deflation und in eine tiefere Rezession führte, als jede einzelne Regierung erwartet hatte." Außerdem wurden die „wirtschaftlichen Instabilitäten zu Beginn der 1980er Jahre ... durch die divergierenden Konzepte der Regierungen Mitterand und Reagan noch verschlimmert." (ebda: 262).

vorstehenden Wahlen in den USA und der Erinnerungen an das ‚Fiasko von Versailles' vermied man jeglichen Anschein von Streitigkeiten. Man übte sich eher in „gemütlicher" Selbstgefälligkeit[311]. In wirtschaftlicher Hinsicht war das Hauptthema des Gipfels „vertrauensvolle Kontinuität". In der Schlusserklärung wurde denn auch die bisherige „umsichtige Geld- und Haushaltspolitik" noch einmal bestätigt.

Der **Gipfel von Bonn II (1985)** war sehr politisch geprägt – vor allem durch die Diskussion um die amerikanischen SDI-Pläne und das amerikanische Nicaragua-Embargo. Dagegen verlor das angekündigte Hauptziel des Gipfels, den freien Welthandel zu fördern, an Dominanz bzw. Relevanz. Es gelang auch nicht, wie vor allem von der deutschen und amerikanischen Seite gefordert, von Frankreich jedoch abgelehnt, sich auf den Beginn einer neuen GATT-Runde in 1986 festzulegen. In der wirtschaftspolitischen Gipfelerklärung verzichteten die Teilnehmer wiederum auf gegenseitige Forderungen oder Absprachen. Sie beschränkten sich auf eine Beschreibung der Hauptziele ihrer jeweiligen Wirtschaftspolitik.

3.4 Phase währungspolitischer Zusammenarbeit

Seit Mitte der 1980er Jahre reagierten die „G7"-Länder auf die zunehmenden außenwirtschaftlichen Ungleichgewichte und Wechselkursschwankungen (siehe hierzu im 1. Teil oben) mit verstärkten währungspolitischen Koordinationsanstrengungen. Die Weltwirtschaftsgipfel trugen wesentlich zu dem Zustandekommen dieser Koordinationsleistungen bei.

Der **Gipfel von Tokio II (1986)** wird heute als ein entscheidender Schritt zur Installierung eines neuartigen Wechselkursmanagements angesehen[312] (siehe hierzu aber auch Fußnote 312). In Ziffer 7 der Gipfelerklärung hatten nämlich die Gipfelteilnehmer „ ... die auf dem Versailler Gipfel von 1982 übernommene Verpflichtung bekräftigt, mit dem IWF bei der Stärkung der multilateralen Überwachung zusammenzuarbeiten, insbesondere unter den Ländern, deren Währungen die Sonderziehungsrechte bilden, und darum ersucht, dass im Rahmen dieser Überwachung und in Zusammenarbeit mit dem geschäftsführenden Direktor des IWF ihre einzelstaatli-

---

311 Vgl. ebda: 237 ff.
312 Schon das sogenannte „Plaza-Abkommen" der ‚Gruppe der Fünf' (G5) am 22. September 1985 markierte den Beginn eines neuen koordinierten Wechselkursinterventionismus und den Abschied von der „laisser-aller"-Haltung der ersten Hälfte der 1980er Jahre. Auf dem entsprechenden Treffen im Plaza-Hotel in New York kamen die Finanzminister und Notenbankchefs der fünf größten OECD-Länder überein, koordinierte Interventionsmaßnahmen zur Reduzierung des Außenwerts des US-Dollars zu unternehmen. Zudem versuchten die USA, die auf dem ersten Bonner Gipfel 1978 eingeschlagene „Lokomotivstrategie" wiederzubeleben und die Bundesrepublik sowie Japan zu expansiven wirtschaftspolitischen Maßnahmen zu bewegen – allerdings damals noch ohne Erfolg. Die Deutschen und Japaner argumentierten damals, dass der Kern des amerikanischen Wirtschaftsproblems das hohe Budgetdefizit in den USA sei und die Lösung dieses Problems eine weitgehend amerikanische Angelegenheit darstelle. Nichtsdestoweniger erwiesen sich die Koordinierungsanstrengungen als schneller Erfolg. Es gelang durch die vereinbarten koordinierten Wechselkursinterventionen, eine Abwertung des US-Dollars bis zum folgenden Tokio-Gipfel der Staats- und Regierungschefs von damals 2,90 DM auf 2,20 DM ohne gravierende negative Nebeneffekte zu erreichen.

chen wirtschaftlichen Prognosen überprüft werden sollen, und zwar unter Berücksichtigung von Kriterien wie die BSP-Wachstumsrate, die Inflationsraten, Zinssätze, Arbeitslosenraten, Haushaltsdefizite, Leistungs- und Handelsbilanzen, Geldzuwächse, Währungsreserven und Wechselkurse." Außerdem hatten sie „ ... die Finanzminister aufgefordert, sich bei der multilateralen Überwachung nach Kräften über geeignete Abhilfemaßnahmen zu verständigen, sollten erhebliche Abweichungen von einem beabsichtigten Kurs auftreten, sowie die Empfehlung abgegeben, dass sich Abhilfemaßnahmen in erster Linie auf die zugrunde liegenden politischen Rahmenbedingungen konzentrieren, wobei sie ihre auf dem Gipfel von Williamsburg im Jahre 1983 übernommene Verpflichtung bekräftigen, auf den Devisenmärkten einzugreifen, wenn dies zweckdienlich erscheint."[313]

Im Rahmen der Überwachung sollte die ‚Gruppe der Fünf' (G5) – bestehend aus den Finanzministern und Zentralbankpräsidenten der USA, Japans, Großbritanniens, Frankreichs und der Bundesrepublik Deutschland – (erweitert um die Vertreter Italiens und Kanadas (G7)) zwei Mal jährlich mit dem geschäftsführenden Direktor des IWF zu wirtschaftspolitischen Koordinierungstreffen zusammenkommen, um die gegenseitige Kompatibilität von Zielen und Vorhersagen zu gewährleisten.

Auf dem **Gipfel von Venedig II (1987)** bekräftigten die Staats- und Regierungschefs im Wesentlichen die in den Vorbereitungstreffen[314] der Finanzminister und Zentralbankpräsidenten getroffenen Vereinbarungen über die Koordination der Wirtschaftspolitik. Dort wurde – im sogenannten „Louvre-Abkommen" vom 22. Februar 1987 – vereinbart, weitere starke Wechselkursverschiebungen nicht mehr hinnehmen zu wollen, sondern sie durch engere währungspolitische Zusammenarbeit zu verhindern[315]. Dabei wurde auch erklärt – was von den Regierungschefs auf dem Gipfeltreffen später dann unterstrichen wurde –, dass die Währungen ihrer Länder jetzt in Kursrelationen zueinanderstünden, die mit den ökonomischen Fundamentalfaktoren vereinbar seien. Konkret (im Wortlaut) geht aus der Wirtschaftserklärung von Venedig u. a. Folgendes hervor[316]:

„ ... Die Staats- und Regierungschefs bestätigen die von der Gruppe der sieben Finanzminister erreichten Vereinbarungen, wonach mit Hilfe des Internationalen Währungsfonds (IWF) die Überwachung ihrer Volkswirtschaften anhand von Wirtschaftsindikatoren, einschließlich der Wechselkurse, gestärkt werden soll, und zwar insbesondere durch

---

[313] Auszüge aus dem Gipfelkommuniqué (deutsche Übersetzung), zit. nach 'Wirtschaftswoche' Nr. 21, 16.5.1986.
[314] „Vorbereitungstreffen" ist hier nicht offiziell zu verstehen. Formell oder offiziell handelte es sich hier nicht um „Vorbereitungstreffen", sondern um eigenständige „Gipfeltreffen" auf ministerialer Ebene. Funktionell jedoch nehmen sie die Rolle von Vorbereitungstreffen ein.
[315] Es wurden auf diesem *Louvre-Treffen* der „G6" (G7 ohne Italien) in Paris noch weitere koordinationspolitisch wichtige Vereinbarungen getroffen. So erklärten die deutschen Vertreter als ihren Beitrag zum Louvre-Abkommen, dass die Bundesregierung zur Anregung der Binnennachfrage damals rund 5 Milliarden DM an Steuerentlastungen der Steuerreform 1990 auf 1988 vorziehen werde. Zielsetzung war, hiermit die weltwirtschaftlichen Ungleichgewichte (siehe hierzu im 1. Teil oben) etwas abzubauen.
[316] Zit. nach „Deutsche Bundesbank. Auszüge aus Presseartikeln", Nr. 43, 11. Juni 1987.

- die Verpflichtung jedes Landes, für seine Wirtschaft mittelfristige Ziele und Prognosen aufzustellen, und der Gruppe als solcher, sowohl einzelstaatlich als auch gemeinsam in sich geschlossene Ziele und Prognosen zu erarbeiten; und

- die Verwendung von Leistungsindikatoren, anhand deren die aktuellen wirtschaftlichen Trends geprüft und beurteilt werden können und mit denen sich feststellen lässt, ob erhebliche Abweichungen von einem beabsichtigten Kurs eingetreten sind, sodass Abhilfemaßnahmen in Erwägung gezogen werden müssen.

Die Staats- und Regierungschefs erachten diese Maßnahmen als wichtige Schritte für die Förderung eines anhaltenden, inflationsfreien globalen Wachstums und größerer Währungsstabilität. Sie fordern die Gruppe der sieben Finanzminister und Notenbankpräsidenten auf:

- ihre Koordinationsanstrengungen im Hinblick auf eine rasche und wirksame Durchführung der vereinbarten Strategien und Verpflichtungen zu intensivieren;

- die Wirtschaftsentwicklung in Zusammenarbeit mit dem leitenden Direktor des IWF genau zu überwachen; und

- weitere, für eine wirksamere Gestaltung des Abstimmungsprozesses geeignete Verbesserungen zu prüfen."

Besonders betont wurde in der Wirtschaftserklärung von Venedig auch die Notwendigkeit, dem zunehmenden protektionistischen Druck entgegenzutreten. Eine weitere Handelsliberalisierung sei notwendig, um den Welthandel einer multilateralen Disziplin zu unterstellen und die Gefahr einer erhöhten Wechselkursinstabilität und einer verstärkten Entwicklungs- und Verschuldungsproblematik, die mit protektionistischen Vorgehensweisen einhergehen würde, zu vermeiden. Das beste Bollwerk gegen zunehmenden bilateralen protektionistischen Druck sei ein starkes, glaubwürdiges und funktionstüchtiges GATT. Das Funktionieren des GATT sollte durch eine Stärkung seiner Rolle im internationalen Ordnungsprozess sowie durch eine bessere Koordinierung zwischen GATT, dem IWF und der Weltbank verbessert werden.

Auf dem **Gipfel von Toronto (1988)** bekräftigten die Teilnehmer, dass starke Wechselkursschwankungen schädlich für die weltwirtschaftliche Entwicklung seien und deshalb verhindert werden müssten. Um die Koordinierung der Wirtschaftspolitik zu erleichtern, wurde vereinbart, den bisher verwendeten Wirtschaftsindikatoren einen Rohstoffpreisindex hinzuzufügen. Dies war schon Ende September 1987 vom amerikanischen Finanzminister auf der Jahrestagung des IWF und der Weltbank vorgeschlagen worden. Dieser neue Index, der auf einem Rohstoffgüterkorb beruht, der auch Gold einschließt, sollte frühzeitig Preisbewegungen anzeigen und damit einen „Anker" für eine koordinierte Wirtschaftspolitik bilden. Außerdem einigten sich die Teilnehmer auf Umschuldungsmaßnahmen ausstehender öffentlicher Kredite an Entwicklungsländer.

Auf dem **Gipfel von Paris (1989)** sprachen sich die Staats- und Regierungschefs der führenden Industrienationen und der Präsident der Europäischen Gemeinschaft[317] wiederum für eine intensivere wirtschaftspolitische Koordination aus. Au-

---

[317] Der Präsident der Kommission der Europäischen Gemeinschaft nimmt seit 1977 am Gipfeltreffen teil.

ßerdem verpflichteten sie sich auf verstärkte Bemühungen zur Lösung des internationalen Verschuldungsproblems. Nicht zuletzt betonten sie auch die Dringlichkeit des Umweltschutzproblems und einer stärkeren Zusammenarbeit auf diesem Gebiet.

3.5 Phase der Routine

In den 1990er-Jahren traten die Weltwirtschaftsgipfel in eine Phase der Routine ein. Obwohl sich in dieser Zeit außergewöhnliche Entwicklungen vollzogen haben, wie z. B. der Transformationsprozess in Mittel- und Osteuropa, gab es – erwartungsgemäß – keine spektakulären Beschlüsse auf den Weltwirtschaftsgipfeln. Viele Absichtserklärungen klangen eher wie Wiederholungen vertrauter Absichtserklärungen früherer Gipfel.

Auf dem **Gipfel von Houston (1990)** standen vor allem vier Thematiken zur Debatte: (1) der politische Umbruch in Osteuropa und das sich in ersten Umrissen abzeichnende Projekt eines neuen Marshallplans für die Sowjetunion, (2) die Schwierigkeiten bei der Uruguay-Zollrunde des GATT mit ihren Konsequenzen für den Welthandel und die Agrarwirtschaft[318], (3) die Umweltproblematik, die bereits ein Jahr zuvor zum Gipfelthema erhoben worden war, und (4) die Schuldenkrise, die mit der Überleitung der osteuropäischen Planwirtschaften zur Marktwirtschaft ganz neue Dimensionen angenommen hatte[319].

Diese Thematiken standen auch auf den folgenden Gipfeln im Zentrum der Diskussion. So nahmen vor allem die Schwierigkeiten bei den GATT-Verhandlungen auf den **Gipfeln von London (1991)**, **München (1992)** und **Tokio (1993)** eine herausragende Stellung ein, ebenso wie die Hilfe für Osteuropa[320]. Daneben spielte – verstärkt auf dem **Gipfel von Neapel (1994)** – die Umweltthematik im Zusammenhang mit der Entwicklungsländerproblematik eine zentrale Rolle.

In der zweiten Hälfte der 1990er Jahre traten dann die im 1. Teil (Abschnitt II.2) erläuterten Finanzkrisen in den Vordergrund, vor allem die Bewältigung der Mexiko- und Asienkrise. Unter Bewältigung sind dabei auch institutionelle Vorkehrungen zur Vermeidung solcher Krisen in der Zukunft zu verstehen.

Auf eine detaillierte Beschreibung der einzelnen Gipfel der 1990er Jahre wird hier jedoch verzichtet. Stattdessen sollen eher grundsätzliche Tendenzentwicklungen

---

[318] Ein wichtiger Punkt hierbei war die amerikanische Forderung nach einem Abbau der Subventionen für die EG-Landwirtschaft.

[319] Im Schlusskommunique fanden sich wohl letztlich nicht mehr als nur kompromissartige Absichtserklärungen. Nichtsdestoweniger wird dieser Gipfel überwiegend als Erfolg gewertet insofern, als er die Grundlagen für stärkere Koordinierungsbemühungen in anderen internationalen Institutionen wie dem GATT geschaffen hat.

[320] Man könnte geneigt sein, die Gipfel in der ersten Hälfte der 1990er Jahre auch als die Phase der Einbindung Russlands zu interpretieren. Jedoch wäre dies überzogen, da außer einer mehr oder weniger am Rande geduldeten Präsenz des russischen Präsidenten keine wirkliche Beteiligung an den wirtschaftspolitischen Koordinationsentscheidungen der G7-Länder damals stattgefunden hat.

herausgestellt werden. Folgende **Tendenzen** sind auf den Gipfeln der 1990er Jahre offenbar geworden:

- Zum einen war eine zunehmende Betonung **struktureller** Probleme (verkrusteter Strukturen) und langfristiger Wachstumsgrundlagen zu erkennen. **Strukturpolitik** wurde sozusagen als zweites Standbein in die wirtschaftspolitische Koordinierung eingebunden.
- Zum anderen fiel der Rückgang von Ad-hoc-Empfehlungen an die jeweils andere Seite auf.

Die Einbindung Russlands als 8. Mitglied im Club der Gipfelländer stellte einen markanten Schritt der Weiterentwicklung der Gipfeltreffen dar. Die Siebenergruppe wurde auf dem **Gipfel von Birmingham (1998)** durch die offizielle Einbindung Russlands zur „G8". Mit der Mitgliedschaft in der „politischen Gruppe" der Acht ging für Russland eine lange Wartezeit zu Ende[321]. 1991 war der frühere sowjetische Präsident Michael Gorbatschow erstmals eingeladen worden, an dem Treffen der G7 in London teilzunehmen. Doch erst nach dem G7-**Gipfel von Denver (1997)** mit dem letzten Auftritt Jelzins begann die Wandlung zum „Gipfel der Acht"[322].

3.6 Phase der Neuorientierung – Weltwirtschaftsgipfel im neuen Jahrhundert

In den ersten Jahren des 21. Jahrhunderts waren die Weltwirtschaftsgipfel vor allem von zwei Entwicklungen geprägt:

- eine Tendenz zum „Medienspektakel" und zu einer Überfrachtung der Gipfel mit einer großen Anzahl von nicht nur wirtschaftspolitischen Themen. Auch der Prozess der „Sherparisation"[323] setzte sich fort. Nach dem **Gipfel von Genua (2001)** wurden allerdings gegensätzliche Anregungen laut, zum einen den Gipfel zu verschlanken und die Delegationsgröße zu begrenzen, zum anderen den Gipfel langfristig zu erweitern.[324]
- dem militanten Auftreten von Globalisierungsgegnern, das die Politiker sogar zwang, auf Tagungsorte in unwegsamen, schwer zugänglichen Gebieten (wie auf dem **Gipfel von Kananaskis (2002)** in den kanadischen Rocky Mountains) auszuweichen.

---

[321] Als Mitglied der „wirtschaftspolitischen G8" wurde Russland erst 2006 aufgenommen. Siehe hierzu näher im Folgenden.
[322] Siehe auch Höhmann und Meier [1997: 335 ff.] sowie Hajnal [1999: 26 f.].
[323] Als Sherpas werden ursprünglich die einheimischen Bergführer im Himalaya-Gebirge bezeichnet. Übertragen sind hier hohe Regierungsbeamte gemeint, die die Weltwirtschaftsgipfel vorbereiten und aktuelle Thematiken auf die Agenda setzen.
[324] Vgl. Bartoleit [2001].

Im Folgenden soll überblicksartig auf die Schwerpunkte und wichtigsten Entscheidungen des ersten Jahrzehnts eingegangen werden[325].

Der **Gipfel von Kananaskis (2002)** bildete insofern eine Wende, als dass nunmehr vor allem der *globale Terrorismus*, der *Klimawandel* sowie die *Entwicklung Afrikas und der Kampf gegen die Armut* in den Vordergrund rückten. Im Zentrum des Gipfels in Kananaskis stand insbesondere der G8-Afrika-Aktionsplan, im Rahmen dessen die Eigenverantwortung der afrikanischen Staaten gestärkt, die Entwicklungshilfe intensiviert und die G8-Märkte für afrikanische Produkte geöffnet werden sollten. Des Weiteren einigten sich die G8-Staaten auf eine Erweiterung der Mittel für die HIPC-Initiative (siehe I.2.4) und bekundeten ihre Absicht, Lösungen für die sich aus dem Klimawandel ergebenden Gefahren zu finden. Infolge der Ereignisse vom 11. September 2001 formulierten die Staats- und Regierungschefs Maßnahmen, wie man gegen den internationalen Terrorismus vorzugehen gedachte. In Bezug auf die Integration Russlands in die Gruppe der Acht wurde erreicht, dass Russland im Jahr 2006 zum ersten Mal Gastgeber und Vorsitzender des Gipfeltreffens war. Auf dem **Gipfel in Evian (2003)** standen weiterhin die Themenkreise „Stärkung nachhaltiger Entwicklung" und „Verbesserung der internationalen Sicherheitslage" im Mittelpunkt. Die G8 erarbeiteten u. a. Aktionspläne zur Hungerbekämpfung und zur technischen Hilfe für Terrorismusbekämpfung. Darüber hinaus bekräftigen die G8-Staaten ihre Verpflichtung zur Kooperation in Fragen der Liberalisierung des Welthandels sowie der Verbesserung der Transparenz[326].

Im Rahmen des **Gipfels von Sea Island (2004)** trat neben die Entwicklungsthemen und Aspekte der Sicherheit bzw. des Terrorismus – im Zuge derer eine Reihe von Aktions- und Maßnahmenpaketen beschlossen wurde – die Unterstützung des *Friedensprozesses im Nahen Osten*. Mit der Erklärung zum Thema „Weiterer Mittlerer Osten und Nordafrika" wurde die Absicht bekundet, ein Forum für einen breit angelegten und partnerschaftlichen Dialog mit dem Ziel der Unterstützung der Reformbemühungen in der Region einzurichten, und ein Aktionsplan zur Unterstützung der Reformen erstellt[327]. Zentrale Themen beim **Gipfel von Gleneagles (2005)** waren wiederum die Entwicklung des afrikanischen Kontinents und der Klimawandel. Die G8 stimmten der Verdopplung der Mittel für die Entwicklungshilfe auf 25 Milliarden US-Dollar pro Jahr zu und bestätigten den vollständigen Schuldenerlass für hoch verschuldete Entwicklungsländer. Im Rahmen einer Erklärung zum Klimawandel wurde das Kyoto-Protokoll als Regelungsmechanismus für mehr Energieeffizienz anerkannt. Somit wurden Aspekte der Bekämpfung des Klimawandels mit Aspekten der Energiepolitik verknüpft[328].

---

[325] Vgl. hierzu im Einzelnen die auf der Homepage des Bundesministeriums für Wirtschaft und Technologie verfügbaren Veröffentlichungen und Informationen unter http://www.bmwi.de/ BMWi/Navigation/Aussenwirtschaft/weltwirtschaftsgipfel.html. Für einen Überblick und eine Analyse der einzelnen Gipfel seit dem Jahr 2000 siehe z. B. Bayne [2005] oder Hajnal [2007].

[326] Vgl. BMWI [2002: 1 ff.] und BMWI [2003: 3 ff.].

[327] Vgl. BMWI [2004: 4].

[328] Vgl. BMWI [2005: 6 ff.].

Auf dem **Gipfel von St. Petersburg (2006)**, dem ersten Gipfel in Russland, bildeten die Krise im Nahen Osten sowie die weltweite Energiesicherheit den Schwerpunkt der Diskussionen. So wurde der Aktionsplan von St. Petersburg für eine Verbesserung der globalen Energiesicherheit verabschiedet, in dem man sich auf eine Förderung der Transparenz, Berechenbarkeit und Stabilität der globalen Energiemärkte verständigte. Daneben erarbeiteten die G8 eine Erklärung zum Nahostkonflikt, in dem sie sich für eine zügige Beendigung der Krise und dauerhaften Frieden in der Region aussprachen. Ferner wurde in einer gemeinsamen Erklärung die nachhaltige Unterstützung der Doha-Runde (siehe I.3.4) bekräftigt[329]. Mit dem St. Petersburger Gipfel erhielt Russland den Status eines Vollmitglieds. Russland wurde zwar 1998 offizielles Mitglied – jedoch nur der „politischen" Gruppe der Acht. 2006 war es nunmehr auch Mitglied der „wirtschaftspolitischen G8"[330]. Allerdings ist Russland noch nicht voll integriert – so bleibt Russland bislang von den finanz- und währungspolitischen Beratungen innerhalb des Gremiums der Finanzminister und Notenbankpräsidenten der G7 ausgeschlossen.

In Deutschland standen auf dem **Gipfel von Heiligendamm (2007)** der internationale Klimaschutz und die Entwicklung Afrikas im Mittelpunkt. Erstmals wurde die Notwendigkeit eines globalen CO2-Reduktionsziels anerkannt. Zudem bekannte man sich zu Klimaverhandlungen unter dem Dach der UN. Zum Gipfelschwerpunkt Afrika wurden die 2005 in Gleneagles vereinbarten Verpflichtungen bekräftigt. Ein weiteres bedeutendes Ergebnis ist der Konsens im Rahmen des „Heiligendammprozesses", im Zuge dessen die G8 einen auf zwei Jahre befristeten Dialog mit den wichtigsten Schwellenländern zu Themen wie Förderung und Schutz von Innovationen oder Energieeffizienz beschlossen. Der **Gipfel von Toyako (2008)** knüpfte thematisch an den Gipfel in Heiligendamm an und befasste sich mit den Schwerpunkten Klimawandel, Afrika und Sicherheitspolitik. Es wurden keine spektakulären Beschlüsse gefasst. Die Absichtserklärungen bekräftigen im Wesentlichen die Absichtserklärungen des Gipfels von 2007[331]. Erstmals bekundeten die USA, ihre Treibhausgasemissionen zu reduzieren.

3.7 Von G7/8 zu G20

Seit 2008 hat die Bedeutung der G7/8[332] in der finanz- und wirtschaftspolitischen Koordinierung abgenommen. Zur Lösung der jüngsten Finanz- und Weltwirtschaftskrise trafen sich erstmals 2008 die Staats- und Regierungschefs der Gruppe der 20 wirtschaftlich und politisch führenden Staaten (G20) (vgl. Tabelle 2–5). Hierbei ist die EU ein eigenständiges Mitglied der G20. Wie bei den Weltwirtschaftsgipfeln der G7/8 handelt es sich bei den G20 um ein informelles Forum, dessen Vorsitz mit Beginn eines Jahres wechselt. An den Vorbereitungen und Durchführungen der Gipfel sind auch internationale Organisationen wie z. B. der IWF und die Weltbank betei-

---

329 Vgl. Group of 8 [2006] unter http://en.g8russia.ru/load/983172879.
330 Siehe. z. B. Gstöhl [2007: 1] oder Eibner [2008: 159].
331 Vgl. BMWI [2007b: 14 ff.].
332 2014 wurde das in Sotschi geplante Gipfeltreffen der G8 unter dem Vorsitz von Wladimir Putin aufgrund des Ukraine-Konflikts abgesagt. Stattdessen fand ein G7-Gipfeltreffen in Brüssel statt.

ligt. Seither haben sich die G20 zu dem führenden Format internationaler Politikkoordinierung in den folgenden Bereichen entwickelt[333]:

- Neue globale Finanzmarktarchitektur/Finanzmarktregulierung, internationale Finanzinstitutionen
- Wachstum der Weltwirtschaft/Framework for Growth (Rahmenwerk zur Erreichung eines starken, nachhaltigen und ausgewogenen Wachstums)
- Reform des internationalen Währungssystems
- Globale Energiepolitik
- Rohstoffpolitik
- Internationale Klimapolitik
- Beschäftigungspolitik
- Anti-Korruptions-Politik
- Entwicklungspolitik

Tabelle 2–5: Die G20-Länder

USA	Japan	China	Deutschland
Frankreich	Italien	Großbritannien	Brasilien
Kanada	Indien	Russland	Australien
Mexiko	Korea	Türkei	Indonesien
Saudi Arabien	Argentinien	Südafrika	EU

Quelle: Eigene Darstellung

Die G8 widmen sich verstärkt den sicherheits-, außen-, und entwicklungspolitischen Themen, die bereits eine zunehmende Rolle auf den Weltwirtschaftsgipfeln des ersten Jahrzehnts des 21. Jahrhundert gespielt haben. Auf dem **Gipfel von L'Aquila (2009)** wurde besonders das Thema Ernährungssicherheit im Bereich der Entwicklungspolitik hervorgehoben. Außerdem schlug die italienische G8-Präsidentschaft vor, zukünftig fundierte Rechenschaftsberichte über die Umsetzung der G8-Verpflichtungen einzuführen[334]. Der **Gipfel von Muskoka (2010)** fand als Doppelgipfel mit dem G20-Treffen in Toronto statt. Den Schwerpunkt des G8-Gipfels bildete die „Muskoka-Initiative", mit der die Gesundheit von Müttern, Neugeborenen und Kindern unter 5 Jahren – ein Teil der Millenniums-Entwicklungsziele – verbessert werden soll. Auch haben die G8 ein Initiativpaket zur Steigerung von

---

[333] Vgl. BMWI [2014].
[334] Vgl. Bundesregierung [2009].

Effektivität und Kohärenz beim Aufbau von zivilen Kapazitäten in Staaten mit schwachen Regierungsstrukturen verabschiedet[335].

Sicherheitspolitische Aspekte standen im Zentrum auf dem **Gipfel von Deauville (2011)**. In Anbetracht des „Arabischen Frühlings" berieten die Staats- und Regierungschefs über die Möglichkeiten der Unterstützung des Demokratisierungsprozesses und der Reformen in Nordafrika und der arabischen Welt. Hierzu wurde die „Deauville Partnerschaft" ins Leben gerufen[336]. Konkrete Maßnahmen sollten nach dem Gipfel erarbeitet werden und wurden schließlich auf dem **Gipfel von Camp David (2012)** angenommen. 2012 stand erstmals seit mehreren Jahren wieder die wirtschaftspolitische Koordinierung im Zentrum eines Gipfels. Zwar wurden keine konkreten Beschlüsse hierzu gefasst, die Staats- und Regierungschefs bekräftigten jedoch, ihre Entschlossenheit alle zur Erholung der Weltwirtschaft notwendigen Schritte zu ergreifen[337]. Über die Rahmenbedingungen für Wachstum und Beschäftigung wurde auch auf dem **Gipfel von Lough Erne (2013)** diskutiert. Die G8 verpflichteten sich auf diesem Gipfel den Kampf gegen Steuerhinterziehung und Steuervermeidung auszubauen und die OECD dahingehend zu unterstützen. Die USA und die EU gaben am Rande des Gipfels den Startschuss für die Verhandlungen zur Transatlantischen Handels- und Investitionspartnerschaft. Im Zentrum der sicherheitspolitischen Beratungen stand der Bürgerkrieg in Syrien[338]. Der **Gipfel von Brüssel (2014)** fand nach dem Ausschluss Russlands im Zuge der Ukraine-Krise aus der Runde der G8 erstmals wieder als G7-Runde statt.

4. Resümee

Die Gipfeltreffen werden nicht selten als ineffiziente Diskutierzirkel abqualifiziert. Dies liegt daran, dass sie in der Regel keine konkreten, direkt umsetzbaren Handlungsanweisungen produzieren. Sie sind mehr ein Forum privaten Meinungsaustausches von Staats- und Regierungschefs der acht führenden Industrienationen. Dies ist aber gerade die Grundlage für die Erfüllung ihrer positiven Funktion, wie in Abschnitt 2 oben erläutert wurde. Außerdem strukturieren die Gipfeldiskussionen die Entscheidungen der nationalen Regierungen in einer Weise vor, die internationale Konflikte zwischen den Teilnehmern der Gipfel verringert. Zudem haben Gipfeltreffen nicht selten neue Konsultationsmechanismen nach sich gezogen, die die internationale Politikkoordination gefördert haben. So kam es als Folge verschiedener Gipfel zu einer Reihe regelmäßiger Tagungen zwischen den jeweiligen Finanzministern und Zentralbankpräsidenten untereinander und zwischen diesen und den Vorsitzenden anderer internationaler Organisationen, wie z. B. des IWF[339]. Auf diesen Nachfolgekonsultationen wurden die Absichtserklärungen der Regierungschefs in konkrete Aktionspakete umgesetzt.

---

[335] Vgl. Bundesregierung [2010].
[336] Vgl. Bundesregierung [2011].
[337] Vgl. Bundesregierung [2012].
[338] Vgl. Bundesregierung [2013].
[339] Letzteres war z. B. eine Folgeerscheinung des Versailler Gipfels 1982.

Die Gefahr ist allerdings unbestritten vorhanden, dass die Gipfeltreffen auch einen gewissen Schaden anrichten können, wenn zum Beispiel durch unverbindlich formulierte Vereinbarungen, die von vornherein keine Aussicht haben, realisiert zu werden, bei den Bevölkerungen Illusionen und folglich später Enttäuschungen und nationale Schuldzuweisungen geweckt werden. Auch kann nicht bestritten werden, dass die Effizienz des Gipfelprozesses verbessert werden kann. Dies betrifft beispielsweise die Vorbereitung und Strukturierung des Meinungsaustausches der Staats- und Regierungschefs. Hierunter fällt auch eine notwendige Reduzierung der Tagesordnungspunkte auf einige wesentliche und gleichzeitig pragmatische Fragestellungen, da nur dadurch die öffentliche Aufmerksamkeit auf die wichtigsten Vorgänge gelenkt werden kann. Andererseits sollten die Gipfel so „einfach" wie möglich gehalten werden. Dies bedeutet insbesondere, dass die Ausarbeitung der Details den Fachministerien und -bürokratien überlassen bleiben sollte[340]. Ansonsten würden die Gipfel zu sehr durch Detaildiskussionen überfrachtet und der Koordinationsprozess würde dadurch unter Umständen blockiert. Außerdem sollte vermieden werden, dass die Gipfel zu einer Art wahlkampfträchtigem Medienspektakel und zu einem „Jahrmarkt der Eitelkeiten"[341] ausarten.

In diese Richtung gehend sind auch wesentliche Fortschritte schon in den 1980er Jahren gemacht worden. Nichtsdestoweniger bleiben noch einige grundsätzliche Probleme. Diese betreffen insbesondere die Frage der „Machbarkeit" von währungspolitischen Absprachen und die Frage der „Wünschbarkeit" von diskretionären, makroökonomischen Abstimmungen. Mit Letzterem beschäftigen wir uns im nächsten Teil des Buches. Die Frage der „Machbarkeit" von währungspolitischen Absprachen tritt auf, da währungspolitische Aktionen nicht Sache der Staats- oder Regierungschefs, sondern Angelegenheiten der Zentralbanken sind. Die Zentralbankpräsidenten sind jedoch normalerweise nicht zu den Weltwirtschaftsgipfeln eingeladen. Andererseits sind die Zentralbanken in ihren Entscheidungen in allen acht Ländern mehr oder weniger unabhängig von den jeweiligen Regierungen. Durch die stärkere Einbeziehung der Zentralbankpräsidenten in den Vorbereitungs- und Nachbereitungstreffen zu den Weltwirtschaftsgipfeln während der letzten Jahre hat sich allerdings die Vorstellung von der „Machbarkeit" oder „Sinnhaftigkeit" von währungspolitischen Vereinbarungen auf den Gipfeln verstärkt.

---

[340] Dies war auch die Vorstellung der beiden Initiatoren des Gipfelprozesses, Valery Giscard d'Estaing und Helmut Schmidt. Deren ursprüngliche Vorstellung wird als das „Library-Group-Modell" bezeichnet. Es zielte auf persönliche und informelle Begegnungen im kleinsten Kreis, wobei der Schwerpunkt auf dem Meinungsaustausch über strategische Gesichtspunkte liegen sollte. Demgegenüber bestand damals auch die Gegenposition des sogenannten „Atlantic-Council-Modells", das den Weltwirtschaftsgipfel als strukturiertes Treffen eines breit angelegten Steuerungsgremiums unter Einbeziehung von OECD, IWF, Weltbank und GATT und mit größerem Formalisierungs- und Bürokratisierungsgrad vorsah. Die Gipfel sollten nach dieser Modellvorstellung Teil eines kontinuierlichen Harmonisierungsprozesses auf allen Ebenen werden. Zu einer Diskussion dieser beiden Modelle siehe z. B. DeMenil und Solomon [1983: 87 ff.]. Dass die Realität der Gipfel eine Art Kompromiss zwischen diesen beiden entgegengesetzten Idealvorstellungen darstellt, wird niemanden verwundern.

[341] – so Raymond Barres über den Versailles Gipfel (1982).

Neben diesem institutionellen Aspekt der Unabhängigkeit der Zentralbanken gibt es noch einen anderen Aspekt, der die Frage der „Machbarkeit" von währungspolitischen und damit verbunden geldpolitischen Absprachen aufkommen lässt. Dieser besteht darin, dass die Ansätze zur Formulierung sowie zur Verwirklichung geldpolitischer Maßnahmen von Land zu Land sehr verschieden sind. In den 1980er und 1990er Jahren haben sich beispielsweise die Deutsche Bundesbank und die Bank of Japan auf jeweils nur eine monetäre Variable gestützt, während die amerikanische Federal Reserve Bank viele und die Bank of England manchmal eine, manchmal auch mehrere Variable angesteuert hatte. Die amerikanische Zentralbank maß darüber hinaus auch dem Zinsniveau und kurzfristigen Änderungen der Zinsraten eine große Bedeutung in ihrem Steuerungskonzept zu. Andererseits geschah die Geldmengensteuerung in Japan in einer sehr informellen und etwas undurchsichtigen Weise[342]. Angesichts dieser Unterschiede war ein erfolgreicher Abstimmungsprozess zumindest nicht einfach. Erst durch den Übergang zu „Inflation Targeting" scheint sich diesbezüglich etwas grundsätzlich zu ändern (siehe näher in Abschnitt III.2.3 des nächsten Teiles des Buches).

Noch bedeutsamer als diese institutionellen und verfahrenstechnischen Aspekte der „Machbarkeit" währungspolitischer Absprachen sind die grundsätzlichen Einwände gegen *diskretionäre*[343] makropolitische Koordinationsabsprachen (siehe unten). Deshalb wurden in den vergangenen Jahren verschiedene regelgebundene (d. h. nichtdiskretionäre) Politikvorschläge zur Wechselkursstabilisierung entwickelt. Diese Vorschläge wie auch die inhaltliche Auseinandersetzung um diskretionäre makroökonomische Politikkoordinierung werden im nächsten Teil behandelt.

---

[342] Vgl. z. B. Wagner [1989: 88 ff.].
[343] „Diskretionär" bedeutet hier: Der Ermessensentscheidung der jeweiligen Politiker überlassen.

III. Anhang: Nützliche Internetadressen zu internationalen Organisationen

Internationale Organisationen (alphabetisch geordnet)

http://www.aseansec.org	ASEAN
http://www.bis.org	Bank für Internationalen Zahlungsausgleich
http://www.europa.eu	Europäische Union
http://www.g7.utoronto.ca/	G7/8 Informationszentrum der Universität Toronto
http://www.g77.org/	Gruppe der 77[344]
http://www.imf.org/	Internationaler Währungsfonds
http://www.nafta-sec-alena.org	NAFTA
http://www.oecd.org/	OECD
http://www.worldbank.org/	Weltbank
http://www.wto.org/	Welthandelsorganisation
http://www.unctad.org/	Die Konferenz der Vereinten Nationen für Handel und Entwicklung (UNCTAD)

Zentralbanken der G-10

http://www.federalreserve.gov/	USA – Federal Reserve Bank
http://www.bundesbank.de/	Deutschland – Deutsche Bundesbank
http://www.boj.or.jp/en/	Japan – Bank of Japan
http://www.banque-france.fr/	Frankreich – Banque de France
http://www.bankofengland.co.uk/	England – Bank of England

---

[344] Informelles Gremium der Entwicklungsländer. Diese Gruppe vertritt vornehmlich die Positionen der Entwicklungsländer gegenüber den Industrieländern im Rahmen der UNCTAD.

Anhang: Nützliche Internetadressen zu internationalen Organisationen 173

http://www.bancaditalia.it/	Italien – Banca d'Italia
http://www.bank-banque-canada.ca/	Kanada – Bank of Canada / Banque du Canada
http://www.dnb.nl/	Niederlande – De Nederlandsche Bank
http://www.bnb.be/	Belgien – Nationale Bank van Belgie / Banque Nationale de Belgique
http://www.riksbank.se/	Schweden – Sveriges Riksbank
http://www.snb.ch/	Schweiz – Schweizerische Ntionalbank
http://www.ecb.int/	Europäische Zentralbank

Regionale Entwicklungsbanken

http://www.afdb.org/	Afrikanische Entwicklungbank
http://www.adb.org/	Asiatische Entwicklungsbank
http://www.ebrd.com	Europäische Bank für Wiederaufbau und Entwicklung
http://www.iadb.org/	Inter-Amerikanische Entwicklungsbank

3. Teil: Internationale Politikkoordinierung in der Diskussion

Was die gegenwärtigen weltwirtschaftspolitischen Institutionen anbelangt, so sind heute die in Abschnitt I des 2. Teils beschriebenen internationalen Organisationen vielfach (im Falle grundlegender Entscheidungen) die ausführenden oder Exekutivorgane, während die Weltwirtschaftsgipfel – einschließlich der vor– und nachbereitenden Treffen auf Ministerebene – die weisungsgebenden Organe oder Entscheidungsorgane der Weltwirtschaftspolitik darstellen. Dies gilt dort natürlich nur für die acht führenden Industrienationen; jedoch waren deren Gewicht und Machtstellung innerhalb der internationalen Organisationen[345] bislang so dominierend – bedingt vor allem durch ihre Stellung als die hauptsächlichen Finanzgeber dieser Organisationen (siehe oben) –, dass sie die meisten ihrer gemeinsamen Anliegen auch durchsetzen konnten.

Man kann die Weltwirtschaftsgipfel der ‚G7'-Länder auch als Kooperationsgremium zwischen den drei wirtschaftlichen Machtblöcken USA, Japan und EU betrachten, wenn man bedenkt, dass Kanada stark strukturell abhängig von den USA ist und die EU in der ‚G7'-Gruppe durch ihre vier dominierenden Mitgliedstaaten vertreten ist. Nach der Vereinigung der EU-Mitgliedstaaten innerhalb einer Wirtschafts- und Währungsunion ist die bisherige ‚G7'-Gruppe faktisch ohnehin zu einem Kooperationsgremium dieser drei Machtblöcke geworden. (Man spricht diesbezüglich auch von „Trilateralismus"[346].)

Die zentrale Frage ist jedoch wie bisher, ob der Kooperationsprozess auf dem Weltwirtschaftsgipfel eher „unkoordiniert-locker" ablaufen oder stärker inhaltlich strukturiert werden soll. Was eine stärkere inhaltliche Strukturierung anbelangt, so sind vor allem *zwei Alternativen* vorstellbar, die auch beide in den letzten Jahrzehnten ausgiebig diskutiert wurden. Dies sind einmal ein diskretionärer makroökonomischer Politikkoordinierungsprozess und zum anderen eine Abstimmung von ordnungspolitischen Rahmenbedingungen bzw. Regelbindungen.

Die *erste Alternative* ist die, die auf dem Bonner Gipfel 1978 gewählt wurde (siehe oben). Sie beinhaltet eine fallweise internationale Koordinierung oder Aufeinanderabstimmung nationaler makroökonomischer Politiken, die in dieser Form auf nationaler Ebene in den 1960er und 1970 Jahren betrieben wurden. Diese stellen staatliche Interventionspolitiken dar, die versuchen, wahrgenommene Ungleichge-

---

[345] Abgesehen von solchen Organisationen wie der UNCTAD, die als Interessenorganisationen von Spezialgruppen machtpolitisch relativ unbedeutend sind.

[346] „Trilateralismus" war schon eine Zielvorstellung der amerikanischen Administration unter Präsident Carter in der 2. Hälfte der 1970er Jahre gewesen. Diese Zielvorstellung begründete damals auch das starke Eintreten von Carter für die inhaltliche Weiterentwicklung der Institution der Weltwirtschaftsgipfel (siehe oben im 2. Teil). Wie in Teil II beschrieben, hat sich die ‚G7' allerdings inzwischen – unter Einschluss von Russland – zur ‚G8' entwickelt, wobei dann das Bild des „Trilateralismus" nicht mehr ganz passt.

wichtsprozesse des privaten Marktsystems korrigierend und stabilisierend zu steuern.

Die *zweite Alternative* entspricht dagegen dem Credo, das auf den Weltwirtschaftsgipfeln Anfang der 1980er Jahre von der Mehrheit der Teilnehmerstaaten vertreten wurde, nämlich eine Abwendung von kurzfristiger, diskretionärer Stop-and-Go-Politik und eine Hinwendung zu mittelfristiger Verstetigungspolitik. Letzteres beinhaltete auch eine stärkere Betonung der angebotspolitischen Seite von Wirtschaftspolitik, der Erwartungsstabilisierung durch Verstetigung des Politikkurses und der weitgehenden Vermeidung prozesspolitischer Eingriffe des Staates in den Wirtschaftsprozess. Dies bedeutet, dass sich der Staat im Wesentlichen auf eine wachstumsfördernde Ordnungspolitik, d. h. auf eine Setzung entsprechender marktkonformer Rahmenbedingungen, beschränken sollte. Ein solcher Politikkurs ist geprägt durch ein starkes Vertrauen in die privat-marktwirtschaftlichen Stabilisierungskräfte. Diese Politikstrategie wurde von den meisten Gipfelländern damals auch ansatzweise verfolgt. (De facto handelte es sich allerdings weiterhin um einen diskretionären Kurs, nur dass der Diskretionaritätsgrad vermindert wurde.) Jedoch waren die hierbei auf nationaler Ebene angewandten „Regelbindungen" oder besser Regelorientierungen wenig aufeinander abgestimmt. Seit Mitte der 1980er Jahre wurde deswegen versucht, diesen Abstimmungsprozess auf den Gipfeltreffen zu forcieren. Dies gilt zumindest für die währungspolitische Seite (vgl. näher oben im 2. Teil, dort Abschnitt II.3).

In diesem dritten Teil soll untersucht werden, wie solche Koordinierungsprozesse – einmal von makroökonomischen Prozesspolitiken und zum anderen von ordnungspolitischen Rahmenbedingungen oder Regelbindungen – begründet werden. Außerdem wird analysiert, wie eine solche Koordination effizient gestaltet werden kann, und welche neueren Vorschläge es diesbezüglich gibt. Schließlich werden die mit einer internationalen Politikkoordinierung verbundenen Probleme und negativen Nebeneffekte ausführlich diskutiert. Dabei wird allerdings auf eine detaillierte Diskussion der modelltheoretischen Analysen, die in der Theorie internationaler Politikoordination häufig verwandt werden, verzichtet. (Zu einer detaillierteren Erläuterung der in der ökonomischen Theorie verwendeten analytischen Methoden sowie zur genaueren Ableitung einzelner Schlussfolgerungen – insbesondere bezogen auf den folgenden Abschnitt I – siehe z. B. Wagner [2014a: 2. und 6. Kapitel].)

I. Begründung des Koordinierungsbedarfs

„Koordinieren" bedeutet „aufeinander abstimmen"[347]. „Internationale Koordinierung" kann man allgemein fassen als eine Aufeinanderabstimmung – und folglich als eine bedeutsame Modifikation – nationaler Politiken angesichts internationaler Abhängigkeit. Spezieller versteht man in der modernen ökonomischen Theorie internationaler Politikkoordination darunter ein Entscheidungsverfahren, das die gemeinsame Wohlfahrt maximiert und dabei gegenseitige internationale Abhängigkei-

---

[347] Siehe die Definition im ‚DUDEN'.

ten positiv ausnutzt[348]. Internationale Koordinierung ist – wie oben schon betont – nicht auf Makropolitik beschränkt, sondern umschließt auch institutionelle oder ordnungspolitische Verfahren. Hierunter fallen ein koordinierter Abbau (oder die Verhinderung eines Wiederaufbaus) von Regulierungen wie z. B. Handels- und Kapitalverkehrsbeschränkungen bis hin zur Errichtung einer internationalen Rechtsordnung. Beides wurde schon im 2. Teil beschrieben. Im Folgenden wird der Schwerpunkt auf die Wirkungsanalyse der internationalen Koordinierung von Makropolitiken gelegt.

Bevor wir zur Wirkungsanalyse internationaler Politikkoordinierung kommen, müssen wir uns (nochmals) kurz mit der logischen Ausgangsfrage beschäftigen, warum es denn einen Koordinierungsbedarf geben soll. Wie in der volkswirtschaftlichen Theorie gezeigt wird, wirkt in einer geschlossenen Volkswirtschaft – zumindest bei vollkommener Konkurrenz (und damit impliziert: bei flexiblen Preisen) – der Marktmechanismus derart, dass unabhängige dezentrale Entscheidungen der Wirtschaftssubjekte in ein soziales Optimum transformiert werden. (Vgl. hierzu auch die Ausführungen in Abschnitt III des 1. Teils.) Warum soll dies nicht auch auf unabhängige dezentrale Politikentscheidungen von Ländern in der Weltwirtschaft zutreffen? Die reine Theorie internationaler Politikkoordination bezieht sich bei ihrer Antwort auf die Existenz von „Spillover-Effekten" und „Externalitäten": Politikhandlungen insbesondere größerer Länder erzeugen quantitativ bedeutsame Spillover-Effekte oder Externalitäten[349] für andere Länder. Ein globales Optimum würde nun erfordern, dass solche Externalitäten im Entscheidungsprozess mit in Rechnung gestellt, d. h. „internalisiert" werden. Ein Mechanismus, der dies leisten soll, ist internationale Politikkoordinierung.

Man kann zeigen, dass selbst bei vollkommener Konkurrenz mit völlig flexiblen Preisen fiskalpolitische Aktivitäten eines Landes Spillover-Effekte in Form von Preisniveaueffekten auf andere Länder auslösen[350]. Wenn wir Abweichungen vom Modell vollkommener Konkurrenz (was völlig flexible Preise beinhaltet) zulassen, werden die Externalitäten umfangreicher. Sie treten dann auch als Mengeneffekte (zum Beispiel Produktions- und Beschäftigungsänderungen) auf und betreffen ebenso geldpolitische Aktivitäten[351].

Im Gegensatz zu den „atomistischen" Wirtschaftssubjekten im Modell der vollkommenen Konkurrenz üben größere Länder einen gewissen Einfluss auf die Preise,

---

[348] Vgl. Persson und Tabellini [1995, 2000] und Canzoneri und Henderson [1991]. Hierbei wird üblicherweise Bezug genommen auf die sogenannte „strukturelle" Interdependenz von Volkswirtschaften. Hierunter versteht man, dass die ökonomischen Ereignisse in einem Land die ökonomischen Ereignisse in anderen Ländern beeinflussen. Zu diesen und anderen Arten von Interdependenz siehe näher ebenfalls die oben genannte Literatur.

[349] „Externalitäten" sind – wie schon im 1. Teil definiert – Handlungsfolgen, die vom Handelnden (hier von einem Land) auf einen anderen (andere Länder) abgewälzt oder „externalisiert" werden.

[350] Siehe z. B. Wagner [2014a: 359 ff.]. Dies gilt allerdings nur für Fiskalpolitik. Geldpolitische Aktivitäten bewirken in diesem Szenario dagegen keine Spillover-Effekte (siehe ebda). Voraussetzung hierfür ist allerdings, dass das Land nicht „zu klein" ist (siehe auch weiter unten).

[351] Siehe Wagner [2014a: 362 ff.].

einschließlich der realen Wechselkurse, aus. Dies löst natürlich die Befürchtung aus, dass diese Länder die Preise zu ihrem eigenen Vorteil und zum Nachteil der anderen „manipulieren". Man kann dies an verschiedenen Beispielen zeigen:

Beispiel 1: In einer allgemeinen Inflationssituation wie Ende der 1970er, Anfang der 1980er Jahre besteht für jedes größere Land der Anreiz, die Kosten einer Inflationsbekämpfung bei flexiblen Wechselkursen durch eine besonders restriktive Geldpolitik (verbunden unter Umständen mit einer expansiven Fiskalpolitik) zu verringern. Der Wirkungsmechanismus läuft über eine – durch eine solche Politik(mischung) angestrebte – Aufwertung der heimischen Währung. Wenn nämlich die Geldpolitik eines Landes restriktiver als die der anderen Länder (Handelspartner) ist, kommt es tendenziell zu einer Aufwertung der heimischen Währung gegenüber der der anderen Länder. Eine Aufwertung bedeutet jedoch, dass die Preise für Importgüter in dem betreffenden Land zurückgehen. Auf diese Weise kann ein Inflationsrückgang „importiert" werden. (Die negativen Nachfrageeffekte der Aufwertung – Verteuerung der Exportgüter und folglich Rückgang der Exportnachfrage – könnten durch eine expansive Fiskalpolitik aufgefangen werden. Diese Politikmischung entspricht der, die die USA Anfang der 1980er Jahre eingeschlagen hatten.)

Dies geht natürlich auf Kosten der anderen Länder. Wenn die Währung des einen Landes gegenüber der der anderen aufgewertet wird, wird die Währung der anderen Länder – spiegelbildlich – abgewertet. Diese Abwertung verursacht jedoch in den anderen Ländern einen Anstieg der Preise für Importgüter und damit einen Inflations-„import". Nun haben aber – im Ausgangspunkt einer weltweiten, globalen Inflation wie Anfang der 1980er Jahre – alle größeren Länder[352] den gleichen Anreiz, über eine besonders restriktive Geldpolitik auf Kosten der anderen einen Inflationsrückgang zu importieren. Folglich werden bei unabhängiger dezentraler Entscheidungsstruktur alle die gleiche Entscheidung treffen. Es wird also zu einem *„Aufwertungswettlauf"* kommen. (Selbst wenn es nicht zu gleichzeitigen gleichgerichteten Aktivitäten kommt, wird es zu gleichgerichteten „Reaktionen" der betreffenden Länder kommen, die versuchen werden, ihren Wechselkurs zu „verteidigen", um einen Inflationsimport zu vermeiden. Die globalen Auswirkungen werden folglich die gleichen sein.) Dieser Aufwertungswettlauf führt dazu, dass sich der Wechselkurs nicht wie erhofft ändert und sich von daher – über diesen Wirkungsmechanismus – auch kein Inflationsrückgang einstellt. Allerdings bewirkt die eingeschlagene „besonders restriktive" Geldpolitik, dass in allen Ländern der Produktionsrückgang und die Arbeitslosigkeit stärker als eigentlich geplant ausfallen. Alle Länder werden sich also letztlich schlechter dastehen, als wenn sie diesem Anreiz nicht nachgegeben hätten. Dieser Anreiz ist aber nun einmal vorhanden und lässt sich bei einer dezentralen Entscheidungsstruktur auch nicht „hinwegzaubern". Nur wenn die Entscheidungsprozesse der nationalen Entscheidungsträger durch internationale Koordination aufeinander abgestimmt werden, lassen sich die nationalen Politik-

---

[352] Kleinere Länder dagegen können keinen nennenswerten Einfluss auf die Entwicklung ihres Wechselkurses ausüben. Ihr relatives Gewicht im internationalen Szenario ist hierfür einfach zu gering.

entscheidungen so steuern, dass der Abwertungswettlauf und die damit verbundenen negativen Nebeneffekte vermieden werden.

Beispiel 2: Alle größeren Länder unterliegen in einer Rezession mit keynesianischer Arbeitslosigkeit (d. h. bei zu geringer gesamtwirtschaftlicher Güternachfrage) dem Anreiz, bei flexiblen Wechselkursen und Kapitalmobilität eine expansive Geldpolitik zu betreiben, umso eine reale Abwertung ihrer Währung herbeizuführen. Eine Abwertung bewirkt ja tendenziell einen Nachfrage-„import" (durch eine Verbilligung der Preise für Exportgüter, gemessen in ausländischer Währung) und damit einen Anstieg von Produktion und Beschäftigung im Inland. Dies geschieht jedoch wiederum auf Kosten anderer Länder (Handelspartner), deren Produktion und Beschäftigung dementsprechend sinken. Dies nennt man auch „*Beggar-thy-Neighbour*" Politik.[353] Wenn aber alle Länder gleichzeitig und in gleichem Umfang diesem Anreiz erliegen und eine entsprechende expansive Geldpolitik betreiben, bleiben die Produktion und die Beschäftigung in allen Ländern gleich. Die Kosten eines solchen „*Abwertungswettlaufs*" würden sich in einem allgemeinen Anstieg der Inflationsrate niederschlagen. Wiederum können nur durch internationale Koordination solche Beggar-thy-Neighbour Praktiken verhindert (oder vermindert) und ein allgemeiner Inflationsanstieg aufgrund des Abwertungswettlaufs vermieden werden.

Beispiel 3: Ein einzelnes, dezentral entscheidendes Land wird nach einem globalen deflationären Schock in geringerem Umfang expansive fiskalpolitische Maßnahmen durchführen als bei einem international koordinierten Vorgehen. Denn ohne Koordinierung hat ein einzelnes Land als Folge einer expansiven Fiskalpolitik einen Zinsanstieg und deswegen (bei flexiblen Wechselkursen) eine Aufwertung seiner Währung zu befürchten, die die Exportnachfrage einschränkt. Diese Aufwertung würde bei einer internationalen Koordinierung der Schockanpassung vermieden oder zumindest schwächer sein. Folglich würde die (optimale) expansive Politik des Landes bei einer internationalen Koordinierung größer ausfallen. Durch internationale Koordinierung würden hier also positive Externalitäten internalisiert.

Diese Beispiele zeigen, dass Nationalstaaten durch internationale Koordinierung ihre Politikziele eher erreichen können als durch unabhängiges dezentrales Handeln. (Diese Schlussfolgerung setzt allerdings implizit voraus, dass wir annehmen können, dass die einzelnen Staaten nicht genügend Politikinstrumente zur Hand haben, um all ihre Politikziele gleichzeitig erreichen zu können, und dass internationale Koordinierung die Trade-offs zwischen den Politikzielen verändert.[354]) Außerdem werden durch internationale Koordinierung negative Externalitäten für andere Länder – insbesondere auch für nicht beteiligte Länder, z. B. Entwicklungsländer – vermieden bzw. internalisiert. Die positiven Effekte von internationaler Koordinierung werden umso deutlicher, je mehr wir vom Modell der vollkommenen Konkurrenz abwei-

---

[353] Neuere theoretische Arbeiten stellen diese Argumentation teilweise infrage. Vgl. näher dazu den Abschnitt II.2.3

[354] Dies bedeutet, dass ein Land nicht alle Ziele selbst erreichen kann, und dass die Wirtschaftspolitik eines Landes die Zielvariablen des anderen Landes tangiert und/oder die heimischen Ziele von der Wirtschaftspolitik des Auslands nicht in gleicher Weise wie von heimischen Instrumenten beeinflusst werden.

chen. Letzteres stellt aber auch nur ein Referenzmodell dar, das in der Realität so niemals vorgeherrscht hat.

II. Diskretionäre Politikkoordinierung

1. Ansatzpunkt

Der Ansatzpunkt für diskretionäre internationale Politikkoordinierung besteht gewöhnlich in der Annahme von Preisinflexibilitäten (also einer Abweichung vom Modell der vollkommenen Konkurrenz). Die klassisch-„keynesianische" Vorstellung hinsichtlich der Notwendigkeit einer diskretionären internationalen Politikkoordinierung sieht wie folgt aus. Wenn Preisinflexibilitäten auf irgendwelchen Märkten vorherrschen, so verursachen (globale) Schockeinwirkungen erstmal Ungleichgewichte, die sich über die einzelnen Märkte hinweg ausbreiten und verstärken. Dies wird als Anlass genommen, um makroökonomische Stabilisierungspolitiken zu fordern. Nun produzieren jedoch, wie wir im Abschnitt vorher gesehen haben, nationale makroökonomische Politiken bei der im 1. Teil beschriebenen gegenseitigen internationalen Abhängigkeit internationale Externalitäten. Nationale Handlungsfolgen werden „externalisiert", Inflation und Rezessionen „exportiert". So werden, wie oben erläutert, bei inflationären Angebotsschocks Aufwertungswettläufe und bei rezessiven Nachfrageschocks Abwertungswettläufe ins Leben gerufen. Der allseitige Anreiz zu solchen Beggar-thy-Neighbour Politiken kann nicht durch „gutes Zureden", sondern nur durch verbindliche Absprachen („Koordination") verhindert werden. Internationale Koordinierung ist demnach ein Mechanismus, mit dem solche Anreizstrukturen zum allgemeinen Wohl gesteuert und Externalitäten internalisiert werden können.

Was zeichnet nun „diskretionäre" Politikkoordinierung gegenüber der im Abschnitt III unten behandelten regelgebundenen Koordinierung aus? Der Unterschied liegt darin, dass bei diskretionärer Koordinierung die Koordinierung wie auch die darin getroffenen wirtschaftspolitischen Maßnahmen laufend „ad hoc" nach Ermessensentscheidungen der jeweiligen Politiker erfolgen. Dagegen werden bei regelgebundener Koordinierung die Spielregeln und die Reaktionsmaßnahmen im Voraus festgelegt und können in Zukunft nicht durch Ermessensentscheidungen von Politikern „willkürlich" geändert werden. Beispielhaft und vereinfacht ausgedrückt stellt eine diskretionäre internationale makroökonomische Politikkoordinierung eine Art fortwährender Bonner Weltwirtschaftsgipfel (1978) dar. Dagegen gibt das Bretton-Woods-Währungssystem ein Beispiel für eine regelgebundene internationale Koordinierung.

Nun haben wir oben schon gesehen, dass die Erfahrung mit der Feinabstimmung auf dem Bonner Gipfel (1978) angesichts nachfolgender inflationärer Schocks eher ernüchternd war. Jedoch wird diese Erfahrung von den heutigen Befürwortern einer stärkeren diskretionären Koordinierung nationaler Wirtschaftspolitiken als unglücklicher Sonderfall angesehen. Die Schlussfolgerung, die sie aus dieser Erfahrung ziehen, ist die, internationale Koordinierung zukünftig besser (professioneller) vorzubereiten und zu strukturieren. Diese Ansicht kann nicht von vornherein als falsch oder unsinnig abgetan werden. Von daher ist es notwendig, sich genauer mit den endogenen oder grundlegenden Problemen einer diskretionären internationalen Politikkoordinierung zu beschäftigen.

2. Probleme

Es gibt nicht wenige Ökonomen, die grundlegende Zweifel an der Vorteilhaftigkeit oder „Effizienz" einer internationalen Politikkoordinierung – zumindest in ihrer diskretionären Form – hegen. Diese Zweifel gründen auf zwei Behauptungen: einmal darauf, dass der mögliche „Ertrag" aus internationaler makroökonomischer Politikkoordinierung eher gering und zudem asymmetrisch verteilt sei, und zum anderen darauf, dass die Kosten der internationalen Koordinierung, die in der bisherigen Debatte lange Zeit außer Acht gelassen worden waren, hoch seien. Darüber hinaus gibt es grundsätzliche Zweifel, ob eine internationale makroökonomische Politikkoordinierung – selbst wenn sie „gewinnbringend" wäre – durchgesetzt werden könnte. Neuerdings werden auch theoretische Zweifel an der Notwendigkeit internationaler Politikkoordinierung geäußert.[355]

Zu diesen Arten von Zweifeln werden im Folgenden die bedeutendsten theoretischen und empirischen Argumente bzw. Belege aufgeführt. Ich beginne mit den Zweifeln bzw. der Ungewissheit hinsichtlich der Vorteilhaftigkeit einer internationalen makroökonomischen Politikkoordinierung diskretionärer Art.

2.1 Ungewissheit hinsichtlich der Vorteilhaftigkeit

2.1.1 Modellabhängigkeit

Wie oben angeführt, gibt es anscheinend sehr überzeugende Gründe für die Forderung nach stärkerer Kooperation einzelner Länder-(gruppen) auch auf der Ebene makroökonomischer Politik. Nun müssen wir allerdings berücksichtigen, dass diese Begründungen reine Plausibilitätserklärungen oder Ableitungen aus spezifischen Modellanalysen sind. Modelle sind sehr vereinfachte Beschreibungen der Realität. Das heißt, sie beruhen auf mehr oder weniger simplifizierten (und daher „unrealistischen") Strukturannahmen über reale Zusammenhänge. Dies ist kein abwertendes Urteil. Denn dies ist die einzige Möglichkeit, über „die Realität" nachzudenken. „Die Realität" ist so kompliziert, dass es unmöglich ist, den Grad ihrer Komplexität vollständig in wissenschaftlichen Versuchen der Realitätsbeschreibung zu erfassen. Von daher ist es unerlässlich, vereinfachende und damit die Realität „verzerrende" Annahmen bei der Beschreibung zu setzen. Das Ziel kann höchstens sein, den „Kern" des Zusammenhangs dessen, was wir „Realität" nennen, wiederzugeben. Aus diesen Überlegungen folgt, dass auch sogenannte „verbale Plausibilitätserklärungen" auf Modellanalysen beruhen müssen. Der Unterschied zu sogenannten „formalen Modellanalysen" besteht nur darin, dass in verbalen Plausibilitätserklärungen häufig darauf verzichtet wird, die zugrunde liegenden vereinfachenden Mo-

---

[355] In diesem Abschnitt lehne ich mich in einigen Unterpunkten eng an die Ausführungen in Abschnitt III. des 6. Kapitels meines „Stabilitätspolitik"-Buches (Wagner [2014a]) an.

dellannahmen offen zu legen. Dies wiederum bedeutet, dass solche verbalen Plausibilitätserklärungen anfälliger gegen ideologische Verschleierungen und Missbräuche von „Wissenschaft" sind.

Die Plausibilitätserklärung für die Notwendigkeit einer Politikkoordinierung beruht auf der Existenz von Spillover-Effekten nationaler Politikmaßnahmen. Solange sich Nationalstaaten nicht wirtschaftspolitischer Interventionen enthalten, werden andere Länder – ungewollt – auch dadurch betroffen. Außerdem sind die Auswirkungen bei gewissen Maßnahmen gegenläufig oder „kompensierend", sodass sich ein Land auf Kosten anderer Länder bereichert. Dies wird, wie gesagt, als „Beggar-thy-Neighbour" Politik bezeichnet. Es besteht ein Anreiz für alle Länder, sich auf Kosten der anderen besser zu stellen. Wenn dies jedoch alle versuchen, stehen sich am Schluss alle schlechter, als wenn sie dies (alle) unterlassen hätten. Selbst wenn erstmal nur ein Land diesem Anreiz erliegt, wird es über kurz oder lang Vergeltungsmaßnahmen der anderen hervorrufen[356]. Diese Überlegung wird gewöhnlich schon als hinreichend betrachtet, um eine internationale Politikkoordinierung zu befürworten.

Es muss dabei allerdings berücksichtigt werden, dass die Existenz von Spillover-Effekten normalerweise aus einem Modellansatz abgeleitet wird, der in der Volkswirtschaftslehre, obwohl häufig gebraucht, nicht unumstritten ist. Dieser Modellansatz ist unter dem Namen „Mundell-Fleming-Modell" oder „IS-LM-BP-Analyse" bekannt[357]. Er impliziert in seiner ursprünglichen Version nicht nur internationale Kapitalmobilität, sondern auch konstante Preise und gegebene („statische") Erwartungen – d. h. unrealistische Hilfsannahmen. Bei Änderung dieser Hilfsannahmen kann man zeigen, dass sich die obigen Spillover-Effekte nicht mehr uneingeschränkt ableiten lassen (vgl. hierzu z. B. Frenkel und Razin [1987], Canzoneri und Henderson [1991] sowie Daniels und Vanhoose [1998]). Generell besteht Unsicherheit über die Höhe der Spillover-Effekte. So wurden in den 1970er und 1980er Jahren anhand von Mehr-Länder-Modellen mal negative, mal positive Spillover-Effekte gezeigt, je nachdem welches konkrete Modell angenommen wurde. In der neueren Literatur kommt man hingegen zu dem Schluss, dass Spillover-Effekte mit größerer Handels- und Finanzmarktintegration zugenommen haben. Diese sind besonders ausgeprägt, wenn sie von großen Ländern ausgehen, in Zeiten des konjunkturellen Abschwungs und für Länder, die stark miteinander verflochten sind.[358]

Doch unterstellen wir einmal, dass die behaupteten Spillover-Effekte bei unkoordinierter Politik existieren. (Dies kann man insbesondere dann ohne Bedenken, wenn man – wie im 1. Teil skizziert – die Rationalität von Preisinflexibilitäten begründen kann.) Dann geht die der Forderung nach internationaler Politikkoordinierung zugrunde liegende Argumentation so weiter, dass behauptet wird, dass ein sol-

---

[356] Voraussetzung ist wiederum, dass das Land „groß genug" ist.
[357] Siehe zu diesem Ansatz z. B. Wagner [2014a: 102 ff.]. Aus ihm lassen sich für den Fall flexibler Wechselkurse die oben skizzierten „Beggar-thy-neighbour"- oder negativen Spillover-Effekte (bei expansiver Geldpolitik) sowie (bei expansiver Fiskalpolitik) auch positive Spillover-Effekte, genannt „Lokomotiveffekte", ableiten.
[358] Vgl. Ostry und Ghosh [2013: 13 f.].

cher unkoordinierter Zustand nicht optimal im Sinne von effizient sei. Durch eine internationale Politikkoordinierung könnte die soziale Wohlfahrt der Koordinationsteilnehmer insgesamt und damit auch für alle erhöht werden[359]. Dies wird in der modernen Volkswirtschaftslehre mithilfe *spieltheoretischer Überlegungen* begründet. Konkret werden dort die Ergebnisse einer „kooperativen Strategie" mit denen einer „nichtkooperativen Strategie" verglichen. Als „nichtkooperatives Spiel" wird eine Entscheidungsstruktur gefasst, bei der ein Land (allgemein ein „Spieler") das Verhalten des Auslands (der anderen „Spieler") als gegeben unterstellt. Das sich hieraus ergebende Gleichgewicht wird als „Nash-Gleichgewicht" bezeichnet. [Eine Verhaltensstruktur (X, X^A) wird als ein „Nash-Gleichgewicht" bezeichnet, wenn sowohl X (für das Inland) als auch X^A (für das Ausland) mögliche oder realisierbare Strategien sind, und wenn keiner der Spieler (d. h. hier: keines der beiden Länder) es für möglich hält, durch Änderung seiner Strategie – bei gegebener Strategie des Mitspielers (des anderen Landes) – ein besseres Ergebnis für sich zu erreichen. In der Duopoltheorie ist ein solcher Gleichgewichtszustand auch bekannt unter dem Namen „Cournot-Nash-Gleichgewicht".] Man kann nun zeigen, dass ein solches Nash-Gleichgewicht im Regelfall nicht (pareto-)optimal ist.

Spieltheorie

Die **Spieltheorie** ist, allgemein ausgedrückt, eine mathematische Theorie optimaler Strategieentscheidungen, die nicht nur in den Wirtschaftswissenschaften, sondern vor allem in der Politikwissenschaft sowie in der Psychologie angewandt wird. Es handelt sich um eine Entscheidungstheorie, bei der sich die Entscheidungsagenten bewusst sind, dass ihre Entscheidungsergebnisse von den Aktionen und Reaktionen anderer Entscheidungsagenten abhängig sind. Das heißt, es wird implizit das, was wir oben als „strukturelle Interdependenz" bezeichnet haben, unterstellt. Eine solche strukturelle Interdependenz wird auch in der Oligopoltheorie zugrunde gelegt.

Die strategisch Handelnden werden in der Spieltheorie als „Spieler" bezeichnet, die Entscheidungsstruktur als „Spiel", die Handlung oder Entscheidung als „Zug", die Handlungsmöglichkeiten als „Strategien" und das (Wohlfahrts-)Ergebnis für den einzelnen Handelnden als „Auszahlung".

Zur Spieltheorie siehe näher z. B. Luce und Raiffa [1957] oder Shubik [1982, 1984]. Zur Einführung siehe z. B. Holler und Illing [2009], Axelrod [2006] oder Kreps [1994]. Siehe aber auch die Erläuterungen zum Konzept eines „Gefangenendilemmas" in Abschnitt 2.2 unten.

---

[359] Den Vorgang selbst hatten wir oben als Internalisierung der Externalitäten (d. h. der Spillover-Effekte) bezeichnet.

Die herkömmlichen spieltheoretischen Analysen, die zur Begründung eines internationalen Koordinierungsbedarfs makroökonomischer Politik herangezogen werden, zeichnen ein sehr positives Bild vom Nutzen einer internationalen Politikkoordinierung. (Vergleiche zum besseren Verständnis die in Abschnitt 2.2 unten beschriebenen Grundlagen eines „Gefangenendilemmas".) Nun muss man jedoch bezüglich dieser Analysen Folgendes kritisch anmerken. Die meisten der angesprochenen spieltheoretisch-analytischen Begründungen basieren auf sehr einfachen Modellannahmen. So weisen die Analysen meist mehrere der folgenden Kennzeichen auf:

i) Sie sind statischer Natur.

ii) Sie unterstellen gleiche Präferenzen oder Ziele bei den Spielern.

iii) Sie abstrahieren von Unsicherheit.

Hierauf wird in den folgenden drei Unterpunkten näher eingegangen.

2.1.2 Wirkungsverzögerungen

In einer *statischen Analyse* dauert die Planungsperiode nur eine Zeiteinheit, und die Spieler können jeweils nur einen Zug machen. Sie können den Zug nicht revidieren und können auch nicht lernen, was nur in wiederholten, mehrperiodigen Spielen möglich ist. Außerdem wird angenommen, dass Politikentscheidungen ein für alle Mal getroffen werden, und dass sie sofort wirksam sind. Es gibt also keine Wirkungsverzögerungen von Politikentscheidungen.

In der Realität dagegen können die Spieler (in unserem Fall die einzelnen Länder) sehr wohl längerfristig planen, da das Spiel nicht nur über eine Periode (über jeweils einen Zug) geht. Folglich können sie auch aus früheren Erfahrungen lernen. Sie werden ihre Entscheidungen revidieren, wenn diese Erfahrungen ihren früheren Erwartungen widersprechen. Dies kann in einer Theorie dynamischer Spiele berücksichtigt werden. Mit einer statischen Analyse kann dagegen nur unzureichend erfasst werden, was zur „Realität" gehört, nämlich dass Politikentscheidungen eher von Periode zu Periode neu getroffen werden und dass es Wirkungsverzögerungen von Politikentscheidungen gibt. Wenn diese Wirkungsverzögerungen lang und variabel sind, wofür vieles spricht, sind die Wohlfahrtseffekte von Politikkoordinierung unsicher. Dies trifft insbesondere auf Absprachen bezüglich aktiver wirtschaftspolitischer Eingriffe zu, wie beispielsweise jene auf dem Bonner Gipfel 1978. Länder können hier sehr wohl Wohlfahrtsverluste erleiden, wenn sie sich in Koordinationsabkommen auf wirtschaftspolitische Aktionen festlegen, deren zeitliche Wirkungsdynamik sie nicht genau vorhersehen können.

Die grundsätzliche Problematik solcher langer und variabler Wirkungsverzögerungen gilt auch schon für nationale Politiken allein. Dies war einer der Hauptgründe für Milton Friedman und seine Anhänger (manchmal auch als „Monetaristen" bezeichnet), aktive wirtschaftspolitische Eingriffe generell abzulehnen[360]. Solange die Wirkungsverzögerungen nicht als stabil angesehen werden können, besteht die Gefahr, dass aktive Politik die Volkswirtschaft destabilisiert. Das bedeutet, dass zum Beispiel eine zu früh oder zu spät getroffene konjunkturpolitische Entscheidung zu *pro*-zyklischen Wirkungen auf die Zielvariable führt, was die Abweichungen vom Zielpfad noch verstärkt. Nehmen wir zum Beispiel an, eine Regierung beschließt in einer Rezession eine expansive Nachfragepolitik. Unter Umständen wird diese erst dann wirksam, wenn sich die Wirtschaft bereits von selbst – oder angestoßen durch positive exogene Einflüsse – aus der Rezession befreit hat. Die Wirtschaft wäre also dann vielleicht schon wieder in einer Vollbeschäftigungs- oder Vollauslastungsphase, wenn die in der vorhergehenden Rezession beschlossene expansive Nachfragepolitik zu wirken beginnt. Es käme folglich zu einer Übernachfragesituation auf dem Gütermarkt und dem Arbeitsmarkt, was sich in Inflation niederschlagen würde. Umgekehrt kann eine in einer Boomsituation beschlossene restriktive Konjunkturpolitik aufgrund von Wirkungsverzögerungen unter Umständen erst in der darauf folgenden Rezession wirksam werden und den konjunkturellen Abschwung dann verstärken.

Bei einer internationalen Koordinierung makroökonomischer Politiken potenzieren sich diese Gefahren tendenziell. Denn bei jeder der abgestimmten nationalen Politikmaßnahmen kann die Wirkungsverzögerung anders als erwartet ausfallen. Doch selbst wenn die oben beschriebenen Wirkungsverzögerungen konstant und dadurch vollkommen voraussehbar wären, würden Kosten in Form von **Instrumenteninstabilität** auftreten. Dies soll kurz am Beispiel der Geldpolitik erläutert werden.

„Instrumenteninstabilität" beruht darauf, dass die Wirkungen einer gegebenen Änderung der Geldmenge in der laufenden Periode sehr gering, dagegen die Wirkungen in den darauf folgenden Perioden sehr groß sind. Dies bedeutet, dass große Geldmengenänderungen in der laufenden Periode nötig sind, um die Wirkungen von Schocks sofort kompensieren zu können. Jedoch werden in den folgenden Perioden noch größere Geldmengenänderungen nötig sein, um die dann größeren verzögerten Wirkungen der ersten korrekturpolitischen Maßnahme (der ursprünglichen Geldmengenänderung) neutralisieren zu können.

Eine solche Instrumenteninstabilität ist sicherlich schon ein Grund, um „zu aktive" Prozesspolitik zu vermeiden. Instrumenteninstabilität würde bei sehr aktiver Politik unweigerlich zu wesentlichen Änderungen bestehender Verhaltensstrukturen führen, was die Verlässlichkeit der der Geldpolitik zugrunde liegenden Modellvorstellungen stark beeinträchtigen würde. Auch hier gilt, dass sich dieses Problem bei einer internationalen Koordinierung makroökonomischer Politik tendenziell potenziert.

2.1.3 Unterschiedliche Zielsetzungen

Ein zweites häufiges Kennzeichen von spieltheoretischen Analysen, die zu einer positiven Bewertung von internationaler Politikkoordinierung gelangen, ist die Un-

---

[360] Vgl. z. B. Friedman [1961].

terstellung gleicher Ziele oder Präferenzen der Spieler. Dass alle Spieler die gleichen Ziele oder Präferenzen besitzen, ist im Falle von verschiedenen Ländern eher unwahrscheinlich. Es ist umso unwahrscheinlicher, je größer der Kreis der an der Koordinierung beteiligten Länder ist. Doch auch schon innerhalb einer kleinen Gruppe von sieben hoch entwickelten Industrieländern – wie auf den Weltwirtschaftsgipfeln bislang vertreten – herrschen unterschiedliche Zielsetzungen. Dies betrifft nicht so sehr die Globalziele an sich – wie Vollbeschäftigung, Preisniveaustabilität und außenwirtschaftliches Gleichgewicht –, sondern mehr die Schwergewichte der Präferenzsetzungen. Wie oben schon betont worden ist, kann man nicht davon ausgehen, dass alle diese Globalziele in gleichem Maße optimal zu erreichen sind. In Wirklichkeit gibt es „Zielkonflikte" bzw. „Tradeoff-Beziehungen" zwischen den Zielvariablen. Insofern kann man häufig gewisse Ziele nur dann eher erreichen, wenn man hinnimmt, dass man sich von anderen Zielen stärker entfernt. Dies ist immer dann gegeben, wenn Wirtschaftspolitiker weniger Instrumente zur Verfügung als Ziele haben. Und nur dann ist wirtschaftspolitische Koordinierung sinnvoll. Manchmal kann wirtschaftspolitischen Akteuren jedoch „Kurzsichtigkeit" bezüglich der Tradeoff-Beziehungen unterstellt werden, was das Fehlen anhaltenden internationaler Politikkoordinierung erklären würde.[361]

Ein Paradebeispiel für eine Tradeoff-Beziehung ist die sogenannte „Phillipskurve"[362], die eine positive Korrelation zwischen Wirtschaftswachstum (und damit Beschäftigung) einerseits und Inflation andererseits ausdrückt. (Hierin spiegelt sich dann tendenziell ein Zielkonflikt zwischen Vollbeschäftigung und Preisniveaustabilität wider.) Dies ist gerade das gravierende Entscheidungsproblem in sogenannten Stabilisierungskrisen zur Inflationsbekämpfung (wie Anfang der 1980er Jahre). Hier gibt es ganz entscheidende Unterschiede in den Schwerpunktsetzungen der einzelnen Länder. So ist die Bundesrepublik dafür bekannt, dass sie sehr inflationsabgeneigt ist und, solange sie noch eine eigenständige Geldpolitik vor Etablierung der Europäischen Währungsunion betrieb, schon bei einer Inflationsrate um die fünf Prozent lange und kostspielige Stabilisierungskrisen, d. h. (kurz- bis mittelfristigen) Wachstums- und Beschäftigungsverzicht, wählte. Andere Gipfelländer, wie zum Beispiel die USA, sind hier wesentlich weniger inflationsscheu, was sich in einer längeren Abwartehaltung gegenüber einer Inflationsdynamik zeigt. Dies wurde schon bei der Beschreibung der Gipfeldiskussionen oben angesprochen. Diese unterschiedlichen Präferenzen können die Erfolgschancen einer internationalen Politikkoordinierung schmälern (siehe näher auch im nächsten Abschnitt).

---

[361] Vgl. Ostry und Ghosh [2013: 10].
[362] Der Ausdruck „Phillipskurve" ist nach dem englischen Ökonomen A.W. Phillips kreiert, der in den fünfziger Jahren einen negativen Korrelationszusammenhang zwischen der Arbeitslosenrate und der Wachstumsrate der Geldlöhne entdeckte. Die Phillipskurve ist das zentrale Konzept in der Theorie der Stabilisierungspolitik während der letzten drei Jahrzehnte gewesen. Vgl. hierzu z. B. Wagner [2014a: 24 ff.].

2.1.4 Unsicherheit

Ein weiteres häufiges und gleichzeitig gewichtiges Kennzeichen derjenigen spieltheoretischen Analysen, die die Wünschbarkeit internationaler Politikkoordinierung begründen, ist, dass sie von Unsicherheit abstrahieren. Dies betrifft:

(1) die Schockursachen und

(2) die Strukturvorstellungen der Spieler.

Zu (1): Man kann nicht davon ausgehen, dass die Wirtschaftspolitiker die Ursache von Schocks immer sofort richtig erkennen. Häufig treten verschiedene unerwartete Ereignisse gleichzeitig oder in nicht allzu großen Abständen hintereinander ein. Da sich deren Wirkungen überlagern und gleichzeitig verstärken können, und da es auch hier Wirkungsverzögerungen gibt, die unterschiedlich lang sind, lassen sich gewisse ökonomische Auswirkungen nicht immer eindeutig einem bestimmten Ereignis (Schock) zuordnen. Nun ist jedoch der Nutzen einer internationalen Politikkoordinierung mit davon abhängig, dass auf die jeweiligen Schocks richtig reagiert wird. Nehmen wir an, die Transmissionswirkungen zwischen den an einer Koordination beteiligten Ländern seien positiv. Dann verlangt beispielsweise eine Nachfrageverschiebung zwischen den Ländern *verschiedenartige* Anpassungsreaktionen der koordinierenden Länder. Dagegen würde eine weltweite Störung – bei positiven Transmissionswirkungen – *ähnliche* Politikreaktionen der verschiedenen Länder erfordern. Bei *falscher Wahrnehmung von Schockursachen* können also durch Koordinationsabkommen „erzwungene" Reaktionen, die ansonsten bei unkoordiniertem Verhalten vielleicht aus Unsicherheit über die Schockursache unterlassen oder verschoben worden wären, zu einer Wohlfahrtsverschlechterung führen.

Zu (2): Der zweite Aspekt bezieht sich auf die häufige Unterstellung gleicher und richtiger Vorstellungen der einzelnen Länder über Wirtschaftsstruktur und Politikwirkungen. Eine solche Annahme erleichtert die Ableitung positiver Effekte einer internationalen Politikkoordinierung. Wenn vollkommene und damit notwendigerweise gleiche Information über die Struktur der Weltwirtschaft und die internationalen Wirkungen von wirtschaftspolitischen Maßnahmen (worunter die Politikmultiplikatoren[363] und die Spillover-Effekte fallen) bei allen Spielern bzw. Ländern vorliegt, findet sozusagen ein Planungsprozess unter Sicherheit statt.

In Wirklichkeit jedoch besitzen die Teilnehmerstaaten an Koordinationsgremien wie dem Weltwirtschaftsgipfel unterschiedliche und sehr unvollkommene Vorstellungen über die Struktur der Weltwirtschaft und die internationalen Wirkungen von Politikmaßnahmen. Dies kann man den Berichten über die bisherigen Gipfeltreffen, insbesondere über deren Vorbereitungstreffen, sehr leicht entnehmen. Die *Unterschiedlichkeit* und implizit damit auch die *Unvollkommenheit der Strukturvorstellungen* zeigte sich in den 1970er Jahren unter anderem in den scharfen Auseinandersetzungen über das richtige Wirtschaftsmodell zwischen Bundeskanzler

---

363 Mit „Politikmultiplikatoren" werden hier die im Inland wirksamen sogenannten Multiplikatoreffekte von Politikmaßnahmen gefasst.

Schmidt und US-Präsident Carter (vgl. hierzu die obige Schilderung im 2. Teil über die Streitigkeiten auf und vor dem Toronto-Gipfel (1977)); und sie zeigte sich auch in den 1980er Jahren im Streit zwischen der deutschen, japanischen und amerikanischen Administration über die von den Amerikanern wieder ins Spiel gebrachte „Lokomotivstrategie" (siehe auch hierzu die Beschreibung der Weltwirtschaftsgipfel im 2. Teil oben).

Wenn wir jedoch von der Annahme, dass alle Teilnehmerstaaten die Struktur der Weltwirtschaft und die internationalen Wirkungen von wirtschaftspolitischen Maßnahmen kennen und sich darüber einig sind, abweichen, so kann internationale Politikkoordinierung unter Umständen auch negative Wohlfahrtseffekte haben. Dies wurde schon von Frankel und Rockett [1988] in einer Simulationsstudie eindrucksvoll bestätigt. Frankel und Rockett unterstellten dabei, dass sich nur die Strukturvorstellungen, nicht aber die Ziele der Träger von Wirtschaftspolitik in den beteiligten Ländern, unterscheiden. Nehmen wir an, jedes der an einer Kooperation beteiligten Länder würde an ein anderes Weltmodell glauben. Eines davon sei aber nur richtig (das sogenannte „wahre" Modell). Jedoch wüsste kein Land, welches dies ist. Unter diesen Umständen ist es nicht unwahrscheinlich, wie Frankel und Rockett darlegten, dass es für einzelne Länder bei einer internationalen Koordination statt zu der erhofften Verbesserung sogar zu einer noch größeren Zielverfehlung als bei unkoordiniertem Verhalten kommt[364].

Andere Simulationsergebnisse deuten darauf hin, dass die Wohlfahrtseffekte internationaler Politikkoordinierung eher gering und zudem asymmetrisch verteilt sind. Zu diesem Ergebnis kamen zum Beispiel Oudiz und Sachs [1984], die versuchten, aus den Politikmultiplikatoren von ökonometrischen Mehr-Länder-Modellen die möglichen Gewinne aus einer internationalen Kooperation zwischen Japan, der Bundesrepublik Deutschland und den USA zu gewinnen. Von der Richtung her ähnliche Ergebnisse erhielten auch andere Autoren. So untersuchte Hughes Hallet [1986] die möglichen Gewinne aus einer Kooperation zwischen den USA und Europa und kam dabei zu dem Ergebnis, dass die Gewinne aus einer Koordination insgesamt relativ gering gewesen wären mit einer asymmetrischen Verteilung zugunsten von Europa. Niedrige Gewinne aus einer internationalen Politikkoordinierung ergaben sich auch aus einer Untersuchung von Carlozzi und Taylor [1985]. Hingegen kommen Ostry und Ghosh [2013:16 ff.] zu dem Schluss, dass Unsicherheit über den Schock und die Wirkung der wirtschaftspolitischen Maßnahmen die Gewinne aus einer Politikkoordinierung steigen lassen kann.

---

364 Frankel und Rockett kommen in ihren Simulationsrechnungen zu dem Ergebnis, dass zum Beispiel eine geldpolitische Koordination die Lage der USA nur in 546 von 1000 möglichen Fällen verbessert. Die Lage der restlichen OECD-Länder verbessert sich bei der gleichen geldpolitischen Koordination nur in 539 von 1000 möglichen Fällen. Auch bei einer gleichzeitigen fiskalpolitischen Koordination verbessert sich dieses Ergebnis nicht. Siehe näher Frankel und Rockett [1988]. Jedoch erhält man ein wesentlich günstigeres Ergebnis für eine Politikkoordinierung, wenn man unterstellt, dass die Politiker ihre Strukturvorstellungen in einem Lernprozess objektiv verbessern (d. h. dem wahren Modell annähern) können. Siehe Gosh und Masson [1991].

Einschätzung

Diese Modellergebnisse werden in der Regel schon als Beweis dafür angeführt, dass *sich internationale Politikkoordinierung nicht auszahle.* Nun ist diese *Schlussfolgerung* jedoch – aus folgenden Gründen – *etwas voreilig.*

Erstens lohnt es sich, das methodische Vorgehen dieser Modellanalysen, die zu einer eher ablehnenden Haltung gegenüber internationaler Politikkoordinierung führen, etwas genauer anzusehen. All die eben zitierten empirischen Studien gehören zu einem bestimmten Zweig der Literatur. Dieser Zweig ist dadurch gekennzeichnet, dass der Wert einer Wohlfahrtsfunktion, bei dem jedes Land seine Wohlfahrt unabhängig maximiert, mit dem Wohlfahrtswert, bei dem die Länder eine gemeinsame Wohlfahrtsfunktion maximieren, verglichen wird. Es handelt sich also um den Vergleich einer optimal unkoordinierten mit einer optimal koordinierten Politikform. Dieser Vergleich ist allerdings nicht verallgemeinerbar auf den praktisch wichtigeren Vergleich zwischen **sub**optimalen unkoordinierten und **sub**optimalen koordinierten Politiken. Anders gesagt, in der Praxis geht es mehr um die Alternative „Koordination mit wenig Protektionismus" versus „Nichtkoordination mit mehr Protektionismus". Denn es ist davon auszugehen, dass durch das Praktizieren internationaler Politikkoordinierung die immer latent vorhandene Gefahr des Protektionismus reduziert wird. Dies wird schon durch regelmäßige Konsultationen bewirkt (siehe hierzu die Argumentation in Abschnitt II.2 des 2. Teils); die Wirkung dürfte jedoch bei Politikkoordinierung noch stärker sein.

Zweitens sind einige der Vorteile von Politikkoordinierung in der Praxis schwierig zu trennen von weniger ehrgeizigen Formen der Kooperation wie z. B. Konsultationen und Informationsaustausch zwischen Ländern. Das heißt, solche Art von Kooperation kann manchmal nur erreicht werden, wenn ein gewisses Maß an Politikkoordinierung auch hingenommen – da vom Kooperationspartner erwartet bzw. gefordert – wird. (Politikkoordinierung setzt auch ihrerseits einen größeren Informationsaustausch voraus als unverbindliche Kooperation oder Konsultation. In einer Welt mit unvollkommener Information kann eine solche Mehrinformation Irrtümer verringern helfen.) Außerdem gehen die Vorteile internationaler makroökonomischer Politikkoordinierung über den Bereich makroökonomischer Politik hinaus. Sie sind selbst oft erst die Voraussetzung, um nach einer Gewöhnungszeit auch andere Koordinierungsvorhaben, bei denen der Koordinierungsbedarf unbestrittener ist, die aber schwieriger zu realisieren sind – wie zum Beispiel gemeinsame Maßnahmen zur Bekämpfung der Umweltverschmutzung, des Terrorismus, usf. – erfolgreich in Angriff nehmen zu können.

Drittens kann man hinsichtlich der obigen Ergebnisse von Frankel und Rockett anführen, dass Politiker, die die Unvollkommenheit ihres Wissens erkennen und sich darüber im Klaren sind, dass sie das „wahre" Modell nicht kennen, vorsichtiger in ihrer Politikgestaltung vorgehen. Dies kann sich u. a. so auswirken, dass die Politiker verschiedene Modelle als zumindest teilweise zutreffend ansehen und sie alle (unterschiedlich gewichtet) berücksichtigen. Dies wiederum hat positive Auswirkungen auf die Vorteile einer Politikkoordinierung, wie Ghosh und Masson [1988] gezeigt haben.

2.1.5 Kosten

Ein anderer gewichtiger Punkt, der gegen eine internationale Politikkoordinierung, zumindest gegen einen zu hohen Intensitätsgrad diskretionärer Koordinierung, angeführt werden kann, bezieht sich auf deren Kosten. Hier sind vor allem drei verschiedene Aspekte hervorzuheben.

Einmal fallen hierunter die direkten *Verhandlungskosten*, d. h. die Kosten der Information, Organisation und Umsetzung von Koordination, der Überprüfung der Einhaltung von Vereinbarungen, der Abänderung der Vereinbarungen im Lichte neuer Informationen u. a. Diese Kosten sind insbesondere hoch bei diskretionärer internationaler Politikkoordinierung, da es hier andauernder Neuüberprüfungen des Politik- oder Koordinationsregimes bedarf; und sie steigen mit der Breite des Koordinationsbereichs. Im Falle einer regelgebundenen Koordinierungsform (siehe unten) können dagegen solche Verhandlungskosten als eine Art Investition in den Aufbau eines neuen (stabilen) internationalen Politikregimes mit spezifizierten Spielregeln aufgefasst werden[365].

Zweitens besteht die begründete Gefahr, dass die *Gleichgewichtsinflationsrate* bei internationaler Politikkoordinierung größer ist als bei Nichtkoordinierung. Jedes Land, das unkoordiniert eine expansive Geldpolitik betreibt, ist von einer Abwertung seiner Währung und damit von importierter Inflation bedroht. Andererseits ist jedes Land, das unkoordiniert expansive Fiskalpolitik durchführt, von Zinserhöhungen, Aufwertung und „Crowding-out"-Effekten[366] bedroht. Beide Bedrohungen oder Handlungsschranken entfallen, wenn die expansiven Politiken im internationalen Gleichschritt durchgeführt werden. Folglich wird tendenziell die Inflationsrate höher liegen. Dies lässt sich über dynamische oder rationale Erwartungseffekte begründen. Wenn nämlich die privaten Wirtschaftssubjekte den oben beschriebenen Zusammenhang erkennen – nach der These rationaler Erwartungsbildung sind sie (über Lernprozesse) dazu in der Lage –, so werden sie ihn mit in ihre Inflationserwartungsbildung einbeziehen. Die höheren Inflationserwartungen schlagen sich in höheren Lohn- und Preisforderungen und letztlich in höherer tatsächlicher Inflation nieder.

Inflation zählt demnach zu den Kosten einer internationalen Politikkoordinierung. Hieraus wird manchmal umgekehrt die (etwas extreme) Schlussfolgerung gezogen, dass durch einen verbindlichen[367] Ausschluss einer Politikkoordinierung die Inflati-

---

[365] Vgl. auch Artis und Ostry [1986].
[366] „Crowding out" bedeutet: Verdrängung privater Nachfrage durch eine staatliche Nachfragesteigerung, die durch Schuldenfinanzierung das Zinsniveau erhöht.
[367] Der Ausschluss müsste verbindlich sein, da ein reines unverbindliches Versprechen jederzeit gebrochen werden kann, solange keine Sanktionen vorhanden sind. Es bestünde auch ein permanenter Anreiz für die Politiker, solche Versprechen zu brechen. Deswegen komme man um eine (gesetzliche) Bindung solcher Selbstbeschränkungen nicht umhin. Dies ist das grundlegende Ergebnis der sogenannten „Zeitinkonsistenztheorie" optimaler Wirtschaftspolitik. Vgl. hierzu z. B. Kydland und Prescott [1977] oder überblicksartig Persson und Tabellini [2000]. Dies hat eine ganze Flut von Arbeiten zu sogenannten „Reputationsgleichgewichten" ausgelöst. Darin wird versucht, Bedingungen zu finden, unter denen Politiker glaubhaft ein Politikregime ankün-

onsrate im Gleichgewicht gesenkt werden könnte. Dies wird wie folgt begründet: Solange die Möglichkeit der Politikkoordinierung nicht ausgeschlossen wird, bestehe für jedes Land der Anreiz, über eine international koordinierte expansive Makropolitik die Arbeitslosigkeit zu senken. Bei der Begründung dieses Anreizes wird in der Literatur üblicherweise unterstellt, dass Beschäftigung und Inflation die Zielvariablen der Politiker seien, und die von der Politikbehörde angestrebte Beschäftigung oberhalb des privat optimalen Beschäftigungsniveaus liege; folglich liegt dann die angestrebte Arbeitslosenrate unterhalb der sogenannten gleichgewichtigen oder „natürlichen" Arbeitslosenrate. (Die Begründung hierfür läuft über die Behauptung der Existenz von Externalitäten.) Diese Annahmensetzung ist allerdings nicht unumstritten. Ohne sie würde aber die obige „extreme" Schlussfolgerung nicht mehr ohne weiteres zutreffen[368].

Eine andere, weniger extreme (vielleicht aber zu optimistische) Schlussfolgerung aus dem oben geschilderten Inflationsbias wäre die, festzustellen, dass es bei internationaler Politikkoordinierung eher noch wichtiger für die Teilnehmerländer ist, ihre Volkswirtschaft in Ordnung zu halten und Anreizen zu kurzfristigen Gewinnsteigerungen (die langfristige Kosten nach sich ziehen) zu widerstehen, als bei unkoordiniertem Verhalten.

Drittens treten bei einer internationalen Politikkoordinierung unter Umständen *Kosten für außenstehende Dritte* auf. Dies ist dann der Fall, wenn sich mitgliedermäßig begrenzte „Koalitionen" bilden. (Eine „Koalition" ist ein Zusammenschluss, bei dem es den Mitgliedern möglich ist, Externalitäten zwischen ihnen zu internalisieren, bei dem aber Externalitäten mit Nichtmitgliedern bleiben[369]. Auch der Weltwirtschaftsgipfel mit seinen nur acht Teilnehmerstaaten kann unter diesem Gesichtspunkt betrachtet werden.) Solche Koordinationsgruppen oder Koalitionen können dann Politikvereinbarungen treffen, die den beteiligten Ländern selbst nützen, anderen an der Koordination nicht Beteiligten dagegen schaden. Für einige Betrachter ist dies schon Grund genug, unkoordiniertes, dezentrales Vorgehen nationaler Staaten zu präferieren[370]. Andere sehen darin nur einen Anlass, nach institutionellen Änderungen oder Ergänzungen im Kontext der Weltwirtschaftsgipfel zu rufen, zum Beispiel nach einer Beteiligung der Exekutivdirektoren weltweit tätiger internationaler Organisationen wie des IWF[371].

2.2 Ungewissheit hinsichtlich der Durchsetzbarkeit

Selbst wenn diskretionäre internationale Politikkoordinierung vorteilhaft („effizient") ist, ist immer noch nicht sichergestellt, dass sie auch zustande kommt. Insbesondere wenn – wie in der Realität – nicht nur zwei Länder, sondern *viele Länder*

---

digen können, ohne sich gleichzeitig gesetzlich binden zu müssen. Vgl. hierzu z. B. Rogoff [1987] und Persson und Tabellini [2000].
368 Sie hängt zudem von weiteren spezifischen Modellannahmen ab. Vgl. näher Wagner [2014a].
369 Vgl. Canzoneri und Henderson [1988: 98].
370 Vgl. z. B. Vaubel [1985] und Vaubel [1994].
371 Vgl. z. B. Frenkel, Goldstein und Masson [1990: 16].

beteiligt sind, können die anfallenden *Informations- und Transaktionskosten* ein Hindernis darstellen. Außerdem tritt dann das Problem des *Trittbrettfahrerverhaltens* stärker in Erscheinung. Dieses Problem stellt eine allgemeine Schwierigkeit dar bei der Organisation menschlichen und auch internationalen Zusammenlebens, da es die (hinreichende) Herstellung sogenannter öffentlicher oder Kollektivgüter behindert. Die durch internationale Politikkoordinierung angestrebten Ziele wie internationale Stabilität (stabile Weltwirtschaftsordnung) oder Förderung des internationalen Wachstumsprozesses sind aber Kollektivgüter. Diese und weitere Probleme werden im Folgenden näher erläutert.

2.2.1 Trittbrettfahrerverhalten

Kollektivgüter können nur in Ausnahmefällen durch private Vertragsvereinbarungen hergestellt werden. Der Grund ist folgender. Ein öffentliches oder Kollektivgut ist dadurch gekennzeichnet, dass andere, die nicht zur Herstellung des Gutes mit beigetragen haben, nicht von dessen Konsum ausgeschlossen werden können. Anders ausgedrückt, ein privater Investor kann den Gewinn aus einer Investition in die Produktion eines Kollektivgutes nicht privat „internalisieren". Es bedarf also zur Herstellung eines Kollektivgutes einer *außermarktlichen Kooperation*. Diese Kooperation ist besonders schwierig zu realisieren, wenn das Gut von allen konsumiert wird – wie etwa Preisniveaustabilität, Weltfrieden, eine stabile Weltwirtschaftsordnung oder saubere, nicht-gesundheitsgefährdende Umweltbedingungen (z. B. eine ausreichende Ozonschutzschicht). Denn die dann anfallenden hohen Transaktionskosten einer Einigung *aller* Gesellschaftsmitglieder lassen eine Einigung hier als unwahrscheinlich erscheinen.

Doch ein *Koordinationsproblem* ist auch unabhängig von dem Transaktionskostenhindernis gegeben. Die erforderliche außermarktliche Kooperation durch persönliche Interaktion findet im Allgemeinen nur dann statt, wenn die Teilnehmer einen als fair angesehenen Anteil am Gewinn aus der Gemeinschaftsaktivität erwarten können. Es muss also erstmal eine Übereinstimmung über die Verteilung dieser Gewinne geben. Nun hängen die Gewinne selbst vom Einsatz der einzelnen Teilnehmer ab. Deswegen ist zuerst eine Übereinstimmung über den Einsatz der einzelnen Teilnehmer zu treffen. Diese bestimmt nämlich erst die geplante Verteilung. Nun haben jedoch eigennutzorientierte Individuen einen Anreiz, ihre Verhandlungsposition (hinsichtlich der Verteilung) dadurch zu verbessern, dass sie ihre Absichten (bezüglich ihres Einsatzes) falsch darstellen. Man nennt ein solches Verhalten auch *Außenseiter-* oder *Trittbrettfahrerverhalten*[372]. Dies reduziert aber den möglichen Gewinn aus kooperativem Verhalten und führt häufig zu dem bekannten „Gefangenendilemma-Spiel". Diese Spielsituation wird im Folgenden kurz erklärt[373].

Ein **Gefangenendilemma** ist eine bestimmte spieltheoretische Struktur, die folgende Form besitzt (hier beispielhaft dargestellt an einem einfachen 2-Spieler 2-Strategien Spiel):

---

[372] Zum Außenseiterproblem siehe z. B. auch Holler und Illing [2009].
[373] Zur Struktur eines Gefangenendilemmas siehe näher ebda.

Abbildung 3–1: Gefangenendilemma

		2. Spieler	
		nichtkooperatives Verhalten	kooperatives Verhalten
1. Spieler	nichtkooperatives Verhalten	2 , 2	4 , 1
	kooperatives Verhalten	1 , 4	3 , 3

Quelle: Eigene Darstellung

Die Zahlenpaare drücken hierbei immer Auszahlungen an die beiden Spieler (für eine Volkswirtschaft könnte man sagen: die Verteilung des Volkseinkommens) aus, wobei die erste Zahl die Auszahlung an den 1. Spieler und die zweite Zahl die Auszahlung an den 2. Spieler wiedergibt. Die Auszahlung (3,3) rechts unten im obigen Schema, die zustande kommt, wenn beide Spieler sich kooperativ verhalten, drückt hier das Pareto-Optimum aus[374]. Allerdings ist die Auszahlung (2,2) links oben im Schema, die sich ergibt, wenn beide sich nichtkooperativ verhalten, die für beide Spieler dominante Strategie. Sie stellt deshalb das einzige stabile Gleichgewicht dar. Sie wird als nicht-kooperatives oder „Nash-Gleichgewicht" bezeichnet. Das Zustandekommen des suboptimalen Nash-Gleichgewichts kann wie folgt begründet werden:

Selbst wenn man durch private Vertragsvereinbarungen zum pareto-überlegenen Ergebnis (3,3) gelangt, ist dieser Zustand nicht stabil, da hier jeder Spieler einen Anreiz besitzt, einseitig zu „betrügen". Bei diesem sogenannten kooperativen Gleichgewicht (3,3) ist wohl ein Gesamtgewinn aus der Kooperation in Höhe von 2 realisiert (3+3 gegenüber 2+2 aus dem nichtkooperativen Gleichgewicht). Dieser Gewinn ist auch gleichmäßig verteilt auf die Spieler. Jedoch ist jeder der Spieler durch einseitiges Abweichen vom kooperativen Gleichgewicht (3,3) in der Lage, seine Situation auf Kosten des sich kooperativ Verhaltenden zu verbessern (von Auszahlung 3 auf Auszahlung 4), selbst wenn insgesamt dadurch die Gesamtauszahlung von 6 auf 5 reduziert wird. Für den sich kooperativ Verhaltenden ist die dann eintretende Situation die schlechteste aller denkbaren (Auszahlung 1 gegenüber den Auszahlungen 2, 3 oder 4). Jeder der Spieler kann folglich sein Risiko, auf die Auszahlung 1 abgedrängt zu werden, dadurch ausschalten, dass er sich von vornherein egoistisch oder nichtkooperativ verhält, egal wie der andere vorgibt, sich zu verhalten. Auf diese Weise kommt das stabile, nichtkooperative „Nash"-Gleichgewicht zustande.

---

[374] Ein *Pareto-Optimum* ist definiert als ein Zustand, bei dem sich keiner verbessern kann, ohne dass sich ein anderer verschlechtert.

Eine entsprechende Erwartungs- und Verhaltensstruktur liegt auch dem Hobbes'schen Problem der „sozialen Ordnung" zugrunde[375]. Auch wenn alle Gesellschaftsmitglieder die soziale Ordnung der Anarchie vorziehen, schafft dies für den Einzelnen noch kein hinreichendes Motiv, sein eigenes Verhalten Regeln zu unterwerfen. Der unmittelbare Vorteil ‚sozialer Ordnung' liegt allein in der Regeltreue der anderen. Solange der Einzelne keine Gewissheit hat, dass auch die anderen sich den Regeln unterwerfen, geht er das Risiko ein, sich selbst in eine besonders unvorteilhafte Lage zu bringen, wenn er sein eigenes Verhalten an Regeln bindet. Zudem besteht für den Einzelnen immer die Aussicht, bei Regeltreue der anderen durch eigenes regelungebundenes Verhalten, d. h. durch Trittbrettfahrerverhalten, noch größere Vorteile als bei der kooperativen Lösung erzielen zu können. Dies sieht man auch anhand der obigen Gefangenendilemma-Struktur. Die individuell-rationale Schlussfolgerung für das Verhalten eigennutzorientierter Individuen besteht darin, Regeln oder private Vertragsvereinbarungen bezüglich ihres Beitrags zur Bereitstellung von Kollektivgütern nicht zu beachten, *unabhängig davon*, welche Annahmen über das Verhalten der anderen Mitglieder sie zugrunde legen.

Die Bereitstellung von Kollektivgütern scheint demnach nur dann gewährleistet zu sein, wenn der Staat als übergeordneter, mit dem Gewaltmonopol ausgestatteter Ordnungsfaktor für entsprechende Rahmenbedingungen sorgt. Diese Rahmenbedingungen müssen sicherstellen, dass die Wahl der Verhaltensalternative ‚Beachtung von Regeln' bzw. ‚Beitragsleistung für die Bereitstellung von Kollektivgütern' für alle (oder zumindest einen ausreichend großen Teil der) Gesellschaftsmitglieder auch die individuell vorteilhafte Strategie ist. Nur so wird bei dem Einzelnen die strategische Verhaltensunsicherheit, die Vorleistungen verhindert, abgebaut, und es bilden sich feste Erwartungen bzw. das erforderliche *Vertrauen*, dass sich die anderen auch an die Vereinbarungen halten.

Rahmenbedingungen, die das Trittbrettfahrerverhalten soweit eindämmen können, dass die Bereitstellung von Kollektivgütern sichergestellt ist, sind im Allgemeinen die folgenden:

a) Die Schaffung von Zwang.

b) Die Schaffung positiver oder negativer selektiver Anreize.[376]

Für die Weltwirtschaftspolitik ergibt sich hier allerdings ein Problem. Eine „politische" Lösung in Form der Errichtung solcher Rahmenbedingungen wie der unter a) und b) aufgeführten, die im nationalen Bereich üblich ist, ist im internationalen Bereich schwierig. Dort müsste erst eine Instanz geschaffen werden, die mit dem Gewaltmonopol und damit mit Sanktionsmöglichkeiten gegen Abweichler ausgestattet ist. Letzteres scheint etwas utopisch zu sein. Dagegen hat eine Koordination zwischen einigen wenigen Ländern oder homogenen Machtblöcken – wie auf dem Weltwirtschaftsgipfel – bessere Realisierungschancen. Denn die Informations- und Einigungskosten sind dann nicht so hoch, und das Trittbrettfahrerverhalten kann

---

[375] Siehe hierzu z. B. Vanberg [1995].
[376] Siehe hierzu Wagner [2014a: 5. Kapitel], dort für das Beispiel der Inflationsbekämpfung.

eher eingedämmt werden. Dies entspricht einer weiteren häufig vorgeschlagenen Strategie, um Trittbrettfahrer- oder Außenseiterverhalten einzudämmen, nämlich der Bildung von *kleinen Untergruppen*. Die Organisation in kleinen Gruppen bewirkt zum einen, dass für die Mitglieder (Spieler) der eigene Beitrag für die Bereitstellung eines Kollektivguts entscheidend wird. Zum anderen fällt in kleinen Gruppen abweichendes Verhalten eher auf, sodass die private Sanktionierung durch wechselseitige Verhaltenssteuerung eher zum Tragen kommt. Letztere drückt sich insbesondere in der sozialen „Ächtung" des Trittbrettfahrers aus[377].

2.2.2 Weitere Hindernisse

Ein weiteres Problem internationaler Politikkoordinierung ergibt sich dadurch, dass es keineswegs sicher ist (wie in den oben angesprochenen statischen Analysen implizit unterstellt), dass in der Realität die einzelnen Länder eine konkrete, und darüber hinaus eine gleichgerichtete *Vorstellung von den Gewinnen* haben. Je stärker allerdings die Ansichten über den Nutzen einer Koordinierung zwischen den einzelnen Ländern differieren, umso unwahrscheinlicher wird ihr Zustandekommen.

Selbst wenn über die Frage, ob Politikkoordinierung den gemeinsamen Nutzen steigert, keine Meinungsunterschiede bestehen, kann es zu *Konflikten über die Verteilung der Gewinne* kommen. Dies ist insbesondere dann wahrscheinlich, wenn es nicht nur eine, sondern eine Vielzahl effizienter kooperativer Lösungen gibt, von denen einige für das eine Land, die anderen dagegen (in unterschiedlichem Grad) für die anderen Länder günstiger sind. Eine solche Vielzahl von effizienten kooperativen Lösungen erhält man aber gerade in der Theorie internationaler Koordination[378]. Konflikte über die Verteilung der Gewinne entstehen auch, wenn Unsicherheit über die Schockursache und die Wirkung der wirtschaftspolitischen Maßnahmen besteht. So können Regierungen die Unsicherheit über das zugrunde liegende Modell dazu nutzen geldpolitische Maßnahmen über den optimalen Grad bei Koordinierung hinaus durchzuführen, was letztendlich ein kooperatives Gleichgewicht verhindert.[379]

Ein solcher Konflikt über die Verteilung der Gewinne wird noch verstärkt, wenn ein *Mangel an Vertrauen* zwischen den beteiligten Ländern über die Einhaltung der Abmachungen herrscht. Vertrauen ist umso wichtiger, je längerfristiger eine angepeilte Lösung angelegt sein soll. Die Sanktionsmöglichkeiten sind nun, wie schon betont, im internationalen Bereich geringer als im nationalen. Ein solcher Mangel an Vertrauen kann unbegründet- „irrational" sein; er kann aber auch auf der richtigen Erkenntnis beruhen, dass – wie oben erläutert – Trittbrettfahrerverhalten der Partner nicht ausgeschlossen werden kann. Das heißt, es kann Unsicherheit darüber bestehen, ob die Wahlpolitiker in anderen Ländern langfristige oder nur kurzfristige Gewinnmaximierung (durch Trittbrettfahrerverhalten, z. B. im oben erläuterten ‚Lokomotivszenarium') anstreben, und ob sie die Abmachungen längerfristig auch gegen

---

377 Vgl. Olson [2004].
378 Vgl. hierzu z. B. Rogoff [1985].
379 Vgl. Ostry und Ghosh [2013: 12].

widerstrebende Interessengruppen in ihrem eigenen Land erfüllen können[380]. Darüber hinaus ist zu berücksichtigen, dass Wahlpolitiker eben nur für eine gewisse Zeit gewählt und damit nur während dieses Zeitraums entscheidungs- bzw. handlungsfähig sind. Dies ist auch ein sozio-ökonomischer Grund für den oft beklagten *Mangel an internationaler politischer Führung*[381].

Ein weiteres wichtiges Hindernis für das Zustandekommen und die Stabilität einer internationalen Politikkoordinierung besteht in dem Widerwillen vieler Nationen und Regierungen, bestehende oder vermeintliche Handlungs- oder Entscheidungsautonomie aufzugeben. „Die Illusion nationaler Autonomie ist noch weit verbreitet", wie Cooper schreibt[382], „und sie wird weitgehend verwechselt mit nationaler Souveränität". Beispiele hierfür findet man im Bereich der Europäischen Union oder im Bereich der Vereinten Nationen genug[383]. Auf diese Weise werden dann mögliche pareto-überlegene Lösungen verhindert.

2.3 Theoretische Zweifel an der Notwendigkeit internationaler Politikkoordinierung

Die Theorie der Politikkoordinierung hat in den letzten Jahren neue Aufmerksamkeit erfahren. Ausgangspunkt ist die Etablierung neuer theoretischer Modelle zur Analyse außenwirtschaftliche Fragestellungen[384]. Dieser Modelltyp unterscheidet sich relativ stark von den bislang dominierenden Ansätzen des Mundell-Fleming-Typs, auf dem die Analyse der Vor- und Nachteile internationaler Politikkoordinierung vordem basierte. Die „New open macroeconomics"-Modelle beruhen auf einer expliziten mikroökonomischen Fundierung der Haushalts- und Unternehmensentscheidungen. Die Modelle dieses Typs verfolgen einen intertemporalen Ansatz und ermöglichen eine totalanalytische Analyse. Die „New open macroeconomics" geht von kurzfristigen Preis- und Lohnstarrheiten aus, die es der Geldpolitik ermöglichen, reale Effekte zu erzielen. Damit wird der Output – typisch keynesianisch – kurzfristig über die Nachfrage bestimmt. Langfristig ergibt sich der Output jedoch aus der Substitutionsentscheidung zwischen Arbeit und Freizeit. Damit finden auch Elemente der Neuen Klassischen Makroökonomie Eingang in die Modelle der „New open macroeconomics". Charakteristisches Element dieser Modelle ist die Berücksichti-

---

[380] Ein grundsätzliches Dilemma besteht darin, dass Vertrauen erst in „vertrauter Umgebung", d. h. in der Regel erst im Laufe (einer Reihe) von Koordinations- und Kooperationsanstrengungen entstehen kann. Vgl. hierzu z. B. Gambetta [Hrsg., 1988] oder Vlaar et al. [2007].

[381] Vgl. Kindleberger [2014].

[382] Cooper [1986: 322].

[383] Man braucht hier nur an die landwirtschaftliche Überschussproduktion innerhalb der EU zu denken. Dies bedeutet jedoch nicht automatisch, dass dadurch die durch die EU schon erreichte Koordinations- oder Kooperationsform insgesamt eine Verschlechterung gegenüber dem Verzicht auf jegliche Koordinierung darstellen würde, sondern nur, dass pareto-überlegene Formen verhindert bzw. Wohlfahrtsverschlechterungen in einzelnen Bereichen nicht vermieden werden.

[384] Diese sind insbesondere mit den Namen von Maurice Obstfeld und Kenneth Rogoff verbunden. Vgl. Obstfeld und Rogoff [1995, 1996]. Ein Überblick über die sogenannten „New open macroeconomics"-Modelle findet sich bei Lane [2001]. Einfache einführende Artikel in deutscher Sprache sind Fendel [2002] und Wagner und Schulz [2005].

gung unvollständiger Konkurrenz auf den Güter- und Arbeitsmärkten in Form der monopolistischen Konkurrenz. Es wird davon ausgegangen, dass die angebotene Arbeit sowie die angebotenen Güter nur bedingt substitutiv sind. Jeder Anbieter auf den Arbeits- und Gütermärkten verfügt daher in einem gewissen Maße über Monopolmacht und kann Löhne und Preise oberhalb der Grenzkosten festlegen.

Die Logik dieser sehr komplexen Modelle soll hier nur kurz betrachtet werden[385]. Ein unerwarteter monetärer Schock löst bei kurzfristig rigiden Preisen vorübergehend einen positiven oder negativen Leistungsbilanzsaldo aus. Der *vorübergehende* Saldo bewirkt eine *dauerhafte* Veränderung der Auslandsaktiva, die wiederum zu dauerhaften Zinszahlungen zwischen Inland und Ausland führen. Die Vermögensumverteilung zwischen In- und Ausland wirkt ihrerseits dauerhaft auf Output und Konsum. Im Folgenden sei angenommen, dass das Inland eine expansive Geldpolitik betreibe und infolgedessen einen positiven Leistungsbilanzsaldo aufweist aufgrund der Abwertung der heimischen Währung. Das Inland realisiert dann einen höheren Konsum als im Ausgangsstadium, wobei der Output und damit der Arbeitseinsatz zurückgehen. Der Grund für diese Entwicklung von Konsum und Output im Inland ist, dass die Inländer aufgrund der Zinszahlungen aus dem Ausland ihre Arbeit-Freizeit-Entscheidung zugunsten einer erhöhten Freizeit ändern (wodurch der Output zurückgeht) und den zusätzlichen Konsum durch eben diese Zinszahlungen finanzieren. Im Ausland hingegen sinkt der Konsum unterhalb des vor dem monetären Impuls im Inland vorherrschenden Niveaus, während der Arbeitseinsatz und der Output ansteigen. Die Produktionserhöhung im Ausland ist natürlich notwendig, um über vermehrte Exporte die Zinszahlungen an das Inland leisten zu können.

Im Folgenden werden kurz einige aus dem Grundmodell von Obstfeld und Rogoff [1995, 1996] ableitbare Schlussfolgerungen hinsichtlich der Notwendigkeit internationaler Politikkoordinierung skizziert. Im Einklang mit den traditionellen Modellen zur internationalen Politikkoordinierung kommt es auch in den Ansätzen der „New open macroeconomics" zu einer Verlagerung der internationalen Nachfrage im Anschluss an eine Wechselkursänderung. Eine Abwertung des Wechselkurses führt zu einer Mehrnachfrage nach Gütern des abwertenden Landes, während die Güter anderer Länder einen Nachfragerückgang erfahren. Hinsichtlich der Güterproduktion liegt also in der kurzen Frist der bekannte „Beggar-thy-Neighbour"-Effekt vor. Jedoch unterscheiden die „New open macroeconomics"- Modelle im Gegensatz zu den traditionellen Ansätzen zwischen kurz- und langfristigen Effekten und berücksichtigen die Nutzeneffekte, die von einer Änderung der Terms-of-Trade der am Welthandel beteiligten Länder ausgehen. So kommt es kurzfristig zu einer Verschlechterung der Terms-of-Trade im Inland, während sie sich langfristig positiv entwickeln. Die Terms-of-Trade des Auslands entwickeln sich spiegelbildlich. Die kurzfristige Verbesserung der Terms-of-Trade aus Sicht des Auslandes führt nun zu einer Verbesserung der Wohlfahrt im Ausland, sodass eine Abwertung der inländischen Währung nicht zwingend mit Wohlfahrtseinbußen für das Ausland verbunden ist. Beurteilt man also die Effekte der Geldpolitik mithilfe einer expliziten mikro-

---

[385] Zu einer ausführlichen Betrachtung sei auf die Lehrbuchdarstellung von Sarno und Taylor [2002] verwiesen.

ökonomisch fundierten Nutzenanalyse, wie es in den Modellen der „New open macroeconomics" geschieht, kommt es bezogen auf den gesamtgesellschaftlichen Nutzen nicht notwendigerweise zu „Beggar-thy-Neighbour"-Effekten. Damit entfällt jedoch auch die theoretische Grundlage für eine Koordinierung der Wirtschaftspolitik auf internationaler Ebene.

3. Resümee

Aufgrund der eben geschilderten endogenen Probleme internationaler Politikkoordinierung waren in der Zeit vor der globalen Finanzkrise 2007–09 viele Wirtschafts- und Sozialwissenschaftler der Meinung, dass eine permanente internationale Feinabstimmung makroökonomischer Politiken besser unterlassen werden sollte. Stattdessen sollten sich die Politiker auf einen permanenten Informationsaustausch beschränken. Gegebenenfalls sollten sie versuchen, ihre Ziele aufeinander abzustimmen, um Zielkonflikte zu vermeiden. Diese Art der internationalen Kooperation würde es schon ermöglichen, das gegenseitige Vertrauen aufzubauen, das notwendig ist, um den oben erläuterten Anreiz, Beggar-thy-Neighbour Politiken zu praktizieren, zu vermindern. Und auf Letzteres kommt es bei der Schaffung internationaler Stabilität zuallererst an.

Bei dieser Politikeinschätzung geht es weniger um eine Ablehnung von Politikkoordinierung an sich, als vielmehr um ein Plädoyer für einen Verzicht auf eine zu ausgeprägte Feinsteuerung makroökonomischer Politiken. Diese Ablehnung diskretionärer Feinsteuerung wird von einer Reihe von Wissenschaftlern positiv gewendet in den Vorschlag einer „international koordinierten Regelpolitik". Eine solche Regelstrategie kann entweder so aussehen, dass sich Staaten darauf einigen, nur mehr eine Politik der Verstetigung ordnungspolitischer Rahmenbedingungen zu betreiben, ansonsten aber nicht in den privaten Wirtschaftsablauf zu intervenieren. Im Bereich der Geldpolitik würde dies die internationale Einigung auf die Institutionalisierung einer „Friedman-Geldversorgungsregel"[386] (d. h. einer „passiven" Regel) bedeuten. Auf dem Gebiet der Währungspolitik würde es das Zulassen eines ungehinderten Fluktuierens der Wechselkurse implizieren. Auf diese Weise könnte versucht werden, die Erwartungen der privaten Wirtschaftssubjekte wie auch der Regierungen zu stabilisieren (siehe näher weiter unten).

Eine international koordinierte Regelstrategie kann aber auch so gestaltet sein, dass sie auf nationaler Ebene sehr wohl diskretionäres Politikhandeln zulässt (und damit ebenfalls den oben genannten Kritikpunkten ausgesetzt ist), international aber die Stabilisierung einer Zielvariablen vorschreibt. Dies wäre dann eine sogenannte „aktive" Regel. Ein Beispiel hierfür wäre ein internationales Abkommen über die Stabilisierung der Wechselkursraten, so wie es in spezieller Form im Bretton-Woods-Währungssystem vorgeschrieben war (siehe hierzu oben im 2. Teil). Es gibt aber auch noch andere Varianten, wie beispielsweise die Übereinkunft, in allen Teilnehmerländern das Preisniveau stabil zu halten oder andere abgestimmte (Feedback-) Regelpolitiken durchführen zu wollen.

---

[386] Vgl. näher unten.

Diese und noch andere Vorschläge einer regelgebundenen internationalen Kooperation oder auch Koordination, die seit Jahren Gegenstand heftiger Diskussionen sind, werden im Folgenden erläutert und analysiert.

III. Regelgebundene Politikkoordinierung

Eine Regelbindung wird von ihren Befürwortern aus verschiedenen Gründen als einer diskretionären Strategie überlegen angesehen. Die traditionell angeführten Argumente sind[387]: Regelpolitik

- verschaffe den privaten Wirtschaftssubjekten Erwartungssicherheit über die staatlichen Aktivitäten und erhöhe dadurch deren Planungssicherheit[388],
- erleichtere es dem Staat, Pressionen vonseiten privater Interessengruppen zu widerstehen,
- liefere den privaten Wirtschaftssubjekten erst die Kriterien, um die Leistung einer Politik bzw. ihrer Träger hinreichend einschätzen zu können,
- erspare der Gesellschaft die Destabilisierungskosten (aufgrund von instabilen Wirkungsverzögerungen), die bei diskretionärer Politik anfallen. Letzteres gilt vor allem für passive Regeln. Bei aktiven oder Feedback-Regeln können dagegen auch Destabilisierungskosten aufgrund von instabilen Wirkungsverzögerungen auftreten.

Weitere Argumentationen rekurrieren darauf, dass Regelpolitik:

- Informations- und Transaktionskosten spart[389] (Bei diskretionärer internationaler Politikkoordinierung muss ja immer wieder neu verhandelt werden über die Ziele bzw. über die Variablen, die zu stabilisieren sind, und über die Maßnahmen, mit denen dies erreicht werden soll.)
- ‚Zeitinkonsistenz'-Probleme abbaut[390]. (Eine Politik ist *„zeitinkonsistent"*, wenn eine zukünftige Politikentscheidung, die Teil eines heute formulierten optimalen Plans ist, vom Blickwinkel eines späteren Zeitpunkts nicht mehr optimal ist.)

Im Folgenden werden verschiedene Vorschläge einer regelgebundenen internationalen Koordination, die in den letzten Jahrzehnten im Zentrum der Diskussion gestanden haben, näher betrachtet. Sie zielten zunächst auf eine Wechselkursstabilisierung und auf eine Preisniveaustabilisierung. Im Einzelnen handelt es sich bezüglich des Ziels der Wechselkursstabilisierung um:

---

387 Vgl. Friedman [1960]. Zur näheren Erläuterung siehe auch Wagner [1988b; 2012b; 2014a].
388 Dies – so wird behauptet – reduziere auch die Risikoprämie, die die Märkte verlangen, um Schuldverschreibungen des Staates zu akzeptieren.
389 Vgl. z. B. Wagner [2014a].
390 Vgl. z. B. Persson und Tabellini [2000].

- den in Europa eingeschlagenen Weg einer Währungsunion
- den Zielzonen-Vorschlag von John Williamson
- den Vorschlag eines gemeinsamen Währungsstandards von Ronald McKinnon
- die Einführung eines Currency Board oder einer „harten" Währung wie den Dollar oder den Euro als offizielles Zahlungsmittel
- den Vorschlag einer Steuer auf Finanztransaktionen.

Bezüglich des Ziels der Preisniveaustabilisierung ging es zunächst um:

- traditionelle Geldmengenregeln
- den sogenannten ‚BIP-Regel'-Vorschlag, und in den letzten Jahren um
- die Strategie des Inflation Targeting.

Seit den 1990er Jahren ist zudem die Diskussion um eine neue internationale Finanzarchitektur zur Stabilisierung des internationalen Finanzsystems in den Vordergrund getreten; siehe dazu Abschnitt III.4.[391]

Im nächsten Abschnitt werden aber zuerst die Erfahrungen mit dem Bretton-Woods-Währungssystem zusammengefasst. Das Bretton-Woods-Währungssystem beinhaltete die bisher bedeutendste regelgebundene internationale Politikkoordinierung. Dann werden die heute dominierenden Einschätzungen gegenüber dem anschließend vorherrschenden flexiblen Wechselkurssystem erläutert.

1. Vorschläge zur Wechselkursstabilisierung

1.1 Vorschläge der Nachkriegszeit

1.1.1 Erfahrungen mit dem Bretton-Woods-System

Diskretionäre Varianten von Wirtschaftspolitik und internationaler Politikkoordinierung sind das bisher Übliche in der politischen Praxis unseres Jahrhunderts gewesen. Es gab allerdings eine bedeutende Ausnahme, die wir schon im 2. Teil kennen gelernt hatten. Dies war das im IWF-Übereinkommen installierte feste Wechselkurssystem, das von 1945 bis 1973 Bestand hatte. Das sogenannte Währungssystem von Bretton Woods stellte ein internationales Koordinierungsverfahren dar. Die Einzelheiten der IWF-Übereinkunft, das Funktionieren des Bretton-Woods-Systems sowie die Gründe für sein Scheitern wurden bereits im 2. Teil im Abschnitt über den IWF dargelegt. Von daher brauchen sie hier nicht nochmals aufgeführt zu werden. Kurz zusammengefasst waren die Gründe, die zum Scheitern des Bretton-Woods-Systems führten, die folgenden:

---

[391] Zu den Vorschlägen einer regelgebundenen internationalen Koordination kann man auch die einer Harmonisierung des Rechtssystems zählen, worauf allerdings hier nicht näher eingegangen wird. Vgl. hierzu Wagner [2007a; 2012a].

- Die Länder, deren Zahlungsbilanzen chronische Überschuss-(Defizit-)-Ungleichgewichte aufweisen, waren nicht bereit und wurden durch das System auch nicht gezwungen, ihre Währung genügend häufig und ausreichend stark aufzuwerten (abzuwerten).
- Die USA waren nicht gewillt, jene streng zahlungsbilanzorientierte Wirtschaftspolitik zu betreiben, die ihr vom Bretton-Woods-System mit der Rolle des Leitwährungslandes auferlegt worden war.

Entsprechend dieser empirischen Erfahrungen wie auch aufgrund theoretischer Analysen wurde das Abrücken von festen Wechselkursen wie folgt begründet:[392]

- Bei festen Wechselkursen ist ein Land schutzlos spekulativen Prozessen ausgeliefert. (Es ist ja verpflichtet, beliebige Mengen an ihm zufließenden Devisen zu feststehenden Wechselkursen in Inlandswährung umzutauschen.)
- Feste Wechselkurse bilden keinen hinreichenden „nominellen Anker". (Ein Umtausch von Devisenzuflüssen – aufgrund z. B. der eben betonten spekulativen Prozesse – erfordert ja eine Aufblähung der inländischen Geldmenge. Die Inflationsflanke ist also bei festen Wechselkursen relativ offen.)
- Feste Wechselkurse beschränken die Handlungsfreiheit insbesondere kleinerer Länder. (Wenn beispielsweise ein Land in einer tieferen Rezession steckt als die Partnerländer, wird es vielleicht wünschen, über eine Zinssenkung, sprich eine expansivere Geldpolitik, die Wirtschaft anzukurbeln. In einer offenen Wirtschaft wird dies jedoch nur möglich sein, wenn es gleichzeitig eine Währungsabwertung hinnimmt. Ohne eine Abwertung der inländischen Währung würden Kapitalabflüsse die Folge der Zinssenkung sein, da dann die erwartete Rendite für Kapitalanleger im Inland zurückgeht. Wenn die Partnerländer unterschiedlich groß sind, führt dies zu einer wirtschaftspolitischen Abhängigkeit insbesondere der kleinen Länder von den großen.)

Mit der ersatzlosen Beseitigung dieses Weltwährungssystems entstand scheinbar erst die so empfundene Notwendigkeit, regelmäßige Weltwirtschaftsgipfel zu installieren, womit dann aber gleichsam automatisch der Anreiz zu diskretionärer internationaler Koordinierung makroökonomischer Politiken aufkam. Wenn heute in weiten Fachkreisen wieder das Bedürfnis nach einer stärkeren Regelbindung internationaler Koordinierung vorherrscht (siehe unten), so könnte man dabei ja an eine Rückkehr zum Bretton-Woods-System denken. Doch ist das die Lösung, die wahrscheinlich die wenigsten im Auge haben. Man setzt sinnvollerweise nicht gern auf eine Strategie, die schon einmal grundlegend gescheitert ist. Anders gesagt, man will nicht ein erneutes Scheitern heraufbeschwören.

---

[392] Die hier genannten Kritikpunkte zählen mit zu den am häufigsten genannten. Vgl. z. B. Eichengreen [2008] und Jarchow und Rühmann [2002].

1.1.2 Begründung des Übergangs zu flexiblen Wechselkursen

Der Übergang zu flexiblen Wechselkursen wurde Anfang der 1970er Jahre vor allem durch folgende theoretische Argumente bzw. Erwartungen (Hoffnungen) begründet[393]:

(1) Flexible Wechselkurse würden ständig wiederkehrende Währungskrisen und größere Wechselkurssprünge ausschließen. Begründet wurde dies vor allem durch die These „stabilisierender Spekulationen". Das heißt, es wurde behauptet, Devisenspekulanten hätten einen stabilisierenden Einfluss auf die Wechselkursbewegungen. Denn erfolgreiche Spekulanten würden eine Währung bei niedrigem Kurs kaufen und bei hohem Kurs verkaufen, sodass potenzielle Kursausschläge abgeschwächt würden. Insofern würde eine kurzfristige Instabilität gering gehalten. Mittel- und langfristig dagegen wäre die Stabilität dadurch gewahrt, dass sich die Wechselkurse durch die Marktkräfte tendenziell ihrem langfristigen Gleichgewichtswert annäherten.

(2) Flexible Kurse würden die Binnenwirtschaft gegenüber Störungen vom Ausland abschirmen. Hierbei wurde insbesondere auf die „Quantitätstheorie" und die „Kaufkraftparitätentheorie" Bezug genommen[394]. Außerdem würden flexible Wechselkurse den einzelnen Ländern wieder ermöglichen, die Kontrolle über ihre heimische Geldpolitik zurückzugewinnen. Es besteht dann ja kein Ankaufs- und Verkaufszwang fremder Währungen zu festen Wechselkursen mehr.

(3) Flexible Wechselkurse würden dazu beitragen, staatliche Kontrollen im internationalen Güter- und Kapitalverkehr zu verhindern bzw. zu beseitigen. Als Grund wird angegeben, dass flexible Wechselkurse nicht nur jederzeit das Gleichgewicht der Gesamtzahlungsbilanz herstellten, sondern mittel- und längerfristig auch für einen Ausgleich der Handelsbilanz sorgten. Folglich würden sich protektionistische Maßnahmen, die auf eine Beschäftigungszunahme, Exportsteigerung und Importsenkung zielten, nicht lohnen. Dies würde nämlich sofort Wechselkursschwankungen auslösen, die die Exportsteigerungen und Importsenkungen wieder rückgängig machten. Schon Ökonomen wie Harry Johnson sahen daher flexible Wechselkurse als eine absolut notwendige Bedingung für die „effiziente Organisation und Entwicklung der Weltwirtschaft" an[395].

---

[393] Vgl. zu einer weiteren Erläuterung dieser Punkte z. B. Jarchow und Rühmann [2002] und Krugman u. a. [2012].

[394] Die *„Quantitätstheorie"* besagt, dass sich die inländischen Preisniveauänderungen jeweils in gleicher Richtung entwickeln wie die Veränderungen des Geldangebots im Verhältnis zur Geldnachfrage (siehe zur Quantitätstheorie auch weiter unten). Entsprechend der *„Kaufkraftparitätentheorie"* verändern sich (bei unbehindertem inter-nationalen Güterverkehr) nominale Wechselkurse so lange, bis die Inflationsraten im Ausland und im Inland gleich sind.

[395] Vgl. Johnson [1969].

1.1.3 Enttäuschung über das flexible Wechselkurssystem

Nun hat sich allerdings in den letzten Jahrzehnten gezeigt, dass sich keine dieser drei vorausgesagten Vorzüge flexibler Wechselkurse voll eingestellt hat. Man könnte dies wohl – zur Verteidigung der Überlegenheit flexibler Wechselkurse – auf die drastische Zunahme weltwirtschaftlicher Verflechtung oder darauf zurückführen, dass es während dieser Zeit kein „reines" Floating, sondern nur ein „verschmutztes" Floating gab, die Staaten also doch immer wieder diskretionär an den Devisenmärkten intervenierten. Allerdings befriedigt diese etwas vordergründige Erklärung nicht sehr. Folgende Aspekte müssten schon berücksichtigt werden:

(1) Es hat in den letzten Jahren eine Reihe *exzessiver Wechselkursschwankungen* gegeben (vgl. hierzu die Ausführungen im 1. Teil, Abschnitt II.2 oben). Diese können nach übereinstimmender Meinung der meisten Fachleute nur mehr als „Misalignments", d. h. als lang anhaltende Abweichungen der realen effektiven Wechselkurse von den fundamentalen Gleichgewichtswechselkursen (den Kaufkraftparitäten), interpretiert werden. Als Ursache hierfür wird angesehen, dass die Entwicklung auf den Devisenmärkten schon lange nicht mehr durch die Außenhandelsströme, sondern durch die internationalen Finanzmarkttransaktionen bestimmt wird (vgl. auch hierzu Abschnitt II.2 des 1. Teils oben). Es wird in diesem Zusammenhang vor allem auf *drei Ursachenkomplexe* verwiesen[396]:

(1a) *Instabile Erwartungen der Devisenmarktteilnehmer.* Aufgrund neuer Kommunikationstechnologien und der u. a. darauf gründenden Zunahme weltwirtschaftlicher Verflechtung stehen die Marktteilnehmer heute permanent neuen Informationen gegenüber. Sich rational verhaltende Marktteilnehmer werden versuchen, jegliche Informationen mit in ihr Erwartungskalkül hinsichtlich der für sie relevanten ökonomischen Variablen einzubeziehen. Nun sind jedoch bezüglich dieser Flut an neuen Informationen nur in den seltensten Fällen sofort die wahren realen Hintergründe unbestreitbar erkennbar. Folglich wird der – einige Zeit andauernde – Lernprozess über die wahren realen Hintergründe im Gefolge neuer Informationen zu permanenten Erwartungsrevisionen führen. Diese Erwartungsrevisionen werden sich dann in andauernden Wechselkursschwankungen niederschlagen, die um die Gleichgewichtskurse herum stattfinden. Es treten also zwei sich überlagernde Arten von Wechselkursschwankungen ein, einmal die Schwankungen der realen Gleichgewichtswechselkurse, die Änderungen der sogenannten Fundamentalgrößen (⇔ der grundlegenden Markttrends) widerspiegeln, und zum anderen die eben erläuterten Schwankungen aufgrund von Erwartungsrevisionen. Letztere werden manchmal auch als nicht eindeutig erklärbare „Zufallsschwankungen" bezeichnet. Solche Zufallsschwankungen sind selbst wieder die Grundlage für auftretende *Spekulationstätigkeit*, d. h. für Geschäftstätigkeiten, die lediglich auf die gewinnbringende Ausnutzung von zeitlichen Preisunterschieden gerichtet sind. Je größer die Informationsflut

---

[396] Vgl. hierzu z. B. Gärtner und Lutz [2009].
Vor einer Destabilisierungswirkung von flexiblen Wechselkursen hatte schon in den 1940er Jahren Nurkse in einer für den Völkerbund verfassten Studie eindrücklich gewarnt. Er bezog sich dabei vor allem auf die Erfahrungen Frankreichs in den Jahren 1922–1926. Vgl. Nurkse [1944] und die Argumentation von Nurkse zusammenfassend Neldner [1989: 121 f.].

und je unsicherer, d. h. je weniger fest begründet die Erwartungen bezüglich der Aussagekraft dieser neuen Informationen sind, umso instabiler werden die flexiblen Wechselkurse sein.

(1b) *Spekulative Aufschaukelungsprozesse.* Je unsicherer die Erwartungen der Marktteilnehmer bezüglich der Aussagekraft neuer Informationen sind, umso wahrscheinlicher ist das Auftreten sich verstärkender Misalignments. Solche sich kumulierenden Abweichungen vom Gleichgewicht, auch „spekulative Seifenblasen" genannt, beruhen auf dem „Gesetz" sich selbst rechtfertigender Erwartungen. Je mehr Spekulanten jeweils auf den gleichen Zug aufspringen, desto eher werden selbst „falsche" (d. h. durch fundamentale Faktoren nicht gerechtfertigte) Wechselkurserwartungen nachträglich in Erfüllung gehen. Die „Seifenblase" kann so immer größer werden. Allerdings ist – auch den Spekulanten selbst – klar, dass jede Seifenblase früher oder später einmal platzen muss. Je später dies geschieht, umso größer ist der sogenannte „Crash" und die damit verbundenen Stabilisierungskosten.

(1c) *Überschießen des realen Wechselkurses.* Die These eines „Überschießens des realen Wechselkurses" besagt, dass die realen Wechselkurseffekte von Geldpolitik, gemessen am langfristigen Gleichgewicht, kurzfristig übersteigert sein können. Diese Möglichkeit lässt sich in offenen makroökonomischen Modellen mit ungehinderter internationaler Kapitalmobilität und verzögerten Preisanpassungen auf dem Gütermarkt zeigen[397].

(2) Die weitgehend flexiblen Wechselkurse, die (mit Ausnahme des EG-Währungsbereichs und anderer, kleinerer Währungsbereiche) in den letzten vier Jahrzehnten in der Weltwirtschaft vorgeherrscht haben, befreien wohl die nationalen Volkswirtschaften vom Bretton-Woods-systemendogenen Inflationsimportdruck, konnten aber die gegenseitigen Abhängigkeiten zwischen den nationalen Volkswirtschaften nicht verringern. Im Gegenteil: Die Interdependenz zwischen ihnen hat sogar während dieses Zeitraums zugenommen.

(3) Die neuere Geschichte protektionistischer Maßnahmen zeigt, dass auch bei flexiblen Wechselkursen die Neigung besteht, den internationalen Güter- und Kapitalverkehr vielfältigen administrativen Kontrollen zu unterwerfen. Nicht zuletzt dadurch, dass der Übergang zu flexiblen Wechselkursen „Wechselkursinstabilität" auslöst, wird auch der Druck inländischer Interessenorganisationen, zu protektionistischen Maßnahmen zurückzukehren bzw. überzugehen, in den nationalen Volkswirtschaften stärker[398].

Insgesamt herrscht seit einiger Zeit die Meinung vor, dass die Erfahrungen mit flexiblen Wechselkursen in den letzten drei Jahrzehnten eher enttäuschend gewesen sind. So betonte zum Beispiel der frühere US-Notenbankgouverneur Paul A. Volcker schon vor mehr als 20 Jahren: „Das System flexibler Wechselkurse hat exakt das Gegenteil von dem gebracht, was seine Anhänger erwartet haben. Es hat

---

[397] Vgl. als grundlegende Literaturquelle Dornbusch [1976]. Vgl. auch Dieckheuer [2001] und Gärtner und Lutz [2009].
[398] Vgl. hierzu auch oben im 1. Teil, dort Abschnitt III.

sich offenbar im Laufe der Jahre degeneriert und damit Instabilität und internationale Ungleichgewichte erhöht."[399] Hierbei wird insbesondere auf die stark angestiegenen Schwankungen der realen Wechselkurse nach dem Übergang zu einem System flexibler Wechselkurse in den 1970er Jahren rekurriert. So ist beispielsweise die Varianz der monatlichen Änderungen des realen Wechselkurses zwischen den USA und der Bundesrepublik Deutschland von 1973 bis 1986 (als zwischen beiden ein flexibles Wechselkursregime herrschte) 15mal so hoch gewesen wie in der Zeit von 1960 bis 1973 (als ein festes Wechselkurssystem in Kraft war)[400]. Solche starken, als übersteigert angesehenen Wechselkursschwankungen waren politisch wie auch ökonomisch unerwünscht (siehe hierzu näher den Abschnitt II.2 des 1. Teils oben). Folglich ist es nicht verwunderlich, dass während der 1980er Jahre eine gewisse „Festkursnostalgie" eintrat, die sich in unterschiedlichsten Vorstellungen über eine modifizierte Rückkehr zu einem feste(re)n Wechselkurssystem niederschlug. Dies hat wie oben im 2. Teil dargestellt auch die Diskussion auf den Weltwirtschaftsgipfeln maßgeblich mit beeinflusst. Die in den 1980er Jahren wahrscheinlich meistdiskutierten Vorschläge bezüglich einer regelgebundenen Wechselkursstabilisierung stammen zum einen von John Williamson und zum anderen von Ronald McKinnon (Abschnitte 1.2.2 und 1.2.3). Außerdem erfuhr die Idee der Einführung einer harten Währung als offizielles Zahlungsmittel (Dollarisierung bzw. Euroisierung) starke Beachtung (Abschnitt 1.2.4). Daneben hat auch ein institutioneller Vorschlag zur Bekämpfung exzessiver Wechselkursschwankungen innerhalb der akademischen Diskussion, aber auch in europäischen Politikerkreisen nach dem EWS-Fiasko 1993, starke Beachtung gefunden.[401] Dieser Vorschlag, der unter dem Namen „Tobin-Steuer" bekannt geworden ist, wird in Abschnitt 1.2.5 behandelt. Man kann diesen Vorschlag auch als eine institutionelle Variante regelgebundener internationaler Politikkoordinierung ansehen, da – wie erläutert werden wird – der Vorschlag nur bei einer international koordinierten Einführung dieser Steuer sinnvoll bzw. Erfolg versprechend erscheint. Schließlich ist auch die klassische Alternative einer Währungsunion zu beachten, die in Europa am 1.1.1999 realisiert wurde. Da der Vorschlag einer Währungsunion der weitestgehende ist, soll er auch zuerst in Abschnitt 1.2.1 erläutert werden.

---

[399] Vgl. ‚Wirtschaftswoche' vom 11.3.1988.
[400] Vgl. Krugman [1989: 18]. Zur Berechnung des realen Wechselkurses wurde dabei der Großhandelspreis-Index als Deflator verwendet.
[401] Das Europäische Währungssystem (EWS) wurde 1979 mit dem Ziel gegründet, die Währungen der beteiligten Länder vor zu starken internen Wechselkursschwankungen zu schützen. Dazu wurde das EWS als ein System fester, jedoch anpassungsfähiger Wechselkurse zwischen den Währungen der teilnehmenden EU-Länder konstruiert. Es wurde durch den WKM II abgelöst.

1.2 Vorschläge nach dem Zusammenbruch von Bretton Woods

1.2.1 Eine Währungsunion

Grundvorstellung

Wechselkursschwankungen lassen sich am „einfachsten"[402] dadurch beheben, dass man sie auf administrativem Wege „ein für alle Mal" abschafft. Dies ist die Lösung einer Währungsunion. Sie impliziert im engeren Sinne, dass es in einem grenzüberschreitenden Wirtschaftsgebiet – bestenfalls in der ganzen Welt – nur mehr *eine* Währung gibt. In einem weiteren Sinne ist eine Währungsunion dadurch gekennzeichnet, dass die Währungen der Teilnehmerländer voll konvertibel sind, keinerlei Beschränkungen des Kapitalverkehrs mehr bestehen, und die Wechselkurse *unwiderruflich* fixiert sind. Ich beschränke mich im Folgenden auf die erstere Variante, die die mikroökonomisch effizientere ist[403] und die auch im Rahmen der EWWU realisiert wurde.

In der Europäischen Union wurde eine solche Währungsunion schon seit Längerem angestrebt. Schon Ende der 1960er Jahre setzten sich die Staats- und Regierungschefs der Mitgliedstaaten das Ziel, die Gemeinschaft zu einer „Wirtschafts- und Währungsunion" weiterzuentwickeln. Der im Oktober 1970 auf Antrag des Ministerrates von einer Sachverständigengruppe vorgelegte „Werner-Plan" ging von der Möglichkeit aus, eine solche Wirtschafts- und Währungsunion bis Anfang der 1980er Jahre zu verwirklichen. Die widrigen Umstände in den 70er Jahren – wie die Auflösung des Bretton-Woods-Systems und der Dollarverfall, die Ölkrise und die damit einhergehenden weltweiten Stagflationserscheinungen sowie die ausgeprägten Zahlungsbilanzungleichgewichte – machten eine Umsetzung des Ratsbeschlusses jedoch unmöglich. In einer Mitteilung vom 17. November 1977 sprach die EG-Kommission sogar von einem „Stillstand der Wirtschafts- und Währungsunion". Erst Mitte der 80er Jahre kam die Diskussion um die Schaffung einer solchen Union wieder in Gang und intensivierte sich in den folgenden Jahren. Im Juni 1988 beschlossen dann die EG-Mitgliedstaaten, die Mittel zur Herbeiführung der Wirtschafts- und Währungsunion erneut zu prüfen. Der hieraus entstandene „Delors-Bericht" und die letztliche Einigung der Staats- und Regierungschefs auf der Tagung in Maastricht im Dezember 1991 sowie die Etablierung der Europäischen Wirtschafts- und Währungsunion am 1.1.1999 wurden schon im 2. Teil erläutert.

Die Hoffnungen, die mit der Einführung einer Währungsunion verbunden werden, zielen vor allem darauf, ein stärkeres allgemeines Wachstum, politische Stabilität und eine Entwicklungsangleichung im Währungsgebiet zu erreichen.

---

[402] Am „einfachsten" bedeutet nicht immer am „kostengünstigsten", d. h. mit den geringsten Wohlfahrtskosten. Dies lässt sich sehr deutlich am Beispiel der „einfachsten" Lösung der Inflationsbekämpfung durch staatliche Verbote von Preiserhöhungen anschaulich machen (vgl. hierzu Wagner [2014a: 5. Kap.]).

[403] Sie ist u. a. mit geringeren Transaktionskosten, höherer Glaubwürdigkeit und größerer Preistransparenz verbunden. Vgl. näher hierzu Emerson u. a. [1991].

Einzelne Aspekte

Die erhofften positiven Wachstumseffekte einer Währungsunion basieren auf erwarteten Kostensenkungen und Nachfragesteigerungen. Die **erwarteten Kostensenkungen** beziehen sich auf:

- die Einsparung von Transaktionskosten aufgrund des Wegfalls der Währungsumtauschkosten und der Kurssicherungskosten zwischen den Mitgliedsländern,
- den Wegfall der Kapitalbewegungen, die von erwarteten Wechselkursänderungen ausgelöst werden,
- den Wegfall der Beschränkungen für grenzüberschreitende finanzielle Transaktionen, sodass das Kapital ungehindert in die Verwendung mit der höchsten Rentabilität fließen kann (Effizienzgewinne),
- den Wegfall der Wechselkursunsicherheit und des darauf bezogenen Zinsaufschlages auf den Kapitalmärkten.

Die **erwarteten Nachfragesteigerungen** basieren auf:

- einer Kaufkraftsteigerung des bestehenden Nominalvermögens, bedingt durch Preissenkungen, die aufgrund der Kostensenkungen ausgelöst werden,
- steigenden Exporterlösen aufgrund der verbesserten Wettbewerbsposition auf dem Weltmarkt, die durch die beschriebenen Preissenkungen entsteht,
- einer Vergrößerung des Spielraums für die Fiskalpolitik des Staates ohne Neuverschuldung aufgrund der oben beschriebenen Kostensenkungen und der durch die folgenden Nachfragewirkungen implizierten Steuereinnahmensteigerung.

Erwartete Nachfragesteigerung bei gleichzeitiger Kostensenkung bewirkt, dass die erwarteten Gewinne der Unternehmen steigen und die Produktion ausgedehnt wird. Mithilfe der sogenannten „neuen" oder endogenen Wachstumstheorie[404] lässt sich sogar zeigen, dass sich hieraus *andauernde* Wachstumseffekte ergeben können. Das Hauptargument lautet wie folgt: Eine Währungsunion führt zu einem Abbau der Wechselkursunsicherheit und folglich zu einer Verringerung der Risikoprämie im Zins, die auf dem Ausfall- und dem Wechselkursrisiko gründet. Wenn folglich das Faktorkostenverhältnis zwischen Realzins und Reallohn sinkt, steigt das optimale Einsatzverhältnis von Kapital und Arbeit im Produktionsprozess (Kapitalintensität). Die hiermit einhergehende Kapitalakkumulation bewirkt nun – und das ist die zentrale, „neue" These – einen Anstieg der Arbeitsproduktivität in den nächsten Perioden. Letzteres wird über Lerneffekte im Zuge der Akkumulation zusätzlichen Wissens im Produktionsprozess begründet. Diese Lerneffekte verbreiten sich, da das erzeugte Wissen zum Teil öffentlichen-Gut-Charakter besitzt, und schlagen sich in unternehmensübergreifenden Spillovers (positiven Externalitäten) nieder.

---

[404] Vgl. hierzu z. B. Wagner [1997: 2. Kap].

Auch die Hoffnungen auf eine Entwicklungsangleichung innerhalb eines einheitlichen Währungsgebietes gründen sich größtenteils auf die oben abgeleiteten Lerneffekte. Es wird angenommen, dass die Spillovers grenzüberschreitend sind und insbesondere von Direktinvestitionen transportiert werden, die in einer Währungsunion aufgrund u. a. des abgebauten Währungsrisikos zunehmen dürften. Weitere Argumente für eine Entwicklungsangleichung in einer Währungsunion basieren darauf, dass in weniger entwickelten Mitgliedsländern eine größere politische Stabilität sowie eine Disziplinierungswirkung und ein Glaubwürdigkeitsgewinn durch eine einheitliche Zentralbank ausgelöst werden[405].

Kritikpunkte

Die Kritikpunkte an der Einführung einer Währungsunion sind vielfältig. Die zwei zentralen Einwände lassen sich wie folgt umschreiben:

- Erstens sind die obigen Hoffnungen nicht ohne Weiteres realisierbar. Sie hängen insbesondere von wirtschaftspolitisch-institutionellen Vorkehrungen ab. Zu diesen Vorkehrungen zählt eine bereits bestehende Wirtschaftsunion. (**Wirtschaftsunion** umschreibt den Zusammenschluss selbstständiger Staaten zu einem gemeinsamen Wirtschaftsgebiet, in dem sämtliche Zölle und sonstige Handelshemmnisse im Binnenverkehr beseitigt sind und ein gemeinsamer Außentarif gegenüber Drittländern gebildet ist, sodass ein „Gemeinsamer Markt" entsteht. Außerdem harmonisieren die Mitgliedstaaten einer Wirtschaftsunion nicht nur ihre Außenhandels- und Zollpolitik, sondern zu einem gewissen Grade auch ihre Wirtschaftspolitik, insbesondere ihre Ordnungspolitik. Als kategoriale „Vorstufen" einer Wirtschaftsunion im herkömmlichen Spektrum der Ausprägungen regionaler Integration kann man „Freihandelszonen", „Zollunionen" und „Gemeinsame Märkte" fassen.)
- Zweitens kann der Zusammenschluss zu einer Währungsunion zu gravierenden einseitigen Kosten führen, die die Stabilität einer Währungsunion infrage stellen. Hierzu zählen insbesondere:

(1) Inflationseffekte,

(2) Polarisierungseffekte,

(3) andauernde einseitige Finanztransfers.

(1) Je größer die strukturellen Unterschiede zwischen den Teilnehmerländern sind, umso stärkere Inflationierungseffekte müssen einzelne, vorher preisstabile Länder wahrscheinlich hinnehmen. Die entscheidenden Strukturunterschiede sind hierbei:

- die Unterschiede in den Präferenzen über Inflation und Arbeitslosigkeit,

---

[405] Eine ausführliche Erläuterung der genannten Aspekte sowie der folgenden Kritikpunkte findet sich in Wagner [1998a].

- die Unterschiede in den Arbeitsmarktinstitutionen,
- die Unterschiede im Finanzsystem.

Diese Unterschiede bestimmen verschiedene „optimale" (erwünschte) Inflationsraten in den einzelnen Ländern. Es ist unsicher, ob gewährleistet werden kann, dass eine zentrale gemeinsame Zentralbank dem (Interessen-)politischen Druck aus den Ländern standhalten kann, die ihre erwünschten makroökonomischen Ziele nicht verwirklichen können, weil sie geldpolitische Instrumente und Befugnisse abgegeben haben.

Zudem deuten makroökonomische Analysen[406] darauf hin, dass eine Zunahme der Politikkoordination und ein Rückgang des geldpolitischen Wettbewerbs – beides ist mit einer Währungsunion verbunden – die Anreizstruktur der Wirtschaftspolitik so verändert, dass eine expansivere Geldpolitik und damit eine höhere Inflationsrate zu erwarten ist[407].

(2) Zu große Strukturunterschiede zwischen Teilnehmerländern können auch dazu führen, dass statt der erhofften Entwicklungsangleichung eine Polarisierung eintritt. So kann im Kontext der „Neuen Wachstumstheorie" gezeigt werden, dass die Integration von Ländern, deren Entwicklungsstand zu sehr voneinander abweicht, u. U. zu Polarisierungseffekten führt, da sie Lerneffekte und Spezialisierung der ärmeren Länder verhindert und Investitionen in Humankapital-intensive Branchen der höher entwickelten Länder umlenkt[408]. Weiterhin ist zu berücksichtigen, dass der Eintritt in eine Währungsunion für Länder, die vorher vergleichsweise höhere Inflationsraten aufgewiesen haben, im Zuge des notwendigen Inflationsabbaus eminente Sparanstrengungen im öffentlichen Haushalt bedeutet[409]. Letzteres geht zulasten infrastruktureller Investitionen, die für eine Entwicklungsangleichung unbedingt notwendig sind. Ob diese Anfangskosten durch die Zugehörigkeit zur Währungsunion kurz- bis mittelfristig wieder ausgeglichen werden können, ist fraglich; wenn nicht, kann politische Instabilität verbunden mit negativen Wachstums- und Entwicklungseffekten die Folge sein.

(3) In einer Währungsunion steht der nominale Wechselkurs nicht mehr als Anpassungsinstrument an länderspezifische Schocks zur Verfügung. Andererseits ist sehr zweifelhaft, ob durch eine Währungsunion die Preisflexibilität und/oder die Arbeitsmobilität in den Teilnehmerländern so stark zunehmen werden, dass sie die Aufgabe der Schockabsorption übernehmen können. Folglich werden länderspezifische Schocks in einer Währungsunion weitgehend über interregionale und internati-

---

[406] – vor allem im Kontext der sogenannten „Zeitinkonsistenztheorie optimaler Wirtschaftspolitik".
[407] Vgl. z. B. Rogoff [1985] und – mehr zusammenfassend – Fratianni und von Hagen [1992: Kap. 8].
[408] Vgl. z. B. Grossman und Helpman [2001] und Barro und Sala-i-Martin [2003].
[409] Es wird vorausgesetzt, dass vor einem Eintritt in eine Währungsunion die Inflationsunterschiede zwischen den Teilnehmerländern weitgehend abgebaut werden müssen, so wie dies auch im EU-Vertrag vorgesehen ist. Dies bedeutet, dass die bisherigen Hochinflationsländer drastische Anstrengungen zum Inflationsabbau vorzunehmen haben.

onale Finanztransfers ausgeglichen werden müssen. Nun ist zu erwarten, dass die hiermit verbundenen Umverteilungseffekte zu politischen Streitigkeiten und letztlich zu einer Instabilität der Währungsunion selbst führen – insbesondere, wenn diese Finanztransfers nicht konstitutionell geregelt werden, sondern immer wieder diskretionär verhandelt werden müssen, so wie im EU-Vertrag vorgesehen[410]. Erst eine Ergänzung der Währungsunion durch eine politische Union dürfte diesen Instabilitätseffekt beseitigen können.

Insgesamt kann man also feststellen, dass eine Währungsunion wenn dann nur für eine kleine Gruppe strukturell-homogener Länder mit entsprechender vorheriger Wirtschaftsintegration infrage kommt[411].

1.2.2 Zielzonen für die Wechselkurse

Grundkonzept

John Williamsons Vorschlag [1985; 1987][412], „Zielzonen" für die Wechselkurse festzulegen, kann als eine Art Kompromiss zwischen dem gescheiterten Festkurssystem der Nachkriegszeit und dem nachfolgenden, mit Enttäuschungen verbundenen Flexkurssystem betrachtet werden. Er beinhaltet, dass sich (vorerst nur) die währungspolitisch wichtigsten Industrieländer auf folgendes, hier zuerst nur überblicksartig vorgestelltes, Verfahren einigen sollten. Sie kündigen weite Bänder oder Zonen an, innerhalb derer sich ihre Wechselkurse frei bewegen können. Jedoch verpflichten sie sich, bei Erreichen der Bandgrenzen korrigierende Maßnahmen zu unternehmen, ohne im Voraus genau festzulegen, welche Maßnahmen dies sein sollten. Letzteres zwingt die Länder, internationale Konsultationen und währungspolitische Kooperation durchzuführen. Im Mittelpunkt dieses Ansatzes steht das Konzept eines „fundamentalen Gleichgewichtswechselkurses". Unter einer Zielzone ist der vereinbarte Schwankungsbereich der Wechselkurse um einen solchen Fundamentalkurs zu verstehen. Nach Williamsons Vorstellung sollen die Länder, deren Wechselkurs sich auf die Obergrenze der Zielzone zubewegt, deren Währung also unter Abwertungsdruck gerät[413], eine restriktive Geldpolitik betreiben. Entsprechend sollen Länder, deren Wechselkurs sich der Untergrenze der Zielzone nähert, eine expansive Geld-

---

[410] Im EU-Vertrag ist keine Zentralisierung der Fiskalpolitik, ähnlich der Geldpolitik, vorgesehen. Insofern sind hier Probleme vorprogrammiert.

[411] Vgl. hierzu auch Wagner [2003; 2006; 2014b].

[412] Zu einer ausführlichen Diskussion dieses Vorschlags siehe das Symposium in den ‚Brookings Papers on Economic Activity', 1986, 1. Halbjahresband. Eine kurze Zusammenfassung des Williamson- als auch des nachfolgenden McKinnon-Vorschlags bietet (in deutscher Sprache) z. B. Jarchow und Rühmann [2002] und Willms [1988]. Williamson selbst hat in den 1990er Jahren seinen Vorschlag wieder aufgegriffen, vgl. z. B. Wiliamson [1994, 1998].
Der Vorschlag von Williamson ist allerdings so neu nicht. Der IWF hatte schon 1974 eine Reihe von „Leitlinien" herausgegeben, die u. a. auch den Vorschlag eines Zielzonenkonzeptes enthielten. Diese Leitlinien wurden jedoch durch die „zweite Änderung des IWF-Übereinkommens" vom Jahre 1978 (siehe oben im 2. Teil) aufgehoben.

[413] Man beachte, dass ein Wechselkursanstieg eine Abwertung der Inlandswährung bedeutet. Dies liegt an der hier gewählten (üblichen) Definition von „Wechselkurs" als dem Preis der Auslandswährung, ausgedrückt in Inlandswährung.

politik einschlagen. Von einem solchen Zielzonenkonzept wird erstens erwartet, dass es zur Stabilisierung spekulativ bedingter Wechselkursschwankungen beiträgt. Zum anderen soll es die beteiligten Länder zu mehr geldpolitischer und fiskalpolitischer Disziplin bewegen mit dem Ziel, so inflationistische oder deflationistische Fehlentwicklungen auszuschließen. Im Folgenden werden einige Aspekte dieses Vorschlages genauer erläutert.

Einzelne Aspekte

Der Vorschlag von Williamson zielt unmittelbar darauf, größere Verzerrungen der Währungsrelationen durch eine wirtschaftspolitisch-koordinierte Steuerung der Wechselkurse zu vermeiden. Im Mittelpunkt seines Vorschlags stehen wie gesagt „Zielzonen". Das Gravitationsfeld dieser Zielzonen bilden Schätzungen von „fundamentalen Gleichgewichtskursen". Williamson verwendet hierfür nicht die Kaufkraftparitätentheorie, da bei einer Berechnung des realen Wechselkurses nach der Kaufkraftparitätentheorie der jeweilige Wert stark von der Wahl der Ausgangsperiode und dem verwendeten Preisindex[414] abhängig ist. (Der jeweilige reale Wechselkurs wird ja nach der Kaufkraftparitätentheorie durch die Korrektur eines Ausgangskurses um das Inflationsdifferenzial berechnet.) Stattdessen entwickelt er das Konzept des „fundamentalen Gleichgewichtswechselkurses"[415]. Dies ist der reale Wechselkurs, der gleichzeitig internes und externes Gleichgewicht sicherstellt. Als „internes Gleichgewicht" wird der höchstmögliche Produktionsstand bei stabilem Preisniveau bezeichnet, und unter einem „externen Gleichgewicht" wird ein Zahlungsbilanzgleichgewicht verstanden, das mit den angebotsseitigen Fundamentalgrößen der Ersparnis und der Produktivität vereinbar ist. Dieser Gleichgewichtskurs wird berechnet unter Ausschaltung zyklischer Effekte der Variablen mittels des Wechselkursmodells des IWF.

Aus praktischen Gründen sollten nach Williamson die Zielzonen nominell definiert werden. Jedoch müssten sie regelmäßig aktualisiert werden, um die Inflationsdifferenzen auszugleichen und so für eine Konstanz der realen Wechselkurse zu sorgen. Gerade Letzteres wurde beim „Louvre-Abkommen" 1987 (siehe im 2. Teil oben unter ‚Weltwirtschaftsgipfel'), das als eine erste Umsetzung eines solchen Konzeptes in die weltwirtschaftspolitische Praxis gewertet werden kann, unterlassen. Dadurch wurden Erwartungen über einen Inflationsanstieg in Ländern mit geringeren Inflationsraten geweckt, was deren Zentralbanken zur Herbeiführung höherer Zinssätze veranlasste. Dies wiederum führte zu deutsch-amerikanischen Streitigkeiten, die dem Börsenkrach vom November 1987 vorausgingen. Gerade solche Krisen sollen mit einer flexiblen Handhabung der nominell definierten Zielzonen

---

[414] Der Preisindex ist eine Messziffer für die Preisentwicklung. In der amtlichen Statistik gibt es eine Vielzahl von Preisindizes. Der Preisindex für die Lebenshaltung beschreibt allgemein die Entwicklung der Verbraucherpreise bei Gütern der Lebenshaltung der privaten Haushalte und dient als Indikator für Kaufkraftänderungen. Dieser Index wird zur Messung der Inflation herangezogen. Die Inflationsrate entspricht der prozentualen Veränderung des Preisindex zum Vorjahr.

[415] „Fundamental Equilibrium Exchange Rate" (FEER).

ausgeschaltet werden. Williamson spricht hier auch von „kriechenden Zielzonen", d. h. Zielzonen, die sich verschieben, wenn sich Inflationsdifferenzen ergeben.

Zielzonen sollten nach Williamson auch dann geändert werden, wenn es um die Unterstützung notwendiger Zahlungsbilanzkorrekturen geht. Überhaupt sollte die Breite der Zielzonen, in der die Wechselkurse frei schwanken können, möglichst groß ausfallen. Hierfür gibt Williamson zwei Gründe an. Erstens könne keine genaue Schätzung der „grundlegenden Gleichgewichtskurse" erwartet werden. Insofern braucht man einen gewissen Spielraum. Ansonsten gerät man in die Gefahr, dass man, wie im Bretton-Woods-System, verzerrte Kurse verteidigt. Zweitens soll der Geldpolitik durch eine große Bandbreite ein „vernünftiger Spielraum" gelassen werden zur Verfolgung binnenwirtschaftlicher Stabilitätsziele. Konkret schlägt Williamson für den Anfang einer solchen neuen Weltwährungsordnung Zielbereiche bzw. Abweichungen vom Gleichgewichtskurs in Höhe von +/– 10 % vor. Später könnten die Zielzonen immer noch auf vielleicht 5 % verringert werden.

Nun können Wechselkurse, wie Williamson betont, auch aus anderen „trivialen Gründen" schwanken. Zum Beispiel, weil Regierungen bei ihrer Politik deren Auswirkungen auf die Devisenmärkte nicht beachten, oder weil sich der Devisenmarkt von einer „spekulativen Seifenblase" mitreißen lässt. Das „Heilmittel", um solcherart verursachte Wechselkursschwankungen zu vermeiden/einzugrenzen, sei, sicherzustellen, dass den Wechselkurseffekten bei der Festlegung der Politik Rechnung getragen wird. Wenn Zielzonen glaubhaft festgelegt werden, kann – so ist die Idee – eine „spekulative Seifenblase" nicht zu lange währen bzw. (bei rationalen Erwartungen) gar nicht erst zustande kommen. Hierzu sei aber notwendig, die bisherige Geheimhaltungspraxis auf den verschiedenen Gipfeltreffen aufzugeben und die Bandbreiten öffentlich zu machen. Außerdem müssten auch Devisenmarktinterventionen getätigt und diese – wenn nötig – durch Zinsänderungen unterstützt werden, wenn die Wechselkurse sich auf die Zonengrenze zubewegen.[416]

Die Umsetzung der Vorstellungen von Williamson würde einen andauernden Informationsaustausch sowie laufende internationale Konsultationen über Anpas-

---

[416] Hier stellt sich allerdings die Frage, welche Währung angepasst werden soll, wenn zwei Währungen sich dem Rand der Zone nähern. Der vom amerikanischen Finanzminister James Baker 1987 vorgeschlagene Rohwarenindikator (siehe im 2. Teil oben unter ‚Weltwirtschaftsgipfel') stellt nach Williamson eine vernünftige Lösung dieses Problems dar, wenn auch nicht unbedingt die beste Lösung. Eine „bessere" Alternative sieht Williamson in einem von ihm zusammen mit Marcus Miller [1987] erarbeiteten Vorschlag. Darin entwickelten sie verschiedene Richtlinien für die internationale Koordination von Wirtschaftspolitik. Unter anderem forderten sie, die Bandbreiten durch Richtlinien über gegenseitig vereinbarte Wachstumsraten für die Binnennachfrage zu ergänzen. Diese Wachstumsraten sollten nominal spezifiziert werden, damit ein antiinflationärer Bezugspunkt vorhanden sei. Wenn solche Wachstumsziele vereinbart würden, könnte das tatsächliche Nachfragewachstum der Weltwirtschaft mit der Summe der vereinbarten Ziele verglichen werden. Wenn die Nachfrage schneller als gewünscht zunähme, müssten die Länder mit schwacher Währung ihre Zinssätze erhöhen. Umgekehrt müssten im Falle, dass die Wachstumsrate der Nachfrage unter den Zielvorstellungen liegt, die Länder mit einer starken Währung die Zinssätze senken. Außerdem würde den Wachstumszielen für die Nachfrage die weitere Aufgabe zukommen, die Fiskalpolitik zu koordinieren.

sungsmaßnahmen der einzelnen Länder voraussetzen. Williamsons Vorschlag sieht auch vor, dass ein Land, dessen Wechselkurs die Grenzen der Zielzone erreicht oder überschreitet, verpflichtet sein soll, Konsultationen mit anderen Teilnehmerländern vorzunehmen. In diesen gemeinsamen Konsultationen soll dann vereinbart werden, welche Maßnahmen dieses Land durchführen soll[417]. Insofern beinhaltet diese Konzeption internationaler Koordination immer noch starke diskretionäre Elemente. Folglich treffen auch auf den Regelvorschlag von Williamson in abgeschwächter Form noch die meisten Kritikpunkte, die oben bezüglich diskretionärer Koordinierungsstrategien dargelegt wurden, zu. Doch ist dies keine Besonderheit des Williamson-Vorschlages. Dies gilt letztlich für alle „aktiven" Regelvorschläge, d. h. für alle Vorschläge, die makroökonomische Interventionen des Staates zulassen.

Kritikpunkte

Ein praktischer Vorteil, der gleichzeitig ein strategisches Problem mit sich bringt, besteht darin, dass der Williamson-Vorschlag bezüglich der implizierten internationalen Politikkoordinierungsverfahren ziemlich „offen" ist und den kooperierenden Ländern einen (zu?) großen Spielraum in der Verfolgung binnenwirtschaftlicher Ziele (mit Beggar-thy-neigbour-Praktiken?) lässt. Dies stellt jedoch nicht das einzige Problem in einem Zielzonen-System Williamson'scher Art dar.

Weitere in der Fachliteratur diskutierte Probleme sind:

- Die Berechnungsweise eines gleichgewichtigen Wechselkurses, die Williamson vorschlägt, ist umstritten. Solange es jedoch kein allgemein anerkanntes Berechnungsverfahren gibt, und/oder die Vorhersagen von gleichgewichtigen Wechselkursen stark fehlerbehaftet sind, dürfte die von Williamson vorgeschlagene flexible Anpassungsmechanik des Zielzonensystems etwas „hochgegriffen" sein.

- Es ist zu befürchten, dass die in einem Zielzonenkonzept beinhalteten Absprachen zwischen den Teilnehmerländern wirkungslos sein werden, da diese sich doch nicht an die Absprachen halten werden. Den Grund hierfür kann man in dem fehlenden Anpassungszwang und dem Nichtvorhandensein eines Sanktionsmechanismus sehen.

- Außerdem ist zu bezweifeln, dass die nationalen Regierungen der größten Wirtschaftsmächte gewillt und innenpolitisch in der Lage sind, ihre Wirtschaftspolitik regelgebunden-längerfristig in Form eines ausgeklügelten, weltumspannenden Systems der monetären und fiskalischen Feinabstimmung

---

[417] Hierbei spielt der ‚Internationale Währungsfonds' (IWF) in Williamsons Vorschlag eines Zielzonensystems eine wichtige Rolle. Er soll die Berechnungen des realen Gleichgewichtswechselkurses vornehmen, soll darüber wachen, dass die Teilnehmerländer eine Wirtschaftspolitik betreiben, die mit der Einhaltung der Wechselkurszielzonen übereinstimmt, und soll schließlich auch mit den Ländern und Ländergruppen außerhalb der Kernländer Zielzonen für Wechselkurse vereinbaren. Inwieweit dies nicht zu hoch gegriffen ist, bleibt noch genauer zu untersuchen. Hierbei sollten sicher auch Überlegungen aus der ‚Neuen Politischen Ökonomie', speziell zur Bürokratietheorie, eine Rolle spielen (vgl. hierzu z. B. Kirsch [2004]).

zu koordinieren. Es ist eher die Gefahr gegeben, dass solch eine Zielzonenregel zu einer wechselkursorientierten Geldpolitik verwässert würde, die einer Neuauflage der 1960er Jahre gleichkäme.

- Von daher würde das Zielzonenkonzept die gleichen Probleme produzieren wie das Bretton-Woods-System. Insbesondere würde die destabilisierende Spekulationstätigkeit, die das Bretton Woods System nach 1966 geplagt hatte, wieder auftreten. Wenn der Außenwert einer Währung z. B. regelmäßig zum unteren Rand der Zielzone tendiert, werden die Spekulanten schließen, dass die Währung überbewertet ist und dass die nächste Überprüfung durch den IWF eine Abwertung der Zielzone ergeben wird. Daher werden die Spekulanten die Währung verkaufen und dadurch zusätzlichen Druck auf den Wechselkurs ausüben. Dies zwingt die Geldbehörde zu kontinuierlichen Interventionen. Dadurch kommt es wie beim Bretton Woods System auch hier zu einer einseitigen Beschlagnahme des geldpolitischen Instrumentariums durch außenwirtschaftliche Erfordernisse. Anders gesagt, Geldpolitik steht dann nicht mehr für einen wirtschaftlichen Stabilisierungsversuch zur Verfügung.

- Hinzu kämen noch weitere Probleme, die durch die internationale makroökonomische Feinabstimmung hervorgerufen werden (siehe die oben unter ‚diskretionärer internationaler Politikkoordinierung' aufgeführten Probleme).

- Weiterhin ist zu befürchten, dass die Instabilität der Wechselkursentwicklung *innerhalb* der Zielzonen zunehmen würde. Eine Zone verringert nämlich das Risiko für internationale Vermögensanleger und steigert deshalb internationale Vermögens- oder Portfolioumschichtungen, wenn sich die wahrgenommenen Erträge im Mittel ändern. Bei Zufallsbewegungen der Erwartungen über mittlere Erträge wird es daher mehr Wechselkursvariabilität innerhalb des Bandes geben als bei Abwesenheit solcher Bandgrenzen.

- Gegenüber dem Kernvorschlag eines Zielzonensystems kann man schließlich den Einwand erheben, dass es keinen Sinn macht, Grenzen nur für Wechselkurse zu setzen, nicht aber für andere makroökonomische Schlüsselvariablen. Eine solche Regelsetzung müsste, um erfolgreich sein zu können, von einem entsprechenden geld- und fiskalpolitischen Begleitprogramm unterstützt werden. Ansonsten könnten die makroökonomischen Ergebnisse durch eine solche Regelpolitik sogar verschlechtert werden. Dies schließt insbesondere die Gefahr von zunehmender *Inflation* mit ein, da ja die Geldmenge bei jeglicher reinen Wechselkursstabilisierung, ob punktbezogen oder in Zonen oder Bändern, endogenisiert ist. Eine Wechselkursstabilisierung *um jeden Preis* kann deshalb teuer zu stehen kommen.

1.2.3 Ein Währungsstandard für die Industrieländer

Wie im vorhergehenden Abschnitt beginne ich hier wieder mit einer „Kurzfassung" des Vorschlags, erläutere anschließend einige Punkte näher und führe zum Schluss eine Reihe von Kritikpunkten an.

Grundkonzept

Ronald McKinnon hat bereits in den 1980er Jahren in einer ganzen Reihe von Veröffentlichungen[418] vorgeschlagen, die Geldpolitik zwischen (zunächst nur) den USA, Japan und der Bundesrepublik Deutschland (bzw. aus heutiger Sicht: der EU) so zu koordinieren, dass Wechselkursschwankungen zwischen diesen Ländern weitgehend ausgeschlossen sind. Außerdem tritt er dafür ein, die Wachstumsrate der „Welt"-geldmenge[419] zu verstetigen. Auf diese Weise soll das Weltpreisniveau stabilisiert und der Weltkonjunkturverlauf geglättet werden. Die Wachstumsrate der Weltgeldmenge soll so festgelegt werden, dass das Preisniveau für international handelbare Güter konstant bleibt. Die Wachstumsraten der Geldmenge in den einzelnen Ländern können jedoch voneinander abweichen. Sie sollen an der erwarteten längerfristigen Wachstumsrate des realen Bruttosozialprodukts, der Trendentwicklung der Umlaufgeschwindigkeit des Geldes und der Preissteigerungsrate im Bereich der nicht-handelbaren Güter in den jeweiligen Ländern ausgerichtet werden. Wechselkursänderungen könnten dann nur noch als Folge von Veränderungen internationaler Portfoliopräferenzen auftreten, die die inländische Geldnachfrage über die Wechselkurserwartungen beeinflussen. Der Einfluss solcher „indirekter Währungssubstitution" auf den Wechselkurs und darüber auf die Geldnachfrage soll nach McKinnon durch eine reaktive Geldangebotspolitik in den betroffenen Ländern aufgefangen werden. So sollte ein Land, dessen Währung einem Aufwertungsdruck ausgesetzt ist, eine expansive Geldpolitik betreiben und ein Land, dessen Währung unter Abwertungsdruck gerät, eine restriktive Geldpolitik verfolgen. Hierdurch würde der Wechselkurs stabilisiert und es könnten die Zinseffekte sowie die wechselkursbedingten Preisniveaueffekte ausgeschaltet werden. Im Mittelpunkt dieses Konzepts steht die Stabilisierung eines „gleichgewichtigen realen Wechselkurses", wobei sich McKinnon bei der Ermittlung dieses Gleichgewichtskurses auf die Kaufkraftparitätentheorie stützt. Im Folgenden werden einige Aspekte dieses Vorschlags näher betrachtet.

Einzelne Aspekte

Die empirische Ausgangsthese von McKinnon ist die, dass angesichts der bisherigen weltwirtschaftlichen Integration (siehe hierzu den 1. Teil oben) die drei großen Industrieländer – USA, Japan, Deutschland (heute: die EU) – ein großes gemeinsames Interesse an einer Koordination der Geldpolitik haben, um so den Bedingungen, die in einer vollkommenen Währungsunion herrschen, näher zu kommen. Letztere seien: Feste Wechselkurse, die ein „gemeinsames" Preisniveau schaffen würden, und gleiche Inflationsraten für handelbare Güter. Voraussetzung hierfür sei ein ge-

---

[418] Vgl. zur obigen Zusammenfassung vor allem McKinnon [1984]. McKinnon hat diesen Vorschlag in ähnlicher Form schon 1974, nach dem Zusammenbruch des Bretton Woods Systems, zum ersten Mal unterbreitet. Eine Vorstellung und Diskussion seines Vorschlags ist im ‚Journal of Economic Perspectives', Vol. 2, Winter 1988, enthalten. Eine kurze Zusammenfassung ist in der ‚Neuen Züricher Zeitung' vom 21.9.1988 veröffentlicht. Eine neuere lehrbuchartige Diskussion dieses Vorschlags bietet Gandolfo [2001].

[419] *Weltgeldmenge* im Zusammenhang mit nur drei beteiligten Ländern bedeutet natürlich nur die Summe der nationalen Geldbestände dieser drei Länder.

meinsamer Währungsstandard, der die Wechselkurse für Yen/Dollar und Euro/Dollar auf unbegrenzte Zeit innerhalb enger Bandbreiten fixiert. Die Nachteile der Alternative lägen auf der Hand. Ohne einen solchen gemeinsamen Währungsstandard würden Kursschwankungen das Investitionsrisiko für Unternehmer beträchtlich erhöhen. Dadurch würde die Wirtschaftlichkeit des Außen- wie des Binnenhandels vermindert mit der Folge eines langsameren Produktivitätswachstums und eines verstärkten protektionistischen Drucks. Hinzu kommt, dass sich das Wechselkursrisiko – wie in den vergangenen Jahrzehnten häufiger – in (unerwünschten) internationalen Unterschieden der langfristigen Zinssätze niederschlägt. Die Präferenzen bezüglich der Währungsanlagen[420] seien in einem Regime flexibler Wechselkurse „unnötig volatil", was darauf zurückzuführen ist, dass die Anleger in einem solchen Regime den zukünftigen Verlauf der relativen nationalen Geldpolitiken und Wechselkursbewegungen „erraten" müssen. Die autonomen nationalen Geldbehörden könnten Inflations- und Deflationszyklen nicht vermeiden, da sie weder den zukünftigen Devisenwert ihrer eigenen Währungen noch den allgemeinen Inflationsdruck der Weltwirtschaft kennen. Von daher stellte sich notwendigerweise die Frage nach geeigneten „monetären Regeln", um dem Syndrom dauernder Portfolio- und Wechselkursinstabilität zu entrinnen. Die passende Antwort darauf könne durch die Festlegung eines gemeinsamen, stabilen internationalen Währungsstandards geliefert werden.

Hierzu sollten zu Anfang innerhalb enger Bandbreiten Nominalwerte für die Yen/Dollar- und die Euro/Dollar-Relation festgelegt werden. So könnten sich die drei Währungsblöcke einer gemeinsamen Inflationsrate annähern. Auf der Grundlage von Kaufkraftindizes ließen sich die Gleichgewichtskurse errechnen. Sobald die – um den Produktivitätszuwachs bereinigten – Inflationsraten in den drei Währungsblöcken annähernd gleich sind, sollten diese Gleichgewichtskurse als Ziele bekannt gegeben werden. Um eine problemlose Annäherung der unterschiedlichen Lohn- und Preisbewegungen an die gemeinsame Inflationsrate, was erst mit zeitlicher Verzögerung möglich ist, zu erleichtern, sollten die Wechselkursziele etwas unter den gegenwärtigen Kaufkraftparitäten liegen.

Anfänglich könnten recht große Bandbreiten von mehr als +/– 10 % festgeschrieben werden. Der Hauptgrund für solch große Bandbreiten ist, dass die Festlegung der „Gleichgewichtsparitäten" entsprechend der Kaufkraftparitätentheorie mit Unsicherheit behaftet ist. Denn, wie oben erwähnt, entstehen dabei Probleme bei der Festlegung der Basisperiode und bei der Auswahl des zu verwendenden Deflators. Außerdem treten Probleme bei der Identifizierung von realwirtschaftlich bedingten Abweichungen von der Kaufkraftparität auf. Nach Einführung der geldpolitischen Koordination könnten die Bandbreiten jedoch auf etwa 1 % beiderseits der Leitkurse beschränkt werden. Wenn nun die Wechselkurse auf unbestimmte Zeit fixiert sind und dies auch bekannt ist, würde die internationale Warenarbitrage die Annäherung an ein gemeinsames Preisniveau gewährleisten. Dieses gemeinsame Preisniveau,

---

[420] Währungen werden im zugrunde liegenden „Finanzmarktansatz" als finanzielle Vermögensanlageobjekte behandelt.

gemessen in Gleichgewichtskursen, stellt den natürlichen „nominellen Anker" des gesamten Systems dar.

Wichtig ist nun nach McKinnon, dass die drei Währungsblöcke beim Versuch, die Wechselkurse in die gewünschte Richtung zu lenken, ihr Geldwachstum *symmetrisch* anpassen.[421, 422] Ein Land mit schwacher (unterbewerteter) Währung müsste den inländischen Geldzuwachs reduzieren und ein Land mit starker (überbewerteter) Währung müsste seine Geldpolitik relativ expansiver gestalten. Auf diese Weise bliebe die Geldmenge insgesamt in den drei Ländern mehr oder weniger unverändert. Das Problem der n-ten Währung[423], das bei einer Wechselkursunion auftritt, wird so vermieden. (Dieser monetäre Kontrollmechanismus würde vor allem auf symmetrischen Anpassungen der jeweiligen kurzfristigen Zinssätze beruhen.) Wenn die drei Zentralbanken die Wechselkursziele formell bekannt geben, würde zudem die Spekulationstätigkeit der internationalen Investoren stabilisierend wirken. Dies würde dazu führen, dass auf nationaler Ebene nur mehr relativ wenig geldpolitische Korrekturen nötig sind. Dazu müssten allerdings die Zentralbanken direkt und offiziell intervenieren, wenn sich die Wechselkurse stark von den offiziellen Zielen entfernen. Nur so könnte verhindert werden, dass bei den Spekulanten Zweifel entstehen, dass die erforderlichen innerstaatlichen monetären Anpassungen vorgenommen werden.

Nachdem das Währungsabkommen einmal wirksam geworden ist, bräuchte nach McKinnon's Überzeugung geldpolitisch kaum mehr ins tägliche Währungsgeschehen eingegriffen werden. Die privaten Erwartungen hinsichtlich der Wechselkurse würden sich selbst innerhalb der offiziellen Bandbreiten halten. Es bliebe allerdings die Aufgabe der Zentralbanken, das gemeinsame Preisniveau stabil zu halten. Darauf müsse eine *gemeinsame* Geldpolitik ausgerichtet sein.

Kritikpunkte

Der Vorschlag von McKinnon wirkt auf den ersten Blick blendend gut. Doch ist auch er nicht frei von Problemen und Fallstricken.

- So gilt auch hier, was schon gegenüber dem Williamson-Vorschlag angeführt wurde, nämlich dass sich die Teilnehmer unter Umständen nicht an die Absprachen halten werden. Der Reiz, Beggar-thy-Neighbour-Politik zu betreiben, besteht weiterhin. Deswegen und auch sonst ist kaum zu erwarten, dass die drei großen Industrienationen so einfach ihre vermeintliche nationale Autonomie in der Geldpolitik auf Dauer aufgeben werden.

---

[421] Dem Bretton-Woods-System wurde ja seine grundlegende Asymmetrie zum Verhängnis. Die USA als Leitwährungsland brauchten sich nicht anzupassen. Es oblag allein den anderen Ländern, ihr Geldmengenwachstum so anzupassen, dass ihr Wechselkurs gegenüber dem Dollar stabilisiert wurde.
[422] Es handelt sich hier um eine symmetrische „Nichtsterilisierungs-Regel".
[423] Siehe hierzu im 2. Teil, dort Abschnitt I.1.4, oben.

- Zum anderen gilt wiederum, dass das verwendete Verfahren zur Berechnung eines gleichgewichtigen Wechselkurses nicht unumstritten ist.
- Ein gewichtiger Einwand gegen den McKinnon-Vorschlag besteht darin, dass die Multiplikatoreffekte einer solchen (wie im Vorschlag implizierten) reaktiven Geldangebotspolitik und damit der Erfolg der Konzeption selbst unsicher sind[424].
- Des Weiteren ist zu befürchten, dass fiskalpolitisch oder durch andere Schocks ausgelöste Schwankungen der Wechselkurse zu einer Destabilisierung der Geldmengenentwicklung führen. Das Konzept von McKinnon enthält keinen fiskalpolitischen oder alternativen Korrekturmechanismus, der dies verhindern würde[425]. Überhaupt wird eine grundlegende Schwäche des McKinnon-Vorschlags darin gesehen, dass er versucht, mit einem einzigen Politikinstrument (Geldpolitik) zwei Politikziele (eine stabile monetäre Umgebung und stabile Wechselkurse) zu erreichen. Dies kann, zumindest nach der bekannten „Tinbergen-Regel", nicht gelingen[426].
- Wenn aber Fiskalpolitik, und zwar zeitlich zuerst, betrieben wird, so kann man zeigen, wirkt die von McKinnon vorgeschlagene Regelstrategie im Fall niedriger Kapitalmobilität kontraproduktiv[427]. Außerdem ist der Vorschlag von McKinnon dem gleichen Vorwurf wie auch alle anderen Fixkursvorschläge ausgesetzt. Dieser besteht darin, dass dem offensichtlichen Bedürfnis nach mittelfristiger Flexibilität der realen Wechselkurse nicht Rechnung getragen wird.
- Ein anderer zentraler Einwand bezieht sich darauf, dass McKinnon – wie der (traditionelle) Monetarismus überhaupt – eine stabile (Welt-)Geldnachfrage unterstellt. Dies wird häufig als empirisch widerlegt angesehen.

1.2.4 Currency Board und Dollarisierung

Grundvorstellung

Ein Currency Board System ist ein besonderes System fester Wechselkurse. In einem Currency Board System bringt die Institution des Currency Board nationales Geld in Form von Noten und Münzen ausschließlich durch den Ankauf einer Reservewährung in Umlauf. Damit ist sichergestellt, dass die national emittierten Noten und Münzen durch verzinsliche, in der Reservewährung denominierte Wertpapiere gedeckt sind. Zu einem festgelegten Kurs garantiert das Currency Board die volle Konvertibilität des nationalen Noten- und Münzgeldes gegenüber der Reservewährung[428].

---

[424] Vgl. Willms [1995]. Siehe hierzu auch in Abschnitt II.2.2 oben.
[425] Vgl. z. B. ebda.
[426] Siehe näher hierzu z. B. Dernburg [1989: 12. und 15. Kapitel].
[427] Vgl. ebda.
[428] Zu Currency Boards siehe näher z. B. Wolf et al. [2008], Hanke [2002], Ghosh, Gulde und Wolf [1998] sowie Williamson [1995].

Currency Boards wurden vor allem in der zweiten Hälfte des 19. Jahrhunderts und in der ersten Hälfte des 20. Jahrhunderts in den damaligen britischen Kolonien praktiziert. Nach der Verselbstständigung der Kolonien verschwanden jedoch die Currency Boards wieder. Erst in den 1980er und 90er Jahren wurden Currency Board Systeme wieder eingeführt, so in Hongkong 1983, in Argentinien 1991, Estland 1992 und Litauen 1994. Auch für andere Länder, deren Geldpolitik national und international wenig Vertrauen genoss (wie z. B. Bulgarien oder Bosnien), wurden Mitte der 1990er Jahre Currency Board Systeme vorgeschlagen und teilweise auch eingeführt. In den letzten Jahren jedoch wurde, als Lehre aus der Asienkrise 1997/98 (vgl. dazu den Abschnitt II im 1. Teil) und den nachfolgenden Krisen in Lateinamerika (auch in Argentinien) und Osteuropa, eine noch härtere „Ecklösung" der Wechselkursbindung propagiert, nämlich „Dollarisierung". Deswegen, und da das Currency Board System und Dollarisierung viele Gemeinsamkeiten aufweisen, wird im Folgenden nur Dollarisierung näher erläutert. Unter „Dollarisierung" versteht man die Abschaffung der nationalen Währung zugunsten der offiziellen Einführung einer „harten" Währung wie den Dollar oder den Euro als gesetzliches Zahlungsmittel[429]. Die grundsätzliche Logik dieser Lösung ist die Folgende: Wenn ein Mangel an Glaubwürdigkeit ein entscheidender Faktor für die Währungskrisen der jüngsten Vergangenheit war, dann liegt die Schlussfolgerung nahe, die Glaubwürdigkeit eines fixierten Wechselkurses mit allen Mitteln zu erhöhen, um ähnlichen Entwicklungen bestmöglich vorzubeugen. Die Erfahrungen der letzten Jahre zeigen, dass spekulative Attacken sowie ein plötzlicher Vertrauensverlust des Marktes in die Stabilität eines Fixkurssystems umso weniger befürchtet werden müssen, je glaubwürdiger ein Wechselkurs fixiert ist. Die Dollarisierung (bzw. Euroisierung) einer Ökonomie kann in dieser Hinsicht genauso wie ein Currency Board System als Maximierung der Glaubwürdigkeit interpretiert werden.

Einzelne Aspekte

Die offizielle Dollarisierung einer Ökonomie erfordert zwei Schritte[430]. Erstens ist die gesamte monetäre Basis eines Landes aus dem Zahlungsverkehr zu ziehen, indem sie bei der Zentralbank zu einer festgelegten Umtauschrelation in Dollar eingetauscht wird. Der Dollar erhält darauf den Rang des alleinigen gesetzlichen Zahlungsmittels. Zweitens sind alle Verträge (Kreditverträge, Bankeinlagen) in einheimischer Währung in Verträge in Dollar zu transformieren. Die dabei verwandte Parität muss jedoch nicht notwendigerweise mit der Relation übereinstimmen, zu der die Dollarisierung der monetären Basis erfolgt. Als geld- und wechselkurspolitisches Arrangement für Entwicklungsländer wird Dollarisierung in der Regel als einseitiges Vorgehen verstanden. Die dollarisierende Ökonomie übernimmt den Dollar als offizielles Zahlungsmittel ohne Verhandlung mit der Federal Reserve. Aus diesem Vorgehen folgt unmittelbar, dass das dollarisierende Land ohne Einfluss auf die geldpolitischen Beschlüsse der Fed bleibt. Eine eigenständige, autonome Geldpolitik wird

---

[429] Zu den Verfechtern der Dollarisierung für die Schwellenländer zählen beispielsweise Calvo und Reinhart [2001] und Dornbusch [2001].
[430] Vgl. Chang [2000].

dabei (wie auch bei einem Currency Board System) bewusst aufgegeben. Die geldpolitischen Befugnisse werden implizit der Fed übergeben[431].

Die Etablierung möglichst weitreichender Politikglaubwürdigkeit wird in der Regel als wesentliches Argument zugunsten der Dollarisierung angeführt. Insofern ist die Dollarisierung (wie auch die Einführung eines Currency Board Systems) nur für Länder relevant, die nicht in der Lage sind, eigenständig Politikglaubwürdigkeit aufzubauen, sondern auf deren Import angewiesen sind. Dieser Gewinn an Glaubwürdigkeit ist jedoch nicht als eindeutig vorteilhaft zu werten, da er mit dem völligen Verzicht auf Politikflexibilität erkauft wird. Die vermeintliche Stärke der Dollarisierung, ihre Irreversibilität, kann in diesem Kontext ebenso als Schwäche betrachtet werden. Letztendlich beruht der Glaubwürdigkeitsgewinn auf der durch die Dollarisierung erzwungenen Politikdisziplin. Je härter die Wechselkursfixierung ist, desto konsequenter ist die Geldpolitik dem Wechselkursziel unterzuordnen und desto weniger Raum bleibt folglich für das Verfolgen weiterer geldpolitischer Ziele. Die Überantwortung der Geldpolitik an die Fed im Zuge der Dollarisierung einer Ökonomie kann als letzte Stufe dieses Prozesses interpretiert werden. Jede Möglichkeit, eigene geldpolitische Ziele zu verfolgen, wird eliminiert.

Insbesondere für Länder, die aufgrund mangelnder Politikglaubwürdigkeit in der Vergangenheit bereits schweren spekulativen Attacken ausgesetzt waren oder eine hohe und variable Inflation aufweisen, kann die Dollarisierung eine geeignete Strategie darstellen. Die im Wesentlichen im Verlust der Politikflexibilität bestehenden volkswirtschaftlichen Kosten der Dollarisierung (vgl. unten) sinken außerdem, wenn die ökonomischen Störungen und die Konjunkturzyklen des dollarisierenden sowie des Ankerwährungslandes eine hohe positive Korrelation aufweisen.

Die offizielle Dollarisierung wird zudem umso eher zu einer relevanten Alternative, je stärker der Dollar bereits als inoffizielle Parallelwährung genutzt wird. Insbesondere eine hohe, nicht-kursgesicherte Auslandsverschuldung in Dollar des Unternehmens- und Bankensektors kann den Wert des nominalen Wechselkurses als Politikinstrument erheblich einschränken. Abwertungen als Reaktion auf adverse Schocks bergen nun die Gefahr, dass es zu einer Outputkontraktion kommt, da die Verbindlichkeiten von Unternehmen und Banken in einheimischer Währung steigen und infolgedessen Insolvenzen drohen[432].

Die Entscheidung zugunsten der Dollarisierung (oder auch eines Currency Board Systems) sollte jedoch an einige Vorbedingungen geknüpft werden[433]. Essenziell ist

---

[431] Theoretisch ist natürlich auch der Fall denkbar, dass die Dollarisierung in Abstimmung mit der Fed erfolgt, und dem betreffenden Land Sitz und Stimme im Entscheidungsgremium der Fed eingeräumt wird. Angesichts der politischen Realitäten wird dieser Fall hier jedoch nicht näher betrachtet.

[432] Dieses Argument der „liability dollarization" wird vielfach als wesentliches Argument zugunsten der Dollarisierung angesehen, vgl. z. B. Calvo und Reinhart [2001] und Berg und Borensztein [2003].

[433] Die folgenden Vorbedingungen gelten auch für ein Currency Board System. Eine ausführlichere Diskussion bieten Larrain und Velasco [2001], Mussa u. a. [2000] und Wagner [2000].

ein stabiles Banken- und Finanzsystem. Außerdem sollte der Anteil des Außenhandels, der auf das Land entfällt, dessen Währung offizielles Zahlungsmittel wird, relativ hoch sein. Die Inflationspräferenzen des dollarisierenden Landes sollten ähnlich derjenigen der USA bzw. der Federal Reserve sein. Zudem sollte das dollarisierende Land über möglichst flexible Güter- und Arbeitsmärkte verfügen. Darüber hinaus ist ein hoch entwickeltes Rechtssystem erforderlich, um sicherzustellen, dass rechtliche Bestimmungen und Regelungen eingehalten werden und Beschlüsse, wie die Abschaffung der eigenen Währung, nur auf dem gesetzlich vorgeschriebenen Weg und nicht durch einen willkürlichen Akt wieder rückgängig gemacht werden können.

Kritikpunkte

Gegen die Dollarisierung werden in der Regel zwei Argumente vorgebracht. Erstens wird darauf hingewiesen, dass die Dollarisierung den nationalen Politikern jede Möglichkeit zu einer eigenständigen Geldpolitik nimmt. Dies gilt auch für ein Currency Board System. Zweitens müssen dollarisierende Ökonomien auf die Seigniorage[434] als Finanzierungsquelle verzichten.

- Die Entscheidung, die eigene Währung zugunsten des Dollars abzuschaffen, bedeutet den bewussten Verzicht auf eine eigenständige Geldpolitik. Die geldpolitischen Entscheidungen für das betreffende Land werden fortan in Washington getroffen. Damit begibt sich die dollarisierende Ökonomie jeder Möglichkeit, über die Geldpolitik stabilisierungspolitisch zu agieren. Notwendige, schockbedingte Anpassungen des realen Wechselkurses können nun nicht mehr durch eine Änderung des nominalen Wechselkurses erreicht werden[435], sondern müssen auf dem Wege eines Anstiegs bzw. eines Absinkens des Preisniveaus erfolgen. Aufgrund der damit verbundenen kurzfristigen Schwankungen der ökonomischen Aktivität ist dieser Mechanismus zur Anpassung an Gütermarktschocks sowohl langwieriger als auch mit höheren volkswirtschaftlichen Kosten verbunden als der effiziente Weg über eine Variation des nominalen Wechselkurses. Insbesondere für Länder mit sehr inflexiblen Güter- und Arbeitsmärkten erscheint aus diesem Grund ein flexibler Wechselkurs als bessere Alternative.

- Das zweite im Zusammenhang mit der Aufgabe der geldpolitischen Autonomie gegen die Dollarisierung ins Feld geführte Argument betrifft den völligen Verlust der Seigniorageeinnahmen[436]. Mit der Übernahme des Dollars als gesetzlichem Zahlungsmittel fällt die Seigniorage der US-amerikanischen Öko-

---

[434] Seigniorage ist der reale Ertrag, der einer staatlichen oder privaten Institution dadurch entsteht, dass sie in der Lage ist, Geld zu produzieren und dieses im Tausch gegen Sach- oder Finanzaktiva in Umlauf zu bringen.

[435] Bei kurzfristig rigiden Preisen bewegen sich der nominale und der reale Wechselkurs kurzfristig gleichgerichtet.

[436] Unter Seigniorage versteht man die aus dem staatlichen Monopol über die Bereitstellung von Geld resultierenden Einnahmen. Diese kommen dadurch zustande, dass der private Sektor einen Teil seines Vermögens in Form unverzinslichen Geldes hält. Die Geldschöpfung erfolgt durch den Kauf von Wertpapieren durch die Zentralbank, sodass die Seigniorageeinnahmen den (zukünftigen) Zinszahlungen entsprechen.

nomie zu. Der entstehende Einnahmeverlust kann für Entwicklungsländer deutlich spürbar sein. Der Übergang zur Dollarisierung kann daher erhebliche Ausgabeneinsparungen erzwingen oder Steuererhöhungen bzw. eine verstärkte Verschuldung notwendig machen, wenn das bisherige Ausgabenniveau weiterhin finanziert werden soll.

1.2.5 Eine Steuer auf Finanztransaktionen

Die in den vorherigen Abschnitten dargestellten Vorschläge zur Wechselkursstabilisierung standen im Mittelpunkt der Diskussion der 1980er Jahre um eine inhaltliche Ausfüllung der internationalen Koordinierung von Wirtschaftspolitik. Sie fanden ansatzweise auch Berücksichtigung in Gipfelvereinbarungen der Finanzminister wie auch der Staats- und Regierungschefs. (Man denke hierbei an das „Plaza-" und das „Louvre-Abkommen" und ihre Bestätigung auf den nachfolgenden Weltwirtschaftsgipfeln; siehe im 2. Teil oben.) Deswegen wurden sie hier auch etwas ausführlicher behandelt. Es gibt jedoch, wie wir sahen, starke Bedenken hinsichtlich der Vorteilhaftigkeit wie auch der Durchsetzbarkeit dieser Vorschläge. Folglich werden auch noch andere Vorschläge als alternative Wege einer Wechselkursstabilisierung diskutiert[437]. Insbesondere ein rein institutioneller Vorschlag, der bekannt ist unter dem Namen „Tobin-Steuer", hat bereits zu Beginn der 1980er Jahre starke Beachtung gefunden und erfährt in den letzten Jahren neue Aufmerksamkeit[438]. Insbesondere nach der globalen Finanzkrise 2007–2009 wurde diese Steuer weltweit stark diskutiert und ihre Einführung in der EU vorbereitet (siehe unten).

Die Argumentation zugunsten der im Folgenden dargestellten Tobin-Steuer basiert auf folgender Logik. Eine gravierende Auswirkung der Globalisierung ist die zunehmende Kursvolatilität an den Finanzmärkten. Durch den technischen Fortschritt im internationalen Informations- und Kommunikationswesen sind Finanztransaktionen einfacher und weniger kostspielig geworden. Dies hat die internationale Spekulationstätigkeit stark angeregt. Es kann zu Blasenentwicklungen auf den Aktienmärkten (wie Ende der zwanziger Jahre und Ende der 1990er Jahre) kommen, und wenn diese Spekulationsblasen platzen, kann dies zu großen wirtschaftlichen Rezessionen führen. Die internationale Spekulationstätigkeit erzeugt große negative Externalitäten für die Allgemeinheit: Die Spekulationen verzerren die Marktsignale für Handel und langfristige Investitionen. Es kommt zu Fehlinvestitionen. Außerdem verleiten die verzerrten Marktsignale die Geldbehörden zu „falschen" Reaktionen, wodurch wiederum Spillover-Effekte auf andere Länder ausgelöst werden. Mit den bisherigen Institutionen können solche Externalitäten anscheinend nicht hinreichend internalisiert werden. Folglich wird seit einiger Zeit nach neuen institutionellen Lösungen gesucht. In den letzten Jahren wurde daher erneut die „*Tobin*-Steuer"

---

[437] Auch die unten in Abschnitt 2 unter dem Stichwort „Vorschläge zur Preisniveaustabilisierung" diskutierten Konzepte beanspruchen, gleichsam als Nebeneffekt, die Wechselkursschwankungen reduzieren zu können (siehe unten).

[438] Vgl. z. B. Eichengreen [2000], Frenkel und Menckhoff [2000a], Mannaro et al. [2008] sowie Rosser et al. [2012].

ins Zentrum gerückt[439]. Hintergrund und Konzeption dieses Vorschlags werden im Folgenden näher erläutert.

Grundvorstellung

Hintergrund für diesen Vorschlag ist die Ansicht, dass weder die ‚first best' (die allerbeste) noch die ‚second best' (die zweitbeste) Lösung dieses Problems realisierbar ist. Die ‚first best'-Lösung würde in einer Währungsunion, weltweit oder zumindest zwischen den G7 Ländern, bestehen. Während so etwas für die Europäische Union vorstellbar ist, ist eine gemeinsame Währung darüber hinaus derzeit utopisch. Die Schaffung einer Währungsunion mit einer gemeinsamen Währung wäre ohne die nötigen institutionellen Voraussetzungen – wozu neben ungehinderter Faktormobilität auch gemeinsame Gesetze, Gerichte, Steuern, Verordnungen, Zollverfahren usw. zählen – zum Scheitern verurteilt. Die politischen und kulturellen Unterschiede zwischen Europa, Japan und Nordamerika sind derzeit noch viel zu groß, als dass diese notwendigen institutionellen Voraussetzungen geschaffen werden könnten.

Doch auch die ‚second best'-Lösungen, wie z. B. der Vorschlag von Williamson mit seinem ausgeklügelten, weltumspannenden System monetärer und fiskalischer Feinabstimmung, erscheinen etwas realitätsfremd. Wirtschaftliche Großmächte werden sich nicht in die notwendige Disziplin einbinden lassen. Außerdem sind auch vereinbarte feste Wechselkurse zwischen den Landeswährungen, die durch Marktinterventionen der Notenbanken aufrechterhalten werden müssten, nicht unbedingt stabil. Sobald die Devisenreserven einzelner Länder aufgebraucht und die Kreditzusagen beansprucht sind, werden die Wechselkurse zwangsläufig geändert. Solange aber solche Paritätsänderungen möglich, ja unvermeidbar sind, werden private Wirtschaftssubjekte immer auf solche Änderungen *spekulieren*. Dies gilt für ein System fester, aber anpassungsfähiger Wechselkurse im Prinzip genauso wie für ein System flexibler Wechselkurse. In beiden Systemen kommt es zu Spekulationen auf Auf- und Abwertungen. Der Unterschied besteht darin, dass in einem System vereinbarter fester Wechselkurse – mit oder ohne Schwankungsbreiten – die Paritätsänderungen in zeitlich größeren Abständen erfolgen. Dafür lösen sie aber regelmäßig größere finanzielle und (innen-)politische Krisen in den Ländern aus, die zu Abwertungen gezwungen sind.

Wenn aber weder die ‚first best'-Lösung noch sogenannte ‚second best'-Lösungen realisierbar sind, was wäre dann die Alternative? Dies kommt darauf an, was als das gravierende Problem bzw. als dessen Ursache angesehen wird. Eine plausibel klingende Erklärung rückt „Spekulationstätigkeit" in den Mittelpunkt der Betrachtung. Wie im 1. Teil oben erläutert, sind in den letzten Jahren gravierende strukturelle Änderungen, was den technischen Fortschritt im internationalen Infor-

---

[439] Dieser Vorschlag findet auch in verschiedenen Regierungskreisen Unterstützung. So hat sich zum Beispiel die französische Regierung in den letzten Jahren häufiger für eine europaweite Steuer auf Finanztransaktionen zur Bekämpfung der finanziellen Volatilität ausgesprochen. Vor allem nach der Finanzkrise (2007–2009) erhielt dieser Vorschlag wie gesagt weltweit zunehmend Zuspruch.

mations- und Kommunikationswesen anbelangt, eingetreten. Diese Änderungen haben dazu geführt, dass Devisen- und allgemein Finanztransaktionen einfacher und billiger geworden sind. Dies wiederum hat die internationale Spekulationstätigkeit stark angeregt. Rüdiger Dornbusch schrieb bereits 1988[440]:

„Jeder Beobachter der Finanzmärkte wird bereitwillig folgenden Aussagen beipflichten: Die durch technische Entwicklungen bewirkte Beseitigung der Transaktions- und Informationskosten haben das Gesichtsfeld der Händler auf wenige Stunden beschränkt. Die Finanzmarktteilnehmer glauben, sie seien liquid. Die Transaktions- und Informationstechnik ermutigt diese Ansicht, auch wenn sie irrig ist. Die langfristigen Märkte trocknen aus, da sie als zu riskant betrachtet werden. Die Anlagepolitik zielt fast ausschließlich auf kurzfristige Kapitalgewinne ab.

Die große Kursvolatilität an den Finanzmärkten und die entsprechenden Möglichkeiten für Kapitalgewinne haben die Marktteilnehmer risikofreudiger als je werden lassen."

Es sei hierdurch zu einer „unglücklichen Dominanz der Finanzmärkte (und ihrer Volatilität bzw. Fehlallokation) über den produktiven Sektor" gekommen:

„Die Agenten, welche die Kurse festsetzen, denken höchstens zwei Stunden im Voraus... Ihre Preispolitik aber hat Konsequenzen auf Jahre hinaus. Der Widerspruch könnte nicht größer sein. In dieser Situation riskiert die Geldpolitik, sich in ihren eigenen Auswirkungen zu verstricken. Das Fed[441] spielt strategische Spiele mit dem Markt. Der Markt spekuliert über die Spekulationen des Fed, und am Ende bestimmen momentane Irrlichter und Zwangsvorstellungen anstelle der langfristigen Rahmenbedingungen die Kurse der Finanzaktiven bzw. die Geldpolitik."[442]

Diese Auswüchse erzeugen große negative Externalitäten für die Allgemeinheit: Die Spekulationen verzerren die Marktsignale für Handel und langfristige Investitionen. Es kommt zu Fehlinvestitionen. Außerdem verleiten die verzerrten Marktsignale die Geldbehörden zu „falschen" Reaktionen, wodurch wiederum Spillover-Effekte auf andere Länder ausgelöst werden. Mit den bisherigen Institutionen können solche Externalitäten nicht hinreichend internalisiert werden. Wie James Tobin es bereits vor einigen Jahren ausgedrückt hat „haben die technischen Möglichkeiten die politischen und sozialen Institutionen überrundet"[443]. Folglich ist zur Problembewältigung, wenn die obige Problemanalyse zutreffend ist, eine geeignete institutionelle Ergänzung der derzeit gegebenen Ordnungs- oder Rahmenbedingungen vonnöten. Dabei ist anzumerken, dass es hierbei nur um die mikroökonomische *Ergänzung* einer adäquaten Makropolitik geht, über die hierdurch noch nichts präjudiziert ist (vgl. hierzu im nächsten Abschnitt). Die Einführung einer solchen institutionellen Ergänzung wäre eine sogenannte ‚drittbeste' Lösung, allerdings die beste realisierbare Lösung[444, 445].

---

[440] Vgl. Dornbusch [1988; im Original teilweise kursiv].
[441] „Fed" steht hier für „Federal Reserve Bank", d. h. für die amerikanische Notenbankbehörde.
[442] Vgl. ebda.
[443] Vgl. Tobin [1988].
[444] „Drittbeste" Lösung, weil sie mit höheren Kosten (negativen Nebeneffekten) als die erst- und zweitbeste Lösung verbunden ist. Zu diesen Kosten siehe im Folgenden.
[445] Die Funktion einer solchen institutionellen Ergänzung wäre – bezogen auf die Bekämpfung von erratischen Wechselkursschwankungen – die gleiche, die „Einkommenspolitik" bezogen auf In-

Ein Beispiel für eine solche institutionelle Lösung, die im Folgenden beschrieben wird, ist die sogenannte „Tobin-Steuer".

Konzeption

Die hier vorgestellte institutionelle Lösung besteht in der Einführung einer (geringen) globalen *Steuer auf alle Finanztransaktionen*, d. h. auf Aktien-, Obligationen- und Devisengeschäfte. Diese Lösung wurde vor allem von James Tobin und Rüdiger Dornbusch propagiert sowie in neuerer Zeit von Barry Eichengreen als temporäres Politikinstrument empfohlen[446]. (Diese Steuer wird häufig auch als „Tobin-Steuer" bezeichnet. Tobin selbst spricht nur von einer „Steuer auf Devisentransaktionen".) Der Zweck einer solchen Steuer bestünde darin, den Zeithorizont des Marktes zu erweitern, d. h. die Marktteilnehmer dazu zu bewegen, dem an fundamentalen (langfristigen) Faktoren orientierten Geschäft größeres Gewicht einzuräumen als unmittelbaren Spekulationsgelegenheiten. Zudem soll durch die Schaffung eines größeren Zinsgefälles zwischen den verschiedenen Währungen, das die Einführung einer solchen Steuer nach sich ziehen würde, mehr Freiheit für die nationale Geldpolitik erreicht werden. Hauptzweck ist allerdings der Erstgenannte. Es geht zum einen darum, Ineffizienzen abzubauen: Aufgrund der Spekulationstätigkeit werden knappe Ressourcen für finanzielle Nullsummenspiele verschwendet. Mithilfe einer Transaktionssteuer könnten sie zumindest teilweise auf produktive Kanäle umgelagert werden. Zum anderen geht es darum, Instabilitäten (und damit indirekt als Folgeerscheinung natürlich wieder Ineffizienzen bei der Ressourcenanlage) zu beseitigen. Dabei wird vorausgesetzt, dass durch Spekulation verursachte nominale Wechselkursschwankungen auch zu Änderungen der realen Wechselkurse und darüber zu Ände-

---

flationsbekämpfung ausübt (vgl. bezüglich der Funktion von „Einkommenspolitik" näher Wagner [2014a: 5. Kapitel]). Die Funktion beider bestünde darin, Externalitäten zu internalisieren und so Ineffizienzen abzubauen. Einkommenspolitik kann als „eine vom Staat geschaffene Institution zur Internalisierung von Externalitäten im Zusammenhang mit der Produktion von Preisniveaustabilität" (vgl. Wagner [2014a: 5. Kapitel]) umschrieben werden. Entsprechend würde man die oben angesprochene institutionelle Ergänzung auffassen als vom Staat geschaffene Institution zur Internalisierung von Externalitäten im Zusammenhang mit der Produktion von Aktien- und Wechselkursstabilität. Sowohl Preisniveaustabilität als auch Aktien- und Wechselkursstabilität ist jeweils ein öffentliches bzw. Kollektivgut. Sofern etwa ein Marktsystem mit wahldemokratischem Überbau einen Inflationsbias aufweist, würde vieles für die Einführung einer „marktorientierten Einkommenspolitik" sprechen (vgl. Wagner [1990a, b] sowie Wagner [2014a: 5. Kapitel]). Entsprechend spricht vieles für eine institutionelle Ergänzungslösung, wenn in einem hoch entwickelten Marktsystem mit grenzüberschreitenden Informationskosten von nahe Null endogene Aktien- und Wechselkursinstabilitäten auftreten. Die entscheidenden Fragen sind, ob solche Instabilitäten wirklich existieren (siehe näher hierzu in Abschnitt II.2 des 1. Teils oben), ob eine entsprechende institutionelle Ergänzungslösung – auf dem „Reißbrett" – vorhanden ist, welche Kosten (negative Nebeneffekte) sie verursacht und ob sie politisch durchsetzbar ist.

446 Vgl. Tobin [1978; 1988], Dornbusch [1986; 1988] und Eichengreen [2000]. Vgl. aber ansatzweise auch schon Modigliani [1973]. Tobin betont, dass dieser Vorschlag „keine ideale, dafür aber eine *realistische Lösung*" anbietet. Eine umfassende Diskussion der Konzeption der Tobin-Steuer bieten Haq et al. [1996].

rungen anderer realer Faktoren führen (siehe hierzu näher in Abschnitt II.2 des 1. Teils oben)[447].

Eine Abgabe von 1 % auf Devisentransaktionen entspricht, wie Tobin hervorhebt, einem Unterschied von 8 % Jahreszins auf Dreimonatswechsel. Dies müsste für alle Spekulanten abschreckend wirken. Bei einem langfristig orientierten Portfolio oder bei grenzüberschreitenden Direktinvestitionen dagegen würde diese Abgabe kaum ins Gewicht fallen. Dies ist ein ganz wichtiger Punkt. Es ist ja nicht eine Dämpfung des Warenhandels beabsichtigt, sondern nur eine der Kapitalbewegungen. Auf jeden Fall wäre die Abgabe zu gering, um protektionistisch zu wirken. Letzteres wird gelegentlich als Kritikpunkt an diesem Steuervorschlag angeführt.

Als Reaktion auf die globale Finanzkrise und europäische Staatsschuldenkrise wurde wie gesagt die Tobin-Steuer wieder Zunehmens als wirtschaftspolitisches Instrument diskutiert. Die Europäische Kommission hat 2011 vorgeschlagen eine Finanzmarkttransaktionssteuer einzuführen, um unerwünschtes Fehlhalten zu begrenzen und so die Finanzmärkte zu stabilisieren. Das wesentliche politische Motiv war dabei die Finanzinstitute an den Kosten der Rettungsaktionen der globalen Finanzkrise zu beteiligen.[448] Jedoch scheiterte die Einführung einer EU- oder Euroweiten Einführung der Finanzmarkttransaktionssteuer damals an dem Widerstand mehrerer Mitgliedsstaaten. Daraufhin verpflichteten sich die übrigen 11 Mitgliedsländer eine Finanzmarkttransaktionssteuer einzuführen.

Kritikpunkte

Der Kritikpunkt, der an dieser Steuerlösung am häufigsten angebracht wird, ist ordnungspolitischer Natur. Er betrifft den mit der Steuer verbundenen *„verzerrenden" Eingriff in den freien Marktverkehr*, der selbst wieder negative Auswirkungen auf die makroökonomischen Zielgrößen auslösen würde. Darauf wurde oben schon implizit hingewiesen, als von einer „drittbesten Lösung" gesprochen wurde. Weitere zentrale Kritikpunkte, die an dieser Steuerlösung geübt werden, sind die folgenden:

- Bei der Einführung einer solchen Steuer fallen *Kosten (Aufwand an Ressourcen)* an. Dieser Einwand trifft aber auf jede Institutionenbildung zu. Insofern muss man vor der Einführung jeder Institution erst einmal eine Kosten-Nutzen-Analyse durchführen. Bei der obigen Transaktionssteuer dürften allerdings die Einführungskosten gegenüber dem oben erläuterten Nutzen, der sich in einer Verringerung der Verschwendung von Ressourcen äußert, relativ gering sein.

- Wie bei jeder Besteuerung würde es natürlich auch hier zu *Umgehungsversuchen* kommen. So würden Geschäfte einfach in „Steueroasen" abgewickelt.

---

[447] Die Idee einer solchen Transaktionssteuer ist im Übrigen nicht neu. Schon Keynes wies in seiner „Allgemeinen Theorie" [1936: Kapitel 12] darauf hin, dass der Markt eher kurzfristige Kapitalgewinne als langfristige Anlagerenditen sucht, und dass eine Transaktionssteuer den Einfluss langfristiger Überlegungen auf die Börsenkurse verstärken könnte. Das Gleiche gilt aber auch für Devisenmärkte.

[448] Vgl. Grahl und Lysandrou [2014].

Hierzu kann man Folgendes anmerken: Einmal tritt das gleiche Problem auch bei anderen Steuererhebungen, etwa in internationalen Unternehmungen, auf. Keiner würde so weit gehen, deswegen dort jegliche Lenkungsfunktion der Besteuerung zu bestreiten. Zum anderen und wichtiger kann man die Effizienz einer Transaktionssteuer-Lösung wesentlich dadurch erhöhen, dass man *international koordiniert* diese Steuer in möglichst vielen Staaten einführt. Hierbei ist erwähnenswert, dass es schon in einigen Ländern, darunter Japan und die Schweiz, seit einiger Zeit eine Besteuerung von Finanztransaktionen gibt. Ein anderer, mehr theoretischer Einwand gegen die *Tobin*-Steuer-Lösung gründet auf der Unterscheidung zwischen stabilisierender und destabilisierender Spekulation. Demzufolge ist es nicht sinnvoll, Spekulationstätigkeit generell zu bekämpfen, sondern nur, destabilisierende Spekulationen zurückzudrängen. Manche Spekulationstätigkeit wirkt nämlich stabilisierend und ist dann auch erwünscht[449]. Die Schwierigkeit besteht allerdings darin, ex ante stabilisierende von destabilisierender Spekulation abzugrenzen.

2. Vorschläge zur Preisniveaustabilisierung

Auch die Einführung einer Steuer auf Finanztransaktionen würde es nicht überflüssig machen, dass die Regierungen der Gipfelstaaten ihre Politik (weiterhin) koordinieren. Selbst wenn, wie oben behauptet, feste Wechselkurse heutzutage nicht wünschenswert oder nicht mehr realisierbar sind, so bedarf es aber doch eines „nominellen Ankers". Dies muss durch eine bestimmte nominelle Regel gewährleistet werden[450]. Die Zielsetzung einer solchen Regel kann unterschiedlich sein (vgl. näher Wagner [2014a: 3. Kapitel]). Im Folgenden werden drei verschiedene Vorschläge betrachtet, die in den letzten Jahrzehnten im Rampenlicht der akademischen Diskussion gestanden haben. Es handelt sich hierbei erstens um den Vorschlag, die Wachstumsrate der Geldmenge zu verstetigen, zweitens um den Vorschlag, die Wachstumsrate oder das Niveau des nominellen Bruttoinlandsprodukts zu stabilisieren sowie drittens um die neuere Strategie der direkten Inflationssteuerung (Inflation Targeting). Alle diese Vorschläge zielen darauf, direkt das Preisniveau zu stabilisieren und indirekt auch das Ausmaß der Wechselkursschwankungen zu reduzieren.

2.1 Geldmengenregel

2.1.1 Grundvorstellung

Der „traditionelle Monetarismus"[451], vertreten etwa durch Milton Friedman und Karl Brunner, lehnt jede aktiv(istisch)e Politik als potenziell destabilisierend ab.

---

[449] Vgl. Wagner [2014a: 197 f.].
[450] Ob diese Regel nun passiv oder aktiv, langfristig oder kurz- bis mittelfristig (mit diskretionären Anpassungsmöglichkeiten) angelegt ist, ist ein anderes Entscheidungsproblem, zu dem weiter unten noch einiges gesagt werden wird.
[451] Der Begriff „Monetarismus" wird sehr unterschiedlich verstanden. Siehe z. B. Ehrlicher und Becker [Hrsg., 1978]. Auch geht das inzwischen geflügelte Wort des bekannten MIT-Ökono-

Dies hatte ich oben in Abschnitt II.2.1 schon erläutert. Von daher sind den Vertretern des Monetarismus auch die obigen Vorschläge einer Wechselkursstabilisierung von Williamson und von McKinnon verdächtig. Beide Vorschläge beinhalten aktive und teilweise auch diskretionäre Interventionen des Staates in das Wirtschaftsgeschehen. Dies trifft auf den Williamson-Vorschlag noch mehr zu als auf den McKinnon-Vorschlag[452]. Doch auch die Konzeption von McKinnon, die u. a. als „Weltmonetarismus in Form einer wechselkursorientierten Geldpolitik" (Dornbusch) bezeichnet worden ist, sieht aktive Eingriffe nationaler Behörden in den Wirtschaftsablauf vor. Solche Eingriffe erhöhen jedoch nach Ansicht der Vertreter des traditionellen Monetarismus die Unsicherheit und verstärken sogar tendenziell die Wechselkursschwankungen. Die durch staatliche Eingriffe ausgelöste Unsicherheit wird als „das *Kernproblem* unserer währungspolitischen Situation"[453] angesehen. Aktive Politik ist immer unstete Politik. Eine unstete Politik steigere aber unweigerlich die von Natur aus bestehenden Unsicherheiten. Folglich würden die Erwartungen auf den Finanz- und Devisenmärkten oft mehr oder weniger große Veränderungen zeigen. Dies würde sich in den Preisbewegungen an Aktien- und Devisenmärkten niederschlagen.[454]

Notwendig sei deshalb – zur Stabilisierung der Währungsrelationen – eine langfristig orientierte und in sich konsistente wirtschaftspolitische, vor allem geldpolitische Strategie. Sie müsste so formuliert sein, dass sie klar und leicht verständlich ist und über einen längeren Zeitraum ein leicht voraussagbares Verhalten der Zentralbank ermöglicht. Nur dadurch könne das ‚Kernproblem' der Unsicherheit beseitigt werden; und nur auf diese Weise könnten letztlich Kursbewegungen gedämpft werden[455].

---

men und Nobelpreisträgers Franco Modigliani um, der schon 1977 gesagt hatte: „Wir sind heute alle Monetaristen". Von daher ist es notwendig zu betonen, dass ich hier unter „traditionellem Monetarismus" die Monetarismus-Version von Milton Friedman und Karl Brunner verstehe.

452 Dagegen wird die Einführung einer Steuer auf Finanztransaktionen von Monetaristen in der Regel als „protektionistische Maßnahme" abgelehnt.

453 Vgl. Brunner [1988].

454 Von daher drücken auch reale Wechselkursschwankungen nach Ansicht der „Neuklassiker" (d. h. moderne Monetaristen) nicht unbedingt „Misalignments" oder „falsche" Kursanpassungen aus. Sie können stattdessen bestimmt sein durch „rational" begründete Erwartungen der Marktteilnehmer über die zukünftige Entwicklung jener Volkswirtschaften, um deren bilateralen Wechselkurs es geht. Wenn nämlich heute neue Informationen über zukünftige Entwicklungen aufkommen, die die Marktteilnehmer zur „rational" begründeten Erwartung veranlassen, dass der Wert einer Währung in der Zukunft sinken wird, so wird diese Währung schon heute abgewertet, da die Marktteilnehmer sofort dementsprechend reagieren werden. Denn nur wer rechtzeitig reagiert (vor oder auf jeden Fall nicht nach den anderen Marktteilnehmern) kann Gewinne erzielen bzw. Verluste vermeiden. „Rational" bezieht sich hier auf das in der modernen Makroökonomie dominierende Konzept ‚rationaler Erwartungsbildung' (vgl. dazu z. B. Wagner [2014a: 33 ff.]). „Rationale Erwartungen" bedeutet nicht – wie häufig unterstellt – richtige oder zutreffende Erwartungen, da Erwartungsunsicherheit nicht geleugnet wird. Stattdessen drückt es aus, dass keine systematisch (immer wieder auftretende) falsche Verarbeitung der objektiv zur Verfügung stehenden Informationen stattfindet. Rationale Erwartungen sind deshalb die unter den gegebenen Informationsrestriktionen „bestmöglichen" Erwartungen.

455 Vgl. Brunner [1988].

Während „hard-line-Monetaristen" wie Milton Friedman flexible Wechselkurse lange Zeit als sine-qua-non-Bedingung wirtschaftlicher Stabilität betrachteten, hat sich dieses Verständnis in den letzten Jahrzehnten bruchstückweise aufgelöst. Heute werden feste Wechselkurse (mit Bandbreiten), was Interventionen auf dem Devisenmarkt voraussetzt, von Monetaristen nicht mehr generell abgelehnt. Sondern es wird von einer möglichen Verbindung von festen Wechselkursen und der vorgeschlagenen Geldmengenregel gesprochen. (Dabei wird davon ausgegangen, dass wiederum die USA „als bedeutende Wirtschaftsmacht" für eine Neugestaltung der internationalen Währungspolitik verantwortlich sein sollte – was heißt, dass die USA wie schon im Bretton-Woods-System wiederum die Rolle des Leitwährungslandes übernehmen sollten[456].) Es wird dabei unterstellt, dass sich feste und flexible Wechselkurse nur in ihrer „Risikoproblematik" unterscheiden[457].

Dagegen hatten noch die Kritiker des Bretton-Woods-Systems in den 1950er und 1960er Jahren, wie Milton Friedman, Harry G. Johnson und Egon Sohmen[458], grundsätzlich die Funktionsfähigkeit einer Wechselkursunion bezweifelt. Sie verwiesen dabei auf den inneren Widerspruch zwischen der Vereinbarung fester Wechselkurse und der Aufrechterhaltung unterschiedlicher Zielvorstellungen bezüglich der Preisentwicklung in den einzelnen Teilnehmerländern. Dieser Widerspruch könnte nur durch ein System vollkommen flexibler Wechselkurse vermieden werden. (Zu ihrer positiven Begründung der Vorteilhaftigkeit flexibler Wechselkurse siehe oben in Abschnitt 1.1.2.) Außerdem würde, wie Friedman betont hat[459], es den Zentralbanken der Einzelstaaten aus politischen Gründen nicht gestattet sein, ihre Beschlüsse einzig und allein davon bestimmen zu lassen, den Wechselkurs ihrer Währung auf dem vereinbarten Stand zu halten. Der Druck, die Geldpolitik für innenpolitische Ziele zu nutzen, würde sich immer wieder durchsetzen. Und wenn das passiert, würde das Wechselkurssystem instabil.

2.1.2 Konzeptionen

Der wirtschaftspolitische Vorschlag der Monetaristen läuft auf eine der Öffentlichkeit rechtzeitig angekündigte Verstetigung des Geldmengenwachstums hinaus. Der traditionelle und gleichzeitig bekannteste Vorschlag zur Verstetigung des Geldmengenwachstums stammt von Milton Friedman[460]. Er sieht eine längerfristig konstante Wachstumsrate der Geldmenge vor. Die erwünschte, da mit Preisniveaustabilität vereinbare Höhe der Wachstumsrate erhält man, wenn man vom langfristigen Trend des realen volkswirtschaftlichen Wachstums den langfristigen Trend der Veränderung der Geldumlaufgeschwindigkeit abzieht. Dies folgt direkt aus der so-

---

[456] Vgl. ebda sowie Äußerungen des amerikanischen „Shadow Open Market Committee" (eines Zusammenschlusses monetaristischer amerikanischer Geldtheoretiker, die sich als eine kritische „Gegeninstitution" zur amerikanischen Zentralbankpolitik verstehen).
[457] Vgl. ebda.
[458] Vgl. Friedman [1953], Johnson [1969] und Sohmen [1969].
[459] Friedman [1990: 14].
[460] Vgl. Friedman [1960].

genannten „Quantitätsgleichung". Hierbei wird angenommen, dass der langfristige Trend der Geldumlaufgeschwindigkeit stabil ist.

Quantitätsgleichung

Die „Quantitätsgleichung" drückt die Identität $MV \equiv PY$ aus, wobei M die nominale Geldmenge, V die Geldumlaufgeschwindigkeit, P das Preisniveau und Y das reale Sozialprodukt bezeichnet. Die Geldgeschwindigkeit gibt an, wie oft eine Geldeinheit pro Periode umgesetzt wird, um Gütertransaktionen zu finanzieren. Umgestellt kann man auch schreiben $P \equiv (MV)/Y$. Wenn man nun die Geldumlaufgeschwindigkeit V als konstant unterstellt, darf die Geldmenge M nur so stark steigen, wie das reale Sozialprodukt wächst, um zu erreichen, dass das Preisniveau P stabil bleibt.

Nun hat jedoch die Geldumlaufgeschwindigkeit („V") in den 1980er Jahren stark geschwankt, und die Trendentwicklung hat sich gegenüber den 1960er und 1970er Jahren umgekehrt. Anders gesagt, der langfristige Trendverlauf der Geldumlaufgeschwindigkeit erwies sich im Gegensatz zu den Annahmen der „traditionellen" Monetaristen als nicht stabil. Dies war der Grund dafür, dass prominente Vertreter des Monetarismus wie Allan H. Meltzer und Bennet McCallum in den 1980er Jahren von der Friedman-Regel abgingen und „flexiblere" Geldmengenwachstumsregeln vorgeschlagen haben.

So schlug Meltzer vor[461], in der festzulegenden Wachstumsrate der Geldmenge die jeweils durchschnittlichen Änderungen des realen Sozialprodukts und der Geldumlaufgeschwindigkeit der Vorperioden zu berücksichtigen. Der Vorschlag von McCallum dagegen sah vor, die angestrebte Wachstumsrate der Geldmenge als Summe aus einer konstanten Größe und einem von der Entwicklung des Bruttosozialprodukts abhängigen Faktor zu bestimmen[462]. Beide Vorschläge sind im Gegensatz zur Friedman-Regel keine passiven, sondern aktive oder „Feedback"-Regeln. Wichtig bei diesen beiden Regeln ist, dass sie sich nicht wie die meisten anderen „aktiven" Regeln auf Vorhersagen stützen, sondern sich Veränderungen in der Vergangenheit *nachträglich* anpassen. Dies soll der Zentralbank Zeit geben, herauszufinden, was die Ursachen für die Änderungen sind. Insofern fallen die von Meltzer und McCallum vorgeschlagenen Regelvarianten – so die Behauptung ihrer Vertreter – nicht in die Rubrik Unsicherheit erhöhender, aktiver Politikstrategien.

Was die gleichzeitig angestrebte Verringerung der Wechselkursschwankungen anbelangt, so ist der adäquate Ansatzpunkt nach Ansicht der traditionellen Monetaristen nicht eine Reform des Weltwährungssystems, sondern eine bessere freiwillige Abstimmung der nationalen Wirtschaftspolitiken. Die einzelnen Länder sollten sich darauf einigen, dass jedes von ihnen seine Geldpolitik (und seine Haushaltspolitik)

---

[461] Vgl. näher Meltzer [1987]. Einen ähnlichen Vorschlag lieferte auch Thomas Mayer [1987].
[462] Vgl. näher McCallum [1987].

nach selbst gewählten, mittelfristig angelegten Stabilitätsregeln durchführt. Auf diese Weise könnte die Gefahr einer lang andauernden realen Verzerrung der Währungsrelationen gebannt werden[463].

2.1.3 Kritikpunkte

Die wesentlichen Kritikpunkte, die an der obigen Geldmengenregel geäußert wurden, betreffen:

- die mangelnde Steuerbarkeit des Geldangebots und
- die unzureichende Beeinflussbarkeit der makroökonomischen Endziele.

Mangelnde Steuerbarkeit des Geldangebots

Zielsetzung der obigen Geldmengenregel ist es, über eine Stabilisierung des Geldangebotswachstums die makroökonomischen Endziele Output, Beschäftigung und Preisniveau zu stabilisieren. Erste Voraussetzung hierfür ist, dass die Geldbehörde überhaupt in der Lage ist, das Geldangebot hinreichend genau zu steuern. Doch schon hier sind Zweifel anzumelden. Die Geldbehörde ist unmittelbar nur in der Lage, die sogenannte Zentralbankgeldmenge oder die Geldbasis – hauptsächlich über „Offenmarktoperationen"[464] – zu steuern. Der für makroökonomische Prozesse wichtige Liquiditätsgrad wird jedoch nicht direkt durch die zur Verfügung stehende Zentralbankgeldmenge bestimmt, sondern durch die das Geldangebot beschreibenden, umfassenderen Größen M1 bis Mx. Diese Geldmengenaggregate sind jedoch mit der Zentralbankgeldmenge nur beschränkt korreliert. Anders gesagt, die einzelnen Geldmultiplikatoren[465] sind nicht stabil und schon gar nicht konstant. Aus diesem Grund wird häufig angeführt, dass sich die Zentralbankgeldmenge nicht als Zwischenziel eigne. Allerdings ist sie, wie gesagt, die einzige Größe, die die Zentralbank einigermaßen genau zu steuern vermag. Perfekt kann die Zentralbank jedoch nicht einmal diese Größe bestimmen, da sie ja nur ein gewisses Zentralbankgeld*angebot* bereitstellen kann. Dieses Angebot entspricht dem theoretischen Konzept der „Geldbasis". Die *Nachfrage* nach Zentralbankgeld kann sie jedoch nur unvollkommen über die Veränderung der Refinanzierungszinsen der Geschäftsbanken beeinflussen. Insofern betonte auch die Deutsche Bundesbank ausdrücklich, dass sie im Gegensatz zu vielen Geldtheoretikern einen entscheidenden Unterschied zwischen dem theoretischen Konzept der Geldbasis und der Zentralbankgeldmenge sieht. Dies betrifft nicht die statistische Abgrenzung zwischen beiden Konzepten, die sehr gering ist, sondern die unterschiedlichen Interpretationen der beiden Konstrukte. Aus der Sicht der Bundesbank war die Zentralbankgeldmenge – ähnlich wie die herkömmlichen Geldmengenaggregate (M1, M2, M3) – nicht von der Bundesbank au-

---

[463] Vgl. z. B. Neumann [1988].
[464] Offenmarktoperationen beinhalten den Kauf oder Verkauf von Wertpapieren durch die Zentralbank am offenen Markt, um den Liquiditätsspielraum der Geschäftsbanken auszuweiten bzw. einzuschränken.
[465] Der Geldmultiplikator bezeichnet das Vervielfachen des Geldes auf Basis des von der Zentralbank ausgegebenen Zentralbankgeldes durch die Geschäftsbanken.

tonom bestimmbar, sondern „das Ergebnis des Geldschöpfungsprozesses, an dem neben der Notenbank zu jedem Zeitpunkt auch die Kreditinstitute und Nichtbanken beteiligt sind."[466]

Unzureichende Beeinflussbarkeit der makroökonomischen Endziele

Selbst wenn die Zentralbankgeldmenge perfekt gesteuert werden könnte, bliebe die Frage, ob es durch eine Verstetigung der Geldversorgung möglich wäre, den Wirtschaftsprozess, d. h. die makroökonomisch relevanten Endzielgrößen Einkommen, Beschäftigung und Preisniveau, zu stabilisieren. Ein geeignetes ‚Zwischenziel' sollte ja nicht nur die Eigenschaft der Steuerbarkeit durch die Politikbehörden besitzen. Weitere erwünschte Eigenschaften sind: 1) Das Zwischenziel sollte eine stabile Beziehung zu den Endzielen aufweisen. (2) Es sollte möglich sein, schneller und zuverlässiger an Informationen über das Verhalten der Zwischenzielvariable zu gelangen als an Daten über das Verhalten der Endzielgrößen. Zumindest Ersteres wurde bei der Geldmenge häufig bezweifelt. Die zentralen Zweifel basieren auf der beobachteten oder behaupteten *Instabilität der Geldumlaufgeschwindigkeit*. Dieser Einwand betrifft insbesondere den Friedman-Vorschlag. Er führte denn auch – wie oben geschildert – zu den Änderungsvorschlägen von Meltzer und McCallum. Doch auch hier muss Folgendes beachtet werden. Eine Verstetigung des Geldangebots ist noch nicht hinreichend für das Erreichen des Preisniveaustabilitäts-Ziels. Sie muss, worauf insbesondere die Erfahrungen mit Inflationsstabilisierungsversuchen in Hochinflationsländern hinweisen, durch eine entsprechende Gestaltung der Finanzpolitik, die Defizite gering hält, ergänzt werden. Im Prinzip sollte, wie moderne Monetaristen betonen, auch die Finanzpolitik nach mittelfristig festgelegten Stabilitätsregeln durchgeführt werden. Hier müssen jedoch die grundlegenden Realisierungsprobleme dieses Vorschlags sowie insbesondere die Abstimmungsprobleme zwischen der Geldpolitik und der Fiskalpolitik berücksichtigt werden.

Was den oben erwähnten Vorschlag anbelangt, wonach die einzelnen Länder sich darauf einigen sollten, dass jedes von ihnen seine Geld- und Haushaltspolitik nach selbst gewählten, mittelfristig angelegten Stabilitätsregeln durchführt, ist schließlich Folgendes anzumerken. Insofern diese nationalen Stabilitätsregeln „passive" Regeln darstellen, würde internationale Politikkoordinierung hier die Verständigung darauf, keine aktive Wirtschaftspolitik zu betreiben, bedeuten. In diesem Fall würde allerdings das erwähnte Problem unzureichender Beeinflussbarkeit der makroökonomischen Endziele bei instabiler Geldumlaufgeschwindigkeit auftreten. Wenn – unter Berücksichtigung dessen – die nationalen Stabilitätsregeln dagegen „aktive Regeln" (wie die Meltzer- oder McCallum-Regel) beinhalteten, bliebe immer noch das oben in Abschnitt I erläuterte Grundproblem internationaler Spillover-Effekte oder Externalitäten ungelöst.

---

[466] Deutsche Bundesbank [1985: 16 f.].

2.2 BIP-Regel

2.2.1 Grundvorstellung

Jede Regelstrategie verfolgt das Ziel, die Unsicherheit über die zukünftige Wirtschaftspolitik zu verringern und damit die Erwartungen aller Teilnehmer am Wirtschaftsgeschehen zu koordinieren bzw. zu stabilisieren. Bei der obigen Friedman-Regel wird dies durch einen Verzicht auf staatliche Eingriffe in den Konjunkturablauf, und zwar in Form eines langfristigen konstanten Geldmengenziels, versucht. Das Ziel kann auf diesem Wege allerdings – wie oben erläutert – nur erreicht werden, wenn erstens das Geldangebot genügend genau steuerbar ist und zweitens so die makroökonomischen Endziele hinreichend beeinflussbar sind. Beides war immer schon von den meisten Ökonomen und Politikern in Zweifel gezogen worden. Diese Regelvariante wurde deshalb auch nie in der Praxis realisiert. Angesichts der Erfahrungen in den 1980er Jahren verstärkten sich diese Zweifel. Ausgangspunkt war, dass sich aufgrund des technischen Fortschritts auf dem Informations- und Kommunikationssektor zunehmend Finanzinnovationen einstellten, die die traditionellen Definitionen der volkswirtschaftlichen Geldmenge aushöhlten und die Zahlungssitten und das Liquiditätsverhalten änderten, was seinerseits das Bewegungsmuster der Umlaufgeschwindigkeit des Geldes destabilisierte. Dies hatte, wie oben beschrieben, zu der Propagierung von Feedback-Regeln durch prominente Monetaristen geführt.

Nun sind diese Feedback-Regeln formal weitgehend identisch mit einer Regelvariante, die die Zuwachsrate des nominellen Bruttoinlandsprodukts (BIP) direkt zu stabilisieren sucht[467]. Diese „BIP-Regel"[468] ist schon Ende der 1970er, Anfang der 1980er Jahre von James Meade, Carl Christian v. Weizsäcker und James Tobin vorgeschlagen worden. Weitere prominente Ökonomen haben Mitte der 1980er Jahre diesen Vorschlag aufgegriffen und leicht modifiziert. Die „BIP-Regel" wird neuerdings wieder favorisiert, z. B. vom Gouverneur der Bank of England Mark Carney.

Ich werde hier nur die *Grundidee* skizzieren[469]. *Zum einen* verweisen die Befürworter der BIP-Regel darauf, dass die Bevölkerung allein an makroökonomischen Endzielen wie Beschäftigung, Output und Preisniveau interessiert sei *und* die Verbindung zwischen Geldangebot und diesen Endzielgrößen nur unzureichend verstünde[470]. Folglich müsste eine Regel direkt an eine Stabilisierung dieser Größen gebunden sein, anstatt über den Umweg eines angekündigten Zwischenziels von Geldmengenaggregaten die Einsicht der Bevölkerung in den Wirkungsprozess zu vernebeln. *Zum anderen* sollen mithilfe einer BIP-Regel Nachfrageschocks besser absorbiert werden, als es mit der Friedman-Regel möglich ist. (Die BIP-Regel wurde ursprünglich als ein Alternativvorschlag zur Friedman-Regel entwickelt.) Bisherige Untersuchungsergebnisse zeigen, dass dies auch in der Regel der Fall ist – allerdings

---

[467] Vgl. Wagner [2014a: 3. Kapitel].
[468] Sie wird auch als ‚Nominal income targeting' oder als ‚nominelle BSP-Regel' bezeichnet. Siehe ebda.
[469] Eine ausführlichere Behandlung siehe ebda.
[470] Siehe hierzu z. B. Tobin [1985].

auf Kosten einer geringeren Absorption bei Angebotsschocks. *Schließlich* sollen den Marktteilnehmern insbesondere am Arbeits- und am Kapitalmarkt verbindliche Signale gegeben werden, sodass diese langfristige Dispositionen gesamtwirtschaftlich „rationaler" treffen können. Vor allem soll den Arbeitnehmern einsichtig gemacht werden, dass der Staat durch seine Politik für ein ganz bestimmtes *nominelles* Nachfragewachstum, das er vorher ankündigt, sorgen wird und dass es Sache der Tarifpartner ist, dafür zu sorgen, dass sich dieses nominelle Wachstum möglichst umfassend in *reales* Nachfragewachstum und nicht in Preissteigerungen umsetzt. Hierdurch soll, wie v. Weizsäcker es ausdrückt[471], die Illusion des „Kaufkraftarguments der Löhne" in den Augen der Arbeitnehmer entkräftet werden. Die herkömmliche Politik der Geldmengensteuerung hätte diesen Aufklärungseffekt über den Zusammenhang zwischen Löhnen und Beschäftigung nicht erreicht.

Nun wird manchmal auch behauptet, dass mithilfe einer BIP-Regel das Problem der starken Wechselkursschwankungen besser gelöst werden könnte[472]. Voraussetzung sei allerdings eine *international koordinierte* Anwendung der BIP-Regel. Wenn zwei Länder eine BIP-Regel verfolgten, würde der Wechselkurs beider Währungen in „ruhigeres Fahrwasser" geraten. Die Begründung hierfür stimmt mit der überein, die Brunner als Ausgangspunkt seines Plädoyers für eine Geldmengenregel (siehe im vorhergehenden Abschnitt) vorgebracht hatte, nämlich dass das ‚Kernproblem unserer währungspolitischen Situation' die durch unstete staatliche Eingriffe ausgelöste Unsicherheit sei. Sofern die BIP-Regel zu einer Voraussagbarkeit der Wirtschaftspolitik beiträgt, trägt sie auch zu stabileren Wechselkursen bei.

2.2.2 Konzeptionen

Es gibt verschiedene Varianten der „BIP-Regel". Die eine setzt als Ziel die Wachstumsrate, die andere das Niveau des nominellen BIP fest. Manche Vertreter propagieren eine langfristige Festlegung im Voraus, während andere nur eine kurz- bis mittelfristige Festlegung mit anschließender Überprüfung und möglicher Änderung der Zielrate bzw. des Zielniveaus bevorzugen. Eine Variante lautet wie folgt[473]: Der Staat (die Regierung und/oder die Notenbank) legt ein dynamisches Ziel bezüglich des nominellen BIP-Niveaus auf mehrere Jahre im Voraus fest. Das Ziel-BIP wäre dann zum Beispiel jedes Jahr um einen gewissen festen Prozentsatz, sagen wir 5 %, höher als im Jahr zuvor. Die nominellen Zielwerte würden also für die kommenden Jahre feststehen. Dies würde es ermöglichen, unvermeidliche Zielverfehlungen im BIP-Zuwachs eines Jahres im kommenden Jahr auszugleichen. Wenn das BIP in einem Jahr nur um 4 % statt der geplanten 5 % wachsen sollte, so würde dies zu einem Wachstumsziel von 6 % im darauf folgenden Jahr führen. Durch diese Korrektur von Zielverfehlungen würden diese sich nicht kumulieren. Insofern trifft nach den Vertretern dieser Regelvariante auf diese auch der gelegent-

---

[471] Vgl. Weizsäcker [1988]. Der zweite Aspekt der Grundidee wird vor allem von v. Weizsäcker in den Vordergrund gestellt.
[472] Vgl. ebda.
[473] Vgl. ebda.

liche Vorwurf nicht zu, dass dies eine Rückkehr zur keynesianischen Philosophie der Feinsteuerung mit all deren Problemen beinhaltet.

2.2.3 Kritikpunkte

Es gibt eine Reihe von Kritikpunkten an der BIP-Regel. Im Folgenden werden nur kurz die zentralen Punkte angeschnitten[474]. Zum einen bleibt bei der Anwendung einer BIP-Regel die Gefahr einer möglichen Destabilisierung des Wirtschaftsprozesses bestehen, und zwar aufgrund langer und instabiler Wirkungsverzögerungen und damit unsicherer Multiplikatoreffekte von Geld- und Fiskalpolitik. Dieser Gefahr unterliegen – wie oben ausgeführt – alle aktiven Wirtschaftspolitiken. Ein weiteres Problem, das mit einer BIP-Regel verbunden ist, besteht darin, dass die Wirkungsverzögerungen hinsichtlich der Preiseffekte und der Outputeffekte unterschiedlich groß sind. Dies erschwert die Stabilisierung des nominellen BIP insofern, als diese sehr häufige Reaktionen der Geldbehörde verlangen würde. Hierbei tritt dann wiederum die schon erläuterte Gefahr der „Instrumenteninstabilität" auf. Schließlich ist sehr fraglich, ob die Installierung einer BIP-Regel ausreicht, um das grundsätzliche Koordinationsproblem bei Lohn- und Preisentscheidungen – das verhindert, dass irgendeine Gruppe in der Lage wäre, eine gesamtwirtschaftlich rationale „Entscheidung" zu treffen – zu beseitigen oder zu kompensieren.

2.3 Inflation Targeting[475]

2.3.1 Grundvorstellung

In der ersten Hälfte der 1990er Jahre gingen eine Reihe von Ländern dazu über, eine neue geldpolitische Strategie zu verfolgen, die mit dem Namen „Inflation Targeting" bezeichnet wird[476]. Neuseeland war 1990 das erste Land, das Inflation Targeting einführte. Mittlerweile verfolgen Notenbanken in über 20 Ländern weltweit diese geldpolitische Strategie. Hierzu zählen Notenbanken entwickelter Volkswirtschaften (Kanada, Vereinigtes Königreich, Schweden, Australien, Island, Norwegen) ebenso wie der (ehemaligen) Transformationsländer (Tschechische Republik, Polen, Ungarn, Rumänien) und anderer Schwellenländer (z. B. Israel, Brasilien, Chile, Kolumbien, Südafrika, Thailand, Korea, Mexiko, Peru u. a.). Es handelt sich dabei teilweise um Länder, die Schwierigkeiten bei der Inflationsbekämpfung mit herkömmlichen geldmengen- und wechselkursorientierten Strategien hatten. In diesem Zusammenhang entwickelte sich dann auch eine Theorie des Inflation Targeting, die bis heute in der Theorie der Geldpolitik wie auch in Zentralbankkreisen sehr ausführlich diskutiert wird. Zusätzliche Relevanz gewinnt dieser Ansatz auch noch dadurch, dass die geldpolitischen Strategien anderer Notenbanken, wie z. B. die der Schweizerischen Nationalbank und die der Europäischen Zentralbank, einige Ele-

---

[474] Vgl. näher hierzu sowie zu anderen Kritikpunkten Wagner [2014a: 177 ff.]. Auch die Konzeptionen sind dort näher beschrieben.
[475] Die Ausführungen in diesem Abschnitt sind eng angelehnt an Wagner [2014a].
[476] Siehe z. B. Leiderman und Svensson [Hrsg., 1995], Bernanke u. a. [1998] sowie Svensson [1999]. Zur neueren Diskussion um Inflation Targeting vgl. Svensson [2010].

mente des Inflation Targeting enthalten. Weiterhin schlagen prominente Befürworter des Inflation Targeting der Europäischen Zentralbank sogar vor, ihre bisherige Strategie aufzugeben und ein reines Inflation Targeting zu betreiben. Auch in den USA und Japan wird vielfach diskutiert, ob die Geldpolitik einem Inflation Targeting folgen sollte. In diesem Abschnitt werden sowohl theoretische als auch praktische Aspekte des Inflation Targeting dargestellt und kritisch analysiert.[477]

2.3.2 Konzeptionen

Die geldpolitische Strategie des Inflation Targeting (im Folgenden: IT) lässt sich durch die folgenden konzeptionellen Elemente kennzeichnen:[478]

(1) Es wird ein explizites quantitatives **Inflationsziel** öffentlich angekündigt.

(2) Es wird ein **Durchführungsverfahren** (operating procedure) angewandt, das man als „inflation-forecast targeting" bezeichnen kann. Dies bedeutet, man benutzt eine zentralbankinterne Inflationsvorhersage sowohl als Zwischenziel- als auch als Indikatorvariable.

(3) Es wird großer Wert auf einen hohen Grad an **Transparenz und Rechenschaftspflicht** der Geldpolitik gelegt.

Element (1) ist das unverzichtbare Merkmal jeden IT. Die Elemente (2) und (3) dagegen stellen Anforderungen oder Charakteristika dar, die die Wirksamkeit eines IT erhöhen sollen.

Inflationsziel

Die öffentliche Ankündigung eines expliziten, quantitativen Inflationsziels ist das wichtigste Kennzeichen des IT. Mit der öffentlichen Vorgabe soll zum einen den Politikern eine Richtschnur für ihr Handeln gegeben werden. Zum anderen soll das Inflationsziel zur Beurteilung des geldpolitischen Erfolgs herangezogen werden. Das Inflationsziel wird nicht notwendigerweise von der geldpolitischen Instanz autonom festgelegt und angekündigt. Dies geschieht zwar in einigen Ländern (z. B. Kolumbien, Chile, Thailand, Mexiko), jedoch werden die Inflationsziele überwiegend durch die Regierung (z. B. Vereinigtes Königreich, Norwegen, Südafrika) oder gemeinsam durch Regierung und Zentralbank (z. B. Neuseeland) festgelegt[479].

In der Praxis liegen die Inflationsziele in entwickelten Volkswirtschaften häufig im Bereich um 2 % pro Jahr. Allerdings sind die Details der Inflationszielvorgaben international recht unterschiedlich. In einigen Ländern werden die Inflationsziele als

---

[477] Vgl. auch Wagner [1998b; 1999].
[478] Inflation Targeting wird in der Literatur durchaus unterschiedlich definiert und auch in der geldpolitischen Praxis werden strategische Details in den einzelnen Ländern teilweise sehr unterschiedlich ausgestaltet. Wir kommen auf einige Aspekte im Folgenden zurück und orientieren uns bei der theoretischen Definition von Inflation Targeting vor allem an den Arbeiten von Svensson [1997; 2003; 2010].
[479] Zu den institutionellen Details des IT vgl. z. B. Tuladhar [2005] sowie Carare und Stone [2006].

Punktziele mit oder ohne Toleranzband veröffentlicht, während andere Notenbanken Zielzonen für die Inflationsrate oder lediglich Obergrenzen für das Inflationsziel angeben. Die strategischen Details unterscheiden sich auch hinsichtlich der gewählten Indizes, mit deren Hilfe die Inflation gemessen wird. Zwar bevorzugen alle Notenbanken zurzeit Verbraucherpreisindizes, jedoch nehmen einige Notenbanken besonders volatile Preise für Güter und Dienstleistungen aus dem Verbraucherpreisindex heraus und orientieren sich somit an bestimmten Ausprägungen von Kerninflationsraten. Darüber hinaus sind die angestrebten Zeiträume, in denen das Inflationsziel erreicht werden soll, unterschiedlich definiert. Sie reichen in der Praxis von völlig unbestimmten Zeiträumen bis zu jährlichen Vorgaben.

2.3.3 Kritikpunkte

IT hat sich seit seiner ersten Einführung 1990 in Neuseeland als bedeutender Trend im „Design" geldpolitischer Strategien erwiesen. Zahlreiche Länder sind mittlerweile dem Beispiel Neuseelands gefolgt, wenn auch die institutionelle Umsetzung in den Ländern recht unterschiedlich ist. Bislang hat kein Land, das IT einmal eingeführt hat, dieses wegen Strategieproblemen wieder aufgeben müssen[480]. Dennoch scheint es für eine abschließende Beurteilung des Erfolgs dieser Strategie noch zu früh zu sein[481]. Zwar verzeichnen viele Länder seit den 1990er Jahren ein außergewöhnliches Maß an Stabilität sowohl der Inflation als auch des Outputs, jedoch können diese Erfolge auch von Ländern reklamiert werden, die kein IT betreiben[482]. Im selben Zeitraum, in dem IT eine weite Verbreitung gefunden hat, ist die Geldpolitik noch von mindestens zwei anderen bedeutenden Trends gekennzeichnet. Zum einen haben weltweit die Regierungen ihren Notenbanken ein größeres Maß an Unabhängigkeit zugestanden. Es ist daher denkbar, dass die genannten Stabilitätserfolge primär der größeren Zentralbankunabhängigkeit zuzuordnen sind. Zum anderen ist seit den 1990er Jahren eine stärkere Globalisierung der Kapital- und Gütermärkte zu beobachten, die möglicherweise bislang inflationssenkend gewirkt hat und damit den Geldpolitikern ein stabilitätskonformes Verhalten erleichtert haben könnte.[483]

Der theoretische Ansatz ist dagegen schon eher zu beurteilen, obwohl auch hier noch vieles unklar und ungelöst ist. Der IT-Ansatz impliziert, dass ein explizites quantitatives Inflationsziel öffentlich angekündigt und ein Verfahren angewandt wird, das die Inflationsvorhersage der Zentralbank als implizite oder explizite Zwischenzielvariable verwendet. Es handelt sich dabei um ein sehr komplexes Verfahren, das nicht durch eine einfache Instrumentenregel formalisiert wird. Umso wichtiger ist es für die Glaubwürdigkeit einer IT-durchführenden Geldbehörde, dass die-

---

[480] Spanien, die Slowakei und Finnland haben das IT aufgegeben. Der Grund hierfür liegt aber in der Aufgabe einer eigenständigen Geldpolitik durch den Beitritt zur Europäischen Währungsunion.

[481] Svensson [2010] beurteilt die Einführung des Inflation Targeting als erfolgreich, gemessen an der Stabilität der Inflation und des realen Outputs. Es gibt jedoch auch kritische Stimmen. Zweifel an der Wirksamkeit äußerten z. B. Ball und Sheridan [2005] und Ball, Mankiw und Reis [2005]. Eine positive Gesamteinschätzung liefern z. B. Mishkin und Schmidt-Hebbel [2007].

[482] Vgl. z. B. Dueker und Fischer [2006].

[483] Vgl. z. B. Rogoff [2003, 2006] und Wagner [2002].

se die Geldpolitik mit einem hohen Grad an Transparenz und Rechenschaftslegung versieht. Selbst dann jedoch bestehen, wie die unterschiedlichen Ausgestaltungen in der Praxis des IT verdeutlichen, noch viele offene konzeptionelle Anwendungsprobleme, die mit der Entscheidung für den Zeithorizont, den für die Definition des Ziels relevanten Preisindex, den numerischen Zielwert, mögliche Ausnahmeklauseln u.v.m. zusammenhängen. Auch sind die, angesichts der Vorwärtsgerichtetheit des Verfahrens anspruchsvollen Umsetzungsvoraussetzungen zu beachten, die diese Strategie als eine sehr ambitiöse erscheinen lassen.

3. Vergleich mit der Praxis

Die im vorhergehenden Abschnitt 2 beschriebenen Vorschläge zur Preisniveaustabilisierung richten sich direkt an die Zentralbanken (insbesondere) der Industrieländer. Dagegen wären die in Abschnitt 1 analysierten Vorschläge zur Wechselkursstabilisierung auch von den Finanzministern oder den Staats- und Regierungschefs (insbesondere) der Industrieländer in koordiniertem Vorgehen umzusetzen (siehe hierzu oben im 2. Teil die Rolle der Weltwirtschaftsgipfel).

Nun sind die Zentralbanken die von wahlpolitischen Zwängen am wenigsten abhängigen Politikbehörden. Sie haben zudem die wenigsten Zielkonflikte in ihrer Aufgabenstellung. (Zentralbanken haben die gesetzlich mehr oder weniger eindeutig festgelegte Aufgabe, die Geldversorgung in der Wirtschaft so zu regeln, dass der Wert der Währung des jeweiligen Landes stabilisiert wird. Unter „Wert der Währung" wird zuallererst der innere Wert, sprich das Preisniveau im jeweiligen Land, und daneben auch der äußere Wert, sprich der Wechselkurs der jeweiligen Währung, verstanden.) Von daher könnte man sich von ihnen am ehesten die praktische Umsetzung eines Regelvorschlags erwarten. Wenn man sich jedoch die Praxis der Zentralbankpolitiken der Industrieländer genauer ansieht, wird man erkennen, dass keine der Zentralbanken in der Nachkriegszeit jemals eine Regelpolitik strikt betrieben hat, weder auf nationaler noch/ und schon gar nicht auf internationaler Ebene. Wohl wurde der Monetarismus seit Mitte der 1970er Jahre von vielen der maßgeblichen Zentralbanken als philosophische Grundhaltung gepflegt, jedoch weigerte sich jede dieser Zentralbanken, die Friedman-Regel in praktische Politik umzusetzen. Die Deutsche Bundesbank und die Schweizerische Nationalbank als die „regelzugewandtesten" Geldbehörden entschieden sich lediglich dazu, jeweils auf ein Jahr im Voraus Geldmengenziele anzukündigen, umso zumindest eine Koordination der kurzfristigen Erwartungen der Marktteilnehmer zu ermöglichen. (Inhaltlich betrieb die Deutsche Bundesbank eine Art kurzfristiger und flexibler BIP- oder BSP-Regelpolitik (siehe hierzu z. B. Wagner [1989]).) Dabei legte sich die Bundesbank seit Ende der 1970er Jahre auch nur mehr auf einen *Zielkorridor* des Geldmengenwachstums – zur Finanzierung eines angestrebten Sozialproduktwachstums – fest. Doch selbst diesen Zielkorridor einzuhalten, sah sie sich häufig außerstande. Dies beeinträchtigte natürlich die Glaubwürdigkeit der Ziel-Ankündigung und damit ihre Koordinationswirkung.

Dies zeigt, dass selbst Zentralbankpolitiker auf eine gewisse Flexibilität offensichtlich nicht verzichten wollen oder können. Eine „individualistische" Begründung hierfür lautet, dass Zentralbankpolitiker aus bürokratischem „Machtstreben" heraus einen diskretionären Politikkurs nicht aufgeben wollen[484]. Eine alternative („strukturelle") Begründung rekurriert darauf, dass auch Zentralbankpolitiker, so unabhängig sie „formell" erscheinen mögen, doch auch in den allgemeinen wahlpolitischen Abhängigkeiten gefangen und dem Erwartungsdruck der Wahlbevölkerung unterworfen sind. Diese Abhängigkeit gilt aber noch viel mehr für die anderen Politikbehörden und damit für die Finanzminister und Staats- und Regierungschefs, die wie im 2. Teil beschrieben auf den internationalen Koordinierungstreffen die letztlich zentrale Rolle spielen. Man muss hierbei auch Folgendes berücksichtigen: Eine von der Zentralbank eingeleitete Regelpolitik wäre immer nur dann erfolgreich (bzw. mit vertretbaren Kosten behaftet), wenn die anderen Politikbehörden sich nicht konträr dazu verhalten. Insofern ist der Erfolg einer internationalen Koordinierung immer von dem Erfolg einer *nationalen* Koordinierung zwischen Geld- und Fiskalpolitik bzw. zwischen Zentralbank und anderen Politikbehörden abhängig!

Für die anderen Politikbehörden gilt jedoch: Die Festlegung auf eine längerfristige Regel ist dort politisch einfach nicht durchsetzbar – unabhängig von ihren möglichen ökonomischen Vorzügen oder Nachteilen. In einer Wahldemokratie mit wechselnden Regierungen und damit Weltanschauungen, mit ständigen Wahlterminen und Koalitionen von Partikularinteressen, ist eine einfache Regelpolitik nicht praktizierbar. Politiker sind aus wahltaktischen Gründen gezwungen, immer die gerade drängendsten Probleme anzupacken, auch wenn eine solche Vorgehensweise im Gesamtzusammenhang eines wirtschaftspolitisch konsistenten Langfrist-Programms widersinnig erscheinen mag. Es gibt nun einmal verschiedenste „Zielkonflikte" oder „Tradeoffs", die verhindern, dass alle Ziele gleichzeitig erreicht werden können. Wenn zum Beispiel eine Volkswirtschaft von Schockeinflüssen getroffen wird, so werden alle Gesellschaftsgruppen versuchen, die Kosten der Verarbeitungs- oder Anpassungsprozesse auf andere abzuwälzen. Es werden sich auch immer irgendwelche Gruppen durch die konsequente Verfolgung eines Politikkurses subjektiv „benachteiligt" fühlen. In Wahldemokratien folgen Parteien zumeist nicht den Konzepten, die gesamtwirtschaftlich optimal sind, sondern denen, die wichtige Wählergruppen nicht zu sehr abschrecken und die mit ihrer eigenen Grundüberzeugung harmonieren. Solche Konzepte sind aber immer diskretionäre Konzepte, die den Parteien die nötige Flexibilität zur Verfolgung ihres eigenen Nutzens hinsichtlich Wiederwahl und ideologischer Glaubwürdigkeit belassen. Eine starre Regelpolitik ließe sowohl der politischen Veranstaltung wahldemokratischer Profilierungsversuche als auch dem sozialen Ventil gruppenspezifischer Verteilungsauseinandersetzungen einfach zu wenig Raum.

Diese rational begründete Abneigung im politischen Bereich gegenüber Regelfestlegungen wird noch dadurch verstärkt, dass theoretisch gar nicht eindeutig geklärt ist, dass Regelstrategien bei Schockeinflüssen diskretionären Strategien eindeu-

---

[484] Dies wird insbesondere von der sogenannten „Neuen Politischen Ökonomie" so vertreten. Vgl. zu letzterer z. B. Kirsch [2004].

tig überlegen sind. Unter diskretionären Strategien verstehe ich jetzt nicht nur die aktivistischen Stop-and-go-Politiken „pseudokeynesianischer" Art, sondern ebenso die flexibel gehandhabte, kurzfristige Regelvariante, wie sie beispielsweise von der Bundesbank betrieben wurde. Bei häufig eintretenden Schockeinflüssen wie in den 1970er und 1980er Jahren spricht vieles für eine flexible Handhabung von vorausschauender, nicht zu aktivistischer Politik. Selbst wenn aufgrund häufiger Politikänderungen ein Glaubwürdigkeits- oder Zeitinkonsistenzproblem auftauchen sollte, ist damit immer noch nicht geklärt, welche Regelvariante denn nun die beste ist. Dies hängt, wie die bisherigen wissenschaftlichen Untersuchungen gezeigt haben, sehr stark von der eben nicht bekannten relativen Bündelung zukünftiger Schockursachen wie auch von den ebenfalls unbekannten zukünftigen Strukturänderungen ab[485]. Folglich werden sich die Politiker sinnvollerweise nicht leichtfertig an eine bestimmte, bezüglich ihrer Vorteilhaftigkeit sehr unsichere Regelstrategie binden lassen. Dies wird umso weniger der Fall sein, je stärker sie an die Möglichkeit glauben, auch ohne eine Regelbindung die Glaubwürdigkeit ihrer angekündigten Politikstrategie herstellen zu können. Dass es hierzu Möglichkeiten gibt jenseits einer Regelbindung, ist nicht grundsätzlich bestreitbar, wie die Fachliteratur zeigt[486].

Wenn eine regelgebundene Koordinierung schon auf nationalem Parkett so schwierig zu verwirklichen ist, um wie viel schwieriger wird dies erst auf internationaler Fläche sein. Was auf nationaler Ebene an aufgeführten Problemen oder Hindernissen vorhanden ist, überträgt sich in etwas anderer Form auch auf die internationale Ebene. Die nationalen Interessen- und Verteilungskonflikte gehen dort mit ein in die Verhandlungs- und Koordinierungsstrategien der Regierungsvertreter. Hinzu kommt dort noch die Angst, nationale Autonomie oder nationale Souveränität aufgeben zu müssen. In einem räumlich begrenzten und kulturell-wertemäßig einigermaßen homogenen Raum lässt sich diese Angst vielleicht noch überwinden (siehe das Beispiel der EU im 2. Teil oben). Bezogen auf einen weltweiten Anwendungsbereich dürften allerdings die Konzepte einer regelgebundenen internationalen Politikkoordinierung, die in den vorhergehenden zwei Abschnitten beschrieben worden sind, – ob bezogen auf Wechselkursstabilisierung oder Preisniveaustabilisierung – praktisch nicht einlösbare Idealvorstellungen sein. Eine Ausnahme hiervon könnte vielleicht die „Tobin-Steuer" darstellen, da sie „nur" reine Institutionen- oder Ordnungspolitik erfordert. Jedoch ist diese Institutionenlösung unter Politikern und Ökonomen verschiedener Weltanschauungen bislang sehr umstritten. Gegen die Einführung einer „Tobin-Steuer" werden häufig schon deshalb Vorbehalte geäußert, da sie einen regulierenden Eingriff in den freien Marktverkehr darstellt. Ein solch regulierender Eingriff bereitet vielen Wirtschaftspolitikern Kopfzerbrechen wegen der Frage der Vereinbarkeit mit den marktwirtschaftlichen Ordnungsprinzipien. Außerdem sollte die Einführung international koordiniert geschehen, da, wie oben betont, nur eine international koordinierte Einführung der Steuer letztendlich größeren Erfolg verspricht. Dies bildet eine zusätzliche Schwierigkeit. Und nicht zuletzt ist die Einführung einer solchen Steuer nur sinnvoll, wenn die Problemursache in einer endogenen Instabilitätstendenz liegt. Dies ist jedoch innerhalb der modernen Wirt-

---

[485] Vgl. hierzu Wagner [2014a: 3. Kapitel].
[486] Vgl. hierzu z. B. Fischer und Summers [1989] und Wagner [1990a; 1990b; 2014a].

schaftswissenschaft, aus deren Kreis sich die Politikberater rekrutieren, umstritten[487].

Die globale Finanzkrise 2007–2009 zeigte den Beteiligten jedoch, dass ein erneuter Versuch eine umfassende internationale Politikkoordinierung zustande zu bringen unverzichtbar ist. Insbesondere wurde klar, dass die bisherige Finanzarchitektur den Gegebenheiten der gestiegenen Globalisierung nicht mehr angemessen ist, sodass es darum geht, eine neue internationale Finanzarchitektur zu entwickeln und durchzusetzen. Im Folgenden wird die aktuelle Entwicklung auf dem Gebiet der internationalen finanzmarktpolitischen Koordinierung herausgearbeitet – der Versuch eine neue internationale Finanzarchitektur zu entwickeln.

4. Vorschläge zur Finanzstabilisierung[488]

4.1 Bedarf eines neuen ordnungspolitischen Rahmens

Nicht erst nach der jüngsten Finanzkrise, sondern auch schon im Zuge der Finanzkrisen, die sich in Schwellenländern (Mexiko, Ostasien) in den 1990er Jahren ereigneten (siehe 1. Teil:II), zeichnete sich ein Konsens ab, dass nationale Maßnahmen nicht ausreichend erscheinen, um das internationale Finanzsystem zu stabilisieren. Angesichts der zunehmenden weltwirtschaftlichen Verflechtung – insbesondere im Finanzsektor – wuchs der Bedarf, die globale Finanzarchitektur gründlich zu überprüfen und neu zu gestalten. Es existierte ein weitverbreitetes Empfinden, dass das Finanzsystem in dieser Form nicht optimal funktioniert. Von den Kritikern des bestehenden Weltfinanzsystems werden diesem immanente Defizite unterstellt. Dabei wird häufig davon gesprochen, dass sich das Finanzsystem zunehmend von der Realwirtschaft „abgekoppelt" hätte. Als Ursachen für die veränderten Bedingungen auf den Finanzmärkten gelten Liberalisierung, Internationalisierung, „Übersparen", verkürzte Entscheidungshorizonte usw., die für ein „zu starkes" Wachstum des Finanzsektors (relativ zum Realsektor) verantwortlich seien. Für den Finanzsektor, so wird argumentiert, hätte dies schädliche Folgen in Form von Krisen, steigender Volatilität und Preisen, die nicht die fundamentalen ökonomischen Sachverhalte widerspiegeln. Dies störe die realwirtschaftliche Allokation und erhöhe die Risikoprämie beispielsweise bei den Zinssätzen, was letztlich zu Wachstumseinbußen führe. Diesem Missstand sei (nur) durch eine stärkere Regulierung der Finanzmärkte beizukommen.[489]

Für die Reformdiskussion des internationalen Finanzsystems hat sich der Begriff einer „neuen internationalen Finanzarchitektur" eingebürgert[490]. Dabei hat sich die Reformdebatte im Wesentlichen auf die folgenden Gebiete konzentriert:

---

[487] Darauf kann in diesem Buch nicht näher eingegangen werden. Siehe hierzu z. B. Wagner [2014a: insb. 1. Kapitel].
[488] Die Abschnitte 4.1 und 4.2 entstanden unter Mitwirkung von Benjamin Mohr.
[489] Vgl. Frenkel und Menkhoff [2000a: 3 ff.].
[490] Siehe z. B. Rubin [1998], Eichengreen [1999] oder Mussa [1999].

(i) Frühwarnsysteme

(ii) Kapitalverkehrskontrollen

(iii) Transparenz – Standards & Kodizes

(iv) Bankenregulierung

(v) Einbindung des Privatsektors – Bail-in

(vi) Internationaler Lender of Last Resort.

Seit der Asienkrise wurde eine Reihe von Reformvorschlägen von Regierungen und internationalen Organisationen gemacht und beispielsweise auf der Ebene des IWF, der BIZ oder des Financial Stability Forums[491] diskutiert. Der „große Wurf" im Sinne einer international koordinierten Politikmaßnahme, die zur Erfüllung eines „globalen Stabilitätsziels" weltweit zum Einsatz gebracht wird, ist jedoch bislang mit Ausnahme einiger Maßnahmen auf den Gebieten der Finanzregulierung (Basel II und III, siehe 4.2.4) oder eines erhöhten Maßes an Transparenz (diverse IWF-Programme, siehe 4.2.3) ausgeblieben. Dies hängt zum einen sicherlich mit konzeptionellen und technischen Schwierigkeiten zusammen, die bei der Gestaltung effektiver globaler Mechanismen zur Krisenprävention auftreten. Jedoch sind bei der Erklärung, warum die internationale Gemeinschaft keine wesentlichen Fortschritte erzielt hat, polit-ökonomische Probleme, die bereits in Abschnitt II.2 des 3. Teils angesprochen wurden, viel bedeutsamer. So existierten lange Zeit nicht nur zwischen Industrie- und Schwellen- bzw. Entwicklungsländern, sondern auch unter den G8-Staaten beträchtliche Differenzen im Hinblick auf die Ausgestaltung und Stoßrichtung potenzieller Reformen[492]. Im Zuge der internationalen Finanzkrise hat jedoch die Diskussion um eine Reform des Weltfinanzsystems neuen, starken Auftrieb erhalten.

4.2 Reformvorschläge für eine neue internationale Finanzarchitektur

Die Literatur zur internationalen Finanzarchitektur ist auf der Suche nach optimalen Verfahren und Richtlinien, die das Verhalten von privaten und öffentlichen Marktakteuren innerhalb des internationalen Finanzsystems derart beeinflussen, dass

---

[491] Das Financial Stability Forum (FSF) wurde 1999 auf Initiative der G7 gegründet. Ziel des FSF, dem hochrangige Vertreter der Finanzministerien, Zentralbanken und Aufsichtsbehörden der G7-Länder und weiterer bedeutender internationaler Finanzplätze sowie Repräsentanten internationaler Organisationen wie dem IWF oder der BIZ angehören, ist die Stärkung des internationalen Finanzsystems, die Verbesserung der Funktionsfähigkeit der Märkte und die Verminderung der Systemrisiken. Zu diesem Zweck analysiert das FSF die Lage an den internationalen Finanzmärkten, erarbeitet Vorschläge für die Beseitigung von Schwachstellen im internationalen Finanzsystem und versucht, die Koordination und den Informationsaustausch der verschiedenen Behörden und Institutionen zu verbessern. Vgl. hierzu die Homepage des Bundesfinanzministeriums unter www.bundesfinanzministerium.de sowie die Homepage des FSF unter www.fsforum.org.

[492] Vgl. Akyüz [2000: 3 f.].

die Funktionsfähigkeit und Stabilität des Finanzsektors gewährleistet wird. Nachfolgend werden die diskutierten Entwürfe für eine internationale Finanzarchitektur in groben Zügen dargestellt und die Schwierigkeiten aufzeigt, auf die man in den vergangenen Jahren im Rahmen des jeweiligen Reformprozesses gestoßen ist.

4.2.1 Frühwarnsysteme

Infolge der Finanzkrisen in Mexiko 1994–95 und Ostasien 1997–98 begannen internationale Organisationen und Institutionen aus dem Privatsektor Frühwarnsysteme, sogenannte *Early Warning Systems* (EWS), zu entwickeln. Ziel ist, anhand von Modellen frühzeitig zu erkennen, ob und wann bestimmte Volkswirtschaften von einer Finanzkrise getroffen werden. Solche EWS-Modelle könnten es der Wirtschaftspolitik einer Volkswirtschaft ermöglichen, potenzielle Schwachstellen im nationalen Finanzsystem frühzeitig zu erkennen und womöglich präventive Maßnahmen zu ergreifen, um den Ausbruch einer Banken- oder Währungskrise zu vermeiden. Darüber hinaus kann die Entwicklung von solchen EWS dabei helfen, die Beschaffenheit von Finanzkrisen besser zu verstehen.

Um solche EWS-Modelle zu entwickeln, wurde eine Vielzahl empirischer Studien durchgeführt[493]. Die methodische Vorgehensweise umfasst dabei üblicherweise vier Schritte: (1) die Quantifizierung der jeweiligen Krisen-Definition, (2) die Auswahl der Indikatoren zur Erkennung potenzieller Schwachstellen, (3) das ökonometrische Testen der Aussagekraft, d. h. der Fähigkeit, die Schwachstellen auch wirklich zu entdecken und (4) die Überprüfung, wie oft die „besten" Indikatoren darauf folgende Finanzkrisen vorhersagen konnten, wie oft sie dies nicht bewerkstelligten und wie oft sie einen falschen Alarm auslösten[494]. Gute vorlaufende bzw. Frühwarnindikatoren im Hinblick auf die Stabilität der Wechselkurssysteme sind insbesondere: eine Überbewertung des realen Wechselkurses, niedrige Wirtschafts- und Exportwachstumsraten, eine hohe bzw. steigende Rate der Geldmenge (M2) in Relation zu den Währungsreserven sowie ein Leistungsbilanzdefizit[495]. Frühwarnindikatoren, die eine Vorhersagekraft im Hinblick auf Bankenkrisen besitzen, sind vor allem hohe reale Wachstumsraten bzw. ein rasantes Wachstum des realen pro Kopf-Einkommens, Veränderungen in den Terms of Trade, eine steigende Rate der Geldmenge (M2) in Relation zu den Währungsreserven sowie zunehmende Realzinsen[496].

---

[493] Für Währungskrisen siehe die Studien, die überwiegend von IWF-Ökonomen durchgeführt wurden – z. B. Kaminsky et al. [1998], Berg und Pattillo [1999a, b], Goldstein et al. [2000], Abiad [2003] und Berg et al. [2004] – sowie die Studie der Federal Reserve-Mitarbeiter Kamin et al. [2007] und die Untersuchung der EZB-Ökonomen Bussiere und Fratzscher [2006]. Artikel, die sich mit Frühwarnindikatoren für Bankenkrisen auseinandersetzen, sind beispielsweise Demirguc-Kunt und Detragiache [1998], Kaminsky und Reinhart [1999], Bell und Pain [2000], Edison [2003], Frankel und Saravelos [2012] sowie Rose und Spiegel [2012].
[494] Vgl. Kenen [2001: 107 f.].
[495] Siehe u. a. Kaminsky et al. [1998] oder Bussiere [2013].
[496] Siehe z. B. Demirguc-Kunt und Detragiache [1998]; Kaminsky und Reinhart [1999], Borio und Drehmann [2009] oder Holló et al. [2012].

Ein Vergleich der verschiedenen Early Warning System-Modelle für Währungskrisen zeigt, dass diese zwar allgemein dazu in der Lage sind, potenzielle Schwachstellen im Finanzsystem zu identifizieren und zum Teil sogar Währungskrisen vorherzusagen. Jedoch unterscheiden sich die Modelle sehr stark hinsichtlich der betrachteten Variablen, des Länderausschnitts, der Krisendefinition, des betrachteten Zeitraums und der zur Anwendung gebrachten Methode, sodass es kein „optimales" Modell gibt, das unter allen Voraussetzungen die beste Prognosekraft besitzt[497]. Somit müssen sich die wirtschaftspolitischen Entscheidungsfinder über die Kalibrierungsoptionen bewusst sein, um zu wissen, unter welchen Umständen bzw. im Rahmen welcher Krisendefinition sie welche potenziellen Schwachstellen identifizieren können. Berg et al. [2004] kommen zu dem Schluss, dass EWS-Modelle alleine nicht ausreichend sind, um Finanzkrisen vorherzusehen. Trotz einer nicht abzustreitenden Prognosekraft sind sie in Bezug auf die ex ante-Vorhersage von Finanzkrisen zu unzuverlässig, als dass sich Volkswirtschaften oder internationale Organisationen wie der IWF ausschließlich auf sie verlassen könnten. Nichtsdestotrotz können sie in Verbindung mit traditionellen Überwachungsmethoden und anderen Indikatoren wesentlich zur Effizienz der Analyse der Krisenanfälligkeit von Volkswirtschaften beitragen.

Eine neuere Art und eine Weiterentwicklung der EWS-Modelle wurden durch Bussiere und Fratzscher [2006] vorgestellt. Sie unternahmen den Versuch, die Krisenanfälligkeit des Finanzsektors besser zu beurteilen und Krisen vorherzusagen, indem sie ein multinominales Logit-Modell verwendeten. Vergleicht man die verschiedenen EWS-Modelle zur Vorhersage von Bankenkrisen, ergeben sich ähnliche Ergebnisse. So wird die Qualität der Prognose einer Finanzkrise bei demselben zugrunde liegenden Datenmaterial in erster Linie durch die Wahl des Frühwarnsystems beeinflusst. Daneben bestimmt auch die Wahl der betrachteten Variablen die Prognosekraft des jeweiligen Modells. Darüber hinaus lässt sich die Identifizierung von Schwachstellen und Krisen durch das Verbinden mehrerer Indikatoren zu Gesamtindikatoren, sogenannten Composite Indicators, maßgeblich verbessern[498].Im Zuge der Finanzkrise 2008–09 musste jedoch festgestellt werden, dass sämtliche Frühwarnsysteme bei der Vorhersage der Krise versagten. Ein essenzielles Problem dieser Modelle war es, dass diese hauptsächlich entwickelt worden waren, um Währungskrisen und Zahlungsbilanzungleichgewichte in den Schwellenländern vorherzusehen.[499] Als eine Reaktion auf die Finanzkrise wurde auf dem G20-Gipfel in Washington (2008) die Early Warning Exercise (EWE) ins Leben gerufen. Der Internationale Währungsfonds und der Financial Stability Board sollen im Rahmen der EWE neue und sichere Frühwarnindikatoren entwickeln, die vor allem die Vernetztheit des globalen Finanzsystems mitberücksichtigen (siehe z. B. Ghosh et al. [2009]; IWF [2010]).[500]

---

[497] Vgl. Beckmann et al. [2006].
[498] Siehe Davis und Karim [2008: 99 ff.].
[499] Siehe hierzu Babecký et al. [2011].
[500] Für eine kritische Auseinandersetzung mit den Frühwarnindikatoren und für einen guten Literaturüberblick siehe Frankel und Saravelos [2012].

4.2.2 Kapitalverkehrskontrollen

Ein freier Kapitalverkehr kann wesentlich zur Steigerung der Effizienz der Kapitalmärkte beitragen und die gesamtwirtschaftliche Entwicklung positiv beeinflussen. So sagt die (Finanzmarkt-)Theorie voraus, dass die Liberalisierung des Kapitalverkehrs zu sinkenden Kapitalkosten führt und Investoren einen leichteren Zugang zu Kapital ermöglicht wird. Der Liberalisierungsprozess führt zu einem größeren Wettbewerb und Ersparnisse können in die ertragreichsten Investitionsmöglichkeiten – sowohl im Inland als auch im Ausland – fließen, wodurch die Finanzsysteme an Flexibilität und Effizienz dazu gewinnen. Zudem können Investoren ihr Risiko über eine internationale Portfoliodiversifizierung besser streuen und sehen sich einem größeren Angebot an Finanzierungsinstrumenten gegenübergestellt. Darüber hinaus wird die Effizienz der Finanzsysteme durch die Aussonderung ineffizient arbeitender Finanzinstitute erhöht und die Wirtschaftspolitik in Ländern mit relativ offenen Kapitalmärkten der Disziplinierungsfunktion der Finanzmärkte unterworfen[501].

Dementsprechend haben die meisten Industrieländer und viele Schwellen- und Entwicklungsländer in den vergangenen 25 Jahren ihre Kapitalmärkte liberalisiert und im Zuge dessen Kapitalverkehrskontrollen schrittweise aufgehoben. Dabei kann grundsätzlich zwischen zwei allgemeinen Formen von Kapitalverkehrskontrollen unterschieden werden: (1) „administrative" bzw. direkte und (2) „marktbasierte" bzw. indirekte Kapitalverkehrskontrollen. Direkte Kapitalverkehrskontrollen umfassen die Beschränkung von grenzüberschreitenden Finanztransaktionen durch vollständige Verbote oder diskretionäre Genehmigungsverfahren. Indirekte Kapitalverkehrskontrollen versuchen Investoren von bestimmten Finanztransaktionen abzuhalten, indem das jeweilige Geschäft teurer gemacht wird. Solche Kapitalverkehrskontrollen können verschiedene Formen annehmen, z. B. die implizite oder explizite Besteuerung grenzüberschreitender Kapitalflüsse und Systeme dualer oder multipler Wechselkurse[502].

Die Finanzkrisen der letzten 20 Jahre, insbesondere jedoch der Asienkrise 1997–98, führten zu einer grundlegenden Änderung der Sichtweise im Hinblick auf die hohen Erwartungen, die mit einer Liberalisierung der Kapitalmärkte verbunden wurden. Die hohe Volatilität der internationalen Kapitalflüsse wurde von vielen Ökonomen als Quelle der Instabilität des internationalen Finanzsystems identifiziert und nicht wenige sahen in der Liberalisierung des Kapitalverkehrs zumindest einen entscheidenden Faktor – wenn nicht sogar die maßgebliche Ursache – hinter der raschen Verbreitung der Finanzkrisen[503]. Die Tatsache, dass die asiatischen Schwellenländer besonders stark von der Asienkrise getroffen wurden, die ihre Kapitalbilanz kurz zuvor liberalisiert hatten, und Volkswirtschaften wie China und Indien, die ihre strikteren Kapitalverkehrskontrollen aufrechterhalten hatten, die Krise relativ

---

[501] Siehe hierzu u. a. Stulz [1999], Stiglitz [2000], Claessens et al. [2001], Bekaert et al. [2005], Henry [2007], Kose et al. [2009] sowie die jeweils dort aufgeführten Studien.
[502] Vgl. hierzu genauer Ariyoshi et al. [2000: 7].
[503] Siehe z. B. Radelet und Sachs [1998], Stiglitz [1999], Reinhart und Reinhart [2009] und Reinhart und Rogoff [2014].

unbeschadet überstanden hatten, führte zu einer Neubewertung der Attraktivität von Kapitalverkehrskontrollen – insbesondere für den Fall der Schwellen- und Entwicklungsländer.

Ausschlaggebend für die zunehmende Unterstützung für Kapitalverkehrskontrollen war zudem der Mangel an eindeutigen empirischen Belegen für die mit einer Liberalisierung der Kapitalbilanz verbundenen Vorteile. Die Literatur, die sich mit dem Zusammenhang zwischen der Liberalisierung des Kapitalverkehrs und Wachstum beschäftigt, kommt nicht zu eindeutigen Ergebnissen[504]. Für diese widersprüchlichen Ergebnisse werden in der Literatur einige Erklärungsversuche aufgeführt[505]. So ist es zum einen sehr schwer, akkurate Proxys für den Liberalisierungsgrad einer Volkswirtschaft zu finden. Zudem können die verschiedenartigen Formen von Kapitalverkehrskontrollen und Kapitalströmen bzw. Finanztransaktionen unterschiedliche Auswirkungen auf das Wachstum und andere Makro-Variablen haben. Und schließlich kann die Auswirkung einer Aufhebung von Kapitalverkehrskontrollen von einer Reihe von anderen, schwer messbaren Faktoren abhängen, die in einer Länder-Querschnittsstudie schwer zu erfassen sind.

In den vergangenen Jahren wurden gerade im Zusammenhang mit letzterem Erklärungsversuch erhebliche Fortschritte auf dem Gebiet der Wirtschaftsforschung erzielt, die dazu führten, dass man wiederum ein positiveres Bild von der Liberalisierung des Kapitalverkehrs gewonnen hat. So hat sich die Debatte um die Vor- und Nachteile des freien Kapitalverkehrs auf eine andere Gruppe von Vorzügen fokussiert, nämlich eher indirekte Effekte – sogenannte Collateral Benefits[506]. Demnach kann eine größere Offenheit der Finanzsysteme die Entwicklung der Finanzsysteme fördern und einen institutionellen Reformprozess auslösen. Darüber hinaus kann der Liberalisierungsprozess zu erhöhter Disziplin aufseiten der Geld- und Fiskalpolitik sowie Effizienzgewinnen seitens der heimischen Unternehmen führen und sich positiv auf die Dynamik und Qualität politischer und unternehmerischer Prozesse auswirken. Zwar sind die Collateral Benefits aus einer fortschreitenden Liberalisierung der Kapitalmärkte empirisch nur schwer messbar, jedoch könnten diese weitaus bedeutender sein als direkte Effekte wie ein leichterer Zugang zu internationalen Kapitalmärkten. Das möglicherweise größte Problem bei der Erfassung dieser Effekte im Rahmen von langfristigen Querschnittsstudien liegt darin, dass diese nur anspringen, wenn bestimmte Schwellenwerte der institutionellen Entwicklung überschritten werden. Allerdings könnten diese erklären, warum der Zusammenhang zwischen Wachstum und offenen Kapitalmärkten für den Fall der Industrieländer positiv ist, während empirische Studien bislang Schwierigkeiten dabei hatten, einen solchen

---

[504] Empirische Studien, die zu dem Ergebnis kommen, dass die Liberalisierung des Kapitalverkehrs positive Wachstumseffekte nach sich zieht, sind z.B Quinn [1997], Edwards [2001], Klein [2003], Bekaert et al. [2005] und Klein und Olivei [2008]. Untersuchungen, die keinen signifikanten Einfluss der Liberalisierung auf das Wachstum finden, sind beispielsweise Grilli und Milesi-Ferretti [1995], Rodrik [1998], Edison et al. [2002] oder Bumann et al. [2013].
[505] Siehe hierzu Forbes [2007: 175 f.]. Für eine ausführliche Diskussion der Herausforderungen im Zusammenhang mit empirischen Studien, die die Auswirkungen von Kapitalverkehrskontrollen untersuchen, siehe z. B. Eichengreen [2003] oder Magud und Reinhart [2004].
[506] Siehe vor allem Kose et al. [2009].

Zusammenhang für Volkswirtschaften mit einem niedrigen pro Kopf-Einkommen nachzuweisen[507].

Nach der jüngsten Finanzkrise ist erneut verstärkt über den Einsatz von Kapitalverkehrskontrollen nachgedacht worden, und das Pendel der Bewertung der Liberalisierung einer Kapitalbilanz hat sich in Richtung einer zunehmenden Akzeptanz von Kapitalverkehrskontrollen in Zeiten von Finanzkrisen auch bei IWF und Weltbank bewegt. Eventuell liegt die Lösung insbesondere in der kontextspezifischen Betrachtung der Kapitalverkehrskontrollen. So vereinen Eichengreen und Leblang [2003] die beiden widersprüchlichen Lager und kommen zu dem Ergebnis, dass die Bewertung von Kapitalverkehrskontrollen vom Zustand des Finanzsystems abhängig zu machen ist. Der Nettonutzen von Kapitalverkehrskontrollen ist positiv in Zeiten, in denen Finanzmärkte eher turbulente Phasen durchlaufen – eben dann, wenn die Isolierung der eigenen Volkswirtschaft von Ansteckungseffekten nützlich erscheint. Sind die Finanzsysteme jedoch eher robust und die das Wachstum fördernden Effekte der zunehmenden Effizienz der Kapitalmärkte dominierend, ist der Nettoeffekt negativ. Wirtschaftspolitische Konzepte, die sich diese Erkenntnis zunutze gemacht haben, wurden jedoch bislang nicht umgesetzt.

4.2.3 Transparenz

Die Finanzkrisen der letzten zwei Jahrzehnte entfachten eine Debatte über die Rolle mangelnder Transparenz bei der Entstehung von Finanzmarktturbulenzen. Vor allem in Mexiko (1994–95) und Ostasien (1997/98) wurde der Mangel an Transparenz als ein wesentlicher, die Finanzkrisen verschärfender und zum Teil auslösender Faktor angesehen. So trugen in den Augen vieler Beobachter – insbesondere des IWF – eine unzureichende Datenlage, (bewusst) versteckte Schwächen des Finanzsystems und Unklarheiten hinsichtlich der Wirtschaftspolitik maßgeblich zum Verlust des allgemeinen Vertrauens in das jeweilige Finanzsystem und letztendlich zu der abrupten Umkehr der Kapitalströme bei[508]. Fehlende Transparenz war auch ein Faktor bei der Entstehung der globalen Finanzkrise. Ein wachsendes Schattenbanksystem und fehlende Informationen über die Verteilung sogenannter Credit Default Swaps-Positionen zwischen Investoren und Ländern trugen zur Entstehung und Ausbreitung der globalen Finanzkrise bei[509].

Während Ökonomen wie z. B. Furman und Stiglitz [1998] oder Zentralbanker wie Ortiz Martinez [2002] bezweifelten, dass der Mangel an Transparenz tatsächlich eine zentrale Rolle im Hinblick auf die Mexiko- bzw. Asienkrise spielte, entwickelte sich in der internationalen Gemeinschaft ein Konsens, dass die Prävention und Bewältigung von Finanzkrisen ein höheres Maß an Transparenz und Publizität bezüglich der Aktivitäten der Institutionen des öffentlichen sowie privaten Sektors voraussetzt. Die zugrunde liegende Argumentation für ein höheres Maß an Transparenz, in Bezug auf makroökonomische Variablen sowie die staatlichen Aktivitäten in den

---

[507] Vgl. Prasad und Rajan [2008: 152 ff.].
[508] Vgl. IWF [2001] und Fischer [2003a: 14 ff.].
[509] Siehe Blanchard [2009: 13 f.] und FCIC [2011: XIX f.].

Bereichen Fiskal-, Geld- und Finanzpolitik, liegt darin, dass die Verfügbarkeit von präzisen und zeitgerechten Informationen einen wesentlichen Bestandteil funktionierender Finanzmärkte darstellt. So werden solche Informationen von Marktakteuren benötigt, um Investitionsentscheidungen zu treffen und Risiken zu bewerten. Zudem wird die Rechenschaftspflicht gefördert, d. h., ein höheres Maß an Transparenz schafft Anreize für politische Entscheidungsfinder, ihre Ziele an die gesellschaftlichen Ziele anzupassen bzw. ermöglicht die Überprüfung und Bewertung der Zielerreichung durch die Gesellschaft. Ein besserer Informationsstand wirkt darüber hinaus Ansteckungseffekten (Contagion) und Herdenverhalten entgegen und hilft Marktakteuren bei der Anpassung an gesamtwirtschaftliche Entwicklungen[510].

Fortschritte auf dem Gebiet der Transparenz haben sich innerhalb der internationalen Gemeinschaft bislang auf die Entwicklung und Implementierung internationaler Standards und Kodizes, sogenannter *Standards and Codes*, im Hinblick auf die Qualität und Aktualität von Informationen konzentriert. Dabei hat sich die internationale Gemeinschaft auf eine Reihe von sogenannten „Best Practices" (d. h. bester Verfahrensweisen und Regelungen) zur Erhöhung der wirtschaftspolitischen Effizienz und Transparenz verständigt, die in den Ländern auf freiwilliger Basis in die bestehenden rechtlichen Bestimmungen eingearbeitet werden sollten[511]. Diese wurden in Form von Grundprinzipien, Standards and Codes festgelegt. Tabelle 3–1 gibt einen Überblick über die zentralen Standards and Codes, auf die sich die G7-Staaten und die internationalen Organisationen verständigt haben, wobei wir neben Standards zur Erhöhung der „Transparenz bezüglich der Makropolitiken und allgemeinen Datenlage" auch die zentralen Normen der Bereiche „Institutionelle und Marktinfrastruktur" sowie „Aufsicht und Regulierung" aufgeführt haben.

Die bislang am weitest gediehene Maßnahme zur Erhöhung der Transparenz ist die Implementierung des *Special Data Dissemination Standard (SDDS)* des Internationalen Währungsfonds[512]. Der SDDS wurde 1996 in Reaktion auf die Finanzkrisen der Schwellen- und Entwicklungsländer in der ersten Hälfte der 1990er Jahre in dem Bewusstsein eingeführt, dass ein Mangel an Transparenz maßgeblich zu den Krisen beigetragen hatte – insbesondere in Bezug auf monetäre, finanzielle und Wirtschaftsstatistiken. Der SDDS wurde entwickelt, um Mitgliedern des Fonds, die Zugang zu internationalen Kapitalmärkten haben (oder dies anstreben), bei der Bereitstellung ihrer monetären und finanziellen Statistiken an die Öffentlichkeit eine Hilfestellung zu geben. Der Standard erläutert die diversen Konzepte und Methoden, die bei der Sammlung, Zusammenstellung und Veröffentlichung von relevanten Wirtschaftsstatistiken angewendet werden sollten. Die Teilnahme am SDDS ist freiwillig und beinhaltet keine monetären Kosten – nur die Verpflichtung, die Wirtschaftsstatistiken an den Standard anzupassen und Informationen zu den verwendeten Daten und den Veröffentlichungspraktiken bereitzustellen. Bis dato haben sich 64 Volkswirtschaften zur Teilnahme am SDDS bereit erklärt.

---

[510] Vgl. Group of Seven [1999].
[511] Siehe z. B. unter http://www.financialstabilityboard.org/cos/key_standards.htm.
[512] Ausführliche Informationen rund um den Special Data Dissemination Standard sind auf dem Bulletin Board Homepage des IWF verfügbar: http://dsbb.imf.org/.

Tabelle 3–1: Standards and Codes

Subject Area	Key Standard	Issuing Body
Macroeconomic policy and data transparency		
Monetary and Financial Policy Transparency	Code of Good Practices on Transparency in Monetary and Financial Policies	IMF
Fiscal Policy Transparency	Code of Good Practices in Fiscal Transparency	IMF
Data Dissemination	Special Data Dissemination Standard (SDDS) / General Data Dissemination System (GDDS)	IMF
Institutional and market infrastructure		
Insolvency	Principles and Guidelines on Effective Insolvency and Creditor Rights System	World Bank
Corporate Governance	Principles of Corporate Governance	OECD
Accounting	International Accounting Standards (IAS)	International Accounting Standards Board (IASB)
Auditing	International Standards on Auditing (ISA)	International Federation of Accountants (IFAC)
Payment and Settlement	Core Principles for Systematically Important Payment Systems	Committee on Payment and Settlement Systems (CPSS)
	Recommendations for Securities Settlements Systems	CPPS and International Organization of Securities Commissions (IOSCO)
Money Laundering	The Forty Recommendations/ Special Recommendations Against Terrorist Financing	Financial Action Task Force (FATF)
Financial regulation and supervision		
Banking Supervision	Core Principles for Effective Banking Supervision	Basel Committee on Banking Supervision (BCBS)
Securities Regulation	Objectives and Principles of Securities Regulation	IOSCO
Insurance Supervision	Insurance Core Principles	International Association of Insurance (IAIS)

Quelle: Financial Stability Forum

Der SDDS ist auf internationaler Ebene bislang das wesentliche Instrument zur Erhöhung der Transparenz. Dementsprechend konzentrieren sich empirische Belege für die Vorteilhaftigkeit einer Erhöhung der Transparenz in Form der Implementierung bzw. des Befolgens von Standards and Codes ausschließlich auf Volkswirtschaften, die am SDDS teilnehmen. Dabei wird argumentiert, dass die Zustimmung zum bzw. Einhaltung des SDDS den Zugang zu internationalen Kapitalmärkten und die Kosten der Aufnahme von Fremdkapital an internationalen Kapitalmärkten beeinflusst. So untersuchen einige Studien die Auswirkungen von Standards und Kodizes auf Renditeabstände, die sogenannten „Spreads" und Ratings. Sie kommen zu dem Ergebnis, dass die Befolgung internationaler Standards, insbesondere des

SDDS, wesentlich zu einer Reduktion der Renditeabstände bei Staatsanleihen (auf Primär- und Sekundärmärkten) – d. h. zu einer Reduzierung der Kosten einer Fremdmittelaufnahme – beitragen kann[513].

Die Argumentation zugunsten eines höheren Grades der Transparenz beruht auf der Überzeugung, dass einer abrupten Umkehr der Kapitalströme und Herdenverhalten auf den Finanzmärkten durch standardisierte Informationssysteme entgegen gewirkt werden kann. Es gilt allerdings zu bedenken, dass ein höheres Maß an Transparenz alleine Ansteckungseffekte, Herdenverhalten oder die Entstehung von Finanzkrisen nicht verhindern kann, da stets besser informierte Marktakteure (die z. B. Fundamentaldaten folgen) und weniger gut informierte, sogenannte „Noise-Trader" existieren werden. Besser informierte Marktakteure werden die irrationale Handlungsweise der Noise-Trader antizipieren und ihre Aktivitäten dementsprechend anpassen, da sie sich bewusst sind, dass nicht der eigene Informationsstand, sondern der allgemeine Kenntnisstand ausschlaggebend sind. Transparenz mag einem solchen Zustand entgegenwirken, diese jedoch nicht gänzlich eliminieren.[514] So konnten beispielsweise die Finanzkrisen in Argentinien und der Türkei nicht vorausgesehen bzw. verhindert werden, obwohl der SDDS zu diesen Zeitpunkten bereits implementiert worden war.

4.2.4 Bankenregulierung

Bankenregulierung lässt sich grundsätzlich aus der Existenz negativer Externalitäten begründen, die bei Finanzinstitutionen auftreten können. Management bzw. Eigenkapitalgeber verfolgen häufig eine übermäßig riskante Unternehmenspolitik, bei der die bewusst eingegangenen Risiken nicht durch die zu erwartenden Erträge angemessen kompensiert werden. Die damit verbundenen Gefahren sind bei Finanzinstitutionen höher als bei anderen Unternehmen einzuschätzen, weil Finanzinstitutionen einerseits mit einem wesentlich niedrigeren Eigenkapitalanteil arbeiten und so als fragiler anzusehen sind. Zum anderen neigt das Bankensystem eher zur Instabilität und potenzielle volkswirtschaftliche Schäden sind aufgrund des systemischen Risikos größer. Eingetretene oder sich abzeichnende Ausfälle der Einlagen einer Bank können leicht zum Vertrauensverlust und einem Bank-Run führen, der den Zusammenbruch dieser Bank nach sich zieht und überdies wie ein Domino-Effekt auf das gesamte Bankensystem übergreifen kann[515].

Während die Mexiko- und Asienkrise zum Teil individuelle Merkmale besaßen, waren beide Finanzkrisen dadurch gekennzeichnet, dass eine laxe Bankenregulierung und eine enge Verbindung von Unternehmen und Banken mit Regierungskreisen (Crony Capitalism) dazu führten, dass sich Kredite von fragwürdiger Qualität

---

[513] Siehe Christofides et al. [2003], Cady [2005], Cady und Pellechio [2006] , Glennester und Shin [2008], Eichengreen [2009] sowie Heath [2013]. Untersuchungen, die andeuten, dass die Teilnahme am SDDS zu keinen signifikanten Verbesserungen im Sinne einer Reduzierung der Fremdkapitalaufnahme führen, sind z. B. Sarr [2001] oder Rojas-Suarez [2004].
[514] Vgl. Persaud [2001: 59 ff.].
[515] Vgl. Frenkel und Menkhoff [2000a: 34], Hartmann-Wendels et al. [2007: 355 ff.] sowie Hasman [2013].

bei nicht hinreichend kapitalisierten Banken anhäufen konnten[516]. Die Working Group on Strengthening Financial Systems [1998] kam zu dem Ergebnis, dass schwache Bankensysteme und unterentwickelte Kapitalmärkte wesentlich zu der Fehlallokation von Ressourcen und so der Asienkrise geführt haben. Zentraler Baustein im Hinblick auf die Stärkung des internationalen Finanzsystems sei die Implementierung bester Verfahrensweisen und Regelungen (Best Practices) in den Bereichen Aufsicht und Regulierung sowie Transparenz und Offenlegung (siehe auch Abschnitt 4.2.3)[517].

Dies beinhaltet unter anderem eine engere internationale Kooperation und Kollaboration zwischen den internationalen Aufsichts- und Regulierungsbehörden sowie einer Ausweitung auf weitere Finanzinstitutionen. Eine internationale Vereinheitlichung der Aufsicht und Regulierung erscheint insbesondere dann sinnvoll, wenn man davon ausgeht, dass bei internationalen Märkten im Zuge des fortschreitenden Globalisierungsprozesses ein erhöhtes systemisches Risiko in einem Land wegen der oben erläuterten Ansteckungsgefahr auch auf die anderen Länder überschwappen kann.[518] Auch das vermehrte Auftreten von Finanzkonglomeraten sowie die erschwerte Abgrenzung der verschiedenen Tätigkeitsbereiche der Finanzinstitute und Zuordnung einer Finanztransaktion zu einer bestimmten nationalen Ebene spricht für eine engere internationale Kooperation zwischen den internationalen Aufsichtsbehörden sowie eine Ausweitung der Regulierung auf weitere Finanzinstitutionen[519].

Zu betonen ist auch, dass es nicht nur einer verbesserten internationalen Kooperation bedarf, sondern auch einer stetigen inhaltlichen Verbesserung und Anpassung der Regulierung an neue Entwicklungen auf den Finanzmärkten. Die im 1. Teil beschriebene Entwicklung im Bereich der Finanzinnovationen – insbesondere derivativer Finanzinstrumente – führt dazu, dass das in Finanztransaktionen beinhaltete Risiko für Außenstehende nicht mehr ohne Weiteres zu erkennen ist. Die gestiegene Intransparenz bezüglich der tatsächlichen Risikoallokation im Finanzsystem erschwert den Beaufsichtigungsprozess zunehmend. Ferner haben die fortschreitende Globalisierung und die durch den technologischen Fortschritt begünstigten Finanzinnovationen den Wettbewerbsdruck in der Finanzindustrie wesentlich verschärft. Dieser Druck hat wiederum die Anreize für riskanteres Verhalten und eine erhöhte Risikobereitschaft seitens der Finanzmarktakteure erhöht[520].

Aus regulatorischer Sichtweise waren bereits vor den Finanzkrisen der 1990er Jahre strukturelle multilaterale Bausteine für eine neue internationale Finanzarchitektur vorhanden. So existierte bereits der Baseler Ausschuss für Bankenaufsicht (Basel Committee on Banking Supervision) und die Baseler Eigenkapitalvereinba-

---

[516] Vgl. z. B. Ortiz Martinez [1998] und Lindgren et al. [2000]. Siehe auch 1. Teil:II.2.
[517] Siehe auch Ferguson [1998].
[518] Auf diese Gefahr möglicher Ansteckungseffekte auf andere Länder, selbst wenn diese in völlig anderen Regionen der Erde liegen, wurde ausführlich in 1. Teil:II.2.3 eingegangen. Vgl. hierzu auch BIZ [2003: 127 ff.].
[519] Vgl. van der Zwet [2003: 5 ff.].
[520] Vgl. hierzu Krahnen [2006: 4 ff.], White [2004: 7], Galati und Moessner [2013] sowie De la Torre und Ize [2013].

rung von 1988 – der sogenannte *Basel-I-Akkord*. Aufgrund der wenig differenzierenden Berechnung der Kapitalanforderungen auf Kreditrisiken, mit der das tatsächliche Risiko oft nur unzureichend abgebildet wurde, war dieser in die Kritik geraten. Neuere Finanzinstrumente und Methoden zur Kreditrisikosteuerung wurden kaum berücksichtigt. Auch entsprach die Ausrichtung der Eigenkapitalanforderungen allein an Kredit- und Marktpreisrisiken nicht dem tatsächlichen Risikoprofil einer Bank[521].

Am 26. Juni 2004 haben die Notenbankgouverneure der G10 und die Leiter der Aufsichtsbehörden der Rahmenvereinbarung über die **neue Eigenkapitalempfehlung für Kreditinstitute (Basel II)** zugestimmt. Basel II sollte die oben aufgeführten Schwächen von Basel I weitestgehend ausräumen, indem die Eigenkapitalanforderungen stärker vom tatsächlich eingegangenen Risiko abhängig gemacht und neuere Entwicklungen in der Finanzindustrie sowie im Risikomanagement berücksichtigt werden. Die Risikomessung sollte sich stärker an die Risikosteuerungsmethoden der Banken annähern. Für die drei zentralen Risikobereiche – Kreditrisiko, Marktpreisrisiko und operationelles Risiko – stehen sowohl standardisierte Erfassungskonzepte als auch bankeigene Verfahren und Modelle zur Verfügung. Des Weiteren wurden von Basel II Grundprinzipien für die qualitative Bankenaufsicht vorgegeben und die Offenlegungspflichten zur Stärkung der Marktdisziplin erweitert.

Abbildung 3–2: Das Drei-Säulen-Konzept von Basel II

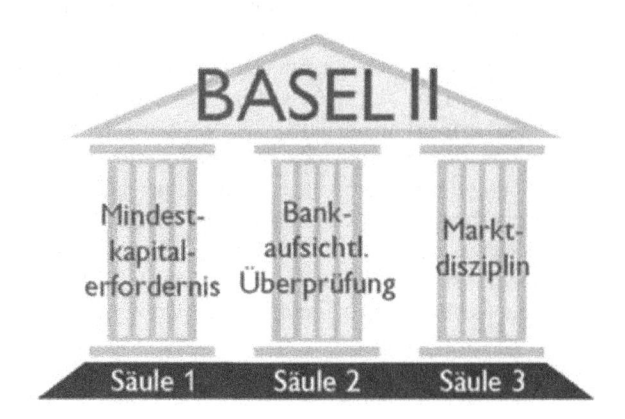

Quelle: www.oenb.at

Diese Baseler Eigenkapitalvereinbarung (Basel II) besteht aus drei Säulen, die sich gegenseitig ergänzen (siehe Abbildung 3–2). Die *Mindesteigenkapitalanforderungen* bilden die erste Säule. Für die Messung von Kreditrisiken sind statt der bisherigen pauschalen Risikoabbildung ausgefeiltere Messverfahren vorgesehen, und zwar der Standardansatz, der auf einer externen Risikoeinschätzung von aufsichts-

---

[521] Siehe zu den überarbeiteten Eigenkapitalanforderungen näher Deutsche Bundesbank [2004: 76 ff.] sowie Baseler Ausschuss für Bankenaufsicht [2001; 2004].

rechtlich anerkannten Ratingagenturen basiert, und die sogenannten IRB-Ansätze, die an bankeigenen Risikoeinstufungen anknüpfen. Zudem können Sicherheiten Risiko mindernd berücksichtigt werden. Weiterhin werden wie bisher Marktpreisrisiken und erstmals operationelle Risiken einer Eigenkapitalunterlegung unterzogen[522].

Durch das *aufsichtliche Überprüfungsverfahren (Säule 2)* werden die Mindestkapitalanforderungen um qualitative Elemente ergänzt. Die Banken sollen danach ihre eigenen Verfahren zur Beurteilung der institutsspezifischen Risikosituation kontinuierlich verbessern und zur Ermittlung der Angemessenheit der Kapitalausstattung einsetzen. Die Aufsichtsbehörden analysieren im Rahmen einer laufenden Überprüfung vor Ort die spezifische Risikosituation der einzelnen Bank und deren Fähigkeit, die eingegangenen Risiken zu erkennen, zu messen, zu steuern und zu überwachen. Bei Bedarf kann die Aufsicht nach Basel II Aufschläge auf die Kapitalanforderungen festlegen, die sich nach den Regelungen der Säule 1 und der bankeigenen Risikomessung ergeben (z. B. zur Unterlegung erhöhter Zinsänderungsrisiken im Anlagebuch).

Zu den Vorschriften über die Mindestkapitalerfordernisse und dem bankenaufsichtlichen Überprüfungsprozess kommen *Transparenzanforderungen (Säule 3)* hinzu, die die komplementäre Nutzung von Marktmechanismen für bankenaufsichtliche Zielsetzungen ermöglichen. Geschäftspartnern soll durch erweiterte Offenlegungspflichten die Einschätzung der Risikosituation und der Eigenkapitalausstattung der jeweiligen Bank erleichtert werden. Der Forderung nach mehr Marktdisziplin liegt die Erwartung zugrunde, dass gut informierte Geschäftspartner eine risikobewusste Geschäftsführung und ein wirksames Risikomanagement von Banken honorieren und umgekehrt ein risikoreiches Verhalten sanktionieren, was zu einer Disziplinierung des Risikoverhaltens der Banken beitragen soll. Die Vorgaben zur Offenlegung sind grundsätzlich als Empfehlungen ausgestaltet. Sofern sich die Offenlegung jedoch auf die Anwendung bestimmter interner Verfahren bezieht (z. B. Nutzung interner Ratings), erhalten die Regelungen den Charakter von Vorschriften.

Insgesamt sehen die Aussichten auf eine weitreichende internationale Kooperation im Bereich der Bankenregulierung und -aufsicht eher begrenzt aus – selbst wenn man voraussetzt, dass eine solche Kooperation vom Standpunkt der sozialen Wohlfahrt aus als vorteilhaft beurteilt wird. Zum einen kann unter den verschiedenen nationalen Behörden eine unterschiedliche Auffassung darüber herrschen, was unter Finanzstabilität zu verstehen ist. Darüber hinaus könnten die nationalen Aufsichtsbehörden durch lokale Interessengruppen zu einer Entscheidungsfindung gedrängt werden, die sich wesentlich von der der anderen Behörden unterscheidet. Und schließlich existieren in den Volkswirtschaften unterschiedliche Rechtsrahmen und Verfahren der Bilanzierung, die kooperative Anstrengungen der Behörden erschweren könnten[523].

---

522 Zum operationellen Risiko siehe genauer OeNB [2005].
523 Vgl. Kapstein [2008: 119]. Siehe genauer Kane [2001] sowie Holthausen und Ronde [2004].

Des Weiteren wendeten Ökonomen wie Danielsson et al. [2001: 5 ff.] schon früher ein, dass Basel II die Anfälligkeit des Finanzsystems gegen Krisen verschärfe. Sie befürchteten, dass die Maßnahmen, die die Banken krisenfester machen sollen, das System destabilisieren. Sie argumentieren, dass Risiko und Volatilität nicht exogen, sondern endogen sind und größtenteils durch das Verhalten aller Finanzmarktakteure bestimmt werden. Die Annahme, dass das eigene Handeln, dem die auf Grundlage der Value-at-Risk-Modelle[524] prognostizierten Risiken zugrunde liegen, nicht die zukünftigen Risiken beeinflusst, erscheint damit fehlerhaft. Gerade in Krisenzeiten vermag das durch die Verwendung der gleichen Risikomodelle bedingte Verfolgen ähnlicher Strategien verheerende Folgen nach sich ziehen, da sich die individuellen Verhaltensweisen nicht aufheben, sondern einander eher verstärken. Zudem erscheint die Verwendung von Value-at-Risk oder ähnlichen Risikomodellierungsmethoden in Krisenzeiten nicht angebracht, da die den Modellen zugrunde liegenden (historischen) Daten in solchen Zeiten einem strukturellen Bruch ausgesetzt sein werden.

Kritiker befürchteten ferner, dass Basel II die Krisenanfälligkeit aufgrund der potenziell stärkeren prozyklischen Wirkungen der neuen Eigenkapitalanforderungen erhöhe. Die Ursache hierfür liegt in der Volatilität der von Banken berechneten Ausfallwahrscheinlichkeiten der Kreditnehmer und den bankinternen Ratings. Solange die bankinternen Ratingsysteme mit den Veränderungen der Ausfallwahrscheinlichkeiten schwanken, werden die Eigenkapitalanforderungen insbesondere bei Verwendung des IRB-Ansatzes tendenziell steigen, wenn eine Volkswirtschaft in eine Rezession abzugleiten droht, und sinken, sofern eine Wirtschaft in eine Aufschwungphase eintritt. In dem Ausmaß, in dem die Banken daraufhin ihre Kreditvergabe einschränken (ausweiten), wird ein Konjunkturabschwung (Konjunkturaufschwung) verstärkt. Das heißt, dass Banken in der Spitze eines Aufschwungs tendenziell weniger Kapital vorhalten werden – wenn die Gefahr einer systemischen Krise am größten ist – und ihre Aktiva zurückführen werden, wenn es im Zuge der makroökonomischen Stabilisierung einer Ausweitung der Kreditvergabe am ehesten bedarf.[525]

---

[524] *Value at Risk* ist eine Kennzahl zur Bestimmung des Risikopotenzials eines Geschäftes oder eines Portfolios. Sie beschreibt den in Geldeinheiten bewerteten Verlust eines Geschäfts bzw. Portfolios, der innerhalb einer bestimmten Frist bei einem bestimmten Konfidenzniveau aufgrundlage einer bestimmten Wahrscheinlichkeitsverteilung höchstens eintreten kann. Vgl. hierzu Reckers [2006: 49].

[525] Vgl. EZB [2001: 72 ff.]. Zur Problematik der Prozyklität siehe auch Borio et al. [2001], Gordy und Howells [2004], Kashyap und Stein [2004], Repullo et al. [2010] sowie Andersen [2011].

Abbildung 3–3: Überarbeitung der Eigenkapitaldefinition in Basel III

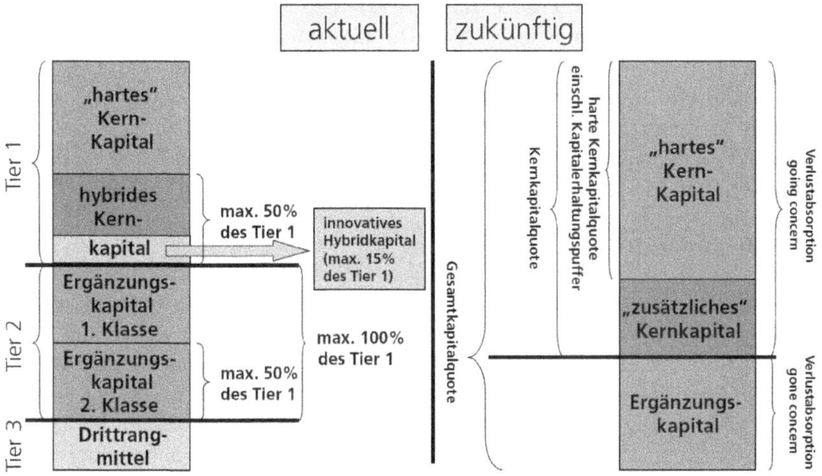

Quelle: Deutsche Bundesbank [2011b: 10]

Die jüngste globale Finanzkrise hat zu Anpassungen des regulatorischen Aufsichtsrahmens auf internationaler (und nationaler) Ebene geführt. Dies betraf vor allem die Arbeiten des Baseler Ausschusses für Bankenaufsicht zur Verbesserung der Qualität des bankaufsichtlichen Eigenkapitals und der Erarbeitung eines quantitativen Liquiditätsstandards. In diesem Zusammenhang sollten die im Zuge der Finanzkrise identifizierten Schwachstellen im regulatorischen Regelwerk beseitigt werden (siehe 1. Teil:II.3 für die Darstellung der Finanzmarktkrise der Industrieländer). Nachdem sich die Notenbankpräsidenten und Leiter der Aufsichtsbehörden der 27 wichtigsten Wirtschafts- und Finanzstaaten im September 2010 auf strengere Eigenkapitalvorschriften einigten, veröffentlichte der Baseler Ausschuss für Bankenaufsicht im Dezember 2010 das neue **Basel-III-Rahmenwerk**.[526] Das Eigenkapital der Banken soll dementsprechend härter, höher und flexibler sein. So wird sich die Mindesteigenkapitalquote zukünftig aus sog. harten Kernkapital, zusätzlichem Kernkapital und einem Kapitalerhaltungspuffer zusammensetzen (siehe Abbildung 3–3) und unter Einschluss des Ergänzungskapitals insgesamt 10,5 % der Bilanzsumme betragen. Die Umsetzung sollte ab dem Jahr 2013 schrittweise erfolgen, damit die Kreditvergabe der Banken durch die strengeren Eigenkapitalanforderungen nicht eingeschränkt wird. Des Weiteren hat man sich auf zwei Kennziffern zum Liquiditätsrisiko verständigt: die sog. Mindestliquiditätsquote und die strukturelle Liquiditätsquote. Die Mindesteigenkapitalquote, die den Bestand an hoch liquiden Aktiva in das Verhältnis zu den Netto-Zahlungsverbindlichkeiten setzt, soll sicherstellen, dass Banken über genügend hoch liquide Vermögenswerte verfügen, um

---

[526] Basel II bleibt grundsätzlich weiter gültig. Änderungen und Weiterentwicklungen werden durch Basel III implementiert.

eine 30 Tage lang andauernde Stresssituation überdauern zu können. Der Mindeststandard beträgt im Jahr 2013 60 % und soll schrittweise bis spätestens im Jahr 2019 100 % betragen. Die strukturelle Liquiditätsquote, die einen einjährigen Zeithorizont hat und der Fristeninkongruenz zwischen Aktiv- und Passivgeschäft entgegenwirken soll, soll dagegen erst im Jahr 2018 als Mindeststandard in Kraft treten. Darüber hinaus beschloss der Baseler Ausschuss für Bankenaufsicht erstmalig eine Höchstverschuldungsquote („Leverage Ratio") einzuführen, um die Verschuldung des Bankensystems zu reduzieren. Auch soll diese Kennziffer als Ergänzung zu den risikobasierten Eigenkapitalanforderungen dienen, um einen zusätzlichen Schutz vor Messfehlern und Modellrisiken bieten zu können[527].

4.2.5 Einbindung des Privatsektors

Im Zuge der Finanzkrisen der 1990er Jahre in den Schwellen- und Entwicklungsländern spielte das Verhalten privater Kreditgeber und Investoren eine entscheidende Rolle. Dabei zeigte sich, dass durch die zunehmende Finanzmarktintegration zwar mehr Kapital verfügbar wurde und die wirtschaftliche Entwicklung beschleunigt werden konnte. Jedoch wurden die Volkswirtschaften im Rahmen des Zustroms großer Summen privater Mittel zur gleichen Zeit anfälliger gegenüber einer Umkehr dieser Finanzströme. Dies ist insbesondere durch die Natur der privaten Kapitalströme bedingt, die aufgrund der Gewinnorientierung privater Kapitalgeber durch eine gewisse Kurzfristigkeit geprägt sind. Diese kurzfristige Orientierung ist es, die bei einer Änderung der Investitionsbedingungen zu einer plötzlichen Umkehr der Kapitalströme – sogenannten „Sudden Stops" i. S. v. Calvo [1998] – führen kann. Darüber hinaus kann das unkoordinierte Verhalten der Investoren und Kreditgeber dazu führen, dass sich ein plötzlicher, nicht durch Fundamentaldaten erklärbarer Stimmungswandel einzelner Anleger zu einem allgemeinen Strategiewechsel entwickelt. Ein scheinbarer Informationsvorsprung einzelner Anleger oder auch nur eine falsche Beobachtung können einen Herdentrieb und einen systemischen Kapitalabzug zur Folge haben[528]. Ein charakteristisches Merkmal sind in diesem Zusammenhang die sich selbst erfüllenden Erwartungen der privaten Investoren. Wurden erst einmal (vermeintliche) Probleme von einzelnen Investoren wahrgenommen, ziehen diese ihr Kapital ab, was wiederum die Situation in der jeweiligen Volkswirtschaft verschlimmert und so die negativen Erwartungen anderer Investoren bestärkt. Die resultierende massive und plötzliche Umkehr des Kapitals kann die Konsequenzen einer Krise weiter verschärfen oder sogar zu einer Zahlungseinstellung einer Volkswirtschaft beitragen (siehe hierzu auch 1. Teil:II.2.2).

Solch ein plötzlicher Abzug des Kapitals kann zu einem erheblichen externen Finanzierungsbedarf aufseiten des Krisenlandes führen, der das Eingreifen von internationalen Organisationen wie dem IWF erforderlich machen kann. Ökonomen wie z. B. Eichengreen und Rühl [2001] oder Park und Wang [2002] sind allerdings der Auffassung, dass ein solches Eingreifen öffentlicher Institutionen Moral-Hazard schafft. Sollte ein Krisenland durch öffentliche Rettungsmaßnahmen unterstützt

---

[527] Vgl. Deutsche Bundesbank [2011b].
[528] Vgl. Hefeker [2006: 299 ff.]. Siehe ebenso Boz [2011] sowie Agosin und Huaita [2012].

werden, bestünden keine Anreize für private Kapitalgeber, sich im Rahmen der Bewältigung der Krise zu beteiligen, da sie davon ausgehen können, dass die Verbindlichkeiten des Krisenlandes nahezu vollständig durch öffentliche Mittel bedient werden. Zudem können allein durch die Erwartung – bevor es überhaupt zu einer Krise kommt – Fehlanreize generiert werden. So werden private Kapitalgeber in der Erwartung, dass z. B. der IWF im Krisenfall zur Hilfe schreiten wird, voraussichtlich weniger vorsichtig bei der Kreditvergabe oder bei Portfolioinvestitionen verfahren. Ferner muss in Fällen, in denen der IWF eingreift, das Krisenland schließlich die gewährten Kredite zurückzahlen. Letztendlich müssten auf diese Weise die Steuerzahler des Krisenlandes für den Schaden, der durch den Abzug des Kapitals durch die privaten Kreditgeber und Investoren entstanden ist, aufkommen.

Somit entwickelte sich in der internationalen Gemeinschaft ein Konsens, dass man im Einklang mit marktwirtschaftlichen Grundsätzen stehende Maßnahmen ergreifen sollte, die im Krisenfall auf eine Einbindung des Privatsektors bei der Bewältigung der Krise und Problemen massiver Kapitalabflüsse hinwirken. 1999 formulierten die G7-Finanzminister im Rahmen des Weltwirtschaftsgipfels von Köln Grundsätze für die Einbindung des Privatsektors in die Krisenbewältigung[529]:

a) Das Vorgehen zur Bewältigung einer Krise darf die Verpflichtung der Länder zur vollständigen und rechtzeitigen Bedienung ihrer Schulden nicht unterminieren. (…)

b) Marktdisziplin kann nur greifen, wenn die Gläubiger die Folgen der von ihnen eingegangenen Risiken selbst tragen. Private Kreditvergabeentscheidungen müssen auf einer Einschätzung der potenziellen Risiken und Renditen einer Anlage beruhen und nicht auf der Erwartung, dass die öffentliche Hand Gläubiger vor nachteiligen Entwicklungen schützen wird.

c) Im Krisenfall kann eine Verringerung der Nettoschuldenzahlungen an den Privatsektor potenziell dazu beitragen, den unmittelbaren Finanzbedarf eines Landes zu befriedigen und den Bedarf an von der öffentlichen Hand bereitzustellenden Mitteln zu verringern. Sie kann ferner dazu beitragen, dass bei Kredit- und Investitionsentscheidungen ein angemessener Anreiz zur Vorsicht beibehalten wird. (...)

d) Keine Gruppe privater Gläubiger sollte per se gegenüber anderen vergleichbaren Gläubigern privilegiert sein. Forderungen von Anleiheinhabern sollten nicht als gegenüber Bankforderungen vorrangig gelten, wenn beide Forderungskategorien ins Gewicht fallen.

---

529 Auszug aus „Stärkung der Internationalen Finanzarchitektur", dem Bericht der G7-Finanzminister an den Weltwirtschaftsgipfel in Köln – abrufbar auf der Internetseite http://www.g7.utoronto.ca/deutsch/1999koln/strengthening.html#sectionE3; siehe Group of 7 [1999].

e) Ziel des Krisenmanagements sollte – soweit möglich – sein, eine kooperative Lösung zwischen dem Schuldnerland und seinen Gläubigern zu erreichen, die auf einen bereits vorher etablierten Dialog aufbaut.

Der Begriff *Private Sector Involvement* (die Einbindung des Privatsektors) wurde Ende der 1990er Jahre im Zuge verschiedener Krisenlösungen und der diesbezüglich gesammelten Erfahrungen mit der Beteiligung privater Gläubiger geprägt. So konnten z. B. in Brasilien und Korea die Kredit gebenden Finanzinstitute für eine freiwillige Mitwirkung bei der Krisenlösung gewonnen werden. Fortschritte bei der Einbindung von Anleihegläubigern konnten beispielsweise in den Fällen Pakistans, der Ukraine, Rumäniens und Ecuadors erzielt werden[530]. Private Sector Involvement (PSI) umfasst im weiteren Sinne jeden Beitrag und jegliche Leistung, den der private Sektor zur Krisenbewältigung beisteuert. Im engeren Sinne bedeutet PSI, dass der private Sektor sich an den Kosten einer Finanzkrise beteiligt, indem er einen finanziellen Verlust bzw. Vermögensschaden auf sich nimmt. Dieser Verlust kann dabei z. B. in Form einer Entschuldung oder einer Reduzierung von Zinszahlungen entstehen[531].

Über welche Möglichkeiten des PSI können private Gläubiger in die Krisenlösung eingebunden werden? Cline [2004] klassifiziert die verschiedenen PSI-Verfahren nach dem Grad der Freiwilligkeit, mit dem sich die privaten Kapitalgeber bei der Bewältigung einer Krise engagieren. Er schlägt demnach drei Kategorien vor: freiwillige, quasi-freiwillige und unfreiwillige Einbindung des Privatsektors. Auf ähnliche Weise verfahren Roubini und Setser [2004], die die Verfahren in freiwillig, „quasi-zwangsweise" (semi-coercive) und zwangsweise (fully coercive) Maßnahmen einstufen. Wir wählen hier einen eher „temporalen" Ansatz, indem wir die Maßnahmen als Maßnahmen zur Prävention von Finanzkrisen – also vor dem eigentlichen Eintreten einer Finanzkrise – und Maßnahmen zur Bewältigung einer Finanzkrise – d. h., wenn eine Finanzkrise bereits aufgetreten ist – einteilen[532].

Maßnahmen des PSI im Kontext der *Krisenprävention* sind beispielsweise[533]:

- Dialog/Koordination: Es sollte ein reger Dialog zwischen den Anlageländern und den verschiedenen privaten Kapitalgebern hergestellt werden. Zu diesem Zweck könnte im Vorfeld ein Gläubigerausschuss oder ein Investor Relations Komitee gebildet werden, sodass sich z. B. die privaten Kreditgeber koordinieren oder untereinander austauschen können.

- Private Contingent Credit Lines (CCLs – „bedingte Kreditlinien"): Solche Kreditlinien sollen bereits im Vorfeld einer Krise unterstützend wirken. Die

---

[530] Vgl. Deutsche Bundesbank [1999: 40 ff.]. Für einen Überblick über die Erfahrungen, die in Krisenländern und der internationalen Gemeinschaft mit Rettungsmaßnahmen (Bail Outs) und der Einbeziehung des Privatsektors (Bail Ins) gemacht wurden, siehe insbesondere Cline [2004] sowie Roubini und Setser [2004].
[531] Vgl. Thimann et al. [2005: 6].
[532] Diesen Ansatz wählen z. B. auch Frenkel und Menkhoff [2000b: 273 f.].
[533] Vgl. hierzu Frenkel und Menkhoff [2000a: 95] sowie IWF [2000: 117 ff.].

Bedingungen und Konditionen dieser CCLs werden mit privaten Kreditgebern vereinbart, bevor eine Krise entsteht. Bei vorübergehenden Zahlungsbilanzschwierigkeiten könnte eine Volkswirtschaft auf die zuvor ausgehandelten CCLs zugreifen, die dann prinzipiell billiger sein sollten, als Mittel, die auf Grundlage von in Krisenzeiten ausgehandelten Konditionen bezogen werden.

- Schuldenmanagement: Die Schuldenstruktur eines Anlagelandes gegenüber dem Privatsektor sollte in regelmäßigen Zeitabständen überprüft werden. Dabei ist insbesondere darauf zu achten, dass eine Konzentration der Schulden in bestimmten Laufzeiten oder Währungen sowie die Einbeziehung derivativer Elemente in Anleiheverträgen (wie z. B. Put-Optionen) zu vermeiden sind, die den Schuldendienst in Krisenzeiten zusätzlich erschweren könnten.

Vorschläge für Maßnahmen mit dem Ziel, dass sich die privaten Kapitalgeber bei der *Krisenbewältigung* engagieren, sind insbesondere[534]:

- Collective Action Clauses: Der Einführung von Umschuldungsklauseln in Anleihevereinbarungen, sogenannten Collective Action Clauses (CACs), kommt angesichts der gestiegenen Bedeutung internationaler Anleihemärkte eine große Bedeutung zu. Durch die Schaffung kollektiver Strukturen im Rahmen von CACs sollen gemeinsame Entscheidungen der Anleihebesitzer erleichtert und somit die Umschuldung von Staatsanleihen beschleunigt werden. Solche Klauseln (i) definieren Koordinationsmechanismen zwischen dem Emittenten und Anleihebesitzern (Collective Representation Clause); (ii) legen die Bedingungen fest, unter denen Veränderungen an vertraglichen Bestimmungen nach Zustimmung der Mehrheitseigner für alle Anleihebesitzern geltend werden (Majority Clause) oder (iii) sorgen dafür, dass potenziell frei werdende Finanzmittel an alle Anleihebesitzer (im Verhältnis zu ihren Besitzansprüchen) verteilt werden (Sharing Clause).

- Standstill: Der Begriff Standstill bezieht sich auf alle Formen der zeitweiligen Stundung der Bedienung der Staatsschulden – entweder mit oder ohne die Zustimmung der Gläubiger (Moratorium). Üblicherweise stellen Standstills keine eigenständige Maßnahme dar, sondern sind vielmehr als Überbrückungsmaßnahme zu betrachten, bis eine längerfristige oder dauerhafte Lösung durch den Einsatz anderer auf die Umschuldung der Staatsschulden ausgerichteten Maßnahmen gefunden und vereinbart wird.

- Rollover: Im Rahmen von (konzertierten) Rollover-Vereinbarungen verpflichten sich staatliche Gläubiger und ausländische Geschäftsbanken dazu, bestehende Kredite zu verlängern bzw. kurzfristige Engagements (z. B. in Aktien) zeitweise aufrechtzuerhalten. Diese können dabei helfen, eine durch den Abzug internationalen Kapitals verursachte Währungs- und/oder Bankenkrise zu vermeiden.

---

[534] Vgl. hierzu Frenkel und Menkhoff [2000a: 95 f.], Banque de France [2001: 31 ff.], Cline [2002: 3 ff.], Thimann et al. [2005: 14 ff.].

- Krisenfonds: Es könnte z. B. eine Art Standby-Fazilität eingerichtet werden, die an eine freiwillige Einzahlung des Privatsektors im Vorfeld und/oder das Nachschießen neuer Mittel nach Eintreten der Krise gekoppelt ist.

Die Implementierung der Einbindung des Privatsektors erscheint grundsätzlich schwierig, da keiner der genannten Vorschläge völlig problemlos ist. Ein grundlegendes Problem liegt in der *freiwilligen* Beteiligung an der Krisenbewältigung. Es wäre unklug, sich allein auf freiwillige oder quasi-freiwillige Vorkehrungen zu verlassen, solange private Kapitalgeber nicht zu einem anderen Verhalten als in der Vergangenheit bewegt werden können. Der Privatsektor wird nur ungern aus freien Stücken auf seine ausstehenden Zahlungen verzichten. In diesem Fall müsste ein Großteil der Kosten einer Finanzkrise vom öffentlichen Sektor getragen werden. Zudem könnte das Vertrauen auf ausschließlich auf der Bereitschaft des Privatsektors basierenden Maßnahmen dazu führen, dass sich die Krisenlösung durch langwierige Koordinationsprozesse zu lange hinzieht und eine Krise mit fortschreitender Zeit zunehmend verschärft[535].

Rollover-Vereinbarungen leiden unter denselben Problemen wie die Bereitstellung von Liquidität im Rahmen anderer Rettungsmaßnahmen, zu denen im Krisenfall gegriffen werden kann. Sollten Zweifel im Hinblick auf die Zahlungsfähigkeit der betroffenen Volkswirtschaft auftreten, werden potenzielle Kreditgeber davor zurückschrecken, die Laufzeiten von Krediten zu verlängern. Mit ausländischen Kapitalgebern im Vorfeld vereinbarte Kreditlinien bergen zudem ein Moral-Hazard Problem, da das Vorliegen von privaten CCLs dazu führen könnte, dass die Schuldner-Nation zu übermäßig riskanten Verhalten tendiert. Darüber hinaus werden solche CCLs nicht leicht zu vereinbaren sein. Es ist vielmehr davon auszugehen, dass die privaten Kapitalgeber einer solchen Vereinbarung nur unter der Bedingung zustimmen werden, wenn sie auch entsprechende Sicherheiten für die Zusage solcher Kreditlinien erhalten. Im Endeffekt könnte also durchaus der Fall eintreten, dass die im Vorfeld von potenziellen Zahlungsschwierigkeiten vereinbarten privaten CCLs nicht zu wesentlich günstigeren Konditionen für die Schuldner-Nation erhältlich sein werden[536].

In Bezug auf Umschuldungsklauseln in Anleihevereinbarungen dürfte insofern ein Übergangsproblem bestehen, als dass viele der ausstehenden Anleihen noch keine Collective Actions Clauses besitzen. Das heißt, dass selbst wenn solche Klauseln in neu aufgelegte Anleihen aufgenommen werden, die ausstehenden Anleihen keine Kollektiv- oder Mehrheitsklauseln beinhalten und somit die Problematik in Bezug auf die Umschuldung von solchen Staatsanleihen nicht unmittelbar ausgeräumt werden würde. Ferner wird sich die Einigung auf einheitliche CACs vor dem Hintergrund unterschiedlicher Rechtsvorschriften vermutlich als schwierig erweisen. Voraussichtlich würde eine Einigung einen kostspieligen und vor allem langwierigen

---

[535] Siehe z. B. Kenen [2001: 138 ff.] für eine ausführlichere Diskussion der Grenzen einer freiwilligen Zusammenarbeit im Kontext der Krisenbewältigung.
[536] Vgl. Roubini [2004: 111] sowie Frenkel und Menkhoff [2000a: 97].

Prozess der Interpretation und Anpassung der juristischen Regelungen mit sich bringen[537].

Schließlich bleibt festzuhalten, dass prinzipiell die Gefahr besteht, dass eine Krise durch das Ergreifen einer PSI-Maßnahme – sei es durch eine Rollover-Vereinbarung, den Zugriff auf private CCLs oder die Verkündung eines Standstills – viel früher eintritt oder dass eine Krise, die anderenfalls nicht eingetreten wäre, durch eine PSI-Vorkehrung überhaupt erst auslöst wird. Das Ergreifen einer solchen Maßnahme könnte in diesem Kontext ein negatives Signal aussenden und somit gerade den gegenteiligen Effekt nach sich ziehen, dass Investoren ihr Kapital panikartig abziehen[538].

Die Idee der Einbindung des Privatsektors wurde vor allem im Zuge der Finanzkrise 2008–09 wieder neu diskutiert. Durch diverse Rettungsmaßnahmen – um kriselnde Banken zu unterstützen – kamen einige Länder der Eurozone in eine Situation, in der ihre Schuldenquoten auf ein ungesundes Maß anstiegen. Dadurch wurde aus der Bankenkrise eine Staatsschuldenkrise[539]. Im Falle Griechenlands wurde 2012 ein „freiwilliger Haircut" durchgeführt. Dabei akzeptierten die privaten Investoren griechischer Staatsanleihen einen Verlust von nahezu 50 % ihres ursprünglichen Wertes. Sowohl seitens der Wirtschaft als auch der Wissenschaft gab es starke Kritik an dieser Vorgehensweise[540]. Ein anderes noch „radikaleres" Vorgehen wurde in Zypern angewendet. So wurden als Bedingung für die Rettung der maroden Banken sogar die Einlagen der Privaten ab einem bestimmten Vermögen heranzogen.

4.2.6 Internationaler Lender of Last Resort

Wie bereits in den vorangegangen Abschnitten erläutert, waren viele der Finanzkrisen in den Schwellen- und Entwicklungsländern von massiven Kapitalabflüssen und einem starken Abfall der gesamtwirtschaftlichen Leistungsfähigkeit gekennzeichnet. In Fällen wie der Asienkrise entstanden aufgrund des plötzlichen Abzugs internationalen Kapitals und der mangelnden Bereitschaft internationaler Kapitalgeber, bestehende Kredite zu verlängern bzw. kurzfristige Engagements zeitweise aufrechtzuerhalten, große Finanzierungsengpässe.

Folgt man der modernen Theorie der Finanzkrisen (auch Theorie der 3. Generation genannt), so sind Krisen wie die Asienkrise prinzipiell durch einen Run auf die kurzfristige Liquidität zu erklären, denen ein plötzlicher, nicht durch die Entwicklung der Fundamentaldaten eines grundsätzlich solventen Schuldners ausgelösten Vertrauensverlusts der internationalen Kapitalgeber in die Fähigkeit eines Finanzsektors, seine Verbindlichkeiten in fremder Währung zu begleichen, vorangegangen

---

537 Vgl. Roubini [2004: 125].
538 Siehe z. B. Geithner [2000].
539 Vgl. Lane [2012: 55 ff.].
540 Siehe z. B. Welfens [2012: 8 ff.] sowie Gulati und Zettelmeyer [2012: 170 ff.].

war[541]. Eine Krise könnte demzufolge durch die Bereitstellung ausreichend internationaler Liquidität an eine Volkswirtschaft, die sich vorübergehend in Zahlungsschwierigkeiten befindet, vermieden werden. Dementsprechend liegt es nahe zu fordern, die internationale Finanzarchitektur durch einen *internationalen Lender of Last Resort (ILOLR)* zu ergänzen. Das heißt, in einer Finanzkrise, in der ein multiples Gleichgewicht existiert, könnte der positive Ausgang gewährleistet (und realwirtschaftlicher Schaden vermieden) werden, indem Nationen, die im Grunde solvent sind, zeitweise Liquidität zur Verfügung gestellt wird.

Das Lender of Last Resort-Konzept (LOLR) baut auf das Bagehot zurückgehende Prinzip der Zentralbankpolitik auf, dass eine Zentralbank im Zuge einer Finanzmarktpanik bereitstehen sollte, um zügig Kredite an illiquide – jedoch nicht insolvente – Banken zu vergeben, um diese vor dem Konkurs zu bewahren[542]. Die Notfallkredite sollten dabei auf Basis Sicherheiten vergeben werden, die auch in „normalen" Zeiten akzeptiert werden würden. Sie sollten darüber hinaus mengenmäßig unbeschränkt sein, jedoch nur zu hohen Zinsen vergeben werden, um zu gewährleisten, dass sich liquide Banken zur Refinanzierung weiterhin an den Markt wenden.

Ein ILOLR würde nicht nur die Effizienz der Krisenbewältigung nach Eintreten einer Krise erhöhen, indem Kosten der Liquidierung und die Zahlungsunfähigkeit einer Volkswirtschaft vermieden werden. Diamond und Dybvig [1983] folgend, kann ein nationaler Lender of Last Resort eine Bankenkrise verhindern, indem er dem Bankensektor im Falle eines Runs ausreichend Liquidität zur Verfügung stellt. Durch das Vertrauen auf einen Bail Out haben die Kapitalgeber geringere Anreize, ihr Kapital abzuziehen. Ein ILOLR könnte so in Analogie zu einem nationalen Bank Run eine Krise bereits in der Entstehung verhindern, indem er durch die Garantie, im Krisenfall internationale Liquidität bereitzustellen, den Investoren den Anreiz nimmt, an einem „Run-to-the-Exit" überhaupt erst teilzunehmen[543]. In der Theorie müsste die Bail Out-Garantie effektiv nie eingelöst werden.

Die Anwendung des LOLR-Konzepts auf staatliche Schulden- oder Liquiditätskrisen bedarf im Wesentlichen derselben Prinzipien wie im nationalen Fall. Zentrale Annahmen der Kreditgewährung im Rahmen des ILOLR bzw. der Ankündigung, dass ein ILOLR bereitsteht, ist die Wiederherstellung des Vertrauens, dass Kapital anschließend wieder in die Volkswirtschaft fließt (bzw. Kapitalgeber ihr Kapital von vornherein nicht abziehen) und womöglich vergebene Kredite zügig an den ILOLR zurückgezahlt werden. Jedoch ist der Prozess auf internationaler Ebene um ein Vielfaches komplexer als im Fall eines nationalen Bail Outs. Goodhart und Illing [2002: 21] weisen darauf hin, dass Fragen der Gestaltung und der Durchführbarkeit eines ILOLR aufgrund der Vielfalt der beteiligten Parteien (Regierungen, Zentralbanken, internationale Organisationen, Gläubiger, Schuldner), Rechtssysteme und institutionellen Infrastrukturen enorm erschwert werden würden. Neben den durch Koordina-

---

541 Vgl. hierzu u. a. Radelet und Sachs [1998] sowie Chang und Velasco [2000; 2001]. Siehe auch 1. Teil:II.2.2.
542 Vgl. auch Freixas et al. [1999: 1 ff.], Knittel [2007: 2] oder Zanker [2007: 98 ff.].
543 Siehe Sachs [1995] oder Rogoff [1999].

tionsprobleme bedingten Externalitäten spielt dabei der Mangel eines Durchsetzungsmechanismus zwischen den souveränen Staaten eine Rolle.

Offen ist zudem die Frage, wer die Rolle eines ILOLR übernehmen soll. Zentralbanken sind aufgrund ihres Notenausgabemonopols in der Lage, die notwendige Liquidität nach Belieben bereitzustellen. Des Weiteren besitzen sie Erfahrung in der Ausübung der LOLR-Rolle. Allerdings erscheint die Schaffung einer Welt-Zentralbank eher unrealistisch. Die internationale Organisation, die der Form einer „globalen Zentralbank" noch am weitesten ähnlich ist, besteht in der Bank für Internationalen Zahlungsausgleich (BIZ, vgl. 2. Teil:I.5.1). Da die BIZ ein breites Spektrum von speziellen Finanzdienstleistungen für Zentralbanken anbietet und quasi als Bank der Zentralbanken charakterisiert werden kann, haben einige Ökonomen vorgeschlagen, dass die BIZ die Funktion eines ILOLR ausfüllen sollte[544]. Mishkin [2001: 306 ff.] weist darauf hin, dass ein ILOLR Zugang zu einer Fülle an Informationen im Hinblick auf die Verfassung des Finanzsektors und dessen Teilnehmer benötigt, um entscheiden zu können, ob ein Notfallkredit im Rahmen einer LOLR-Operation absolut notwendig erscheint, und um beurteilen zu können, ob das jeweilige krisengefährdete Land die institutionellen Voraussetzungen (adäquates Aufsichts- und Regulierungssystem) besitzt und bereit ist, die erforderlichen Reformen durchzuführen bzw. imstande ist, diese umzusetzen. Die einzige internationale Organisation, die das notwendige Personal, die Expertise und den Zugang zu Informationen bezüglich des internationalen Finanzsektors besitzt, ist derzeit der Internationale Währungsfonds (IWF, vgl. 2. Teil:I.1), sodass einige Ökonomen den IWF als ILOLR befürworten[545].

Der Schaffung eines ILOLR stellen Kritiker entgegen, dass ein ILOLR die Moral-Hazard-Problematik, in der manche Ökonomen eine der maßgeblichen Ursachen für die Krisenanfälligkeit des internationalen Finanzsystems sehen, verschärft[546]. Wenn Krisen nicht alleine durch internationale Illiquidität, sondern ebenso durch fundamentalökonomische Schocks und schlechte wirtschaftspolitische Entscheidungen verursacht werden können, dann könnten Notfallkredite implizit zu einer Subvention für insolvente Volkswirtschaften werden und somit Moral-Hazard generieren (siehe Abschnitt 4.2.5). Im schlimmsten Fall könnte die Implementierung eines ILOLR ursächlich für eine Finanzkrise sein und damit die gegenteilige der erhofften Wirkung erzielen.

Andere Kritiker argumentieren, dass ein ILOLR zwar in der Theorie wünschenswert sei, in der Praxis jedoch aufgrund mangelnder Bereitschaft der internationalen Gemeinschaft, tief greifende institutionelle Eingriffe und damit einen einhergehenden Verlust an Souveränität hinzunehmen, keine Chance für eine Umsetzung des

---

544 Siehe z. B. Shadow Open Market Committee [1998] oder Fratianni und Pattison [2002].
545 Siehe beispielsweise Fischer [1999], Cline [2005] oder Knedlik [2010].
546 Vgl. Calomiris [1998] oder International Financial Institution Advisory Commission [2000]. Für einen Überblick über die Literatur zu Moral-Hazard im Kontext der IWF-Kreditvergabe siehe z. B. Conway [2006].

ILOLR-Konzepts besteht[547]. Ferner sehen einige Ökonomen internationale Organisationen – insbesondere den IWF – nicht als geeignet für die Rolle eines ILOLR, da diese nicht ausreichende Mittel für die Verhinderung einer systemischen Liquiditätskrise besäßen[548]. Während Zentralbanken ein unbegrenztes Maß an Liquidität schaffen können, sind Organisationen wie der IWF dazu nicht in der Lage.

Die G7- bzw. IWF-Position liegt zwischen den beiden oben beschriebenen Extremen. Gesetzt den Fall, dass sich bei einer Volkswirtschaft vorübergehende Zahlungsbilanzschwierigkeiten abzeichnen, die durch Illiquidität und nicht Insolvenz begründet sind, kann ein partieller Bail Out – der an bestimmte wirtschaftspolitische und/oder institutionelle Reformvorgaben gekoppelt ist – das Vertrauen der Finanzmarktakteure wiederherstellen. Es wird davon ausgegangen, dass solch ein partieller Bail Out eine sogenannte „katalytische Wirkung" hat, d. h., die Finanzierungsengpässe müssen nicht vollständig durch öffentliche Mittel behoben werden. Vielmehr bewirken die Bereitstellung der Liquidität und die Verpflichtung zu Reformanstrengung vonseiten der gefährdeten Volkswirtschaft, dass internationale (private) Kapitalgeber womöglich von einem plötzlichen Abzug ihres Kapitals absehen und dazu bereit sind, bestehende Kredite zu verlängern bzw. kurzfristige Engagements zeitweise aufrechtzuerhalten[549].

4.3 Neuere Überlegungen zur Finanzstabilität in der Europäischen Union

Finanzstabilität spielt eine wichtige Rolle in Bezug auf die Effektivität der Geldpolitik bei der Wahrung der Preisstabilität[550]. Um die Krisenanfälligkeit des Finanzsystems in der Zukunft zu verringern, sind auf der Ebene der Europäischen Union und des Eurosystems grundlegende Reformen angedacht und neue institutionelle Rahmenbedingungen geschaffen worden. Diese Reformen beziehen sich sowohl auf eine stärkere Regulierung als auch auf eine bessere und einheitliche europäische Aufsicht. Zudem wird vor allem in Europa sichtbar, dass die Effektivität der Maßnahmen entscheidend von dem weiteren Integrationswillen der Länder der Europäischen Union abhängt.

4.3.1 Notwendigkeit der makroprudenziellen Regulierung

Die bisherige Herangehensweise zur Stabilisierung des Finanzsystems war durch die traditionelle makroökonomische Stabilisierung und die mikroprudenzielle Regulierung gekennzeichnet, die zum großen Teil unabhängig überwacht und durchgeführt wurden. Die globale Finanzkrise macht deutlich, dass dieser Ansatz nicht adäquat ist, um systemische Risiken[551] aufzudecken oder gar diese zu verhindern[552]. Im

---

[547] Siehe z. B. Eichengreen [1999].
[548] Vgl. Rogoff [1999] oder Jeanne und Wyplosz [2003].
[549] Vgl. Corsetti et al. [2006: 442]. Zum Aspekt der „katalytischen Wirkung" eines partiellen Bail Outs siehe auch Cottarelli und Giannini [2003], Edwards [2006], Morris und Shin [2006], Bird [2007] sowie Van der Veer und De Jong [2013].
[550] Vgl. zum Folgenden Wagner [2014a].
[551] Systemische Risiken bedeuten, dass auch isolierte Schocks in einzelnen Teilmärkten durch die enge Verflechtung des internationalen Finanzsystems enorme Risiken für das Gesamtsystem

Gegensatz zur mikroprudenziellen Regulierung, die sich auf die Stabilität der einzelnen Wirtschaftseinheiten beschränkt und die Auswirkungen von exogenen Risiken auf diese analysiert, beschäftigt sich die makroprudenzielle Regulierung mit der Stabilität des gesamten Finanzsystems. Dabei ist die mikroprudenzielle Regulierung eine notwendige Bedingung für die Vermeidung von systemischen Risiken, aber keine hinreichende[553], wobei Faktoren wie die Größe, der Grad der Verschuldung oder die Vernetztheit auf dem Markt explizit eine wichtige Rolle bei der Beurteilung der systemischen Relevanz eines Institutes spielen[554]. Die Deutsche Bundesbank definiert dabei Finanzstabilität „als die Fähigkeit des Finanzsystems, seine zentrale makroökonomische Funktion – insbesondere die effiziente Allokation finanzieller Mittel und Risiken sowie die Bereitstellung einer leistungsfähigen Finanzinfrastruktur – jederzeit reibungslos zu erfüllen, und dies gerade auch in Stresssituationen und in strukturellen Umbruchphasen."[555]

De Nicolo et al. [2012] nennen drei Quellen von Externalitäten, die zu Marktversagen und zu systemischen Risiken führen und die eine makroprudenzielle Regulierung legitimieren können.

- **Strategische Komplementaritäten:** Diese führen dazu, dass Banken exzessive und korrelierte Risiken während der Aufwärtsphase eines Finanzzyklus eingehen. Ein Grund für das Eingehen von korrelierten Risiken seitens der Banken ist, dass sich die Erfolgsaussichten einer Strategie erhöhen, wenn eine größere Anzahl an Agenten die gleiche Strategie übernimmt. In der Praxis kann dies z. B. durch die bestehenden Anreizstrukturen für Bankmanager beobachtet werden[556].

- **Panikverkäufe:** In markanten Abwärtsphasen sind die Banken sehr oft gezwungen ihr Vermögen zu verkaufen. Das Problem dabei ist jedoch, dass diese Verkäufe zu einem Zeitpunkt geschehen, in dem andere Banken vor dem gleichen Dilemma stehen. Dadurch wird das Vermögen weit unter seinem Wert verkauft. Dies führt nicht nur zu Verlusten bei den Verkäufern, sondern auch zu Wertminderungen ähnlicher Vermögenswerte in den Bilanzen anderer Banken. Dies schwächt die Eigenkapitalposition und die hinterlegten Sicherheitspositionen der Banken, was wieder zu weiteren Verkäufen von schlechter bewerteten Vermögenswerten führt. In letzter Konsequenz kann dadurch eine Abwärtsspirale der Vermögenspreise in Gang gesetzt werden.

---

hervorrufen können. Zudem können Rückkopplungseffekte zwischen Real- und Finanzwirtschaft diese systemischen Risiken noch weiter verstärken. Zudem sei noch zu erwähnen, dass auch individuell rationales Verhalten in einem ungünstigen Zusammenspiel miteinander erhebliche Marktverwerfungen im Gesamtsystem produzieren können. Für eine detaillierte Erläuterung siehe BMF [2012: 10].
552 Vgl. Agur und Sharma [2013].
553 Vgl. de Nicolo et al. [2012].
554 Vgl. Brunnermeier et al. [2009].
555 Deutsche Bundesbank [2010: 7].
556 Für eine weitergehende Diskussion siehe De Nicolo et al. [2012: 8].

- **Vernetztheit:** Durch die hohe Verbundenheit der einzelnen Institute im Finanzsektor können Risiken von einem schwächelnden Institut auf andere Institute überspringen. Hier ist die Ansteckungsgefahr für das gesamte System sehr groß. Je größer die Vernetzheit eines Instituts im System und je größer dieses Institut, desto systemrelevanter ist es.

4.3.2 Die europäische Antwort auf die Finanzkrise: Der europäische Ausschuss für Systemrisiken (ESRB)

Der erste Schritt zur Verminderung der systemischen Risiken ist die effektive makroprudenzielle Überwachung. Aus diesem Grund beschloss die Europäische Union Anfang 2011 zur bestehenden Säule der Einzelinstitutsaufsicht im Finanzsektor eine neue makroprudenzielle Säule einzubauen und rief den Europäischen Ausschuss für Systemrisiken ins Leben. Dieses Gremium soll die Finanzstabilität in Europa beobachten, systemische Risiken enttarnen und das Gefährdungspotenzial bewerten und ist zudem befugt Warnungen und Empfehlungen an nationale und europäische Institutionen auszusprechen[557]. Die Gründung des ESRB ist lediglich ein Baustein zur Schaffung einer neuen Finanzarchitektur in Europa. In der folgenden Abbildung Abbildung 3–4 ist die neue Aufsichtsstruktur der „European System of Financial Supervision" (ESFS) dargestellt, welche vor allem die explizite Verzahnung der beiden Säulen verdeutlichen soll.

Abbildung 3–4: Die neue europäische Aufsichtsstruktur ESFS

Die neue europäische Aufsichtsstruktur ESFS

Mikroprudenzielle Aufsicht — Makroprudenzielle Aufsicht

Gemeinsamer Ausschuss

EBA | EIOPA | ESMA

Informations- und Erkenntnisaustausch

ESRB

Nationale Aufsichtsbehörden

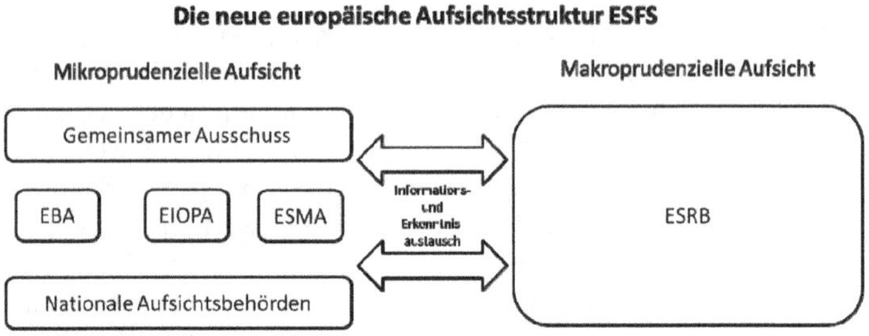

Quelle: In Anlehnung an Deutsche Bundesbank [2012a: S. 31].

In der mikroprudenziellen Aufsicht spielen die drei neu geschaffenen Behörden EBA (European Banking Authority), EIOPA (European Insurance and Occupational Pensions Authority) und die ESMA (European Securities and Markets Authority) eine entscheidende Rolle. Um die Kohärenz der Überwachung auf europäischer Ebene zu stärken, wurde der Gemeinsame Ausschuss etabliert. Die nationalen Aufsichtsbehörden sollen diese Institutionen flankieren. Der ESRB, welcher keine eigene Rechtspersönlichkeit besitzt, ist als ein Kooperationsgremium konzipiert und hat daher keine Durchgriffsrechte. Von entscheidender Bedeutung für die Effektivität

---

[557] Vgl. Deutsche Bundesbank [2012a: 29].

dieser neuen Struktur ist der effiziente und stetige Informationsaustausch zwischen den Institutionen der beiden Säulen.

4.3.3 Instrumente makroprudenzieller Regulierung

Während und nach der Finanzkrise war zu beobachten, dass die traditionellen Instrumente der Geldpolitik nicht in der Lage waren, das Ziel der Finanzstabilität in geeigneter Weise zu beeinflussen. Aus diesem Grund waren die Zentralbanken gezwungen auf die sogenannten „unkonventionellen geldpolitischen Maßnahmen" zurückzugreifen. Daher erscheint es notwendig, jedem Ziel ein eigens wirksames Instrumentarium zu geben. Neuere Untersuchungen kommen zum Ergebnis, dass es vorteilhaft ist, die Geldpolitik mit ihrem Instrumentarium allein auf die Preisstabilität auszurichten[558]. Es wird daher empfohlen, eine klare Abgrenzung zwischen den beiden Zielen und eine eindeutige Zuordnung der Instrumente vorzunehmen[559]. Dies heißt jedoch nicht, dass die beiden Politiken völlig unabhängig voneinander zu betrachten sind. Da zwischen diesen Bereichen wichtige Wechselwirkungen vorliegen, müssen diese natürlich in die jeweiligen Kalküle mit einfließen. Ob eine Koordinierung notwendig ist, ist Teil der aktuellen Diskussion und kann deshalb nicht abschließend bewertet werden. Die Deutsche Bundesbank ist der Ansicht, dass ein Informationsaustausch zwischen der Geld- und der makroprudenziellen Politik keine negativen Auswirkungen auf die Preisstabilität hat. Zudem empfiehlt sie, als eine Lehre aus der Krise, dass bei geldpolitischen Entscheidungen Modelle verwendet werden, die explizit auch den Finanz- und Bankensektor mit einbeziehen und zugleich finanzielle Friktionen berücksichtigen[560]. Generell gilt, dass beim Einsatz geeigneter Instrumente das gesamte Finanzsystem (Banken, Versicherungen und Finanzmärkte) berücksichtigt werden muss. Dabei lassen sich die Instrumente in 3 verschiedene Kategorien je nach Einflussstärke einteilen. Die weichen Instrumente liegen vor allem in der transparenten und klaren Kommunikation der aufkeimenden Probleme im Finanzsektor nach außen z. B. durch regelmäßige Vorstellungen von Stabilitätsberichten. Zu den mittelstarken Instrumenten gehören vor allem Warnungen und Empfehlungen seitens der ESRB an die handelnden Personen und Institutionen. Diese werden erst dann notwendig, wenn die systemischen Risiken trotz der öffentlichen Kommunikation weiter steigen. Wenn alle diese Maßnahmen nicht greifen, werden die sogenannten „härteren" Eingriffsinstrumente eingesetzt. Bevor diese zum Einsatz kommen, müssen die Risiken und Eingriffsmöglichkeiten und deren Nebenwirkungen klar definiert und bewertet werden, da diese Instrumente mit weitreichenden Konsequenzen für das Finanzsystem verbunden sind[561].

Einige dieser härteren Maßnahmen im Instrumentenkasten sind: Etablierung von höheren Eigenkapitalanforderungen für Banken (BASEL III), Schaffung von Verschuldungsobergrenzen für Institute, Einführung antizyklischer Kapitalpuffer, Be-

---

558 Vgl. Deutsche Bundesbank [2011a: 62].
559 Für eine weitere Diskussion siehe Cukierman [2011].
560 Vgl. Deutsche Bundesbank [2011a: 66].
561 Vgl. BMF [2012: 11].

grenzung großer Risikopositionen[562]. Die Frage, ob diese Instrumente diskretionär oder regelgebunden eingesetzt werden sollen, ist Gegenstand heftiger wissenschaftlicher Diskussionen und deshalb nicht abschließend zu beurteilen.

4.3.4 Weitere Überlegungen

Ergänzend zur makroprudenziellen Regulierung empfiehlt die Deutsche Bundesbank zusätzlich auf Maßnahmen der makroprudenziellen Strukturpolitik zurückzugreifen, um Schwierigkeiten wie die „Too-big-to-fail-Problematik"[563] in den Griff zu bekommen. Einer dieser Ansätze zielt auf die Einführung des Trennbankensystems ab[564]. Eine weitere Möglichkeit die Stabilität des Gesamtsystems zu erhöhen, wurde durch die Festlegung eines neuen internationalen Standards für die Abwicklung von Finanzinstituten realisiert. Damit soll vor allem das „Moral-Hazard" Problem minimiert werden.

5. Exkurs: Herausforderungen durch die Subprime-Krise[565]

Die steigenden Ausfallraten im Subprime-Segment des US-amerikanischen Hypothekenmarktes waren der Auslöser der Mitte 2007 beginnenden Subprime-Krise. Zusammen mit dem Ende des langjährigen Immobilienpreisanstiegs führte diese zu einer schnell steigenden Risikoaversion der Anleger gegenüber Anlagen im Hypothekenbereich, die sich schnell auf andere strukturierte Finanzinstrumente ausbreitete und letzten Endes zur größten Finanzkrise seit der Großen Depression führte. In den folgenden Abschnitten soll ein kurzer Überblick über die Entstehung bzw. die Entwicklung der Subprime-Krise gegeben werden. Im Anschluss daran werden wir die Ausbreitungsmechanismen betrachten, die dafür verantwortlich waren, dass die Krise solch dramatische Ausmaße annahm. Schließlich fragen wir, welche Lehren aus der Krise gezogen werden können und stellen die Maßnahmen zur Bewältigung der Subprime-Krise vor, die in der internationalen Gemeinschaft diskutiert werden.

5.1 Entwicklung

Ausgangspunkte für die globale Finanzkrise waren der Markt für US-Subprime-Hypotheken und die Märkte für die auf diesen Hypotheken beruhenden strukturierten Produkte. Zwar setzten der Anstieg der Ausfallraten am Subprime-Markt und der deutliche Rückgang der Wohnimmobilienpreise bereits Anfang 2005 ein. Zu Turbulenzen an den internationalen Finanzmärkten kam es jedoch erst Mitte 2007[566]. Im

---

562 Für eine detailliertere Auseinandersetzung siehe BMF [2012], Deutsche Bundesbank [2010], Deutsche Bundesbank [2012b] und High-Level Expert Group [2012].
563 Die „Too-big-to-fail-Problematik" entsteht dadurch, dass einige Einzelunternehmen so groß und systemrelevant sind, dass ihre Insolvenz verheerende Auswirkungen auf die Gesamtwirtschaft hätte. Somit gibt es für den Staat nur die Möglichkeit diese Einzelunternehmen durch Rettungsmaßnahmen zu stützen.
564 Vgl. Deutsche Bundesbank [2012b: 98].
565 Dieser Exkurs entstand 2009 unter Mitwirkung von Benjamin Mohr.
566 Vgl. zu den folgenden Ausführungen BIZ [2008: 107 ff.]. Für weitere Schilderungen des Verlaufs der Subprime-Krise siehe z. B. Borio [2008] oder Gorton [2009].

Juni 2007 verdichteten sich die Hinweise auf eine massive Verschlechterung der Kreditqualität von Hypotheken. Nachdem im Zuge einer Neubewertung der Risiken die Ratings für eine Vielzahl von mit Subprime-Hypotheken unterlegten Wertpapieren herabgestuft und einige Hedgefonds mit Subprime-Engagements aufgelöst wurden, weiteten sich die Spreads auf Hypothekenprodukte massiv aus. Kreditgeber sahen sich einem Umfeld erhöhter Volatilität und Unsicherheit über den Umfang und die Verteilung der Verluste aus Hypothekenkrediten gegenüber. Zudem wuchsen die Zweifel an der Verlässlichkeit der Ratingeinstufungen für strukturierte Finanzprodukte. Infolge der Nachschussforderungen (sog. Margin calls) und eines umfassenden Fremdkapitalabbaus griff die Verkaufswelle auf ein breites Spektrum weiterer Kreditmärkte wie Leveraged Loans (besicherte Kredite an hoch verschuldete Kreditnehmer), Collateralized Debt Obligations (forderungsgedeckte Schuldverschreibungen) oder Leveraged Buyouts (fremdfinanzierte Übernahmetransaktionen) über. Ende Juli, Anfang August 2007 weiteten sich die Finanzmarktturbulenzen auf die kurzfristigen Kreditmärkte und insbesondere die Interbankengeldmärkte aus. Mit zunehmendem Ausmaß gerieten Kreditqualität und Bewertungsprobleme an illiquiden Märkten in den Fokus der Anleger. Reihenweise verließen Anleger die Märkte und zwangen Banken so dazu, von ihnen verkaufte Forderungen wieder in ihre Bilanzen aufzunehmen. Insbesondere waren solche Finanzierungsstrukturen unter Druck geraten, die wie Asset-backed Commercial Paper Forderungspools sogenannter Structured Investment Vehicles (strukturierter Investmentvehikel, SIV) finanzierten. Diese wurden vielfach liquidiert oder wieder in die Bilanzen der Trägerinstitute eingegliedert, sodass die Wertpapierbestände sowie die Eventualverbindlichkeiten dieser Institute zunahmen, woraus eine ungewöhnlich starke Liquiditätsnachfrage und eine ausgeprägte Störung an den Interbankengeldmärkten folgte. Ab Mitte Oktober 2007 zeigte sich, dass die Banken im Kreditgeschäft wesentlich höhere Verluste gemacht hatten, als allgemein erwartet worden war. Resultierende Bewertungsunsicherheiten im Hinblick auf Vermögenswerte wurden durch die Befürchtung dahingehend verstärkt, dass es im Zuge von Notverkäufen durch SIV zu einer weiteren Verschlechterung an den Märkten kommen könnte. Schließlich traten weiter reichende Probleme im Finanzsektor auf. Monoline-Finanzgarantiegeber, die erstklassige Anleihen und strukturierte Produkte versichern, sahen sich mit hohen Marktwertverlusten konfrontiert, die sie für Hypotheken-Produkte ausgestellt hatten. Die Aussicht auf gestiegene potenzielle Ansprüche zog steigende CDS-Spreads der Monoliner und drohende Herabstufungen der Ratings für die Versicherer nach sich. Dies übte aufgrund der erwarteten Bewertungsveränderungen für die Versicherungen wiederum Druck auf die Bankenbilanzen aus. 2008 wuchs allmählich die Besorgnis um drohende Konjunkturrisiken und einer sich abzeichnenden Kreditklemme. Die Herabstufung eines großen US-amerikanischen Monoliners führte schließlich zu einem massiven markt- und länderübergreifenden Verkauf von Vermögenswerten. Es kam zu Funktionsstörungen in weiten Teilen des Finanzsektors und selbst die als sicher und liquide eingestuften Vermögenswerte wurden nun von der Subprime-Krise erfasst. Der Höhepunkt war bis zu diesem Zeitpunkt die Insolvenz der Investmentbank Bear Stearns. Im Zuge schwerwiegender Liquiditätsengpässe wurde die Bank im Mai 2008 von JP Morgan mit Unterstützung der Federal Reserve übernommen.

September 2008 traten die internationalen Finanzmärkte in eine neue Phase der Krise ein. Bis zu diesem Zeitpunkt hatte sich die Lage an den Finanz- und Immobilienmärkten immer weiter eingetrübt und es wurde auf breiter Front mit einem konjunkturellen Abschwung gerechnet[567]. Im Zuge weiter sinkender markt- und länderübergreifender Verluste für Finanzaktiva gerieten die US-Wohnimmobilienfinanzierer Fannie Mae und Freddie Mac in Liquiditätsengpässe. Am 7. September wurden die beiden US-Hypothekenfinanzierungsinstitute unter Zwangsverwaltung gestellt, d. h., die US-Regierung übernahm die Kontrolle über die beiden Institute. In Erwartung weiterer Abschreibungen und Verluste bei großen Finanzinstituten gerieten die Werte und Kreditrisikoprämien dieser Institute unter Druck, sodass sie zunehmend Probleme bei der Stärkung ihrer Eigenkapitalbasis und der Beschaffung von Liquidität bekamen. Nach dem Konkurs von Lehman Brothers am 15. September kamen die internationalen Finanzmärkte quasi zum Erliegen. Geldmarktfonds und andere Investoren mussten ihre mit Lehman in Verbindung stehenden Anlagen abschreiben – die resultierende Verkaufswelle führte in vielen Teilen des Finanzsystems zu Funktionsstörungen. Geld- und Kreditmärkte kamen zum Stillstand und Aktienkurse sanken auf historische Tiefststände, sodass Banken Schwierigkeiten bei der Beschaffung von Liquidität besaßen. Die Volatilität nahm an allen Märkten drastisch zu.

Zu dieser Zeit begannen die Behörden in vielen Volkswirtschaften energische Maßnahmen zu ergreifen, um den Problemen im Finanzsektor entgegenzutreten[568]. Die Maßnahmen reichten von einer Ausweitung der Einlagensicherung und der Garantie der Bankenverbindlichkeiten gegenüber Großkunden über Kapitaleinschüsse und Ankäufen von Forderungen bis hin zur staatlichen Übernahme von Bankenkonzernen (siehe Tabelle 3–2). International koordinierte Zinssenkung unter sechs führenden Zentralbanken (u. a. Federal Reserve, Bank of England, EZB), Swapvereinbarungen sowie systemweite Bankenrekapitalisierungen verhinderten zwar den vollständigen Vertrauensverlust – konnten aber ein Abgleiten in eine Rezession in vielen Volkswirtschaften nicht verhindern. Die langfristen Kosten der globalen Finanzkrise und der anschließenden Rezession werden für die OECD-Länder auf 7,2 % (Verlust an Produktionspotenzial) geschätzt, was schätzungsweise 4,3 Billion US-Dollar entspricht.[569]

---

[567] Vgl. Fender und Gyntelberg [2008: 1 ff.].
[568] Vgl. Fender und Gyntelberg [2008: 10 ff.].
[569] Vgl. Ball [2014: 5]. Der IWF schätzte die im Zuge der Finanzkrise entstehenden Gesamtkosten für die Weltwirtschaft 2008 auf 1,4 Billionen US-Dollar, die Bank of England rechnete damals sogar mit 2,8 Billionen US-Dollar. Im April 2009 hob der IWF seine Schätzung dann auf 4 Billionen US-Dollar an. Siehe IWF [2008e], Bank of England [2008] sowie IWF [2009].

Tabelle 3–2 Bankrettungsprogramme ausgewählter Volkswirtschaften

Land	Ausweitung der Einlagesicherung	Garantie der Verbindlichkeit gegenüber Großkunden		Kapitaleinschüsse	Ankauf von Forderungen
		Neue Schulden	Bestehende Schulden		
Australien	x	x	x		x
Belgien	x	x			
Dänemark	x	x	x		
Deutschland	x	x		x	x
Finnland	x				
Frankreich		x		x	
Griechenland	x	x		x	
Irland	x	x	x		
Italien		x		x	
Kanada		x			x
Neuseeland	x				
Niederlande	x	x		x	
Norwegen					x
Österreich	x	x		x	
Portugal	x	x			
Schweden	x	x		x	
Schweiz				x	x
Spanien	x	x		x	x
USA	x	x		x	x
Vereinigtes Königreich	x	x		x	

Quelle: Fender und Gyntelberg [2008]

5.2 Treibende Kräfte und Ausbreitungsmechanismen

Was verursachte die Finanzkrise? Was hielt die Vermögenswertpreise auf einem solch niedrigen Niveau? Warum war die Kreditvergabe weltweit für lange Zeit dermaßen eingeschränkt? Während es noch zu früh ist, auf diese Fragen eine endgültige Antwort zu geben, können durchaus Vermutungen angestellt werden. So kristallisierte sich in der akademischen Welt schon bald der Konsens heraus, dass die nächstliegenden Ursachen bzw. treibenden Kräfte der Subprime-Krise in der Fehlallokation von Kapital, neuartigen Verbriefungstechniken sowie der Rolle der Ratingagenturen und Zweckgesellschaften zu liegen schienen.

Die Wurzeln für die Fehlallokation von Kapital sind in erster Linie auf zwei Entwicklungen zurückzuführen – die globalen Ungleichgewichte und die historisch niedrigen Leitzinsen. Zum einen lag der Ursprung der Krise in den *globalen Handels- und Finanzungleichgewichten* zwischen Industrie- und Schwellenländern. Das immense Wachstum des Exportvolumens in asiatischen und ölexportierenden Volkswirtschaften führte zu einem starken Anstieg der Sparraten. In Reaktion auf die Krisen der Schwellen- und Entwicklungsländer der letzten 10 bis 15 Jahre veränderte sich deren Haltung gegenüber der Mittelaufnahme aus dem Ausland. So wurden viele der Nettokapitalnehmer zu Nettoexporteuren von Finanzkapital. So entstand die Subprime-Krise in einer gewissen Art und Weise aus den vorangegangenen Krisen. Das Kapital, das in einem Teil der Weltwirtschaft angespart wurde, musste zwangsläufig durch Defizite in einem anderen Teil aufgefangen werden. Auf der Suche nach einer größtmöglichen Rendite flossen die Mittel zurück in industrialisierte Volkswirtschaften, was niedrige langfristige Zinssätze und ein starkes Wachstum des Kreditvolumens bewirkte[570]. Auf der anderen Seite trugen die *im historischen Vergleich niedrigen Leitzinsen* – insbesondere der Federal Reserve und der Bank of Japan – dazu bei, dass Zentralbankgeld zu sehr günstigen Konditionen erhältlich war. Die sehr expansive Zinspolitik führte in vielen Ländern zu niedrigen längerfristigen Zinssätzen und einer hohen Nachfrage nach Anlageinvestitionen. Etliche Studien zeigten, dass insbesondere die Zinspolitik der US-amerikanischen Zentralbank Federal Reserve in Anbetracht eines gefestigten konjunkturellen Umfelds als zu expansiv eingestuft werden kann[571]. Abbildung 3–5 zeigt die ungewöhnlich große Abweichung des US-amerikanischen Leitzinses – der Federal Funds Rate – vom Taylor-Rule-Zinssatz[572].

Weitere zentrale Faktoren für die Erklärung der Krise bestehen in Finanzinnovationen und dem Originate-and-Distribute-Modell. Über *neue unterschiedliche Techniken der Verbriefung* ließen sich traditionelle Banktitel und Hypotheken in handelbare Titel umwandeln, sodass das Kreditschöpfungspotenzial im internationalen Finanzsystem maßgeblich erhöht wurde. So konnten Versicherungskonzerne, Investmentbanken, Hedgefonds, Zweckgesellschaften sowie Notenbanken zu indirekten Kreditgebern der amerikanischen Privathaushalte werden. Die internationale Handelbarkeit der verbrieften Hypothekenkredite erhöhte die Finanzierungsspielräume der Schuldner und gleichzeitig das Ansteckungspotenzial auf andere Volkswirtschaften, in denen die Hypotheken gar nicht begeben wurden. Im Rahmen dieses *Originate-and-Distribute-Prozesses* ermöglichte die Tranchierung von Forderungen, dass selbst aus Forderungsbeständen von schlechter Qualität (d. h. mit relativ geringer Rückzahlungswahrscheinlichkeit) ein relativ großes Volumen an Aktiva generiert wurde. Da diese neu zusammengesetzten Forderungspools von den Ratingagenturen aufgrund der in der Summe relativ geringen Ausfallwahrscheinlichkeit mit erstklassigen Ratings versehen wurden, entstanden erhebliche Anreizprobleme, sodass trotz steigender Immobilienpreise die Kreditstandards im Immobiliensektor drastisch reduziert wurden[573]. Da die Ratingagenturen wegen des Originate-and-

---

[570] Vgl. Diamond und Rajan [2009: 606 f.] und Mizen [2008: 533 ff.].
[571] Vgl. Taylor [2009: 2 ff.].
[572] Zur Taylor-Regel und dem Taylor-Rule-Zinssatz vgl. Wagner [2014a: 226 ff.].
[573] Vgl. Sachverständigenrat [2007: 93 ff.]. Zu den Konzepten und den Gründen für die Verwendung von Verbriefungen siehe z. B. EZB [2008b: 89 ff.] oder Coval et al. [2009].

Distribute-Prozesses einen gewissen „Abstand" zu den privaten Immobilienbesitzern besaßen, konnten sie im Zuge des Ratings nur die „harten" Kriterien wie die Kreditwürdigkeit oder die Beleihungsgrenze verarbeiten, nicht aber auf die „weichen", detaillierten Fakten zurückgreifen, die die Kreditsachbearbeiter in den Banken gesammelt hatten. Dies hatte zur Folge, dass die ursprünglichen Kreditgeber das Sammeln dieser Informationen einstellten und sich darauf konzentrierten, dass die Kreditnehmer gute Werte in Bezug auf die Kreditwürdigkeit und die Beleihungsgrenze aufwiesen. Die stetig steigenden Immobilienpreise gaben den Immobilienbesitzern das „Eigenkapital", mit dem sie ihre Kreditrückzahlung finanzieren konnten[574].

Abbildung 3–5: Taylor-Zins und tatsächlicher Zinspfad des US-Leitzinses

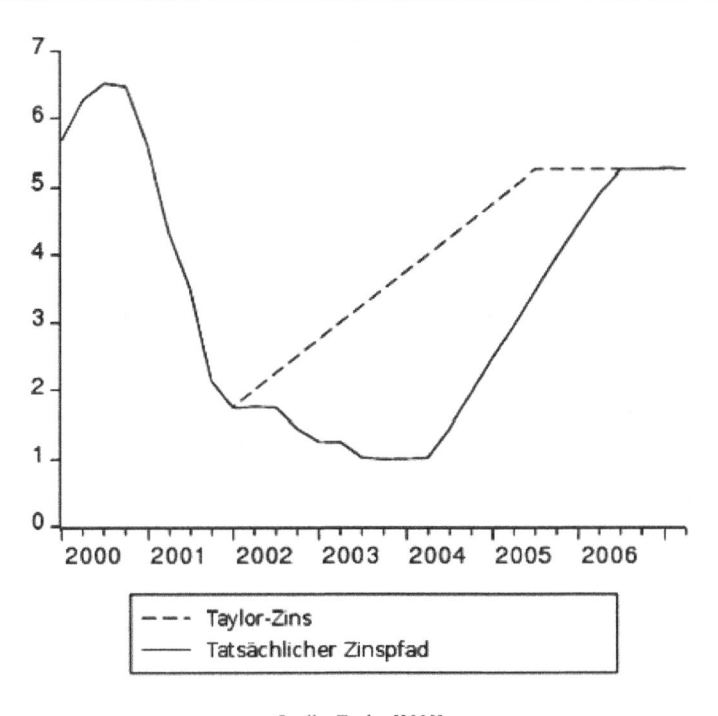

Quelle: Taylor [2009]

Die Verbriefung wurde von den Geschäfts- und Investmentbanken über sogenannte *Zweckgesellschaften* vorgenommen, deren einziger Zweck es war, sich in bestimmten Anlageformen zu betätigen, indem sie langfristige Anlagen durch die Ausgabe von kurzfristigen Wertpapieren finanzierten. Der „Vorteil" dieser Gesellschaften, die nicht direkt unter der Kontrolle der Banken standen, bestand darin, dass sie Aktiva für Anlagezwecke verwenden konnten, ohne ein Insolvenzrisiko für die Mutterbank zu verursachen und dass für die riskanten Aktiva kein Eigenkapital vorgehalten werden musste und auf diese Weise die Baseler Eigenkapitalvorschriften

---

[574] Siehe z. B. Rajan et al. [2010: 506 ff.].

unterlaufen werden konnten[575]. Hierin lag jedoch ein weiterer treibender Faktor für die Subprime-Krise. Obwohl die Zweckgesellschaften im Rahmen der Refinanzierung längerfristiger Aktiva (z. B. Hypotheken oder Forderungen aus Kreditkarten) durch relativ kurzfristige Wertpapiere (Commercial Papers) dem Risiko der Fristentransformation unterlagen, wurde kein ausreichendes Eigenkapital vorgehalten. Die Käufer der emittierten kurzfristigen Wertpapiere waren sich des Risikos sehr wohl bewusst, sodass diese nur verkauft werden konnten, wenn eine Bank mit hoher Reputation für die potenziellen Ausfälle einzustehen bereit war. Somit wurde aus der ursprünglichen Disintermediation eine „Re-Intermediation" des Kreditgeschäfts – allerdings ohne eine ausreichende Eigenkapitalunterlegung der entsprechenden Risiken[576].

Die Subprime-Krise hat verdeutlicht, wie sich Schocks verstärken und über das internationale Finanzsystem ausbreiten können, wenn Märkte zum Erliegen kommen und die Liquidität im Finanzsystem versiegt. Brunnermeier [2009] identifiziert dabei drei Mechanismen, die für die Verstärkung und grenzüberschreitende Ausbreitung der Schocks von maßgeblicher Bedeutung waren: Bilanzeffekte, den Kreditvergabekanal sowie Netzwerkeffekte. Im Rahmen der *Bilanzeffekte* entsteht aufseiten der Kapitalnachfragenden zum einen das Problem, dass für mit Fremdmitteln arbeitende Investoren (sogenannte Leveraged Investors) ein Rückgang der Vermögenspreise den Nettowert ihrer Aktiva aufgrund des Fremdkapital-Hebels (Leverage) stärker bzw. schneller verringert als den Bruttowert[577]. Durch diese anfänglichen Verluste verringert sich der Wert der Aktiva, die sie als Sicherheiten für ihre Anlagegeschäfte benötigen. Der Investor sieht sich dementsprechend Refinanzierungsproblemen gegenübergestellt und muss bestimmte Positionen – mit erheblichen Verlusten – abwickeln. Diese Abwicklung zieht eine weitere Reduktion der Vermögenspreise und eine weitere Reduktion des Wertes ihrer Aktiva-Positionen nach sich, was wiederum größere Refinanzierungsprobleme mit sich bringt. Diese Verlustspirale stellt einen Gleichgewichtszustand dar, da einige potenzielle Investoren (Käufer) ähnlichen Refinanzierungsproblemen gegenüberstehen und wiederum andere potenzielle Investoren es vorziehen, zu warten, bevor sie erneut in den Markt einsteigen. Zur gleichen Zeit steigen die Sicherheitsabschläge/-leistungen (sog. Haircuts bzw. Margins), die die Investoren zu leisten haben, sodass der Investor sogar noch mehr Aktiva verkau-

---

[575] Vgl. Mizen [2008: 537 f.]. Für eine detaillierte Erläuterung der Zweckgesellschaften – den sogenannten Conduits und Special Investments Vehicles – siehe IWF [2007c].

[576] Vgl. Sachverständigenrat [2007: 125 ff].

[577] Man gehe z. B. davon aus, dass ein Investor Aktiva im Wert von 100 Mio. USD mit einer Marge von 10 % kauft. Der Investor finanziert den Kauf mit lediglich 10 Mio. seines eigenen Kapitals und leiht sich 90 Mio. – sein Leverage-Ratio (Hebel) beträgt 10. Nun sinkt der Wert seiner Aktiva zeitweise auf 95 Mio. USD. Der Investor, der ursprünglich 10 Mio. investiert hatte, hat nun 5 Mio. verloren und hat nunmehr 5 Mio. USD an Eigenkapital. Um seinen Leverage-Ratio konstant bei 10 zu halten, ist er gezwungen, seine Gesamtposition an Aktiva auf 50 Mio. USD zu reduzieren. D. h., er muss Aktiva im Wert von 45 Mio. USD genau dann verkaufen, wenn die Vermögenswertpreise ohnehin sinken. Der Verkauf drückt die Vermögenswertpreise weiter nach unten, was wiederum weitere Verkäufe nach sich zieht usw. Siehe hierzu Brunnermeier [2009: 92 f.].

fen muss, um seinen Hebel (die Risiko-Eigenkapital-Relation) zu reduzieren[578]. Auch hier entsteht wiederum ein Teufelskreis – die gestiegenen Sicherheitsleistungen erfordern eine Reduzierung des Leverage-Ratios und weitere Aktiva-Verkäufe, die die Sicherheitsleistungen weiter erhöhen, was wiederum Aktiva-Verkäufe erforderlich macht usw.

Ein weiterer Weg, über den sich Schocks über das Finanzsystem ausbreiten können, ist der *Kreditkanal*. Sofern Kreditgeber infolge eines Schocks nur begrenzte Finanzmittel zur Verfügung haben, schränken sie ihre Kreditvergabe im Zuge einer Verschlechterung ihrer eigenen finanziellen Lage zunehmend ein. Ein wesentlicher Mechanismus, der während der Subprime-Krise zum Tragen kam, ist das sogenannte Precautionary Hoarding (also das vorsorgliche Horten von Finanzmitteln). Precautionary Hoarding entsteht, wenn die Kreditgeber befürchten, dass die Schocks, die sich zwischenzeitlich ereigneten, noch schwer wiegende – jedoch bislang nicht absehbare – Refinanzierungsprobleme nach sich ziehen und sie in der Zukunft zusätzliche Mittel für ihre Projekte und Anlagestrategien benötigen werden.

Gingen die beiden vorangegangenen Mechanismen von einer separaten Übertragung über „Transmissionskanäle" der Kapitalnachfragenden bzw. Kapitalanbietenden aus, so kommt hinzu, dass die meisten Finanzinstitutionen sowohl Kreditgeber als auch Kreditnachfrager sind, d. h. dass das internationale Finanzsystem ein *Netzwerk* aus miteinander verflochtenen finanziellen Verpflichtungen darstellt. Beispielsweise könnte eine Investmentbank eine Swapvereinbarung mit einem Hedgefonds besitzen, der wiederum eine finanzielle Verpflichtung gegenüber einer anderen Investmentbank hat[579]. Da jede Partei im außerbörslichen Handel mit Finanzinstrumenten (Over-the-counter market) nur ihre eigenen vertraglich fixierten Verpflichtungen kennt und infolge eines Schocks ein erhöhtes Risiko des Ausfalls eines Geschäftspartners (Kontrahenten-Risiko) befürchten muss, werden sich die jeweiligen Parteien (alle) über den Kauf von Kreditausfallswaps oder das Nachschießen zusätzlicher Liquidität gegen das Kontrahentenrisiko absichern. Genau dieser Fall trat infolge der Insolvenz der Investmentbank Lehman Brothers ein: Nachdem Lehman Brothers Konkurs angemeldet hatten, befürchteten alle großen Investmentbanken, dass ihre übrigen Geschäftspartner ein ähnliches Schicksal ereilen könnte und deckten sich dementsprechend mit Kreditausfallswaps ein, um sich gegenseitig für eine periodisch zu zahlende Prämie gegen einen Zahlungsausfall abzusichern. In der Folge verdoppelten sich die ohnehin hohen Preise für Kreditausfallswaps für die großen Investmentbanken.

---

[578] Siehe Brunnermeier und Pedersen [2009] für eine Erläuterung, warum unerwartete Preisschocks zu höheren Sicherheitsleistungen und damit zu einer Reduktion des Hebels führen.
[579] Dies war in etwa die Situation, wie sie sich im Zuge der Subprime-Krise für den „Fall" von Bear Stearns darstellte. Bei der anderen verwickelten Investmentbank handelte es sich um Goldman Sachs. Siehe hierzu Brunnermeier [2009: 97 ff.].

5.3 Lehren

Eine wesentliche Schwäche im System war der Fehler der Banken sowie zahlreicher Investoren, das tatsächlich vorliegende Risiko angemessen zu erfassen, zu bewerten und zu handhaben. Insbesondere die Risikomodelle und die auf diese beruhenden Risikomanagementsysteme erwiesen sich als nicht angemessen. Im Nachhinein betrachtet unterschätzten diese Modelle, die größtenteils auf dem Value-at-Risk-Ansatz aufsetzten, das den Finanztransaktionen zugrunde liegende Risiko und basierten auf zu kurzen Zeitreihen. Die Risikomodelle waren zu sehr durch das Verhalten der Marktteilnehmer und die Entwicklung der Finanzmärkte der vergangenen 10 Jahre bestimmt. So unterschied sich die Verteilung der Ergebnisse von Makro- und Finanz-Variablen der letzten 10 Jahre wesentlich von der historischen Verteilung. Ausschlaggebend hierfür war vor allem die Kurzsichtigkeit gegenüber Katastrophen („disaster myopia"), d. h. die Neigung der Marktteilnehmer, die Wahrscheinlichkeit negativer Szenarien zu unterschätzen – insbesondere, wenn es sich dabei um sogenannte Low Probability- oder Tail-Events handelt, die sich in der entfernten Vergangenheit ereigneten. Wirtschaftssubjekte tendieren dazu, ihre Entscheidungen durch grobe Heuristiken oder Faustregeln zu begründen. Je größer dabei die Zeitspanne wird, seit sich die letzte Krise ereignet hat, desto niedriger die subjektive Wahrscheinlichkeit, die einem solchen Ereignis von den Marktteilnehmern zugeordnet wird. Ab einem bestimmten Schwellenwert wird diese subjektive Wahrscheinlichkeit effektiv bei Null liegen[580].

Die Ereignisse der letzten Jahre haben des Weiteren auf einige Missstände im Bereich der Finanzregulierung hingewiesen. Einer der wesentlichen Kritikpunkte betrifft die prozyklische Wirkung der Baseler Eigenkapitalanforderungen. Da die Ratings für die Finanzinstitute mit den Veränderungen der Ausfallwahrscheinlichkeiten schwanken, werden die Eigenkapitalanforderungen steigen, wenn eine Volkswirtschaft in eine Rezession abzugleiten droht, und sinken, sofern eine Wirtschaft in eine Aufschwungphase eintritt. Dementsprechend werden Banken in der Spitze eines Aufschwungs tendenziell weniger Kapital vorhalten – wenn die Gefahr einer systemischen Krise am größten ist – und ihre Aktiva zurückführen, wenn es im Zuge der makroökonomischen Stabilisierung einer Ausweitung der Kreditvergabe am ehesten bedarf[581]. Ein weiteres Problem liegt in der natürlichen Neigung der Marktteilnehmer, Regulierungsmaßnahmen durch die Verschiebung von Geschäftsaktivitäten in unregulierte Sektoren zu vermeiden. Brunnermeier et al. [2009: 10] nennen dies das „Boundary Problem". Im Zuge der Subprime-Krise verlegten viele Finanzinstitute Geschäftsfelder auf unregulierte Finanzeinheiten – in diesem Fall die neu geschaffenen Zweckgesellschaften. Die Finanzregulierung muss sich in einem solchen Fall entscheiden, ob sie eine relativ „leichte" Form der Regulierung wählt, sodass eine massive Umgehung der Regulierungsmaßnahmen vermieden wird (dann aber z. B. negativen Externalitäten nicht entgegen getreten wird), oder eine eher restriktive Regulierung, im Rahmen derer die Disintermediation über ein gesetzliches Verbot verhindert wird (was eine Unterbindung positiver Aspekte wie Risikodiversi-

---

[580] Vgl. hierzu Haldane [2009: 6 ff.]. Siehe auch Kahneman et al. [1982].
[581] Siehe auch Abschnitt 4.2.4 zur Bankenregulierung.

fikation oder Innovationskraft im Finanzbereich zur Folge haben könnte). Schließlich wurde im Rahmen der Subprime-Krise deutlich, dass Verwirrung über Zuständigkeiten in der Aufsichtstätigkeit keinesfalls ein Phänomen der Schwellen- und Entwicklungsländer darstellt. Insbesondere in den USA wurden der Mangel einer klaren Aufsichtsstruktur und daraus resultierende Lücken in der Beaufsichtigung der Geschäftsprozesse deutlich[582]. Aber auch auf internationaler Ebene ist ein Bedarf einer engeren Zusammenarbeit auf der Ebene der Aufsicht und Regulierung gewachsen. Da sich die meisten der zentralen Finanzinstitute im internationalen Finanzsystem zu multinationalen und äußerst komplexen Großkonzernen entwickelt haben, kann die Geschäftsaktivität eines solchen Konzerns nicht mehr in nationaler Isolation beaufsichtigt werden.

Weitere Herausforderungen sind auf dem Gebiet der Makro-Modellierung entstanden. So sind in Bezug auf die Standard-DSGE-Modelle, die heute von vielen Zentralbanken zur Beschreibung und Vorhersage von makroökonomischen Entwicklungen verwendet werden, einige Nachteile dieser Modellklasse zutage getreten[583]. Zum einen wurde zwar Unsicherheit in die Modelle eingeführt, indem die Wirtschaftssubjekte als vorausschauend modelliert werden. Jedoch spielt Risiko de facto keine Rolle: Die Subjekte treffen ihre Entscheidungen heute – basierend auf ihrer Annahme bezüglich des Pfades, dem die Wirtschaft voraussichtlich in der Zukunft folgen wird; d. h., sie berücksichtigen nicht das komplette Spektrum an möglichen gesamtwirtschaftlichen Entwicklungen. Zweitens treffen die Modelle die Annahme, dass der Pfad der wirtschaftlichen Entwicklung ein gleichgewichtiger ist, der durch eine Sequenz mehr oder weniger zufälliger Schocks gestört werden kann, nach denen die Wirtschaft aber wieder auf seinen Gleichgewichtspfad zurückkehrt. Der Umgang mit Schocks an sich stellt dabei eine wesentliche Einschränkung dieser Modellklasse dar. So lassen sich in die Modelle selbst verstärkende vom Gleichgewicht entfernende Bewegungen nur schwer einbauen. Und schließlich werden Finanzmärkte und deren Interaktion mit der realen Wirtschaft so gut wie nicht beachtet. Kreditinstitute werden meist gar nicht modelliert. Nichtsdestotrotz haben viele Studien gezeigt, dass der Finanz- und insbesondere der Bankensektor die gesamtwirtschaftliche Leistungsfähigkeit maßgeblich beeinflussen kann[584].

Und schließlich wird eine Neubetrachtung der Frage notwendig sein, wie mit Vermögenspreisblasen umgegangen werden sollte. Vor der Subprime-Krise waren viele Ökonomen sowie Politiker der Ansicht, dass die gesamtwirtschaftlichen Kosten, eine Blase platzen zu lassen und die angerichteten Schäden im Anschluss über eine massive Zinssenkung quasi zu „beheben", relativ gering seien – Alan Blinder und Ricardo Reis fassten diese Position auf dem Jackson Hole Symposium 2005 treffend zusammen:

---

[582] Vgl. Reinhart [2008: 59].
[583] Vgl. Wagner [2007b] sowie Gieve [2009: 10 f.].
[584] Siehe z. B. Dell'Ariccia et al. [2008] oder Klingebiel et al. [2007].

"If the mopping up strategy worked this well after the mega-bubble burst in 2000, shouldn't we assume that it will also work well after other, presumably smaller, bubbles burst in the future?"[585]

Es kann grundsätzlich zwischen der reaktiven Strategie und der proaktiven Strategie unterschieden werden. Während die reaktive Strategie dadurch gekennzeichnet ist, dass Vermögenspreisblasen in der Phase des Entstehens durch die Zentralbank nicht aktiv beeinflusst werden, sondern erst nachdem eine solche Blase geplatzt ist und die Zielwerte Inflation und Output betroffen sind, wird im Rahmen der proaktiven Politik versucht, bereits während der Entstehungsphase die Blase zu beeinflussen bzw. am weiteren Wachsen zu hindern. Vertreter der *reaktiven* Strategie gehen davon aus, dass Vermögenspreisblasen nur äußerst schwer oder gar nicht identifiziert werden können. Darüber hinaus mangele es der Geldpolitik an geeigneten Instrumenten, um Blasen adäquat zu bekämpfen. Demgegenüber argumentieren andere Ökonomen, dass die *proaktive* Strategie durch die Einbeziehung von Vermögenspreisen in eine Taylorregel die Wohlfahrt erhöhen könnte. Die Identifikation von Blasen sei nicht schwieriger als die Identifikation anderer für die Geldpolitik wichtiger Größen (wie z. B. der Outputlücke). In Anbetracht der immensen gesamtwirtschaftlichen Schäden, die die Subprime-Krise nach sich gezogen hat (siehe Abschnitt 5.1), wird die Überlegenheit der reaktiven Strategie zunehmend infrage gestellt[586].

5.4 Lösungsansätze und Therapien[587]

Infolge der Insolvenz der US-amerikanischen Investmentbank Lehman Brothers (siehe Abschnitt 5.1) begannen die führenden Volkswirtschaften breit angelegte, grenzübergreifende Maßnahmenpakete zu initiieren. So beschlossen die Mitglieder des Euro-Währungsgebiets am 12. Oktober 2008, dass ein koordiniertes Vorgehen der Europäischen Union, der Regierungen des Euro-Währungsgebiets, der Zentralbanken und Aufsichtsbehörden notwendig sei. Es wurde ein Maßnahmenpaket verabschiedet, das eine Liquiditätsversorgung der Finanzinstitute, eine Erleichterung der Bankenrefinanzierung, eine effiziente Rekapitalisierung angeschlagener Banken, eine flexible Anwendung der Rechnungslegungsvorschriften sowie eine Ausweitung der Kooperationsstrukturen zwischen den europäischen Staaten beinhaltet und in nationaler Verantwortung umzusetzen ist. Die G20-Staaten trafen sich am 15. November gemeinsam mit internationalen Organisationen wie dem IWF zu einem Weltfinanzgipfel. Auf diesem einigte man sich auf die Stabilisierung der Finanzsysteme und der globalen Konjunktur durch nationale Maßnahmenpakete sowie IWF- und Weltbank-Notkredite und Reformen zur Vermeidung neuerlicher Verwerfungen. Man kam darin überein, dass Maßnahmen für eine verbesserte Transparenz und

---

[585] Vgl. Blinder und Reis [2005: 68].
[586] Vgl. hierzu Berger et al. [2007]. Siehe auch Knütter und Wagner [2010/11; 2011].
[587] Da der Prozess der Entstehung einer neuen globalen Finanzmarktarchitektur äußerst aktuell und durch jüngste Entwicklungen beeinflusst ist, wird an dieser Stelle kein Anspruch auf Vollständigkeit erhoben. Die Zielsetzung dieses Abschnittes besteht darin, einen Überblick über die in der internationalen Gemeinschaft nach der Subprime-Krise diskutierten Maßnahmen zu geben und Ansätze auszugsweise darzustellen.

Rechenschaftspflicht ergriffen und die Stellung der Schwellenländer in internationalen Gremien gestärkt werden sollten[588].

Am 2. April 2009 fand das Gipfeltreffen zur Reform der globalen Finanzarchitektur statt. Grundlage dafür waren die Reformempfehlungen des Financial Stability Forums (FSF). Diese umfassten die folgenden Bereiche[589]:

i) Kapital-, Liquiditäts– und Risikomanagement

Zwar stellte Basel II für die Aufsichts- und Regulierungsbehörden einen angemessenen Rahmen bereit, um den Finanzsektor und dessen Risikomanagement zu beaufsichtigen. Jedoch waren wesentliche Verbesserungen notwendig, um die Widerstandsfähigkeit des Finanzsektors gegenüber Marktturbulenzen zu erhöhen. Dazu zählen vor allem die Einführung von Eigenkapitalanforderungen für strukturierte Finanztitel wie Collateralized Debt Obligations (CDOs) und die Berücksichtigung des Ausfallrisikos in den Handelsbüchern von Banken und Wertpapierhäusern sowie die eingegangenen Risiken von Zweckgesellschaften. Darüber hinaus riet das FSF zu einer Überarbeitung der Richtlinien für die Beaufsichtigung und das Management von Liquiditätsrisiken. Schließlich gab das FSF Empfehlungen für die Prüfung des Risikomanagements der Finanzinstitutionen – diese beinhalten Leitlinien für die Stärkung der bankenseitigen Identifizierung und die Bewältigung von konzernweiten Risiken und für die Unterstützung der Banken bei Stresstests.

ii) Verbesserung der Transparenz und Bewertungsstandards

Die Finanzmarktturbulenzen hatten die Bedeutung verlässlicher Bewertungen und der Offenlegung der eingegangenen Risiken verdeutlicht. Das FSF regte dementsprechende Offenlegung des gesamten, konzernweiten eingegangenen Risikos – inklusive einer On- und Off-Balance Sheet Analyse – sowie der eingegangenen Risiken vor und nach Hedging-/Wertberichtigungsprozessen und eine Erweiterung der Offenlegungspflichten im Rahmen der 3. Säule unter Basel II an. Darüber hinaus wurde dem International Accounting Standards Board (IASB) und dem US Financial Accounting Standards Board (FASB) empfohlen, die internationalen Bewertungsstandards zu vereinheitlichen – vor allem im Hinblick auf die Rechnungslegungsstandards für Zweckgesellschaften und die Bewertung von Finanztiteln, deren Märkte aufgrund mangelnder Liquidität zum Erliegen gekommen waren.

iii) Verbesserung des Ratingprozesses

Die mangelhafte Erfassung und Bewertung strukturierter Finanztitel hatte wesentlich zur fehlerhaften Risikoeinschätzung der eingegangenen Risiken beigetragen. Die Ratingagenturen angewiesen, den überarbeiteten Verhaltenskodex der International Organization of Securities Commission (IOSCO), den IOSCO Code of

---

[588] Siehe hierzu Deutsche Bundesbank [2008c: 36 ff.].
[589] Vgl. Financial Stability Forum [2008: 12 ff.].

Conduct Fundamentals for Credit Rating Agencies umzusetzen, um Interessenkonflikten bei der Bewertung strukturierter Anlageformen vorzubeugen und die Qualität des Ratingprozesses zu verbessern.

iv) Stärkung der Reaktionsfähigkeit der Aufsichtsbehörden

In bestimmten Fällen war der Prozess für die Vereinbarung und Implementierung aufsichtlicher und regulatorischer Reaktionen auf das Marktgeschehen auf internationaler Basis zu schwerfällig und zu langsam. So waren die verantwortlichen Aufsichts- und Regulierungsbehörden angehalten, Schritte einzuleiten, um die Umsetzung der Risikoanalyse in Maßnahmen zur Abschwächung dieser Risiken sowie den Austausch von Informationen und die Kooperation zwischen den nationalen Aufsichtsbehörden zu verbessern.

v) Verbesserung des internationalen Krisenmanagements

Der operationale Rahmen der Zentralbanken sollte angepasst werden, um gegenüber zukünftigen Finanzmarktturbulenzen gewappnet zu sein. Dabei sollte der operationale Rahmen flexibler gestaltet werden, sodass die Häufigkeit und die Laufzeiten der Geldmarkt-Operationen, die verfügbaren Liquiditätsfazilitäten und das Spektrum der zu hinterlegenden Sicherheiten ein hinreichendes Maß an Liquidität im Finanzsystem – insbesondere in Situationen angespannter Finanzmärkte – ermöglichen. Schließlich sollten die Behörden (Zentralbanken, Aufsichtsbehörden) internationale Regelungen für den Umgang mit multinationalen, von einer Insolvenz bzw. Liquiditätsengpässen bedrohten Finanzkonglomeraten implementieren.

Diese Empfehlungen zugrunde legend kamen die G20 auf dem Weltfinanzgipfel darin überein, dass das internationale Finanzsystem einer grundlegenden Reformierung bedarf und man jegliche Anstrengung unternehmen werde, um das Vertrauen in die Finanzsysteme und das Wachstum wieder zu beleben. Die Regierungschefs der 20 führenden Industrie- und Schwellenländer einigten sich darauf, dass man Maßnahmen ergreifen würde, um die Finanzsysteme wirksamer zu überwachen – dabei standen eine größere grenzüberschreitende regulatorische Konsistenz und eine systematische internationale Kooperation im Vordergrund[590]. Die G20 gründeten den „Financial Stability Board" (FSB), der die Nachfolge des Financial Stability Forums antritt und mehr Mitglieder (insbesondere aus den Reihen der Schwellenländer) und ein erweitertes Mandat umfasst. Der FSB wurde mit einer eigenen Rechtspersönlichkeit und eigenem Budget ausgestattet. Diesem kommt nun eine zentrale Stellung in der internationalen Kooperation auf dem Gebiet der internationalen Finanzstabilität zu. Über den Stand der Reformvorhaben berichtet er regelmäßig an die G20[591]. Ferner einigte man sich auf eine Stärkung des IWF. Die führenden Industrienationen stellen dem IWF 750 Milliarden US-Dollar zur Verfügung – mit diesen Mitteln soll der IWF u. a. das Wachstum in Schwellen- und Entwicklungsländern unterstützen und bei Zahlungsbilanzschwierigkeiten und der Rekapitalisierung der Banken hel-

---

[590] Vgl. Group of 20 [2009].
[591] Vgl. Deutsche Bundesbank [2013a: 145 ff.].

fen. Darüber hinaus soll der IWF im Rahmen eines internationalen Frühwarnsystems über die globale Finanzstabilität wachen[592].

Zwei Beispiele von staatlichen Maßnahmenpaketen

Abschließend wollen wir noch zwei Beispiele für auf nationaler Basis geschaffene Maßnahmenpakete aufführen, die in Reaktion auf die Finanzmarktturbulenzen beschlossen wurden. Dabei handelt es sich um das in Deutschland implementierte Finanzmarktstabilisierungsgesetz sowie diverse Elemente des Maßnahmenpakets der US-amerikanischen Zentralbank.

Das Finanzmarktstabilisierungsgesetz in Deutschland

Das deutsche *Finanzmarktstabilisierungsgesetz (FMStG)* trat am 18. Oktober 2008 in Kraft. Die Finanzierung der potenziell im Rahmen des FMStG zu ergreifenden Maßnahmen sollte über den *Finanzmarktstabilisierungsfonds (FMS)* ermöglicht werden, der in Form eines nicht rechtsfähigen Sondervermögens des Bundes gegründet wurde. Der Finanzmarktstabilisierungsfonds wurde durch die Finanzmarktstabilisierungsanstalt verwaltet – diese ist dem Bundesfinanzministerium untergeordnet[593]. Mithilfe des FMStG sollte die Finanzstabilität gestärkt und die Kreditversorgung in Deutschland gewährleistet werden, indem Finanzunternehmen mit Sitz in Deutschland bei Liquiditätsengpässen oder unzureichender Eigenkapitalausstattung unterstützt werden. Zu diesem Zweck wurden drei verschiedene Stabilisierungsinstrumente zur Verfügung gestellt[594]:

- Garantieübernahmen

Vom 18. Oktober 2008 bis zum 31. Dezember 2009 bestand die Möglichkeit einer Ausfallgarantie für neu emittierte Schuldtitel und Verbindlichkeiten von deutschen Finanzunternehmen. Damit sollten potenzielle Liquiditätsengpässe der Finanzunternehmen umgangen und die Refinanzierung an den Kapitalmärkten erleichtert werden. Durch solche Garantieübernahmen sollten prinzipiell das Vertrauen in die Solvenz der Unternehmen und die Funktionsfähigkeit des deutschen Interbankenmarkts erhöht werden.

- Rekapitalisierung

Im Rahmen des Rekapitalisierungs-Instruments konnte der FMS Eigenkapitalanteile, stille Beteiligungen oder sonstige Eigenmittelbestände von Finanzunternehmen erwerben – jedoch nur befristet; langfristig sollten diese Beteiligungen wieder aufgelöst oder veräußert werden. Auf diese Weise sollte eine angemessene Eigenkapitalausstattung der Unternehmen gewährleistet werden.

---

592 Vgl. Group of 20 [2009].
593 Siehe hierzu auch die Homepage des Sonderfonds Finanzmarktstabilisierung www.soffin.de sowie die Homepage des Bundesfinanzministeriums www.bundesfinanzministerium.de.
594 Vgl. Deutsche Bundesbank [2008c: 32 f.].

- Risikoübernahme

Der FMS konnte gegen eine Übertragung von Schuldtiteln der Bundesrepublik Deutschland Risikopositionen wie z. B. Wertpapiere oder derivative Finanzinstrumente von Finanzunternehmen übernehmen, um den Unternehmen Liquidität und Sicherheiten für die Refinanzierung an den Kapitalmärkten bereitzustellen und die Eigenkapitalposition der Unternehmen zu stützen.

Das Maßnahmenpaket der US-amerikanischen Zentralbank

Entschlossen, nicht die „Fehler" zu wiederholen, die im Zuge der Großen Depression gemacht wurden, griff die Federal Reserve frühzeitig zu weitreichenden Maßnahmen, um sich den negativen Folgen der Subprime-Krise entgegen zu stellen. Das *Maßnahmenpaket der Federal Reserve* umfasste dabei neben einer Anwendung ihrer traditionellen Instrumente der Liquiditätsversorgung Erweiterungen dieser traditionellen Instrumente sowie die Erweiterung ihres „Werkzeugkastens" um unübliche Kreditversorgungsinstrumente.

Auf das Risiko, dass die gesamtwirtschaftliche Leistungsfähigkeit unter der sinkenden Liquidität auf den Märkten zu stark schrumpft, reagierte die Federal Reserve mit einer energischen Senkung der Federal Funds Rate – der US-amerikanische Leitzins – von 5.25 % im September 2007 auf ein Zielband von 0 bis 0.25 % am 16. Dezember 2008. Über den gleichen Zeitraum senkte sie den Diskontsatz – die Kosten einer Kreditaufnahme bei der Fed – auf 0.5 %. Im Oktober 2008 wurde vom US-amerikanischen Kongress der „Emergency Economic Stabilization Act" verabschiedet, der es der Federal Reserve erlaubte, Zinsen auf die Mindestreserveforderungen zu zahlen[595].

Darüber hinaus erweiterte die Fed ihre Liquiditätsfazilitäten. So wurde im Dezember 2007 die Term Auction Facility (TAF) implementiert, über die Kapital zeitlich begrenzt (28 oder 84 Tage) alle zwei Wochen bereitgestellt wurde. Das Ziel der TAF bestand in der zusätzlichen Liquiditätsversorgung der Finanzinstitute, ohne dass der Eindruck entstand, dass sich Institute, die zusätzliches Kapital benötigten, in ernsthaften Schwierigkeiten befinden (und evtl. ein Run auf ein solches Institut einsetzt)[596]. Im März 2008 führte die Federal Reserve die Term Securities Lending Facility (TSLF) ein, um auf die Liquiditätsengpässe an den Kapitalmärkten zur Refinanzierung der Institute einzugehen. Die Fazilität erlaubte einem sogenannten Primary Dealer[597], in wöchentlich abgehaltenen Auktionen US-amerikanische Staatsanleihen (Treasuries) zu erwerben. Als Sicherheit akzeptierte die Federal Reserve Wertpapiere, die eine relativ geringe Liquidität aufweisen. Die Finanzinstitute konnten die geliehenen Treasuries, die einen sehr hohen Liquiditätsgrad besaßen, dazu verwenden, um sich an den privaten Kapitalmärkten zu refinanzieren. Das Ziel der TSLF war wie bei der TAF die Stabilisierung der in Turbulenzen geratenen Refi-

---

[595] Vgl. Willardson [2008: 10].
[596] Vgl. [ebda: 10 ff.]. Eine detaillierte Erläuterung der TAF ist in Armantier et al. [2008] zu finden.
[597] Banken oder Wertpapierhäuser, die mit der Federal Reserve über Auktionen in einer direkten Handelsbeziehung stehen.

nanzierungsmärkte. Die TSLF zielte insbesondere auf die Beruhigung der Märkte für CDOs (Collateralized Debt Obligations) sowie andere besicherte Finanztitel. Indem die Primary Dealer durch die TSLF in die Lage versetzt wurden, ihre Risikopositionen anderweitig zu refinanzieren, waren sie nicht mehr gezwungen, Vermögenswerte an ohnehin bereits illiquiden Märkten verkaufen zu müssen[598].

IV. Resümee

Wir haben in Abschnitt III.3 resümiert, dass eine regelgebundene internationale Politikkoordinierung der Art, wie sie in den Vorschlägen in den Abschnitten III.1.2 und III.2 zum Ausdruck kommt (mit Ausnahme vielleicht der „Tobin-Steuer"), eine praktisch wahrscheinlich nicht einlösbare Idealvorstellung darstellt[599]. Das bedeutet, dass eine internationale Politikkoordinierung – sollte sie verwirklicht werden – eine mehr oder weniger stark diskretionäre Variante sein wird. Eine diskretionäre internationale Politikkoordinierung ist jedoch mit einigen Problemen und Fallstricken behaftet. Dies wurde ja oben in Abschnitt II ausführlich erläutert. Was bleibt hieraus für eine Schlussfolgerung zu ziehen? Eine Möglichkeit bestünde, zu empfehlen, ganz auf eine (aktive) internationale Politikkoordinierung zu verzichten. Diese Schlussfolgerung wird von den meisten „neu-klassischen" Ökonomen gezogen. Diese Ökonomen lehnen in der Regel eine internationale Politikkoordinierung (in dem Sinne, wie wir den Begriff oben eingeführt haben) ab mit der Begründung, dass sie mit staatlicher Interventionstätigkeit verbunden ist und diese die Erwartungsunsicherheit der Marktteilnehmer erhöhe. Ihr Vorschlag lautet mit den Worten von W. Max Corden[600]: „Das Beste, was Länder füreinander tun können, ist, stabile und vorausschaubare Politiken aufrechtzuerhalten. Der Gegenstand von Politikkoordination sollte sein, unabhängige stabile Politiken zu ermutigen."

Doch auch eine Reihe von Vertretern der „neu-keynesianischen" Ökonomie (insbesondere angelsächsischer Herkunft) kommt zur gleichen Schlussfolgerung, nämlich auf (aktive) internationale Politikkoordinierung zu verzichten[601]. Es besteht jedoch ein inhaltlicher Unterschied: Während nämlich „neu-klassische" Ökonomen eine Koordinierung häufig schon als „unnötig" ablehnen, weil ihrer Meinung nach das marktwirtschaftliche System inhärent stabil ist (auch auf Weltebene), sehen „neu-keynesianische" Ökonomen eine Koordinierung sehr wohl als notwendig an, da sie von einer (i. d. R. begrenzten) Instabilität des Marktsystems ausgehen. Jedoch reicht es für die Empfehlung einer stabilitätspolitischen Maßnahme nicht aus, die

---

[598] Vgl. Fleming et al. [2009: 1 ff.]. Weitere neu geschaffene Instrumente zur Behebung der Liquiditätsengpässe waren z. B. die „Primary Dealer Credit Facility" oder die „Term Asset-Backet Securities Lending Facility". Für einen Überblick siehe Willardson [2008: 13 f.].

[599] Dies bezieht sich auf eine weltweite Koordinierung. Eine regional beschränkte Umsetzung zum Beispiel einer Währungsunion in einem schon stark integrierten Raum wie der Europäischen Union oder eines Currency Board bzw. einer Dollarisierung kann dagegen durchaus erfolgreich sein.

[600] Vgl. Corden [1986: 437; hier in deutscher Übersetzung (Übersetzung von mir, H. W.)].

[601] Vgl. z. B. Fischer [1988] und Obstfeld und Rogoff [1995, 1996].

notwendige Bedingung für ihre Einführung als gegeben anzusehen. Hinzu muss auch noch die Erfüllung der hinreichenden Bedingung kommen. Diese besteht darin, dass die Kostenersparnis (an Ressourcenverschwendung) größer ausfällt als die durch die Einführung der Maßnahmen selbst entstehenden Kosten (Ressourcenaufwand, direkt und indirekt). Hierin gehen die Meinungen innerhalb des keynesianischen Lagers auseinander. Das Gleiche gilt bezüglich der Einschätzung ergänzender institutioneller Maßnahmen, wie der oben erläuterten „Tobin-Steuer". Auch hier kommt es nämlich auf einen – unterschiedlich ausfallenden – Alternativkostenvergleich an (siehe oben).

Interessant ist dabei, dass diejenigen, die eine internationale Politikkoordinierung ablehnen, nur sehr selten ein Argument berücksichtigen, das in dem Verlauf des Buches schon häufiger angeführt worden ist und zum Beispiel von James Tobin als das letztlich zentrale Argument für eine internationale Politikkoordinierung angesehen wurde. Es geht dabei darum, dass bei Fehlen von internationaler Politikkoordination protektionistische Strömungen an Gewicht gewinnen würden. Tobin hat diesen Zusammenhang wie folgt ausgedrückt[602]: „Koordinierung makroökonomischer Politiken ist sicherlich nicht einfach; vielleicht ist sie auch unmöglich. Aber in ihrer Abwesenheit, befürchte ich, werden nationalistische Lösungen anvisiert – Handelskriege, Kapitalkontrollen und duale Wechselkurssysteme. Krieg zwischen Nationen mit diesen Waffen ist wahrscheinlich für alle Seiten zerstörerisch. Letztlich würde auch dies eine heftige Bewegung für internationale Koordination hervorrufen." Eine vergleichbare Argumentation könnte auch auf die jüngste globale Finanzkrise („Weltwirtschaftskrise") angewandt werden. Auch hier könnte man argumentieren, dass eine überzogene Dezentralisierung und Ablehnung internationaler Politikkoordinierung zu immensen gesamtwirtschaftlichen Kosten geführt hat, die letztlich doch wieder eine heftige Befürwortung (diskretionärer) internationaler Koordination hervorgerufen haben.

Die zentrale Frage, die wir auch schon oben angeschnitten hatten, lautet jedoch, ob wir zur Vermeidung von Protektionismus unbedingt eine verbindliche makroökonomische Politikkoordinierung brauchen. Die Alternative wäre eine unverbindliche, rein auf Informationsaustausch und Vertrauensbildung beruhende „Kooperation" zwischen Staaten – wie dies der Grundgedanke der Weltwirtschaftsgipfel bei deren Entstehen war (siehe oben im 2. Teil). Ähnliche Überlegungen sind auch bei der Entscheidung, ob Regulierungspolitik zur Vermeidung von Mega-Finanzkrisen in der Zukunft international koordiniert sein sollte, anzustellen[603]. Diese Frage kann hier nicht geklärt werden, nicht zuletzt deswegen, weil einiges für die Vermutung spricht, dass informatorische „Kooperation" über kurz oder lang immer in Politikkoordinierung einmündet. Der Anreiz, hieraus (kurzfristige) Gewinne zu ziehen, ist glaube ich für die Politiker einfach zu groß, als dass sie ihm auf Dauer widerstehen könnten. Solange die gewählten Politiken oder Koordinationsmuster nicht zu diskretionär-aktivistisch angelegt sind, dürfte dies aber auch nicht tragisch sein. Die Alter-

---

[602] Tobin [1987: 68; hier in deutscher Übersetzung (Übersetzung von mir, H. W.)].
[603] Vgl. Rodrik [2009] zu einer kritischen Analyse einer international koordinierten Regulierungspolitik.

native dagegen, weder zu „kooperieren" noch zu „koordinieren" – und damit gegenseitige Abhängigkeiten zu ignorieren –, ist mit Sicherheit beim heutigen Stand der weltwirtschaftlichen Verflechtung die schlechteste aller Alternativen.

Zudem gilt: Egal, ob eine verbindliche makroökonomische Politikkoordinierung oder eine eher unverbindliche informatorische Kooperation zwischen den Staaten gewählt wird – entscheidend ist in jedem Fall, dass die einzelnen Staaten rechtzeitig ihre eigenen Hausaufgaben machen, d. h. für hinreichende Risikovorkehrungen sorgen und für den Bedarfsfall ausgearbeitete Krisenmanagement-Programme bereithalten.

Literaturverzeichnis

ABIAD, A. [2003]: Early Warning Systems: A Survey and a Regime-Switching Approach. International Monetary Fund Working Paper 03/32, Washington D.C.

ACHARYA, V. V., SCHNABEL, P. und SUAREZ, G. [2013]: Securitization without Risk Transfer. In: Journal of Financial Economics, Vol. 107 (3), S. 515–536

ADAMS, C. und PARK, D. [2009]: Causes and Consequences of Global Imbalances: Perspective from Developing Asia. In: Asian Development Review, Vol. 26, No. 1, S. 19–47

AGOSIN, M. R. und HUAITA, F. [2012]: Overreaction in Capital Flows to Emerging Markets: Booms and Sudden Stops. In: Journal of International Money and Finance, Vol. 31 (5), S. 1140–1155

AGUR, I. und SHARMA, S. [2013]: Rules, Discretion, and Macro-Prudential Policy. IMF Working Paper 13/65, Singapore

AKYÜZ, Y. [2000]: The Debate on the International Financial Architecture: Reforming the Reformers. UNCTAD Discussion Paper No. 148

ALTMANN, J. [1984]: Internationale Wirtschaftsbeziehungen. Eine praxisorientierte Einführung. 2. Aufl., Opladen

ALLEN, F. [2012]: Trends in Financial Innovation and Their Welfare Impact: An Overview. In: European Financial Management, Vol. 18, No. 4, S. 493–514

AMITI, M. und WEI, S.-J. [2005]: Fear of Service Outsourcing: Is it Justified? In: Economic Policy, Vol. 20 (42), S. 308–347

AMITI, M. und WEI, S.-J. [2009]: Service Offshoring and Productivity: Evidence from US. In: The World Economy, Vol. 32, No. 2, S. 203–220

ANDERSEN, H. [2011]: Procyclical Implications of Basel II: Can the Cyclicality of Capital Requirements Be Contained? In: Journal of Financial Stability, Vol. 7 (3), S. 138–154

ARIYOSHI, A. et al. [2000]: Capital Controls: Country Experiences with Their Use and Liberalization. International Monetary Fund Occassional Paper 190, S. 1–44

ARMANTIER, O., KRIEGER, S. und McANDREWS, J. [2008]: The Federal Reserve's Term Auction Facility. In: Current Issues in Economics and Finance, Federal Reserve Bank, Vol. 14, No. 5, July 2008, New York

ARMENDARIZ, B. und MORDUCH, J. [2010]: The Economics of Microfinance. 2. Aufl., MIT Press

ARROW, K. J. und DEBREU, G. [1954]: Existence of an Equilibrium for a Competitive Economy. In: Econometrica, Vol. 22, S. 265–290

ARTIS, M. und OSTRY, S. [1986]: International Economic Policy Coordination. Chatham House Papers, No. 30, Royal Institute of International Affairs, London [u. a.]: Routledge & Kegan Paul

AUF DER HEIDE, U. [2003]: Welthandels- und Entwicklungskonferenz (UNCTAD). In: WISU – das Wirtschaftsstudium, 32. Jg., S. 195–198

AXELROD, R. [2006]: The Evolution of Cooperation. 2. Aufl., New York

BABECKÝ. J., HAVRANEK, T., MATÌJÙ, J., RUSNÁK, M. und ŠMÍDKOVÁ, M. [2011]: Early Warning Indicators of Crisis Incidence: Evidence from a Panel of 40 Developed Countries. Institute of Economic Studies Working Paper 36/2011, Charles University Prague

BALDWIN, R. E. [1989]: The Political Economy of Trade Policy. In: The Journal of Economic Perspectives, Vol. 3, No. 4, S. 119–135

BALDWIN, R. E. und KAWAI, M. [2013]: Multilateralizing Asian Regionalism. ADBI Working Paper Series, No. 431, Asian Development Bank Institute, Tokyo

BALDWIN, R. und THORNTON, P. [2008]: Multilateralising Regionalism. CEPR. London

BALKE, N. S., MA, J. und WOHAR, M. E. [2013]: The Contribution of Economic Fundamentals to Movements in Exchange Rates. In: Journal of International Economics, Vol. 90, No. 1, S. 1–16

BALL, L. [2014]: Long-Term Damage from the Great Recession in OECD Countries. NBER Working Paper No. 20185

BALL, L., MANKIW, N. G. und REIS, R. [2005]: Monetary Policy for Inattentive Economies. In: Journal of Monetary Economics, Vol. 52 (4), S. 703–725

BALL, L. und SHERIDAN, N. [2005]: Does Inflation Targeting Matter? In: B. Bernanke und M. Woodford (Hrsg.), The inflation-targeting debate, NBER Studies in Business Cycles, Vol. 32, Chicago and London: University of Chicago Press, S. 249–276

BANK OF ENGLAND [2008]: Financial Stability Report. Bank of England, Issue No. 24

BANQUE DE FRANCE [2001]: Private Sector Involvement in Crisis Prevention and Resolution. In: Banque de France Bulletin Digest, No. 87, March 2001, S. 25–34

BARDHAN, A. D und KROLL, C. [2003]: The New Wave of Outsourcing. Fisher Center for Real Estate & Urban Economics, Fisher Center Research Reports: Report #1103

BARRO, R. J. und Sala-i-Martin, X. [2003]: Economic Growth. 2. Aufl., MIT Press

BARTOLEIT, R. [2001]: In Zukunft schlank und smart. In: FAZ vom 22.06.2001

BASLER AUSSCHUSS FÜR BANKENAUFSICHT [2001]: Überblick über die Neue Basler Eigenkapitalvereinbarung. Konsultationspapier, Mai 2001, Bank für Internationalen Zahlungsausgleich, Basel

BASLER AUSSCHUSS FÜR BANKENAUFSICHT [2004]: Internationale Konvergenz der Kapitalmessung und Eigenkapitalanforderungen. Überarbeitete Rahmenvereinbarung, Juni 2004, Bank für Internationalen Zahlungsausgleich, Basel

BAYNE, N. [2005]: Staying Together: The G8 Summit Confronts the 21st Century. Aldershot: Ashgate

BBC [2005]: No Trade Deal at America's Summit. BBC News, 6. November 2005, verfügbar auf: http://news.bbc.co.uk/2/hi/americas/4410190.stm

BBC [2007]: South Africa Launches New Bank. BBC News, 10. Dezember 2007, verfügbar auf: http://news.bbc.co.uk/2/hi/business/7135397.stm

BECKMANN, D., MENKHOFF, L. und SAWISCHLEWSKI, K. [2006]: Robust Lessons about Practical Early Warning Systems. In: Journal of Policy Modeling, Vol. 28, Issue 2, S. 163–193

BEGG, D. [1989]: Floating Exchange Rates in Theory and Practice. In: Oxford Review of Economic Policy, Vol. 5, No. 3, S. 24–39

BEKAERT, G., CAMPBELL, H. R. und LUNDBLAD, C. [2005]: Does Financial Liberalization Spur Growth? In: Journal of Financial Economics, Vol. 77 (1), S. 3–55

BELL, J. und PAIN, D. [2000]: Leading Indicator Models of Banking Crises – A Critical Review. In: Financial Stability Review, Bank of England, Issue 9, Article 3, S. 113–129

BENDER, D. [2007]: Internationaler Handel. In: Apolte, T. u. a. (Hrsg.), Vahlens Kompendium der Wirtschaftstheorie und Wirtschaftspolitik. Band 1, 9. überarb. Aufl., München, S. 475–560

BERG, A. und BORENSZTEIN, E. [2003], The Pros and Cons of Full Dollarization. In: D. Salvatore, J. W. Dean und T. D. Willett [Hrsg.], The Dollarization Debate, Oxford [u. a.]: Oxford Univ. Press, S. 72–101

BERG, A., BORENSZTEIN, E. und PATTILLO, C. [2004]: Assessing Early Warning Systems: How Have They Worked in Practice? In: International Monetary Fund Working Paper 04/52, Washington D.C.

BERG, A. und PATTILLO, C. [1999a]: Are Currency Crises Predictable? A Test. In: IMF Staff Papers, Vol. 46, No. 2, S. 107–138

BERG, A. und PATTILLO, C. [1999b]: Predicting Currency Crises: The Indicators Approach and an Alternative. In: Journal of International Money and Finance, Vol. 18, No. 4, S. 561–586

BERG, H. [1999]: Außenwirtschaftspolitik. In: D. Bender u. a., Vahlens Kompendium der Wirtschaftstheorie und Wirtschaftspolitik. Band 2, 7. überarb. und erw. Aufl., München, S. 543–592

BERGER, W., KIßMER, F. und WAGNER, H. [2007]: Monetary Policy and Asset Prices: More Bad News for "Benign Neglect". In: International Finance, Vol. 10, No. 1, S. 1–20

BERGER, W. und WAGNER, H. [2004]: Globalization, Financial Volatility and Monetary Policy. In: Empirica, Vol. 31, S. 163–184

BERGER, W. und WAGNER, H. [2005]: Interdependent Expectations and the Spread of Currency Crises. In: IMF Staff Papers, Vol. 52, No. 1, S. 41–54

BERGSTEN, C. F. [2006]: A New Steering Committee for the World Economy? In: E. Truman (Hrsg.), Reforming the IMF for the 21st Century, Special Report 19, Institute for International Economics, Washington D.C.

BERNANKE, B. [2005]: The Global Saving Glut and the U.S. Current Account Deficit, Homer Jones Lecture, St. Louis, Missouri, 14. April

BERNANKE, B., LAUBACH, T., MISHKIN, F. S. und POSEN A. S. [1998]: Inflation Targeting: Lessons from the International Experience. Princeton University Press, Princeton, NJ

BERSICK, S. und HEIDUK, F. [2007]: Im Krebsgang nach vorn: Die ASEAN hat sich eine Charta gegeben. In: SWP-Aktuell, Ausg. 65, Dezember 2007

BERTOLI, S., FERNÁNDEZ-HUERTAS MORAGA, J. und ORTEGA, F. [2013]: Crossing the Border: Self-Selection, Earnings and Individual Migration Decisions. In: Journal of Development Economics, Vol. 101, S. 75–91

BHAGWATI, J. [2002]: Free Trade Today. Princeton

BHAGWATI, J., PANAGARIYA, A. und SRINIVASAN, T. N. [1998]: Lectures on International Trade, 2. Aufl., Cambridge, Mass.

BHAGWATI, J., PANAGARIYA, A. und SRINIVASAN, T. N. [2004]: The Muddles over Outsourcing. In: Journal of Economic Perspectives, Vol. 18, No. 4, S. 93–114

BIRD, G. [2003]: The IMF and the Future: Issues and Options Facing the Fund. London: Routledge

BIRD, G. [2007]: The IMF: A Bird's Eye View of its Role and Operations. In: Journal of Economic Surveys, Vol. 21, No. 4, S. 683–745

BIRKS, J. S. und SINCLAIR, C. A. [1980]: International Migration and Development in the Arab Region. Genf: ILO (International Labor Office)

BIZ [2003]: 73. Jahresbericht. Bank für Internationalen Zahlungsausgleich. Basel

BIZ [2006a]: The Recent Behaviour of Financial Market Volatility. BIS Papers, No. 29, Bank for International Settlements

BIZ [2006b]: Grundlegende Texte. Februar 2006, Bank für Internationalen Zahlungsausgleich

BIZ [2007]: Traditional Foreign Exchange Markets. In: Triennial Central Bank Survey. Bank for International Settlements, Basel

BIZ [2008]: 78. Jahresbericht. Bank für Internationalen Zahlungsausgleich, Basel

BIZ [2009]: 79. Jahresbericht. Bank für Internationalen Zahlungsausgleich, Basel

BIZ [2014]: BIZ-Quartalsbericht, März 2014. Bank für Internationalen Zahlungsausgleich, Basel

BLANCHARD, O. u. a. [1989]: World Imbalances. World Institute for Development Economics Research of the United Nations University (Wider), Helsinki

BLANCHARD, O. J. [2009]: The Crisis: Basic Mechanisms and Appropriate Policies. CESifo Forum, Vol. 10 (1), S. 3–14

Literaturverzeichnis

BLANCHARD, O. J. und MILESI-FERRETTI, G. M. [2009]: Global Imbalances: In Midstream?. In: O. Blanchard und I. SaKong [Hrsg.], Reconstructing the World, Washington: International Monetary Fund

BLINDER, A. S. [2006]: Offshoring: The Next Industrial Revolution. In: Foreign Affairs, Vol. 85 (2), S. 113–128

BLINDER, A. S. und REIS, R. [2005]: Understanding the Greenspan Standard. In: Federal Reserve Bank of Kansas City (Hrsg.), The Greenspan Era: Lessons for the Future. Proceedings of the 2005 Jackson Hole Symposium

BMF [2012]: Monatsbericht Dezember 2012, Bundesministerium der Finanzen

BMWI [2002]: G8-Weltwirtschaftsgipfel 2002 in Kananaskis. Verfügbar auf: http://www.bmwi.de/BMWi/Navigation/Aussenwirtschaft/weltwirtschaftsgipfel,did=37190.html

BMWI [2003]: G8-Weltwirtschaftsgipfel 2003 in Evian. Verfügbar auf: http://www.bmwi.de/BMWi/Navigation/Aussenwirtschaft/weltwirtschaftsgipfel,did=37188.html

BMWI [2004]: G8-Weltwirtschaftsgipfel 2004 in Sea Islands. Verfügbar auf: http://www.bmwi.de/BMWi/Navigation/Aussenwirtschaft/weltwirtschaftsgipfel,did=36980.html

BMWI [2005]: G8-Weltwirtschaftsgipfel 2005 in Gleneagles. Verfügbar auf: http://www.bmwi.de/BMWi/Navigation/Aussenwirtschaft/weltwirtschaftsgipfel,did=71072.html

BMWI [2007a]: G8-Weltwirtschaftsgipfel 2007 in Heiligendamm. Verfügbar auf: http://www.bmwi.de/BMWi/Navigation/Aussenwirtschaft/weltwirtschaftsgipfel,did=266122.html

BMWI [2007b]: Stand der Welthandelsrunde (Doha Development Agenda – DDA). Mai/Juni 2007

BMWI [2012]: Stand der WTO-Welthandelsrunde (Doha Development Agenda - DDA). Februar 2012

BMWI [2014]: Weltwirtschaftsgipfel. Verfügbar auf: http://www.bmwi.de/DE/Themen/Aussenwirtschaft/Internationale-Gremien/weltwirtschaftsgipfel.html

BMZ [2014]: HIPC-Initiative. Verfügbar auf: http://www.bmz.de/de/was_wir_machen/themen/entwicklungsfinanzierung/entschuldung/instrumente/hipc_initiative/bilanz.html

BÖHNING, W. R. [1984]: Studies in International Labour Migration. London und Basingstoke

BOORMAN, J. [2008]: An Agenda for Reform of the International Monetary Fund (IMF). In: Occasional Papers, Friedrich-Ebert-Stiftung, Nr. 38, New York

BOORMAN, J. und ICARD, A. [Hrsg., 2011]: Reform of the International Monetary System: The Palais Royal Initiative. Russell Sage Foundation, Los Angeles, Calif. [u. a.]

BORIO, C. [2008]: The Financial Turmoil of 2007–?: A Preliminary Assessment and some Policy Considerations. BIS Working Paper No. 251, Bank of International Settlements

BORIO, C. und DREHMANN, M. [2009]: Assessing the Risk of Banking Crises – Revisited. In: BIS Quarterly Review, March, S. 29–46

BORIO, C., FURFINE, C. und LOWE, P. [2001]: Procyclicality of the Financial System and Financial Stability – Issues and Policy Options. In: Marrying the Macro- and Microprudential Dimensions of Financial Stability, Basle: Bank for International Settlements, S. 1–57

BORRMANN, A. u. a. [1995]: Regionalismustendenzen im Welthandel. Erscheinungsformen, Ursachen und Bedeutung für Richtung und Struktur des internationalen Handels. Baden-Baden.

BOUZAS, R., DA MOTTA VEIGA, P. und TORRENT, R. [2002]: In-Depth Analysis of MERCOSUR Integration, Its Prospectives and the Effects Thereof on the Market Access of EU Goods, Services and Investment, Report presented to the Commission of the European Communities, Observatory of Globalization, Barcelona, November 2002

BOZ, E. [2011]: Sovereign Default, Private Sector Creditors, and the IFIs. In: Journal of International Economics, Vol. 83 (1), S. 70–82

BRADFORD, C. I. und LINN, J. F. [2007]: Global Governance Reform: Breaking the Stalemate. Washington D.C.: Brookings Institution Press

BROLL, U. und GILROY, B. M. [1994]: Außenwirtschaftstheorie. Einführung und Neuere Ansätze. 2. Aufl., München und Wien

BROOKINGS INSTITUTION [Hrsg., 1977]: Economic Prospects and Policies in the Industrial Countries: A Tripartite Report by Sixteen Economists from the European Community, Japan and North America. Washington, D.C.

BROWN, A. J. [1965]: Britain and the World Economy. In: Yorkshire Bulletin of Economic and Social Research, Vol. 17, S. 46–50

BRUNNER, K. [1988]: Geldmengenregel als effizientes Ordnungsprinzip. In: Neue Züricher Zeitung vom 17.8.1988

BRUNNERMEIER, M. [2009]: Deciphering the Liquidity and Credit Crunch 2007–2008. In: Journal of Economic Perspectives, Vol. 23 (1), S. 77–100

BRUNNERMEIER, M. und PEDERSEN, L. [2009]: Market Liquidity and Funding Liquidity. In: The Review of Financial Studies, Vol. 22 (6), S. 2201–2238

BRUNNERMEIER, M., CROCKETT, A., GOODHART, C., PERSAUD, A., und SHIN, H. S. [2009]: The Fundamental Principles of Financial Regulation. In: Geneva Reports on the World Economy 11. CEPR

BUMANN, S., HERMES, N. und LENSINK, R. [2013]: Financial Liberalization and Economic Growth: A Meta-Analysis. In: Journal of International Money and Finance, Vol. 33, S. 255–281

BUNDESREGIERUNG [2009]: Bericht der Bundesregierung zum G8-Gipfel der Staats- und Regierungschefs vom 8.–10. Juli 2009 in L'Aquila/Italien. Verfügbar auf: http://www.bundesregierung.de/Content/DE/_Anlagen/G8_G20/G8-erklaerung-breg-2009-de.pdf?__blob=publicationFile&v=1

BUNDESREGIERUNG [2010]: Bericht der Bundesregierung über den G8-Gipfel (25./26. Juni 2010) in Muskoka und den G20-Gipfel (26./27. Juni 2010) in Toronto. Verfügbar auf: http://www.bundesregierung.de/ContentArchiv/DE/Archiv17/_Anlagen/2010/2010-10-05-bericht-bundesregierung-g8-g20.pdf?__blob=publicationFile&v=2

BUNDESREGIERUNG [2011]: Bericht der Bundesregierung über den G8-Gipfel in Deauville vom 26.–27. Mai 2011. Verfügbar auf: http://www.bundesregierung.de/Content/DE/StatischeSeiten/Breg/G8G20/Anlagen/G8-bericht-der-bundesregierung-deauville-2011.pdf?__blob=publicationFile&v=2

BUNDESREGIERUNG [2012]: Bericht der Bundesregierung über den G8-Gipfel in Camp David vom 18.–19. Mai 2012. Verfügbar auf: http://www.bundesregierung.de/Content/DE/StatischeSeiten/Breg/G8G20/Anlagen/Bericht-der-BuReg-zum-G8-Gipfe-2012-in-Camp-David.pdf?__blob=publicationFile&v=2

BUNDESREGIERUNG [2013]: Bericht der Bundesregierung über den G8-Gipfel in Lough Erne vom 17.–18. Juni 2013. Verfügbar auf: http://www.bundesregierung.de/Content/DE/StatischeSeiten/Breg/G8G20/Anlagen/Bericht-der-BuReg-zum-G8-Gipfel-2013-Lough-Erne.pdf?__blob=publicationFile&v=2

BUSSIERE, M. [2013]: Balance of Payment Crisis in Emerging Markets – How Early were the "Early" Warning Signals? In: Applied Economics, Vol. 45 (10/12), S. 1601–1623

BUSSIERE, M. und FRATZSCHER, M. [2006]: Towards a New Early Warning System of Financial Crisis. In: Journal of International Money and Finance, Vol. 25, Issue 6, S. 953–973

CADY, J. [2005]: Does SDDS Subscription Reduce Borrowing Costs for Emerging Market Economies? In: IMF Staff Papers, Vol. 52 (3), S. 503–517

CADY, J. und PELLECHIO, A. [2006]: Sovereign Borrowing Cost and the IMF's Data Standards Initiative. International Monetary Fund Working Paper 06/78, Washington D.C.

CALOMIRIS, C. [1998]: Blueprints for a New Global Financial Architecture. Mimeo, Columbia University Business School, New York, verfügbar auf: http://aei.org/speech/economics/financial-services/blueprints-for-a-new-global-financial-architecture/

CALVO, G. [1998]: The Simple Economics of Sudden Stops. In: Journal of Applied Economics, Vol. 1 (1), S. 35–54

CALVO, G. und REINHART, C. [2001]: Reflections on Dollarization. In: A. Alesina und R. Barro [Hrsg.], Currency Unions, Stanford, S. 39–48

CANZONERI, M. B. und HENDERSON, D. W. [1988]: Is Souvereign Policymaking Bad? In: Carnegie–Rochester Series on Public Policy, Vol. 28, S. 93–140

CANZONERI, M. B. und HENDERSON, D. W. [1991]: Monetary Policy in Interdependent Economies: A Game-Theoretic Approach. Cambridge, Mass.

CARARE, A. und STONE, M. R. [2006]: Inflation Targeting Regimes. In: European Economic Review, Vol. 50, S. 1297–1315

CARD, D., DUSTMAN, C. und PRESTON, I. [2012]: Immigration, Wages, and Compositional Amenities. In: Journal of the European Economic Association, Vol. 10, No. 1, S. 78–119

CASTLES, S. und MILLER, M. J. [2009]: The Age of Migration: International Population Movements in the Modern World. 4. Aufl., Palgrave

CHANG, R. [2000]: Dollarization: A Scorecard. In: Federal Reserve Bank of Atlanta Economic Review, Vol. 85, S. 1–11

CHANG, R. und VELASCO, A. [2000]: Financial Fragility and the Exchange Rate Regime. In: Journal of Economic Theory, Vol. 92 (1), S. 1–34

CHANG, R. und VELASCO, A. [2001]: A Model of Financial Crisis in Emerging Markets. In: The Quarterly Journal of Economics, Vol. 116 (2), S. 489–517

CHRISTOFIDES, C., MULDER, C. und TIFFIN, A. [2003]: The Link between Adherence to International Standards of Good Practice, Foreign Exchange Spreads, and Ratings. International Monetary Fund Working Paper 03/74, Washington D.C.

CLARK, D. P. [2013]: Intra-Industry Specialization in United States–China Trade. In: The International Trade Journal, Vol. 27 (3), S. 225–242

CLINE, W. R. [2002]: Private Sector Involvement – Definition, Measurement and Implementation. Präsentiert auf der Bank of England Conference, London, 23.–24. Juli 2002

CLINE, W. R. [2004]: Private Sector Involvement in Financial Crisis Resolution: Definition, Measurement, and Implementation. In: Haldane, A. G. (Hrsg.), Fixing Financial Crises in the Twenty-first Century. London: Routledge, S. 61–94

CLINE, W. R. [2005]: The Case for a Lender-of-Last-Resort Role for the IMF. Präsentiert auf der Conference on IMF Reform, Institute for International Economics, Washington D.C., 23. September 2005

CONWAY, P. [2006]: The International Monetary Fund in a Time of Crisis – A Review of Stanley Fischer's IMF Essays from a Time of Crisis – The International Financial System, Stabilization, and Development. In: Journal of Economic Literature, Vol. 44, No. 1, S. 115–144

COOPER, R. N. [1982]: Global Economic Policy in a World of Energy Shortage. In: J. Pechman und J. Simler [Hrsg.], Economics in the Public Service, New York

COOPER, R. N. [1986]: Economic Policy in an Interdependent World. Essays in World Economics. Cambridge/Mass. und London

COOPER, R. N. und TRUMAN, E. M. [2007]: The IMF Quota Formula: Linchpin of Fund Reform. Policy Briefs in International Economies 07-1, Peterson Institute for International Economies, Washington D. C.

CORDEN, W. M. [1986]: International Policy Coordination. In: Weltwirtschaftliches Archiv, Bd. 122, S. 423–438

CORSETTI, G. und DEDOLA, L. [2013]: The Mystery of the Printing Press: Self-Fulfilling Debt Crisis and Monetary Sovereignity, CEPR Discussion Papers, London

CORSETTI, G., GUIMARAES, B. und ROUBINI, N. [2006]: Internatioanal Lending of Last Resort and Moral Hazard – A Model of IMF's Catalytic Finance. In: Journal of Monetary Economics No. 53, S. 441–471

COTTARELLI, C. und GIANNINI, C. [2003]: Bedfellows, Hostages, or Perfect Strangers? Global Capital Markets and the Catalytic Effect of IMF Crisis Lending. In: Qu'a-t-on appris sur le prêteur en dernier ressort depuis Thornton? Cahiers d'économie politique, Vol. 45, Paris [u. a.]: L'Harmattan, S. 211–250

COTTARELLI, C. und MATEOS Y LAGO, I. [2007]: Helping the Global Economy Stay in Shape. In: Finance & Development, September 2007, S. 48–51

COVAL, J. D., JUREK, J. W. und STAFFORD, E. [2009]: The Economics of Structured Finance. In: Journal of Economic Perspectives, Vol. 23 (1), S. 3–25

CRINO, R. [2009]: Offshoring, Multinationals and the Labour Market: A Review of the Empirical Literature. In: Journal of Economic Surveys, Vol. 23, No. 2, S. 197–249

CUKIERMAN, A. [2011]: Reflections on the Crisis and on its Lessons for Regulatory Reform and for Central Bank Policies. In: Journal of Financial Stability, Vol. 7 (1), S. 26–37

DAM, K. W. [1977]: The GATT: Law and International Economic Organization. Chicago und London

DAM, K. W. [1982]: The Rules of the Game: Reform and Evolution in the International Monetary System. London

DANIELS, J. und VANHOOSE, D. [1998]: Two-Country Models of Monetary and Fiscal Policy: What Have We Learned? What More Can We Learn? In: Open Economies Review, Vol. 9, S. 263–282

DANIELSSON, J., GOODHART, C., KEATING, C. und SHIN, H. S. [2001]: An Academic Response to Basel II. FMG Special Papers sp130, Financial Markets Group

DAVIS, E. P. und KARIM, D. [2008]: Comparing Early Warning Systems for Banking Crisis. In: Journal of Financial Stability, Vol. 4, S. 89–120

DE GRAUWE, P. und GRIMALDI, M. [2006]: The Exchange Rate in a Behavioral Finance Framework. Princeton University Press

DE HAAN, J. und AMTENBRINK, F. [2011]: Credit Rating Agencies. DNB Working Paper No. 278

DE LA TORRE, A. und IZE, A. [2013]: The Rhyme and Reason for Macroprudential Policy: Four Guideposts to Find Your Bearings. Policy Research Working Paper No. 6576, World Bank, Washington, D.C.

DE MENIL, G. und SOLOMON, A. M. [1983]: Weltwirtschaftsgipfel. Arbeitspapiere zur Internationalen Politik 26. Bonn

DE NICOLO, G., FAVARA, G. und RATNOVSKI, L. [2012]: Externalities and Macroprudential Policy. IMF Staff Discussion Note, Washington, D.C.

DEBANDE, O. [2006]: Deindustrialisation. Volume 11, Number 1, European Investment Bank Papers

DELL'ARICCIA, G., DETRAGIACHE, E. und RAJAN, R. [2008]: The Real Effect of Banking Crises. In: Journal of Financial Intermediation, Vol. 17, Issue 1, S. 89–112

DELORS-Ausschuß [1989]: Bericht zur Wirtschafts- und Währungsunion in der Europäischen Gemeinschaft. Abgedruckt in: Europa-Archiv, 10/1989, S. D283-304

DEMIRGUC-KUNT, A. und DETRAGIACHE, E. [1998]: The Determinants of Banking Crises in Developing and Developed Countries. IMF Staff Papers, Volume 45, Number 1

DERNBURG, T. F. [1989]: Global Macroeconomics. New York

DESTEFANIS, S. und MASTROMATTEO, G. [2012]: Assessing the Reassessment: A Panel Analysis of the Lisbon Strategy. In: Economics Letters, Vol. 115, S. 148–151

DEUTSCHE BUNDESBANK [1985]: Zur längerfristigen Entwicklung und Kontrolle des Geldvolumens. In: Monatsberichte der Deutschen Bundesbank, Januar 1985, S. 14–28

DEUTSCHE BUNDESBANK [1990]: Die erste Stufe der Europäischen Wirtschafts- und Währungsunion. In: Monatsberichte der Deutschen Bundesbank, Juli 1990, S. 30–39

DEUTSCHE BUNDESBANK [1999]: Neuere Ansätze zur Beteiligung des Privatsektors an der Lösung internationaler Verschuldungskrisen. In: Deutsche Bundesbank, Monatsbericht Dezember 1999, S. 33–50

DEUTSCHE BUNDESBANK [2000]: Die Rolle des Internationalen Währungsfonds in einem veränderten weltwirtschaftlichen Umfeld. In: Monatsberichte der Deutschen Bundesbank, September 2000, S. 15–31

DEUTSCHE BUNDESBANK [2002]: Quoten und Stimmrechtsanteile im IWF. In: Monatsberichte der Deutschen Bundesbank, September 2002, S. 65–80

DEUTSCHE BUNDESBANK [2003]: Weltweite Organisationen und Gremien im Bereich von Währung und Wirtschaft. Sonderveröffentlichung, Frankfurt a. M.

DEUTSCHE BUNDESBANK [2004]: Neue Eigenkapitalanforderungen für Kreditinstitute (Basel II). In: Monatsbericht September 2004, S. 75–100

DEUTSCHE BUNDESBANK [2008a]: Bestandserhebung über Direktinvestitionen. Statistische Sonderveröffentlichung 10, April 2008, Frankfurt a. M.

DEUTSCHE BUNDESBANK [2008b]: Geschäftsbericht 2007. Deutsche Bundesbank, Frankfurt a. M.

DEUTSCHE BUNDESBANK [2008c]: Monatsbericht November 2008. Deutsche Bundesbank, Frankfurt a. M.

DEUTSCHE BUNDESBANK [2010]: Finanzstabilitätsbericht November 2010. Frankfurt a. M.

DEUTSCHE BUNDESBANK [2011a]: Monatsbericht März 2011. Frankfurt a. M.

DEUTSCHE BUNDESBANK [2011b]: Basel III – Leitfaden zu den neuen Eigenkapital- und Liquiditätsregeln für Banken. Frankfurt a. M.

DEUTSCHE BUNDESBANK [2012a]: Monatsbericht April 2012. Frankfurt a. M.

DEUTSCHE BUNDESBANK [2012b]: Finanzstabilitätsbericht 2012. Frankfurt a. M.

DEUTSCHE BUNDESBANK [2013a]: Weltweite Organisationen und Gremien im Bereich von Währung und Wirtschaft. Sonderveröffentlichung, Deutsche Bundesbank, März 2003, Frankfurt a. M.

DEUTSCHE BUNDESBANK [2013b]: Bestandserhebung über Direktinvestitionen. Statistische Sonderveröffentlichung 10, April 2013, Frankfurt a. M.

DEUTSCHE BUNDESBANK [2013c]: Geschäftsbericht 2013. Deutsche Bundesbank, Frankfurt a. M.

DEUTSCHE BUNDESBANK [2013d]: Die deutsche Zahlungsbilanz für das Jahr 2012. In: Monatsbericht der Deutschen Bundesbank, März 2013, S. 15–29

DIAMOND, D. und DYBVIG, P. [1983]: Bank Runs, Deposit Insurance and Liquidity. In: Journal of Political Economy, Vol. 91, S. 401–419

DIAMOND, D. W. und RAJAN, R. [2009]: The Credit Crisis – Conjectures about Causes and Remedies. In: American Economic Review, Vol. 99 (2), S. 606–610

DIECKHEUER, G. [2001]: Internationale Wirtschaftsbeziehungen. 5. Aufl. München und Wien

DÖHRN, R. [2013]: Exporte ohne Sühne? Außenhandesüberschüsse in der Eurozone. RWI Positionen, No. 55

DONAHUE, B. [2007]: Trends in Offshoring. In: Business Facilities, December 2007. Verfügbar auf: http://businessfacilities.com/trends-in-offshoring/

DOKKO, J., DOYLE, B. M., KIM, J., SHERLUND, S., SIM, J. und VAN DEN HEUVEL, S. [2011]: Monetary Policy and the Global Housing Bubble. In: Economic Policy, Vol. 26, No. 66, S. 237–287

DORNBUSCH, R. [1976]: Expectations and Exchange Rate Dynamics. In: Journal of Political Economy, Vol. 84, S. 1161–1176

DORNBUSCH, R. [1986]: Dollars, Debts, and Deficits. Leuven und Cambridge, Mass.

DORNBUSCH, R. [1988]: Der Weg zur internationalen Währungsstabilität. In: Neue Züricher Zeitung vom 14.10.1988

DORNBUSCH, R. [2001]: Fewer Monies, Better Monies. In: American Economic Review, Vol. 91 (2), S. 239–242

DRABEK, Z. [2001]: Globalisation under Threat: The Stability of Trade Policy and Multilateral Agreements. Cheltenham, U.K. und Northampton, Mass.

DRISCOLL, D. D. [o. Jg.]: Der Internationale Währungsfonds. Washington, D.C: IWF

DRISCOLL, D. D. [o. Jg.]: IWF und Weltbank – Ihre Aufgaben in der Weltwirtschaft. Gemeinsamkeiten und Unterschiede. Washington, D.C.: IWF

DUEKER, M. J. und FISCHER, A. M. [2006]: Do Inflation Targeters Outperform Non-Targeters? In: Federal Reserve Bank of St. Louis Review, Vol. 88, S. 431–450

DÜRR, K. u. a. [1988]: Problemfelder Internationaler Beziehungen – Einführung aus der Sicht verschiedener Wissenschaften. Tübingen (DIFF-Studie)

EDISON, H. J. [2003]: Do Indicators of Financial Crises Work? An Evaluation of an Early Warning System. In: International Journal of Finance & Economics, Vol. 8 (1), S. 11–53

EDISON, H. J., Levine, R., Ricci, L. und SLOK, T. [2002]: International Financial Integration and Economic Growth. In: Journal of International Money and Finance, Vol. 21, S. 749–76

EDWARDS, S. [2001]: Capital Mobility and Economic Performance: Are Emerging Economies Different? In: H. Siebert [Hrsg.]: The World's New Financial Landscape: Challenges for Economic Policy, Berlin [u. a.]: Springer, S. 219–244

EDWARDS, S. [2005]: Is the U.S. Current Account Deficit Sustainable? And if Not, How Costly is Adjustment Likely To Be? In: Brookings Papers on Economic Activity, Vol. 1, S. 211–288

EDWARDS, S. [2006]: Signalling credibility? The IMF and Catalytic Finance. In: Journal of International Relations and Development, Vol. 9, S. 27–52

EHRLICHER, W. und BECKER, W.-D. [Hrsg., 1978]: Die Monetarismus-Kontroverse. Beihefte zu Kredit und Kapital, 4, Berlin

EHRMANN, M. und FRATZSCHER, M. [2005]: Exchange Rates and Fundamentals: New Evidence From Real-Time Data. In: Journal of International Money and Finance, Vol. 24, Issue 2, S. 317–341

EIBNER, W. [2008]: Internationale wirtschaftliche Integration – Ausgewählte Internationale Organisationen und die Europäische Union. München: Oldenbourg

EICHENGREEN, B. [1999]: Toward a New International Financial Architecture. Washington: Institute for International Economics

EICHENGREEN, B. [2000]: Taming Capital Flows. In: World Development, Vol. 28, S. 1105–1116

EICHENGREEN, B. [2003]: Capital Flows and Crises. Cambridge, Mass.: MIT Press

EICHENGREEN, B. [2006]: The IMF Adrift on a Sea of Liquidity. In: E. Truman (Hrsg.), Reforming the IMF for the 21st Century, Special Report 19, Institute for International Economics, Washington D.C.

EICHENGREEN, B. [2007]: A Blueprint for IMF Reform: More than just a Lender. In: International Finance, Vol. 10, Issue 2, S. 153–175

EICHENGREEN, B. [2008]: Globalizing Capital: A History of the International Monetary System. 2. Aufl., Princeton University Press

EICHENGREEN, B. [2009]: From the Asian Crisis to the Global Credit Crisis: Reforming the International Financial Architecture Redux. In: International Economics and Economic Policy, Vol. 6 (1), S. 1–22

EICHENGREEN, B. und LEBLANG, D. [2003]: Capital Account Liberalization and Growth: Was Mr. Mahathir Right? In: International Journal of Finance and Economics, Vol. 8 (3), S. 205–224

EICHENGREEN, B. und RÜHL, C. [2001]: The Bail-In Problem: Systematic Goals, ad hoc Means. In: Economic Systems, Vol. 25, Issue 1, S. 3–32

EL-ERIAN, M. [2006]: IMF Reform: Attaining the Critical Mass. In: E. Truman (Hrsg.), Reforming the IMF for the 21st Century, Special Report 19, Institute for International Economics, Washington D.C.

ENGLER, P., FIDORA, M. und THIMANN, C. [2009]: External Imbalances and the US Current Account: How Supply-Side Changes Affect Exchange Rate Adjustment. In: Review of International Economics, Vol. 17 (5), S. 927–941

ENGEL, C. und WEST, K. D. [2005]: Exchange Rates and Fundamentals. In: Journal of Political Economy, Vol. 113 (3), S. 485–517

EUROPÄISCHE KOMMISSION [2005]: Ein Neubeginn für die Strategie von Lissabon (2005). Verfügbar auf: http://europa.eu/legislation_summaries/regional_policy/review_and_future/c11325_de.htm

EUROPÄISCHE KOMMISSION [2010a]: Bewertung der Lissabon-Strategie. Arbeitsdokument der Kommissionsdienststellen. SEK(2010) 114 endgültig, Brüssel, 02.02.2010

EUROPÄISCHE KOMMISSION [2010b]: EUROPA 2020: Eine Strategie für intelligentes, nachhaltiges und integratives Wachstum. Mitteilung der Kommission. KOM(2010) 2020 endgültig, Brüssel, 03.03.2010

EUROPÄISCHE KOMMISSION [2014]: Bestandsaufnahme der Strategie Europa 2020 für intelligentes, nachhaltiges und integratives Wachstum. Mitteilung der Kommission an das Europäische Parlament, den Rat, den Europäischen Wirtschafts- und Sozialausschuss und den Ausschuss der Regionen. COM(2014) 130, vorläufige Fassung, Brüssel, 05.03.2014

EUROPÄISCHER RAT [2000]: Für ein Europa der Innovation und des Wissens. Sondertagung des Europäischen Rats in Lissabon, März 2000, verfügbar auf: http://europa.eu/legislation_summaries/education_training_youth/general_framework/c10241_de.htm

EUROPÄISCHE ZENTRALBANK [2001]: Die neue Basler Eigenkapitalvereinbarung aus Sicht der EZB. In: EZB, Monatsbericht Mai 2001, S. 65–78

EUROPÄISCHE ZENTRALBANK [2005]: Die Lissabon Strategie – Fünf Jahre später. In: EZB Monatsbericht Juli 2005, S. 77–94

EUROPÄISCHE ZENTRALBANK [2007]: Korrektur globaler Ungleichgewichte vor dem Hintergrund einer zunehmenden Integration der Finanzmärkte. In: EZB, Monatsbericht August 2007

EUROPÄISCHE ZENTRALBANK [2008a]: Jahresbericht 2007, Europäische Zentralbank, Frankfurt a. M.

EUROPÄISCHE ZENTRALBANK [2008b]: Verbriefungen im Euro-Währungsgebiet. In: EZB Monatsbericht, Februar 2008, S. 89–104

EU-VERTRAG [1992]: Europäische Gemeinschaft – Europäische Union. Die Vertragstexte von Maastricht. Bonn

FCIC [2011]: The Financial Crisis Inquiry Report: Final Report of the National Commission on the Causes of the Financial and Economic Crisis in the United States. Financial Crisis Inquiry Commission, January 2011

FEENSTRA, R. C. [2004]: Advanced International Trade – Theory and Evidence. Princeton University Press

FEENSTRA, R. C. und TAYLOR, A. M. [2011]: International Macroeconomics. 2. Aufl. Worth Publishers

FEITHEN, R. [1985]: Arbeitskräftewanderungen in der Europäischen Gemeinschaft. Frankfurt

FELDSIEPER, M. [1975]: Zollpräferenzen für Entwicklungsländer. Tübingen

FELDSTEIN, M. [Hrsg., 2003]: Economic and Financial Crises in Emerging Markets. Chicago

FENDEL, R. [2002]: Neue Makroökonomik offener Volkswirtschaften. In: Wirtschaftswissenschaftliches Studium, 31. Jg., S. 2–8

FENDER, I. und GYNTELBERG, J. [2008]: Überblick – Weltweite Finanzkrise löst beispiellose staatliche Maßnahmen aus. In: BIZ Quartalsbericht, Dezember 2008

FERGUSON, R. W. [1998]: The Asian Crisis – Lessons To Be Learned And Relearned. Rede vor der America's Community Bankers, Washington D.C., verfügbar auf: http://federalreserve.gov/boarddocs/speeches/1998/19980304.htm

FINANCIAL STABILITY FORUM [2008]: Report of the Financial Stability Forum on Enhancing Market and Institutional Resilience. 7. April 2008

FISCHER, S. [1988]: International Macroeconomic Policy Coordination. In: M. Feldstein [Hrsg.], International Economic Cooperation, Chicago, S. 11–43

FISCHER, S. [1999]: On the Need for an International Lender of Last Resort. In: Journal of Economic Perspectives, Vol. 13, No. 4, Fall 1999, S. 85–104

FISCHER, S. [2003a]: Financial Crisis and Reform of the International Financial System. In: Review of World Economics, Vol. 139 (1), S. 1–37

FISCHER, S. [2003b]: Globalization and its Challenges. In: American Economic Review, Vol. 93 (2), S. 1–30

FISCHER, S. [2004]: IMF Essays from a Time of Crisis: The International Financial System, Stabilization, and Development. MIT Press

FISCHER, S. und SUMMERS, L. H. [1989]: Should Governments Learn to Live with Inflation? In: American Economic Review, Papers and Proceedings, May, S. 382–387

FLEMING, M. J., Hrung, W. B. und Keane, F. M. [2009]: The Term Securities Lending Facility: Origin, Design, and Effects. Current Issues in Economics and Finance, Vol. 15, No. 2, Federal Reserve Bank of New York

FORBES, K. J. [2007]: The Microeconomic Evidence on Capital Controls: No Free Lunch. In: S. Edwards [Hrsg.], Capital Controls and Capital Flows in Emerging Economics: Policies, Practices and Consequences, Chicago, S. 171–199

FOSTEL, A. und GEANAKOPLOS, J. [2012]: Tranching, CDS, and Asset Prices: How Financial Innovation Can Cause Bubbles and Crashes. In: American Economic Journal: Macroeconomics, Vol. 4, No. 1, S. 190–225

FRANKEL, J. A. [1995]: International Nominal Targeting (INT): A Proposal for Overcoming Obstacles to Monetary Policy Coordination. In: J. A. Frankel [Hrsg.], Financial Markets and Monetary Policy. Cambridge und London, S. 233–251

FRANKEL, J. A. und ROCKETT, K. [1988]: International Macroeconomic Policy Coordination When Policymakers Do Not Agree on the True Model. In: American Economic Review, Vol. 78, S. 318–340

FRANKEL, J. A. und SARAVELOS, G. [2012]: Can Leading Indicators Assess Country Vulnerability? Evidence from the 2008–09 Global Financial Crisis. In: Journal of International Economics, Vol. 87, No. 2, S. 216–231

FRATIANNI, M. und PATTISON, J. [2002]: International Financial Architecture and International Financial Standards. In: Annals of the American Academy of Political and Social Science, 579, January 2002, S. 183–199

FRATIANNI, M. U. und VON HAGEN, J. [1992]: The European Monetary System and European Monetary Union, Westview

FREIXAS, X., GIANNINI, C., HOGGARTH, G. und SOUSSA, F. [1999]: Lender of Last Resort – A Review of the Literature. In: Financial Stability Review, November 1999, S. 151–167

FRENKEL, J. A., GOLDSTEIN, M. und MASSON, P. R. [1990]: International Economic Policy Coordination: Rationale, Mechanisms, and Effects. In: W. H. Branson, J. A. Frenkel und M. Goldstein [Hrsg.], International Policy Coordination and Exchange Rate Fluctuations, Chicago [u. a.]: Univ. of Chicago Press, S. 9–55

FRENKEL, J. A. und RAZIN, A. [1987]: Fiscal Policies and the World Economy. An Intertemporal Approach. Cambridge/Mass. und London

FRENKEL, M. und MENKHOFF, L. [2000a]: Stabile Weltfinanzen? – Die Debatte um eine neue internationale Finanzarchitektur. Berlin

FRENKEL, M. und MENKHOFF, L. [2000b]: Neue internationale Finanzarchitektur: Defizite und Handlungsoptionen. Perspektiven der Wirtschaftspolitik, Vol. 1 (3), S. 259–279

FREY, B. S. [1985]: Internationale Politische Ökonomie. München

FRIEDMAN, M. [1953]: The Case for Flexible Exchange Rates: In: ders., Essays in Positive Economics, Chicago, S. 153–203

FRIEDMAN, M. [1960]: A Program for Monetary Stability. New York

FRIEDMAN, M. [1961]: The Lag in Effect of Monetary Policy. In: Journal of Political Economy, Vol. 69, S. 447–466

FRIEDMAN, M. [1990]: Schlechter Mittelweg. Freie Wechselkurse oder eine einheitliche Währung sind einem System fest vereinbarter Umtauschraten allemal vorzuziehen. In: Wirtschaftswoche vom 13. April 1990; wiederabgedruckt in und hier zitiert nach: Deutsche Bundesbank, Auszüge aus Presseartikeln, Nr. 33 / 20. April 1990, S. 14–15

FURLANETTO, F. [2011]. Does Monetary Policy React to Asset Price Bubbles? Some International Evidence. In: International Journal of Central Banking. Vol. 7, No. 3, S. 91–111

FURMAN, J. und STIGLITZ, J. [1998]: Economic Crises: Evidence and Insights from East Asia. In: Brookings Papers on Economic Activity 2, S. 1–135

FUSFELD, D. R. [1975]: Geschichte und Aktualität ökonomischer Theorien. Vom Merkantilismus bis zur Gegenwart. Frankfurt und New York

GALATI, G. und MOESSNER, R. [2013]: Macroprudential Policy – A Literature Review. In: Journal of Economic Surveys, Vol. 27 (5), S. 846–878

GALI, J. und MONACELLI, T. [2008]: Optimal Monetary and Fiscal Policy in a Currency Union. In: Journal of International Economics, Vol. 76, No. 1, S. 116–132

GALI, J. [2014]: Monetary Policy and Rational Asset Price Bubbles. In: American Economic Review, Vol. 104 (3), S. 721–752

GAMBETTA, D. [Hrsg., 1988]: Trust. Making and Breaking Cooperative Relations. Oxford

GANDOLFO, G. [2001]: International Finance and Open-Economy Macroeconomics. Berlin

GÄRTNER, M. und LUTZ, M. [2009]: Makroökonomik flexibler und fester Wechselkurse. 4. Aufl., Berlin

GARNER, C. A. [2004]: Offshoring in the Service Sector: Economic Impact and Policy Issues. In: Economic Review, Federal Reserve Bank of Kansas City, Third Quarter 2004

GASTON, N. und NELSON, D. R. [2013]: Bridging Trade Theory and Labour Econometrics: The Effects of International Migration. In: Journal of Economic Surveys, Vol. 27, No. 1, S. 98–139

GEITHNER, T. [2000]: Resolving Financial Crises in Emerging Market Economics. Rede vor der Securities Industry Association and Emerging Markets Trades Association, New York, 23. Oktober 2000

GERLACH, S., RAMASWAMY, S. und SCATIGNA, M. [2006]: 150 Years of Financial Market Volatility. In: BIS Quarterly Review, September 2006, S. 77–91

GERKE, W. [2002]: Gerke-Börsen-Lexikon. Wiesbaden

GHOSH, A., GULDE, A. M. und WOLF, H. [1998]: Currency Boards: The Ultimate Fix? IMF Working Paper No. WP 98/8, Washington, D.C.

GHOSH, A. R. und MASSON, P. R. [1988]: International Policy Coordination in a World with Model Uncertainty. In: IMF Staff Papers, Vol. 35, S. 230–258

GHOSH, A. R. und MASSON, P. R. [1991]: Model Uncertainty, Learning, and the Gains from Coordination. In: American Economic Review, Vol. 81, S. 465–479

GHOCH, A. R., OSTRY, J. D. und TAMIRISA, N. [2009]: Anticipating the Next Crisis. In: Finance and Development, Vol. 46, No. 3, S. 35–37

GIBSON, J. und McKENZIE, D. [2012]: The Economic Consequences of 'Brain Drain' of the Best and the Brightes: Microeconomic Evidence from Five Countries. In: The Economic Journal; Vol. 122, S. 339–375

GIEVE, J. [2009]: Seven Lessons from the Last Three Years. Rede an der London School of Economics, 19. Februar 2009, London

GLENNERSTER, R. und SHIN, Y. [2008]: Does Transparency Pay? In: IMF Staff Papers, Vol. 55, No. 1, S. 183–209

GLÜDER, D. [1988]: Die Entstehung multinationaler Banken. Wiesbaden

GOLDSTEIN, M., KAMINSKY, G. L. und REINHART, C. [2000]: Assessing Financial Vulnerability, An Early Warning System for Emerging Markets. Washington: Institute for International Economics

GOODHART, C. und ILLING, G. [2002]: Introduction. In: Goodhart, C. und Illing, G. (Hrsg.) Financial Crises, Contagion and the Lender of Last Resort: A Reader, New York: Oxford University Press

GORDY, M. B. und HOWELLS, B. [2004]: Procyclicality in Basel II – Can We Treat the Disease Without Killing the Patient? Präsentiert beim Basel Committee on Banking Supervision-Workshop "Accounting, Transparency and Bank Stability", Basel, Mai, 2004.

GORTON, G. B. [2009]: The Panic of 2007. In: Maintaining Stability in a Changing Financial System : A Symposium Sponsored by the Federal Reserve Bank of Kansas City, Jackson Hole, Wyoming, August 21–23, 2008, S. 131–262

GRAHL, J. und LYSANDROU, P. [2014]: The European Commission's Proposal for a Financial Transaction Tax: A Critical Assessment. In: Journal of Common Market Studies, Vol. 52, No. 2, S. 234–249

GRATIUS, S. [1999]: Mercosur: ein aufsteigender Markt im Süden der USA. Friedrich-Ebert-Stiftung. Bonn

GREENAWAY, D. und MILNER, C. R. [1986]: The Economics of Intra-Industry Trade. Oxford

GRILLI, V. und Milesi-Ferretti, G. M. [1995]: Economic Effects and Structural Determinants of Capital Controls. IMF Staff Papers, Vol. 42, No. 3, S. 517–551

GROSSMAN, G. M. und HELPMAN, E. [2001]: Innovation and Growth in the Global Economy. 7. Aufl. MIT Press

GROSSMAN, G. M. und ROSSI-HANSBERG, E. [2006]: The Rise of Offshoring: It's Not Wine for Cloth Anymore. In: Federal Reserve Bank of Kansas City (Hrsg.), The New Economic Geography: Effects and Policy Implications, Proceedings of the 2006 Jackson Hole Symposium

GROUP OF 7 [1999]: Stärkung der internationalen Finanzarchitektur Bericht der G7-Finanzminister an den Wirtschaftsgipfel in Köln, 18.–20. Juni 1999. Verfügbar auf: http://www.g7.utoronto.ca/deutsch/1999koln/strengthening.html#sectionE3

GROUP OF 8 [2006]: G8 Summit of St. Petersburg, Chair's Summary. 17. Juli 2006, verfügbar auf: http://en.g8russia.ru/load/983172879

GROUP OF 20 [2009]: The Global Plan for Recovery and Reform. 2. April 2009, verfügbar auf: http://www.treasury.gov/resource-center/international/g7-g20/Documents/London%20April%202009%20Leaders%20final-communique.pdf

GRÜNÄRML, F. [1982]: Multinationale Unternehmen, internationaler Handel und monetäre Stabilität. Beitrag zu Theorie und Empirie internationaler Wirtschaftsbeziehungen. Bern

GSTÖHL, S. [2007]: Governance through Government Networks: The G8 and International Organizations. In: The Review of International Organizations, Vol. 2, No. 1, S. 1–37

GULATI, M. und ZETTELMEYER, J. [2012]: Making a Voluntary Greek Debt Exchange Work. In: Capital Markets Law Journal, Vol. 7 (2), S. 169–183

GUTOWSKI, A. [Hrsg., 1988]: Neue Instrumente an den Finanzmärkten. Geldpolitische und bankenaufsichtliche Aspekte. Berlin

HABERLER, G. [1964]: Integration and Growth of the World Economy in Historical Perspective. In: American Economic Journal, Vol. 54, S. 1–24

HAHN, H. und WEBER, A. [1976]: Die OECD. Baden-Baden

HAJNAL, P. [1999]: The G7 / G8 System, Evolution, Role and Documentation. Aldershot: Ashgate

HAJNAL, P. [2007]: The G8 System and the G20: Evolution, Role and Documentation. Aldershot: Ashgate

HALDANE, A. G. [2009]: Why Banks Failed Stress Test. Speech at Marcus-Evans Conference on Stress-Testing, 9–10 February 2009

HANKE, S. H. [2002]: Currency Boards. In: The Annals of the American Academy of Political and Social Science, Vol. 579, S. 87–105

HAQ, M., KAUL, I. und GRUNBERG, I. [Hrsg., 1996]: The Tobin Tax. Oxford

HARBRECHT, W. [1984]: Die Europäische Gemeinschaft. 2. Aufl. Stuttgart

HARTMAN, S. W. [2011]: NAFTA, the Controversy. In: International Trade Journal, Vol. 25, No. 1, S. 5–34

HARTMANN-WENDELS, T., PFINGSTEN, A. und WEBER, M. [2007]: Bankbetriebslehre. 4. überarb. Aufl., Berlin [u. a.]: Springer

HASMAN, A. [2013]: A Critical Review of Contagion Risk in Banking. In: Journal of Economic Surveys, Vol. 27 (5), S. 978–995

HASSE, R. H. [1989]: Die Europäische Integration, Bilanz und Perspektiven. In: WiSt – Wirtschaftswissenschaftliches Studium, 18. Jg., S. 325–331

HATTON, T. [2002]: What Fundamentals Drive World Migration? NBER Working Paper 9159. Cambridge, Mass.

HEALTH, R. [2013]: Why Are the G-20 Data Gaps Initiative and the SDDS Plus Relevant for Financial Stability Analysis? In: Journal of International Commerce, Economics and Policy, Vol. 4 (3), S. 1–24

HECKSCHER, E. [1919]: The Effect of Foreign Trade on the Distribution of Income. In: Ekonomisk Tidskrift, Vol. 21, reprinted in: Readings in the Theory of International Trade, American Economic Association (1950), London

HEFEKER, C. [2006]: Vermeidung und Bewältigung von Verschuldungskrisen: Die Rolle privater und öffentlicher Institutionen. In: List-Forum für Wirtschafts- und Finanzpolitik, Vol. 32 (4), S. 295–312

HENRY, P. R. [2007]: Capital Account Liberalization: Theory, Evidence, and Speculation. In: Journal of Economic Literature, Vol. 45 (4), S. 887–935

HESSE, H., KEPPLER, H. und PREUSSE, H. G. [1985]: Internationale Interdependenzen im weltwirtschaftlichen Entwicklungsprozess. Göttingen

HIGH-LEVEL EXPERT GROUP [2012]: High-Level Expert Group on Reforming the Structure of the EU Banking Sector Final Report. 02. Oktober 2012, Brüssel

HILLMAN, A. [1989]: The Political Economy of Protection. London

HÖHMANN, H.-H. und MEIER, C. [1997]: Rußland in internationaler Politik und Weltwirtschaft, Teil II: Beziehungen zu internationalen Wirtschaftsorganisationen, Aktuelle Analyse des BIOst, Köln, 35

HOLLER, M. J. und ILLING, G. [2009]: Einführung in die Spieltheorie. 7. Aufl. Berlin

HOLLÓ, D., KREMER, M. und LO DUCA, M. [2012]: CISS – A Composite Indicator of Systemic Stress in the Financial System. ECB Working Paper No. 1426, European Central Bank

HOSHI, T. und KASHYAP, A. K. [2010]: Will the U.S. Bank Recapitalization Succeed? Lessons from Japan. In: Journal of Financial Economics, Vol. 97 (3), S. 398–417

HOLTHAUSEN, C. und RONDE, T. [2004]: Cooperation in International Banking Supervision. European Central Bank, Working Paper Series, No. 316

HOWARD, D. H. [1989]: Implications of the U.S. Current Account Deficit. In: The Journal of Economic Perspectives, Vol. 3, No. 4, S. 153–165

HUFBAUER, G. C. und SCHOTT, J. J. [2005]: NAFTA Revisited: Achievements and Challenges. Institute for International Economics, Washington D.C.

HUGHES HALLETT, A. J. [1986]: International Policy Design and the Sustainability of Policy Bargains. In: Journal of Economic Dynamics & Control, Vol. 10, S. 467–494

HULL, J. [2014]: Options, Futures, and Other Derivatives. 9. Aufl. Prentice Hall International

HUSA, K. [Hrsg., 2000]: Internationale Migration: die globale Herausforderung des 21. Jahrhunderts? Frankfurt a. M.

ILO [2000]: Workers without Frontiers. Genf (International Labour Organisation)

INTERNATIONAL FINANCIAL INSTITUTION ADVISORY COMMISSION [2000]: Report of the International Financial Institution Advisory Commission. Allan H. Meltzer, Chairman, Washington D.C., March

ISARD, P. [2005]: Globalization and the International Financial System: What's Wrong and What Can Be Done. Cambrdige [u. a.]: Cambridge Univ. Press

ITO, T. und Okubo, T. [2012]: New Aspects of Intra-Industry Trade in EU Countries. The World Economy, Vol. 35, No. 9, S. 1126–1138

IWF: Jahresberichte, diverse Jahrgänge

Literaturverzeichnis

IWF: World Economic Outlook, diverse Jahrgänge

IWF [1969]: The International Monetary Fund, 1945–1965: 20 Years of International Monetary Cooperation. 3 Bände. Washington, D.C.

IWF [2000]: Private Sector Involvement in Crisis Prevention and Resolution: Market Views and Recent Experience. In: IMF International Capital Markets, September 2000, S. 115–151, International Monetary Fund, Washington D.C.

IWF [2001]: Transparency. IMF Survey Supplement, 30, September, S. 7–8

IWF [2002]: Global Financial Stability Report März 2002. Washington D.C.

IWF [2003]: Global Financial Stability Report März 2003. Washington D.C.

IWF [2005a]: Globalization and External Imbalances. In: World Economic Outlook, April, Chapter 3

IWF [2005b]: The Managing Director's Report on the Fund's Medium-Term Strategy. September 2005

IWF [2006]: The Managing Director's Report on Implementing the Fund's Medium-Term Strategy. April 2006

IWF [2007a]: IMF Surveillance. In: IMF – A Factsheet, October 2007

IWF [2007b]: The Multilateral Consultation on Global Imbalances. In Issues Brief, Issue 03/07, April 2007

IWF [2007c]: Global Financial Stability Report April 2007. Washington D.C.

IWF [2008a]: The IMF at a Glance. In: IMF – A Factsheet, May 2008

IWF [2008b]: IMF Lending. In: IMF – A Factsheet, April 2008

IWF [2008c]: Reform of IMF Quotas and Voice: Responding to Changes in the Global Economy. In Issues Brief, Issue 01/08, April 2008

IWF [2008d]: Debt Relief Under the Heavily Indebted Poor Countries (HIPC) Initiative. In: IMF – A Factsheet, March 2008

IWF [2008e]: Global Financial Stability Report Oktober 2008. Washington D.C.

IWF [2009]: Global Financial Stability Report April 2009. Washington D.C.

IWF [2010]: The IMF-FSB Early Warning Exercise – Design and Methodological Toolkit. Washington, D.C.

IWF [2013a]: IMF Surveillance. In International Monetary Fund Factsheet, September 2013.

IWF [2013b]: The IMF and Europe. In: IMF – A Factsheet, September 2013

IWF [2014a]: Debt Relief Under the Heavily Indebted Poor Countries (HIPC) Initiative. In: IMF – A Factsheet, March 2014

IWF [2014b]: Currency Composition of Official Foreign Exchange Reserves (COFER). 31. März 2014. Verfügbar auf: http://www.imf.org/external/np/sta/cofer/eng/

JACKSON, J. H. [1990]: Restructuring the GATT System. New York

JARCHOW, H. J. und RÜHMANN, P. [2002]: Monetäre Außenwirtschaft. II.: Internationale Währungspolitik. 5. Aufl. Göttingen

JEANNE, O. und WYPLOSZ, C. [2003]: The International Lender of Last Resort: How Large is Large Enough? In: M. P. Doodly und J. Frankel [Hrsg.], Managing Currency Crises in Emerging Markets, A National Bureau of Economic Research Conference Report, Chicago [u. a.]: Univ. of Chicago Press, S. 89–118

JENKINSON, N. [2008]: Financial Innovation – What Have We Learnt? BIS Review 93/2008, Bank for International Settlements

JOHNSON, H. G. [1969]: The Case for Flexible Exchange Rates 1969. In: Federal Reserve Bank of St. Louis Review, Vol. 51, No. 6, S. 12–24; siehe auch ‚Argumente für flexible Wechselkurse – 1969'. In: ders., Beiträge zur Geldtheorie und Währungspolitik, Berlin 1969, S. 190–220

KAHNEMAN, D., SLOVIC, P. und TVERSKY, A. [1982]: Judgment under Uncertainty: Heuristics and Biases. New York: Cambridge University Press

KAMIN, S. B., SCHINDLER, J. und SAMUEL, S. [2007]: The Contribution of Domestic and External Factors to Emerging Market Currency Crisis: An Early Warning Systems Approach. In: International Journal of Finance and Economics, Vol. 12, S. 317–336

KAMINSKY, G. L., LIZONDO, S. und REINHART, C. [1998]: Leading Indicators of Currency Crises. In: IMF Staff Papers, 45, No. 1, S. 1–48

KAMINSKY, G. L. und REINHART, C. [1999]: The Twin Crises: The Causes of Banking and Balance-of-Payments Problems. In: American Economic Review, Vol. 89 (3), S. 473–500

KANE, E. J. [2001]: Relevance and Need For International Regulatory Standards. Brookings-Wharton Papers on Financial Services – 2001, S. 87–115

KAPSTEIN, E. B. [2008]: Architects of Stability? International Cooperation among Financial Supervisors. In: C. Borio, G. Toniolo und P. Clement [Hrsg.], Past and Future of Central Bank Cooperation, Cambridge [u. a.]: Cambridge Univ. Press, S. 113–152

KASHYAP, A. und STEIN, J. C. [2004]: Cyclical Implications of the Basel II Capital Standards. In: Economic Perspectives, Federal Reserve Bank of Chicago, Issue Q I, S. 18–31

KEMP, M. C. [1987]: Gains frome Trade. In: J. Eatwell u. a. [Hrsg.], The New Palgrave: A Dictionary of Economics, Vol. 2, S. 453–454

KEMP, M. C. und LONG, N. V. [1979]: The Under-exploitation of Natural Resources: A Model with Overlapping Generations. In: Economic Record, Vol. 55, S. 214–221

KENEN, P. [2001]: The International Financial Architecture – What's New? What's Missing? Institute for International Economics, Washington D.C.

KEYNES, J. M. [1936]: The General Theory of Employment, Interest and Money. London

KINDLEBERGER, C. P. [2014]: Die Weltwirtschaftskrise 1929–1939. 3. Aufl. München

KIRSCH, G. [2004]: Neue Politische Ökonomie. 5. überarb. Aufl., Düsseldorf

KLEIN, M. W. [2003]: Capital Account Openness and the Varieties of Growth Experience. NBER Working Paper 9500, Cambridge, Mass.

KLEIN, M. W. und OLIVEI, G. [2008]: Capital Account Liberalization, Financial Depth and Economic Growth. In: Journal of International Money and Finance, Vol. 27 (6), S. 861–875

KLINGEBIEL, D., KROSZNER, R. S. und LAEVEN, L. [2007]: Banking Crises, Financial Dependence and Growth. In: Journal of Financial Economics, Vol. 84, No. 1, S. 187–228

KNEDLIK, T. [2010]: A Cost Efficient International Lender of Last Resort. In: International Research Journal of Finance and Economics, Vol. 41, S. 105–120

KNITTEL, M. [2007]: Europäischer Lender of Last Resort. In: Hohenheimer Diskussionsbeiträge, Nr. 290, Stuttgart

KNÜTTER, R. und WAGNER, H. [2010/11]: Monetary Policy and Boom-Bust Cycles: The Role of Central Bank Communication. In: Ekonomia, Vol. 14, No. 2-1, S. 69–96

KNÜTTER, R. und WAGNER, H. [2011]: Optimal Monetary Policy during Boom-Bust Cycles: The Impact of Globalization. In: International Journal of Economics and Finance, Vol. 3, No. 2, S. 34–44

KOCH, E. [2006]: Internationale Wirtschaftsbeziehungen. 3. Aufl., Vahlen

KOCK, K. [1969]: International Trade Policy and the GATT 1947–1967. Stockholm

KOOPMANN, G. und STRAUBHAAR, T. [2006]: Globalisierung braucht starke Institutionen. In: Internationale Politik (IP), September 2006

KOSE, M. A., PRASAD, E. S., ROGOFF, K. und WEI, S. J. [2009]: Financial Globalization: A Reappraisal. In: IMF Staff Papers, Vol. 56, No. 1, S. 8–62

KRAHNEN, J. P. [2006]: Die Stabilität von Finanzmärkten – Wie kann die Wirtschaftspolitik vertrauen schaffen? CFS Working Paper No. 2006/05, März 2006

KRAUSS, M. B. [1979]: The New Protectionism. The Welfare State and International Trade. Oxford

KREPS, D. [1994]: Mikroökonomische Theorie. Landsberg/Lech

KRUGMAN, P. R. [1989]: Exchange-Rate Instability. Cambridge/Mass. und London

KRUGMAN, P. und MILLER, M. [Hrsg., 1992]: Exchange Rate Targets and Currency Bands. Cambridge, Mass.

KRUGMAN, P. COOPER, R. N. und SRINIVASAN, T. N. [1995]. Growing World Trade: Causes and Consequences. In: Brooking Papers on Economic Activity, S. 327–377

KRUGMAN, P., OBSTFELD, M. und MELITZ, M. [2012]: International Economics: Theory and Policy. 9. Aufl., Addison Wesley

KRUMNOW, J., u. a. [Hrsg., 2002]: Gabler-Bank-Lexikon: [Bank – Börse – Finanzierung ; A–Z]. 13. Aufl. Wiesbaden

KYDLAND, F. E. und PRESCOTT, E. C. [1977]: Rules rather than Discretion: The Inconsistency of Optimal Plans. In: Journal of Political Economy, Vol. 85, S. 473–492

LANE, P. [2001]: The New Open Economy Macroeconomics: A Survey. In: Journal of International Economics, Vol. 54, S. 235–266

LANE, P. [2012]: The European Sovereign Debt Crisis. In: Journal of Economic Perspectives, Vol. 26 (3), S. 49–68

LARRAIN, F. und VELASCO, A. [1996]: Exchange-Rate Policy in Emerging-Market Economies: The Case for Floating. In: Essays in International Finance No. 224. Princeton, New Jersey

LEIDERMAN, L. und SVENSSON, L. E. O. [Hrsg., 1995]: Inflation Targets. London (CEPR)

LEONTIEF, W. W. [1953]: Domestic Production and Foreign Trade: the American Capital Position Reexamined. In: Proceedings of the American Philosophical Society, Vol. 97, republished [1954] in: Economia Internationale, Vol. 7, S. 9–45

LIEBICH, F. K. [1971]: Das GATT als internationales Zentrum der Handelspolitik. Baden-Baden

LINDGREN, C.-J., BALINO, T., ENOCH, C., GULDE, A. M., QUINTYN, M. und TEO, L. [2000]: Financial Sector Crisis and Restructuring: Lessons from Asia. IMF Occasional Papers, No. 188

LLOYD, P. J. und LEE, H.-H. [2002]: Frontiers of Research in Intra-Industry Trade. Palgrave

LORZ, O. und SIEBERT, H. [2014]: Außenwirtschaft. 9. Aufl. Konstanz: UVK Verl.-Ges. [u. a.]

LUCE, R. D. und RAIFFA, H. [1957]: Games and Decisions. New York

LUHMANN, N. [2014]: Vertrauen – Ein Mechanismus der Reduktion sozialer Komplexität. 5. Aufl., Konstanz

MAGUD, N. und REINHART, C. [2004]: Controls on International Borrowing: An Evaluation of Alternative Measures Used to Restrict Capital Inflows. Präsentiert auf der NBER Conference on International Capital Flows, Santa Barbara, 17. Dezember 2004

MALAMUD, A. [2005]: Mercosur Turns 15: Between Rising Rhetoric and Declining Achievement. In: Cambridge Review of International Affairs, Vol. 18, No. 3, October 2005

MANKIW, N. G. und SWAGEL, P. [2006]: The Politics and Economics of Offshore Outsourcing. In: Journal of Monetary Economics, Vol. 53 (5), S. 1027–1056

MANNARO, K., MACHESI, M. und SETZU, A. [2008]: Using an Artificial Financial Market for Assessing the Impact of Tobin-like Transaction Taxes. In: Journal of Economic Behavior & Organization, Vol. 67, No. 2, S. 445–462

MAYDA, A. M. und RODRIK, D. [2005]: Why are Some People (and Countries) More Protectionist than Others? In: European Economic Review, Vol. 49, Issue 6, S. 1393–1430

MAYER, T. [1987]: Replacing the FOMC by a PC. In: Contemporary Policy Issues, S. 31–43

McCALLUM, B. T. [1987]: The Case for Rules in the Conduct of Monetary Policy: A Concrete Example. In: Weltwirtschaftliches Archiv, Vol. 123, S. 415–429

McKINNON, R. [1974]: A New Tripartite Monetary System or a Limping Dollar Standard. International Finance Section, Princeton University, Princeton Essays in International Finance, No. 106

McKINNON, R. [1984]: An International Standard for Monetary Stabilization. Institute for International Economics. Policy Analyses in International Economics, No. 8. Washington, D.C.

McKINNON, R. [1988]: Ein Währungsstandard für die Industrieländer. In: Neue Züricher Zeitung vom 21.9.1988

MEADE, J. [1955]: The Theory of International Economic Policy. Vol. II: Trade and Welfare. London

MEERHAEGHE, M. A. G. van [1998]: International Economic Institutions. 7. Aufl. Dordrecht

MELTZER, A. H. [1987]: Limits of Short-Run Stabilization Policy. In: Economic Inquiry, Vol. 25, S. 1–14

MISHKIN, F. S. [2001]: The International Lender of Last Resort: What are the Issues? In: H. Siebert (Hrsg.), The world's new financial landscape, Springer: Berlin, S. 291–312

MISHKIN, F. S. und SCHMIDT-HEBBEL, K. [2007]: Does Inflation Targeting Make a Difference?. In: F. Mishkin [Hrsg.], Monetary Policy under Inflation Targeting, Series on Central Banking, Analysis, and Economic Policies, Vol. 11, Santiago : Central Bank of Chile, S. 291–372

MIZEN, P. [2008]: The Credit Crunch 2007–2008 – A Discussion of the Background, Market Reactions, and Policy Responses. In: Review, Federal Reserve Bank of St. Louis, Vol. 90, No. 5, S. 531–567

MODIGLIANI, F. [1973]: International Capital Movements, Fixed Parities, and Monetary and Fiscal Policies. In: J. Bhagwati und R. S. Eckaus [Hrsg.], Development and Planning: Essays in Honour of Paul Rosenstein Rodan, Cambridge/Mass. S. 239–253

MODIGLIANI, F. [1977]: The Monetarist Controversy or, Should we Forsake Stabilization Policy. In: American Economic Review, Vol. 67, S. 1–19

MOHR, B. und WAGNER, H. [2013]: A Structural Approach to Financial Stability: On the Beneficial Role of Regulatory Governance. In: Journal of Governance and Regulation, Vol. 2, Issue 1, S. 7–26

MONGELLI, F. P. [2002]: "New" Views in the Optimum Currency Area Theory: What is EMU Telling Us? ECB Working Paper, No. 138

MONGELLI, F. P. [2008]: European Economic and Monetay Integration and the Optimum Currency Area Theory. In: European Economy, Economic Papers 302, European Comission, Brüssel

MORRIS, S. und SHIN, H. S. [2006]: Catalytic Finance: When Does it Work? In: Journal of International Economics, Vol. 70, S. 161–177

MUNDELL, R. [1961]: A Theory of Optimal Currency Area. In: American Economic Association, Vol. 51, no. 4, S. 657–665

MUSSA, P. [1999]: Reforming the International Financial Architecture: Limiting Moral Hazard and Containing Real Hazard. In: Gruen, D. W. R. und Gower, L. (Hrsg.), International Capital Flows and the Financial System, Sydney: Reserve Bank of Australia

MUSSA, P., MASSON, P. SWOBODA, A., JADRESIC, E., MAURO, P. und BERG, A. [2000]: Exchange Rate Regimes in an Increasingly Integrated World Economy. IMF Occasional Paper 193. Washington, D.C.

NANTO, D. K. [2008]: The U.S. Financial Crisis – Lessons From Japan. CRS Report for Congress RS22960

NELDNER, M. [1989]: Flexible Wechselkurse im Widerstreit der Meinungen. Traditionelle Argumente und neue Erfahrungen. In: WiSt – Wirtschaftswissenschaftliches Studium, 18. Jg., Heft 3, S. 119–126

NELSON, S. [2014] The International Monetary Fund's Evolving Role in Global Economic Governance. In: M. Moschella und C. Weaver (Hrsg.), Handbook of global economic governance: players, power and paradigms, London [u. a.], S. 156–170

NEUMANN, M. J. M. [1988]: Wechselkurse im Spiegel rationaler Erwartungen. In: Neue Züricher Zeitung vom 10.8.1988

NEWBERY, D. M. G. und STIGLITZ, J. E. [1981]: The Theory of Commodity Price Stabilization: A Study in the Economics of Risk. Oxford

NURKSE, R. [1944]: International Currency Experience – Lessons of the Inter-War Period. Princeton (reprinted by United Nations 1947)

OBST, G. und HINTNER, O. [Begr., 2000]: Geld-, Bank- und Börsenwesen: Handbuch des Finanzsystems. 40. Aufl. Stuttgart

OBSTFELD, M. und ROGOFF, K. [1995]: Exchange Rate Dynamics Redux. In: Journal of Political Economy, Vol. 103, S. 624–660

OBSTFELD, M. und ROGOFF, K. [1996]: Foundations of International Macroeconomics. Cambridge, Mass.

OBSTFELD, M und ROGOFF, K. [2005]: Global Current Account Imbalances and Exchange Rate Adjustments. In: Brookings Papers of Economic Activity, Vol. 36, Issue 2005-1, S. 67–146

OBSTFELD, M und ROGOFF, K. [2007]: The Unsustainable US Current Account Position Revisited. In: R. H. Clarida [Hrsg.], G7 Current Account Imbalances: Sustainability and Adjustment, A National Bureau of Economic Research Conference Report, Chicago [u. a.]: Univ. of Chicago Press, S. 339–366

OBSTFELD, M. und TAYLOR, A. [2003]: Globalization and Capital Markets. In: M. D. Bordo, A. M. Taylor und J. G. Williamson [Hrsg.], Globalization in Historical Perspective, A National Bureau of Economic Research Conference Report, Chicago [u. a.]: Univ. of Chicago Press, S. 121–183

OECD [1978]: From Marshall Plan to Global Interdependence. Paris

OECD [2000]: Globalisation, Migration and Development. Paris

OECD [2007]: Offshoring and Employment – Trends and Impacts. Paris

OECD [2008]: Annual Report 2008, Paris

OENB [2005]: Management des operationellen Risikos. Oesterreichische Nationalbank, Wien

OHLIN, B. [1933]: Interregional and International Trade. Harvard Economic Studies, Vol. 34, Cambridge, Mass.

OLSON, M. [2004]: Die Logik des kollektiven Handelns. 5. durchges. Aufl., Tübingen

ORTIZ MARTINEZ, G. [1998]: What Lessons Does the Mexican Crisis Hold for Recovery in Asia? In: IMF, Finance and Development, Vol. 35, No. 2, June 1998

ORTIZ MARTINEZ, G. [2002]: Comment. In: M. Feldstein (Hrsg.), Economic and Financial Crises in Emerging Market Economies, University of Chicago Press

OSTRY, J. D. und GHOSH, A. R. [2013]: Obstacles to International Policy Coordination, and How to Overcome Them. IMF Staff Discussion Note No. 13/11

OUDIZ, G. und SACHS, J. [1984]: Macroeconomic Policy Coordination among the Industrial Economies. In: Brookings Papers on Economic Activity, 1, S. 1–64

PADOA-SCHIOPPA, T. [2006]: The IMF in Perspective. In: E. Truman (Hrsg.), Reforming the IMF for the 21st Century, Special Report 19, Institute for International Economics, Washington D.C.

PARK, Y. C. und WANG, Y. [2002]: What Kind of International Financial Architecture for an Integrated World Economy? In: Asian Economy Papers, Vol. 1, No. 1, S. 91–128

PERSAUD, A. [2001]: The Disturbing Interaction Between the Madness of Crowds and the Risk Management of Banks. In: Griffith-Jones S und Bhattacharya A (Hrsg.), Developing Countries and the Global Financial System. London, Commonwealth Secretariat

PERSSON, T. und TABELLINI, G. [1995]: Double-Edged Incentives: Institutions and Policy Coordination. In: G. M. Grossman und K. Rogoff [Hrsg.], Handbook of International Economics III. Amsterdam, S. 1973–2030

PERSSON, T. und TABELLINI, G. [2000]: Political Economics. Cambridge, Mass.

PIORE, M. J. [1980]: Birds of Passage. Migrant Labour in Industrial Societies. Cambridge

POLICY FORUM [1995] on "Sand in the Wheels of International Finance". In: Economic Journal, Vol. 105, S. 160–180

PORTA, E. D., HEBLER, M. und KÖSTERS, W. [2000]: Mercosur, Probleme auf dem Weg zu einer Zollunion, Diskussionsbeiträge IEW, Nr. 33, Bochum

PORTER, M. E. [Hrsg., 1986]: Competition in Global Industries. Boston, Mass.

POSEN, A. S. [2006]: Why Central Banks Should Not Burst Bubbles. In: International Finance, Vol. 9, S. 109–124

POSEN, A. S. [2009]: Monetary Policy, Bubbles, and the Knowledge Problem. In: Cato Journal, Vol. 31, No. 3, S. 461–471

PRASAD, E. S. und RAJAN, R. [2008]: A Pragmatic Approach to Capital Account Liberalization. In: Journal of Economic Perspectives, Vol. 22 (3), S. 149–172

PREDÖHL, A. [1962]: Das Ende der Weltwirtschaftskrise. Eine Einführung in die Probleme der Weltwirtschaft. Reinbek

PUTNAM, R. D. und BAYNE, N. [1985]: Weltwirtschaftsgipfel im Wandel. Bonn

QUINN, D. [1997]: The Correlates of Change in International Financial Regulation. In: American Political Science Review, Vol. 91, No. 3, S. 531–551

RADELET, S. und SACHS, J. [1998]: The East Asian Financial Crisis: Diagnosis, Remedies, Prospects. In: Brookings Papers on Economic Activity, 1, Washington: The Brookings Institution, S. 1–74

RAJAN, U., SERU, A. und VIG, V. [2010]: Statistical Default Models and Incentives. In: American Economic Review, Vol. 100 (2), S. 506–510

RECKERS, T. [2006]: Die Portfeuilleoptimierung im Eigenhandel von Kreditinstituten. Münster: Verlagshaus Monsenstein und Vannerdat

REINHART, C. M. [2008]: Reflections on the International Dimensions and Policy Lessons of the U.S. Subprime Crisis. In: Felton, A. und Reinhart, C. M. (Hrsg.), The First Global Financial Crisis of the 21st Century, CEPR, S. 55–59

REINHART, C. M. und REINHART V. [2009]: Capital Flow Bonanzas: An Encompassing View of the Past and Present. In: J. Frankel und C. Pissarides (Hrsg.): NBER International Seminar on Macroeconomics 2008, S. 9–62

REINHART, C. M. und ROGOFF, K. S. [2009]: This Time is Different: Eight Centuries of Financial Folly. Princeton

REINHART, C. M. und ROGOFF, K. S. [2014]: This Time is Different: A Panoramic View of Eight Centuries of Financial Crises. In: Annals of Economics and Finance, Vol. 15, No. 2, S. 1065–1188

REITH, M. [2011]: Unconventional Monetary Policy in Practice: A Comparison of Quantitative Easing in Japan and the USA. In: International Journal of Monetary Economics and Finance. Vol. 4, No. 2, S. 111–134

REPULLO, R., SAURINA, J. und TRUCHARTE, C. [2010]: Mitigating the Pro-Cyclicality of Basel II. In: Economic Policy, Vol. 25 (64), S. 659–702

RINGLE, G. [2008]: Muhammed Yunus und die Armutsbekämpfung durch Mikrokredite: Eine Neubelebung des Raiffeisen-Modells. In: Zeitschrift für das gesamte Genossenschaftswesen, Ausg. 58, S. 207–221

RIOS, S. und MADURO, L. [2007]: Venezuelas Beitritt zum Mercosur. In: W. Hofmeister (Hrsg.), Venezuelas Beitritt zum Mercosur, Europa America Latina: Analysen und Berichte, Nr. 24, Konrad-Adenauer-Stiftung, S. 49–66

RODRIK, D. [1998]: Who Needs Capital-Account Convertibility? In: S. Fischer et al. (Hrsg.), Should the IMF Pursue Capital Account Convertibility? Essays in International Finance No. 207, Princeton University, Department of Economics, International Finance Section

RODRIK, D. [2009]: A Plan B for Global Finance. In: The Economist, March 14th – 20th 2009, S. 72

ROGOFF, K. [1985]: Can International Monetary Policy Cooperation be Counterproductive? In: Journal of International Economics, Vol. 18, S. 199–217

ROGOFF, K. [1987]: Reputational Constraints on Monetary Policy. In: Carnegie-Rochester Conference Series on Public Policy, Vol. 26, S. 141–182

ROGOFF, K. [1999]: International Institutions for Reducing Global Financial Instability. In: Journal of Economic Perspectives, Vol. 13, No. 4, Fall 1999, S. 21–42

ROGOFF, K. [2003]: Globalization and Global Disinflation. In: Economic Review of the Federal Reserve Bank of Kansas City, Vol. 88, S. 45–78

ROGOFF, K. [2006]: Impact of Globalization on Monetary Policy. In: Federal Reserve Bank of Kansas City (Hrsg.), The New Economic Geography, Jackson Hole, Wyoming

ROJAS-SUAREZ, L. [2004]: International Standards for Strenghtening Financial Systems: Can Regional Development Banks Address Developing Countries' Concerns? In: Birdsall, N. und L. Rojas-Suarez (Hrsg.), Financing Development: The Power of Regionalism. Institute for International Economics

ROSE, K. und SAUERNHEIMER, K. [2006]: Theorie der Außenwirtschaft. 14. überab. Aufl., München

ROSE, A. K. und SPIEGEL, M. M. [2012]: Cross-Country Causes and Consequences of the 2008 Crisis: Early Warning. In: Japan and the World Economy: International Journal of Theory and Policy, Vol. 24, S. 1–16

ROSSER, J. B., ROSSER, M. V. und GALLEGATI, M. [2012]: A Minsky-Kindleberger Perspective on the Financial Crisis. In: Journal of Economic Issues, Vol. 46, No. 2, S. 449–458

ROUBINI, N. [2004]: Private Sector Involvement in Crisis Resolution and Mechanisms for Dealing with Sovereign Debt Problems. In: Haldane, A.: Fixing Financial Crisis in the Twenty-First Century. S. 101–142. Routledge Publishers

ROUBINI, N. [2006]: Why Central Banks Should Burst Bubbles. In: International Finance, Vol. 9, S. 87–107

ROUBINI, N. und SETSER, B. [2004]: Bailouts or Bail-ins? Responding to Financial Crises in Emerging Economies. Institute for International Economics, Washington DC.

RUBIN, R. [1998]: Strengthening the Architecture of the International Financial System: Remarks at the Brookings Institution. 14. April 1998, Washington: US Treasury

RUDEBUSCH, G. D. [2005]: Monetary Policy and Asset Price Bubbles. In: The Federal Reserve Bank of San Francisco. Economic Letter, No. 18

SACHS, J. [1995]: Do We Need an International Lender of Last Resort? Frank D. Graham Lecture, Princeton University, April 20, 1995

SACHS, J. D. und LARRAIN, F. [2001]: Makroökonomik in globaler Sicht. München

SACHVERSTÄNDIGENRAT [2006]: Globale Ungleichgewichte: Abbau zeichnet sich ab. In: Jahresgutachten (2006/2007), S. 108–161

SACHVERSTÄNDIGENRAT [2007]: Stabilität des internationalen Finanzsystems. In: Jahresgutachten 2007/2008, S. 89–163

SACHVERSTÄNDIGENRAT [2010]: Globale und spezifische Ursachen der Euro-Krise. In: Jahresgutachen 2010/2011, S. 66–88

SACHVERSTÄNDIGENRAT [2012]. Europäische Wirtschaftspolitik: Stabile Architektur für Europa. In: Jahresgutachten 2012/2013, S. 63–116

SALVATORE, D. [2013]: International Economics. 11. Aufl. New York u. a.

SAMUELSON, P. [2004]: Where Ricardo and Mill Rebut and Confirm Arguments of Mainstream Economists Supporting Globalization. In: Journal of Economic Perspectives, Vol. 18:3, S. 135–146

SARNO, L. und TAYLOR, M. [2002]: The Economics of Exchange Rates. Cambridge

SARR, A. [2001]: Benefits of Compliance with Securities Listing Standards: Evidence from the Depository Receipt Market. International Monetary Fund Working Paper 01/79, Washington D.C.

SAUTTER, H. [1988a]: Weltwirtschaftsordnung. In: W. Albers u. a. [Hrsg.], Handwörterbuch der Wirtschaftswissenschaft, Bd. 9, Stuttgart, S. 888–898

SAUTTER, H. [1988b]: Organisation für wirtschaftliche Zusammenarbeit und Entwicklung (OEEC, OECD). In: W. Albers u. a. [Hrsg.], Handwörterbuch der Wirtschaftswissenschaft, Bd. 6, Stuttgart, S. 26–33

SCHAAL, P. [1998]: Geldtheorie und Geldpolitik. 4. Aufl. München und Wien

SCHNABEL, I. [2014]: Das europäische Bankensystem: Bestandsaufnahme und Herausforderungen. In: Wirtschaftsdienst, 94. Jahrgang, Heft 13, S. 6–10

SENTI, R. [2000]: WTO. System und Funktionsweise der Welthandelsordnung. Zürich

SETHUPATHY, G. [2013]: Offshoring, Wages, and Employment: Theory and Evidence. In: European Economic Review, Vol. 62, S. 73–97

SHADOW OPEN MARKET COMMITTEE [1998]: Policy Statements and Position Papers, March 15–16 1998. Bradley Policy Research Center Working Paper, PPS 98–01

SHAMBAUGH, J. C., REIS, R. und REY, H. [2012]: The Euro's Three Crises. In: Brookings Papers on Economic Activity, S. 157–231

SHUBIK, M. [1982, 1984]: Game Theory in the Social Sciences. 2 Bände. Cambridge/Mass. und London

SIEMS, D. [2013]: WTO-Abkommen bringt Deutschland 60 Milliarden. In: Die Welt, 08.12.2013, verfügbar auf: http://www.welt.de/122705650

SIMS, C. A. [2012]: Gaps in the Institutional Structure of the Euro Area. Banque de France, Financial Stability Review, Vol. 16, S. 217–223

SOHMEN, E. [1969]: Flexible Exchange Rates. 2. Aufl. Chicago

SPÄTE. F. [2002]: Internationale Integration und Arbeitslosigkeit. Eine wachstumstheoretische Analyse. Wiesbaden

SPREEN [1998]: Regionale Entwicklungsbanken. In: Altmann, J. und Kulessa, M. [Hrsg.]: Internationale Wirtschaftsorganisationen. Stuttgart

STAHL, C. [1986]: International Labor Migration and the ASEAN Economics. Occasional Papers and Documentation, Nr. 6, New York, NY : Center for Migration Studies

STALKER, P. [2000]: Workers without Frontiers: The Impact of Globalization on International Migration. Boulder

STARK, O. [1991]: The Migration of Labor. Oxford und Cambridge

STARK, O. und FAN, C. S. [2011]: The Prospect of Migration, Sticky Wages, and "Educated Unemployment". In: Review of International Economics, Vol. 19, No. 2, S. 277–287

STIGLITZ, J. E. [1999]: Reforming the Global Economic Architecture: Lessons from Recent Crisis. In: The Journal of Finance, Vol. 54, Issue 4, S. 1508–1520

STRAUBHAAR, T. [2002]: Migration im 21. Jahrhundert: Von der Bedrohung zur Rettung sozialer Marktwirtschaften? Tübingen

STRUCK, M. [1998]: Mercosur. In: Altmann, J. und Kulessa, M. [Hrsg.]: Internationale Wirtschaftsorganisationen. Stuttgart

SVENSSON, L. E. O. [1997]: Inflation Forecast Targeting: Implementing and Monitoring Inflation Targets. In: European Economic Review, Vol. 41, S. 1111–1146

SVENSSON, L .E. O. [1999]: Inflation Targeting as a Monetary Policy Rule. In: Journal of Monetary Economics, Vol. 43, S. 607–654

SVENSSON, L. E. O. [2003]: In the Right Direction, But Not Enough: The Modification of the Monetary-Policy Strategy of the ECB. Briefing Paper for the Committee on Economic and Monetary Affairs (ECON) of the European Parliament, verfügbar auf: http://economia.unipv.it/pagp/pagine_personali/gascari/may03svensson.pdf

SVENSSON, L. E. O. [2010]: Inflation Targeting. In: Friedman, B. M. und Woodford, M. [Hrsg.]: Handbook of Monetary Economics, Vol. 3, S. 1237–1302

SWAMY, G. [1981]: International Migrant Workers' Remittances: Issues and Prospects. Washington, D.C.: World Bank Staff Working Paper No. 481, August

SYMPOSIUM [1988] on the "October 1987 Stock Market Crash". In: The Journal of Economic Perspectives, Vol. 2, No. 3, S. 3–50

SYMPOSIUM [1990] on "Bubbles". In: The Journal of Economic Perspectives, Vol. 4, No. 2, S. 13–101

TAYLOR, J. B. [2007]: Housing and Monetary Policy. In: Housing, Housing Finance, and Monetary Policy, Federal Reserve Bank of Kansas City Jackson Hole Symposium, S. 463–476

TAYLOR, J. B. [2009]: The Financial Crisis and the Policy Responses – An Empirical Analysis of What Went Wrong. NBER Working Paper 14631, Cambridge, Mass.

THIMANN, C., BRACKE, T., WEBER, P. F. und JUST, C. [2005]: Managing Financial Crises in Emerging Market Economies – Experience with the Involvement or Private Sector Creditors. ECB Occasional Paper Series, No. 32, July 2005

TOBIN, J. [1978]: A Proposal for International Monetary Reform. In: Eastern Economic Journal, Vol. 4 (3/4), S. 153–159

TOBIN, J. [1985]: Monetary Policy in an Uncertain World. In: A. Ando u. a. [Hrsg.], Monetary Policy in Our Times, Cambridge/Mass. und London, S. 29–42

TOBIN, J. [1987]: Agenda for International Coordination of Macroeconomic Policies. In: International Monetary Cooperation Essays in Honor of Henry C. Wallich. Essays in International Finance No. 169, Princeton, N. J., S. 61–69

TOBIN, J. [1988]: Sand ins Räderwerk der Devisenspekulation. In: Neue Züricher Zeitung vom 12. 10. 1988

TODARO, M. P. und MARUSZKO, L. [1987]: International Migration. In: J. Eatwell, J. Milgate und P. Newman [Hrsg.], The New Palgrave (A Dictionary of Economics), New York, S. 912–917

TREFLER, D. [2005]: Offshoring: Threats and Opportunities, In: S. M. Collins und L. Brainard (Hrsg.), Brookings Trade Forum: 2005, Washington, D.C.: Brookings Institution Press, S. 35–60

TRUMAN, E. M. [2006]: A Strategy for IMF Reform. Policy Analysis in International Economics 77, Institute for International Economics, Washington D.C.

TRUMAN, E. M. [Hrsg., 2006]: Reforming the IMF for the 21st Century. Special Report 19, Institute for International Economics, Washington D.C.

TULADHAR, A. [2005]: Governance Structures and Decision-Making Roles in Inflation Targeting Central Banks. International Monetary Fund Working Paper 05/183, Washington D.C.

UNITED NATIONS [2013a]: Trends in International Migrant Stock: The 2013 Revision (United Nations database, POP/DB/MIG/Stock/Rev.2013), Department of Economic and Social Affairs, Population Division, Siehe: www.unmigration.org

UNITED NATIONS [2013b]: International Migration 2013 Wallchart, Department of Economic and Social Affairs, Population Division

VANBERG, V. [1995]: Markt und Organisation. Tübingen

VAN DER VEER, K. J. M. und DE JONG, E. [2013]: IMF-Supported Programmes: Stimulating Capital to Non-Defaulting Countries. In: The World Economy, Vol. 36 (4), S. 375–395

VAN DER ZWET, A. [2003]: The Blurring of Distinctions between Financial Sectors – Fact or Fiction? In: De Nederlandsche Bank, Occasional Studies, Vol. 1, Nr. 2

VAUBEL, R. [1985]: International Collusion or Competition for Macroeconomic Policy Coordination? A Restatement. In: Recherches Economiques de Louvain, Vol. 51, S. 223–240

VAUBEL, R. [1994]: The Political Economy of Centralization and the European Community. In: Public Choice, Vol. 81, S. 151–190

VAUBEL, R. und WILLETT, Th. D. [Hrsg., 1991]: The Political Economy of International Organisations. A Public Choice Approach. Boulder

VETTER, I. [1998]: NAFTA. In: Altmann, J. und Kulessa, M. [Hrsg.]: Internationale Wirtschaftsorganisationen. Stuttgart

VIRMANI, A. [2012]: Global Economic Governance: IMF Quota Reform. In: Macroeconomics and Finance in Emerging Market Economies, Vol. 5, No. 2, S. 260–280

VLAAR, P. W. L., VAN DEN BOSCH, F. A. J. und VOLBERDA, H. W. [2007]: On the Evolution of Trust, Distrust, and Formal Coordination and Control in Interorganizational Relationship: Toward an Integrative Framework. In: Group Organization Management, Vol. 32, Issue 4, S. 407–428

VOGL, F. [o. Jg.]: Die Weltbank. Washington, D.C.: Weltbank

WAGENER, H.-J. und EGER, T. [2014]: Europäische Integration: Wirtschaft und Recht, Geschichte und Politik. 3. Aufl. München

WAGNER, H. [1988a]: Soll die Bundesbank eine nominelle BSP-Regelpolitik betreiben? In: Kredit und Kapital, 21. Jg., S. 8–33

WAGNER, H. [1988b]: Diskretionäre versus regelgebundene Makropolitik. In: W. Vogt [Hrsg.], Politische Ökonomie heute. Regensburg, S. 117–127

WAGNER, H. [1989]: Alternatives of Disinflation and Stability Policy. Costs, Efficiency and Implementability: A Comparsion between Japan and West Germany. In: Bank of Japan. Monetary and Economic Studies, Vol. 7, No. 1, S. 41–97

WAGNER, H. [1990a]: Demokratie und Inflation – Eine „rationale" wahlpolitische Theorie eines Inflationsbias. In: Jahrbücher für Nationalökonomie und Statistik, Bd. 207, S. 356–373

WAGNER, H. [1990b]: Zur wirtschaftspolitischen Strategiediskussion in der modernen Makroökonomie. Ein einführender überblick. In: H.-P. Spahn [Hrsg.]: Wirtschaftspolitische Strategien. Probleme ökonomischer Stabilität und Entwicklung in Industrieländern und der Europäischen Gemeinschaft, Regensburg, S. 8–32

WAGNER, H. [1997]: Wachstum und Entwicklung. Theorie der Entwicklungspolitik. 2. Aufl. München und Wien

WAGNER, H. [1998a]: Europäische Wirtschaftspolitik – Perspektiven einer Europäischen Wirtschafts– und Währungsunion (EWWU), 2. Aufl., Berlin.

WAGNER, H. [1998b]: Inflation Targeting. In: Wirtschaftswissenschaftliches Studium (WiSt), 27. Jg., S. 295–301

WAGNER, H. [1999]: Inflation Targeting versus Monetary Targeting. In: Kredit und Kapital, 32. Jg., S. 610–632

WAGNER, H. [2000]: Which Exchange Rate Regimes in an Era of High Capital Mobility?, In: North American Journal of Economics and Finance, Vol. 11, No. 2, S. 178–193

WAGNER, H. [2002]: Implications of Globalization for Monetary Policy. In: SUERF Studies, Vol. 17, Vienna

WAGNER, H. [2003]: Pitfalls in EMU-Enlargement, AICGS Advisor, American Institute for Contemporary German Studies, Washington, D.C.

WAGNER, H. [2006]: Fiscal Issues in the New EU-Member Countries – Prospects and Challenges. SUERF Studies 2006/1, Wien

WAGNER, H. [2007a]: Costs of Legal Uncertainty: Is Harmonization of Law a Good Solution? In: United Nations Commission on International Trade Law (Hrsg.), Modern Law for Global Governance, Congress to celebrate the 40th annual session of UNCITRAL (Vienna, 9–12 July 2007), Studies, proposals and background papers, Wien, S. 29–36

WAGNER, H. [2007b]: Information and Uncertainty in the Theory of Monetary Policy. SUERF Studies, 2007/1, Wien

WAGNER, H. [2010]: The Causes of the Recent Financial Crisis and the Role of Central Banks in Avoiding the Next One. In: International Economics and Economic Policy, Vol. 7, No. 3, S. 63–82

WAGNER, H. [2012a]: Is Harmonization of Legal Rules an Appropriate Target? Lessons from Global Financial Crisis: In: European Journal of Law and Economics, Vol. 33, No. 3, S. 541–564

WAGNER, H. [2012b]: Nutzen und Kosten einer Regelbindung. In: Wirtschaftsdienst, März 2012, S. 147–150

WAGNER, H. [2013]: Is the European Monetary Union Sustainable? The Role of Convergence. In: Kaji, S. und Ogawa, E. (Hrsg.), Who Will Provide the Next Financial Model? Asia's Muscle and Europe's Financial Maturity, Springer: Tokyo, Japan, S. 183–218

WAGNER, H. [2014a]: Stabilitätspolitik. Theoretische Grundlagen und institutionelle Alternativen. 10. überarb. und erw. Aufl., München und Wien

WAGNER, H. [2014b]: Can We Expect Convergence Through Monetary Integration? (New) OCA Theory vs Empirical Evidence From European Integration. In: Comparative Economic Studies, Vol. 56, No. 2, S. 176–199

WAGNER, H. und BERGER, W. [2003]: Financial Globalization and Monetary Policy. DNB Staff Papers No. 95. Amsterdam (De Nederlandsche Bank)

WAGNER, H. und SCHULZ, D. [2005]: Das Redux-Modell – eine neukeynesianische Theorie offener Volkswirtschaften. In: Wisu (Wirtschaftsstudium), Vol. 8–9/05, 2005

WALSH, C. E. [2009]: Using Monetary Policy to Stabilize Economic Activity. In: Financial Stability and Macroeconomic Policy, S. 245–296

WALZ, U. [1996]: Growth (Rate) Effects of Migration. In: Zeitschrift für Wirtschafts- und Sozialwissenschaften, S. 115–221

WEIDENFELD, W. und WESSELS, W. [Hrsg., 2011]: Europa von A bis Z – Taschenbuch der europäischen Integration. 12. Aufl., Nomos

WEINDL, J. [1999]: Europäische Union : institutionelles System, Binnenmarkt sowie Wirtschafts- und Währungsunion auf der Grundlage des Maastrichter Vertrages. 4. Aufl. München und Wien

WEIZSÄCKER, C. C. v. [1988]: Plankoordination mittels eines BIP-Zieles. In: Neue Züricher Zeitung vom 24.8.1988

WELFENS, P.J. [2012]: Stabilizing the Euro Area and Overcoming the Confidence Crisis. In: International Economics and Economic Policy, Vol. 9, S. 7–12

WHITE, R. W. [2004]: Are Changes in Financial Structure Extending Safety Nets? BIS Working Papers No. 145, Bank for International Settlements

WHITE, L. J. [2013]: Credit Rating Agencies: An Overview. In: Annual Review of Financial Economics, Vol. 5, S. 93–122

WILLARDSON, N. [2008]: Actions to Restore Financial Stability. In: The Region, Federal Reserve Bank of Minniapolis, Issue December 2008, S. 8–17

WILLIAMSON, J. [1985]: The Exchange Rate System. Institute for International Economics. Policy Analyses in International Economics, No. 5, 2. Aufl., Washington, D.C.

WILLIAMSON, J. [1987]: Exchange Rate Management: The Role of Target Zones. In: American Economic Review, Vol. 77 (2), S. 200–204

WILLIAMSON, J. [1994]: Managing the Monetary System. In: P. Kenen [Hrsg.], Managing the World Economy: Fifty Years After Bretton Woods, Washington

WILLIAMSON, J. [1995]: What Role for Currency Boards? Washington, D.C.

WILLIAMSON, J. [1998]: Crawling Bands or Monitoring Bands: How to Manage Exchange Rates in a World of Capital Mobility. In: International Finance, Vol. 1, S. 59–79

WILLIAMSON, J. und MILLER, M. H. [1987]: Targets and Indicators: A Blueprint for International Coordination of Economic Policy. In: Policy Analyses in International Economics, No. 22, September, Washington, D.C.: Institute for International Economics

WILLMS, M. [1988]: Wechselkursstabilisierung durch währungspolitische Kooperation? In: O. Issing [Hrsg.], Wechselkursstabilisierung, EWS und Weltwährungssystem, Hamburg, S. 231–260

WILLMS, M. [1995]: Internationale Währungspolitik. 2. Aufl. München

WINKLER, D. [2010]: Services Offshoring and its Impact on Productivity and Employment: Evidence from Germany, 1995–2006. The World Economy, Vol. 33 (12), S. 1672–1701

WOLF, H. C., GHOSH, A. R., BERGER, H. und GULDE, A.-M. [2008]: Currency Boards in Retrospect and Prospect. CESifo book series, Cambridge, Mass. [u. a.]

WOODLAND, A. [Hrsg., 2002]: Economic Theory and International Trade: Essays in Honour of Murray C. Kemp. Cheltenham, U.K. und Northampton, Mass.

WORKING GROUP ON STRENGTHENING THE FINANCIAL SYSTEMS [1998]: Report. Oktober 2008, verfügbar auf: http://www.imf.org/external/np/g22/sfsrep.pdf

WORLD BANK: World Development Report, diverse Jahrgänge

WORLD BANK [2011]: AIDS Strategy & Action Plan (ASAP). Verfügbar auf: http://go.worldbank.org/28L1SRHQ30

WORLD BANK [2012]: Annual Report 2012. Washington D.C.

WORLD BANK [2013]: Microfinance and Financial Inclusion. Verfügbar auf: http://go.worldbank.org/XZS4R3M2S0

WTO [1999]: The World Trade Organization in Brief. Genf

WTO [2001]: Trading into the Future – WTO The World Trade Organisation. 2. Aufl. Genf

ZAHNISER, S. [2007]: NAFTA at 13 – Implementation Nears Completion. In: Outlook Report from the Economic Research Service. WRS–07–01, United States Department of Agriculture

ZANKER, B. [2007]: On the Viability of an International Lender of Last Resort. Nomos

Sachregister

A

Abwertungswettlauf 179
Afrikanische Entwicklungsbank 141
Afrikanischer Entwicklungsfonds 141
Anti-Dumping-Abkommen 108
Arbeitskräftewanderungen 23
ASEAN 139
Asiatische Entwicklungsbank 142
Asiatischer Entwicklungsfonds 143
Asienkrise 34, 36
Aufwertungswettlauf 178
außenwirtschaftliche Ungleichgewichte 59
außenwirtschaftliches Gleichgewicht 64

B

Bail Out 262
Bank für Internationalen Zahlungsausgleich (BIZ) 117
Bank Run 47
Bankenregulierung 250
Basel II 119, 252
Basel III 255
beggar-thy-neighbour Politik 71, 179
Beteiligungsvermögen im Ausland 12
Bilanzeffekte 274
Binnenmarkt 127
BIP-Regel 233
Bonner Gipfel 156
Börsenkrach 58
Bretton-Woods-System 87, 200
bubble 57
Buy and Hold-Modell 46

C

Collateral Benefits 246
Crowding out 190
Currency Board 53
Currency Board und Dollarisierung 218

D

Derivate 22
Devisentransaktionen 19, 226
Direktinvestitionen 9, 11
diskretionäre Politikkoordinierung 180
Disziplinierungsfunktion 245
Dominoeffekt 28

E

Early Warning System 243
erratische Kursschwankungen 52
Europäische Bank für Wiederaufbau 144
Europäische Gemeinschaft (EG) 122
europäische Staatsschuldenkrise 48
Europäische Union (EU) 122
Europäische Wirtschafts- und Währungsunion . 127
Europäische Wirtschaftsgemeinschaft (EWG) .. 122
Exporte 5
Externalitäten 78, 177
Externalitätenproblem 71
exzessive Wechselkursschwankungen 203

F

Faktor-Proportionen-Theorem 3
Fehlallokationen knapper Ressourcen 57
feste Wechselkurse 201
Financial Stability Forum 242
Finanzinnovationen 56
Finanzmarktkrise der Industrieländer ... 42, 46
Finanzmarktstabilisierungsgesetz 281
Finanzmarkttransaktionssteuer 226
Fiskalzölle 74
Franchise Value 39
freie Bankzonen 17
Freihandel 69
fundamentaler Gleichgewichtswechselkurs 211

G

G7-Länder 175
G7-Treffen 152
GATS 106
GATT 105
GATT-Handelsrunden 108
Gefangenendilemma 184, 192
Geldmarkt 42
Geldmengenregel 227
Gleitzoll 73

Globalisierung ... 52
Globalisierung der Finanzsysteme ... 11
Governance ... 94
Gruppe der 77 ... 121

H

Handelsbilanz ... 59
Handelskriege ... 76, 284
Havanna-Charta ... 105
Heckscher-Ohlin-Güter ... 3
HIPC-Initiative ... 29

I

Immobilienblase ... 46
Indexierung ... 68
Inflation Targeting ... 235
informatorische „Kooperation" ... 284
Instrumenteninstabilität ... 185
Inter-amerikanische Entwicklungsbank ... 145
Interbankgeschäfte ... 19
inter-industrieller Handel ... 5
Internalisierung der Externalitäten ... 183
internationale Arbeitsteilung ... 1
Internationale Entwicklungsorganisation (IDA) 101
Internationale Finanz-Corporation (IFC) ... 101
internationale Koordinierung ... 177
internationale Politikkoordination ... 78
internationaler Handel ... 2
Internationaler Lender of Last Resort ... 262
Internationaler Währungsfonds ... 82
Internationalisierung der Finanzmärkte ... 17
intra-industrieller Handel ... 5

J

J-Kurven-Effekt ... 68
joint ventures ... 9

K

Kapitalbilanz ... 65
Kapitalkontrollen ... 284
Kapitalverkehrskontrollen ... 245
Kaufkraftparitätentheorie ... 54, 202
klassischer Liberalismus ... 69
Koalition ... 191
Kollektivgüter ... 192
Konsortien ... 9
Konvergenzkriterien ... 50

kooperative Strategie ... 183
Krisenanfälligkeit ... 37

L

Leistungsbilanz ... 59
Leistungsbilanzdefizite ... 64
Leistungsbilanzsalden ... 60
Liberalisierung der Finanzmärkte ... 39
Lissabon-Strategie ... 130
Louvre-Abkommen ... 162

M

Maastricht-Vertrag ... 49
Marshall-Plan ... 111
Medium Term Strategy ... 95
Mengenzoll ... 73
MERCOSUR ... 137
Merkantilismus ... 69, 73
Migration ... 24
misalignments ... 57, 204
Monetarismus ... 227
Monetaristen ... 184
Montanunion ... 122
Moral Hazard-These ... 37
multilaterale Konsultation ... 96
Mundell-Fleming-Modell ... 182

N

NAFTA ... 134
Nash-Gleichgewicht ... 183
Neomerkantilismus ... 75
Neue Klassische Makroökonomie ... 65
neu-keynesianische Ökonomen ... 283
neu-klassische Ökonomen ... 283
new open macroeconomics ... 196
nichtkooperatives Spiel ... 183
nicht-tarifäre Handelshemmnisse ... 74
No Bailout-Klausel ... 45

O

OECD ... 111
OEEC ... 111
Offenheitsgrad ... 8
Offshoring ... 15
Originate-and-Distribute-Modell ... 46, 272

P

Pareto-Optimum 193
Phillipskurve 186
Politikmultiplikatoren 187
Portfolioinvestitionen 11
Preismechanismus 66
Preisniveaustabilisierung 227
Preisvolatilität 53
Private Sector Involvement 258
Problem der „n-ten Währung" 89
Prohibitivzölle 74
Protektionismus 72
Prozyklität 48, 254

Q

Quantitätsgleichung 230
Quantitätstheorie 202

R

Ratingagenturen 47
rationale Erwartungen 68
regelgebundene Koordinierung 180
regelgebundene Politikkoordinierung ... 199
Regelpolitik 199
Ricardo-Güter 3

S

Schuldendienstquote 30, 33
Schutzzölle 74
Seifenblase 57
Seigniorage 221
Sonderziehungsrechte 84
Spekulation 57
Spekulationstätigkeit 203, 223
spekulative Attacken 40
Spieltheorie 183
spillover-Effekte 177
Stabilitätsgesetz 64
Standards and Codes 248
Subprime-Krise 42
Subventionswettläufe 76
systemisches Risiko 48

T

tarifäre Protektion 73
Term Auction Facility 282

Term Securities Lending Facility 282
Terms of Trade 3
Tobin-Steuer 222
Transformationsländer 40
Transparenz 247
Trilateralismus 175
TRIPS 106
Trittbrettfahrerverhalten 192

U

Überschießen 70
Überschießen des realen Wechselkurses ... 204
Überschießen des Wechselkurses 68
UNCTAD 119
Unternehmensbeteiligungen 13
Uruguay-Runde 105

V

Value-at-Risk 276
Verbriefung 46
Verschuldungskrise der Entwicklungsländer ... 28

W

Währungskrise 40
Währungsreserven 20
Währungsstandard für die Industrieländer ... 214
Währungsunion 206
Wechselkursmechanismus 67
Wechselkursstabilisierung 206
Wechselkurssysteme 39
Wechselkursziele 39
Weltausfuhr 5
Weltbank 100
Welthandel 6
Welthandelskonferenz 120
Welthandelsorganisation 108
Welt-Sozialprodukt 5
Weltwirtschaft 1
Weltwirtschaftkrise 36
weltwirtschaftliche Verflechtung 1
Weltwirtschaftsgipfel 146
Weltwirtschaftsordnung 79
Wertzoll 73
Wettbewerbspolitik 69
Wirtschaftsunion 208
WTO 105

Z

Zahlungsbilanz 59
Zeitinkonsistenz 199
Zeitinkonsistenztheorie 190
Zielkonflikte 186
Zielzonen für die Wechselkurse 210
Zölle 73
Zollrunden 106
Zukunftskontrakte 57
Zweckgesellschaften 47, 273